Handbuch

des

Preußischen Verwaltungsrechts

für den praktischen Gebrauch bearbeitet

von

K. Parey,

Königl. Verwaltungsgerichts-Direktor a. D.

Erster Band:

Der Verwaltungsproceß.

Berlin

J. J. Heines Verlag

1887

Vorwort zum ersten Theile.

Schon seit längerer Zeit ist dem Unterzeichneten aus den verschiedensten Kreisen der Wunsch nahe gelegt worden, er möge in einer möglichst kurzen und übersichtlichen Darstellung den preußischen Verwaltungsprozeß schildern und namentlich dabei die Unterschiede hervorheben, welche zwischen dem Verfahren vor den ordentlichen Gerichten und demjenigen vor den Verwaltungsbeschluß- und Streitbehörden hervortreten. Dieser Wunsch wird hiermit erfüllt in der Weise, daß bei der Eintheilung des Stoffes das System der deutschen Civilprozeßordnung vom 30. Januar 1877, soweit dasselbe zu dem vorliegenden Zwecke verwendbar erschien, zu Grunde gelegt worden ist.

Im Uebrigen hat sich der Unterzeichnete der wünschenswerthen möglichsten Kürze zu befleißigen gesucht in der Erwartung, daß der Leser die näheren Erläuterungen zu den einzelnen Paragraphen des Landesverwaltungsgesetzes vom 30. Juli 1883 und des Zuständigkeitsgesetzes vom 1. August 1883 in den von ihm herausgegebenen „Rechtsgrundsätzen des Königl. Oberverwaltungsgerichts" selbst nachschlagen wird.

Berlin, den 12. Mai 1887.

Der Verfasser.

Inhalt.

Rechtsgeschichtliche Einleitung.

Die Existenzberechtigung der Verwaltungsgerichtsbarkeit wird in neuerer Zeit vielfach bestritten, und zwar stellen die Gegner dieser Einrichtung folgende Thesen auf:

1. Das Wort „Verwaltungsgericht" enthält einen Widerspruch in sich selbst, denn eine Verwaltungsbehörde kann nicht richten, und ein Gericht kann nicht verwalten.

2. Die Verwaltungsgerichtsbarkeit ist ein modernes, lediglich aus theoretischen Erwägungen hervorgegangenes Produkt unpraktischer Gelehrsamkeit.

3. Auch in Fragen des öffentlichen Rechtes muß der sogenannte ordentliche Richter zuständig sein, so daß für die Verwaltungsgerichte kein Raum weiter bleibt.

Diese drei Sätze müssen einer gesonderten Betrachtung unterzogen werden:

Der erste Satz beruht auf einer schlichten und natürlichen Wahrheit, welche nur durch eine langjährige Uebung entgegenstehender Anschauungen verdunkelt worden ist. Diese Wahrheit entspricht so sehr unserer vaterländischen Geschichte und dem tiefeingewurzelten Rechtsbewußtsein der Bevölkerung, daß ein Verständniß für das Wesen und die Aufgabe der Verwaltungsgerichte auch jetzt noch nur bei einer verhältnißmäßig kleinen Zahl von Sachverständigen gefunden wird. Vielfach hört man selbst von Leuten, denen man nach ihrer Lebensstellung wohl eine gute Einsicht in die öffentlichen Angelegenheiten zutrauen sollte, die Fragen aufwerfen: Was ist denn eigentlich ein Verwaltungsgericht, was sind das für Sachen, über welche dort Recht gesprochen wird, warum können denn diese nicht ebenfalls bei dem Amtsgerichte oder Landgerichte erledigt werden? und staunend steht der Recht suchende Staatsbürger da, wenn ihm nach langwierigem Prozessiren eröffnet wird, daß er bei dem Amtsrichter nicht an die richtige Thür gekommen sei, daß er kostenpflichtig abgewiesen werde und nun sein Heil bei dem Verwaltungsgerichte versuchen möge; und ebenso umgekehrt, wenn ihn der Verwaltungsrichter abweist mit dem „Anheimstellen", sich an den Amtsrichter oder an eine andere Behörde zu wenden, weil über die betreffende Frage der „ordentliche" Richter, beziehungsweise die Aufsichtsbehörde oder sonst eine Verwaltungsbehörde zu entscheiden habe. Dabei kommt es denn auch vor, daß sowohl der Amtsrichter als der Verwaltungsrichter oder sonst eine der vielen Behörden sich für zuständig oder für unzuständig erklären, und dann beginnt ein Verfahren zur Entscheidung dieses „Kompetenzkonfliktes", um mit einem bewundernswürdigen Aufwand von Scharfsinn und Gelehrsamkeit allein die Vorfrage zur Erledigung zu bringen, an welcher Thür der Rechtsuchende anklopfen müsse, um überhaupt erst in die Lage zu gelangen, daß über seine Angelegenheit ein Urtheil gefällt werde. Erst nach Erledigung dieser Vorfrage beginnt der eigentliche, wirkliche Instanzenzug bis hinauf zum Reichsgericht oder dem Bundesamt für das Heimathswesen oder dem Oberverwaltungsgerichte, dem Oberlandeskulturkollegium, und wie sonst diese höchsten, sämmtlich mit richterlichen Qualitäten ausgestatteten Behörden alle heißen mögen. Hierüber wird denn vielfach (und wohl auch nicht mit Unrecht) geklagt, und es ist denkbar, daß schon manchem Rechtsbedürftigen während der Suche nach dem zuständigen Richter die Neigung vergangen ist und auch die Mittel ausgegangen sind, den eigentlichen Prozeß anzufangen.

Zwar sind die durch die Vielgestaltigkeit der Gerichtsbehörden und durch die „Kompetenzsuche" verursachten Härten dadurch bereits gemildert, daß weder Kostenpauschquantum noch baare Auslagen erhoben werden, auch eine Erstattung der den Parteien erwachsenen Kosten nicht stattfindet, wenn sich in derselben Sache die zur Entscheidung im Verwaltungsstreitverfahren berufene Behörde und eine andere Verwaltungsbehörde für zuständig oder für unzuständig erklären, worüber das Oberverwaltungsgericht entscheidet.*) Zwar ist das Verfahren bei dem Gerichtshofe zur Entscheidung der Kompetenzkonflikte und bei den Konflikten in Disziplinarsachen gebühren- und stempelfrei, auch werden baare Auslagen nicht erstattet und eine Erstattung der den Parteien erwachsenden Kosten findet nicht statt, auch sind die Bestimmungen auf die Konflikte zwischen den ordentlichen Gerichten und den Auseinandersetzungsbehörden anwendbar.**) Allein einerseits enthalten diese Vorschriften ein Anerkenntniß der beklagten Härten, andrerseits erwachsen doch noch Kosten in den unteren Instanzen, und der mit der „Kompetenzsuche" verbundene Zeitverlust ist gar nicht zu ersetzen.

Diese Uebelstände empfindet aber keineswegs allein der Laie, sondern auch Rechtsanwälte und Richter zerbrechen sich die Köpfe, bevor sie zu einem Entschlusse über die Zuständigkeit dieser oder jener Behörde gelangen; und dickleibige Bücher liefern den Beweis, in welchen Kompetenzschmerzen sich selbst hochgelehrte Männer zu winden haben (vergl. z. B. das vortreffliche Werk von Oppenhoff „Die preußischen Gesetze über

*) § 113 letzter Absatz des Landesverwaltungsgesetzes vom 30. Juli 1883.
**) § 20 des Gesetzes vom 1. August 1879 (G. S. S. 573).

die Ressortverhältnisse zwischen den Gerichten und Verwaltungsbehörden," Berlin, Georg Reimer, 1863). Solche Bücher sind dann, so lange sie durch die rastlos weiterarbeitende Gesetzgebungsmaschine nicht überholt sind, die Rettungsanker, an welche sich der hülflose Beamte anklammert, wie in Sachen seiner Seele an das Evangelium, so daß man die Aussprüche dieser Autoritäten von dem geltenden Rechte schließlich gar nicht mehr unterscheidet. Das sind die thatsächlichen, von Niemand in Abrede zu stellenden Resultate der Vervielfältigung der Gerichtshöfe, welche sich in der Praxis darstellen als eine endlose Kette von Streitigkeiten verschiedener gerichtlicher und Verwaltungsbehörden über ihre Zuständigkeit und Nichtzuständigkeit, während die Regierten hoffend und geduldig harrend vorläufig bei Seite treten, ohne eine Ahnung von dem zu haben, was ihretwegen da oben verhandelt wird.

Wenn man unter solchen Umständen zu der Ueberzeugung und zu dem Wunsche gelangt, daß das Richten nur dem Richter, das Verwalten nur dem Verwaltungsbeamten zustehen möchte, so ist das wohl begreiflich; jedoch es fragt sich, ob die sonstigen Verhältnisse des Landes dies gestatten. Wir glauben diese Frage verneinen zu müssen, kommen jedoch zunächst zur Prüfung der zweiten Behauptung, daß die Verwaltungsgerichtsbarkeit ein modernes, lediglich aus theoretischen Erwägungen hervorgegangenes Produkt unpraktischer Gelehrsamkeit sei.

Wer das sagt, befindet sich in einem großen Irrthume, denn die Verwaltungsgerichtsbarkeit hat eine Entstehungsgeschichte, die lediglich auf Thatsachen zurückweist, welche mit der Gelehrsamkeit nichts zu thun haben. Wenn die Gelehrten es später und namentlich in neuerer Zeit zur Ausbildung und Durchführung eines richtigen Prinzips unternommen haben, diesen Thatsachen einen wissenschaftlichen Mantel umzuhängen, so war dies theils unumgänglich nothwendig, theils ändert dies nichts an dem Ursprunge der Verwaltungsgerichtsbarkeit, welcher in den verschiedenen Ländern ein grundverschiedener ist.

Diese Verschiedenheiten und die daraus zu folgernden Abweichungen sind, zur Vermeidung von Irrthümern, sorgfältig zu beachten, denn es wäre z. B. durchaus unrichtig, wenn man die Verwaltungsgerichtsbarkeit, wie sie sich in Brandenburg-Preußen rechtsgeschichtlich entwickelt hat, als eine Nachahmung der französischen Verwaltungsgerichtsbarkeit ansehen, oder wenn man auch nur diese beiden mit einander vergleichen wollte. Sie haben weder nach ihrer Entstehung noch nach ihrer heutigen Gestaltung irgend welche Aehnlichkeit, wenn sie auch beide schließlich darauf hinauskommen, daß die Zuständigkeiten des „ordentlichen"*) Richters

*) Characteristisch genug ist der noch heute in voller Geltung stehende Ausdruck „ordentlicher Richter", als ob alle Verwaltungs- und sonstigen Richter keine ordentlichen wären. Dies soll damit zwar nicht gesagt sein, allein es findet darin doch die Volksüberzeugung ihren Ausdruck, daß die eigentliche Rechtsprechung nur dem Richter *κατ' ἐξοχήν* gebühre. Vielleicht ließe sich für den „ordentlichen" Richter jetzt eine andere allgemein gebräuchliche Bezeichnung schaffen.

dadurch geschmälert werden, daß ihm ein Theil seiner ihm von Natur zukommenden Befugnisse thatsächlich entzogen ist. Die Gründe für diese Entziehung sind aber in beiden Ländern durchaus von einander verschieden.

In Frankreich ist die heutige Verwaltungsgerichtsbarkeit der Abkömmling einer illegitimen Schwester der ordentlichen Gerichtsbarkeit. Jene Schwester ist aber nicht etwa ein Kind der französischen Revolution, sondern sie ist älter, nämlich schon ein Sprößling des absoluten Königthums mit dem Motto: L'état c'est moi. Gewährsmann für diese Behauptung ist ein Franzose, Alexis de Tocqueville, welcher in seinem vortrefflichen Werke L'ancien régime et la révolution (Paris 1857) etwa folgendes sagt (Kap. 4):

„In keinem Lande waren die ordentlichen Gerichte von der Regierung unabhängiger als in Frankreich. Der König hatte nicht den geringsten Einfluß auf die amtliche Laufbahn der Richter, denn er konnte sie nicht entlassen, nicht versetzen und in den meisten Fällen auch nicht zu den höheren Stellen befördern. Weder Ehrgeiz noch Furcht machten die Richter abhängig, aber diese Unabhängigkeit erschien nicht vereinbar mit den Bedürfnissen des absoluten Königthums, sie wurde also unbequem, namentlich in Angelegenheiten, bei denen die königliche Macht unmittelbar interessirt war. Man schuf deshalb für solche Angelegenheiten besondere Tribunale, welche aus abhängigen Richtern zusammengesetzt und den Unterthanen gegenüber mit dem Schein der Gerechtigkeit umgeben waren. Den ordentlichen Gerichten aber wurden die betreffenden Angelegenheiten entzogen.

Diese évocations waren der erste Schritt auf dem Wege, welchen man einschlug, um die Zuständigkeiten der ordentlichen und unabhängigen Gerichte einzuschränken.

In Deutschland war eine derartige Maßregel zu derselben Zeit nicht geboten, weil die Richter gar nicht das Maß von Unabhängigkeit besaßen wie in Frankreich, es entstand deshalb auch in Deutschland kein Bedürfniß nach besonderen Verwaltungsgerichten, in Frankreich aber bildeten sie sich immer mehr aus. Bei jeder neuen Regierungsmaßregel wurde, wenn dies im Interesse des Königs lag, bestimmt, daß etwaige Streitigkeiten von dem Intendanten, in höherer Instanz von dem königlichen Rathe entschieden werden sollten, den ordentlichen Gerichtshöfen wurde durch eine stehende Formel geradezu verboten, von diesen Angelegenheiten Kenntniß zu nehmen. Was Anfangs nur als eine Ausnahme galt, wurde bald zur Regel.

Nicht in den französischen Gesetzen, sondern in den Köpfen derer, die diese Gesetze handhabten, faßte die Staatsmaxime Wurzel, daß alle Rechtsstreitigkeiten, mit denen ein öffentliches Interesse verknüpft ist oder bei denen es auf die Auslegung einer Verwaltungsverordnung ankommt, nicht vor das Forum des ordentlichen Richters gehören, daß diesem vielmehr nur die Befugniß zustehe, über privatrechtliche Streitigkeiten Entscheidung zu treffen. Für diese Ideen des alten französischen Staates hat dann eine spätere Zeit ein bestimmtes Verfahren geschaffen und dafür die geeigneten Formeln gefunden.

So wurden alle Streitfragen, welche bei der Steuererhebung vorkamen, dem Intendanten und dem königlichen Rathe zur Entscheidung überwiesen, ferner diejenigen, welche auf die Polizei des öffentlichen Fuhrwesens, auf die Landstraßen, die Flußschifffahrt, überhaupt auf alles, wobei eine öffentliche Behörde betheiligt war, Bezug hatten.

Bei dem Bestreben der Intendanten, diese Ausnahmegerichtsbarkeit immer weiter auszudehnen, gelangte man bald zu dem Grundsatze, daß nur der ordentliche Richter bei seiner Rechtsprechung an feste Regeln gebunden sei, daß dagegen der Verwaltungsrichter das Recht habe, diese Regeln aus Zweckmäßigkeitsrücksichten zu umgehen. Diesem Grundsatze entsprechend zogen die französischen Verwaltungsgerichte Prozesse an sich, welche durch ein beinahe unsichtbares Band an die Verwaltung geknüpft waren, oder welche unzweifelhaft mit derselben keinen Zusammenhang hatten. Ein Adliger, welcher mit seinem Nachbar im Prozeß lag und sich mit der Entscheidung des ordentlichen Richters nicht zufrieden geben wollte, beantragte ganz einfach die Evokation dieser Sache. Seinem Antrag wurde entsprochen mit der Begründung, Se. Majestät der König von Frankreich könne jede Streitsache, wenn es sich dabei auch um Privatrechte handle, welche zum Ressort des ordentlichen Richters gehörten, überhaupt jede beliebige Angelegenheit den Verwaltungsgerichten zur Entscheidung überweisen, ohne zur Angabe von Gründen verpflichtet zu sein. Personen aus dem Volke, welche die öffentliche Ordnung gewaltsam störten, wurden dem Intendanten oder dem Marschallsgerichte (maréchaussée, berittene Polizei) behufs der Aburtheilung zugeführt, und dies geschah namentlich bei den Tumulten, welche durch die hohen Kornpreise hervorgerufen wurden. In solchen Fällen improvisirte der Intendant einen Gerichtshof, welcher aus Personen bestand, die von ihm selbst gewählt waren, und trat damit als Strafrichter in Thätigkeit. Die Angeklagten wurden von diesen französischen Ausnahmegerichten zur Galeerenstrafe und zum Tode verurtheilt, ja es fanden derartige Kriminalprozeduren sogar noch am Ende des siebzehnten Jahrhunderts häufig statt.

Die modernen französischen Juristen haben diese Erscheinungen, welche sich unter dem alten Regime zeigten, als eine Errungenschaft der Revolution und als Trennung der Justiz von der Verwaltung bezeichnet, es ist dies jedoch ein geschichtlicher Irrthum, auch ist dabei nicht zu übersehen, daß die richterliche Gewalt im alten französischen Staate die natürliche Sphäre ihrer Machtvollkommenheit nach der einen Seite überschritt, nach der andern nicht vollständig ausfüllte. Denn bald war es ihr gestattet, Verwaltungsverordnungen zu erlassen, bald beschränkte man ihre Befugniß zur Entscheidung von Prozessen. In erster Beziehung hat der moderne französische Staat Abhülfe geschaffen, die Justiz aus der

Verwaltung vertrieben; was jedoch das Eindringen der Verwaltung in die Justiz betrifft, so ist es im modernen französischen Staate dabei verblieben, als ob die Vermengung der Gewalten hier nicht ebenso gefährlich wäre wie dort. Ja die Einmischung der Verwaltung in die Justiz ist sogar viel gefährlicher als die Einmischung der Justiz in die Verwaltung, denn diese schadet nur den Geschäften, jene aber verdirbt die Menschen und macht dieselben zugleich revolutionär und servil.

In einer der in Frankreich seit sechzig Jahren „auf ewige Zeiten" eingeführten neun oder zehn Verfassungen ist gesagt, daß kein Verwaltungsbeamter von dem ordentlichen Richter verfolgt werden könne, wenn nicht vorher eine Ermächtigung dazu ertheilt worden sei. Diese Bestimmung ist so schön ausgedacht, daß sie alle Revolutionen überdauert hat; man hat sie, als die betreffende Verfassung beseitigt wurde, unter den Trümmern hervorgezogen und stets sorgfältig behütet. Daher kommt es, daß man dies Vorrecht der französischen Beamten als eine Errungenschaft der Revolution von 1789 zu betrachten pflegt, obwohl auch dies auf einem Irrthume beruht, denn schon unter der alten Monarchie war man kaum weniger als heute darauf bedacht, den Beamten die Unannehmlichkeit zu ersparen, gleich jedem schlichten Bürger über ihre Handlungen vor Gericht Rechenschaft abzulegen. Der einzige Unterschied zwischen sonst und jetzt ist in Frankreich nur der, daß die Regierung vor der Revolution ihre Beamten durch ungesetzliche und willkürliche Maßregeln deckte, während nach der Revolution die französischen Beamten das Gesetz gesetzmäßigerweise verletzen können.

Wenn die Gerichtshöfe der alten französischen Monarchie einen königlichen Beamten verfolgen wollten, so trat in der Regel der königliche Rath mit einem Beschluß dazwischen, durch welchen der Angeschuldigte seinem Richter entzogen und vor eine von dem Rathe ernannte Kommission verwiesen wurde, denn — so schrieb damals ein Rath des Königs — ein in dieser Weise angeklagter Regierungsbeamter hätte bei dem ordentlichen Richter eine vorurtheilsfreie Beurtheilung nicht gefunden, und dadurch würde die Autorität des Königs von Frankreich bloßgestellt werden.

Solche Evokationen waren in Frankreich an der Tagesordnung, sie betrafen aber nicht allein höhere Beamte, sondern auch die niedriggestellten, wenn sie nur überhaupt in irgend einem losen Zusammenhange mit der Regierung standen. So wurde ein bei dem Brücken- und Straßenbauamte angestellter Aufseher von einem Arbeiter wegen Mißhandlung verklagt, jedoch der königliche Rath evocirte die Sache, nachdem der Oberaufseher ein Gutachten dahin abgegeben hatte, daß die Verwaltung durch derartige Prozesse nur gestört und die öffentliche Abneigung gegen die Beamten dadurch nur gefördert werde. Es sei deshalb im Interesse der Verwaltung der Brücken und Straßen dringend zu empfehlen, daß die ordentlichen Gerichte dergleichen Klagen der Arbeiter gegen die Aufseher nicht annähmen, wenn auch das Verhalten des Beamten im vorliegenden Falle nur getadelt werden könne.

In einem andern Falle hatte ein königlicher Baubeamter aus dem Acker eines Privatmannes widerrechtlich Baumaterialien entnommen, jedoch der Intendant berichtete darüber an seine Vorgesetzten, es empfehle sich nicht, die Verfolgung dieser That ordentlichen Gerichten zu überlassen, denn deren Grundsätze würden sich niemals mit denen der Verwaltung vertragen.

Genau ein Jahrhundert ist es her — so schließt Tocqueville seine Betrachtung —, daß diese Zeilen geschrieben wurden, es ist aber, als ob die Beamten, welche sie schrieben, unsere Zeitgenossen gewesen wären."

Auf welchem Standpunkte die heutige französische Verwaltungsgerichtsbarkeit steht, ist von deutschen wissenschaftlichen Autoritäten*) sorgfältig beschrieben worden; es fehlt aber auch nicht an Urtheilen sachverständiger Franzosen, aus welchen sich ergiebt, in welcher Mißachtung die heutige französische Verwaltungsgerichtsbarkeit steht.**)

Diese Urtheile sind vollkommen gerecht, denn die französische Verwaltungsgerichtsbarkeit ist eine Mißgeburt, und alle Versuche, derselben eine schöne Gestalt zu geben, sind gescheitert. Wären viele heutige Franzosen nicht von dem Irrwahn befangen, daß ihre Verwaltungsgerichtsbarkeit als eine Errungenschaft der Revolution gepflegt werden müsse, so würden sie sich von ihrem Landsmann Tocqueville belehren lassen und würden längst auf den ursprünglichen natürlichen Standpunkt zurückgekehrt seiu und dem ordentlichen Richter auch die Rechtsprechung in Sachen des öffentlichen Rechtes wieder übertragen haben, denn es steht einer solchen Rückkehr in Frankreich nichts entgegen.

Vollständig abweichend von der Entstehungsgeschichte der Verwaltungsgerichtsbarkeit in Frankreich ist diejenige der ähnlichen Einrichtungen in Deutschland, insbesondere in Brandenburg-Preußen.

Hier lag, wie dies auch Tocqueville ausdrücklich erwähnt, gar keine Veranlassung vor, den ordentlichen Richter seiner Zuständigkeiten zu berauben, denn schon die askanischen Markgrafen sahen die Richter ebenso an wie alle übrigen Beamten, deren Einsetzung und Absetzung vollständig dem Belieben des Landesherrn überlassen war.***) Erst später, als die

---

*) Siehe v. Sarwey, Das öffentliche Recht und die Verwaltungsrechtspflege, S. 187 ff.; Krais, Bairisches Gesetz, betreffend die Errichtung eines Verwaltungsgerichtshofes vom 8. August 1878, S. 17.

**) La vocation d'Albert, leçons d'un père à son fils sur la constitution et la loi, par Maxime Lecomte, docteur en droit, avocat à la cour d'appel d'Amiens, professeur de droit commercial à la société industrielle etc. Paris, G. Pedone-Lauriel, 13 rue soufflot. Die Jahreszahl ist nicht angegeben, der Inhalt läßt aber erkennen, daß das Werkchen aus der Zeit der neuesten Republik stammt.

***) Vergl. Dr. jur. Conrad Bornhak, Geschichte des preußischen Verwaltungsrechtes. Berlin, 1884.

im öffentlichen Rechte vorherrschende privatrechtliche Anschauung zur Veräußerlichkeit und Vererblichkeit der Staatsämter und insbesondere des Richteramtes führte, wurde der reine Beamtenstaat untergraben, um einer sich langsam, aber sicher entwickelnden, auf dem ständischen Prinzip beruhenden Staatsverfassung Platz zu machen. Allein die Erinnerung an die ehemalige verfassungsmäßige und geschichtlich begründete unumschränkte Macht der Landesherren blieb doch lebendig, und dies erklärt jene erbitterten Kämpfe zwischen den Vertretern des ständischen und des monarchischen Prinzips, welchen erst mit der Errichtung der stehenden Heere ein Ende gemacht wurde. Der alte, auf rein monarchischer Grundlage beruhende Beamtenstaat wurde wieder hergestellt, und damit das ursprünglich geltende öffentliche Recht. Das letztere hatte aber während der langen ständischen Herrschaft eine auf Gewohnheitsrecht beruhende Gestalt angenommen, während das Privatrecht unter dem Einflusse des römischen Rechtes zu einer von dem öffentlichen Rechte abgesonderten Wissenschaft geworden war. Der fortdauernden Anwendung des reinen Privatrechtes durch die angestellten Richter stand auch kein Hinderniß entgegen, dagegen stellten sich bei der Anwendung des neuentstandenen öffentlichen Rechtes bald erhebliche Schwierigkeiten heraus, weil die auf ständischen Anschauungen beruhenden Gewohnheitsrechte mit den Grundsätzen der wieder erstarkten Monarchie nicht mehr in Einklang zu bringen waren. Die auf dem Rechte der Eroberung beruhenden und in derselben Weise durch die Belehnung auf die Territorialherren übergegangenen Hoheitsrechte, welche jetzt noch im allgemeinen Landrecht aufgezählt werden,*) waren durch die Mitwirkung der Stände bei der Ausübung dieser Rechte stark beeinträchtigt und verdunkelt worden, sodaß sie den Anforderungen der bewegten Zeit nicht mehr genügten und der Monarch sich genöthigt sah, das Steuer des Staatsschiffes selbst und ohne Mitwirkung der Stände mit kräftiger Hand zu ergreifen, wenn dasselbe nicht sinken und die Bemannung nicht rettungslos verderben sollte. Es war mithin ein hohes Verdienst um das der Gefahr des Unterganges ausgesetzte Vaterland und ein Akt der Nothwehr im Interesse des allgemeinen Wohles, wenn der Landesherr in die Befugnisse der lediglich in seinem Namen und in seinem Auftrage arbeitenden Richter eingriff, da diese ihre einmal eingelernte Wissenschaft mit den Forderungen der Zeit nicht in Uebereinstimmung zu bringen vermochten und als gewissenhafte Gelehrte auch nicht wohl konnten. Es war ein tragischer Konflikt, in welchen die damaligen Gerichte, denen auch ständische, d. h. von den Ständen erwählte Beisitzer angehörten, geriethen, wenn sie in Sachen des öffentlichen Rechtes ein Urtheil sprechen sollten; denn wollten sie nach dem bestehendem Rechte urtheilen, so konnten sie den Anforderungen des monarchischen Prinzips nicht Rechnung tragen, wollten sie aber das letztere, so verletzten sie wieder das auf der ständischen Verfassung be-

*) A. L. R. II. 13. §§ 5 ff.

ruhende Recht. Unter diesen Umständen blieb gar nichts weiter übrig, als für die Angelegenheiten des öffentlichen Rechtes besondere Gerichtshöfe einzusetzen, wobei auch den ordentlichen Gerichten keinerlei wohlerworbene Rechte entzogen wurden. Während die französischen Evokationen sich als Gewaltakte und Willkürlichkeiten darstellten, fehlte es in Brandenburg-Preußen zur Substantiirung einer gleichen Anklage an dem objektiven Thatbestande, weil nichts vorhanden war, was zu „rauben" gewesen wäre. Dem Landesherrn allein gebührte die Einsetzung der Richter und die Bestimmung der Zuständigkeiten derselben, und es war ihm nach dem geltenden Staatsrechte unbenommen, für gewisse Rechtsgebiete auch besondere Richter und Gerichtshöfe zu bestimmen. Während die französischen Evokationonen lediglich die Erweiterung der königlichen Macht bezweckten und zur Unterdrückung des Volkes führen mußten, hatten die ähnlichen Maßnahmen der brandenburgisch-preußischen Monarchen, in direktem Gegensatze dazu, nur das Wohl des Volkes, die Befreiung desselben von dem unleidlich gewordenen Drucke der Stände zum Ziele. Während in Frankreich das Volk mit Furcht und Grauen auf die königlichen Ausnahmegerichte blickte und sich nach dem Ausspruche des gesetzlich allein berechtigten Richters sehnte, flüchtete das hartbedrängte brandenburgisch-preußische Volk mit Freuden und mit berechtigtem Vertrauen unter die Fittige des mächtigen Adlers, um gegen die Verfolgungen kleiner, selbstsüchtiger und liebloser Tyrannen Schutz zu finden.

Um diesen Schutz zu ermöglichen, mußte zunächst und bis zu einer zeitraubenden, schwierigen, aber doch unaufschiebbaren, gesetzlichen Regelung des öffentlichen Rechtes eine Scheidung zwischen Gerichten des Privatrechtes und des öffentlichen Rechtes vorgenommen werden.

Und mit welcher außerordentlichen Sorgfalt wurde hierbei zu Werke gegangen! Denn schwierig genug war es oft, die Fragen des öffentlichen Rechtes von denen des Privatrechtes zu scheiden, namentlich deshalb, weil im Einzelfalle beiderlei Arten von Recht ineinandergriffen, eine Sonderung durch eine allgemeine Regel mithin gar nicht möglich war. Es ist dies ein Umstand, über welchen sich unsere Gelehrten noch heute vergebens streiten, wie man dies bei der Berathung der neuen Verwaltungsgesetze in den Häusern des Landtages beobachten konnte. Weil die zur Auffindung einer Grenze zwischen Justiz und Verwaltung angestellten Versuche nicht gelingen wollten und konnten, so klagte man laut über „Systemlosigkeit", als ob das Heil der Welt einzig und allein in „Systemen" zu suchen wäre. Mögen die Gelehrten nur ruhig weiter darüber deliberiren, das schadet ja nichts, nützt freilich auch nichts, denn die Schöpfer des preußischen Verwaltungsrechtes hatten sicherlich kein „System" vor Augen, sondern einzig und allein ein durchaus berechtigtes Prinzip, und zwar dasjenige der Aufrechterhaltung und Durchführung der Majestäts- und Hoheitsrechte zum Besten des allgemeinen Wohles. Wo diese Rechte mit den subjektiven Ansprüchen der Regierten in Collision kamen, da sollten eben nicht die ordentlichen Gerichte, sondern die mit den erforderlichen Kenntnissen besser ausgestatteten Verwaltungsbehörden an Stelle der Gerichte entscheiden. Dazu waren sie auch sehr wohl geeignet, weil man damals von den Mitgliedern der Verwaltungsbehörden die Aneignung derselben Kenntnisse verlangte wie von den Mitgliedern der Justizcollegien, und ebenso denselben Grad von Unabhängigkeit und Objektivität, wie dies später in einer, weiter unten noch zu erwähnenden Kabinetsordre ausdrücklich betont wurde.

Die hiernach aus dem Ressort der Gerichte auszuscheidenden Fälle in ein System zu bringen war gänzlich unmöglich, jeder Versuch dazu erschien jenen praktischen Staatsmännern auch wohl zu schwierig, zu doktrinär und deshalb überflüssig, man griff also zu dem einfachsten aller Mittel, indem man eine Art Liste der betreffenden Fälle aufstellte, und das ist die älteste Zuständigkeitstabelle für die Verwaltungsbehörden. Darauf beruht auch die vielfach umstrittene positiv- oder negativ-kasuistische Methode oder, wie man in Bayern sagt, die Enumerationsmethode, ein einfaches Ding, welches dem Laien nur wegen dieser hochtrabenden Bezeichnungen dunkel und schwierig erscheint.

Vollständig durchgeführt ist übrigens weder das vorstehend gedachte Prinzip, noch die kasuistische Methode, denn auch die ordentlichen Gerichte haben noch mit Verwaltungssachen und Angelegenheiten des öffentlichen Rechtes zu thun (Vormundschafts-, Grundbuch-, Gefängniß-, Justizverwaltung, Strafrechtspflege), ferner sind mehrere rein privatrechtliche Angelegenheiten (Vorfluthsachen, Armenstreitsachen) den Gerichten aus Zweckmäßigkeitsrücksichten entzogen, und endlich gehört zu den Zuständigkeiten der Verwaltungsbehörden und jetzt der Verwaltungsgerichte vieles, was gar nicht ausdrücklich, sondern nur implicite in ihrer Liste steht. Auf diesen letzteren Umstand wird der aufmerksame Leser der Entscheidungen des königlichen Oberverwaltungsgerichtes vielfach hingewiesen.

Geht man auf den vorher geschilderten Ursprung der preußischen Verwaltungsgerichtsbarkeit zurück, so sollte man meinen, daß mit dem Wegfall der Veranlassung zur Einrichtung dieser Ausnahmegerichtsbarkeit auch diese letztere selbst hätte beseitigt und das ordentliche Gericht in seine naturgemäßen Zuständigkeiten wieder eingesetzt werden sollen. Das ist aber thatsächlich nicht geschehen, selbst als das Allgemeine Landrecht die Anforderungen der Monarchie mit dem geltenden Rechte in Einklang gebracht hatte.

Der Grund für diese Unterlassung ist zunächst darin zu suchen, daß die Parole „Trennung der Justiz von der Verwaltung“ einmal ausgegeben und zum Schlagworte der Parteien geworden war. Die einen wollten damit sagen, daß sich die Justiz nicht in die Verwaltung, die anderen, daß sich die Verwaltung nicht in die Justiz einmischen sollte. Aus jenen sind die Anhänger, aus diesen die Gegner der heutigen Verwaltungsgerichtsbarkeit entstanden.

Dann aber ist auch zu bedenken, daß sich seit der Theilung der

Ressorts die Zeiten und mit ihnen die Verhältnisse in einer Weise geändert hatten, daß eine Rückkehr zu dem ursprünglichen Zustande, die Wiedervereinigung sämmtlicher gerichtlichen Zuständigkeiten in den Landesgerichten nicht mehr möglich erscheinen konnte, wenn man nicht die Justizkollegien zur Ungebühr überlasten und sie mit Angelegenheiten betrauen wollte, durch die sie ihrem eigentlichen Berufe entfremdet worden wären, und für deren Beurtheilung ihnen auch vielfach die praktische Uebung in Behandlung von Verwaltungsangelegenheiten gefehlt hätte.

Die Cameralwissenschaften, mit denen sich der eigentliche Fachjurist in der Regel nicht viel beschäftigt und bei dem Umfange seines eigenen Ressorts auch nicht wohl beschäftigen kann, haben noch keine alte Geschichte. In der Hauptsache datirt dieselbe erst aus der neueren Zeit des Aufschwunges der Industrie, des Gewerbes und des Handels. Anfangs drehte sich auch das gesammte Steuerwesen, überhaupt die Finanzwissenschaft nur um die Interessen des Krieges; das Armenwesen und die Schulangelegenheiten erforderten nur eine geringe Thätigkeit, ebenso stand es mit Wege-, Wasser-, Deich-, Fischerei-, Jagd- und Gewerbepolizei u. s. w., und es wäre nicht zweckmäßig gewesen, die hierbei vorkommenden Streitigkeiten der Entscheidung des ordentlichen Richters durchweg zu überweisen. Allein bei der heutigen Gestaltung aller dieser Angelegenheiten wäre dies durchaus unmöglich; und dies war auch schon in einem gewissen Grade der Fall zur Zeit der Emanation des Allgemeinen Landrechtes und der Stein- und Hardenbergischen Reorganisation der preußischen Staatsverwaltung und der daran sich anschließenden, überall auf der positiv-kasuistischen Methode fußenden Gesetzgebung bis zu unseren Tagen.

Die Verwaltungsgerichtsbarkeit in Preußen hat gegenwärtig eine Gestalt gewonnen in dem neuesten Zuständigkeitsgesetze vom 1. August 1883, einer nach der positiv-kasuistischen Methode bewirkten Kodifikation des schon längst geltenden Rechtes, während das Landesverwaltungsgesetz vom 30. Juli 1883 über die Organisation der Behörden und die prozessualischen Formen nähere Bestimmung trifft, und bei dieser Gesetzgebung, welche seit 1874 bekanntlich verschiedene Vorläufer gehabt hat, beginnt denn auch in Preußen die Arbeit und der Einfluß der Theoretiker.

Es ist nochmals zu bemerken, daß den Verwaltungsbehörden in ihrer Eigenschaft als judizirende Kollegien schon längst dieselben Pflichten oblagen wie den „ordentlichen“ Gerichten, so daß dies Epitheton als Gegensatz zu den Verwaltungsgerichten durchaus nicht mehr paßt.

In diesem Sinne sprach sich schon die Kabinetsordre vom 22. August 1833 aus, wenn sie sagte: es ist „der Meinung nicht beizustimmen, daß nur von Seiten der ordentlichen Gerichtshöfe nach den Grundsätzen des strengen Rechtes entschieden werde, das Eigenthum also größeren Schutz bei den gerichtlichen als bei demjenigen Verfahren fände, welches die Gesetze in besonders bestimmten Fällen der Kognition administrativer Behörden überwiesen haben, da auch die letzteren die zu ihrer Erörterung und Entscheidung gestellten Rechtsverhältnisse nicht nach Billigkeit, sondern ganz wie die Gerichtshöfe nach Recht zu entscheiden verpflichtet sind, und das Gesetz gewisse Gegenstände nur dann und nur deshalb den ordentlichen Gerichten entzieht, wo und weil die Feststellung des rechtlichen Gesichtpunktes von der richtigen Beurtheilung solcher Momente abhängt, die in ihren Motiven und in allen ihren Details den Verwaltungsbehörden gründlicher und vollständiger bekannt sind als den Gerichten."

Man ersieht hieraus, daß die Verwaltungsgerichtsbarkeit in Preußen als solche nicht etwa erst seit einem Jahrzehnt besteht, auch ergiebt sich das Gegentheil aus vielen Beispielen, von denen wenigstens einige hier angeführt werden mögen.

Zu den Zeiten des Großen Kurfürsten wurden die Leistungen für das Militär an den Kaiser aufgebracht, nachdem durch den Kreistag eine Vertheilung dieser Lasten auf die Gutsherrschaften und die damals bestehenden Aemter stattgefunden hatte. Hierbei kamen mancherlei Streitigkeiten vor zwischen der Ritterschaft und den Aemtern, welche von dem 1604 eingesetzten Geheimen Rathe entschieden wurden. Der Geheime Rath fungirte in diesen Angelegenheiten als Verwaltungsgerichtshof ebenso, wenn auch nicht in denselben Formen, wie noch heute bestimmte Behörden bei der Entscheidung über Staats- und Kommunalsteuerreklamationen. Die Reklamationskommissionen sind Verwaltungsgerichte ebenso wie hinsichtlich der Kommunalsteuerreklamationen die Kreis- und Bezirksausschüsse und das Oberverwaltungsgericht.

Auch in polizeilichen und militärischen Angelegenheiten kann man bei uns schon im siebzehnten Jahrhundert von einer Verwaltungsjurisdiktion sprechen, weil die durch die kollegialisch formirten Aufsichtsbehörden von Amtswegen oder auf Beschwerde geübte Kontrolle in ihren Formen dem Verfahren vor den ordentlichen Gerichten durchaus nachgebildet war, so daß hier wie dort die besten Garantien einer korrekten Rechtsprechung gegeben waren. Erst später, als sich bei den Verwaltungsbehörden das Präfektenthum und die büreaukratische Arbeitsweise durch einzelne Dezernenten geltend machte, ergab sich das Bedürfniß nach Schaffung neuer gerichtlicher Formen, und es entstanden die Vorschriften über die Einsetzung militärischer Reklamationskommissionen, deren Thätigkeit ebenso eine verwaltungsgerichtliche ist, wie diejenige der Behörden, welche über die Beschwerden und Klagen gegen polizeiliche Verfügungen und Zwangsbefugnisse zu entscheiden haben.

In Postangelegenheiten haben wir eine Verwaltungsgerichtsbarkeit schon seit König Friedrich dem Ersten, welcher durch ein Edikt vom 9. April 1703 allen Beamten verbot, sich irgendwie Kognition in Postsachen anzumaßen oder die Postbeamten unter ihre Jurisdiktion zu ziehen, da das Postwesen und alle Postbeamten hinsichtlich ihres Amtes der ausschließlichen Jurisdiktion des Generalpostmeisters unterworfen seien.

Auf einem ähnlichen Standpunkte steht noch heute das Reichspostgesetz vom 28. October 1871.

Innungsstreitigkeiten unterlagen schon im dreizehnten Jahrhundert der Jurisdiktion der Magistrate in den Städten, wobei allerdings zu berücksichtigen ist, daß die Städte damals Staaten im Staate bildeten, weshalb denn auch schon im siebzehnten Jahrhundert, als man mit diesem Uebelstande aufräumte, diese Jurisdiktion in der Regel den ordentlichen Gerichten zustand, d. h. wo damals besondere Provinzialgerichte bestanden. Jetzt gebührt die Entscheidung den Gemeindebehörden oder den Innungsschiedsgerichten, welche hierbei ebenfalls eine verwaltungsrichterliche Thätigkeit entfalten, allerdings in den Formen des privatrechtlichen Verfahrens.

Wie man solchen Thatsachen gegenüber behaupten kann, daß die Verwaltungsgerichtsbarkeit ein modernes, lediglich aus theoretischen Erwägungen hervorgegangenes Produkt unpraktischer Gelehrsamkeit sei, ist nicht wohl begreiflich. In den nichtpreußischen Ländern mögen wohl die Theorien der Gelehrten hie und da mächtig genug gewesen sein, der ordentlichen Gerichtsbarkeit ohne jeden historischen Vorgang einen Konkurrenten an die Seite zu stellen, allein in Brandenburg-Preußen beruht die Verwaltungsgerichtsbarkeit ihrer Entstehung und ihrem ursprünglichen Wesen nach auf der vaterländischen Rechtsgeschichte, hier war sie (in vollständigem Gegensatze zu dem Entwicklungsgange in Frankreich) eine unvermeidliche Folge der Kollision zwischen dem siegreich aus der ständischen Verfassung hervorgegangenen monarchischen Prinzip und dem geltenden öffentlichen Rechte; in Frankreich war sie ein Akt der Willkür, durch welchen die Handhabung des unverändert gebliebenen öffentlichen Rechtes dem unabhängigen ordentlichen Richter entzogen und auf abhängige Verwaltungsbeamte übertragen wurde. Seit der Stein- und Hardenbergischen Gesetzgebung ist die preußische Verwaltungsgerichtsbarkeit ihren eignen Weg gegangen, anfangs mit Zielen, welche lediglich auf das Praktische gerichtet waren, und erst später mit einigen theoretischen Zuthaten, welche vielleicht Manchem als die Essentialien der Verwaltungsgerichtsbarkeit erscheinen mögen, was sie aber thatsächlich nicht sind.

Auf diesen geschichtlichen Grundlagen beruht die heutige preußische Verwaltungsgerichtsbarkeit, für welche die prozessualischen Grundsätze mit einer bewunderungswürdigen Gewissenhaftigkeit geschaffen worden sind.

Daß sich dieselben den zivil- und strafprozessualischen Formen nicht überall anschließen konnten, beruht in der vorher geschilderten Eigenartigkeit des Verwaltungsrechtes.

A.

Allgemeiner Theil.

I. Die Verwaltungsgerichte und die Beschlußbehörden.

1. Der Kreisausschuß.

§ 1.

Durch denselben wird die Verwaltungsgerichtsbarkeit (Entscheidung im Verwaltungsstreitverfahren) immer in erster Instanz ausgeübt, wo seine Zuständigkeit überhaupt gesetzlich feststeht, denn es giebt auch eine Anzahl von Verwaltungsstreitsachen, in denen nicht der Kreisausschuß, sondern eine von den beiden höheren Instanzen oder auch andere Behörden die erste Entscheidung zu treffen haben. (L. V. G. § 7.)

Dieser Umstand ist zur Vermeidung von folgenschweren Fehlgriffen wohl zu beachten. Um dies recht deutlich zu machen, ist der Geschäftsumfang des Kreisausschusses in § 36 demjenigen des Stadtausschusses gegenübergestellt; dort muß auch das Nähere hierüber nachgelesen werden.

§ 2.

Wegen der richterlichen Obliegenheiten wurde der Kreisausschuß in § 8 des Gesetzes vom 3. Juli 1875 auch noch als „Kreisverwaltungsgericht" bezeichnet, jedoch ist dieser Ausdruck in der jetzt geltenden Gesetzgebung (L. V. G. §§ 36 ff.) vermieden, auch schon vorher in dem Ministerialerlaß vom 15. Januar 1876 (Min.-Bl. d. i. V. S. 13) von Aufsichts wegen für den amtlichen Verkehr untersagt worden.

§ 3.

In einer Beziehung führt der Kreisausschuß aber doch den Namen eines Gerichtes, nämlich den des „Waldschutzgerichtes" (§ 31, Abs. 2 des Gesetzes betreffend Schutzwaldungen und Waldgenossenschaften vom 6. Juli 1875. — G. S. S. 416).

§ 4.

Der Kreisausschuß übt auch eine richterliche Thätigkeit in Disziplinarstrafsachen gemäß §§ 8, 68 und 134 N. 3 der A. K. O. (Hannover § 91, Hessen-Nassau § 92, Westfalen und Rheinprovinz § 79), jedoch ist das Verfahren in den eigentlichen Disziplinar-Angelegenheiten — d. h. abgesehen von dem § 8 der K. O. — besonders geregelt (§ 157 N. 2 des L. V. G.). Von der Thätigkeit des Kreisausschusses in gewerblichen und Armen-Angelegenheiten wird später die Rede sein.

§ 5.

Der Kreisausschuß ist aber nicht allein und auch nicht einmal in erster Linie eine verwaltungsrichterliche Behörde, sondern er nimmt zunächst die Stelle ein als kommunales Verwaltungsorgan. Denn der Kreis ist nicht nur ein staatlicher Verwaltungsbezirk, sondern auch ein Kommunalverband zur Selbstverwaltung seiner Angelegenheiten mit den Rechten einer Korporation (§§ 2 und 134 N. 1—3 der A. K. O., Hannover § 91, Hessen-Nassau § 92, Westfalen und Rheinprovinz § 79).

§ 6.

Ferner ist der Kreisausschuß auch noch ein begutachtendes Organ (§ 134 N. 4 a. a. O.) und endlich ist er

§ 7.

Beschlußbehörde in Angelegenheiten der allgemeinen Landesverwaltung (§§ 130 und 134 N. 5 a. a. O., Hannover §§ 87 und 91, Hessen-Nassau §§ 88 und 92, Westfalen und Rheinprovinz §§ 75 und 79).

§ 8.

Welche dieser Funktionen der Kreisausschuß aber auch ausüben mag, so bleibt seine Zusammensetzung doch immer dieselbe. Er besteht aus dem Landrathe und sechs Mitgliedern, welche von der Kreisversammlung aus der Zahl der Kreisangehörigen mit absoluter Stimmenmehrheit gewählt werden. Geistliche, Kirchendiener und Elementarlehrer (also nicht auch andere Lehrer*)) können nicht Mitglieder des Kreisausschusses sein. Richterliche Beamte, zu denen jedoch die technischen Mitglieder der Handelsgerichte (Kammern für Handelssachen, §§ 100 ff. des Gerichtsverfassungsgesetzes vom 27 Januar 1877 — R. G. Bl. S. 41 —), der Gewerbegerichte und ähnlicher Gerichte nicht zu zählen sind, können nur mit Genehmigung des vorgesetzten Ministers Mitglieder des Kreisausschusses sein (§ 131 der A. K. O., Hannover § 88, Hessen-Nassau § 89, Westfalen und Rheinprovinz § 76).

*) Vergl. das Endurtheil des O. V. Gerichts, I. Senats, vom 11. März 1885 (Wochenschrift „Selbstverwaltung“, Jahrgang XII, S. 131).

§ 9.

Wählbar zu Mitgliedern des Kreisausschusses sind nur solche Männer, welche

a. Angehörige des deutschen Reiches und selbstständig sind. Als selbstständig wird derjenige angesehen, welcher das 21. Lebensjahr vollendet hat, sofern ihm das Recht, über sein Vermögen zu verfügen und dasselbe zu verwalten, nicht durch gerichtliche Anordnung entzogen worden ist;

b. sich im Besitze der bürgerlichen Ehrenrechte befinden.

Die Wählbarkeit geht verloren, sobald eins der vorstehenden Erfordernisse bei dem bis dahin Wählbaren nicht mehr zutrifft. Sie ruht während der Dauer eines Konkurses, ferner während der Dauer einer gerichtlichen Untersuchung, wenn dieselbe wegen Verbrechen oder wegen solcher Vergehen, welche den Verlust der bürgerlichen Ehrenrechte nach sich ziehen müssen oder können, eingeleitet oder wenn die gerichtliche Haft verfügt ist.

Die Einleitung des Konkurses unterbricht nur das passive Wahlrecht, nach der Beendigung derselben lebt auch dies Wahlrecht wieder auf. Nicht gleichbedeutend mit dem Konkurse ist die gerichtliche Administration (Endurtheil vom 22. November 1882, Wochenschrift „Selbstverwaltung", Jahrgang X, S. 283). Grundbesitz, Gewerbebetrieb oder Bergwerksbesitz gehören nicht zu den Bedingungen der Wählbarkeit. („Selbstverw." I, S. 156.) (§ 96 der A. K. O., Hannover § 52, Hessen-Nassau § 53, Westfalen und Rheinprovinz § 44.)

§ 10.

Der Kreisausschuß hat seinen Sitz an dem Amtssitze des Landrathes (§ 4, Abs. 1 des L. V. G.), jedoch kann derselbe in seiner Eigenschaft als Verwaltungsgericht auch an einem anderen Orte als an dem Amtssitze des Landrathes tagen. (Endurtheil des O. V. G. vom 20. Juni 1877; Entsch., Band II, S. 450, vergl. auch die §§ 135, 145 N. 1, 337 der Civil-Prozeß-Ordnung vom 30. Januar 1877.)

§ 11.

Den Vorsitz im Kreisausschusse führt der Landrath. (§ 36 des L. V. G., § 76 der A. K. O., Hannover § 24, Hessen-N § 26, Westf. und Rheinpr. § 32.) Er leitet und beaufsichtigt den Geschäftsgang und sorgt für die prompte Erledigung der Geschäfte. Er beruft den Kreisausschuß und führt in demselben den Vorsitz mit vollem Stimmrechte. Ist der Landrath verhindert, so geht der Vorsitz auf seinen Stellvertreter über. Ist dies der Kreissekretär, so führt nicht dieser, sondern das hierzu vom Ausschusse gewählte Mitglied oder ein vom Minister ernannter Kommissarius den Vorsitz (§§ 75 und 136 der A. K. O., Hannover §§ 23 und 92, Hessen-Nassau §§ 25 und 93, Westfalen und Rheinprovinz §§ 31 und 80).

Hiernach kann der Kreissekretair niemals den Vorsitz im Kreisausschusse führen, wohl aber ein Kreisdeputirter oder ein von dem Minister dazu bestimmter Kommissarius. Endurtheil des O. V. G. vom 17. Mai 1883. („Selbstverwaltung“, Jahrgang X, S. 219 ff.)

§ 12.

Für das Verfahren vor dem Kreisausschusse gelten im Allgemeinen (von den Einzelheiten ist erst später die Rede) die Vorschriften in den §§ 50—81 des Landesverwaltungsgesetzes und das Regulativ vom 28. Februar 1884 (mitgetheilt in den Regierungsamtsblättern und in der „Selbstverwaltung“, Jahrgang XI, S. 93 ff.) Vergl. die altländische Kreisordnung § 166, Hannover § 98, Hessen-Nassau § 99, Westfalen und Rheinprovinz § 86. Für Hannover ist das obige Regulativ etwas abgeändert laut ministerieller Bekanntmachung vom 3. Januar 1885 (Hannoversches Amtsblatt S. 153), für Hessen-Nassau desgl. vom 9. Juni 1886 (Extrabeilage zu N. 29 des Kasseler Amtsblattes). Wegen der Verpflichtung der Mitglieder des Kreisausschusses, den Sitzungen beizuwohnen, gilt dasselbe, wie für die Mitglieder des Stadtausschusses, vergl. unten §§ 37—39.

§ 13.

Die gewählten Mitglieder des Kreisausschusses können ihrer Stellen enthoben werden (§ 39 des Landes-Verwaltungs-Gesetzes vom 30. Juli 1883, § 133 Abs. 2 der altländischen Kreisordnung, Hannover § 90, Hessen-Nassau § 91, Westfalen und Rheinprovinz § 78).

§ 14.

Dem Kreisausschuß als Kollegium gebührt die eigentliche sachliche Entscheidung der ihm vorgelegten Verwaltungsstreitsachen, dem Vorsitzenden (siehe oben § 11) liegt es jedoch ob, die Arbeiten unter die Mitglieder zu vertheilen, soweit er sich nicht selbst das Dezernat vorbehält (§§ 136, 137 der A. K. O., Hannover §§ 92, 93, Hessen-Nassau §§ 93, 94, Westfalen und Rheinprovinz §§ 80, 81). Der Vorsitzende eröffnet die eingehenden Schriftstücke und vermerkt auf demselben den Tag des Einganges (Präsentatum). Für den Fall der Behinderung des Vorsitzenden beziehungsweise dessen Stellvertreters im Vorsitze kann ein vereidigter Büreaubeamter des Kreisausschusses mit der Eröffnung und Präsentation der eingehenden Schriftstücke beauftragt werden (§ 6 des Geschäfts-Regulativs vom 28. Februar 1884). In den zur kollegialischen Beschlußfassung oder Entscheidung gelangenden Sachen bestellt der Vorsitzende aus der Zahl der Mitglieder einen Referenten und einen Korreferenten, auch kann er sich selbst und da, wo ein Syndikus angestellt ist, auch diesen zum Referenten oder zum Korreferenten ernennen. Er zeichnet die Konzepte aller Verfügungen (§ 7 a. a. O.). Die nach § 60 des Landesverwaltungsgesetzes vom 30. Juli 1883 erforderlichen Duplikate kann er auf Kosten der Parteien anfertigen lassen.

§ 15.

Zu dem Dezernate des Vorsitzenden gehört es auch der Regel nach, Verfügungen, welche, ohne der sachlichen Beschlußfassung oder Entscheidung vorzugreifen, zur Vorbereitung dienen oder die Leitung des Verfahrens bezwecken und für welche die Zustimmung des Kollegiums nicht besonders vorgeschrieben ist, ohne Vortrag im Kollegium zu erlassen. Diese Befugniß unter seiner Mitzeichnung kann er auch einem anderen Mitgliede übertragen. Ueber Meinungsverschiedenheiten zwischen diesem Mitgliede und dem Vorsitzenden entscheidet dann das Kollegium (§ 8 a. a. O.).

Die Zustimmung des Kollegiums ist erforderlich, wenn an den Verhandlungen des Kreisausschusses technische Staats- oder Kommunalbeamte mit berathender Stimme theilnehmen (§ 118 des Landesverwaltungs-Gesetzes vom 30. Juli 1883).

§ 16.

Der Vorsitzende des Kreisausschusses verfügt nach § 60 des Landesverwaltungsgesetzes vom 30. Juli 1883 die Vollstreckung in Verwaltungsstreitverfahren im Wege des Verwaltungszwangsverfahrens (Verordnung vom 7. September 1879 — G. S. S. 591 — siehe den Kommentar von Crux, Hagen i. W. bei Hermann Risel).

§ 17.

In gewissen Fällen hat das Gesetz (vergl. den Eingang zu § 8 des Geschäftsregulativs vom 28. Februar 1884) den Vorsitzenden des Kreisausschusses ermächtigt beziehungsweise angewiesen, Namens der Behörde Verfügungen oder Bescheide zu erlassen. Diese sind folgende:

a. Die Vollstreckung im Verwaltungsstreitverfahren und im Beschlußverfahren, welche im Wege des Verwaltungszwangsverfahrens erfolgt, wird Namens der Behörde, welche in der ersten Instanz entschieden beziehungsweise beschlossen hatte, von dem Vorsitzenden verfügt (§ 60 des Landesverwaltungs-Gesetzes vom 30. Juli 1883).

b. Namens des (in erster Linie dazu berechtigten) Kreisausschusses steht dem Vorsitzenden das Recht zu, eine Klage ohne Weiteres durch einen mit Gründen versehenen Bescheid (sogenannten Vorbescheid) zurückzuweisen, wenn sich der erhobene Anspruch sofort als rechtlich unzulässig oder unbegründet herausstellt, und ferner, dem Beklagten ohne Weiteres durch einen mit Gründen versehenen Bescheid (sogenanntes Mandat) die Klaglosstellung des Klägers aufzugeben, wenn der erhobene Anspruch rechtlich begründet erscheint (§ 64 a. a. O.).

c. Namens des Kreisausschusses kann der Vorsitzende in dem Falle der Rechtsmittel-Fristversäumniß die Berufung ohne Weiteres durch einen mit Gründen versehenen Bescheid zurückweisen (§ 86 a. a. O.).

d. Dasselbe Recht steht dem Vorsitzenden zu bei Fristversäumnissen, welche die Leitung des Verfahrens und die darüber erhobenen Beschwerden betreffen (§ 111 a. a. O.).

e. Namens der Behörde kann der Vorsitzende des Kreisausschusses auch im Beschlußverfahren Verfügungen erlassen und Bescheide ertheilen in Fällen, welche keinen Aufschub zulassen, oder in welchen das Sach- und Rechtsverhältniß klar liegt und die Zustimmung des Kollegiums nicht im Gesetz ausdrücklich als erforderlich bezeichnet ist (§ 117 a. a. O.).

f. Endlich kann der Vorsitzende die im Beschlußverfahren eingelegten Rechtsmittel ohne Weiteres durch einen mit Gründen versehenen Bescheid zurückweisen, wenn die Beschwerdefrist versäumt ist (§ 122 a. a. O.).

Aber auch abgesehen von diesen, im Gesetze speziell vorgesehenen Fällen kann der Vorsitzende Verfügungen erlassen, welche, ohne der sachlichen Beschlußfassung oder Entscheidung vorzugreifen, zur Vorbereitung derselben dienen oder die Leitung des Verfahrens betreffen.

Hiervon bilden nur solche Verfügungen eine Ausnahme, für welche die Zustimmung des Kollegiums besonders vorgeschrieben ist. Dies ist der Fall, wenn an den Verhandlungen des Kreisausschusses technische Staats- und Kommunalbeamte mit berathender Stimme theilnehmen sollen (§ 118 a. a. O.).

Außer diesem Falle werden die oben gedachten Verfügungen des Vorsitzenden der Regel nach entweder von dem Vorsitzenden selbst oder unter seiner Mitzeichnung von demjenigen Mitgliede erlassen, welchem der Vorsitzende die Bearbeitung der Sache überträgt. Ergiebt sich zwischen diesem Mitgliede und dem Vorsitzenden eine Meinungsverschiedenheit oder wird gegen das Verfügte Einspruch erhoben, so ist die Beschlußfassung des Kollegiums hierüber herbeizuführen.

Dem Ermessen des Vorsitzenden bleibt es in allen Fällen überlassen, den vorgängigen Vortrag im Kollegium anzuordnen.

In den Sitzungen leitet der Vorsitzende die Verhandlungen und Berathungen. Bei der Abstimmung stellt er die Fragen und sammelt die Stimmen, d. h. vorbehaltlich der Entscheidung des Kollegiums, falls über die Fragestellung oder das Ergebniß der Abstimmung eine Meinungsverschiedenheit entsteht. Bei der Abstimmung giebt der Referent seine Stimme zuerst ab (§ 9 des Geschäftsregulativs), soweit er Stimmrecht hat (§ 132 der altländischen Kreisordnung, Hannover § 89, Hessen-Nassau § 90, Westfalen und Rheinprovinz § 77).

§ 18.

Muß vor der mündlichen Verhandlung eine Beweisaufnahme (§ 76 a. a. O.) stattfinden, so hat der Vorsitzende dieselbe anzuordnen und die

Beschlußfassung des Kollegiums hierüber herbeizuführen. Kommt der Beschluß zu Stande, so hat der Vorsitzende die Ausführung desselben zu veranlassen. Dabei sind die Vorschriften in den §§ 77 und 120 dergestalt maßgebend, daß etwaige Abänderungen des auf die Beweisaufnahme bezüglichen Beschlusses nur mit event. nachträglich einzuholender Zustimmung des Kollegiums vorgenommen werden dürfen.

§ 19.

Nicht seine sämmtlichen Obliegenheiten kann der Vorsitzende an einzelne Mitglieder des Kollegiums übertragen, namentlich nicht das Recht zum Erlaß von Vorbescheiden 2c. (siehe oben § 17), in allen übrigen Fällen steht ihm eine solche Uebertragungsbefugniß wohl zu, indessen wird ihm auch hierdurch der Dezernent nicht vollständig gleichgestellt, vielmehr muß sich derselbe unter allen Umständen der Aufsicht des Vorsitzenden unterwerfen und sich die nöthigen Korrekturen gefallen lassen. Letzteres natürlich nur in formeller Beziehung, denn bei Meinungsverschiedenheiten in materieller Hinsicht muß das Kollegium entscheiden.

§ 20.

Ist für den Kreisausschuß ein Syndikus bestellt worden (§ 132 der altländischen Kreisordnung, Hannover § 89, Hessen-Nassau § 90, Westfalen und Rheinprovinz § 77), so kann auch diesem der Vorsitzende gewisse Geschäfte übertragen. Da aber der Syndikus nur eine „berathende“ Stimme im Kollegium hat, so ist der Vorsitzende an dessen schriftliche Gutachten nicht gebunden, auch besteht für ihn kein Zwang, die betreffende Angelegenheit lediglich wegen der vorliegenden Meinungsverschiedenheit zwischen ihm und dem Syndikus vor das Kollegium zu bringen, obschon dies in vielen Fällen wohl zweckmäßig sein mag. Ist der Syndikus in einer Sache zum Referenten oder Korreferenten ernannt worden (§ 7 des Geschäftsregulativs), so versteht sich die Erörterung solcher Meinungsverschiedenheiten im Kollegium von selbst.

§ 21.

Ueberhaupt ist der Vorsitzende in der Befugniß, irgend welche Sachen zum Vortrag im Kollegium zu bringen, vollständig unbeschränkt, seinem Ermessen bleibt es auch in allen Fällen überlassen, dem Dezernenten den Vortrag im Kollegium aufzugeben (Schlußsatz im § 8 des Regulativs).

§ 22.

Ueber Beschwerden, welche die Leitung des Verfahrens betreffen (prozeßleitende Verfügungen) beschließt endgültig der Bezirksausschuß (§ 125 des Landesverwaltungsgesetzes vom 30. Juli 1883). Dasselbe gilt auch von den prozeßleitenden Verfügungen, welche im Auftrage des Vorsitzenden von einem Dezernenten erlassen worden sind (§ 137, Abs. 1

der altländischen Kreisordnung, Hannover § 93, Hessen-Nassau § 94, Westfalen und Rheinprovinz § 81), jedoch steht wohl nichts im Wege, daß derartige Beschwerden sogleich nach Vortrag im Kollegium Abhülfe finden können, wenn sich der Beschwerdeführer zuerst an den Kreisausschuß wendet und wenn der Vorsitzende eine derartige Nachprüfung für geboten erachtet. An eine Frist sind derartige Verfügungen nicht gebunden.

§ 23.

Beweisbeschlüsse (Beweisresolute) sind keine prozeßleitenden Verfügungen, deshalb sind auch Beschwerden im obigen Sinne dagegen nicht zulässig (Bescheid des Ober-Verwaltungs-Gerichtes vom 29. Dezember 1876 — Entsch. Band I, S. 445, Parey, Rechtsgrundsätze S. 453 —), vielmehr ist der Verwaltungsrichter in der Auswahl der Mittel, um eine Grundlage für seine Entscheidung zu gewinnen, vollständig unbeschränkt (§§ 76, 77 des Landesverwaltungsgesetzes vom 30. Juli 1883). Hiervon giebt es nur die eine Ausnahme für den Fall, daß eine Sache in die Vorinstanz zurückgewiesen wird, wobei diese Instanz sich nach den von dem Ober-Verwaltungsgerichte aufgestellten Grundsätzen zu richten hat (§ 101 a. a. O.).

§ 24.

Dasselbe gilt, wenn der Vorsitzende aus eigener Entschließung eine vorläufige Beweisaufnahme angeordnet hat (§ 8 des Geschäftsregulativs), denn auch hier ist eine Beschwerde an die höhere Instanz ausgeschlossen, es ist aber für zulässig zu erachten, dagegen eine Vorstellung an das Kollegium des Kreisausschusses zu richten, welches dann darüber zunächst zu beschließen hat.

§ 25.

Für die Beschlußfähigkeit des Kreisausschusses genügt die Anwesenheit dreier Mitglieder mit Einschluß des Vorsitzenden (§ 138 der altländischen Kreisordnung, Hannover § 94, Hessen-Nassau § 95, Westfalen § 82), indessen ist damit keineswegs gesagt, daß der Vorsitzende das Recht hätte, immer nur zwei Mitglieder, welche ihm gerade passen, einzuberufen, vielmehr muß das vollzählige Kollegium jedesmal eingeladen werden.

Die im Verwaltungsstreitverfahren oder Beschlußverfahren zur mündlichen Verhandlung gelangenden Sachen werden der Regel nach in der durch den Vorsitzenden bestimmten, durch Aushang vor dem Sitzungszimmer bekannt zu machenden Reihenfolge erledigt.

In der Vorladung ist die zur mündlichen Verhandlung bestimmte Stunde anzugeben. Die mündliche Verhandlung ist durch einen Vortrag des Referenten über das Sachverhältniß einzuleiten; bei dem Erscheinen sämmtlicher Betheiligten kann der Vorsitzende diesen den Vortrag des Sachverhalts überlassen. Der Vorsitzende hat dahin zu wirken, daß das

Sachverhältniß vollständig aufgeklärt und die sachdienlichen Anträge von den Betheiligten gestellt werden (§ 2 u. 11 des Geschäftsregulativs).

Durch Aufnahme in das Protokoll über die mündliche Verhandlung sind insbesondere festzustellen:

a. neue thatsächliche Erklärungen und neue Anträge der Betheiligten oder die Thatsache, das solche aus den Vorträgen der Betheiligten nicht zu entnehmen waren;

b. Anerkenntnisse, Verzichtleistungen und Vergleiche, durch welche der geltend gemachte Anspruch ganz oder theilweise erledigt wird;

c. die Aussagen der Zeugen und Sachverständigen, welche im Termine zur mündlichen Verhandlung vernommen werden;

d. die zum Zwecke der Aufklärung des Sachverhalts oder der förmlichen Beweisaufnahme erfolgte Vorlegung von Akten und Verlesung von Schriftstücken;

e. das Ergebniß eines im Termin eingenommenen Augenscheins.

Das Protokoll ist insoweit, als es die sub a bis e bezeichneten Gegenstände betrifft, den Betheiligten vorzulesen oder zur Durchsicht vorzulegen. In dem Protokoll ist zu bemerken, daß dies geschehen und die Genehmigung erfolgt sei oder welche Einwendungen erhoben sind.

Den Betheiligten ist auf Antrag Abschrift des über die mündliche Verhandlung aufgenommenen Protokolls zu ertheilen (§ 12 a. a. O.).

Der Vorsitzende handhabt gemäß §§ 72, 119 des Landesverwaltungsgesetzes vom 30. Juli 1883 die Ordnung in der mündlichen Verhandlung und führt erforderlichen Falles einen Beschluß des Kollegiums über den Ausschluß der Oeffentlichkeit herbei (§ 13 a. a. O.).

Der Vorsitzende verkündet die ergangene Entscheidung oder den ergangenen Beschluß. Wird die Verkündigung der Gründe der Entscheidung oder des Beschlusses für angemessen erachtet, so erfolgt sie durch Vorlesung derselben, oder durch mündliche Mittheilung ihres wesentlichen Inhaltes.

Hat die Verkündigung der Entscheidung oder des Beschlusses nicht sofort erfolgen können, so bedarf es zu diesem Behufe nicht der Anberaumung einer besonderen Sitzung; vielmehr genügt die Zustellung der mit Gründen versehenenen Entscheidung oder des Beschlusses an die Betheiligten.

Nur in denjenigen Angelegenheiten, auf welche der § 21 der Reichsgewerbe-Ordnung vom 21. Juni 1869 Anwendung findet, muß die Verkündigung der Entscheidung oder des Beschlusses stets in öffentlicher Sitzung erfolgen.

Erscheint in derartigen Sachen die Aussetzung der Entscheidung oder des Beschlusses nothwendig, so erfolgt die Verkündigung in einer weiteren Sitzung, welche sofort anzuberaumen und den Parteien bekannt zu machen ist (§ 14 a. a. O.).

§ 26.

Alle Entscheidungen, Bescheide, Beschlüsse und Verfügungen, welche von dem Kreisausschuß als Kollegium erlassen werden, sind nach § 15 des Regulativs in der Ausfertigung mit der Unterschrift:

„Der Kreisausschuß des Kreises N. N."

zu versehen und von dem Vorsitzenden zu vollziehen.

Bei Bescheiden und Verfügungen, welche von dem Vorsitzenden erlassen werden und gegen welche das Gesetz ausdrücklich den Antrag auf mündliche Verhandlung oder auf Kollegialbeschluß zuläßt, lautet die Unterschrift:

„Namens des Kreisausschusses,
Der Vorsitzende."

(Die vorgedachten Fälle sind dieselben, welche in § 17 sub a bis f aufgeführt wurden).

Die Urschriften (Konzepte) der von dem Kollegium erlassenen Entscheidungen, Bescheide und Beschlüsse sind von dem Vorsitzenden und wenigstens zwei Mitgliedern zu vollziehen.

Die Ausfertigungen der bei dem Kreisausschuß ergehenden Entscheidungen sind mit der Ueberschrift:

„Im Namen des Königs"

und mit dem Siegel des Kreisausschusses (Preußischer Adler mit der den Kreis bezeichnenden Umschrift) zu versehen. Dieselben müssen im Eingange den Sitzungstag, an welchem die Entscheidung getroffen worden ist und die Mitglieder, welche an der Sitzung theilgenommen haben, ersehen lassen.

§ 27.

Bezüglich der Urkunden über Rechtsgeschäfte und der Vollmachten eines Kreisverbandes bewendet es nach § 15 des Regulativs bei der Vorschrift im § 137 Abs. 3 der altländischen Kreisordnung (Hannover § 93, Hessen-Nassau § 94, Westfalen § 81).

§ 28.

Belehrungen über Rechtsmittel sind nach § 16 des Regulativs nur noch in folgenden Fällen zu ertheilen:

1. bei Ertheilung von Vorbescheiden (§ 64 Abs. 4 des Landesverwaltunsgesetzes vom 30. Juli 1883);
2. bei Entscheidungen in dem Falle, daß weder von dem Kläger noch von dem Beklagten die Anberaumung der mündlichen Verhandlung beantragt worden ist (§ 67 a. a. O.);
3. bei Zurückweisung der Berufung in dem Falle der Fristversäumniß (§ 86 Abs. 4 a. a. O.);
4. bei Versäumung der Frist, wenn es sich um Beschwerden über die Leitung des Verfahrens handelt (§ 111, Abs. 2 a. a. O.);

5. bei den Anträgen auf Beschlußfassung durch das Kollegium in den Fällen der Vorbescheide und Mandate wegen Klaglosstellung (§ 117, Abs. 3 a. a. O.);
6. bei der Zurückweisung der Beschwerde im Beschlußverfahren (§ 122, Abs. 2 a. a. O.).

Alle diese Belehrungen sind stets am Schlusse der betreffenden Bescheide und Verfügungen und zwar, falls in denselben der dispositive Inhalt (Tenor) von der Begründung geschieden ist, am Schlusse der Gründe in einer thunlichst in die Augen fallenden äußeren Form zu ertheilen.

Die Vorschriften über die Fristversäumnisse wegen irriger Belehrungen sind mit dem § 29, Abs. 3 des Zuständigkeitsgesetzes vom 26. Juli 1876 fortgefallen und ersetzt durch die Bestimmungen über die Wiedereinsetzung in den vorigen Stand (§ 52, Abs. 2 und 112 a. a. O.). Vergl. Endurtheil des O. V. G. vom 19. Dezember 1877 (Entsch. Band III, S. 32; Parey, Rechtsgrundsätze S 16).

Daß die Polizeibehörden bei ihren Verfügungen Belehrungen zu ertheilen hätten, ist nirgends vorgeschrieben. Vergl. Endurtheil vom 3. November 1877 (Entsch. Band III, S. 361; Parey, Rechtsgrundsätze S. 440).

§ 29.

Die Beschlüsse des Kreisausschusses müssen stets von einer ungraden Zahl von Mitgliedern gefaßt werden. Ist eine grade Zahl von Mitgliedern anwesend, so nimmt das dem Lebensalter nach gewählte jüngste Mitglied wohl an der Berathung, aber nicht an der Abstimmung Antheil (§ 138 der altländischen Kreisordnung, Hannover § 94, Hessen-Nassau § 95, Westfalen und Rheinland § 82). Wenn dieses jüngste Mitglied das Referat in der Sache zu erstatten hat, so nimmt dasselbe doch an der Beschlußfassung und Abstimmung Theil, dasselbe gilt, wenn das jüngste Mitglied als stellvertretender Vorsitzender fungirt (§ 136, Abs. 2 der altländischen Kreisordnung, Hannover § 92, Hessen-Nassau § 92, Westfalen und Rheinland § 80). Das bei der Abstimmung und Beschlußfassung ausscheidende Mitglied wird natürlich auch im Eingange des Erkenntnisses als Richter nicht mit aufgeführt. Verfügung des O. V. G. vom 26. September 1876 (Entsch. Band I, S. 432; Parey, Rechtsgrundsätze S. 451.).

Was hier von dem Stimmrechte des Referenten gesagt worden ist, gilt nicht von dem Korreferenten. Vergl. Endurtheil des O. V. G. vom 26. September 1876 (Entsch. Band I, S. 347; Parey, Rechtsgrundsätze S. 215).

Die auf diese Weise nicht mitstimmenden Mitglieder kommen in dieselbe Lage, wie der Syndikus, welcher ebenfalls nur eine berathende Stimme hat.

§ 30.

Das Verwaltungsgericht besteht nicht nur aus dem Vorsitzenden und den Mitgliedern, sondern es gehört dazu auch ein Protokollführer. Derselbe muß, wenn er bei der mündlichen Verhandlung zugezogen ist, vereidigt sein (§ 75 des Landesverwaltungsgesetzes vom 30. Juli 1883), handelt es sich aber um die Aufnahme von Beweisverhandlungen, so genügt die einfache Verpflichtung durch Handschlag (§ 77, Abs. 2 a. a. O.).

Ueber den Inhalt der Protokolle vergl. § 12 des Regulativs.

2. Der Stadtausschuß.

§ 31.

Was für die Landkreise der Kreisausschuß, das ist für die Stadtkreise in der Regel der Stadtausschuß (§ 4 Abs. 2 des Landesverwaltungsgesetzes vom 30. Juli 1883). Ausnahme von dieser Regel bilden nur die aus mehreren Ortschaften zusammengesetzten Stadtkreise, z. B. bis zum 1. April 1887 Magdeburg (§ 173 der altländischen Kreisordnung), für welche auch bis zu diesem Zeitpunkte die Bezeichnung Kreisausschuß beibehalten war. Jetzt besteht auch in dem Stadtkreise Magdeburg ein Stadtausschuß, nachdem die Neustadt und Buckau inkommunalisirt sind.

§ 32.

Der Stadtausschuß besteht aus dem Bürgermeister beziehungsweise dessen gesetzlichem Stellvertreter als Vorsitzendem und vier Mitgliedern, welche von dem Magistrate, oder in Provinzen, in denen es einen solchen nicht giebt, (wie z. B. in Hessen-Nassau) von dem collegialischen Gemeindevorstande aus seiner Mitte für die Dauer ihres Hauptamtes gewählt werden.

Für Fälle der Behinderung sowohl des Bürgermeisters, wie seines gesetzlichen Stellvertreters wählt der Stadtausschuß den Vorsitzenden aus seiner Mitte. Derselbe bedarf der Bestätigung des Regierungspräsidenten, im Stadtkreise Berlin des Oberpräsidenten. Der Vorsitzende oder ein Mitglied des Stadtausschusses muß zum Richteramte oder zum höheren Verwaltungsdienste befähigt sein. (§ 37 des Landes-Verwaltungsgesetzes vom 30. Juli 1883.) Vergl. hierzu den Min.-Erl. vom 18. März 1876 (Wochenschrift „Selbstverwaltung“ Jahrgang IV S. 250).

§ 33.

In manchen Provinzen kommt es vor, daß der Bürgermeister allein den Gemeindevorstand bildet; wo dies zutrifft, da werden die außer dem Vorsitzenden zu bestellenden Mitglieder des Stadtausschusses von der Gemeindevertretung aus der Zahl der Gemeindebürger gewählt. In diesem Falle erfolgt die Wahl auf sechs Jahre. Alle drei Jahre scheidet die Hälfte der gewählten Mitglieder aus. Die Ausgeschiedenen bleiben jedoch in allen Fällen bis zur Einführung der neu Gewählten in Thätigkeit. Die das erste Mal Ausgeschiedenen werden durch das Loos bestimmt. Die Ausscheidenden sind wieder wählbar.

Für die im Laufe der Wahlperiode ausscheidenden Mitglieder haben Ersatzwahlen stattzufinden. Die Ersatzmänner bleiben bis zum Ende desjenigen Zeitraums in Thätigkeit, für welchen die Ausgeschiedenen gewählt werden. Im Uebrigen gelten in Betreff der Wählbarkeit, der Wahl, der Einführung und der Vereidigung der Mitglieder, sowie des Verlustes ihrer Stellen unter einstweiliger Enthebung von denselben, die für unbesoldete Magistratsmitglieder bestehenden gesetzlichen Vorschriften. (§ 38 des Landesverwaltungsgesetzes vom 30. Juli 1883.)

§ 34.

Hinsichtlich der Disziplinarverhältnisse der gewählten Mitglieder des Stadtausschusses gilt dasselbe, wie von gewählten Mitgliedern des Kreisausschusses (siehe oben § 13).

§ 35.

Dasselbe gilt von der Beschlußfähigkeit des Stadtausschusses (oben §§ 25 und 29.)

§. 36.

Dagegen ist der Geschäftsumfang des Stadtausschusses keineswegs derselbe, wie derjenige des Kreisausschusses. Derselbe ist vielmehr auf folgende Gegenstände beschränkt:

1. Beschlußfassung in Armenangelegenheiten. (§ 43 des Zuständigkeitsgesetzes vom 1. August 1883); nämlich:
   a) das schiedsrichterliche oder sühneamtliche Vermittlungsverfahren zwischen Armenverbänden,
   b) Schlichtung von Streitigkeiten zwischen Armenverbänden und den zur Unterstützung eines Hülfsbedürftigen verpflichteten Angehörigen.
2. Vorfluths-Angelegenheiten:
   a) Beschluß über den Erlaß von Reglements (Regulativen) wegen Räumung von Gräben, Bächen und Wasserläufen (§ 65 a. a. O.)
   b) Ernennung von sachverständigen Kommissarien behufs Festsetzung der Höhe des Wasserstandes bei Stauwerken (§ 67 a. a. O.) Beschlußsache.
   c) Entscheidung auf Klage gegen die durch die Kommission beim Mangel rechtsverbindlicher, deutlicher Bestimmungen bewirkte Festsetzung des Wasserstandes bei Stauwerken (§ 67 a. a. O.). Verwaltungsstreitsache.

d) Entscheidung in Streitigkeiten darüber, ob die Höhe des Wasserstandes in rechtsverbindlicher und deutlicher Weise bestimmt sei (§ 67 a. a. O.). Verwaltungsstreitsache.
e) Die interimistische Festsetzung eines Wasserstandes (§ 67 a. a. O.). Endgültiger Beschluß bis zur rechtskräftigen Entscheidung im Verwaltungsstreitverfahren.
f) Beschluß über Anträge auf Verschaffung von Vorfluth nach vorgängiger, vom Stadtausschusse anzuordnender Untersuchung (§ 68 a. a. O.). Beschlußsache, dagegen Antrag auf mündliche Verhandlung im Verwaltungsstreitverfahren.
g) Beschluß über Anträge auf Mitbenutzung einer Entwässerungsanlage und auf Abänderungen eines Entwässerungsplanes (§ 68 a. a. O.).
h) Aufforderung zur Schiedsrichterwahl, Ernennung des Obmannes und der von den Betheiligten nicht rechtzeitig gewählten Schiedsrichter, auch Ermächtigung des Schiedsgerichts.
i) Beschlußfassung über
   α. die Rechtmäßigkeit der Ablehnung des Schiedsrichteramtes,
   β. die Zurückweisung unzulässiger Schiedsrichter,
   γ. die Festsetzung der Vergütigung der Schiedsrichter,
   δ. die Festsetzung der Vergütigung der Commissarien.
   (§ 70 a. a. O.). Beschlußsache, Antrag auf mündliche Verhandlung im Verwaltungsstreitverfahren.
k. Anfechtung der schiedsrichterlichen Entscheidungen (§ 71 a. a. O.). Verwaltungsstreitsache.

3. Bei Bewässerungs- und Entwässerungs-Anlagen:
   a) Die Abfassung des Präklusionsbescheides (§ 74 a. a. O.). Beschlußsache, Restitutionsgesuch und ev. Vewaltungsstreitverfahren.
   b) Entscheidung auf Widersprüche gegen Bewässerungsanlagen des Uferbesitzers § 75 a. a. O.). Verwaltungsstreitsache.
   c. Beschlußfassung über die Vorfrage, ob ein überwiegendes Landeskulturinteresse vorliegt bei Bewässerungsanlagen (§ 76 a. a. O.).
   d. Ernennung der Commissarien für das fernere Verfahren (§ 77 a. a. O.). Beschlußsache.
   e. Beschlußfassung über die erhobenen Widersprüche gegen den von der Kommission entworfenen Plan und über die Frist der Ausführung (§ 77 a. a. O.). Antrag auf mündliche Verhandlung in Verwaltungsstreitverfahren.
   f. Ernennung von Taxatoren (§ 78 a. a. O.). Beschlußsache.
   g. Feststellung der Entschädigung (§ 78 a. a. O.). Verwaltungsstreitsache.
   h. Beschluß über den Antrag auf vorläufige Gestattung der Anlage und über die Höhe der zu erlegenden Kaution (§ 80 a. a. O.)

4. Wasser-Genossenschaftsangelegenheiten. cf. Gesetz vom 1. April 1879 (G. S. S. 279).

a) Entscheidung auf Klagen gegen den Bescheid des Genossenschaftsvorstandes über die Zugehörigkeit zur Genossenschaft, insonderheit die Verpflichtung zur Theilnahme an den Lasten, sofern es sich nicht um Genossenschaften zur Anlegung und Verbesserung von Wasserstraßen (Flößereien) und anderen Schifffahrtsanlagen, sondern um andere Genossenschaften handelt (§ 94 a. a. O.).

b. Beschlußfassung über die Gestattung von Vorarbeiten zur Vorbereitung einer Genossenschaft (§ 94 a. a. O.) vorbehaltlich des ordentlichen Rechtsweges.

5. Befugnisse der Strombauverwaltung gegenüber den Uferbesitzern an öffentlichen Flüssen. Gesetz vom 20. August 1883 (G. S. S. 333). Festsetzung der Höhe der den Uferbesitzern zu gewährenden Entschädigungen (§§ 3, 8 und 9 jenes Gesetzes).

6. Fischerei-Angelegenheiten:

a. Die Aufsicht über die Fischereigenossenschaften (§ 100 des Zuständigkeitsgesetzes vom 1. August 1883). Beschlußsache, Antrag auf mündliche Verhandlung im Verwaltungsstreitverfahren.

b. Entscheidung bei Streitigkeiten über die Verpflichtung zur Theilnahme an den Genossenschaftslasten oder über das Recht zur Theilnahme an den Einkünften aus der gemeinsamen Fischereinutzung (§ 101 a. a. O.).

7. Gewerbliche Anlagen: (§§ 16—25 der Reichs-Gewerbe-Ordnung) Beschlußfassung über Anträge auf Genehmigung zur Errichtung oder Veränderung gewerblicher Anlagen (§§ 109, 113 des Zuständigkeitsgesetzes vom 1. August 1883).

8. Gewerbliche Concessionen (§§ 33, 34 der Reichs-Gewerbe-Ordnung).

a. Beschluß über Anträge auf Ertheilung der Erlaubniß zum Betriebe der Gast- oder Schankwirthschaft und zum Kleinhandel mit Branntwein oder Spiritus, nach Anhörung der Gemeinde- resp. Ortspolizeibehörde. Sofern die eine oder die andere dieser Behörden Widerspruch erhebt, kann die Ertheilung der Erlaubniß nur im Verwaltungsstreitverfahren erfolgen (§ 114 des Zuständigkeitsgesetzes vom 1. August 1883).

In denjenigen Stadtkreisen, in denen der Bürgermeister gleichzeitig Vorsitzender des Stadtausschusses und Verwalter der Ortspolizei ist, bleibt es ihm überlassen, welche von beiden Funktionen er übernehmen will, während er die Ausübung der anderen seinem gesetzlichen Vertreter überlassen muß. Hat der Bürgermeister als Vertreter der Polizeiverwaltung dem Antrage widersprechen und hiermit die Rolle des Beklagten übernommen, so kann er als Richter nicht mitwirken. (Verfügung des O. V. Gerichts vom 17. November und Endurtheil vom 1. Dezember 1877. — Entsch. Band III S. 379, Band IV S. 339, Parey, Rechtsgrundsätze S. 363 und 453. —)

b. Beschluß über Anträge auf Ertheilung der Erlaubniß zum Betriebe des Pfandleihgewerbes und zum Handel mit Giften (§ 114 a. a. O.). Hier fällt die vorhergehende Anhörung der Gemeinde- oder Ortspolizeibehörde fort, also reine Beschlußsache.

c. Beschluß über die Ertheilung der Erlaubniß zur öffentlichen Veranstaltung oder Duldung von Singspielen, Gesangs- und deklmatorischen Vorträgen, Schaustellungen, ohne daß ein höheres Interesse der Kunst oder Wissenschaft dabei obwaltet (§ 33a der Reichs-Gewerbe-Ordnung, § 1 des Gesetzes vom 31. Dezember 1883 — G. S. 1884 S. 7 —).

d. Beschluß über Anträge auf Ertheilung der Erlaubniß, innerhalb eines gewissen Bezirkes das Hausirgewerbe auszuüben, soweit es dazu der Erlaubniß bedarf (§ 42b der Reichs-Gewerbe-Ordnung, § 1 des Gesetzes vom 31. Dezember 1883 — G. S. 1884 S. 7 —).

9. Enteignungsangelegenheiten. (Gesetz vom 11. Juni 1874 — G. S. S. 221, § 51 des Zuständigkeitsgesetzes vom 1. August 1883):

a. Bestimmung der Rechte, welche Wegebaupflichtigen in Bezug auf die Entnahme von Materialien zum Wegebau einzuräumen sind.

b. Bestimmung der dafür zu gewährenden Entschädigung (a. a. O.).

Hiermit findet das Ressort des Stadtausschusses bis auf etwaige weitere Bestimmungen seinen vorläufigen Abschluß. Man sieht, daß dasselbe ein sehr beschränktes ist und sich keineswegs mit demjenigen des Kreisausschusses deckt. Ueber die auf diese Weise gezogenen Grenzen darf der Stadtausschuß nicht hinausgehen, er muß vielmehr die Entscheidung oder Beschlußfassung andern in dem Gesetze (und auch in diesem Buche später) erwähnten Behörden überlassen.

10. Wegen der Waldschutzangelegenheiten vergl. das nachfolgende Ressort des Kreisausschusses N. 10.

Am ähnlichsten ist das Ressort des Stadtausschusses demjenigem des Kreisausschusses, allein das letztere geht viel weiter und bezieht sich nicht allein auf die vorstehend sub 1—9 aufgeführten Geschäfte, sondern noch auf folgende, mit denen der Stadtausschuß nichts zu thun hat, was sich allerdings zum Theil schon aus der Natur der Sache ergiebt.

1. Kreisangelegenheiten.

a. Beschlußfassung über Beschwerden und Einsprüche, betreffend das Recht der Mitbenutzung der öffentlichen Einrichtungen und Anstalten des Kreises (§ 19 der Kreisordnung, § 3 des Zuständigkeitsgesetzes vom 1. August 1883). In den Stadtkreisen tritt hier an Stelle des Kreisausschusses der Gemeindevorstand (§ 18 des Zuständigkeitsgesetzes), mithin nicht etwa der Stadtauschuß.

b. Beschlußfassung über Beschwerden und Einsprüche, betreffend die Heranziehung oder Veranlagung zu den Kreisabgaben (a. a. O.). In den Stadtkreisen beschließt über diese Beschwerden und Einsprüche in Betreff der Gemeindeabgaben ebenfalls der Gemeindevorstand (wie sub a).

c. Beschlußfassung über die Vereinigung von Gütern und Gemeinden zu Kollektivstimmen für die Wahlen zum Kreistage. (§§ 99 und 101 der altländischen Kreisordnung, Hannover §§ 55 und 57, Hessen-Nassau §§ 56 und 58, Westfalen und Rheinprovinz ähnlich in §§ 46, 47). In den Stadtkreisen ist ein Analogon hierfür bisher nicht bekannt geworden.

d. Die Bestimmung des Wahlortes für die Wahl der in den Wahlbezirken des Verbandes der Landgemeinden und in den Städtewahlbezirken zu wählenden Kreistagsabgeordneten (§§ 103 u. 104 der altländischen Kreisordnung, Hannover §§ 59, 60, Hessen-Nassau §§ 60, 61, Westfalen und Rheinprovinz § 48). In den Stadtkreisen werden der Regel nach Kreistagsabgeordnete nicht gewählt (siehe oben § 31 das frühere Beispiel von Magdeburg).

e. Aufstellung des Verzeichnisses der Wahlberechtigten zum Kreistage (§§ 110 und 112a der altländischen Kreisordnung, Hannover §§ 66, 69, Hessen-Nassau §§ 67, 70, Westfalen und Rheinprovinz §§ 54, 57). Wegen der Stadtkreise wie sub d.

f. Vorschlag wegen der dem Kreistage obliegenden Vertheilung der Kreistagsabgeordneten auf die einzelnen Wahlverbände. §§ 111 und 112a der altländischen Kreisordnung, Hannover §§ 67—69, Hessen-Nassau §§ 68—70, Westfalen und Rheinprovinz §§ 55—57). Stadtkreise wie sub d und e.

g. Beschluß darüber, ob eine Wahl zum Kreisausschußmitgliede mit dem Aufhören einer der für die Wählbarkeit vorgeschriebenen Bedingungen ihre Gültigkeit verloren hat (§§ 133 der altländischen Kreisordnung, Hann. § 90, Hessen-Nassau § 91, Westf. und Rheinprovinz) § 78. Stadtkreise wie sub d—f.

2. Angelegenheiten der Amtsverbände (ebenfalls auf Stadtausschüsse nicht anwendbar und auch nicht auf die übrigen Provinzen).

a. Beschlußfassung über die Auseinandersetzung in dem Falle des § 49a der altländ. Kreisordn. cf. auch § 6 des Zuständigkeitsgesetzes vom 1. August 1883.

b. Entscheidung auf Klage gegen Beschlüsse des Amtsausschusses über Einsprüche gegen Wahlen zum Amtsausschusse (§ 51a der altländ. Kreisordnung).

c. Entscheidung auf Klage gegen Verfügungen des Amtsvorstehers, durch welche Beschlüsse des Amtsausschusses als gesetzwidrig oder unzulässig beanstandet werden. (§ 54a der altländ. Kreis-Ord.

d. Beschluß über die Genehmigung von Beschlüssen der Amtsverbände über Veräußerung von Grundstücken und Immobilienrechten oder die Aufnahme von Anleihen (§ 55a a. a. O.).

e. Beschluß über die Art der gerichtlichen Zwangsvollstreckung wegen Geldforderungen gegen Amtsverbände (§ 55b N. 1 a. a. O.).
f. Feststellung der Amtskassen-Defecte (§ 55b N. 2 a. a. O.).
g. Beschluß über die verweigerte Abnahme oder Rechnungsdecharge bei den Amtskassen (§ 55b N. 3 a. a. O.).
h. Beschluß über die Anordnung des Stellvertreters des Amtsvorstehers mangels geeigneter Persönlichkeiten (§ 57 Abs. 4 a. a. O.).
i. Desgleichen im Falle der persönlichen Betheiligung (§ 57 Abs. 5, 6 und 7 a. a. O.).
k. Desgleichen für die Fälle, wo bei polizeilichen Angelegenheiten die Betheiligten mehreren Amts- oder Stadtbezirken angehören. (§ 61. a. a. O.). Sind bei dergleichen Angelegenheiten Eingesessene eines Stadtausschusses betheiligt, so kommt der § 59 Nr. 2 des Landesverwaltungsgesetzes vom 30. Juli 1883 zur Anwendung.
l. Beschluß über die Ergänzung der vom Amtsausschusse versagten Zustimmung zum Erlasse von Orts- und Amtspolizeiverordnungen (§ 62 Abs. 2 a. a. O.).
m. Beschluß über Beschwerden gegen Verfügungen der Amtsvorsteher in nicht polizeilichen Angelegenheiten (§ 67 Abs. 1 a. a O.).
n. Beschluß über die Festsetzung der Amtsunkostenentschädigung der Amtsvorsteher und der Remuneration der kommissarischen Amtsvorsteher (§ 69 a. a. O.).
o. Entscheidung auf die Klage gegen den Beschluß des Amtsausschusses über Beschwerden und Einsprüche betreffend das Recht zur Mitbenutzung der öffentlichen Einrichtungen und Anstalten des Amtsbezirkes (§ 70a a. a. O.).
p. Desgleichen betreffend die Heranziehung oder die Veranlagung zu den Kosten der Amtsverwaltung oder zu anderen Amtsabgaben.

3. Angelegenheiten der Landgemeinden und Gutsbezirke:
   a. Beschluß über die Veränderung der Grenzen der ländlichen Gemeindebezirke und der Gutsbezirke, soweit diese Beschlußfassung der Aufsichtsbehörde zusteht (§ 25 Abs. 1 des Zuständigkeitsgesetzes vom 1. August 1883). In Stadtkreisen beschließt hier der Bezirksausschuß (§ 8 a. a. O.).
   b. Beschluß über die Auseinandersetzung in Folge der Veränderung der Grenzen der Landgemeinden und Gutsbezirke, sowie der Aemter in Westfalen und der Bürgermeistereien in der Rheinprovinz (§§ 25 Abs. 4 und 37 a. a. O.). In den Stadtkreisen wie sub a (§§ 8 und 21 a. a. O.).

c. Entscheidung über Streitigkeiten betreffend die bestehenden Grenzen der ländlichen Gemeinde- und Gutsbezirke, sowie über die Eigenschaft einer Ortschaft als Gemeinde oder eines Gutes als Gutsbezirk (§§ 26 Abs. 1 und 37 a. a. O.). Wegen der Stadtkreise wie sub a und b (§§ 9 u. 21 a. a. O.).

d. Beschluß über die vorläufige Festsetzung streitiger Grenzen im öffentlichen Interesse (§§ 26 Abs. 2 und 37 a. a. O.). Wegen der Stadtkreise wie sub a—c. (§§ 9 Abs. 2 und 21 a. a. O.).

e. Entscheidung auf Klagen gegen Beschlüsse der Gemeindevertretung bezw. des Gemeindevorstandes hinsichtlich der Beschwerden und Einsprüche betreffend den Besitz und Verlust der Gemeindemitgliedschaft, des Gemeindestimmrechtes, über die Richtigkeit der Gemeindewählerliste (§§ 27, 28, 37 a. a. O.); in den Stadtkreisen des Bezirksausschuß (§ 10, 11 a. a. O.).

f. Desgleichen betreffend die Gültigkeit der Wahlen zur Gemeindevertretung (a. a. O.).

g. Desgleichen betreffend die Berechtigung zur Ablehnung oder Niederlegung einer Stelle in der Gemeindeverwaltung und Vertretung, über die gegen Angehörige der Gemeinde wegen Nichterfüllung ihrer Pflichten verhängten Nachtheile, auch die Strafen wegen Zuwiderhandlung gegen die Geschäftsordnung oder unentschuldigten Ausbleibens (a. a. O.).

h. Entscheidung auf Klagen gegen die Verfügung des Gemeindevorstehers betreffend die Beanstandung der Beschlüsse der Gemeindeversammlung, der Gemeindevertretung oder des kollegialischen Gemeindevorstandes wegen Ueberschreitung der Befugnisse oder der Verletzung der Gesetze (§§ 29 und 37 a. a. O.), in den Stadtkreisen der Bezirksausschuß, in Berlin das Ober-Verwaltungsgericht (§§ 15 und 21 a. a. O.).

i. Beschlußfassung über die Bestätigung von Ortsstatuten und sonstigen, die ländlichen Gemeindeangelegenheiten betreffenden Gemeindebeschlüssen, auch über die Herbeiführung oder Anordnung einer Ergänzung oder Abänderung der in Ansehung der Gemeindelasten oder des Gemeindestimmrechtes bestehenden Ortsverfassung (§ 31 a. a. O.). In den Stadkreisen der Bezirksausschuß (a. a. O.).

k. Beschluß über die Zahl der aus jeder einzelnen Ortschaft einer Gemeinde zu wählenden Mitglieder der Gemeindevertretung (§ 32 N. 1 a. a. O.). Wegen der Stadtkreise der Bezirksausschuß (§ 12 N. 1 a. a. O.). Diese Vorschriften sind insofern beachtenswerth, als sie den Beweis liefern, daß die Ausdrücke „Ortschaft“ und „Gemeinde“ in der Sprache des Gesetzgebers keineswegs gleichbedeutend sind; vergl. z. B. den § 15 der Städte-Ordnung vom 30. Mai 1853, § 13 der (aufgehobenen)

Gemeinde-Ordnung vom 11. März 1850, Ministerialerlaß vom 3. September 1850 (Hübners Städte-Ordnung S. 127), § 1 des Reichs-Post-Gesetzes vom 28. Oktober 1871 (R. G. Bl. S. 347), Endurtheil des Ober-Verwaltungsgerichtes vom 1. Mai 1885 (Entsch. Band XII, S. 216; Parey, Rechtsgrundsätze S. 184). Desgleichen über die Vornahme außergewöhnlicher Ersatzwahlen zur Gemeindevertretung oder in den Gemeindevorstand (§ 32 N. 2 a. a. O.). In den Stadtkreisen der Bezirksausschuß (§ 12 N. 2 a. a. O.).

m. Desgleichen über die Vermehrung der Zahl der Mitglieder des Gemeindevorstandes, der Schöffen und der Ortsvorsteher, sowie über die Bestellung besonderer Ortsvorsteher für verschiedene Ortschaften des Gemeindebezirkes (§ 32 N. 3 a. a. O.). In den Stadkreisen sind dergleichen Aenderungen der statutarischen Anordnung vorbehalten (vergl. z. B. § 29 der Städte-Ordnung vom 30. Mai 1853), welche nach § 16 Abs. 3 des Zuständigkeitsgesetzes vom 1. August 1883 der Bestätigung des Bezirksausschusses unterliegen.

n. Desgleichen über die Festsetzung der Besoldungen, der Dienstunkostenentschädigungen und der baaren Auslagen der Mitglieder des Gemeindevorstandes, der Schöffen, der sonstigen Gemeindebeamten, sowie der kommissarischen Gemeindevorsteher, Gutsvorsteher und sonstigen kommissarisch bestellten Beamten. Für die Stadtkreise kommt hier der § 16 Abs. 3 des Zuständigkeitsgesetzes vom 1. August 1883 zur Anwendung.

o. Desgleichen über die Feststellung und den Ersatz der bei Kassen und anderen Verwaltungen der Landgemeinden vorkommenden Defekte an Stelle der Aufsichtsbehörde. Für die Stadtkreise vergl. § 17 N. 5 u. § 161 des Zuständigkeitsg. v. 1. Aug. 1883.

p. Desgleichen über die zwischen dem Gemeindevorstande und der Gemeindevertretung oder zwischen dem Gemeindevorsteher und dem kollegialischen Gemeindevorstande entstehenden Meinungsverschiedenheiten, d. h. abgesehen von den Fällen des § 29 (§ 33 N. 1 des Zuständigkeitsgesetzes vom 1. August 1883). Wegen der Stadtkreise vergl. § 17 N. 1 desselben Gesetzes.

q. Desgleichen an Stelle der Gemeindebehörden im Falle ihrer durch widersprechende Interessen herbeigeführten Beschlußunfähigkeit oder im Falle wiederholter Beschlußunfähigkeit (§ 33 N. 2, wegen der Stadtkreise § 17 N. 2 des Zuständigkeitsgesetzes vom 1. August 1883).

r. Desgleichen an Stelle der aufgelösten Gemeindevertretung (§ 33 N. 3, wegen der Stadtkreise § 17 N. 3 a. a. O.).

s. Desgleichen über die gerichtlichen Zwangsvollstreckungen wegen Geldforderungen gegen Landgemeinden (§ 33 N. 4, wegen der Stadtkreise § 17 N. 4 a. a. O.).

t. Entscheidung auf Klagen gegen Beschlüsse des Gemeindevorstandes, bezw. Gutsvorstehers auf Beschwerden und Einsprüche betreffend das Recht zur Mitbenutzung der öffentlichen Gemeindeanstalten sowie der Theilnahme an Nutzungen und Erträgen des Gemeindevermögens (§§ 34 N. 1 und 37, wegen der Stadtkreise §§ 18 N. 1 und 21 a. a. O.).

u. Desgleichen betreffend die Heranziehung oder die Veranlagung zu den Gemeindelasten bezw. öffentlichen Lasten des Gutsbezirkes. (§ 34 N. 2, wegen der Stadtkreise § 18 N. 2 a. a. O.).

v. Desgleichen über die besonderen Rechte oder Verpflichtungen einzelner örtlicher Theile des Gemeindebezirks oder einzelner Klassen der Gemeindeangehörigen in Ansehung der zu 1 und 2 erwähnten Ansprüche und Verbindlichkeiten (§ 34 N. 3 a. a. O., § 23, Tit. 7, Theil II, A. L. R's.). Wegen der Stadtkreise enthält das Zuständigkeitsgesetz nur die Vorschrift im § 12 N. 1, welcher auf das Bestehen örtlicher Theile des Gemeindebezirkes hinweist (vergl. § 14 u. 15 der Städte-Ordn. vom 30. Mai 1853). Einzelne Klassen der Einwohner im Sinne der Landgemeindeordnung kennen die Städteordnungen nicht (cf. § 4 a. a. O.).

w. Entscheidungen über Streitigkeiten zwischen Betheiligten über ihre in dem öffentlichen Rechte begründete Berechtigung oder Verpflichtung zu den vorstehend bezeichneten Nutzungen und Lasten (§ 34 Abs. 3, wegen der Stadtkreise § 18 Abs. 3 des Zuständigkeitsgesetzes vom 1. August 1883).

x. Entscheidung als Disciplinarbehörde im Falle des § 36 N. 4 a. a. O. Wegen der Stadtkreise vergl. § 20 N. 3 a. a. O.

y. Beschlußfassung über streitige Pensionsansprüche der besoldeten Gemeindebeamten (§ 36, Abs. 3, wegen der Stadtkreise § 20 am Schlusse a. a. O.).

z 1. Beschluß über die Vermehrung der Zahl der Schöffen auf Antrag der Gemeinde (§ 22 Abs. 3 der altländischen Kreisordnung vergl. oben m.)

z 2. Entscheidungen in den Fällen der Weigerung, ein Gemeindeamt übernehmen zu wollen (§ 8 der Kreisordnungen) vergl. oben g.

z 3. Beschlußfassung über die Festsetzung der Dienstunkostenentschädigung der Gemeindevorsteher, der baaren Auslagen der Schöffen, der Remuneration der stellvertretenden Gutsvorsteher, sowie über die Festsetzung der Besoldungen und Remunerationen anderer Gemeindebeamten (§ 34 a der altländischen Kreisordnung, in den übrigen Provinzen die betreffenden Gemeindeordnungen). Wegen der Stadtkreise vergl. § 16 Abs. 3 des Zuständigkeitsgesetzes vom 1. August 1883.

z 4. Beschlußfassung über die Auseinandersetzung zwischen Gutsherren und Gemeinden, auch Schulzengutsbesitzern und Gemeinden in Fällen der §§ 28 Abs. 6, 41 und 42 der altländischen Kreisordnung. In den übrigen Provinzen und den Stadtkreisen sind Vorschriften hierüber nicht vorgesehen.

z 5. Beschlußfassung über die Anordnung einer besonderen Stellvertretung des Gutsvorstehers für entlegene Theile des Gutsbezirkes (§ 32 Abs. 3 der altländischen Kreisordnung. Im Uebrigen wie sub z 4.

4. Armenangelegenheiten:

a. Vergl. oben das Ressort des Stadtausschusses N. 1 a und b.

b. Beschlußfassung über Beschwerden von Armen gegen Verfügungen von Ortsarmenverbänden darüber, ob, in welcher Höhe und in welcher Weise Armenunterstützungen zu gewähren sind (§ 41 des Zuständigkeitsgesetzes vom 1. August. 1883). Handelt es sich um dergl. Beschwerden in Ortsarmenverbänden, an denen eine Stadt von mehr als 10 000 Einwohnern betheiligt ist, folglich also überall in Stadtkreisen, so tritt an die Stelle des Kreisausschusses der Bezirksausschuß.

c. Entscheidung auf die Klage gegen den Beschluß des Gutsvorstehers bezw. des Vorsitzenden des Gesammtarmenverbandes betreffend die Verpflichtung zur Theilnahme an den Lasten der Armenpflege in Gutsbezirken und Gesammtarmenverbänden (§ 44 N. 1 des Zuständigkeitsgesetzes vom 1. August 1883). Diese singuläre Vorschrift kann in Stadtkreisen niemals zur Anwendung gelangen.

5. Schulangelegenheiten:

a. Beschluß über die Feststellung des Geldwerthes der Naturalien und des Ertrages der Ländereien bei amtlicher Festsetzung des Einkommens der Elementarlehrer bei Landschulen (§ 45 des Zuständigkeitsgesetzes vom 1. August 1883). Sofern Fälle dieser Art in Stadtkreisen überhaupt vorkommen, steht die Beschlußfassung nicht etwa dem Stadtausschusse, sondern dem Bezirksausschusse zu (a. a. O.).

b. Entscheidung auf Klage gegen den Beschluß des Schulvorstandes auf Beschwerden und Einsprüche betreffend die Heranziehung zu Abgaben und sonstigen nach öffentlichem Rechte zu fordernden Leistungen für Schulen, welche der allgemeinen Schulpflicht dienen, desgleichen über Streitigkeiten zwischen Betheiligten über ihre im öffentlichen Rechte begründete Verpflichtung zu diesen Abgaben und Leistungen (§ 46 a. a. O.). Es ist zu beachten, daß hier nur von der „Heranziehung“ und nicht auch von der „Veranlagung“ die Rede ist. Auch diese Zuständigkeit des Kreisausschusses bezieht sich nur auf die Landschulen, während hinsichtlich der Stadtschulen, mithin auch in den Stadtkreisen, dasselbe gilt, wie sub a.

c. Entscheidung auf die Klage gegen Beschlüsse der Schulaufsichtsbehörde über die Anordnung von Neu- und Reparaturbauten bei Schulen, über die öffentlich-rechtliche Verpflichtung zur Aufbringung der Baukosten und über die Vertheilung derselben bei Landschulen. Wegen der Stadtschulen wie sub a und b.

d. Entscheidung über Streitigkeiten der Betheiligten darüber, wem von ihnen die öffentlich-rechtliche Verbindlichkeit zum Bau oder zur Unterhaltung einer Landschule obliegt. Wegen der Stadtschulen wie sub a—c.

6. Einquartierungs-Angelegenheiten:

a. Bestätigung von Gemeindebeschlüssen oder Ortsstatuten wegen Vertheilung der Quartierleistungen oder sonstigen Naturalleistungen in den ländlichen Gemeindebezirken (§ 50 Abs. 1 des Zuständigkeitsgesetzes vom 1. August 1883). In den Städten, mithin auch in den Stadtkreisen, ist nicht etwa der Stadtausschuß, sondern der Bezirksausschuß zuständig und im Stadtkreise Berlin der Oberpräsident.

b. Beschlußfassung über Einwendungen gegen die für die Vertheilung der Quartierleistungen aufgestellten Kataster auf dem Lande (§ 51 a. a. O.). In den Städten, mithin auch in den Stadtkreisen, nicht etwa der Stadtausschuß, auch nicht der Bezirksausschuß, sondern der Gemeindevorstand (Magistratskollegium oder der einzelne Repräsentant des Gemeindevorstandes).

7. Wegeangelegenheiten:

a. Entscheidungen über Einsprüche gegen Anordnungen der Wegepolizeibehörde, welche betreffen:

α. den Bau und die Unterhaltung der öffentlichen Wege,

β. die Aufbringung und Vertheilung der dazu erforderlichen Kosten,

γ. die Inanspruchnahme von Wegen für den öffentlichen Verkehr,

δ. die Einziehung und Verlegung der öffentlichen Wege,

ε. Zwangsandrohungen zur Durchsetzung der vorbezeichneten Anordnungen.

(§ 56 des Zuständigkeitsgesetzes vom 1. August 1883.)

Diese Zuständigkeit des Kreisausschusses bezieht sich aber nur auf die Wege in den ländlichen Gemeindefeldmarken, dagegen tritt in den Stadkreisen, sowie in den Städten mit mehr als 10 000 Einwohnern an die Stelle des Kreisausschusses in Stadtkreisen nicht etwa der Stadtausschuß, sondern der Bezirksausschuß. Dasselbe ist der Fall, wenn es sich um Chausseen handelt oder wenn ein Provinzialverband, Landes- oder Kreis-Kommunalverband als solcher, oder in der Provinz Hannover ein Wegeverband betheiligt oder wenn die Klage gegen Beschlüsse des Landrathes gerichtet ist.

Die obigen Fälle sub α—ε sind sorgfältig zu beachten, denn jede andere wegepolizeiliche Anordnung gilt als allgemeinpolizeiliche Verfügung und kann nicht in dem hier beschriebenen Verfahren, sondern nur in Gemäßheit der §§ 127 ff. des Landesverwaltungsgesetzes vom 30. Juli 1883 angefochten werden. Aber auch selbst hiervon macht der Fall noch eine Ausnahme, wenn ein Weg im Verwaltungsstreitverfahren für einen öffentlichen erklärt wird und wenn sodann derjenige, der privatrechtliche Ansprüche auf den Weg geltend macht, Entschädigungsanträge gegen den Wegebauverpflichteten erhebt, denn dann kann diese Angelegenheit nur im ordentlichen Rechtswege zum Austrag gebracht werden (§ 56 Abs. 8 a. a. O.).

Eine Eigentümlichkeit dieser Klage ist es noch, daß dieselbe, soweit der in Anspruch Genommene zu der ihm angesonnenen Leistung aus Gründen des öffentlichen Rechtes statt seiner einen Anderen für verpflichtet erachtet, zugleich gegen diesen zu richten ist.

b. Entscheidung über Streitigkeiten der Betheiligten darüber, wem von ihnen die öffentlich-rechtliche Verpflichtung zur Anlegung oder Unterhaltung eines öffentlichen Weges obliegt (§ 56 Abs. 5 a. a. O.). Wegen der Stadtkreise u. s. w. wie sub a.

8. Wasserangelegenheiten:

a. Siehe wegen der den Stadt- und Kreisausschüssen in gleicher Weise zustehenden Fälle oben das Ressort des Stadtausschusses sub 2—5.

b. Entscheidung auf die Klagen gegen Beschlüsse der Wasserpolizeibehörde auf Einsprüche gegen Anordnungen dieser Behörde wegen Räumung von Gräben, Bächen und Wasserläufen bezw. wegen Aufbringung oder Vertheilung der dazu erforderlichen Kosten (§ 66 des Zuständigkeitsgesetzes vom 1. August 1883). In den Stadkreisen entscheidet in diesen Fällen nicht der Stadtausschuß, sondern der Bezirksausschuß. Letzterer ist auch zuständig in Städten mit mehr als 10 000 Einwohnern.

9. Feldpolizei:

a. Entscheidung auf die Klage gegen den Bescheid der Ortspolizeibehörde betreffend den Anspruch auf Ersatzgeld (§ 76 des Feld- und Forstpolizeigesetzes vom 1. April 1880). In den Stadtkreisen entscheidet hier nicht der Stadtausschuß, sondern der Bezirksausschuß.

b. Desgleichen betreffend die Aufrechterhaltung oder Aufhebung einer Pfändung (§§ 82—84 a. a. O.). In Stadtkreisen wie sub a.

10. Waldschutz:

a. Entscheidung über die Anordnung von Schutzmaßregeln und über Entschädigung und Kosten derselben (§ 7 des Gesetzes vom 6. Juli 1875). Der Kreisausschuß führt in diesem Falle den Namen eines „Waldschutzgerichtes“. Welche Behörde in den Stadtkreisen als Waldschutzgericht zu fungiren hat, ergiebt sich aus § 52 des Waldschutzgesetzes (Bürgermeister und eine aus den Mitgliedern der Stadtverordneten gewählte Kommission), mithin ebenfalls eine Art Stadtausschuß.

b. Beschluß über die Bildung einer Waldgenossenschaft (§ 31 a. a. O.). Wegen der Stadtkreise wie bei sub a.

11. Jagdangelegenheiten:

a. Beschluß über die Genehmigung zur Bildung mehrerer für sich bestehender Jagdbezirke aus einem Gemeindebezirke oder Vereinigung mehrerer Gemeindebezirke zu einem Jagdbezirke in den Landkreisen (§ 104 des Zuständigkeitsgesetzes vom 1. August 1883). In den Stadtkreisen entscheidet nicht der Stadtausschuß, sondern der Bezirksausschuß.

b. Entscheidung von Streitigkeiten der Betheiligten, betreffend Beschränkungen in der Ausübung des Jagdrechtes auf eigenem Grund und Boden, die Bildung gemeinschaftlicher Jagdbezirke, die Ausübung der Jagd auf umschlossenen Grundstücken und die zu zahlende Entschädigung in den Landkreisen (§ 105 a. a. O.). In den Stadtkreisen wie sub a.

c. Entscheidung auf Klage gegen die von der Gemeindebehörde festgestellte Vertheilung der Jagdpachtgelder und sonstigen Erträge aus der Jagd (§ 106 a. a. O.). Wegen der Stadkreise wie sub a und b.

12. Gewerbepolizei:

a. Vergl. oben das Ressort des Stadtausschusses N. 7.

b. Entscheidung auf Klage gegen Verfügungen der Ortspolizeibehörde, durch welche die Erlaubniß zum gewerbsmäßigen öffentlichen Verbreiten von Druckschriften versagt oder die nicht gewerbsmäßige öffentliche Verbreitung von Druckschriften verboten worden ist (§ 116 des Zuständigkeitsgesetzes vom 1. August 1883). In den Stadtkreisen ist nicht etwa der Stadtausschuß, sondern der Bezirksausschuß zuständig. Dasselbe gilt für Städte von mehr als 10 000 Einwohnern.

c. Entscheidung auf die Klage der zuständigen Behörde über die Untersagung des Betriebes der in den §§ 35 und 37 der Reichs-Gewerbe-Ordnung gedachten Gewerbe, nämlich:

1. Ertheilung von Tanz-, Turn- und Schwimmunterricht als Gewerbe,
2. Betrieb von Badeanstalten,
3. Trödelhandel (Handel mit gebrauchten Kleidern, gebrauchten Betten, gebrauchter Wäsche, Kleinhandel mit altem Metallgeräth, mit Metallbruch und dergleichen),
4. Kleinhandel mit Garnabfällen oder Dräumen von Seide, Wolle, Baumwolle oder Leinen,
5. Handel mit Dynamit oder anderen Sprengstoffen,

6. Gewerbsmäßige Besorgung fremder Rechtsangelegenheiten und bei Behörden wahrzunehmender Geschäfte, insbesondere der Abfassung der darauf bezüglichen schriftlichen Aufsätze.
7. Das Geschäft der gewerbsmäßigen Vermittlungsagenten für Immobiliarverträge, Darlehen und Heirathen.
8. Das Geschäft des Gesindevermiethers oder Stellenvermittlers.
9. Das Geschäft des Auktionators.
10. Das Geschäft derjenigen Personen, welche auf öffentlichen Straßen oder Plätzen ihre Dienste anbieten, Dienstmänner, Führer von Wagen aller Art, Gondeln, Sänften, Pferden und anderen Transportmitteln innerhalb der Orte.

(§ 119 des Zuständigkeitsgesetzes vom 1. August 1883). In den Stadtkreisen wie sub b.

d. Entscheidung auf Klage der zuständigen Behörde über die Zurücknahme von Konzessionen zum Betriebe der Gast- und Schankwirthschaft, zum Kleinhandel mit Branntwein und Spiritus, zum Betriebe des Pfandleihgewerbes und zum Handel mit Giften (a. a. O. und § 53 der Reichs-Gewerbe-Ordnung, woselbst die besondere Vorschrift wegen des Pfandleihgewerbes zu beachten ist, cf. unten sub h). Wegen der Stadtkreise wie sub b und c.

e. Entscheidung auf Klage wegen der Zurücknahme der Erlaubniß zur gewerbsmäßigen Veranstaltung von Singspielen, Gesangs- und deklamatorischen Vorträgen, Schaustellungen von Personen oder theatralischen Vorstellungen, ohne daß eine höheres Interesse der Kunst oder Wissenschaft dabei obwaltet (§ 33a der Reichs-Gewerbe-Ordnung, Verordnung vom 31. Dezember 1883 — G. S. 1884 S. 7 —). Wegen der Stadtkreise wie sub b—d.

f. Entscheidung auf Klage über die Zurücknahme der Erlaubniß, innerhalb des Gemeindebezirkes des Wohnortes oder der gewerblichen Niederlassung auf öffentlichen Wegen, Straßen, Plätzen oder an anderen öffentlichen Orten, oder ohne vorgängige Bestellung von Haus zu Haus Waaren feilbieten zu dürfen, desgleichen Waaren bei anderen Personen als bei Kaufleuten oder solchen Personen, welche die Waaren produziren, oder an anderen Orten, als in öffentlichen Verkaufsstellen zum Wiederverkauf ankaufen, oder Waarenbestellungen bei Personen, in deren Gewerbebetriebe Waaren der angebotenen Art keine Verwendung finden, aufzusuchen oder gewerbliche Leistungen, hinsichtlich deren dies nicht Landesgebrauch ist, anzubieten (§ 42 b der Reichs-Gewerbe-Ordnung, Verordnung vom 31. Dezember 1883 — G. S. 1884 S. 7 —). Wegen der Stadtkreise wie sub b—e.

g. Entscheidung auf Klage wegen Untersagung des sub f bezeichneten Gewerbebetriebes, Feilbieten von selbstgewonnenen oder rohen Erzeugnissen der Land- oder Forstwirthschaft, des Garten- und Obstbaues, der Geflügel- und Bienenzucht, selbstgewonnenen Erzeugnissen der Jagd und Fischerei, Feilbietung von selbstgefertigten Waaren, welche zu den Gegenständen des Wochenmarktverkehrs gehören, Anbietung gewerblicher Leistungen, hinsichtlich deren dies Landesgebrauch ist, falls eine solche Untersagung nach § 42 b Abs. 3 zugelassen worden ist. Letzteres ist der Fall in Betreff der vorstehend aufgeführten Waaren (§ 59 Ziffer 1 und 2 der Reichs-Gewerbe-Ordnung) unter den in § 57 Ziffer 1—4 aufgeführten Voraussetzungen (Behaftung mit ansteckenden Krankheiten, Stehen unter Polizeiaufsicht, Bestrafungen bestimmter Art wegen strafbarer Handlungen aus Gewinnsucht, gegen das Eigenthum, gegen die Sittlichkeit, wegen vorsätzlicher Angriffe auf das Leben und die Gesundheit der Menschen, wegen vorsätzlicher Brandstiftung, wegen Zuwiderhandlungen gegen Verbote und Sicherheitsmaßregeln, betreffend Einführung oder Verbreitung ansteckender Krankheiten oder Viehseuchen, wenn eine Verurtheilung zu einer Freiheitsstrafe von mindestens drei Monaten erfolgt ist und seit der Verbüßung der Strafe noch nicht drei Jahre verflossen sind; endlich übler Ruf wegen gewohnheitsmäßiger Arbeitsscheu, Bettelei, Landstreicherei und Trunksucht). Wegen der Stadtkreise wie sub b—f.

h. Entscheidung auf Klage wegen der Untersagung des Gewerbebetriebes solcher Pfandleiher, welche den Gewerbebetrieb vor dem Inkrafttreten des Gesetzes vom 23. Juli 1879 begonnen haben (§ 53 Abs. 3 der Reichs-Gewerbe-Ordnung, Verord. vom 31. Dezember 1883 — G. S. 1884 S. 7 —) cf. oben sub d am Schlusse. Wegen der Stadtkreise wie sub b—g.

i. Entscheidung auf Klage wegen Untersagung des ohne Wandergewerbeschein zulässigen Gewerbebetriebes im Umherziehen (§ 59a der Reichs-Gewerbe-Ordnung). Wegen der Stadtkreise in sub b—h.

13. Feuerlöschwesen:

a. Beschluß über die Bildung, Veränderung und Aufhebung von ländlichen Spritzenverbänden, Bestätigung bezw. Feststellung des Statuts (§ 139 des Zuständigkeitsgesetzes vom 1. August 1883). Für Stadtkreise ist diese Vorschrift nicht anwendbar.

b. Beschlußfassung über die Auseinandersetzung zwischen den Betheiligten in Folge der Veränderung oder Aufhebung eines Spritzenverbandes (§ 140 a. a. O.). Wegen der Stadtkreise wie sub a.

14. Baupolizei:

a. Beschluß über Dispensationen von baupolizeilichen Bestimmungen nach Maßgabe der Baupolizeiordnungen (§ 145 des Zuständigkeitsgesetzes vom 1. August 1883). In den Stadtkreisen beschließt hier nicht der Stadtausschuß, sondern der Bezirksausschuß.

b. Beschluß über die Ergänzung der versagten Zustimmung der Ortspolizeibehörde zur Festsetzung von Straßen und Bau-Fluchtlinien auf Antrag des Gemeindevorstandes (§ 146 Abs. 2 der Zuständigkeitsgesetzes vom 1. August 1883). In den Stadtkreisen beschließt hier nicht der Stadtausschuß, sondern der Bezirksausschuß. In Berlin der Minister für öffentliche Arbeiten.

c. Beschluß über das Vorhandensein eines Bedürfnisses zur Festsetzung von Fluchtlinien (a. a. O.). In den Stadtkreisen wie sub b.

d. Beschluß über Einwendungen gegen den Bebauungsplan (a. a. O.). In den Stadtkreisen wie sub b und c.

e. Beschluß über diejenigen Punkte, hinsichtlich welcher eine Einigung nicht zu erzielen ist, wenn bei Festsetzung von Fluchtlinien mehrere Ortschaften betheiligt sind (a. a. O.). In den Stadtkreisen wie sub b—d.

15. Dismembrations- und Ansiedelungssachen (§§ 147—149 des Zuständigkeitsgesetzes vom 1. August 1883):

a. Entscheidung auf Klagen gegen den Abgaben-Vertheilungsplan (§ 9 des Gesetzes vom 25. August 1876 — G. S. S. 405 —). In Stadtkreisen der Bezirksausschuß.

b. Beschluß über die vorläufige Festsetzung der Abgabenvertheilung (§ 11 a. a. O.). In Stadtkreisen wie sub a.

c. Entscheidung auf Klage gegen den Bescheid der Ortspolizeibehörde, durch welche die Ansiedelungsgenehmigung versagt oder wodurch die gegen die Ansiedelungsgenehmigung erhobenen Einsprüche zurückgewiesen werden (§§ 14 und 17 a. a. O.). In den Stadtkreisen wie sub a und b.

d. Beschluß über die Genehmigung zur Anlegung einer Kolonie in Landkreisen. Gegen diesen Beschluß ist der Antrag auf mündliche Verhandlung im Streitverfahren zulässig, worauf die Entscheidung des Kreisausschusses erfolgt (§§ 18 und 19 a. a. O). In den Stadkreisen tritt an die Stelle des Kreisausschusses nicht der Stadtausschuß, sondern die Ortspolizeibehörde, über deren Entscheid der Bezirksausschuß entscheidet (§ 17 a. a. O.).

e. Entscheidung auf Klage gegen den Bescheid der ländlichen Ortspolizeibehörde, durch welche die Genehmigung zur Errichtung einer Feuerstelle innerhalb einer Entfernung von 75 m von einer Waldung, welche mehr als 100 ha im räumlichen Zusammenhange umfaßt, versagt oder unter Bedingungen ertheilt wird, oder die erhobenen Einsprüche zurückgewiesen werden

§§ 47—50 des Feld- und Forstpolizeigesetzes vom 1. April 1880). In den Stadtkreisen nicht der Stadtausschuß, sondern der Bezirksausschuß.

16. Enteignungssachen.
Vergl. oben das Ressort des Stadtausschusses sub Nr. 9.

17. Personenstandsangelegenheiten:
Beschluß über die Festsetzung der Entschädigung für Wahrnehmung der Geschäfte des Standesbeamten von den zum Hauptamte des Bezirkes nicht gehörenden Gemeinden (§ 154 Abs. 3 des Zuständigkeitsgesetzes vom 1. August 1883). In den Stadtkreisen nicht der Stadtausschuß, auch nicht der Bezirksausschuß, sondern die Gemeindevertretung (Stadtverordnetenversammlung).

18. Polizeiliche Verfügungen und Zwangsmittel:
Entscheidung auf Klage gegen polizeiliche Verfügungen (§ 128 des Landesverwaltungsgesetzes vom 30. Juli 1883). In den Stadtkreisen der Bezirksausschuß.

19. Erlaß von Polizeiverordnungen:
Beschluß über die Ergänzung der versagten Zustimmung des Amtsausschusses zu ländlichen Ortspolizeiverordnungen (§ 62 der altländischen Kreisordnung). In Stadtkreisen erfolgt diese Ergänzung durch den Bezirksausschuß. (§§ 143 und 143 des Landesverwaltungsgesetzes vom 30. Juli 1883.) In Berlin der Oberpräsident (§ 43 a. a. O.).

20. Disziplinarsachen:
   a. Beschluß über die Festsetzung von Ordnungsstrafen gegen Amtsvorsteher und Kreisbeamte (§ 68 Nr. 1 und § 134 der altländischen Kreisordnung, Hannover § 91, Hessen-Nassau § 92, Westfalen und Rheinprovinz § 79). In den Stadtkreisen findet diese singuläre Vorschrift selbstredend keine Anwendung.
   b. Entscheidung in dem Verfahren auf Entfernung aus dem Amte gegen Amtsvorsteher und Kreisbeamte (a. a. O.). In den Stadtkreisen wie sub a.

Aus dieser Zusammenstellung ergiebt sich, daß der Kreisausschuß zwar dieselbe Zuständigkeiten hat, wie der Stadtausschuß, nicht aber umgekehrt der Stadtausschuß dieselben, wie der Kreisausschuß, vielmehr erstreckt sich das Ressort des Kreisausschusses viel weiter, als das des Stadtausschusses, wie dies aus der obigen Zusammenstellung leicht zu ersehen ist. Jedes Hinübergreifen über die Grenzen dieser Zuständigkeiten hinaus zieht unfehlbar die Nichtigkeit des ganzen Verfahrens nach sich (§ 100 des Landesverwaltungsgesetzes vom 1. August 1883, event. § 50 Abs. 3 a. a. O.).

§ 37.

Der Vorsitzende des Stadtausschusses (siehe oben § 32) beruft das Kollegium, leitet und beaufsichtigt den Geschäftsgang und sorgt für die prompte Erledigung der Geschäfte. Er bereitet die Beschlüsse des Stadtausschusses vor und trägt für deren Ausführung Sorge. Er vertritt den Stadtausschuß nach Außen, verhandelt Namens desselben mit andern Behörden und mit Privatpersonen, führt den Schriftwechsel und zeichnet alle Schriftstücke Namens des Stadtausschusses (§ 55 des Landesverwaltungsgesetzes vom 30. Juli 1883).

§ 38.

Dem Vorsitzenden bleibt es überlassen, im Voraus regelmäßige Sitzungstage zu bestimmen (§ 1 letzter Absatz und § 3 des Geschäfts-Regulativs vom 28. Februar 1884).

§ 39.

Ein Mitglied, welches durch Krankheit oder durch sonstige nicht zu beseitigende Uebelstände verhindert ist, einer Sitzung beizuwohnen, oder sich der Wahrnehmung der ihm sonst obliegenden Geschäfte zu unterziehen, hat dies dem Vorsitzenden sofort anzuzeigen. Mitglieder, welche eine längere Entfernnng von ihrem Wohnorte beabsichtigen, haben dies dem Vorsitzenden zeitig anzuzeigen (§ 4 des Geschäfts-Regulativs).

§ 40.

Der Vorsitzende eröffnet die eingehenden Schriftstücke und vermerkt auf denselben den Tag des Einganges. Im Uebrigen wie oben in §§ 14—30.

§ 41.

Auch von der Unterschrift des Stadtausschusses gilt dasselbe, wie von der des Kreisausschusses (oben § 26), mit der selbstverständlichen Abweichung, daß statt „Kreisausschuß" „Stadtausschuß" zu sagen ist.

§ 42.

Die Kosten der Verwaltung des Stadtausschusses fallen, soweit sie in den eigenen Einnahmen des letzteren ihre Deckung nicht finden (§ 106 des Landesverwaltungsgesetzes vom 30. Juli 1883), der Stadtgemeinde zur Last (§ 164 der altländischen Kreisordnung, Hannover § 96, Hessen-Nassau § 97, Westfalen und Rheinland § 84).

3. Der Magistrat in Städten mit mehr als 10 000 Einwohnern an Stelle des Kreisausschusses.

§ 43.

Diese nur in wenigen besonderen Fällen zuständige Behörde wird vielfach auch als „Stadtausschuß" bezeichnet. Das ist aber nicht richtig, denn die betreffenden Magistrate in den zu einem Landkreise gehörenden

Städten mit mehr als 10 000 Einwohnern haben eine ganz andere, und zwar erheblich beschränktere Zuständigkeit, als die Stadtausschüsse, auch sind sie ganz anders zusammengesetzt und führen die Unterschrift „Magistrat" und statt des preußischen Adlers das gewöhnliche Magistratssiegel (§ 15 des Geschäfts-Regulativs).

§ 44.

Das Ressort dieser Magistrate ist folgendes:

1. Beschlußfassung über Anträge auf Genehmigung zur Errichtung oder Veränderung gewerblicher Anlagen der im § 109 des Zuständigkeitsgesetzes vom 1. August 1883 bezeichneten Art (§ 16 der Reichs-Gewerbe-Ordnung mit den Zusätzen).
2. Beschlußfassung und event. Entscheidung über Anträge auf Ertheilung der Erlaubniß zum Betriebe der Gastwirthschaft oder Schankwirthschaft, zum Kleinhandel mit Branntwein oder Spiritus, sowie zum Betriebe des Pfandleihgewerbes und zum Handel mit Giften (§ 164 a. a. O.).
3. Beschluß über die Ertheilung der Erlaubniß an Personen, welche gewerbsmäßig in ihren Wirthschafts- oder sonstigen Räumen Singspiele, Gesangs- und deklamatorische Vorträge, Schaustellungen von Personen oder theatralische Vorstellungen, ohne daß ein höheres Interesse der Kunst oder Wissenschaft dabei obwaltet, öffentlich veranstalten oder zu deren öffentlichen Veranstaltung ihre Räume benutzen lassen wollen (§ 1 der Verordnung vom 31. Dezember 1883 — G. S. 1884 S. 7 —).
4. Beschluß über Anträge auf Erlaubniß, innerhalb des Gemeindebezirkes das Hausirgewerbe auszuüben, soweit es dazu der Erlaubniß bedarf (a. a. O.).

§ 45.

Damit ist das Ressort dieser Magistrate in ihrer Eigenschaft als Kreisausschüsse vollständig erschöpft, dagegen nehmen die Städte mit mehr als 10000 ortsanwesenden Civilbewohnern noch in folgenden Fällen eine besondere Stellung ein:

1. Gegen polizeiliche Verfügungen der Ortspolizeibehörde in einer zu einem Landkreise gehörenden Stadt bis zu 10 000 Einwohnern findet die Beschwerde an den Landrath, in einer derartigen Stadt mit mehr als 10 000 Einwohnern an den Regierungspräsidenten statt (§ 127 des Landesverwaltungsgesetzes vom 30. Juli 1883).
2. An Stelle der Beschwerde gegen vorstehende Verfügungen findet die Klage statt gegen Verfügungen der Ortspolizeibehörden in einer zu einem Landkreise gehörigen Stadt, deren Einwohnerzahl bis zu 10 000 beträgt, an den Kreisausschuß, in einer derartigen Stadt mit mehr als 10 000 Einwohnern an den Bezirksausschuß (§ 128 a. a. O.).

3. Beschwerden von Armen gegen Verfügungen von Ortsarmenverbänden darüber, ob, in welcher Höhe und in welcher Weise Armenunterstützungen zu gewähren sind, unterliegen, sofern eine Stadt von mehr als 10 000 Einwohnern an dem Armenverbande betheiligt ist, der endgültigen Beschlußfassnng des Bezirksausschusses, andernfalls des Kreisausschusses (§ 41 des Zuständigkeitsgesetzes vom 1. August 1883).
4. In wasserpolizeilichen Angelegenheiten (Räumung von Gräben, Bächen und Wasserläufen, beziehungsweise Aufbringung oder Vertheilung der dazu erforderlichen Kosten) ist in Städten von mehr als 10 000 Einwohnern in erster Instanz im Verwaltungsstreitverfahren der Bezirksausschuß zuständig, in Städten bis zu 10 000 Einwohnern der Kreisausschuß (§ 66 Abs. 5 a. a. O.).
5. Gegen Verfügungen der Ortspolizeibehörde in den zu einem Landkreise gehörenden Städten mit mehr als 10 000 Einwohnern, findet, wenn durch dergleichen Verfügungen die Erlaubniß zum gewerbsmäßigen öffentlichen Verbreiten von Druckschriften versagt oder die nicht gewerbsmäßige öffentliche Verbreitung von Druckschriften verboten worden ist, die Klage bei dem Bezirksausschusse statt, in Städten bis zu 10 000 Einwohnern bei den Kreisausschusse (§ 116 a. a. O.).
6. In den Städten mit mehr als 10 000 Einwohnern entscheidet auf Klage der zuständigen Behörde der Bezirksausschuß über die Untersagung des Betriebes der in §§ 35 und 37 der Reichsgewerbe-Ordnnng gedachten Gewerbe (vergl. oben bei dem Ressort des Kreisausschusses N. 12 c., und § 119 des Zuständigkeitsgesetzes vom 1. August 1883). Desgleichen über die Zurücknahme von Konzessionen zum Betriebe der Gast- und Schankwirthschaft, zum Kleinhandel mit Branntwein und Spiritus, zum Betriebe des Pfandleihhandels und zum Handel mit Giften (a. a. O.).
7. Ueber Dispense von Bestimmungen der Baupolizei-Ordnungen beschließt nach Maßgabe dieser Ordnungen in den zu einem Landkreise gehörenden Städten mit mehr als 10 000 Einwohnern der Bezirksausschuß (§ 145 a. a. O.).
8. Die Wahrnehmung der in den §§ 5, 8 und 9 des Fluchtliniengesetzes vom 2. Juli 1875 dem Kreisausschusse beigelegten Funktionen liegt für die zu einem Landkreise gehörenden Städte mit mehr als 10 000 Einwohnern dem Bezirksausschusse ob (§ 146 a. a. O.). Es bezieht sich dies auf folgende Fälle:
   a. Die nach § 1 des Gesetzes vom 2. Juli 1875 erforderliche Zustimmung der Ortspolizeibehörde zu der Festsetzung der Straßen- und Bau-Fluchtlinien darf nur versagt werden, wenn die von derselben wahrzunehmenden Rücksichten die Versagung fordern. Will sich der Gemeindevorstand bei der Versagung nicht beruhigen, so beschließt auf sein Ansuchen der Kreisaus-

schuß, in Städten mit mehr als 10,000 Einwohnern aber der Bezirksausschuß.

b. Ueber die gegen den ausgelegten Bebauungsplan erhobenen Einwendungen beschließt, soweit dieselben nicht durch Verhandlungen zwischen dem Gemeindevorstande und den Beschwerdeführern zur Erledigung kommen, in Städten mit mehr als 10 000 Einwohnern der Bezirksausschuß.

c. Sind bei Festsetzung von Fluchtlinien mehrere Ortschaften betheiligt, so hat eine Verhandlung darüber zwischen den betreffenden Gemeindevorständen stattzufinden. Ueber die Punkte, hinsichtlich deren eine Einigung nicht zu erzielen ist, beschließt, wenn eine Stadt von mehr als 10,000 Einwohnern betheiligt ist, der Bezirksausschuß.

9. Gegen den Bescheid der Ortspolizeibehörde betreffend den Anspruch auf Ersatzgeld (§ 75 des Feld- und Forstpolizeigesetzes vom 1. April 1880) ist in den zu einem Landkreise gehörenden Städten von mehr als 10 000 Einwohnern die Klage an den Bezirksausschuß gegeben.

10. Desgleichen gegen den Bescheid der Ortspolizeibehörde darüber, ob eine Pfändung ganz oder theilweise aufrecht zu erhalten oder aufzuheben oder ob ein anderweit angebotenes Pfand anzunehmen ist. (§ 84 a. a. O.).

§ 46.

Die Zusammensetzung des Magistrats als Spruchkollegium regelt sich nicht nach den gesetzlichen Bestimmungen über die Stadtausschüsse, sondern nach denen in den betreffenden Städteordnungen. (Endurteil des Ober-Verwaltungsgerichts vom 18. Juni 1879 (Entscheidungen, Bd. V, S. 456, Parey, Rechtsgrundsätze S. 442, 443).

4. Der Amtsausschuß in den Hohenzollernschen Landen.

§ 47.

Derselbe tritt in diesen Landen an die Stelle des Kreisausschusses, soweit nicht die Gesetze anders bestimmen (§ 5 des Gesetzes über die allgemeine Landesverwaltung vom 30. Juli 1883). Vergl. § 43 N. 5 der Hohenzollernschen Amts- und Landes-Ordnung vom 2. April 1873 (G. S. S. 145), betreffend die sühneamtlichen und schiedsrichterlichen Funktionen in Armensachen.

5. Der Bezirksausschuß.

§ 48.

Der Bezirksausschuß ist in der Regel die zweitinstanzliche Behörde sowohl in Streitsachen, als in Beschlußsachen, indessen entscheidet oder beschließt derselbe auch vielfach in erster Instanz und zwar in folgenden Fällen:

1. Angelegenheiten der Kreise:
   a. Beschluß über die Auseinandersetzung zwischen den betheiligten Kreisen bei der Veränderung der Kreisgrenzen oder der Bildung neuer Kreise (§ 3 der Kreisordnungen).
   b. Beschluß über die Auseinandersetzung zwischen einer aus einem Landkreise ausscheidenden Stadt und dem Kreise (§ 4 a. a. O.).
   c. Beschluß über die Feststellung und den Ersatz von Defekten der Kreisbeamten (§ 128a der altländischen Kreisordnung, Hann. § 84, Hessen-Nassau § 85, Westfalen und Rheinprovinz § 72).
   d. Beschluß über die Bestätigung von Kreistagsbeschlüssen betreffend die Veräußerung von Grundstücken und Immobiliarrechten des Kreises (§ 176 N. 4 der altländischen Kreisordnung, Hannover § 103, Hessen-Nassau § 104, Westfalen und Rheinland § 91).
   e. Beschluß desgleichen betreffend Anleihen, durch welche der Kreis mit einem Schuldenbestande belastet oder der bereits vorhandene Schuldenbestand vergrößert werden würde, sowie Uebernahme von Bürgschaften auf den Kreis (a. a. O. N. 5.).
   f. Beschluß desgleichen betreffend eine neue Belastung der Kreisangehörigen ohne gesetzliche Verpflichtung, insofern die aufzubringenden Leistungen über die nächsten fünf Jahre hinaus fortdauern sollen (a. a. O. N. 6).
   g. Entscheidung auf Klage gegen den Beschluß des Kreistages betreffend die Festsetzung von Nachtheilen für den Fall der Weigerung der Uebernahme oder Fortführung eines Amtes in der Verwaltung oder Vertretung des Kreises (§ 8 der Kreisordnungen).
   h. Entscheidung auf Klage gegen den Beschluß des Kreistages betreffend die Vertheilung der Kreistagsabgeordneten auf die einzelnen Wahlverbände (§ 111—112a der altländischen Kreisordnung, Hannover §§ 67—69, Hessen-N. §§ 68—70, Westfalen und Rheinland §§ 55—57).
   i. Entscheidung auf Klage über die Gültigkeit der Wahlen zum Kreistage (§ 113 der altländischen Kreisordnung, Hannover § 70, Hessen-N. § 71, Westfalen und Rheinland § 58).
2. Angelegenheiten der Amtsverbände.
   Beschluß betreffend die Festsetzung des Beitrages zu den Kosten der städtischen Polizeiverwaltung in dem Falle des § 49a der altl. Kreisordnung.
3. Angelegenheiten der Städte.
   a. Beschluß über die Veränderung der Grenzen der Stadtbezirke, soweit die Beschlußfassung der Aufsichtsbehörde zusteht (§ 8 des Zuständigkeitsgesetzes vom 1. August 1883).
   b. Beschluß über die Auseinandersetzung zwischen den betheiligten Gemeinden in Folge einer Veränderung der Grenzen der Stadt-

bezirke (a. a. O. Abs. 2). In Berlin das Ober-Verwaltungsgericht (§ 21 a. a. O.).

c. Entscheidung von Streitigkeiten über die bestehenden Grenzen der Stadtbezirke (§ 9 a. a. O.) mit Ausnahme von Berlin, wofür das Ober-Verwaltungsgericht zuständig ist (§ 21 a. a. O.).

d. Beschluß über die vorläufige Festsetzung streitiger Grenzen der Stadtbezirke, mit Ausnahme von Berlin, wo der Oberpräsident zuständig ist (a. a. O.).

e. Entscheidung auf Klagen gegen Beschlüsse der Gemeindevertretung auf Beschwerden und Einsprüche betreffend
   α. den Besitz oder den Verlust des Bürgerrechtes,
   β. insbesondere des Rechtes zur Theilnahme an den Wahlen zur Gemeindevertretung,
   γ. des Rechtes zur Bekleidung einer den Besitz des Bürgerrechtes voraussetzenden Stelle in der Gemeindeverwaltung oder Gemeindevertretung,
   δ. die Verpflichtung zum Erwerbe oder zur Verleihung des Bürgerrechtes,
   ε. die Verpflichtung zur Zahlung von Bürgergewinngeldern (Ausfertigungsgebühren),
   ζ. die Verpflichtung zur Leistung des Bürgereides,
   η. die Zugehörigkeit zu einer bestimmten Bürgerklasse,
   ϑ. die Richtigkeit der Gemeindewählerliste (§ 10 N. 1 des Zuständigkeitsgesetzes vom 1. August 1883).

f. Entscheidung auf Klage gegen Beschlüsse der Gemeindevertretung, betreffend die Gültigkeit der Wahlen zur Gemeindevertretung (§ 10 N. 2 a. a. O.).

g. Desgleichen betreffend:
   α. die Berechtigung zur Ablehnung oder Niederlegung von Aemtern und Stellen in der Gemeinde-Verwaltung oder -Vertretung,
   β. die Nachtheile, welche gegen Mitglieder der Stadtgemeinde wegen Nichterfüllung der ihnen nach den Gemeindeverfassungsgesetzen obliegenden Pflichten,
   γ. die Strafen, welche gegen Mitglieder der Gemeindevertretung wegen Zuwiderhandlungen gegen die Geschäftsordnung nach Maßgabe der Gemeindeverfassungsgesetze zu verhängen sind (§ 10 N. 3 a. a. O.).

h. Beschlußfassung über die Zahl der aus jeder einzelnen Ortschaft einer Stadtgemeinde zu wählenden Mitglieder der Gemeindevertretung (§ 12 N. 1 a. a. O.).

i. desgleichen über die Vornahme außergewöhnlicher Ersatzwahlen zur Gemeindevertretung oder in den Gemeindevorstand (§ 12 Nr. 2 a. a. O.).

k. Beschlußfassung über die Gültigkeit von Wahlen solcher Gemeindebeamten, welche der Bestätigung nicht bedürfen (§ 14 a. a. O.).

l. Entscheidung auf Klage gegen die Verfügung des Gemeindevorstandes, durch welche Beschlüsse der Gemeindevertretung oder des Gemeindevorstandes, welche deren Befugnisse überschreiten oder die Gesetze verletzen, beanstandet werden (§ 15 a. a. O.). In Berlin tritt hier an die Stelle des Bezirksausschusses das Oberverwaltungsgericht (§ 21 a. a. O.).

m. Beschluß über die Bestätigung von Ortsstatuten und sonstigen gesetzlich der Bestätigung bedürfenden Gemeindebeschlüssen (§ 16 N. 2 a. a. O.).

n. Beschlußfassung über Meinungsverschiedenheiten zwischen Bürgermeister und kollegialischem Gemeindevorstande, abgesehen von den Fällen des § 15 (§ 17 N. 1 a. a. O.). Im Stadtkreise Berlin der Oberpräsident (§ 43 Abs. 3 des Landes-Verwaltungsgesetzes vom 30. Juli 1883).

o. Beschlußfassung an Stelle der Gemeindebehörde im Falle ihrer durch widersprechende Interessen herbeigeführten Beschlußunfähigkeit. Dies gilt auch für den Stadtkreis Berlin (§ 17 N. 2 und 161 des Zuständigkeitsgesetzes vom 1. August 1883).

p. Beschlußfassung an Stelle der aufgelösten Gemeindevertretung (§ 17 N. 3 a. a. O.). Im Stadtkreise Berlin der Oberpräsident (wie sub n).

q. Beschlußfassung über die Art der gerichtlichen Zwangsvollstreckungen gegen die Stadtgemeinden (§ 17 N. 4 a. a. O.). Im Stadtkreise Berlin der Oberpräsident (wie sub n und p).

r. Beschlußfassung über die Feststellung und den Ersatz der Defekte der Gemeindebeamten, auch im Stadtkreise Berlin (wie sub o).

s. Entscheidung auf Klage gegen Beschlüsse des Gemeindevorstandes auf Beschwerde und Einsprüche betreffend das Recht zur Mitbenutzung der öffentlichen Gemeindeanstalten, sowie zur Theilnahme an den Nutzungen des Gemeindevermögens (§ 18 N 1 a. a. O.).

t. Entscheidung auf Klage gegen Beschlüsse des Gemeindevorstandes betreffend die Heranziehung oder die Veranlagung zu den Gemeindelasten (§ 18 N. 2 a. a. O.).

u. Entscheidung als Disziplinarbehörde erster Instanz in dem Verfahren gegen Bürgermeister, Beigeordnete, Magistratsmitglieder und sonstige Gemeindebeamte auf Entfernung aus dem Amte (§ 20 N. 3 a. a. O.).

v. Beschlußfassung über streitige Pensionsansprüche der besoldeten Gemeindebeamten (§ 20 Abs. 4 a. a. O.).

4. Armenangelegenheiten:
   a. Entscheidung bei Streitigkeiten zwischen Armenverbänden über die Unterstützung Hülfsbedürftiger (§ 39 a. a. O.).
   b. Entscheidung von Streitigkeiten über die Nothwendigkeit und die Art des Transportes Hülfsbedürftiger (§ 58 Abs. 2 des Reichsgesetzes vom 6 Juni 1870; Eger's Kommentar zu diesem Gesetze, S. 258; § 39 Abs. 3 des Zuständigkeitsgesetzes vom 1. August 1883).
   c. Beschlußfassung über die Bestätigung von Statuten zur Regelung der Armenpflege in Gutsbezirken und Gesammtarmenverbänden (§ 40 a. a. O.).
   d. Beschlußfassung über die Genehmigung zur Wiederauflösung von Gesammtarmenverbänden (§ 40 a. a. O.).
   e. Beschlußfassung über Beschwerden von Armen über Ortsarmenverbände, sofern eine Stadt von mehr als 10 000 Einwohnern betheiligt ist (§ 41 a. a. O.).
   f. Beschlußfassung über Beschwerden von Armen gegen Landarmenverbände, sofern diese nur aus einem Kreise bestehen (§ 41 a. a. O.).
   g. Entscheidung auf Klage gegen den Beschluß des Vorstandes des Landarmenverbandes betreffend die Heranziehung oder Veranlagung zu den Lasten des Landarmenverbandes (§ 44 N. 2 a. a. O.).
5. Schulangelegenheiten:
   a. Feststellung des Geldwerthes der Naturalien und des Ertrags der Ländereien bei amtlicher Festsetzung des Einkommens der Elementarlehrer an Stadtschulen (§ 45 a. a. O.).
   b. Entscheidung auf Klage gegen den Beschluß des Vorstandes des Schulverbandes auf Beschwerde und Einsprüche betreffend die Heranziehung (nicht die Veranlagung) zu Abgaben und sonstigen öffentlichen Leistungen für Stadtschulen, sowie bei Streitigkeiten zwischen Betheiligten über ihre in öffentlichen Rechten begründete Verpflichtung hierzu (§ 46 a. a. O.).
   c. Entscheidung auf Klage gegen Beschlüsse der Schulaufsichtsbehörde über die Anordnung von Neu- und Reparaturbauten bei Stadtschulen; über die öffentlich-rechtliche Verpflichtung zur Aufbringung der Baukosten, sowie über die Vertheilung der letzteren (§ 47 Abs. 1 a. a. O.).
   d. Entscheidung von Streitigkeiten der Betheiligten darüber, wem von ihnen die öffentlich-rechtliche Verbindlichkeit zum Bau oder zur Unterhaltung ein Stadtschule obliegt (§ 47 Abs. 2 a. a. O.).
6. Einquartierungs-Angelegenheiten:
   Beschluß über die Bestätigung von Gemeindebeschlüssen und Orts-

statuten in den Städten wegen Vertheilung der Quartierleistungen und sonstigen Naturalleistungen.

7. Sparkassenangelegenheiten:

Zustimmung zu der von den Regierungspräsidenten beabsichtigten Versagung der Genehmigung hinsichtlich der statutarischen Vorschriften über Verwaltung von Sparkassen (§ 53 a. a. O.). Für Berlin ist diese Vorschrift nicht anwenbar, weil hier an die Stelle des Regierungspräsidenten der Oberpräsident tritt.

8. Synagogen-Angelegenheiten:

Entscheidung auf Klagen einzelner Mitglieder der Synagogengemeinden wegen der ihnen als solchen oder auf Grund des Gesetzes vom 28. Juli 1876 (G. S. S. 353) zustehenden Rechte und Pflichten.

9. Wege-Angelegenheiten:

a. Entscheidung auf Klagen gegen Beschlüsse der Wegepolizeibehörden auf Einsprüche gegen Anordnungen der Wegepolizeihörden in Stadtkreisen oder in Städten von mehr als 10 000 Einwohnern, oder wenn es sich um Chausseen handelt oder wenn ein Provinzialverband, ein Landes- oder Kreiskommunalverband als solcher oder in der Provinz Hannover ein Wegeverband betheiligt ist oder wenn die Klage gegen Beschlüsse des Landrathes gerichtet ist, betreffend:

α. den Bau und die Unterhaltung der öffentlichen Wege,

β. die Aufbringung und die Vertheilung der dazu erforderlichen Kosten,

γ. die Inanspruchnahme von Wegen für den öffenlichen Verkehr,

δ. die Einziehung und Verlegung der öffentlichen Wege. Dasselbe gilt von den Zwangsandrohungen (nicht von der Festsetzung und Ausführung des Zwangsmittels) in diesen Angelegenheiten (§ 56 a. a. O.).

b. Entscheidung von Streitigkeiten der Betheiligten in Stadtkreisen u. s. w. (wie sub a) darüber, wem von ihnen die öffentlich-rechtliche Verpflichtung zur Anlegung oder Unterhaltung eines öffentlichen Weges obliegt (§ 56 Abs. 5 a. a. O.).

10. Wasserpolizei:

a. Entscheidung auf Klage gegen Beschlüsse der Wasserpolizeibehörde in Stadtkreisen und in Städten von mehr als 10 000 Einwohnern oder wenn die Klage gegen Beschlüsse des Landrathes gerichtet ist, auf Einsprüche gegen wasserpolizeiliche Anordnungen wegen Räumung von Gräben, Bächen, Wasserläufen oder wegen Aufbringung und Vertheilung der dazu erforderlichen Kosten (§ 66 a. a. O.).

b. Entscheidung der Betheiligten in Stadtkreisen u. s. w (wie sub a) darüber, wem von ihnen die öffentlich-rechtliche Verpflichtung zur Räumung obliegt (§ 66 Abs. 3 a. a. O.).
c. Beschlußfassung über die Beschränkung der Ableitung des Wassers, wenn durch eine Bewässerungs-Anlage das öffentliche Interesse gefährdet oder der nothwendige Wasserbedarf den unterhalb liegenden Einwohnern entzogen wird (§ 73 a. a. O.).
d. Entscheidung auf Klage einer Wassergenossenschaft (§ 50 des Gesetzes vom 1. April 1879 — G. S. S. 279 —) gegen Zwangsetatisirungen des Landrathes oder der Ortspolizeibehörde (§ 94 a. a. O.)
e. Beschlußfassung über die Genehmigung zur Veräußerung von Immobilien der Wassergenossenschaften, sowie zur Aufnahme von Anleihen seitens derselben, sofern diese Genossenschaften unter der Aufsicht des Regierungspräsidenten stehen (§ 51 des Gesetzes vom 1. April 1879, § 94 des Zuständigkeitsgesetzes vom 1. August 1883).
f. Entscheidung auf Klage gegen den Bescheid des Vorstandes derselben Genossenschaften wie sub e über die Zugehörigkeit zur Genossenschaft und die Verpflichtung zur Theilnahme an den Lasten (§ 53 des Gesetzes vom 1. April 1879 und § 94 des Zuständigkeitsgesetzes vom 1. August 1883).

Wegen der Zwangsmittel vergl. §§ 132 ff. des Landesverwaltungsgesetzes vom 30. Juli 1883.

g. Entscheidung von Streitigkeiten über die Theilnahme an den Lasten von Genossenschaften zur Ent- und Bewässerung von Grundstücken für Zwecke der Landeskultur (§ 70 des Gesetzes vom 1. April 1879, § 94 des Zuständigkeitsgesetzes vom 1. August 1883).

11. Deichangelegenheiten:
a. Soweit es sich um Deiche handelt, welche zu keinem Deichverbande gehören, Beschlußfassung über Genehmigung für neue und die Verlegung, Erhöhung und Beseitigung bestehender Deichanlagen (§ 96 Nr. 1 des Zuständigkeitsgesetzes vom 1. August 1883).
b. Desgleichen über die Herstellung ganz oder theilweise verfallener oder zerstörter Deiche und die Heranziehung der Pflichtigen zur Erhaltung und Wiederherstellung (§ 96 Nr. 2 a. a. O.).
c. Desgleichen über die interimistische Tragung der Deichbaulast und Vertheilung der Beiträge (§ 96 Nr. 3 a. a. O.).
d. Desgleichen über die Beschränkung oder Untersagung der Nutzung eines Deiches (§ 96 Nr. 4 a. a. O.).

12. Fischerei-Angelegenheiten. (Gesetze vom 30. Mai 1874 — G. S. S. 197 — und vom 30. März 1880 — G. S. S. 228 —).

a. Beschlußfassung über den Erlaß von Regulativen betreffend die Beaufsichtigung und den Schutz der Laichschonreviere (§ 98 Nr. 1 a. a. O.).
b. Beschlußfassung über die Genehmigung zur Ausführung von Fischpässen (§ 98 Nr. 2 a. a. O.).
c. Beschlußfassung von Bestimmungen darüber, in welchen Zeiten des Jahres der Fischpaß geschlossen gehalten werden muß, und in welcher Ausdehnung oberhalb und unterhalb des Fischpasses für die Zeit, während welcher der Fischpaß geöffnet ist, jede Art des Fischfanges verboten ist (§ 98 Nr. 3 a. a. O.).
d. Beschlußfassung über Gestattung von Ableitungen aus landwirthschaftlichen oder gewerblichen Anlagen in Fischgewässer und über die zum Schutze der Fischzucht zu treffenden Vorkehrungen (§ 99 Nr. 1 a. a. O.).
e. Beschlußfassung über die Gestattung von Ausnahmen von dem Verbote des Flachs- und Hanfröthens in den nicht geschlossenen Gewässern (§ 99 Nr. 2 a. a. O.).
f. Entscheidung von Streitigkeiten darüber, ob ein Gewässer als ein geschlossenes anzusehen ist (§ 102 Nr. 1 a, a. O.).
g. Entscheidung auf Klage der Fischereiberechtigten oder der Fischereigenossenschaften auf weitere Beschränkung oder gänzliche Aufhebung von Fischereiberechtigungen, welche auf die Benutzung einzelner bestimmter Fangmittel oder ständiger Fischerei-Vorrichtungen gerichtet sind (§ 102 Nr. 2 a. a. O.).

13. Feldpolizei:
a. Beschluß über die Erhöhung oder Ermäßigung der Ersatzgeldbeträge auf Antrag der Kreisvertretung (§ 73 des Feld- und Forstpolizeigesetzes vom 1. April 1880 — G. S. S. 230.).
b. Entscheidung auf Klage gegen den Bescheid der Ortspolizeibehörde wegen des Anspruchs auf Ersatzgeld, sofern nicht der ordentliche Rechtsweg gegeben ist (§§ 75 und 76 a. a. O.), jedoch nur in Stadtkreisen und in Städten von mehr als 10 000 Einwohnern.
c. Beschlußfassung über die Festsetzung allgemeiner Werthsätze für die Einstellung, Wartung und Fütterung gepfändeter Thiere für die Kreise des Bezirkes (§ 79 a. a. O.).
d. Entscheidung auf Klage gegen den Bescheid der Ortspolizeibehörde betreffend die Aufrechterhaltung oder Aufhebung einer Pfändung in Stadtkreisen oder in Städten mit mehr als 10000 Einwohnern (§§ 82—84 a. a. O.).

14. Forstpolizei:
a. Beschlußfassung über die Anhaltung der Gemeinde zur Anbauung unkultivirter Grundstücke mit Holz (§ 8 des Gesetzes vom 14. August 1876 — G. S. S. 373 —).

b. Beschlußfassung über die Genehmigung zur Beeidigung von nicht königlichen Forstschutzbeamten und über die Zurückziehung dieser Genehmigung, wenn dieselbe ertheilt war (§§ 23 und 25 a. a. O.).

15. Jagdpolizei:

a. Beschluß über Beschwerden gegen Verfügungen, durch welche Anträge auf Abschuß von Wild genehmigt oder abgelehnt sind (§ 103 des Zuständigkeitsgesetzes vom 1. August 1883).

b. Beschluß über die Genehmigung zur Bildung mehrerer für sich bestehender Jagdbezirke aus einem Gemeindebezirke, auch Vereinigung mehrerer Gemeindebezirke zu einem Jagdbezirke, sofern es sich um Stadtkreise handelt (§ 104 a. a. O.).

c. Entscheidung von Streitigkeiten der Betheiligten betreffend Beschränkungen in Stadtkreisen auf eigenem Grund und Boden, die Bildung gemeinschaftlicher Jagdbezirke, die Ausübung der Jagd auf umschlossenen Grundstücken und die zu zahlende Entschädigung (§ 105 a. a. O.).

d. Entscheidung auf die Klage gegen die von der Gemeindebehörde festgestellte Vertheilung der Jagdpachtgelder und Einnahmen in Stadtkreisen (§ 106 a. a. O.).

e. Beschluß über die Aufhebung, Verlängerung oder Verkürzung der Schonzeit (§ 107 a. a. O.).

f. Beschluß über die Erneuerung und Ertheilung der auf den Schleswigschen Westseeinseln bestehenden Konzessionen zur Errichtung von Vogelkojen (§ 108 a. a. O.).

16. Gewerbliche Angelegenheiten:

a. Beschlußfassung über Anträge auf Genehmigung, Errichtung oder Veränderung folgender gewerblicher Anlagen (§ 110 a. a. O.) auch in Berlin:
   1. Schießpulverfabriken,
   2. Anlagen zur Feuerwerkerei und zur Bereitung von Zündstoffen aller Art,
   3. Anlagen zur Gewinnung roher Metalle,
   4. Röstöfen,
   5. Chemische Fabriken aller Art,
   6. Poudretten- und Düngpulverfabriken,
   7. Kalifabriken.

b. Beschlußfassung über die Zulässigkeit von Wassertriebwerken, welche zum Betriebe von Bergwerken und Aufbereitungsanstalten dienen, Einvernehmen mit dem Oberbergwerke (§ 160 Abs. 2 a. a. O.).

c. Beschlußfassung auf Antrag der Ortspolizeibehörde (auch in Berlin) darüber, ob die Ausübung eines Gewerbes in Anlagen, deren Betrieb mit ungewöhnlichem Geräusche verbunden ist, an der gewählten Betriebsstätte zu untersagen oder nur unter Bedingungen zu gestatten ist (§ 111 a. a. O.).

d. Beschlußfassung auch in Berlin über die Untersagung der ferneren Benutzung einer gewerblichen Anlage wegen überwiegender Nachtheile und Gefahren für das Gemeinwohl (§ 112 a. a. O.).

e. Beschlußfassung und event. Entscheidung über Anträge und Ertheilung

α. der Konzession zur Anlegung von Privat-, Kranken-, Entbindungs- und Irrenanstalten,

β. der Erlaubniß zu Schauspielunternehmungen.

In Berlin tritt hier an die Stelle des Bezirksausschusses der Polizeipräsident, gegen dessen Beschluß die Klage an den Bezirksausschuß gegeben ist (§§ 115 und 161 a. a. O.).

f. Entscheidung auf Klage gegen Verfügungen der Ortspolizeibehörde, durch welche die Erlaubniß zum gewerbsmäßigen öffentlichen Verbreiten von Druckschriften in Stadtkreisen und in Städten von mehr als 10000 Einwohnern versagt, oder die nicht gewerbsmäßige öffentliche Verbreitung solcher Druckschriften verboten worden ist (§ 116 a. a. O.).

g. Beschluß und event. Entscheidung über Anträge auf Genehmigung des in § 56 Abs. 3 der Reichs-Gewerbe-Ordnung gedachten Druckschriftenverzeichnisses. In Berlin steht der Beschluß an Stelle des Bezirksausschusses dem Polizeipräsidenten von Berlin zu, gegen denselben die Klage bei dem Bezirksausschuß (§ 3 der Verordnung vom 31. Dezember 1883 (G. S. 1884 S. 7). Vergl. auch das Gesetz vom 12. März 1884 (R. G. B. S. 17).

h. Entscheidung auf Klage gegen Verfügungen der unteren Verwaltungsbehörden, durch welche Reichs-Angehörigen die Legitimationskarte zum Ankaufe von Waaren oder zum Aufsuchen von Waarenbestellungen versagt worden ist (§ 117 Nr. 1 a. a. O.).

i. Beschlußfassung über Anträge wegen Ertheilung von Wandergewerbescheinen für alle andern Arten des Gewerbebetriebes im Umherziehen (§ 117 am Schlusse a. a. O.). In Berlin wie sub g.

k. Entscheidung auf Klage gegen Verfügungen der unteren Verwaltungsbehörden, durch welche Reichsangehörigen

α. eine Gewerbelegitimationskarte versagt,

β. eine Gewerbelegitimationskarte oder eine Legitimationskarte zum Aufsuchen von Waarenbestellungen oder zum Ankauf von Waaren durch Zurücknahme entzogen worden ist (§ 2 der Verordnung vom 31. Dezember 1883 — G. S. 1884 S. 7 —).

l. Entscheidung auf Klage der zuständigen Behörde der in §§ 35 und 37 der Reichs-Gewerbe-Ordnung genannten Gewerbe (Tanz-, Turn- und Schwimmunterricht, Betrieb von Badeanstalten u. s. w., vergl. oben § 36 Nr 12 c.) in Stadtkreisen und in Städten von mehr als 10 000 Einwohnern (§ 119 des Zuständigkeitsgesetzes vom 1. August 1883).

m. Entscheidung auf Klage der zuständigen Behörde über die Zurücknahme von Konzessionen zum Betriebe der Gast- und Schankwirthschaft, zum Kleinhandel mit Branntwein und Spiritus und zum Betriebe des Pfandleihgewerbes und des Gifthandels in Stadtkreisen und in Städten von mehr als 10 000 Einwohnern (§ 119 a.a. O.).

n. Entscheidung auf Klage der Ortspolizeibehörde über die Zurücknahme oder die Untersagung der oben im § 36 Nr. 12 sub f—i aufgeführten Gewerbe in Stadtkreisen und in Städten von mehr als 10 000 Einwohnern (§ 4 der Verordnung vom 31. Dezember 1883 — G. S. 1884 S. 7 —).

o. Entscheidung auf Klage der Ortspolizeibehörde über die Zurücknahme des Wandergewerbescheines, der Ausdehnung desselben und der Erlaubniß, bei dem Gewerbebetriebe im Umherziehen andere Personen von Ort zu Ort mitzuführen (§ 5 a. a. O.).

p. Entscheidung auf Klage der zuständigen Behörde wegen Zurücknahme der Approbationen der Apotheker und Aerzte, (Wundärzte, Augenärzte, Geburtshelfer, Zahnärzte und Thierärzte) der Genehmigungen und Bestellungen der Unternehmer von Privat-, Kranken-, Entbindungs- und Irrenanstalten, derjenigen, welche das Hufbeschlaggewerbe betreiben, der Schauspielunternehmer, der Gast- und Schankwirthe und Kleinhändler mit Branntwein und Spiritus, der Pfandleiher, der Feldmesser, Auktionatoren, derjenigen, welche den Feingehalt edler Metalle oder die richtige Verpackung von Waaren feststellen, der Güterbestätiger, Schaffner, Wäger, Messer, Bracker, Schauer, Stauer u. s. w., jedoch nicht der Markscheider (§ 120 des Zuständigkeitsgesetzes vom 1. August 1883).

q. Desgl. wegen Zurücknahme der Konzession der Versicherungsunternehmer und der Auswanderungs-Unternehmer und Agenten (a. a. O.).

r. Desgl. der Konzessionen der Handelsmakler (a. a. O.).

s. Desgl. der Patente der Stromschiffer (a. a. O.).

t. Desgl. der Prüfungszeugnisse der Hebammen (a. a. O.).

u. Beschlußfassung betreffend die Genehmigung von Ortsstatuten betreffend gewerbliche Angelegenheiten z. B. Fortbildungsschulen (§ 122 a. a. O.). In Berlin tritt in diesem Falle an die Stelle des Bezirksausschusses der Oberpräsident.

v. Beschlußfassung (auch in Berlin) über die Genehmigung zur Einführung der bei der Aufnahme in eine Innung zu entrichtenden Antrittsgelder, sowie zur Auflösung von Innungen (§ 123 a. a. O.).

w. Beschlußfassung event. Entscheidung über die Genehmigung von Innungsstatuten und deren Abänderung (§ 124 a. a. O.). In Berlin tritt an Stelle des Bezirksausschusses der Polizeipräsident (wie oben sub g).

x. Entscheidung von Streitigkeiten zwischen Ortsgemeinden und Innungen in Folge der Auflösung der letzteren (§ 125 a. a. O.).

y. Entscheidungen auf Klage gegen Entschließungen der Aufsichtsbehörden betreffend:

α. Streitigkeiten über die Aufnahme und Ausschließung von Innungsgenossen, über die Wahl der Innungsvorstände und über deren Rechte und Pflichten (§ 95 Abs. 1 der Reichs-Gewerbe-Ordnung),

β. andere Anordnungen und Entscheidungen der Aufsichtsbehörde über Innungen und Innungsausschüsse (§ 104 Abs. 7 und 8 a. a. O., § 125 des Zuständigkeitsgesetzes vom 1. August 1883).

z. Entscheidung auf Klage der Aufsichtsbehörde über die Schließung der Innung oder eines gemeinsamen Innungsausschusses (§ 103 der Reichs-Gewerbe-Ordnung und § 126 des Zuständigkeitsgesetzes vom 1. August 1883).

z 1. Beschlußfassung (auch für Berlin) über die Zahl, Zeit und Dauer der Wochenmärkte, über die fernere Gestattung des herkömmlichen Wochenmarktverkehrs mit gewissen Handwerkerwaaren seitens der einheimischen Verkäufer und darüber, welche Gegenstände, abgesehen von den im § 66 der Reichs-Gewerbe-Ordnung aufgeführten, zu den Wochenmarktswaaren gehören (§ 128 des Zuständigkeitsgesetzes vom 1. August 1883).

z 2. Beschlußfassung (auch für Berlin) über die Einführung neuer Marktstandsgelder, sowie über die Erhöhung oder anderweitige Regulirung bestehender (§ 130 a. a. O.).

z 3. Beschlußfassung (auch für Berlin) über die Genehmigung der über Errichtung öffentlicher, ausschließlich zu benutzender Schlachthäuser gefaßten Gemeindebeschlüsse, sowie über die Bestätigung von Verträgen zwischen einer Gemeinde und einem Unternehmer zur Errichtung eines solchen Schlachthauses (§ 131 N. 1 a. a. O.).

z 4. Beschlußfassung über die Endschädigungsansprüche der Eigenthümer und Nutzungsberechtigten von Privatschlachtanstalten wegen des ihnen durch die Errichtung öffentlicher, ausschließlich zu benutzender Schlachthäuser zugefügten Schadens (§ 131 N. 2 a. a. O.).

z 5. Beschlußfassung über die Einrichtung, Aufhebung und Veränderung von Schornsteinfeger-Kehrbezirken (§ 132 a. a. O.).

z 6. Entscheidung über Anträge auf Ablösung von Gewerbeberechtigungen und auf Entschädigung für Aufhebung derselben (§ 133 a. a. O.).

17. Angelegenheiten der Handelskammern:

Entscheidung auf Klagen gegen Beschlüsse dieser Handelskammern oder des Vorstandes einer kaufmännischen Korporation betreffend:

a. die Legitimation der Mitglieder, Einsprüche gegen die Wahl von Mitgliedern, Erlöschen der Mitgliedschaft,
b. Beschwerden über unrichtige Einschätzung zu der fingirten Gewerbesteuer,
c. Einwendungen gegen die Listen der Wahlberechtigten,
d. Ausschließung von Mitgliedern oder Enthebung von ihren Funktionen,
e. Aufnahme, Suspension oder Ausschließung von Mitgliedern,
f. Gültigkeit der Vorstandswahlen,
g. Verhängung von Ordnungsstrafen gegen die Mitglieder,
h. Erlaubniß zum Besuche der Börse,
i. Beschwerden über unrichtige Einschätzung zu den Börsenbeiträgen,
k. Ordnungsstrafen gegen Handelsmäkler,
(§§ 134—138 a. a. O.).

18. Eingeschriebene Hülfskassen.

a. Beschluß und event. Entscheidung über Zulassung derselben (§ 141 a. a. O.).
b. Entscheidung auf Klage betreffend die Schließung einer Hülfskasse (a. a. O.).

19. Unfall- und Kranken-Versicherungs-Angelegenheiten:

Entscheidung von Streitigkeiten betreffend:

a. die Entscheidungen der Aufsichtsbehörden über Unterstützungsansprüche, welche aus der Bestimmung des § 10 des Reichsgesetzes vom 5. Mai 1886 (R. G. Bl. S. 132) zwischen dem Verletzten einerseits und den Gemeinden andrerseits entstehen (§ 12 Abs. 1 und 2 a. a. O., Verordnung vom 26. Juli 1886 — G. S. S. 213),
b. über Unterstützungsansprüche, welche gegen die Gemeindekrankenversicherung oder Krankenkasse auf Grund des § 136 Abs. 5 des erstgedachten Gesetzes entstehen (siehe Abs. 6 a. a. O., im Uebrigen wie sub a),
c. Ersatzansprüche an den Arbeitgeber in dem Falle des § 137 Abs. 3 des Gesetzes (wie sub a),

d. desgleichen in dem Falle des § 138 a. a. O.,
e. Ueberweisung versicherungspflichtiger Personen an die Gemeindekrankenversicherung oder die Ortskrankenkasse in dem Falle des § 142 Abs. 4 des Gesetzes.

20. Baupolizei:

a. Beschlußfassung über die Anwendung der in den Städten geltenden feuer- und baupolizeilichen Vorschriften bei Gebäuden auf solchen zum platten Lande gehörenden Grundstücken, welche innerhalb der Städte oder im Gemenge mit städtischen bebauten Grundstücken liegen (§ 143 des Zuständigkeitsgesetzes vom 1. August 1883).
b. Zustimmung zu dem Beschluß des Regierungspräsidenten über die Ausdehnung der Bestimmungen der Verordnung vom 21. Dezember 1846 (betreffend die beim Eisenbahnbau beschäftigten Handarbeiter), sofern es sich um Bauten der Kreise, der Ortsverbände, der Wegeverbände oder der Gemeinden handelt (§ 144 N. 1 a. a. O.).
c. Beschlußfassung über Dispensationen von baupolizeilichen Vorschriften nach Maßgabe der Baupolizeiordnungen in Stadtkreisen und in Städten von mehr als 10 000 Einwohnern (§ 145 a. a. O.).
d. Beschlußfassung über die Ergänzung der versagten Zustimmung der Ortspolizeibehörde zur Festsetzung der Straßen- und Baufluchtlinien in Stadtgemeinden von mehr als 10 000 Einwohnern und in Stadtkreisen, jedoch tritt in dem Stadtkreise Berlin an die Stelle des Bezirksausschusses der Minister für öffentliche Arbeiten (§ 5 Abs. 2 des Fluchtliniengesetzes vom 2. Juli 1875, § 146 des Zuständigkeitsgesetzes vom 1. August 1883).
e. Beschlußfassung über das Vorhandensein eines Bedürfnisses zur Festsetzung von Fluchtlinien in Städten von mehr als 10 000 Einwohnern und in Stadtkreisen, jedoch gilt für Berlin das sub d Gesagte (§ 5 Abs. 3 a. a. O.).
f. Beschlußfassung über Einwendungen gegen den Bebauungsplan. Im Uebrigen wie sub d und e (§ 8 a. a. O.).
g. Beschlußfassung über die Punkte, hinsichtlich deren bei Betheiligung mehrerer Ortschaften an der Fluchtlinienfestsetzung eine Einigung nicht zu erzielen ist. Im Uebrigen wie sub d—f (§ 9 a. a. O.).
h. Beschlußfassung über Bestätigung ortsstatutarischer Bestimmungen in Gemäßheit der §§ 12 und 15 des Fluchtliniengesetzes. In Berlin tritt aber an die Stelle des Bezirksausschusses der Minister des Innern (§ 146 des Zuständigkeitsgesetzes vom 1. August 1883).

21. **Dismembrations- und Ansiedlungssachen:**
 a. Entscheidung auf Klage gegen den Abgaben-Vertheilungsplan in Stadtkreisen (§ 9 des Gesetzes vom 25. August 1876).
 b. Beschlußfassung über die vorläufige Festsetzung der Abgabenvertheilung in Stadtkreisen (§ 11 a. a. O.).
 c. Entscheidung auf Klage gegen den Bescheid der Ortspolizeibehörde betreffend die Ansiedlungsgenehmigung in Stadtkreisen (§ 17 a. a. O.).
 d. Beschluß über die Genehmigung zur Anlegung von Kolonien in Stadtkreisen (§§ 18, 19 a. a. O.).
 e. Entscheidung auf Klage gegen den Bescheid der Ortspolizeibehörde in Stadtkreisen, durch welchen die Genehmigung zur Errichtung einer Feuerstelle innerhalb einer Entfernung von 75 m. von einer mehr als 100 ha. umfassenden Waldung versagt oder unter Bedingungen ertheilt werden oder die erhobenen Einsprüche zurückgewiesen werden (§§ 47—50 des Feld- und Forstpolizeigesetzes vom 1. April 1880).

22. **Enteignungssachen:**
 a. Beschlußfassung über die Zulassung der Enteignung behufs:
  α. der Gradelegung öffentlicher Wege,
  β. der Erweiterung öffentlicher Wege,
  γ. der Umwandlung von Privatwegen in öffentliche Wege, deren Terrain außerhalb der Städte und Dörfer belegen und nicht mit Gebäuden besetzt ist (§ 3 des Enteignungsgesetzes vom 11. Juni 1874, § 150 des Zuständigkeitsgesetzes vom 1. August 1883). In Berlin tritt an die Stelle des Bezirksausschusses die I. Abtheilung des Polizei-Präsidiums.
 b. Beschlußfassung über vorübergehende Beschränkungen des Grundeigenthums (§ 4 des Enteignungsgesetzes). In Berlin wie sub a.
 c. Beschlußfassung über die Gestattung der Vorarbeiten zu einem die Enteignung rechtfertigenden Unternehmen und Bestimmung der dafür zu bestellenden Kaution, Gestattung der Zerstörung von Baulichkeiten (§ 5 des Enteignungsgesetzes). In Berlin wie sub a und b.
 d. Beschlußfassung über die Festsetzung der Obliegenheiten des Unternehmers in Bezug auf die Einrichtung und Unterhaltung derjenigen Anlagen an Wegen, Ueberfahrten, Triften, Einfriedigungen, Bewässerungs- und Vorfluthsanstalten u. s. w., welche für die benachbarten Grundstücke oder im öffentlichen Interesse zur Sicherung gegen Gefahren und Nachtheile nothwendig werden (§ 14 des Enteignungsgesetzes). In Berlin wie sub a—c.
 e. Entscheidung mittels motivirten Beschlusses über die gegen den Enteignungsplan erhobenen Einwendungen, über die Vollziehung

der Enteignung oder die Anordnung der Enteignung in dringenden Fällen (§§ 18, 32—35 des Enteignungsgesetzes). In Berlin wie sub a—d.

f. Entscheidung mittels motivirten Beschlusses über die Entschädigung, die zu bestellende Kaution und die sonstigen aus §§ 7—13 sich ergebenden Verpflichtungen (§ 29 a. a. O.). In Berlin wie sub a—e.

g. Beschlußfassung über die Enteignung, soweit nach den für Enteignungen im Interesse der Landeskultur im § 54 N. 1 des Enteignungsgesetzes aufrecht erhaltenen Gesetzen, in Verbindung mit dem Gesetze über die allgemeine Landesverwaltung vom 30. Juli 1883 der Regierungspräsident über dieselbe Entscheidung zu treffen haben würde, jedoch — unbeschadet der Vorschriften im § 97 des Zuständigkeitsgesetzes vom 1. August 1883 — mit Ausnahme der Enteignungen für die Zwecke von Deichen, welche einem Deichverbande angehören und für die Zwecke der Sielanstalten in den Verbandsbezirken (§ 152 des Zuständigkeitsgesetzes vom 1. August 1883). Für Berlin keine besondere Bestimmung.

h. Beschlußfassung zur Entscheidung darüber, ob, in welchem Umfange und unter welchen Bedingungen ein Grundbesitzer zur Abtretung von Grundstücken zum Bergbau oder der Bergwerksbesitzer zum Erwerbe des Eigenthums verpflichtet ist, ferner über die Festsetzung der Entschädigung und der Kaution (§ 142 des Berggesetzes vom 24. Juni 1865, § 150 des Zuständigkeitsgesetzes vom 1 August 1883). In Berlin auch hier wie sub a—f. Die betreffenden Beschlüsse werden in Gemeinschaft mit dem Oberbergamte gefaßt.

i. Beschlußfassung über die Feststellung der Entschädigung bei der Beschränkung des Grundeigenthums in der Umgebung von Festungen (Reichs-Rayon-Gesetz vom 21. Dezember 1871 — R. G. Bl. S. 459 —; § 153 des Zuständigkeitsgesetzes vom 1. August 1883).

23. Steuerangelegenheiten:
Beschlußfassung über die Ergänzung der vom Kreisausschusse versagten Zustimmung der Vereinigung von Gemeinden und selbstständigen Gutsbezirken zu gemeinschaftlichen Einschätzungsbezirken für die Klassensteuer (Art. II des Gesetzes vom 16. Juni 1875 — G. S. S. 234 —, § 156 des Zuständigkeitsgesetzes vom 1. August 1883).

24. Rechtsmittel gegen polizeiliche Verfügungen:
Entscheidung auf Klagen gegen Verfügungen der Ortspolizeibehörden der Stadtkreise (auch Berlin) und der Städte mit mehr als 10 000 Einwohnern (§ 128 des Landesverwaltungsgesetzes vom 30. Juli 1883).

25. Behördliche Polizeiverordnungen:
Ergänzung der versagten Zustimmung des Gemeindevorstandes zu nicht sicherheitspolizeilichen Ortsverordnungen in den Städten (§ 143 a. a. O.). In Berlin angeblich (!) der Oberpräsident auf Grund des § 43 a. a. O. Das Gesetz sagt hiervon nichts.

26. Disziplinarangelegenheiten:
a. Entscheidung wegen der Entfernung aus dem Amte gegen gewählte Mitglieder der Kreis- (Stadt-) Ausschüsse (§ 39 des Disziplinargesetzes vom 21. Juli 1852, § 157 N. 2 des Landesverwaltungsgesetzes vom 30. Juli 1883).
b. Entscheidung in dem auf Entfernung aus dem Amte gerichteten Verfahren gegen Mitglieder des Provinzialausschusses (§ 98 N. 5 der Provinzialordnungen [Hessen-Nassau § 71], § 52 Abs. 2 des vorgedachten Disziplinargesetzes).
c. Entscheidungen über Ordnungsstrafen in dem auf Entfernung aus dem Amte gerichteten Verfahren gegen den Landesdirektor (Landeshauptmann) und die oberen Provinzialbeamten (a. a. O.).
d. Entscheidung in dem Disziplinarverfahren gegen sonstige Provinzial- und Anstaltsbeamte (a. a. O. N. 2, 3 und 5).

27. Kirchliche Vermögensangelegenheiten:
Entscheidung von Streitigkeiten über die in §§ 7—11 des Gesetzes vom 14. Mai 1880 (G. S. S. 225) geregelten Rechte und Pflichten der Kirchengemeinden in den Landestheilen des linken Rheinufers.

Hiermit ist das Ressort des Bezirksausschusses, soweit derselbe in erster Instanz entscheidet oder beschließt, erschöpft, in welchen Fällen derselbe in zweiter Instanz zu entscheiden hat, wird später bei der Lehre von den Rechtsmitteln mitgetheilt werden.

§ 49.

Der Bezirksausschuß hat als Organ zur Mitwirkung bei den Geschäften der allgemeinen Landesverwaltung in dem Regierungsbezirk seinen Sitz an dem Amtssitze des Regierungspräsidenten (§ 4 des Landes-Verwaltungsgesetzes), ebenso wie der Provinzialrath an dem Amtssitze des Oberpräsidenten und der Kreisausschuß an dem Amtssitze des Landrathes, indessen kann das Tagen (Abhaltung von Sitzungen) dieser letztgedachten Behörde außerhalb des Amtssitzes des Landrathes nachdem Endurtheile des Ober-Verwaltungsgerichtes vom 20. Juni 1877 (Entscheidungen Band II S. 450; Parey, Rechtsgrundsätze S. 440) als ein Mangel des Verfahrens nicht angesehen worden. Derselbe Grundsatz läßt sich auch auf den Bezirksausschuß anwenden.

Eine besondere, von dem Amtssitze eines Regierungspräsidenten unabhängige Stellung nimmt der Bezirksausschuß für den Stadtkreis Berlin ein (§ 43 des Landesverwaltungsgesetzes vom 30. Juli 1883).

§ 50.

Wie schon oben in den §§ 36 und 48 durch die Worte „Beschlußfassung“ und „Entscheidung“ angedeutet ist, bezieht sich die Thätigkeit des Bezirksausschusses ebenso, wie die des Kreis- (Stadt-) Ausschusses theils auf Beschlußsachen, theils auf Verwaltungsstreitsachen (§ 54 des Landesverwaltungsgesetzes vom 30. Juli 1883). In welchen Fällen das eine oder das andere Verfahren einzutreten hat, ist in den gedachten §§ 36 und 48 ersichtlich gemacht worden (§ 1 des Geschäftsregulativs für die Bezirksausschüsse vom 28. Februar 1884).

§ 51.

Ueber die Zusammensetzung des Bezirksausschusses sagt der § 28 des Landesverwaltungsgesetzes vom 30. Juli 1883:

Der Bezirksausschuß besteht aus dem Regierungspräsidenten als Vorsitzenden und aus sechs Mitgliedern.

Zwei dieser Mitglieder, von denen eins zum Richteramte, eins zur Bekleidung von höheren Verwaltungsämtern befähigt sein muß, werden vom Könige auf Lebenszeit ernannt. Aus der Zahl dieser Mitglieder ernennt der König gleichzeitig den Stellvertreter des Regierungspräsidenten im Vorsitze mit dem Titel Verwaltungsgerichtsdirektor. Zur sonstigen Stellvertretung des Regierungspräsidenten im Bezirksausschusse und zur Stellvertretung jedes der beiden auf Lebenszeit ernannten Mitglieder ernennt der König ferner aus der Zahl der am Sitze des Bezirksausschusses ein richterliches oder ein höheres Verwaltungsamt bekleidenden Beamten einen Stellvertreter. Die Ernennung der Stellvertreter erfolgt auf die Dauer ihres Hauptamts am Sitze des Bezirksausschusses.

Die vier anderen Mitglieder des Bezirksausschusses werden aus den Einwohnern seines Sprengels durch den Provinzialausschuß gewählt. In gleicher Weise wählt letzterer vier Stellvertreter, über deren Einberufung das Geschäftsregulativ bestimmt.

Wählbar ist mit Ausnahme des Oberpräsidenten, der Regierungspräsidenten, der Vorsteher Königlicher Polizeibehörden, der Landräthe und der Beamten des Provinzialverbandes jeder zum Provinziallandtage wählbare Angehörige des Deutschen Reiches. Mitglieder des Provinzialraths können nicht Mitglieder des Bezirksausschusses sein.

Im Uebrigen finden auf die Wahlen beziehungsweise die gewählten Mitglieder die Bestimmungen der §§ 11, 12 und 13 des Landesverwaltungsgesetzes sinngemäße Anwendung.

§ 52.

Nach § 29 a. a. O. können durch Königliche Verordnungen Abtheilungen des Bezirksausschusses für die Theile des Regierungsbezirkes (also nicht etwa nach gewissen Materien der Gesetzgebung) gebildet werden. In solchen Fällen gehören der Vorsitzende und sofern nicht für die verschiedenen Abtheilungen besondere Ernennungen erfolgen, die ernannten Mitglieder allen Abtheilungen an. Die gewählten Mitglieder und deren Stellvertreter müssen für jede Abtheilung gesondert bestellt werden. Im Uebrigen gelten die für den Bezirksausschuß gegebenen Vorschriften sinngemäß für jede Abtheilung.

§ 53.

Der Vorsitz im Bezirksausschusse (siehe oben § 51) geht in Behinderungsfällen von dem Regierungspräsidenten beziehunnsweise dem Verwaltungsgerichtsdirektor auf das zweite ernannte Mitglied, sodann auf den Stellvertreter des Verwaltungsgerichtsdirektors über. Der Regierungspräsident gilt als behindert in allen Fällen, in welchen über eine Beschwerde gegen die Verfügung eines Regierungspräsidenten verhandelt wird. Auf Verfügungen, welche „auf Anweisung des Regierungspräsidenten“ erlassen sind, soll sich dieser Satz nicht beziehen, sondern nur auf solche, die „unter seiner Firma“ ergangen sind, hier kann nur das Gefühl für Anstand und Gerechtigkeit den richtigen Weg anzeigen (cf. Endurtheil des Ober-Verwaltungs-Gerichts vom 26. September 1885 — Entsch. Bd. XII S. 48; — Parey, Rechtsgrundsätze S. 92 und 93 —). Daß sich derselbe Satz nicht auf Verfügungen bezieht, welche der Regierungspräsident in seiner Eigenschaft als Vorsitzender des Bezirksausschusses erläßt, z. B. auf Grund der §§ 60, 64 Abs. 3, 111, 117 Abs. 2, ist selbstverständlich.

§ 54.

Der Vorsitzende des Bezirksausschusses beruft das Kollegium, leitet und beaufsichtigt den Geschäftsgang und sorgt für die prompte Erledigung der Geschäfte. Er bereitet die Beschlüsse vor und trägt für deren Ausführung Sorge. Er vertritt die Behörde nach außen, verhandelt Namens derselben mit anderen Behörden und Privatpersonen, führt den Schriftwechsel und zeichnet alle Schriftstücke Namens der Behörde (§ 55 des Landesverwaltungsgesetzes vom 30. Juli 1883).

Er eröffnet die eingehenden Schriftstücke und vermerkt auf denselben den Tag des Einganges. Für den Fall der Behinderung des Vorsitzenden beziehungsweise dessen Stellvertreters im Vorsitze kann ein vereidigter Büreaubeamter der Regierung mit der Eröffnung und Präsentation der eingehenden Schriftstücke betraut werden.

Ist von einer Partei im Verwaltungsstreitverfahren, der Vorschrift in § 66 a. a. O. zuwider, die Einreichnung von Duplikaten verabsäumt, so kann die Anfertigung derselben auf Kosten der Partei von dem Vorsitzenden angeordnet werden.

Im Uebrigen gilt von dem Vorsitzenden des Bezirksausschusses dasselbe, was oben in den §§ 15—17 von dem Vorsitzenden des Kreisausschusses gesagt wurde (§§ 6—8 des Geschäftsregulativs vom 28. Febr.

1884), jedoch mit der Maßgabe, daß für den Bezirksausschuß die Anstellung eines Syndikus (oben § 20) nicht vorgesehen ist, weshalb auch der Zusatz in § 9 des Geschäftsregulativs für die Bezirksausschüsse „soweit er Stimmrecht hat", überflüssig ist (vergl. § 33 des Landesverwaltungsgesetzes vom 30. Juli 1883 unter § 59).

§ 55.

Wegen der Aufnahme des Beweises gilt für den Bezirksausschuß dasselbe, wie von dem Kreisausschuß (oben §§ 19, 23 und 24). Desgleichen wegen der mündlichen Verhandlung (oben § 25), jedoch mit der Abweichung, daß bei dem Erscheinen sämmtlicher Betheiligten der Vorsitzende diesen den Vortrag der Sache überlassen kann und daß, wenn in Gemäßheit des § 74 Abs. 2 des Landesverwaltungsgesetzes vom 30. Juli 1883 zur Wahrnehmung des öffentlichen Interesses für die mündliche Verhandlung ein besonderer Kommissar bestellt worden ist, dieser mit seinen Ausführungen und Anträgen nach den Parteien gehört wird.

§ 56.

Wegen des Inhaltes des Protokolls gilt dasselbe, wie von demjenigen des Kreisausschusses (oben § 25). Dasselbe gilt von der Handhabung der Ordnung, der Ausschließung der Oeffentlichkeit, der Verkündigung der Entscheidung (a. a. O.)

§ 57.

Alle Entscheidungen, Bescheide, Beschlüsse und Verfügungen, welche von der Behörde als Kollegium erlassen werden, sind in der Ausfertigung mit der Unterschrift:

„Der Bezirksausschuß zu N.N."

zu versehen und von dem Vorsitzenden zu vollziehen. Bei Bescheiden und Verfügungen, welche von dem Vorsitzenden im Einvernehmen mit den ernannten Mitgliedern oder von dem Vorsitzenden allein erlassen werden und gegen welche das Gesetz ausdrücklich den Antrag auf mündliche Verhandlung oder auf Kollegialbeschluß zuläßt (§§ 60, 64 Abs. 3, 111 Abs. 3, 117 Abs. 3 des Landesverwaltungsgesetzes), lautet die Unterschrift:

Namens des Bezirksausschusses.
Der Vorsitzende.

Die Urschriften der Bescheide, welche von dem Vorsitzenden im Einvernehmen mit den ernannten Mitgliedern erlassen werden, sind von diesen mitzuvollziehen.

Die Urschriften der Entscheidungen, Bescheide, Beschlüsse, welche von dem Kollegium erlassen werden, sind von dem Vorsitzenden und wenigstens einem ernannten und einem gewählten Mitgliede, welche theilgenommen haben, zu vollziehen.

Die Ausfertigungen der im Verwaltungsstreitverfahren ergangenen Endurtheile sind mit der Ueberschrift:

„Im Namen des Königs“

und dem Siegel des Bezirksausschusses — entsprechend dem Siegel der Regierungen mit der Umschrift:

„Der Bezirzksausschuß zu N.N.“

zu versehen. Dieselben müssen im Eingange den Sitzungstag, an welchem die Entscheidung getroffen ist, und die Mitglieder des Bezirksausschusses, welche an der Abstimmung theilgenommen haben, ersehen lassen (§ 15 des Geschäfts-Regulativs, vergl. oben § 26).

§ 58.

Wegen der Belehrungen über Rechtsmittel gilt das oben im § 28 Gesagte auch für den Bezirksausschuß.

§ 59.

Der Bezirksausschuß ist bei Anwesenheit von fünf Mitgliedern, in Streitsachen unter Armenverbänden bei Anwesenheit von drei Mitgliedern beschlußfähig, unter denen sich in allen Fällen mit Einschluß des Vorsitzenden mindestens zwei ernannte, darunter ein zum Richteramte befähigtes, und ein gewähltes Mitglied befinden mussen.

Die Beschlüsse werden nach Stimmenmehrheit gefaßt. Bei gerader Stimmenzahl scheidet, wenn außer dem Vorsitzenden zwei ernannte Mitglieder anwesend sind, das dem Dienstalter nach jüngste ernannte, wenn außer dem Vorsitzenden nur ein ernanntes Mitglied anwesend ist, das dem Lebensalter nach jüngste gewählte Mitglied mit der Maßgabe aus, daß das Stimmrecht vorzugsweise

1. unter den ernannten Mitgliedern einem zum Richteramte befähigten, sofern es dessen zur Beschlußfähigkeit bedarf,
2. im Uebrigen dem Berichterstatter

verbleibt (§ 33 des Landesverwaltungsgesetzes vom 30. Juli 1883).

§ 60.

Hervorgegangen sind die Bezirksausschüsse in den Kreisordnungsprovinzen aus den Deputationen für das Heimathswesen (§ 40 des Ausführungsgesetzes vom 8. März 1871 (G. S. S. 130, § 7 Abs. 4 des Landesverwaltungsgesetzes vom 30. Juli 1883). Dieselben waren (und sind noch heute) mit den Bezirksregierungen eng verbunden, daher sind die Vorschriften über die dienstliche Verwendung der ernannten Mitglieder des Bezirksausschusses bei den Regierungen und deren Abtheilungen wohl zu erklären (§ 31 des Landesverwaltungsgesetzes vom

30. Juli 1883, Nr. IV der Ministerial-Verfügung vom 9. Februar 1884). Desgl. die Vorschrift in § 32 des Landesverwaltungsgesetzes betreffend die Vereidigung der gewählten Mitglieder und die Disziplinarverhältnisse aller Mitglieder des Bezirksausschusses.

§ 61.

Die gewählten Mitglieder des Bezirksausschusses und deren Stellvertreter erhalten Tagegelder und Reisekosten nach den für Staatsbeamte der vierten Rangklasse bestehenden gesetzlichen Bestimmungen.

Alle Einnahmen des Bezirksausschusses fließen zur Staatskasse. Derselben fallen auch alle Ausgaben zur Last.

Dagegen erhalten die Mitglieder des Kreisausschusses nur eine ihren baaren Auslagen entsprechende Entschädigung, über deren Höhe der Kreisausschuß beschließt (§ 164 der altländischen Kreisordnung, Hannover § 96, Hessen-Nassau § 97, Westfalen und Rheinprovinz § 84).

6. Das Ober-Verwaltungsgericht.

§ 62.

Dieser höchste Verwaltungs-Gerichtshof entscheidet in der Regel als Berufungsgericht gegen erstinstanzliche Endurtheile des Bezirksausschusses, oder in dritter Instanz als Revisionsgerichtshof und zwar im Verwaltungsstreitverfahren nur ausnahmsweise als Beschlußbehörde,*) indessen giebt es auch eine Anzahl von Fällen, in denen das Ober-Verwaltungsgericht in erster Instanz entscheidet. Diese sind folgende:

1. Nach § 1 der Provinzialordnungen bildet jede Provinz einen mit den Rechten einer Korporation ausgestatteten Kommunalverband zur Selbstverwaltung seiner Angelegenheiten. Zum Kommunalverbande der Provinz (Provinzialverband) gehören alle innerhalb der Grenzen derselben belegenen Kreise und alle zu diesen Kreisen gehörenden Ortschaften. Diejenigen Kreise und einzelnen Ortschaften, welche bisher zu einem andern provinzialständischen Verbande gehört haben, treten aus diesem Verbande aus und in den Kommunalverband derjenigen Provinz ein, innerhalb deren Grenzen sie belegen sind. Die in Folge der Ausführung dieser Vorschrift erforderliche Regelung der Verhältnisse ist, unbeschadet aller Privatrechte Dritter, nach § 3 a. a. O. durch den Minister des Innern zu bewirken. Streitigkeiten, welche hierbei entstehen, unterliegen der Entscheidung des Ober-Verwaltungsgerichts. Dieser Vorschrift entspricht in der Hessen-Nassauischen Provinzial-Ordnung vom 8. Juni 1885 (G. S. S. 247) der § 2.

---

*) Vergl. z. B. § 58 N. 1 und § 59 N. 1 des Landesverwaltungsgesetzes vom 30. Juli 1883.

2. Nach § 24 der Provinzialordnungen (für Hessen-Nassau § 21) entscheidet das Ober-Verwaltungsgericht auf die Klage gegen Beschlüsse der Provinziallandtage (Kommunallandtage) betreffend die Wahlen zu diesen Körperschaften.
3. Nach § 48 a. a. O. (für Hessen-Nassau § 46) entscheidet das Ober-Verwaltungsgericht auf die Klage gegen den Beschluß des Provinzialausschusses betreffend den Verlust des Wahlrechts zum Mitgliede des Provinzialausschusses.
4. Nach § 112 der Provinzial-Ordnungen (Hessen-Nassau § 84) und § 1 des Zuständigkeitsgesetzes vom 1. August 1883 entscheidet das Ober-Verwaltungsgericht auf Klage gegen den Beschluß des Provinzialausschusses betreffend die Reklamation der Kreise gegen die Vertheilung der Provinzialabgaben.
5. Nach § 128 der altländischen Provinzial-Ordnung sollte die Verwaltung der damals bestehenden, besonderen kommunalständischen Verbände, soweit sie die Fürsorge für Landarme, Geisteskranke, Taubstumme, Blinde und Idioten betrafen, spätestens bis zum 1. Januar 1878 mit allen Rechten und Pflichten auf die Provinzialverbände übertragen werden. Soweit die betreffende Regelung in der obigen Frist nicht durch Uebereinkommen zwischen den Vertretungen der kommunalständischen Verbände und der nach der Provinzialordnung zu bildenden Provinzialvertretung, unter Genehmigung des Ministers des Innern, zu Stande käme, sollte dieselbe, unbeschadet aller Privatrechte Dritter, durch Königliche Verordnung erfolgen. Streitigkeiten, welche bei der Ausführung entstehen, unterliegen der Entscheidung des Ober-Verwaltungsgerichts. (Vergl. auch § 101 der Hessen-Nassauischen Provinzial-Ordnung wegen der Einverleibung des Stadtkreises Frankfurt a/M. in den Kommunalverband des Regierungsbezirks Wiesbaden.
6. Nach § 18 Abs. 4 des Dotationsgesetzes vom 8. Juli 1875 (G. S. S. 497) hat das Ober-Verwaltungsgericht die Streitigkeiten zwischen Provinzialverbänden und Stadtgemeinden wegen Entschädigung für Uebernahme von Straßenstrecken zu entscheiden.
7. Nach § 4 des Gesetzes betreffend die Theilung der Provinz Preußen vom 19. März 1877 (G. S. S. 107) entscheidet das Ober-Verwaltungsgericht Streitigkeiten, welche bei Ausführung des zwischen Ost- und Westpreußen in Folge der Theilung getroffenen Uebereinkommens entstehen.
8. Nach § 121 der Provinzialordnungen (Hessen-Nassau § 94) entscheidet das Ober-Verwaltungsgericht auf Klagen gegen Verfügungen des Oberpräsidenten betreffend die Zwangsetatisirungen gegenüber den Provinzialverbänden, desgleichen gegenüber den Kreisen (§ 4 des Zuständigkeitsgesetzes vom 1. August 1883, Kreisordnung für Hannover § 108, Hessen-Nassau § 109, Westfalen und Rheinprovinz § 98).
9. Nach § 15 des Gesetzes betreffend die Unterbringung verwahrloster

Kinder vom 13. März 1878 (G. S. S. 132) entscheidet das Ober-Verwaltungsgericht auf Klage des Oberpräsidenten (in den Hohenzollernschen Landen des Regierungspräsidenten) gegen Provinzial-(kommunalständische, Landeskommunal-)Verbände auf Erfüllung der ihnen nach jenem Gesetze obliegenden, von der Behörde innerhalb ihrer Zuständigkeit festgestellten Leistungen. Wegen dieser Abweichung von dem § 121 der Provinzialordnungen (Hessen-Nassau § 94) vergl. Wiedemanns Kommentar zu jenem Gesetze S. 105 und 106.

10. Nach § 118 der Provinzialordnungen (Hessen-Nassau § 91) entscheidet das Ober-Verwaltungsgericht auf Klage gegen Verfügungen des Oberpräsidenten betreffend die Beanstandung von Beschlüssen des Provinziallandtages, des Provinzialausschusses oder der Provinzialkommissionen (Kommunallandtage, Landesausschüsse, Bezirkskommissionen).

11. Nach §§ 9 und 21 des Zuständigkeitsgesetzes vom 1. August 1883 entscheidet das Ober-Verwaltungsgericht in Streitigkeiten über die bestehenden Grenzen des Stadtbezirks von Berlin.

12. Nach §§ 15 und 21 des Zuständigkeitsgesetzes vom 1. August 1883 entscheidet das Ober-Verwaltungsgericht auf die Klage gegen die Verfügung des Gemeindevorstandes der Stadt Berlin, durch welche Beschlüsse der Gemeindevertretung oder des Gemeindevorstandes, welche deren Befugnisse überschreiten oder die Gesetze verletzen, beanstandet werden.

13. Nach § 13 des Gesetzes betreffend die Befugnisse der Strombauverwaltung gegenüber den Uferbesitzern an öffentlichen Flüssen vom 20. August 1883 (G. S. S. 333) und nach dem Gesetze vom 31. Mai 1884 (G. S. S. 303) entscheidet das Ober-Verwaltungsgericht auf Klage gegen den Bescheid der Oberpräsidenten oder des Regierungspräsidenten, welcher auf Beschwerden gegen die Anordnungen der Lokalbaubeamten ergeht. Vergl. Ministerial-Reskript vom 5. Mai 1886 (Min. Bl. d. i. V. S. 216 und 217).

14. Nach § 155 des Zuständigkeitsgesetzes vom 1. August 1883 entscheidet das Ober-Verwaltungsgericht auf Klage gegen den Bescheid des Regierungspräsidenten, durch welchen Angehörigen eines andern deutschen Bundesstaates oder einem früheren Reichsangehörigen die Ertheilung der Aufnahmeurkunde oder einem preußischen Staatsangehörigen die Ertheilung der Entlassungsurkunde in Friedenszeiten versagt worden ist.

15. Nach § 14 des Landesverwaltungsgesetzes vom 30. Juli 1883 entscheidet das Plenum des Ober-Verwaltungsgerichts in dem Disziplinar-Verfahren auf Entfernung aus dem Amte gegen gewählte und stellvertretende Mitglieder der Provinzialräthe (vergl. §§ 51 und 98 Nr. 5 (Hessen-Nassau §§ 49 und 71) der Provinzialordnungen wegen der Vorsitzenden und Mitglieder der Provinzial-(Landes-)Ausschüsse und der Provinzialbeamten.)

16. Desgleichen nach § 32 des Landesverwaltungsgesetzes gegen Mitglieder und stellvertretende Mitglieder der Bezirksausschüsse.
17. Desgleichen nach §§ 21 ff. des Verwaltungsgerichtsgesetzes vom $\frac{\text{3. Juli 1875}}{\text{2. August 1880}}$*) gegen die Mitglieder des Ober-Verwaltungsgerichts.
18. Desgleichen nach § 30a desselben Gesetzes gegen die Subaltern- und Unterbeamten des Ober-Verwaltungsgerichts, während das Ordnungsstrafrecht gegen diese Beamten dem Präsidenten des Ober-Verwaltungsgerichtes allein zusteht.
19. Nach § 19 des Zuständigkeitsgesetzes vom 1. August 1883 entscheidet das Ober-Verwaltungsgericht auf die Klage gegen Verfügungen des Regierungspräsidenten, in Berlin des Oberpräsidenten, betreffend die Zwangsetatisirungen gegenüber den Stadtgemeinden.
20. Nach § 20 Abs. 1 Nr. 1 a. a. O. entscheidet das Ober-Verwaltungsgericht auf die Klage gegen den auf Beschwerde über die Verfügung des Regierungspräsidenten ergangenen Beschluß (in Berlin und in den Hohenzollernschen Landen direkt gegen die Verfügung des Oberpräsidenten) betreffend die Festsetzung von Ordnungsstrafen gegen Bürgermeister, Beigeordnete und sonstige Magistrats- und Gemeindebeamte.
21. Nach § 20 Abs. 1 Nr. 2 a. a. O. entscheidet das Ober-Verwaltungsgericht auf die Klage gegen die auf Beschwerde über den Bürgermeister (Oberbürgermeister) ergangenen Verfügungen des Regierungspräsidenten (in Berlin des Oberpräsidenten) betreffend den Erlaß von Ordnungsstrafverfügungen jener Gemeindebeamten.
22. Nach § 68 der altländischen Kreisordnung entscheidet das Ober-Verwaltungsgericht auf die Klage gegen die Beschlüsse des Oberpräsidenten wegen Beschwerden über die Verfügungen des Regierungspräsidenten wegen Festsetzung von Ordnungsstrafen gegen Amtsvorsteher und Kreisbeamte (§ 134 Nr. 3 a. a. O., Hannover § 91, Hessen-Nassau § 92, Westfalen und Rheinprovinz § 80).

Nach § 36 Abs. 1 Nr. 1 a. a. O. entscheidet das Ober-Verwaltungsgericht auf die Klage gegen die Beschlüsse des Regierungspräsidenten bezw. Oberpräsidenten auf Beschwerden über Verfügungen des Landrathes bezw. des Regierungspräsidenten betreffend die Festsetzung von Ordnungsstrafen gegen Gemeindevorsteher (westfälische Amtmänner, rheinische Bürgermeister), Schöffen, Mitglieder des kollegialischen Gemeindevorstandes, sonstige Gemeindebeamte und Gutsvorsteher. In den Hohenzollernschen Landen direkt gegen die Beschlüsse des Regierungspräsidenten.

---

*) Die §§ 17—30a und 88 dieses im Uebrigen durch das Landesverwaltungsgesetz vom 30. Juli 1883 aufgehobenen Gesetzes sind bis jetzt noch immer aufrecht erhalten.

23. Nach § 36 Abs. 1 Nr. 2 des Zuständigkeitsgesetzes vom 1. August 1883 entscheidet das Ober-Verwaltungsgericht auf die Klage gegen den Beschluß des Regierungspräsidenten betreffend die Verfügungen des Landrathes bei Beschwerden gegen Strafverfügungen des westfälischen Amtsmannes und des rheinischen Bürgermeisters.

24. Nach Artikel 27 des Gesetzes betreffend die evangelische Kirchenverfassung in den acht älteren Provinzen der Monarchie vom 3. Juni 1876 (G. S. S. 125) entscheidet das Ober-Verwaltungsgericht auf die Klage der evangelisch-kirchlichen Gemeindeorgane gegen Verfügungen der Staatsbehörde, durch welche Etatsposten als gesetzwidrig beanstandet werden oder durch welche die Eintragung von Leistungen in den Etat angeordnet wird.

25. Nach § 6 des Gesetzes über die Aufsichtsrechte des Staates bei der Vermögensverwaltung der katholischen Diözesen vom 7. Juni 1876 (G. S. S. 149) entscheidet das Ober-Verwaltungsgericht auf die Klage der verwaltenden Organe gegen Verfügungen der Staatsbehörden, durch welche Etatsposten u. s. w. als gesetzwidrig beanstandet werden oder die Eintragung von Leistungen in den Etat angeordnet wird.

26. Dasselbe gilt nach Art. 35 des Gesetzes betreffend die evangelische Kirchenverfassung in den Provinzen Schleswig-Holstein und in dem Amtsbezirke des Konsistoriums zu Wiesbaden vom 6. April 1878 (G. S. S. 145); desgleichen nach Art. 24 des Gesetzes betreffend die Kirchenverfassung der evangelisch-reformirten Kirche der Provinz Hannover vom 6. August 1883 (G. S. S. 295), desgl. nach § 5 des Gesetzes betreffend die Kirchenverfassung der evangelisch-lutherischen Kirche in der Provinz Hannover vom 6. Mai 1885 (G. S. S. 135).

27. Nach § 1 des Gesetzes betreffend die Umgestaltung des Kurmärkischen und Neumärkischen Aemterkirchenfonds vom 16. März 1882 (G. S. S. 122) entscheidet das Ober-Verwaltungsgericht auf die Klage der kirchlichen Gemeindeorgane gegen den Oberpräsidenten der Provinz Brandenburg und den Regierungspräsidenten in Frankfurt a. O. wegen der Ansprüche, welche in das Verzeichniß der aus den obigen Fonds an die Kirchen zu gewährenden Substanzkapitalien und Werthpapiere nicht aufgenommen worden sind.

28. Zu diesen Fällen sind auch noch diejenigen zu rechnen, in denen das Ober-Verwaltungsgericht gegen Beschlüsse der Behörden in erster und einziger Instanz im Verwaltungsstreitverfahren entscheidet (§ 127 des Landesverwaltungsgesetzes vom 30. Juli 1883).

29. Nach § 11 des Gesetzes betreffend die Verwaltung der den Gemeinden und öffentlichen Anstalten gehörenden Holzungen vom 14. August 1876 entscheidet das Ober-Verwaltungsgericht auf die Klage gegen den Beschluß des Oberpräsidenten betreffend die Be-

schwerden gegen Aufsichts- und Zwangsverfügungen des Regierungs-präsidenten.

30. Vergl. unten §§ 107 und 108.

§ 63.

Das Ober-Verwaltungsgericht hat seinen Sitz in Berlin (§ 7 des Landesverwaltungsgesetzes vom 30. Juli 1883). Ueber seine Organisation sind nachzulesen die §§ 17—30 a und 88 des Gesetzes vom $\frac{\text{3. Juli 1875}}{\text{2. August 1880}}$ und das Geschäfts-Regulativ vom 2. April 1878, welches hinsichtlich des Geschäftsjahres abgeändert worden ist durch den Nachtrag vom 3. November 1884 (Min. Bl. d. i. V. S. 258).

§ 64.

Der örtliche Bereich der Wirksamkeit des Gerichtshofes erstreckt sich zunächst nur über diejenigen Landestheile, in denen die Kreis- und Provinzialorduungen eingeführt sind, indessen erstreckt sich die Zuständigkeit in einzelnen Fällen auch schon auf weitere Gebiete, und zwar auf Grund folgender Gesetze:

1. Waldschutzgesetz vom 6. Juli 1875,
2. Gesetz betreffend die den Gemeinden gehörenden Holzungen vom 14. August 1876,
3. Ansiedlungsgesetz vom 25. August 1876,
4. § 11 Nr. 2 des Einführungsgesetzes zum Gerichtsverfassungsgesetze vom 27. Januar 1877,
5. Gesetz betreffend die Unterbringung verwahrloster Kinder vom 13. März 1878,
6. Wassergenossenschaftsgesetz vom 1. April 1879,
7. Feld- und Forstpolizeigesetz vom 1. April 1880,
8. Gesetz über die gemeinschaftlichen Holzungen vom 14. März 1881,
9. Strombau-Verwaltungsgesetz vom $\frac{\text{20. August 1883}}{\text{31. Mai 1884}}$,
10. die kirchlichen Vermögensverwaltungsgesetze, welche oben im § 62 sub Nr. 18 und 19 aufgeführt sind.

7. Das Bundes-Amt für das Heimatwesen.

§ 65.

Diese Reichsbehörde, welche niemals in erster, sondern stets nur in zweiter (Berufungs-) Instanz und auch nur in Armenstreitsachen (Titel IV des Zuständigkeitsgesetzes vom 1. August 1883) entscheidet, wird hier nur der Vollständigkeit wegen aufgeführt und um daran zu erinnern, daß das Ober-Verwaltungsgericht in Angelegenheiten des Armenwesens in der Regel nicht zuständig ist. Ueber die Ausnahmen ist das Erforderliche bei der Lehre von den Rechtsmitteln mitgetheilt worden.

Wegen der Organisation des Bundesamtes vergl. §§ 42 ff. des Reichsgesetzes vom 6. Juni 1870 und das Geschäfts-Regulativ vom 6. Januar 1873 (Reichs-Centralblatt S. 4). Dazu ist nachzulesen § 157 Nr. 3 des Landesverwaltungsgesetzes vom 30. Juli 1883.

8. Sonstige Behörden, welche in Verwaltungs-Angelegenheiten in erster Instanz zuständig sind:

§ 66.

A. Die Ortspolizeibehörde.

Die Aufsicht über die öffentlichen Wassergenossenschaften in den Stadtkreisen (siehe Regierungspräsident sub p, Landrath sub o, § 94 des Zuständigkeitsgesetzes vom 1. August 1883).

§ 67.

B. Der Gemeindevorstand.

a. Beschlußfassung über Einwendungen gegen die für die Vertheilung der Quartierleistungen aufgestellten Kataster (§ 51 des Zuständigkeitsgesetzes vom 1. August 1883) in den Städten.
b. Einziehung und Auszahlung oder Hinterlegung der festgestellten Entschädigungssumme bei Bewässerungsanlagen in den Stadtkreisen (§ 79 a. a. O.; siehe Landrath sub n).

§ 68.

C. Der Landrath.

a. Beanstandung gesetzwidriger oder unzulässiger Beschlüsse des Kreistages, der Kreiskommission, sowie des Kreisausschusses in Kreis-Kommunalangelegenheiten (Altländische Kreisordnung § 178, Hannover § 106, Hessen-Nassau § 107, Westfalen und Rheinprovinz § 94).
b. Als Vorsitzender des Kreisausschusses die Uebung der staatlichen Aufsicht über die Angelegenheiten der Amtsverbände im Geltungsbereiche der altländischen Kreisordnung (§ 55 c, § 5 des Zuständigkeitsgesetzes vom 1. August 1883).
c. Desgleichen über die Geschäftsführung der Amtsvorsteher (§ 67 Abs. 2 der altländischen Kreisordnung).
d. Zwangsetatisirung gegenüber dem Haushaltsetat der Amtsverbände (§ 72 a. a. O.).
e. Als Vorsitzender des Kreisausschusses Uebung der staatlichen Aufsicht über die Verwaltung der Angelegenheiten der Land-

gemeinden, der westfälischen Aemter, der rheinischen Bürgermeistereien und der Gutsbezirke (§ 24 des Zuständigkeitsgesetzes vom 1. August 1883).

f. Zwangsetatisirungen gegenüber den Landgemeinden (westfälischen Aemtern, rheinischen Bürgermeistereien) und Gutsbezirken (§ 35 a. a. O.).

g. Ordnungsstrafrecht gegen ländliche Gemeindevorsteher (westfälische Amtmänner, rheinische Bürgermeister), Schöffen, Mitglieder des kollegialischen Gemeindevorstandes, sonstige Gemeindebeamte und Gutsvorsteher (§ 36 Abs. 1 Nr. 1 a. a. O.), (siehe auch Regierungspräsident sub l.)

h. Beschlußfassung auf Beschwerde gegen Strafverfügungen des westfälischen Amtsvorstehers und des rheinischen Bürgermeisters (§ 36 Abs. 1 Nr. 2 des Zuständigkeitsgesetzes vom 1. August 1883).

i. Verfügung der Einleitung des Verfahrens, der Ernennung des Untersuchungskommissars und des Vertreters der Staatsanwaltschaft in dem Verfahren auf Entfernung aus dem Amte gegen die sub g genannten Beamten (a. a. O.), (siehe auch Regierungspräsident sub m).

k. Bestätigung von Gemeindebeamten und Gutsvorstehern, sowie die Bestellung stellvertretender Gemeindebeamter (altländische Kreisordnung § 26 Abs. 3—5, § 26a und § 33, Hannover §§ 31, 32, 38, Hessen-N. §§ 34, 35, 39, Westfalen und Rheinprovinz §§ 25, 26).

l. Ernennung des stellvertretenden Gutsvorstehers für den letzteren (altl. Kreisord. §§ 32, 34, Hannover §§ 37, 39, Hessen-Nassau §§ 38, 40, Westfalen und Rheinland § 26).

m. Zwangsetatisirung gegen ländliche Schulverbände (§ 48 des Zuständigkeitsgesetzes vom 1 August 1883).

n. Einziehung und Auszahlung oder Hinterlegung der festgestellten Entschädigung bei Bewässerungsanlagen außerhalb der Stadtkreise (siehe Gemeindevorstand sub b), (§ 79 a. a. O.).

o. Als Vorsitzender des Kreisausschusses die Aufsicht über die öffentlichen Wassergenossenschaften, soweit nicht der Regierungspräsident und in den Stadtkreisen die Ortspolizeibehörde zuständig sind (siehe Regierungspräsident sub p und Ortspolizeibehörde), (§ 94 a. a. O.).

p. Als Vorsitzender des Kreisausschusses Uebung der staatlichen Aufsicht über die Amtsführung der Standesbeamten in den ländlichen Bezirken (§ 154 a. a. O.).

q. Beschluß auf Beschwerden gegen polizeiliche Verfügungen der Ortspolizeibehörden auf dem Lande oder in einer zu einem Landkreise gehörenden Stadt mit einer Einwohnerzahl bis zu 10 000 (§ 127a des Landesverwaltungsgesetzes vom 30. Juli 1883).

r. Beschlußfassung auf Beschwerden gegen die Festsetzung und Ausführung von Zwangsmitteln in den sub q aufgeführten Verwaltungsbezirken (§ 133 a. a. O.).

s. Erlaß von Kreis-Polizei-Verordnungen mit Strafandrohung von 30 Mk., für mehrere Ortspolizeibezirke und für den ganzen Umfang des Kreises (§ 142 a. a. O.).

§ 69.

D. Der Kreistag.

a. Beschlußfassung über die Festsetzung von Nachtheilen für den Fall der Weigerung der Uebernahme oder Fortführung eines Amtes in der Verwaltung oder der Vertretung des Kreises (§ 8 der Kreisordnungen).

b. Beschlußfassung über die Vertheilung der Kreistagsabgeordneten auf die einzelnen Wahlverbände (§§ 111—112a der altländ. Kreisordnung, Hannover §§ 67—69, Hessen-N. §§ 68—70, Westfalen und Rheinland §§ 55—57).

c. Beschlußfassung über die Gültigkeit der Wahlen zum Kreistage (§ 113 der altländischen Kreisordnung, Hannover § 70, Hessen-Nassau § 71, Westfalen und Rheinland § 58).

d. Beschluß über den Erlaß von Statuten wegen Bildung der Amtsausschüsse im Geltungsbereiche der altländischen Kreisordnung (§ 51 daselbst.)

§ 70.

E. Der Regierungspräsident.

a. Uebung der staatlichen Aufsicht über die Verwaltung der Angelegenheiten der Landkreise (altländische Kreisordnung § 177, Hannover § 104, Hessen-N. § 105, Westfalen und Rheinprovinz § 92). Der Stadtkreis Magdeburg wird seit dem 1. April 1887 wie jeder andere Stadtkreis angesehen.

b. Zwangsetatisirung gegenüber dem Kreishaushalt (altländische Kreisordnung § 180, Hannover § 108, Hessen-N. § 109, Westfalen und Rheinprovinz § 96).

c. Uebung der staatlichen Aufsicht über die Verwaltung der städtischen Gemeindeangelegenheiten mit Ausnahme von Berlin (siehe: Oberpräsident sub d), (§ 7 des Zuständigkeitsgesetzes vom 1. August 1883).

d. Bestätigung der Wahlen der städtischen Gemeindebeamten, soweit die Bestätigung den Aufsichtsbehörden zusteht, mit Ausnahme der Beamten in Berlin (siehe Oberpräsident sub z) (§ 13 des Zuständigkeitsgesetzes vom 1. August 1883).

e. Genehmigung von Beschlüssen der städtischen Gemeinde mit Ausnahme von Berlin (siehe Oberpräsident sub y) über die Veräußerung oder wesentliche Veränderung von Sachen, welche einen wissenschaftlichen, historischen oder Kunstwerth haben, insonderheit von Archiven oder Theilen derselben (§ 16 des Zuständigkeitsgesetzes vom 1. August 1883).

f. Festsetzung von Ordnungsstrafen gegen städtische Bürgermeister, Beigeordnete und sonstige Magistratsmitglieder, sowie gegen sonstige Gemeindebeamte mit Ausnahme von Berlin (§ 20 Abs. 1 Nr. 1 des Zuständigkeitsgesetzes vom 1. August 1883).

g. Beschlußfassung auf Beschwerden gegen Ordnungsstrafverfügungen der städtischen Bürgermeister mit Ausnahme von Berlin (§ 20 Abs. 1 Nr. 2 a. a. O.).

h. Verfügung der Einleitung des Verfahrens und Ernennung des Untersuchungskommissars betreffend die Entfernung aus dem Amte gegen Bürgermeister, Beigeordnete und sonstige Magistrats- und Gemeindebeamte, mit Ausnahme von Berlin (§ 20 Abs. 1 Nr. 3 a. a. O.).

i. Die Ernennnung des Vertreters der Staatsanwaltschaft in Disziplinarsachen bei dem Bezirksausschusse (a. a. O.).

k. Genehmigung von Gemeindebeschlüssen über die Veräußerung oder wesentliche Veränderung von Sachen, welche einen besonderen wissenschaftlichen, historischen oder Kunstwerth haben, insbesondere von Archiven oder Theilen derselben (§ 30 a. a. O.).

l. Ordnungsstrafrecht gegen ländliche Gemeindevorsteher (westfälische Amtmänner, rheinische Bürgermeister), Schöffen, Mitglieder des kollegialischen Gemeindevorstandes, sonstige Gemeindebeamte und Gutsvorsteher (§ 36 Abs. 1 Nr. 1 a. a. O.), (siehe auch Landrath sub g).

m. Verfügung der Einleitung des Verfahrens und Ernennung des Untersuchungskommissars und des Vertreters der Staatsanwaltschaft in dem Verfahren auf Entfernung aus dem Amte gegen die sub l genannten Beamten (a. a. O.) (siehe auch Landrath sub h).

n. Zwangsetatisirungen gegen Stadtschulverbände (§ 48 des Zuständigkeitsgesetzes vom 1. August 1883).

o. Ertheilung der Genehmigung hinsichtlich der Sparkassen-Verwaltung außerhalb Berlins (§ 53 a. a. O.), (siehe Oberpräsident sub r).

p. Aufsicht über die öffentlichen Wassergenossenschaften zur Anlegung und Verbesserung von Wasserstraßen, Flößereien und anderen Schifffahrtsanlagen (siehe Landrath sub o und Ortspolizeibehörden) (§ 94 a. a. O.).

q. Beschluß über die Ausdehnung der Bestimmung der Verordnung betreffend die beim Bau von Eisenbahnen beschäftigten Arbeiter vom 21. Dezember 1846 (G. S. 1847 S. 21), sofern es sich um Bauten der Kreise, Amts-, Wegeverbände oder Gemeinden handelt (§ 144 N. 1 a. a. O.).

r. Uebung der staatlichen Aufsicht über die Amtsführung der Standesbeamten in den städtischen Bezirken mit Ausnahme von Berlin (siehe Oberpräsident sub v), (§ 154 a. a. O.).

s. Beschlußfassung auf Beschwerden gegen polizeiliche Verfügungen der Ortspolizeibehörden eines Stadtkreises mit Ausnahme von Berlin (siehe Oberpräsident sub w), einer zu einem Landkreise gehörenden Stadt von mehr als 10 000 Einwohnern oder des Landrathes (§ 127 b des Landesverwaltungsgesetzes vom 30. Juli 1883).

t. Beschlußfassung auf Beschwerden über die Festsetzung und Ausführung von Zwangsmitteln in den sub s genannten Verwaltungsbezirken (§ 133 Abs. 2 a. a. O.).

u. Erlaß von Bezirks-Polizei-Verordnungen mit Strafandrohung bis zu 60 Mk. für mehrere Kreise oder für den Umfang des ganzen Regierungsbezirks (§ 137 a. a. O.).

v. Desgleichen über Gegenstände der Strom-Schifffahrts- und Hafenpolizei, wenn sich die betreffenden Vorschriften nur auf den Regierungsbezirk beziehen (§ 138 a. a. O.).

w. Festsetzung von Ordnungsstrafen gegen die Amtsvorsteher und gegen Kreisbeamte im Umfange des dem Minister beigelegten Ordnungsstrafrechtes (Altländische Kreisordnung §§ 68 und 134 N. 3, Hannover § 91, Hessen-Nassau § 92, Westfalen und Rheinprovinz § 80).

§ 71.

F. Der Oberpräsident.

a. Beschlußfassung in Angelegenheiten der Aufsichtsführung des Staates über die Verwaltung der Angelegenheiten der Provinzialverbände (§ 114 der Provinzial-Ordnungen, Hessen-Nassau § 87).

b. Beschlußfassung über die Beanstandung gesetzwidriger oder unzulässiger Beschlüsse des Provinziallandtages, des Provinzialausschusses oder der Provinzialkommission (§ 118 der Provinzialordnungen, Hessen-Nassau § 91).

c. Beschlußfassung über die Zwangsetatisirung gegenüber den Provinzialverbänden (§ 121 der Provinzialordnung, Hessen-Nassau § 94).

d. Uebung der staatlichen Aufsicht über die Verwaltung der städtischen Angelegenheiten von Berlin (§ 7 des Zuständigkeitsgesetzes vom 1. August 1883).

e. Vorläufige Festsetzung streitiger Grenzen des Stadtbezirks Berlin im öffentlichen Interesse (§ 9 Abs. 2 und § 43 Abs. 3 des Landesverwaltungsgesetzes vom 20. Juli 1883).

f. Bestätigung der Wahlen der städtischen Gemeindebeamten in Berlin (§ 13 des Zuständigkeitsgesetzes vom 1. August 1883).

g. Genehmigung von Beschlüssen der Berliner Gemeindebehörden über die Veräußerung oder wesentliche Veränderung von Sachen, welche einen wissenschaftlichen, historischen oder Kunstwerth haben, insonderheit von Archiven oder Theilen derselben (§ 16 a. a. O.).

h. Beschlußfassung über die zwischen dem Magistrat und der Stadtverordnetenversammlung von Berlin entstehenden Meinungsverschiedenheiten, wenn von einem Theile auf Entscheidung angetragen wird und die Angelegenheit nicht auf sich beruhen kann (§ 17 Nr. 1 des Zuständigkeitsgesetzes vom 1. August 1883, § 42 des Landesverwaltungsgesetzes vom 30. Juli 1883).

i. Beschlußfassung an Stelle der aufgelösten Stadtverordnetenversammlung von Berlin (Nr. 3 a a. O.).

k. Beschlußfassung über die Art der gerichtlichen Zwangsvollstreckungen wegen Geldforderungen gegen die Stadtgemeinde Berlin (Nr. 4 a. a. O.).

l. Festsetzung von Ordnungsstrafen gegen den Bürgermeister von Berlin, den Beigeordneten und die sonstigen Magistratsmitglieder und Gemeindebeamten daselbst (§ 20 Abs. 1 Nr. 1 des Zuständigkeitsgesetzes vom 1. August 1883).

m. Beschlußfassung auf Beschwerden gegen Ordnungsstrafverfügungen des Berliner Oberbürgermeisters (§ 20 Abs. 1 Nr. 2 a. a. O.).

n. Verfügung der Einleitung des Verfahrens und Ernennung des Untersuchungskommissars betreffend die Entfernung aus dem Amte gegen den Berliner Oberbürgermeister, den Beigeordneten und die sonstigen Magistrats- und Gemeindebeamten (§ 20 Abs. 1 Nr. 3 a. a. O.).

o. Bestätigung von Gemeindebeschlüssen der Ortsstatuten in Berlin wegen Vertheilung der Quartierleistungen und sonstigen Naturalleistungen (§ 50 Abs. 1 des Zuständigkeitsgesetzes vom 1. August 1883).

p. Genehmigung zur Errichtung von Sparkassen in den Kreisen, Stadt- und Landgemeinden und anderen über den Umfang eines Kreises nicht hinausgehende Verbänden, auch zur Statutenänderung und zur Auflösung von Sparkasseu (§ 52 des Zuständigkeitsgesetzes vom 1. August 1883).

q. Ertheilung der Genehmigung hinsichtlich der Verwaltung der Sparkassen in Berlin (§ 53 a. a. O.), (siehe Regierungspräsident sub o).

r. Beschlußfassung auf Beschwerden gegen Aufsichts- und Zwangsverfügungen des Regierungspräsidenten in Gemäßheit des § 11 des Gesetzes betreffend die Verwaltung der den Gemeinden und öffentlichen Anstalten gehörigen Holzungen von 14. August 1876.

s. Beschlußfassung über die Zahl, Zeit und Dauer der Kram- und Viehmärkte in Berlin (§ 127 des Zuständigkeitsgesetzes vom 1. August 1883), (siehe Provinzialrath sub d).

t. Beschlußfassung über die Ausdehnung der Verordnung betreffend die beim Bau von Eisenbahnen beschäftigten Handarbeiter vom 21. Dezember 1846 (G. S. 1847 S. 21), sofern es sich um Bauten des Provinzialverbandes handelt (§ 124 N. 2 und 3 a. a. O.). Dazu ist mit Ausnahme des Stadtkreises Berlin die Zustimmung des Provinzialraths erforderlich (siehe Provinzialrath sub e).

u. Uebung der staatlichen Aufsicht über die Amtsführung der Standesbeamten in Berlin (§ 154 des Zuständigkeitsgesetzes vom 1. August 1883).

v. Beschlußfassung über Beschwerden gegen polizeiliche Verfügungen der Ortspolizeibehörden in Berlin (§ 127c des Landesverwaltungsgesetzes vom 30. Juli 1883).

w. Desgleichen des Regierungspräsidenten (§ 130 a. a. O.).

x. Erlaß von Provinzial-Polizei-Verordnungen mit einer Strafandrohung bis zu 60 Mk., für mehrere Kreise, sofern dieselben mehreren Regierungsbezirken angehören, für mehr als einen Regierungsbezirk oder für den Umfang der ganzen Provinz (§ 137 a. a. O.).

y. Desgleichen über Gegenstände der Strom-, Schifffahrts- und Hafenpolizei, sofern sich die betreffenden Vorschriften auf mehr als einen Regierungsbezirk beziehen (§ 138 a. a. O.).

§ 72.

G. Der Provinzialausschuß.

a. Beschlußfassung über die Wahlen zum Provinzialausschuß, zum Provinzialrath und zum Bezirksausschuß (§ 48 der Provinzialordnungen — Hessen-N. § 46 —; § 11 Abs. 2 und § 28 Abs. 5 des Landesverwaltungsgesetzes vom 30. Juli 1883).

b. Beschlußfassung über die Reklamationen der Kreise gegen die Vertheilung der Provinzialabgaben.

§ 73.

H. Der Provinzialrath.

a. Vervollständigung der vom Kreistage aufgestellten Vorschlagsliste der zu Amtsvorstehern im Geltungsbereiche der altländischen Kreisordnung (§ 56 Abs. 3) befähigten Personen.

b. Beschlußfassung über Beschwerden von Ortsarmenverbänden gegen Landarmenverbände betreffend die den ersteren zu gewährenden Beihilfen (§ 42 des Zuständigkeitsgesetzes vom 1. August 1883).

c. Zustimmung zu dem Beschlusse des Oberpräsidenten betreffend die Versagung der Genehmigung zur Errichtung, Statutenänderung und Auflösung von Sparkassen (siehe Oberpräsident sub p), (§ 52 des Zuständigkeitsgesetzes vom 1. August 1883).

d. Beschlußfassung über die Zahl, Zeit und Dauer der Kram- und Viehmärkte außerhalb Berlins (§ 127 a. a. O.), (siehe Oberpräsident sub s).

e. Zustimmung zu dem Beschlusse des Oberpräsidenten wegen der Ausdehnung der Bestimmungen der Verordnung betreffend die beim Bau von Eisenbahnen beschäftigten Handarbeiter vom 21. Dezember 1846 (G. S. 1847 S. 21), (§ 144 Nr. 3 a. a. O.), (siehe Oberpräsident sub t).

§ 74.

I. Der Provinziallandtag.

Beschlußfassung über die Gültigkeit der Wahlen zum Provinziallandtage, § 19 der Provinzial-Ordnungen (Hessen-Nassau § 16).

§ 75.

K. Der Landesdirektor bezw. der Vorsteher von Provinzialanstalten.

Verhängung von Ordnungsstrafen gegen die untergeordneten Provinzial- und Anstaltsbeamten (§ 98 Nr. 2, 3 der Provinzialordnung, Hessen-Nassau § 71).

§ 76.

L. Die zuständigen Minister (Ressortminister).

a. Beschlußfassung auf Beschwerden über die Festsetzung und Ausführung von Zwangsmitteln seitens des Polizeipräsidiums in Berlin (§ 133 des Landesverwaltungsgesetzes vom 30. Juli 1883).

b. Erlaß von Polizeiverordnungen, Anordnungen, Reglements unter Strafandrohung bis 100 Mk. für den ganzen Umfang der Monarchie und für einzelne Theile desselben (§ 136 a. a. O.).

§ 77.

M. Der Minister für Handel und Gewerbe.

Beschluß betreffend die Genehmigung zur Erhebung eines 10% der Gewerbesteuer von Handel übersteigenden Zuschlages von Seiten einer

Handelskammer, sowie zur Ueberschreitung des Etats derselben, ingleichen Herabsetzung der etatsmäßigen Kosten auf den Betrag eines 10 %igen Zuschlages zur Gewerbesteuer vom Handel (§ 134 des Zuständigkeitsgesetzes vom 1. August 1883).

§ 78.

N. Der Minister der öffentlichen Arbeiten.

a. Beschlußfassung über Einwendungen gegen den in Gemäßheit des Gesetzes vom 2. Juli 1875 (G. S. S. 561) aufgestellten Bebauungsplan in Berlin (§ 146 des Zuständigkeitsgesetzes vom 1. August 1883).

§ 79.

O. Der Minister des Innern.

a. Bestätigung von Kreistagsbeschlüssen betreffend die Mehr- oder Minderbelastung einzelner Kreistheile (Altländische Kreisordnung § 176 Nr. 2, Hannover § 103, Hessen-Nassau § 104, Westfalen und Rheinprovinz § 91).
b. Revision, endgültige Feststellung und Abänderung der Amtsbezirke, die Vereinigung ländlicher Gemeinde- und Gutsbezirke bezüglich der Verwaltung der Polizei mit dem Bezirke einer Stadt, sowie das Ausscheiden der ersteren aus dem Amtsbezirke im Geltungsbereiche der altländischen Kreisordnung (§ 6 des Zuständigkeitsgesetzes vom 1. August 1883).
c. Die Ernennung des Vertreters der Staatsanwaltschaft in Disziplinarangelegenheiten bei dem Oberverwaltungsgerichte (§ 20 Abs. 1 Nr. 3 a. a. O.).
d. Verfügung der Einleitung des Verfahrens und Ernennung des Untersuchungskommissars gegen den Oberbürgermeister von Berlin (siehe auch Oberpräsident sub n a. a. O.).
e. Beschlußfassung über die Punkte hinsichtlich deren, wenn bei der Festsetzung von Fluchtlinien in Gemäßheit des Gesetzes vom 2. Juli 1875 Berlin und andere Ortschaften betheiligt sind, eine Einigung nicht zu erzielen ist (§ 146 a. a. O.).

§ 80.

P. Die Minister des Innern und der Finanzen.

a. Bestätigung von Kreistagsbeschlüssen betreffend die Belastung der Kreisangehörigen durch Kreisabgaben über 50 % des Gesammtaufkommens der direkten Staatssteuern (Altländische Kreisordnung § 176 Nr. 3, Hannover § 103, Hessen-Nassau § 104, Westfalen und Rheinprovinz § 91).

b. Bestätigung von Gemeindebeschlüssen wegen Neueinführung oder Veränderung besonderer direkter oder indirekter Gemeindesteuern in den Städten (§ 16 Abs. 5 des Zuständigkeitsgesetzes vom 1. August 1883).

c. Desgleichen auf dem Lande (§ 31 Abs. 4 a. a. O.).

§ 81.

Q. Die landesherrliche Genehmigung

zu Kreistagsbeschlüssen betreffend statutarische Anordnungen über solche Angelegenheiten des Kreises, hinsichtlich deren die Kreisordnungen Verschiedenheiten gestatten oder die Gesetze auf statutarische Regelung verweisen, sowie über solche Angelegenheiten, deren Gegenstand nicht durch Gesetze geregelt ist. (Altländische Kreisordnung §§ 20, 104 Abs. 2, 108 Abs. 1, 176 Nr. 1, Hannover §§ 60, 64, 103, Hessen-N. §§ 61, 65, 105, Westfalen und Rheinprovinz §§ 48, 52, 91).

II, Die Ausschließung und Ablehnung der Mitglieder der Verwaltungsgerichts- und der Beschlußbehörden.

§ 82.

Der § 61 des Landesverwaltungsgesetzes vom 30. Juli 1883 lautet:

„Die Bestimmungen der bürgerlichen Prozeßgesetze über Ausschließung und Ablehnung der Gerichtspersonen finden für das Verwaltungsstreitverfahren sinngemäße Anwendung.

Aus der innerhalb seiner Zuständigkeit geübten amtlichen Thätigkeit des Landraths beziehungsweise des Regierungspräsidenten darf kein Grund zur Ablehnung desselben wegen Besorgniß der Befangenheit entnommen werden."

Diese Vorschrift bezieht sich aber nur auf diejenigen Angelegenheiten, welche im Verwaltungsstreitverfahren erledigt werden, dagegen gilt für das Beschlußverfahren folgende in § 115 a. a. O. enthaltene Vorschrift:

„Betrifft der Gegenstand der Verhandlung einzelne Mitglieder der Behörde oder deren Verwandte und Verschwägerte in auf- und absteigender Linie oder bis zum dritten Grade der Seitenlinie, so dürfen dieselben an der Berathung und Abstimmung nicht theilnehmen. Ebensowenig darf ein Mitglied bei der Berathung und Beschlußfassung über solche Angelegenheiten mitwirken, in welchen es in anderer als öffentlicher Eigenschaft ein Gutachten abgegeben hat, oder als Geschäftsführer, Beauftragter oder in anderer als öffentlicher Stellung thätig gewesen ist."

Dieselbe Vorschrift enthält für den Kreisausschuß die altländische

Kreisordnung in § 139 (Hannover § 95, Hessen-N. § 96, Westfalen und Rheinprovinz § 86), indessen ist dieselbe nur für das Beschlußverfahren, für das Verwaltungsstreitverfahren aber der § 61 des Landesverwaltungsgesetzes maßgebend.

Dasselbe gilt von dem Provinzialausschusse (§ 54 der Provinzialordnung, Hessen-N. § 52).

In allen diesen Vorschriften handelt es sich um Ausschließungsgründe, dagegen ist von Ablehnungsgründen nur hinsichtlich des Verwaltungsstreitverfahrens die Rede, es kann also im Beschlußverfahren eine Ablehnung nicht vorkommen.

Außerdem gehen aber auch die Ausschließungsgründe im Verwaltungsstreitverfahren weiter, als im Beschlußverfahren, wie sich aus einer Vergleichung mit den §§ 41 und 42 der deutschen Civilprozeß-Ordnung vom 30. Januar 1877 ergiebt. Dieselben lauten:

§ 41. Ein Richter ist von der Ausübung des Richteramts kraft Gesetzes ausgeschlossen:

1. in Sachen, in welchen er selbst Partei ist, oder in Ansehung welcher er zu einer Partei in dem Verhältnisse eines Mitberechtigten, Mitverpflichteten oder Regreßpflichtigen steht;
2. in Sachen seiner Ehefrau, auch wenn die Ehe nicht mehr besteht;
3. in Sachen einer Person, mit welcher er in gerader Linie verwandt, verschwägert oder durch Adoption verbunden, in der Seitenlinie bis zum dritten Grade verwandt oder bis zum zweiten Grade verschwägert ist, auch wenn die Ehe, durch welche die Schwägerschaft begründet ist, nicht mehr besteht;
4. in Sachen, in welchen er als Prozeßbevollmächtigter oder Beistand einer Partei bestellt oder als gesetzlicher Vertreter einer Partei aufzutreten berechtigt ist oder gewesen ist;
5. in Sachen, in welchen er als Zeuge oder Sachverständiger vernommen ist;
6. in Sachen, in welchen er in einer früheren Instanz oder im schiedsrichterlichen Verfahren bei der Erlassung der angefochtenen Entscheidung mitgewirkt hat, sofern es sich nicht um die Thätigkeit eines beauftragten oder ersuchten Richters handelt.

§ 42. Ein Richter kann sowohl in den Fällen, in welchen er von der Ausübung des Richteramtes kraft Gesetzes ausgeschlossen ist, als auch wegen Besorgniß der Befangenheit abgelehnt werden.

Wegen Besorgniß der Befangenheit findet die Ablehnung statt, wenn ein Grund vorliegt, welcher geeignet ist, Mißtrauen gegen die Unparteilichkeit eines Richters zu rechtfertigen.

Das Ablehnungsrecht steht in jedem Falle beiden Parteien zu.

§ 83.

Ueber die Behandlung der Ablehnungsgesuche (nicht der Ausschließungen) trifft der § 62 des Landesverwaltungsgesetzes vom 30. Juli 1883 folgende Bestimmung:

„Ueber das Ablehnungsgesuch beschließt das Gericht, welchem der Abgelehnte angehört, und wenn der Vorsitzende des Kreis- (Stadt-) oder Bezirksausschusses abgelehnt werden soll, das nächst höhere Gericht. Der Beschluß, durch welchen das Gesuch für begründet erklärt wird, ist endgültig. Wird das Gesuch für unbegründet erklärt, so steht der mit demselben zurückgewiesenen Partei innerhalb zwei Wochen die Beschwerde an das im Instanzenzuge zunächst höhere Gericht zu. Das letztere entscheidet endgültig. Die Verhandlung über die Ablehnung erfolgt in nicht öffentlicher Sitzung.

Das im Instanzenzuge zunächst vorgesetzte Gericht entscheidet desgleichen endgültig und bestimmt das zuständige Gericht, wenn das Gericht, dem das ausgeschlossene oder abgelehnte Mitglied angehört, bei dessen Ausscheiden beschlußunfähig wird."

§ 84.

Was oben von den Verwaltungsrichtern gesagt ist, gilt auch von dem Protokollführer (§ 49 der Civilprozeßordnung vom 30. Januar 1877).

§ 85.

Für Landräthe und Regierungspräsidenten in ihrer Eigenschaft als Gerichtsvorsitzende ist in Abs. 2 des oben mitgetheilten § 61 des Landesverwaltungsgesetzes eine Ausnahme gemacht worden, welche den allgemeinen Grundsätzen über eine unbefangene Rechtsprechung wenig entspricht, indessen ist man doch zu diesem Ergebnisse gelangt in dem Vertrauen, daß jene Vorsitzenden bei der Berathung im Kollegium unter Umständen auch sich selbst korrigiren oder von der Theilnahme an der Beschlußfassung ausschließen werden. Das Eine oder das Andere wäre wohl zu verlangen, indessen giebt es in dieser Beziehung keinen Zwang.

§ 86.

Wird das Verwaltungsgericht durch Ablehnung oder Ausschließung von Mitgliedern beschlußunfähig, so gilt der oben (in § 83) mitgetheilte Abs. 3 des § 62 des Landesverwaltungsgesetzes, handelt es sich aber um Beschlußsachen, so gilt der folgende § 116 a. a. O.:

„Wird in Folge des gleichzeitigen Ausscheidens mehrerer Mitglieder gemäß § 115 die Behörde beschlußunfähig, und kann die Beschlußfähigkeit auch nicht durch Einberufung unbetheiligter Stellvertreter hergestellt werden, so wird von dem Regierungspräsidenten beziehungsweise Oberpräsidenten oder Minister des Innern, je nachdem es sich um einen

Kreis- (Stadt-) Ausschuß, Bezirksausschuß oder Provinzialrath handelt, ein anderer Kreis- oder Stadtausschuß, Bezirksausschuß oder Provinzialrath mit der Beschlußfassung beauftragt.

Für den Stadtkreis Berlin steht die Beauftragung an Stelle des Regierungspräsidenten dem Oberpräsidenten zu.“

§ 87.

Handelt es sich um ein Gesuch der Ablehnung des Landrathes oder des Regierungspräsidenten, so kann die Verhandlung nicht fortgeführt werden, vielmehr sind die Akten an die höhere Instanz abzugeben, welche darüber in Gemäßheit des § 46 der Civilprozeßordnung vom 30. Januar 1877 befindet. Der § 46 lautet:

„Die Entscheidung über das Ablehnungsgesuch kann ohne vorgängige mündliche Verhandlung erfolgen.

Gegen den Beschluß, durch welchen das Gesuch für begründet erklärt wird, findet kein Rechtsmittel statt; gegen den Beschluß, durch welchen das Gesuch für unbegründet erklärt wird, findet sofortige Beschwerde statt.“

III. Die örtliche Zuständigkeit der Streit- und Beschlußbehörden.

§ 88.

Hierüber bestimmt das Landesverwaltungsgesetz vom 30. Juli 1883 in den §§ 57—59:

„§ 57. Die örtliche Zuständigkeit für das Verwaltungsstreit- und Beschlußverfahren bestimmt sich, wie folgt:

Zuständig in erster Instanz ist:

1. in Angelegenheiten, welche sich auf Grundstücke beziehen, die Behörde der belegenen Sache;
2. in allen sonstigen Fällen die Behörde desjenigen Bezirks (Kreis, Regierungsbezirk, Provinz), in welchem die Person wohnt oder die Korporation beziehungsweise öffentliche Behörde ihren Sitz hat, welche im Verwaltungsstreitverfahren in Anspruch genommen wird oder auf deren Angelegenheit sich die Beschlußfassung bezieht. Wenn die Korporation oder öffentliche Behörde ihren Sitz außerhalb ihres räumlichen Bezirks hat, ist diejenige Behörde zuständig, welcher dieser Bezirk angehört.

   Bezüglich des Kommunalverbandes der Provinz Brandenburg ist der Bezirksausschuß zu Potsdam zuständig.

§ 58. Sind die Grundstücke in mehreren Bezirken belegen oder ist es zweifelhaft, zu welchem Bezirke sie gehören, so wird die zuständige Behörde

1. für das Verwaltungsstreitverfahren durch den Bezirksausschuß und, wenn die Grundstücke in verschiedenen Regierungsbezirken liegen, durch das Oberverwaltungsgericht,
2. für das Beschlußverfahren durch den Regierungspräsidenten, den Oberpräsidenten oder den Minister des Innern, je nachdem die betreffenden Bezirke demselben Regierungsbezirke, derselben Provinz, aber verschiedenen Regierungsbezirken, oder verschiedenen Provinzen angehören,

endgültig bestimmt.

Dasselbe findet statt, wenn die Personen oder Korporationen, deren Angelegenheit den Gegenstand der Entscheidung oder Beschlußfassung bildet, in mehreren Bezirken wohnen oder ihren Sitz haben.

§ 59. Ist bei einer Angelegenheit, welche zur Zuständigkeit des Kreis- (Stadt-) Ausschusses gehört, die betreffende Kreiskorporation (Stadtgemeinde) als solche betheiligt, so wird

1. für das Verwaltungsstreitverfahren von dem Bezirksausschusse und, wenn ein Stadtkreis betheiligt ist, von dem Oberverwaltungsgerichte,
2. für das Beschlußverfahren von dem Regierungspräsidenten, für Berlin von dem Oberpräsidenten

ein anderer Kreis- oder Stadtausschuß mit der Entscheidung oder Beschlußfassung beauftragt."

§ 89.

Sofern es sich um Grundstücke handelt, können Zweifel über die Zuständigkeit nicht wohl vorkommen, dagegen hat man in allen anderen Fällen zu unterscheiden, ob es sich um das Verwaltungsstreitverfahren oder um das Beschlußverfahren handelt. Im ersteren Falle ist entscheidend das Domizil des in Anspruch Genommenen (Ausnahme in Armensachen § 157 Nr. 3 des Landesverwaltungsgesetzes vom 30. Juli 1883), im anderen Falle das Domizil dessen, auf dessen Angelegenheit sich der Beschluß bezieht. Der Satz in Nr. 2 des § 57 wegen der Korporationen oder Behörden, welche ihren Sitz außerhalb ihres räumlichen Bezirks haben, wird praktisch verwendbar z. B. in den Kreisen, deren Landrath seinen Sitz außerhalb des Kreises hat (Teltow und Niederbarnim in Berlin).

§ 90.

Eine stillschweigende oder ausdrückliche Vereinbarung der Parteien über den Gerichtsstand (prorogatio fori) ist im Verwaltungsstreitverfahren nicht zulässig (Endurtheil des Oberverwaltungsgerichts, II. Senats, vom 23. Juli 1879). In Armenstreitsachen ist eine solche für zulässig erachtet worden (Parey, Rechtsgrundsätze S. 445, 446).

IV. Die sachliche Zuständigkeit.

§ 91.

Der § 7 Abs. 2 des Landesverwaltungsgesetzes vom 30. Juli 1883 bestimmt:

„Die sachliche Zuständigkeit dieser (Verwaltungsgerichts-) Behörden zur Entscheidung in erster Instanz wird durch besondere gesetzliche Bestimmung geregelt.“ Das heißt mit andern Worten: Die Verwaltungsgerichtsbehörden dürfen sich einer Entscheidung im Verwaltungsstreitverfahren nur hinsichtlich solcher Gegenstände unterziehen, welche ihrer Zuständigkeit ausdrücklich überwiesen worden sind. Alle derartigen Entscheidungen über andere Gegenstände sind nichtig und wirkungslos. Als Beispiel aus der Praxis mag hier das seltsame Ereigniß erwähnt werden, daß ein Kreisausschuß eine Entscheidung traf über eine Staats-Klassensteuer-Reklamation, obwohl hierfür doch ganz andere staatlichen Organe eingesetzt sind. Sobald also bei den Verwaltungsgerichten eine Klage eingeht, ist zu prüfen, ob der Gegenstand der Klage auch in den Gesetzen als ein solcher ausdrücklich bezeichnet worden ist, welcher der Kognition der Verwaltungsgerichte unterliegt. Ist dies nicht der Fall, so ist das Verwaltungsgericht auch nicht zuständig in der Sache. Dasselbe gilt von den Beschlußbehörden (§§ 3 und 4 a. a. O.).

§ 92.

In welcher Weise die Ausscheidung der Verwaltungssachen im Allgemeinen aus den Justizsachen in Preußen stattgefunden hat, ist in der Einleitung ausführlich geschildert worden. Es handelte sich bei dieser Auswahl nicht um ein wissenschaftliches System, wohl aber um ein stark ausgeprägtes Prinzip, welches in einem absolutistisch-monarchischen Staate entstanden auch in das constitutionelle Staatswesen übergehen mußte, wenn nicht altbewährte und längst gewöhnte Einrichtungen in störender Weise vollständig umgestaltet werden sollten. Aus diesem Grunde allein ist es erklärlich, daß selbst solche Gegenstände, welche recht eigentlich zur Zuständigkeit der ordentlichen Gerichte gehören, derselben entzogen und den Verwaltungsbehörden zur Erledigung übertragen wurden. Da aber das Verfahren vor diesen Verwaltungsbehörden ein rein büreaukratisches war, so stellte sich sehr bald der Mangel eines geregelten Rechtsschutzes gegenüber den Verwaltungsbehörden heraus, und daraus ergab sich das Bedürfniß nach Einführung eines, dem gerichtlichen nachgebildeten Verfahrens, welches man jetzt das Verwaltungsstreitverfahren nennt und welches im Wesentlichen darin besteht, daß über die früher rein büreaukratisch behandelten Angelegenheiten nunmehr vor einem Richterkollegium kontradiktorisch verhandelt werden konnte.

§ 93.

Diese Einrichtung hatte zunächst zur Folge, daß auch die öffentlichen Behörden in einem dem gerichtlichen Verfahren nachgebildeten Streitverfahren ihre Verfügungen zu rechtfertigen und als Partei Recht zu nehmen hatten (Parey, Rechtsgrundsätze S. 352). Dies zeigt sich namentlich bei den Angriffen gegen polizeiliche Verfügungen und Zwangsmittel (§§ 127—135 des Landesverwaltungsgesetzes vom 30. Juli 1883) und gegen andere polizeiliche Verfügungen z. B. in Wegesachen (§ 56 des Zuständigkeitsgesetzes vom 1. August 1883), in Wassersachen (§ 66 a. a. O.), namentlich aber in gewerbepolizeilichen Angelegenheiten (Titel XVI a. a. O.), wobei es sich um die Versagüng oder Entziehung polizeilicher Konzessionen handelt. Ueberall handelt es sich hier um polizeiliche Eingriffe in die subjektiven Rechte von physischen oder juristischen Personen (Korporationen), über deren Rechtmäßigkeit entweder der Verwaltungsrichter zu entscheiden, oder die Beschlußbehörde zu beschließen hat.

§ 94.

In ähnlicher Weise, wie die Polizeibehörden, haben sich auch die Kommunal- und Sozietäts-Behörden vor dem Verwaltungsrichter zu verantworten, wenn es sich um die Heranziehung bezw. Veranlagung zu den öffentlichen Abgaben handelt, also in Abgaben-Reklamations-Angelegenheiten betreffend die Provinzialabgaben (§ 112 der Provinzialordnungen — Hessen-N. § 84 —, § 1 des Zuständigkeitsgesetzes vom 1. August 1883), die Kreisabgaben (§ 19 der Kreisordnungen), die städtischen Gemeindeabgaben (§ 18 des Zuständigkeitsgesetzes vom 1. August 1883), die ländlichen Gemeindeabgaben (§ 34 a. a. O.), die Lasten der Armenpflege in Gutsbezirken und Gesammtarmenverbänden (§ 44 Nr. 1 a. a. O.), die Lasten der Landarmenverbände (§ 44 Nr. 2 a. a. O.), die Schulabgaben auf dem Lande und in den Städten (§ 46 a. a. O.), die Lasten der Wassergenossenschaften (§ 53 des Gesetzes vom 1. April 1879 — G. S. S. 297 —), die Lasten der Fischereigenossenschaften (§ 101 des Zuständigkeitsgesetzes vom 1. August 1883), die Beiträge zu den Handelskammern (§ 135 a. a. O.). Im Uebrigen bestehen über das Reklamationswesen hinsichtlich der staatlichen Steuern schon von alter Zeit her besondere Einrichtungen, welche den vorher erwähnten zum Theil als Vorbild gedient haben, aber dadurch keineswegs überflüssig geworden oder ersetzt worden sind.

§ 95.

In gleicher Weise wird im Verwaltungsrechtswege mit den Gemeindebehörden gestritten um die Theilnahme an den Nutzungen der Gemeinde und anderen Kommunalverbänden (siehe die obigen Gesetzesstellen im § 94), desgleichen um die Zwangsetatisirungen, sowie um die Wahl- und Stimmrechte (ideale Interessen).

§ 96.

Außerdem giebt es aber auch Verwaltungsstreitigkeiten, bei denen eine Behörde gar nicht betheiligt ist, wobei es sich vielmehr lediglich um

Streitigkeiten zwischen Privatpersonen oder Korporationen über vermögensrechtliche Fragen handelt. Hierher gehören die Entscheidungen über die Fragen, welcher von zwei Armenverbänden einen Hülfsbedürftigen zu unterstützen hat, oder welcher von mehreren darüber Streitenden einer von der Behörde im öffentlichen Interesse geforderte Leistung obliegt (in Wegesachen, Grabenräumungsangelegenheiten, Abgaben und Leistungen für Schulen).

Diese Zuständigkeit der Verwaltungsgerichte findet ihre Rechtfertigung in der Thatsache, daß es im öffentlichen Interesse liegt, dergleichen Streitigkeiten möglichst schnell zu beseitigen, um für das energische Einschreiten der Behörde Raum zu schaffen. Letzteres wäre nicht möglich, wenn die Parteien wegen dieser Zwischenfrage erst den ordentlichen Rechtsweg beschreiten und die Behörden auf den Ausgang dieses Streites warten müßten. Hier ist also aus wohl erwogenen Gründen in das Ressort der ordentlichen Gerichte eingegriffen und dasjenige des Verwaltungsrichters erweitert worden.

§ 97.

Es giebt aber noch eine andere Art von Verwaltungsstreitigkeiten zwischen Privatpersonen, welche ihrem Wesen nach recht eigentlich zur Zuständigkeit der ordentlichen Gerichte gehören, denselben jedoch deshalb entzogen und den Verwaltungsbehörden überwiesen sind, weil die Feststellung des rechtlichen Gesichtspunktes wesentlich von der richtigen Beurteilung solcher Momente abhängt, die in ihren Motiven und in allen ihren Details den Verwaltungsbehörden gründlicher und vollständiger bekannt sind, als den ordentlichen Gerichten. (Siehe die Kabinetsordre vom 22. August 1833 in der Einleitung). Dahin gehören die dem Verwaltungsrechtswege überwiesenen Vorfluthsachen und Merkpfahlsetzungen, an deren privatrechtliche Natur früher noch die jetzt ebenfalls fortgefallene Hinzuziehung eines Richters erinnerte, ferner die Entwässerungs- und Bewässerungs-Angelegenheiten und die Angelegenheiten der Waldgenossenschaften.

§ 98.

Eine besondere Stellung nehmen im Verwaltungsverfahren noch ein die Angelegenheiten betreffend die Feststellung von Kassendefekten und die Disziplinarangelegenheiten gegen Beamte, für welche aber auch ein besonderes Verfahren vorgeschrieben ist (§ 157 Nr. 2 des Landesverwaltungsgesetzes vom 30. Juli 1883).

V. Unzuständigkeit, Einwand der Unzuständigkeit, Kompetenzkonflikte und Konflikte.

§ 99.

Nach § 113 Abs. 3 des Landesverwaltungsgesetzes vom 30. Juli 1883 haben die zur Entscheidung im Verwaltungsstreitverfahren berufenen Behörden ihre Zuständigkeit von Amtswegen wahrzunehmen. Hält ein Verwaltungsgericht erster Instanz sich selbst nicht für zuständig, so ist die Klage entweder mittels Vorbescheides (§ 64 a. a. O.) als rechtlich unzulässig, oder durch ein förmliches Erkenntniß zurückzuweisen. Letzteres hat selbstredend seitens derselben Instanz zu geschehen, wenn auf den Vorbescheid die Anberaumung der mündlichen Verhandlung beantragt oder seitens der höheren Instanz, wenn dasjenige Rechtsmittel gegen den Vorbescheid eingelegt wird, welches zulässig wäre, wenn der Bescheid als Entscheidung des Kollegiums ergangen wäre.

§ 100.

Hat der erste Richter seine Unzuständigkeit übersehen und haben auch die Parteien in dieser Beziehung keine Einwendungen erhoben, so liegt es ebenfalls der nächsthöheren Instanz ob, die Vorentscheidung durch Vorbescheid und event. durch Erkenntniß aufzuheben, es darf aber nicht einfach die Berufung zurückgewiesen werden, weil dadurch die Entscheidung des unzuständigen ersten Richters nicht beseitigt würde. Erfolgt die Aufhebung der Entscheidung erster Instanz wegen Unzuständigkeit, so hat sich die aufhebende höhere Instanz auf den materiellen Inhalt der Klage nicht weiter einzulassen, denn Letzteres würde nur in dem Falle zu geschehen haben, wenn etwa diese irrthümlich zur höheren Instanz gemachte Behörde selbst in erster Instanz zuständig wäre. In diesem Falle müßte dann nicht bloß die Vorentscheidung aufgehoben, sondern auch in materieller Beziehung eine Entscheidung getroffen werden.

§ 101.

Gelangt eine Verwaltungsstreitsache, in welcher ein Gericht seine Zuständigkeit oder Unzuständigkeit mit Unrecht angenommen hat, (§ 513 Nr. 4 der Civilprozeßordnung vom 30. Januar 1877) in die Revisionsinstanz, so ist die Revision begründet (§ 94 des Landesverwaltungsgesetzes vom 30. Juli 1883).

§ 102.

Wird von einer Partei in erster Instanz die Einrede der Unzuständigkeit erhoben, so kann über dieselbe vorab entschieden werden (§ 113 Abs. 4 des Landesverwaltungsgesetzes vom 30. Juli 1883), d. h. es ist in das Ermessen des Verwaltungsrichters gestellt, ob er zunächst über diesen Einwand abgesondert erkennen, den Parteien die Weiterverfolgung dieser Angelegenheit überlassen und im Uebrigen die Entscheidung bis zum Austrage dieser Vorfrage aussetzen will. Dies war früher nach § 83 Abs. 4 des Verwaltungsgerichtsgesetzes vom 3. Juli 1875 in der ursprünglichen Fassung nicht zulässig, denn danach mußte der Verwaltungsrichter über diesen Einwand vorab entscheiden. Diese Vorschrift ist jetzt beseitigt, es steht also dem Richter frei, sowohl über den Einwand, als auch in materieller Beziehung seine Entscheidung zu treffen. Letzeres natürlich nur in dem Falle, wenn jener Einwand für unbegründet erachtet wird.

§ 103.

Wird die Einrede der Unzuständigkeit seitens der Parteien erst in höherer Instanz erhoben, so liegt zu einer Vorabentscheidung keine Veranlassung mehr vor, dieselbe wird vielmehr, da bereits ein abgeschlossenes Erkenntniß vorliegt, mit dem Haupturtheil verbunden, obwohl auch hier, wie in erster Instanz, der Fall eintreten kann, daß der Richter die Vorentscheidung einfach wegen Unzuständigkeit aufhebt, ohne auf den materiellen Inhalt der Klage einzugehen.

§ 104.

Nach § 5 Abs. 1 der Verordnung vom 1. August 1879 (G. S. S. 573) sind die Central- und die Provinzialverwaltungsbehörden zur Erhebung des Kompetenzkonfliktes zwischen den Gerichten und den Verwaltungsbehörden befugt, nach Abs. 2 a. a. O. und § 113 Abs. 1 des Landesverwaltungsgesetzes vom 30. Juli 1883 ist diese Vorschrift auch maßgebend für die im Verwaltungsstreitverfahren zu verhandelnden Angelegenheiten, dagegen findet nach Abs. 2 a. a. O. die Erhebung des Kompetenzkonfliktes auf Grund der Behauptung, daß in einer im Verwaltungsstreitverfahren anhängig gemachten Sache eine andere Verwaltungsbehörde zuständig sei, nicht statt.

Zu den Provinzialverwaltungsbehörden im Sinne des Gesetzes vom 1. August 1879 gehören auch die Regierungen (jetzt nach § 18 des Landesverwaltungsgesetzes vom 1. August 1883 der Regierungspräsident), nicht aber die Verwaltungsgerichte. Letztere haben sich vorkommenden Falles darauf zu beschränken, bei dem Regierungspräsidenten Anzeige davon zu machen, daß bei dem ordentlichen Gerichte eine Angelegenheit schwebe, welche zum Ressort der Verwaltungsgerichte gehöre. Da der Regierungspräsident die Aufsicht über die Kreisausschüsse (§ 48 a. a. O.) und auch den Vorsitz im Bezirksausschusse führt (§ 28 a. a. O.), so ist seine Entschließung auf diese Meldung maßgebend, sofern nicht die Partei durch den Einwand der Unzuständigkeit bei dem ordentlichen Gerichte ein anderes Resultat erzielt. Der umgekehrte Fall, daß ein angerufenes Gericht sich selbst für unzuständig, dagegen das ordentliche Gericht für zuständig erachtet, kann zur Erhebung des Kompetenzkonfliktes niemals Veranlassung geben, weil hier das Verwaltungsgericht es selbst in seiner Hand hat, über seine Unzuständigkeit zu entscheiden, und weil das Gesetz vom 1. August 1879 nur den Fall im Auge hat, daß Streitigkeiten über Zulässigkeit des ordentlichen Rechtsweges, nicht aber des Verwaltungsrechtsweges entstehen.

§ 105.

Hat nun gleichwohl ein Verwaltungsgericht in einer zur Zuständigkeit des ordentlichen Gerichtes gehörigen Sache entschieden und sich vorläufig dabei beruhigt, d. h. das Erkenntniß rechtskräftig werden lassen, so bleibt der Partei, wenn sie später ihren Irrthum einsieht, nichts weiter übrig, als noch in der Vollstreckungsinstanz die Hülfe der Aufsichtsbehörden anzurufen (§ 50 Abs. 3 des Landesverwaltungsgesetzes).

§ 106.

Eine scheinbare Ausnahme von der oben im § 104 aufgestellten Regel bildet der im § 21 des Gesetzes vom 1. August 1879 vorgesehene Fall, daß in einer Sache einerseits die Gerichte, anderseits die Verwaltungsbehörde oder Verwaltungsgerichte ihre Unzuständigkeit ausgesprochen habe (negativer Kompetenzkonflikt). Darüber entscheidet der Gerichtshof zur Entscheidung der Kompetenzkonflikte.

§ 107.

Gerathen die Verwaltungsgerichte und die Verwaltungsbehörden in einen positiven oder negativen Kompetenzkonflikt, so entscheidet darüber nach § 113 im letzten Absatze das Ober-Verwaltungsgericht.

§ 108.

Durchaus verschieden von diesen Kompetenzkonflikten sind die Konflikte im Sinne des Gesetzes vom 13. Februar 1854 (G. S. S. 86), welches durch Art. IV der Verordnung vom 16. September 1867 (G. S. S. 1515) auf die neu erworbenen Landestheile ausgedehnt ist und die Zuständigkeit der Civil- und Strafgerichte bei der gerichtlichen Verfolgung der Beamten wegen Ueberschreitung ihrer Amtsbefugnisse oder wegen pflichtwidriger Unterlassung einer Amtshandlung im Prinzip zur Voraussetzung hat. Ueber diese Vorfrage entscheidet jetzt nach § 11 des Einführungsgesetzes zum deutschen Gerichtsverfassungsgesetze vom 27. Jan. 1877 das Ober-Verwaltungsgericht.

VI. Die Parteien im Streit- und Beschlußverfahren.

1. Der Legitimationspunkt.

§ 109.

Auf die Berichtigung des Legitimationspunktes bei der Einleitung des Verwaltungsstreitverfahrens Bedacht zu nehmen, ist die Verpflichtung des Verwaltungsrichters (Parey, Rechtsgrundsätze S. 327). Das ergiebt sich aus dem Wesen des auf den Grundsätzen der Untersuchungsmaxime beruhenden Verfahrens in Verwaltungsstreitsachen. Nach § 71 Abs. 3 des Landesverwaltungsgesetzes vom 30. Juli 1883 hat der Vorsitzende des Gerichts dahin zu wirken, daß der Sachverhalt vollständig aufgeklärt und die sachdienlichen Anträge von den Parteien gestellt werden. Daraus ergiebt sich, daß eine Abweisung der Klage „angebrachtermaßen" im Verwaltungsstreitverfahren unstatthaft ist. Hat der erste Richter es unterlassen, den Legitimationspunkt richtig zu stellen, so ist es die Aufgabe des Berufungsrichters, das Versäumte nachzuholen (a. a. O. S. 183).

§ 110.

Der Richter im Verwaltungsstreitverfahren hat für die Berichtigung des Legitimationspunktes Sorge zu tragen, er muß auf die Beseitigung aller gegen die Legitimation vorgebrachten Bedenken hinwirken, jedoch nur, soweit dies zur Aufklärung erforderlich ist. Deshalb rechtfertigt es sich auch nicht, eine polizeiliche Anordung lediglich wegen mangelnder formeller Legitimation eines stellvertretenden Amtsvorstehers zum Erlasse derselben aufzuheben, vielmehr muß auf eine nachträgliche Remedur hingewirkt werden (a. a. O. S. 329).

§ 111.

Die Verpflichtung des Richters zur Prüfung des Legitimationspunktes ist nur auf das eigentliche Streitverfahren, nicht auf das Vorverfahren zu beziehen; für die materielle Entscheidung genügt, daß die streitenden Parteien als Kläger bezw. Beklagte legitimirt sind, d. h. daß der Kläger in der Sache ein Klagerecht hat (Aktivlegitimation) und zwar gegen den von ihm angegriffenen Beklagten (Passivlegitimation).

§ 112.

Gehört der Gegenstand überhaupt nicht in das Gebiet der Verwaltungsrechtsprechung, so ist auch der angerufene Richter nicht zuständig, und es ergiebt sich schon hieraus der Mangel der Aktiv- und Passivlegitimation.

§ 113.

Für die Feststellung der Parteirollen fehlt es im Verwaltungsstreitverfahren an einem allgemeinen Grundsatze, das Gesetz hat darüber nur im Einzelnen Bestimmung getroffen und dabei die Bezeichnung der „Betheiligten“ für die Parteirollen gewählt. Das führt zu den verschiedenartigsten Auslegungen und Gestaltungen, worüber hier einige Beispiele:

a. Nach § 45 des Zuständigkeitsgesetzes am 1. August 1883 beschließt auf Anrufen der „Betheiligten“ der Kreisausschuß bezw. der Bezirksausschuß über die Feststellung des Geldwerthes der Naturalien und des Ertrages der Ländereien bei amtlicher Festsetzung des Einkommens der Elementarlehrer. Wer hier die „Betheiligten“ sind, ergiebt sich aus dem Endurtheil des Ober-Verwaltungsgerichts vom 19. September 1876 (Entsch. Band I. S. 166, P. Rechtsgrundsätze S. 182.)

b. Nach § 56 desselben Zuständigkeitsgesetzes Abs. 4—6 können in Wegesachen verschiedene Streitigkeiten über „Betheiligte“ vorkommen, nämlich wenn der von Seiten der Wegepolizeibehörde in Anspruch Genommene aus Gründen des öffentlichen Rechtes einen Andern statt seiner für verpflichtet erachtet, wenn der in Anspruch Genommene die Erstattung des Geleisteten von einem aus Gründen des öffentlichen Rechtes verpflichteten Dritten fordert und wenn von Mehreren darüber gestritten wird, wem von ihnen die öffentlich rechtliche Verpflichtung zur Anlegung und Unterhaltung eines öffentlichen Weges obliegt. Wer in diesen drei Fällen die Betheiligten sind, kann wohl kaum einem Zweifel unterliegen, denn dieselben sind schon ausdrücklich bezeichnet, gleichwohl hat es nicht an Versuchen gefehlt, auch diejenigen als Betheiligte anzusehen, welche ein „Interesse“ an der Erhaltung des Weges haben, z. B. eine Gemeinde oder wohl gar die Ortspolizeibehörde. Es beruht das auf einer Verwechslung der Begriffe der Betheiligung an einem Streitverfahren und der persönlichen Betheiligung an der Unterhaltung eines Weges, welches letztere dann wiederum mit dem amtlichen Interesse an dieser Unterhaltung verwechselt wird (P. Rechtsgrundsätze S. 293).

c. Dasselbe gilt von den wasserpolizeilichen Verfügungen, Grabenräumungen u. s. w. (P. Rechtsgrundsätze S. 276 und 285).

d. Nach § 34a. der altländischen Kreisordnung (vergl. Hannover § 39, Hessen-Nassau § 40, Westfalen und Rheinprovinz § 26) beschließt der Kreisausschuß auf Antrag der „Betheiligten“ über die Feststellung der Dienstunkostenentschädigung der Gemeindevorsteher und Schöffen, der Renumeration stellvertretender Gutsvorsteher, sowie über die Festsetzung der Besoldungen und Renumeration anderer Gemeindebeamten. Die „Betheiligten“ sind hier einerseits die zahlende Gemeinde als solche und andrerseits die empfangsberechtigten Gemeindebeamten, nicht aber etwa an Stelle der ersteren eine Anzahl von Gemeindemitgliedern, welche bei der Abstimmung in der Gemeindeversammlung die Minorität bildeten. Dieser fehlt auch im Beschlußverfahren jede Legitimation. (P. Rechtsgrundsätze S. 158).

e. Handelt es sich um Streitigkeiten über die bestehenden Grenzen einer Gemeinde (§§ 9 und 26 des Zuständigkeitsgesetzes vom 1. August 1883) oder über die Eigenschaft einer ländlichen Ortschaft als Gemeinde oder eines Guts als Gutsbezirk, so unterliegen dieselben der Entscheidung im Verwaltungsstreitverfahren. Hierzu bedarf es der Betheiligung eines Kommissars zur Wahrnehmung des öffentlichen Interesses als Partei im Streitverfahren, denn solche Streitigkeiten können nicht entschieden werden, ohne die Besitzer derjenigen Grundstücke, über deren kommunale Verhältnisse entschieden werden soll, derartig am Streitverfahren zu betheiligen, daß sie in die Lage kommen, ihr rechtliches Interesse zur Sache zu vertreten und nöthigenfalls durch Einlegung von Rechtsmitteln zu vertheidigen (P. Rechtsgrundsätze S. 157, 158).

f. Unter den „Betheiligten“, welche sich nach § 53 der altländischen Kreisordnung über den Aufbringungsmodus der Amtsabgaben einigen sollen, können nur die zum Amtsverbande gehörenden Gemeinden und Gutsbezirke verstanden werden (P. Rechtsgrundsätze S. 94).

g. Die Schulaufsichtsbehörde gehört im Sinne des § 46 des Zuständigkeitsgesetzes vom 1. August 1883 nicht zu den „Betheiligten“, denn sie übt eine richterliche Thätigkeit, wenn sie auf Grund der Ordre vom 19. Juni 1836 (G. S. S. 198) Entscheidung trifft. (P. Rechtsgrundsätze S. 195).

h. Handelt es sich um die Streitigkeiten unter den Betheiligten wegen der Heranziehung zu den Schulabgaben (§ 46 Abs. 3 des Zuständigkeitsgesetzes vom 1. August 1883), so sind dabei betheiligt nicht nur der Schulvorstand (als Vertreter der Schulsozietät und des Schulinstituts) einerseits und die Mitglieder des Schulverbandes andrerseits, sondern betheiligt bei den Schulbeiträgen ist jeder, von dem die Leistung eines Schulbeitrages verlangt wird. Mit dem Ausdruck „zwischen den Betheiligten“ ist nicht eigentlich zum Ausdruck gelangt, daß das Verwaltungsstreitverfahren auch bei Streitigkeiten unter den Interessenten stattfinden solle (P. Rechtsgrundsätze S. 197 und 201).

i. Aus dem § 25 des Zuständigkeitsgesetzes vom 1. August 1883 ergiebt sich von selbst, wer die im letzten Absatze genannten „Betheiligten“ sind, wenn es sich um die in Folge einer Veränderung der Landgemeinden, Gutsbezirke, westfälischen Aemter und rheinischen Bürgermeistereien erforderliche Auseinandersetzung handelt.

k. In Ansiedlungssachen (Gesetz vom 25. August 1876) sind die Nachbarn, welche gegen die Genehmigung Einspruch erheben, nicht bloß „Beigeladene“, sondern sie sind ebenso, wie die Polizeibehörde Parteien im Streitverfahren (Parey, Rechtsgrundsätze S. 423).

l. In Waldschutzangelegenheiten (Gesetz vom 6. Juli 1875) ist der Kreis, welcher den Antrag auf Erlaß der im § 2 a. a. O. vorgesehenen Anordnungen gestellt hat, als der Kläger anzusehen und zu bezeichnen, die dem Kläger widersprechenden Besitzer der gefahrbringenden Grundstücke haben als Beklagte aufzutreten. (P. Rechtsgrundsätze S. 264).

§ 114.

Im Allgemeinen hat sich bei der Herstellung der neuesten Verwaltungsgesetzgebung der Grundsatz geltend gemacht, daß, wenn im Verwaltungsstreitverfahren Behörden als Parteien aufzutreten haben, diese immer die Rolle des Beklagten zu übernehmen haben. Von dieser Regel giebt es nur wenige Ausnahmen, so z. B. in § 15 des Gesetzes betreffend die Unterbingung verwahrloster Kinder vom 13. März 1878, nach welchem der Oberpräsident als Kläger auftritt, bei Zwangsetatisirungen gegenüber den in § 7 a. a. O. gedachten Verbänden. Diese Vorschrift bildet eine Ausnahme von § 121 der Provinzialordnungen (Hessen-Nassau § 94).

2. Die subjektive Prozeßfähigkeit.

§ 115.

Hierfür sind auch im Verwaltungsprozeß maßgebend die §§ 50—55, 219 und 247 Nr. 6 der deutschen Civil-Prozeß-Ordnung vom 30. Januar 1877; A. L. R. Einleitung §§ 23 ff. und 35, I. 4, §§ 20—30, Art. 1 und 84 der allgemeinen Deutschen Wechsel-Ordnung (Gesetz vom 5. Juni 1869 — B. G. B. S. 379 —), §§ 5 und 6 des Gesetzes betreffend die Geschäftsfähigkeit Minderjähriger vom 12. Juli 1875 — G. S. S. 518 —), Art. 69 des Handelsgesetzbuches, § 11 der Reichs-Gewerbe-Ordnung, §§ 5, 6, 8 ff der Reichs-Konkurs-Ordnung vom 10. Februar 1877.

§ 116.

Der noch jetzt geltende § 33, Tit. I, Theil 1 der Preußischen Allgemeinen Gerichtsordnung, nach welchem Kirchen, Schulen, Hospitäler und andere Armenanstalten und milde Stiftungen, in gleichen Stadt- und Dorfgemeinden und überhaupt alle Korporationen und Gesellschaften, welche in den Rechten als Eine moralische Person betrachtet werden, gleich einzelnen Personen klagen und beklagt werden können, bezieht sich auf die Parteifähigkeit, nicht aber auf die Prozeßfähigkeit, auch ist der dazu gehörige Anhangs-Paragraph 4, welcher über das Erforderniß der Genehmigung zu Prozessen der Dorf- und Stadtgemeinden bestimmte, im Geltungsbereiche des Zuständigkeits-Gesetzes vom 1. August 1883 durch den letzten Absatz im § 31 dieses Gesetzes aufgehoben. Dagegen bestimmt der ebenfalls noch geltende § 48, Tit. 3, Theil I der Preußischen Allgemeinen Gerichtsordnung: „In welchen Fällen die Vorsteher zu Prozessen eine besondere Genehmigung der der Stiftung oder Anstalt vorgesetzten oberen Behörde beibringen müssen, ist in den Gesetzen bestimmt (A. L. R. II. XI. §§ 652 ff.). Doch vertritt es die Stelle dieser besonderen Genehmigung, wenn unter der Vollmacht von der oberen Behörde attestirt wird, daß die Unterschriebene zur Ausstellung derselben berechtigt gewesen sei. Das Erforderniß der Genehmigung ist beseitigt für das Kirchenvermögen der evangelischen Kirche durch Art. 26 des Gesetzes vom 3. Juni 1876 (G. S. S. 125), für das Vermögen der katholischen Pfarreien durch § 51 des Gesetzes vom 20. Juni 1875 (G. S. S. 241) und für das katholische Diözesen- und Stiftungsvermögen durch § 3 des Gesetzes vom 7. Juni 1876 (G. S. S. 149). In Betreff der übrigen Armen- und Versorgungsanstalten (Stiftungen) bestimmt der § 43, Tit. 19, Theil II A. L. R's, daß ihr Vermögen die

Rechte der Kirchengüter habe und dabei ist verwiesen auf Tit. 11, Abschnitt 4, der oben gedachte § 652 steht aber in Tit. 11, Abschnitt 9.

3. Die Vertretung der Parteien durch Bevollmächtigte.

§ 117.

Nach § 73 Abs. 1 des Landesverwaltungsgesetzes vom 30. Juli 1883 sind die Parteien in der Wahl der von ihnen zu bestellenden Bevollmächtigten nicht beschränkt (mit einer unten im § 119 zu erwähnenden Ausnahme). Hieraus ergiebt sich schon, daß Niemand gezwungen werden kann, persönlich vor dem Verwaltungsgerichte zu erscheinen, wie denn auch die Prozeßvorbereitung im Wesentlichen eine schriftliche ist und die Parteien nach § 68 Abs. 1 a. a. O. zur mündlichen Verhandlung unter der Verwarnung geladen werden, daß beim Ausbleiben nach Lage der Verhandlungen werde entschieden werden.

§ 118.

Dasselbe gilt auch von den gesetzlichen Vertretern der Prozeßunfähigen und von den Vertretern des öffentlichen Interesses (z. B. der Amtsvorsteher), welche sich nach der Verfügung des Ober-Verwaltungsgerichts vom 22. Nov. 1876 (Entsch. Bd. I S. 443, Parey, Rechtsgrundsätze S. 452) im Streitverfahren durch Rechtsanwälte vertreten lassen können.

Aus der Bestimmung, daß den Parteien die möglichste Freiheit in der Rechtsverfolgung hat gewährt werden sollen, ergiebt sich, daß zur mündlichen Verhandlung nicht nur an Stelle der Parteien erscheinende Bevollmächtigte, sondern auch die mit den Parteien auftretenden Beistände zugelassen werden sollen (Parey, Rechtsgrundsätze S. 445).

§ 119.

Das Gericht kann Vertreter, welche, ohne Rechtsanwälte zu sein, die Vertretung vor dem Gerichte „geschäftsmäßig“ betreiben, nach § 73 Abs. 2 a. a. O. zurückweisen. Eine Anfechtung dieser Anordnung findet nicht statt (§ 143 Abs. 2 und 3 der deutschen Civil-Prozeß-Ordnung vom 30. Januar 1877). Das Wort „geschäftsmäßig“ bedeutet mehr, als „gewerbsmäßig“, es kommt also nicht darauf an, ob der Vertreter für seine Funktionen Bezahlung erhält.

§ 120.

Gemeindevorsteher, welche als solche legitimirt sind, bedürfen zur Vertretung ihrer Gemeinden einer besonderen Vollmacht nicht (§ 75 Abs. 3 a. a. O.).

§ 121.

Von den Vollmachtsaufträgen handelt das Allgemeine Landrecht in Theil I Tit. 13 im ersten Abschnitte §§ 5—227, welche mithin auch für die Prozeß-Vollmachten maßgebend sind. Daneben kommen aber auch in Verwaltungs-Angelegenheiten noch andere Vollmachten vor, z. B. bei den Kommunalwahlen (vergl. Parey, Rechtsgrundsätze S. 16, 20, 137, 164, 166).

4. Die Beiladung zum Prozeß.

§ 122.

Nach § 70 des Landes-Verwaltungsgesetzes vom 30. Juli 1883 kann das Gericht auf Antrag oder von Amtswegen die Beiladung Dritter, deren Interesse durch die zu erlassende Entscheidung berührt wird, verfügen. Die Entscheidung ist in diesem Falle auch den Beigeladenen gegenüber giltig. Obwohl ähnliche Vorschriften auch für den Civilprozeß bestehen, so sind dieselben doch auf das Verwaltungsstreitverfahren nur in einem sehr beschränkten Umfange anwendbar, was sich aus folgenden Aussprüchen des Ober-Verwaltungsgerichtes ergiebt.

§ 123.

Mit Rücksicht auf die Vorschrift in § 70 des Landesverwaltungsgesetzes vom 30. Juli 1883 kann dem Beigeladenen an sich das Recht nicht versagt werden, auch seinerseits selbstständig Rechtsmittel einzulegen, nur bleibt es einmal in Ansehung der Sachlegitimation eine unerläßliche Voraussetzung, daß der Beigeladene in seinen eigenen, seiner Verfügung unterliegenden Rechten verletzt zu sein behauptet und ferner in Ansehung des Verfahrens, daß dabei solche Rechte in Frage stehen, welche im Verwaltungsstreitverfahren und vor den Verwaltungsgerichten Schutz finden (§ 7 Abs. 2 des Landesverwaltungsgesetzes vom 30. Juli 1883). Fehlt es an einer dieser beiden Voraussetzungen, so muß das von dem Beigeladenen eingelegte Rechtsmittel, ungeachtet der formellen Zulässigkeit, zurückgewiesen werden (Parey, Rechtsgrundś. S. 205 u. 443).

§ 124.

Die Beiladung ist lediglich von dem Ermessen des erkennenden Verwaltungsgerichtes abhängig. Die Unterlassung derselben stellt niemals einen wesentlichen Mangel des Verfahrens dar, dieselbe hat nur die Folge, daß die Entscheidung dem Nichtbeigeladenen gegenüber keine Geltung hat (Parey, Rechtsgrundsätze S. 117).

§ 125.

Eine Beiladung ist nach dem oben in § 123 ausgesprochenen Grundsatze gerechtfertigt, wenn eine Landgemeinde von ihrem Rechte Gebrauch macht, eine Entscheidung darüber zu verlangen, ob ein benachbartes Gut ganz oder zum Theil zu ihrem Gemeindebezirke gehört, aber nicht darüber, ob ein solches Gut einen selbstständigen Gemeindebezirk bildet, Theil eines anderen Gutsbezirks ist, oder überhaupt zu keinem Kommunalverbande gehört. Ein solcher Streit ist zwischen dem Besitzer des Gutes und einem zur Wahrnehmung des öffentlichen Interesses bestellten Kommissar zum Austrag zu bringen. In einem solchen Prozesse können die benachbarten Gemeinden und die sonstigen bei dem Ausgange des Prozesses interessirten öffentlichen Korporationen beigeladen werden. (Parey, Rechtsgrundsätze S. 154).

§ 126.

Die sogenannte Nebenintervention des § 63 der deutschen Civilprozeßordnung vom 30. Januar 1877 kommt im Verwaltungsstreitverfahren nicht vor, an Stelle dessen ist die Beiladung getreten (Parey, Rechtsgrundsätze S. 70).

§ 127.

Die Beiladung darf nicht zu dem Zwecke stattfinden, damit eine vom Kläger nicht beantragte Verurtheilung des Beigeladenen statt einer solchen des ursprünglichen Beklagten erfolge; sie bezweckt nicht, legitimirte Parteien erst zu schaffen, sondern der zwischen den ursprünglich legitimirten Parteien zu erlassenden Entscheidung auch gegenüber Dritten, welche gleichfalls berechtigt sind, Wirksamkeit zu verschaffen und auf diese Weise eine Vervielfältigung der Prozesse zu verhüten. Das bringen insbesondere die Worte „die Entscheidung ist auch dem Beigeladenen gegenüber gültig“ zum Ausdruck. Nur derjenige kann verurtheilt werden, gegen welchen der Kläger seinen Antrag auf Verurtheilung richtet, niemals kann von Amtswegen dem unrichtigen Beklagten durch Beiladung der richtige Beklagte substituirt werden, auch nicht in der Berufungsinstanz (Parey, Rechtsgrundsätze S. 268).

§ 128.

Die Beiladung eines Dritten, dessen Interessen durch die zu erlassende Entscheidung berührt werden, setzt nämlich immer das Vorhandensein zweier Parteien voraus, zwischen denen die Entscheidung ergeht und deren Rechte in Ansehung des Verfahrens ausschließlich durch die eigene Stellung zu dem Gegenstande des Streites bestimmt werden, keinesfalls aber durch den Zutritt eines Dritten eine Einschränkung erfahren können. Die Frage der Zuständigkeit der Verwaltungsgerichte kann daher nicht durch thatsächliche oder rechtliche Momente in irgend einer Richtung beherrscht werden, welche aus der Person des Beigeladenen entnommen sind (Parey, Rechtsgrundsätze S. 274).

§ 129.

Wird in einer Streitsache betreffend die Herstellung eines Weges (§ 55 des Zuständigkeitsgesetzes vom 1. August 1883) seitens des zunächst in Anspruch genommenen Wegebaupflichtigen eine Kreiskorporation als die eigentlich verpflichtete bezeichnet, so ist die Kreiskorporation nicht als beigeladen, sondern als mitbeklagte Person im Streitverfahren anzusehen (Parey, Rechtsgrundsätze S. 329).

§ 130.

Die sachgemäße Uebung der den Verwaltungsgerichten beigelegten Befugniß zur Beiladung an dem Rechtsstreite Betheiligter von Amtswegen wird es in Verbindung mit einem dem § 71 des Landesverwaltungsgesetzes vom 30. Juli 1883 entsprechenden Instruktionsverfahren regelmäßig ermöglichen, auch innerhalb der Grenzen des Streitverfahrens eine erschöpfende Erörterung und Entscheidung der einzelnen Streitfälle ebenso, wie früher in dem nicht an bestimmte Normen geknüpften Beschwerdeverfahren, herbeizuführen. Am häufigsten wird namentlich von jener Befugniß da Gebrauch zu machen sein, wo eine durch den Antrag einer Privatperson hervorgerufene Verfügung einer öffentlichen Behörde von demjenigen, gegen den sie gerichtet worden ist, angefochten wird. (Parey, Rechtsgrundsätze S. 452.)

§ 131.

Wenn in einer Wegestreitsache die zuständige Wegepolizeibehörde nur als Beigeladene statt als Partei zugezogen worden ist, so ist das als ein wesentlicher Mangel des Verfahrens in dem Falle nicht anzusehen, wenn die Gegenpartei dadurch in ihren Interessen nicht verletzt worden ist. (Parey, Rechtsgrundsätze S. 312.)

§ 132.

Voraussetzung der Substituirung eines andern Kreisausschusses in dem Falle des § 59 des Landesverwaltungsgesetzes vom 30. Juli 1883 ist die, daß die Kreiskorporation als solche Partei ist. Mag nun auch, wenn ein drittes Rechtssubjekt beigeladen worden ist, dieses dadurch die prozessualische Stellung einer Partei im Sinn des § 59 erlangen, so folgt doch daraus nicht, daß dem bloßen Antrage auf Beiladung, über welchen der Richter im Streitverfahren nach freiem Ermessen zu befinden hat, die Wirkung der erfolgten Beiladung für die Anwendung des § 59 beizumessen sei. Andernfalls würde, was nicht wohl die Absicht des Gesetzgebers gewesen sein kann, es in das Belieben der Parteien gestellt sein, jede Sache durch einen auch noch so unhaltbaren Antrag auf Beiladung der Kreiskorporationen der Entscheidung des ordentlichen Gerichts zu entziehen. Ausgeschlossen ist nicht, daß sich eine Partei wegen Versagung der Beiladung der Kreiskorporation gemäß § 110 a. a. O.

bei der höheren Instanz beschwert und diese dann unter Anerkennung der Beschwerde gemäß § 59 verfährt, oder daß dies in geeigneten Fällen auch noch durch Erkenntniß des Berufungsrichters geschieht, keinesfalls aber wird dadurch, daß dies nicht geschieht, eine wesentliche Vorschrift des Verfahrens verletzt, da die Beiladung in das freie Ermessen des Richters gestellt ist. (Parey, Rechtsgrundsätze S. 99.)

§ 133.

Die Vertheilung und Ausschreibung der Gemeindelasten ist ein ortsobrigkeitlicher Akt, dessen Vertretung im Streitverfahren dem entsprechend ausschließlich der Gemeindebehörde, dem Gemeindevorstande, übertragen ist (§§ 34 und 160 des Zuständigkeitsgesetzes vom 1. August 1883). Neben dem Gemeindevorstande dürfen nicht noch einzelne Gemeindemitglieder zu gleichen Zwecken beigeladen werden, auch wenn die ortsobrigkeitliche Verfügung (z. B. bei Herstellung der Dorfstraße), welche Gegenstand des Streites ist, ihr Interesse berührt. (Parey, Rechtsgrundsätze S. 137.)

§ 134.

Demjenigen, dessen Wahl als Provinziallandtagsabgeordneter nach § 24 der Provinzialordnungen (Hessen-Nassau § 21) angegriffen wird, ist durch Beiladung zum Streitverfahren die Möglichkeit zu gewähren, sein Interesse an der Aufrechterhaltung der Wahl zu wahren. (Parey, Rechtsgrundsätze S. 2.)

§ 135.

Wegen der Beiladung in Ansiedlungssachen vergl. oben § 113 sub k.

§ 136.

Die Beiladung kann auch in der Berufungsinstanz erfolgen, nicht aber in der Revisionsinstanz (§ 92 und 95 des Landesverwaltungsgesetzes vom 30. Juli 1883).

5. Die Streitgenossenschaft.

§ 137.

In dieser Beziehung giebt es für das Verwaltungsstreitverfahren besondere Vorschriften nicht, es ist aber nach der Rechtsprechung des Ober-Verwaltungsgerichts außer Zweifel, daß hierauf die Vorschriften der §§ 56—60 der deutschen Civilprozeßordnung vom 30. Januar 1877 Anwendung zu finden haben.

§ 138.

Dies ergiebt sich aus dem Endurtheil des Ober-Verwaltungsgerichts vom 30. März 1883 (Entsch. Bd. IX, S. 301; Parey, Rechtsgrundsätze

S. 384), woselbst ausgeführt wird: Ist das dem Verwaltungsrichter vorliegende streitige Rechtsverhältniß vermöge seines Gegenstandes wie seiner Natur ein derartiges, daß es allen klagenden Streitgenossen gegenüber nur einheitlich festgestellt werden kann, so vertritt prozessualisch jeder einzelne der Genossen zugleich die übrigen, so daß auf die von ihnen rechtzeitig angemeldete Berufung allen Klägern gegenüber in der Berufungsinstanz zu entscheiden ist, namentlich, wenn die übrigen Streitgenossen später in das Berufungsverfahren mit eingetreten sind. Bei der Untheilbarkeit eines streitigen Rechtsverhältnisses müssen auch die Folgen der Versäumung der Klagefrist den sämmtlichen Streitgenossen gegenüber ausgeschlossen bleiben, wenn nicht von allen die Frist versäumt worden ist (Parey, Rechtsgrundsätze S. 384).

§ 139.

Das Verhältniß zwischen dem Kläger gegen eine behördliche Anordnung in den Fällen der §§ 56 Abs. 4 und 66 Abs. 3 des Zuständigkeitsgesetzes vom 1. August 1883 und dem von ihm zu der angesonnenen Leistung aus Gründen des öffentlichen Rechtes für verpflichtet erachteten Dritten stellt sich schon deshalb als eine Streitgenossenschaft nicht dar, weil sich jene beiden als Prozeßgegner gegenüberstehen.

VII. Das Verfahren im Allgemeinen.

1. Die Offizialmaxime.

§ 140.

Dieselbe ist die einzige für das Verwaltungs-Streit- und Beschlußverfahren zulässige. Dies ergiebt sich für das Beschlußverfahren von selbst, für das Streitverfahren aus § 79 des Landesverwaltungsgesetzes vom 30. Juli 1883, nach welchem das Gericht nach seiner freien, aus dem ganzen Inbegriffe der Verhandlungen und Beweise geschöpften Ueberzeugung zu entscheiden hat, und aus § 71 Abs. 3 a. a. O., nach welchem der Vorsitzende des Gerichts dahin zu wirken hat, daß der Sachverhalt vollständig aufgeklärt und die sachdienlichen Anträge von den Parteien gestellt werden. Der Richter hat also anknüpfend an das von den Parteien Beigebrachte das Nichtbeigebrachte selbst zur Sprache zu bringen und die Beweise dazu herbeizuschaffen, selbst gegen den Willen der Parteien. Dabei ist er thätig für die Parteien und für das öffentliche Interesse.

§ 141.

Nicht geeignet für das Verfahren sind:

a. Die Verhandlungsmaxime, bei welcher der Richter nur nach dem urtheilt, was die Parteien beibringen, und bei welcher Beweismittel, welche nicht beigebracht werden, als nicht vorhanden gelten;

b. Die Eventualmaxime, welche darin besteht, daß die Parteien alle ihre Einwendungen gleichzeitig vorbringen, auch solche, welche nur dann von Einfluß sein können, wenn andere näher liegende Gründe nicht für stichhaltig erachtet werden sollten. Eventuelle Klagen, in Ansehung deren die Partei den Entschluß wegen der Einleitung der Klage von sich abschiebt und dem Richter überlassen will, sind im Verwaltungsstreitverfahren nicht zulässig. (Parey, Rechtsgrundsätze S. 54.)

2. Die Zustellungen.

§ 142.

Nach § 81 des Verwaltungsgerichtsgesetzes vom 30. Juli 1883 sind die mit Gründen versehenen Ausfertigungen der Entscheidungen der Verwaltungsgerichte den Parteien und, sofern ein besonderer Kommissar zur Wahrung des öffentlichen Interesses bestellt ist (§ 74 Abs. 2 a. a. O.), gleichzeitig auch diesem zuzustellen. Dasselbe gilt nach § 92 a. a. O. für die Berufungsinstanz und nach § 95 a. a. O. für die Revisionsinstanz.

§ 143.

In welcher Weise diese Zustellungen zu erfolgen haben, ergiebt sich aus den Geschäftsregulativen:

a. Für die Kreisausschüsse und die an Stelle derselben tretenden Behörden (Stadtausschüsse, Magistrate), vom 28. Februar 1884:

§ 17. Alle Namens des Kreisausschusses zu bewirkenden Zustellungen erfolgen durch die demselben nachgeordneten Behörden (städtische Polizeiverwaltungen, Amtsvorsteher, Gemeindevorsteher, Gutsvorsteher) oder durch die Post. Im Uebrigen finden auf diese Zustellungen die Vorschriften des Nachtrages zu dem Regulative für den Geschäftsgang bei dem Oberverwaltungsgerichte vom 22. September 1881 (Minist.-Bl. für die innere Verw. 1882 S. 42), mit der Maßgabe, daß die Zustellungsurkunde durch eine beglaubigte Empfangsbescheinigung der zur Annahme legitimirten Person ersetzt werden kann, sinngemäße Anwendung.

b. Für die Bezirksausschüsse, von demselben Tage:

§ 17. Alle Namens des Bezirksausschusses zu bewirkenden Zustellungen erfolgen durch Beamte der Regierung oder durch die dem Bezirksausschusse nachgeordneten Behörden (städtische Polizeiverwaltungen, Amtsvorsteher, Gemeindevorsteher, Gutsvorsteher) oder durch die Post. Im Uebrigen finden auf diese Zustellungen die Vorschriften des Nachtrages zu dem Regulative für den Geschäftsgang bei dem Oberverwaltungsgerichte vom 22. September 1881 (Ministerialblatt für die innere Verwaltung 1882 S. 42) mit der Maßgabe, daß die Zustellungsurkunde durch eine beglaubigte Empfangsbescheinigung der zur Annahme legitimirten Person ersetzt werden kann, sinngemäße Anwendung.

Die Zufertigung der in der Berufungsinstanz ergangenen Entscheidungen erfolgt gemäß § 92 Abs. 2 des Landesverwaltungsgesetzes durch Vermittelung der ersten Instanz. Auch in der Beschwerdeinstanz kann geeignetenfalls hiernach verfahren werden.

c. Für die Provinzialräthe, von demselben Tage:

§ 17. Alle Namens des Provinzialraths zu bewirkenden Zustellungen erfolgen durch Beamte des Oberpräsidenten oder durch die dem Provinzialrath nachgeordneten Behörden (städtische Polizeiverwaltungen, Amtsvorsteher, Gemeinde- und Gutsvorsteher) oder durch die Post. Im Uebrigen finden auf diese Zustellungen die Vorschriften des Nachtrages zu dem Regulativ für den Geschäftsgang bei dem Oberverwaltungsgerichte vom 22. September 1881 (Minist.-Bl. für die innere Verwaltung 1882 S. 42) mit der Maßgabe, daß die Zustellungsurkunde durch eine beglaubigte Empfangsbescheinigung der zur Annahme bestimmten Person ersetzt werden kann, sinngemäße Anwendung.

d. Für das Ober-Verwaltungsgericht, vom 22. September 1881:

I. Soweit das Gesetz nicht ein Anderes bestimmt, erfolgen die von Seiten des Oberverwaltungsgerichts zu bewirkenden Zustellungen entweder durch die Post oder durch damit besonders beauftragte Beamte. Die erstere Art der Zustellung bildet die Regel.

II. Die Zustellungen für nicht prozeßfähige Personen erfolgen für dieselben an deren gesetzliche Vertreter.

Bei Behörden, Gemeinden und Korporationen, sowie bei Personenvereinen, welche als solche klagen oder verklagt werden können, genügt die Zustellung an die Vorsteher.

Bei mehreren gesetzlichen Vertretern, sowie bei mehreren Vorstehern genügt die Zustellung an einen derselben.

III. Die Zustellung für einen Unteroffizier oder einen Gemeinen des aktiven Heeres oder der aktiven Marine erfolgt an den Chef der zunächst vorgesetzten Kommandobehörde (Chef der Kompagnie, Eskadron, Batterie u. s. w.).

IV. Die Zustellung kann an den Bevollmächtigten und, wenn dieselbe durch den Betrieb eines Handelsgewerbes veranlaßt ist, an den Prokuristen erfolgen.

Bei mehreren Bevollmächtigten, sowie bei mehreren Prokuristen genügt die Zustellung an Einen derselben.

V. Sind Streitgenossen vorhanden, so ist die Ausfertigung einer ergangenen Entscheidung der Regel nach nur Einem derselben zuzustellen.

Die übrigen Theilnehmer sind alsdann hiervon unter Beifügung einer Abschrift des Tenors der Entscheidung zu benachrichtigen.

Bei Streitgenossen, welche Deputirte aus ihrer Mitte bestellt haben, erfolgt die Zustellung der ergehenden Entscheidungen, Bescheide und Verfügungen nur an Einen derselben.

VI. Für die Ausführung der Zustellungen gelten die in §§ 165 bis 170 der deutschen Civilprozeßordnung (siehe unten) gegebenen Vorschriften. Im Falle des § 167 findet jedoch die Niederlegung des zu übergebenden Schriftstücks nur bei der Ortsbehörde oder bei der Postanstalt des Zustellungsortes statt.

VII. An Sonntagen und allgemeinen Feiertagen darf eine Zustellung nur auf besondere Anweisung des Oberverwaltungsgerichts erfolgen.

Die Verfügung, durch welche diese Anweisung ertheilt wird, ist bei der Zustellung auf Erfordern vorzuzeigen. Eine Zustellung, bei welcher diese Bestimmungen nicht beobachtet sind, ist gültig, wenn die Annahme nicht verweigert ist.

VIII. Ueber die Zustellung ist eine Urkunde aufzunehmen, dieselbe muß enthalten:

1. Ort und Zeit der Zustellung;
2. die Bezeichnung des zuzustellenden Schriftstücks;
3. die Bezeichnung der Personen, an welche zugestellt werden soll;
4. Die Bezeichnung der Person, welcher zugestellt ist; in den Fällen der §§ 166, 168, 169 der deutschen Civilprozeßordnung die Angabe des Grundes, durch welchen die Zustellung an die bezeichnete Person gerechtfertigt wird; wenn nach § 167 a. a. O. verfahren ist, die Bemerkung, wie die darin enthaltenen Vorschriften nach Maßgabe der Nr. VI dieses Regulativs besorgt sind;
5. im Falle der Verweigerung der Annahme die Erwähnung, daß die Annahme verweigert und das zu übergebende Schriftstück am Orte der Zustellung zurückgelassen ist;
6. die Bemerkung, daß das zuzustellende Schriftstück übergeben ist;
7. die Unterschrift des die Zustellung vollziehenden Beamten.

IX. Wird durch die Post zugestellt, so hat das Oberverwaltungsgericht einen durch sein Dienstsiegel verschlossenen, mit der Adresse der Person, an welche zugestellt werden soll, versehenen und mit einer Geschäftsnummer bezeichneten Briefumschlag, in welchem das zuzustellende Schriftstück enthalten ist, der Post mit dem Ersuchen zu übergeben, die Zustellung einem Postboten des Bestimmungsortes aufzutragen. Daß die Uebergabe in der bezeichneten Art geschehen, ist zu den Akten zu bescheinigen.

X. Die Zustellung durch den Postboten erfolgt in Gemäßheit der Bestimmungen zu VI. Ueber die Zustellung ist von dem Postboten eine Urkunde aufzunehmen, welche den Bestimmungen zu VIII. Nr. 1, 3 bis 5, 7 entsprechen und die Uebergabe des seinem Verschlusse, seiner Adresse und seiner Geschäftsnummer nach bezeichneten Briefumschlags bezeugen muß.

Die Urkunde ist von dem Postboten der Postanstalt und von dieser dem Oberverwaltungsgerichte zu überliefern.

XI. In den Fällen der §§ 182 bis 184 (siehe unten) der deutschen Civilprozeßordnung erfolgt die Zustellung in der dort vorgeschriebenen Weise.

Eine in einem anderen deutschen Staate zu bewirkende Zustellung erfolgt, sofern sie nicht nach den mit diesem bestehenden Vereinbarungen durch die Post ausführbar ist, mittelst Ersuchen der zuständigen Behörde desselben.

Die Zustellung wird durch das schriftliche Zeugniß der ersuchten Behörden oder Beamten, daß die Zustellung erfolgt sei, nachgewiesen.

XII. Ist der Aufenthalt einer Partei unbekannt, so kann die Zustellung an dieselbe durch Anheftung des zuzustellenden Schriftstückes an der zu Aushängen des Oberverwaltungsgerichtes bestimmten Stelle erfolgen. Die Zustellung gilt als bewirkt, wenn seit der Anheftung zwei Wochen verstrichen sind. Auf die Gültigkeit der Zustellung hat es keinen Einfluß, wenn das Schriftstück von dem Orte der Anheftung zu früh entfernt wird.

Enthält das zuzustellende Schriftstück eine Ladung, so kann angeordnet werden, daß außerdem die ein- oder mehrmalige Einrückung eines Auszuges des Schriftstückes in die Seitens des Oberverwaltungsgerichtes zu bestimmenden Blätter zu erfolgen habe.

In dem Auszuge des Schriftstückes müssen die Parteien, der Gegenstand des Streites, der Antrag, der Zweck der Ladung und die Zeit, zu welcher der Geladene vor dem Oberverwaltungsgerichte erscheinen soll, bezeichnet werden.

Die Ladung gilt in diesem Falle als an dem Tage zugestellt, an welchem seit der letzten Einrückung des Auszuges in die öffentlichen Blätter ein Monat verstrichen ist, sofern nicht durch das Oberverwaltungsgericht der Ablauf einer längeren Frist für erforderlich erklärt wird.

Diese Arten der Zustellung sind auch dann zulässig, wenn bei einer in einem andern deutschen Staate oder im Auslande zu bewirkenden Zustellung die Befolgung der für diese bestehenden Vorschriften unausführbar ist, oder keinen Erfolg verspricht.

XIII. Ob auch in anderen als solchen Fällen, in welchen eine Frist in Frage steht, oder es sich um Zustellung einer Entscheidung, einer Ladung oder eines Schriftstückes handelt, an dessen Empfang sich gesetzlich oder richterlich bestimmte Folgen knüpfen, und demzufolge eine Zustellungsurkunde zu den Akten zu bringen ist, eine Zustellung (Benachrichtigung, Mittheilung) unter Beobachtung der Vorschriften zu I bis XIII bewirkt werden soll, bleibt der Anordnung des Oberverwaltungsgerichtes im einzelnen Falle vorbehalten.

Die hier angezogenen Bestimmungen aus der deutschen Civilprozeß-Ordnung vom 30. Januar 1877 lauten:

§ 165. Die Zustellungen können an jedem Orte erfolgen, wo die Person, welcher zugestellt werden soll, angetroffen wird.

Hat die Person an diesem Orte eine Wohnung oder ein Geschäftslokal, so ist die außerhalb der Wohnung oder des Geschäftslokals an sie erfolgte Zustellung nur gültig, wenn die Annahme nicht verweigert wird.

§ 166. Wird die Person, welcher zugestellt werden soll, in ihrer Wohnung nicht angetroffen, so kann die Zustellung in der Wohnung an einen zu der Familie gehörenden erwachsenen Hausgenossen oder an eine in der Familie dienende erwachsene Person erfolgen.

Wird eine solche Person nicht angetroffen, so kann die Zustellung an den in demselben Hause wohnenden Hauswirth oder Vermiether erfolgen, wenn diese zur Annahme des Schriftstücks bereit sind.

§ 167. Ist die Zustellung nach diesen Bestimmungen nicht ausführbar, so kann sie dadurch erfolgen, daß das zu übergebende Schriftstück auf der Gerichtsschreiberei des Amtsgerichts, in dessen Bezirke der Ort der Zustellung gelegen ist, oder an diesem Orte bei der Postanstalt oder dem Gemeindevorsteher oder dem Polizeivorsteher niedergelegt und die Niederlegung sowohl durch eine an der Thür der Wohnung zu befestigende schriftliche Anzeige, als auch, soweit thunlich, durch mündliche Mittheilung an zwei in der Nachbarschaft wohnende Personen bekannt gemacht wird.

§ 168. Für Gewerbtreibende, welche ein besonderes Geschäftslokal haben, kann, wenn sie in dem Geschäftslokal nicht angetroffen werden, die Zustellung an einen darin anwesenden Gewerbegehülfen erfolgen.

Wird ein Rechtsanwalt, welchem zugestellt werden soll, in seinem Geschäftslokal nicht angetroffen, so kann die Zustellung an einen darin anwesenden Gehilfen oder Schreiber erfolgen.

§ 169. Wird der gesetzliche Vertreter oder der Vorsteher einer Behörde, einer Gemeinde, einer Korporation oder eines Personenvereins, welchem zugestellt werden soll, in dem Geschäftslokale während der gewöhnlichen Geschäftsstunden nicht angetroffen, oder ist er an der Annahme verhindert, so kann die Zustellung an einen anderen in dem Geschäftslokale anwesenden Beamten oder Bedienteten bewirkt werden.

Wird der gesetzliche Vertreter oder Vorsteher in seiner Wohnung nicht angetroffen, so finden die Bestimmungen der §§ 166, 167 nur Anwendung, wenn ein besonderes Geschäftslokal nicht vorhanden ist.

§ 170. Wird die Annahme der Zustellung ohne gesetzlichen Grund verweigert, so ist das zu übergebende Schriftstück am Orte der Zustellung zurückzulassen.

§ 182. Eine im Auslande zu bewirkende Zustellung erfolgt mittelst Ersuchens der zuständigen Behörde des fremden Staates oder des in diesem Staate residirenden Konsuls oder Gesandten des Reichs.

§ 183. Zustellungen an Deutsche, welche das Recht der Exterritorialität genießen, erfolgen, wenn dieselben zur Mission des Reichs gehören, mittelst Ersuchens des Reichskanzlers; wenn dieselben zur Mission eines Bundesstaates gehören, mittelst Ersuchens des Ministers der auswärtigen Angelegenheiten des Bundesstaates.

Zustellungen an die Vorsteher der Reichskonsulate erfolgen mittelst Ersuchens des Reichskanzlers.

§ 184. Zustellungen an Personen, welche zu einem im Auslande befindlichen oder zu einem mobilen Truppentheile oder zur Besatzung eines in Dienst gestellten Kriegsfahrzeuges gehören, können mittelst Ersuchens der vorgesetzten Kommandobehörde erfolgen.

§ 144.

Eine gesetzlich vorgeschriebene Form für die Zustellung der Verfügungen der Verwaltungsbehörden giebt es nicht. Die Frage, ob überhaupt oder zu welcher Zeit eine derartige Zustellung erfolgt sei, ist ein Umstand, von dessen vorgängiger Feststellung, welche durch jedes zulässige Beweismittel erfolgen kann, die Berechnung jeder Frist abhängig ist. Die Annahme des Verlustes eines gesetzlich zulässigen Rechtsmittels wegen Fristversäumniß ist in dem Falle niemals gerechtfertigt, wenn in Bezug auf den Zeitpunkt des Beginnes der Frist (den Tag der Zustellung der Verfügung) überall kein Beweis seitens der dazu verpflichteten Behörde erbracht werden kann, sondern die Feststellung eines solchen Zeitpunktes jeder aktenmäßigen Unterlage entbehrt. Im Uebrigen kommt es nicht darauf an, an welchem Tage eine solche amtliche Verfügung zur Post gegeben ist, sondern an welchem Tage sie behändigt worden ist (Parey, Rechtsgrundsätze S. 278). Eigentlich sollten derartige Verlegenheiten für die Behörden nicht mehr vorkommen, seitdem das Ober-Verwaltungsgericht in der Verfügung vom 16. September 1876 (Entscheid. Bd. I S. 432; Parey, Rechtsgrundsätze S. 451) vorgeschrieben hat, daß die Behörden Zustellungsurkunden einführen, und dieselben zu den Akten bringen sollen, auch soll der Tag des Einganges der Prozeßschriften und dergl. deutlich vermerkt werden (Präsentatum).

§ 145.

Die für Kreiskorporationen bestimmten Zustellungen erfolgen von dem Landrath als Vertreter dieser Korporation. Ausnahmen finden nur statt in den Fällen, in denen die Kreisorgane sich zur Wahrnehmung ihrer Rechte gegenüber dem Landrath besondere Vertreter bestellen können. (§ 113 Abs. 5, § 178 Abs. 2 der altländ. Kreisordnung, Hannover § 70 und 106, Hessen-Nassau §§ 71 und 107, Westfalen und Rheinprovinz §§ 58 und 94 und § 4 des Zuständigkeitsgesetzes vom 1. August 1883.)

3. Fristen und Wiedereinsetzung in den vorigen Stand.

§ 146.

Nach § 52 des Landesverwaltungsgesetzes vom 30. Juli 1883 sind die Fristen für die Anbringung der Beschwerde und der Klage beziehungsweise des Antrags auf mündliche Verhandlung im Verwaltungsstreitverfahren, sowie alle Fristen im Verwaltungsstreitverfahren präklusivisch und beginnen, sofern nicht die Gesetze Anderes vorschreiben, mit der Zustellung. Für die Berechnung der Fristen sind die bürgerlichen Prozeßgesetze maßgebend.

Bezüglich der Beschwerde kann die angerufene Behörde in Fällen unverschuldeter Fristversäumung Wiedereinsetzung in den vorigen Stand gewähren.

Für eine im Verwaltungsstreitverfahren zu gewährende Wiedereinsetzung in den vorigen Stand sind lediglich die für das Verwaltungsstreitverfahren besonders getroffenen Bestimmungen maßgebend.

Nach § 112 a. a. O. kann die Wiedereinsetzung in den vorigen Stand beantragen, wer durch Naturereignisse oder andere unabweisbare Zufälle verhindert worden ist, die in dem gegenwärtigen Gesetze oder die in den Gesetzen für Anstellung der Klage beziehungsweise für den Antrag auf mündliche Verhandlung im Verwaltungsstreitverfahren vorgeschriebenen Fristen einzuhalten. Als unabwendbarer Zufall ist es anzusehen, wenn der Antragsteller von einer Zustellung ohne sein Verschulden keine Kenntniß erlangt hat. Ueber den Antrag entscheidet das Gericht, dem die Entscheidung über die versäumte Streithandlung zusteht. Die versäumte Streithandlung ist, unter Anführung der Thatsachen, mittelst deren der Antrag auf Wiedereinsetzung begründet werden soll, sowie der Beweismittel, innerhalb zwei Wochen nachzuholen; der Lauf dieser Frist beginnt mit dem Ablauf des Tages, mit welchem das Hinderniß gehoben ist. Nach Ablauf eines Jahres, von dem Ende der versäumten Frist an gerechnet, findet die Nachholung der versäumten Streithandlung beziehungsweise der Antrag auf Wiedereinsetzung nicht mehr statt. Die durch Erörterung des Antrages auf Wiedereinsetzung entstehenden baaren Auslagen trägt in allen Fällen der Antragsteller. (Siehe unten § 150.)

§ 147.

Der Ausdruck „präklusivisch" bedeutet, daß mit dem Ablauf des letzten Tages der Frist die Handlung, welche innerhalb der Frist nicht vorgenommen ist, mit rechtlicher Wirkung nicht mehr vorgenommen werden kann. Die Fristen zur Rechtfertigung der Berufung, sowie zur Gegenerklärung auf die Klage sind insofern nicht präklusivisch, als nach § 36 Abs. 3 des Landesverwaltungsgesetzes vom 30. Juli 1883 Nachfristen gewährt werden können. Diese Nachfristen sind in einer Form zu bewilligen, welche den Tag des Ablaufes der Nachfrist klar und unzweifelhaft erkennen läßt. Die Fassung kann entweder so sein, daß die Nachfrist vom Tage des Ablaufs der gesetzlichen Frist ab laufen soll, oder vom Tage der Behändigung der die Fristbewilligung aussprechenden Verfügung ab. Letzteren Falles soll ein Behändigungsschein zu den Akten gebracht werden. Die Bewilligung einer Nachfrist von dem „Datum" der zu diesem Zwecke ergehenden Verfügung soll vermieden werden, ebenso der Ausdruck „achttägige Frist" oder „Frist von 8 Tagen". An Stelle dessen ist „Frist von einer Woche" zu sagen (Parey, Rechtsgrundsätze S. 453.)

§ 148.

Wegen der Berechnung der Fristen bestimmt die deutsche Civilprozeßordnung vom 30. Januar 1877:

§ 199. Bei der Berechnung einer Frist, welche nach Tagen bestimmt ist, wird der Tag nicht mitgerechnet, auf welchen der Zeitpunkt oder das Ereigniß fällt, nach welchem der Anfang der Frist sich richten soll.

§ 200. Eine Frist, welche nach Wochen oder Monaten bestimmt ist, endigt mit Ablauf desjenigen Tages der letzten Woche oder des letzten Monats, welcher durch seine Benennung oder Zahl dem Tage entspricht, an welchem die Frist begonnen hat; fehlt dieser Tag in dem letzten Monate, so endigt die Frist mit Ablauf des letzten Tages dieses Monats.

Fällt das Ende einer Frist auf einen Sonntag oder allgemeinen Feiertag, so endigt die Frist mit Ablauf des nächstfolgenden Werktages.

§ 149.

In gewissen Sachen unterscheidet man Einspruchsfristen und Klagefristen.

Die Einspruchsfrist beträgt zwei Wochen und hat die Eigenthümlichkeit, daß der Einspruch bei derjenigen Behörde anzubringen ist, gegen deren Verfügung er gerichtet ist. Die Frist wird aber auch dann für gewahrt erachtet, wenn der Einspruch nur fristzeitig bei derjenigen Behörde eingegangen ist, welche zur Beschlußfassung oder Entscheidung gegen Beschlüsse oder Verfügungen der anderen Behörde zuständig ist. Diese Behörde giebt sodann den Einspruch an die eigentlich zuständige Behörde ab, die Zwischenzeit darf auf die Einspruchsfrist nicht angerechnet werden. Bei der Klagefrist findet die vorgedachte Nichtanrechnung der Zwischenzeit bei verirrten Anträgen nicht statt, vielmehr muß die Klage pünktlich binnen zwei Wochen bei dem zuständigen Verwaltungsgerichte abgegeben werden. Hier kann als Rechtswohlthat nur die oben in § 147 gewährte Nachfrist gelten. (Siehe Wegesachen, Parey, Rechtsgrundſ. S. 314.)

§ 150.

Die Wiedereinsetzung in den vorigen Stand (siehe oben § 146) ist an die Stelle der aufgehobenen Vorschriften getreten, welche von den Fristversäumnissen wegen irriger Belehrungen handeln (Parey, Rechtsgrundsätze S. 16). Zur Begründung jenes Antrages auf Wiedereinsetzung reicht die Behauptung eines Rechtsirrthums nicht aus, der § 112 a. a. O. enthält nur den Zusatz, daß als unabwendbarer Zufall es auch anzusehen ist, wenn der Antragsteller von einer Zustellung ohne sein Verschulden keine Kenntniß erhalten hat. In Armenstreitsachen und in Disziplinarsachen findet die Wiedereinsetzung keine Anwendung (§ 157 Nr. 2 des Landesverwaltungsgesetzes vom 30. Juli 1883).

4. Unterbrechung und Aussetzung des Verfahrens.

§ 151.

Die Gerichtsferien bleiben auf den Lauf der gesetzlichen Fristen ohne Einfluß (Geschäfts-Regulative für die Kreisausschüsse vom 28. Februar 1884, § 5, für die Bezirksausschüsse von demselben Tage § 5, für das Ober-Verwaltungsgericht vom 2. April 1878 § 26). Von der Aussetzung des Verfahrens handelt in gewissem Sinne und ausdrücklich nur der § 82 Abs. 2 des Landesverwaltungsgesetzes vom 30. Juli 1883. Es bezieht sich dies auf den Fall, daß der Vorsitzende des Kreisausschusses die Absicht erklärt hat, gegen die Entscheidung des letzteren die Berufung einlegen zu wollen; es soll dann die Entscheidung einstweilen, jedoch längstens drei Tage ausgesetzt werden. In diesem Falle bedarf es zum Behufe der ausgesetzten Verkündigung der Entscheidung der Anberaumung einer besonderen Sitzung des Kreisausschusses in der Regel nicht, eine Ausnahme machen nur diejenigen gewerbepolizeilichen Angelegenheiten, auf welche der § 21 der Reichs-Gewerbe-Ordnung Anwendung findet. (Parey, Rechtsgrundsätze S. 455.)

Andere Unterbrechungen oder Aussetzungen des Verfahrens sind für das Verwaltungsstreit- und Beschlußverfahren nicht vorgeschrieben, indessen ergeben sich dieselben aus der Natur der Sache für diejenigen Fälle, in denen die Fortsetzung des Prozesses selbst unmöglich gemacht wird, wie dies in den §§ 217—229 der Civil-Prozeß-Ordnung vom 30. Januar 1877 vorgesehen ist. Deshalb finden auch diese Vorschriften auf das Verfahren in Verwaltungssachen sinngemäße Anwendung (Todesfall, Verlust der Prozeßfähigkeit, Kriegsdienste der Partei).

5. Das Armenrecht im Verwaltungsprozesse.

§ 152.

Von einem solchen ist in den Gesetzen nirgends die Rede, auch in der Judikatur wird nur des Armenrechtes im Civilprozeß gedacht (Parey, Rechtsgrundsätze S. 251), indessen ist für den Fortfall der Erhebung der Kosten in §§ 107 und 109 des Landesverwaltungsgesetzes vom 30. Juli 1883 genügende Fürsorge getroffeu worden. Nachzulesen ist der § 30 des Ausführungsgesetzes vom 10. März 1879 (G. S. S. 145) zu dem deutschen Gerichtskostengesetze vom 18. Juni 1878 (R. G. Bl. S. 141), auch Verordnung vom 24. Dezember 1883 (R. G. Bl. 1884 S. 1).

B.

Der Verwaltungs-Prozeß.

I. Die Anhängigkeit.

§ 153.

Nach § 154 Abs. 3 des Landesverwaltungsgesetzes vom 30. Juli 1883 finden auf die vor dem Inkrafttreten des Gesetzes bereits „anhängig" gewordenen Sachen in Beziehung auf die Zuständigkeit der Behörden, das Verfahren und die Zulässigkeit der Rechtsmittel die Bestimmungen der früheren Gesetze mit der Maßgabe Anwendung, daß an die Stelle des Bezirksrathes und des Bezirksverwaltungsgerichtes der Bezirksausschuß tritt. Dazu bestimmt der § 163 des Zuständigkeitsgesetzes vom 1. August 1883: Das gegenwärtige Gesetz tritt gleichzeitig mit dem Gesetze über die allgemeine Landesverwaltung vom 30. Juli 1883 in Kraft. Bezüglich der vor diesem Zeitpunkte „anhängig" gemachten Sachen sind die Vorschriften des § 154 Abs. 3 des letzteren Gesetzes maßgebend. Hieraus ergiebt sich, daß der frühere Unterschied zwischen der Anhängigkeit im Beschlußverfahren und der Ahnängigkeit im Verwaltungsstreitverfahren fortgefallen ist, daß es also für diejenigen Angelegenheiten, in denen dem Verwaltungsstreitverfahren ein Einspruchsverfahren vorhergeht, eine zweifache Anhängigkeit für Streitsachen und Beschlußsachen nicht mehr giebt.

§ 154.

Deshalb werden auch Streitsachen, welche die Heranziehung zu Abgaben oder die Veranlagung solcher betreffen, mit dem Zeitpunkte anhängig, in denen der Pflichtige seinen Anspruch auf Befreiung oder Ermäßigung bei der Behörde, welcher das Gesetz die erste Thätigkeit in der Sache zuweist, d. h. welche über den Einspruch zu beschließen hat, geltend macht (Endurtheil des Ober-Verwaltungsgerichts, II. Senats, vom 21. Januar 1887 — Wochenschrift „Selbstverwaltung" Jahrg. XIV. S. 91 —, desgl. Endurtheil vom 29. April 1886 — a. a. O. S. 147 und 186 —).

§ 155.

Dasselbe gilt von den Wegestreitsachen, welche nach § 82 des Gesetzes vom 3. Juli 1875 mit dem Tage, an welchem die Klage bei dem zuständigen Gerichte eingereicht war, anhängig wurden. Dies hat sich nunmehr geändert, nachdem das ganze Verfahren mit Einschluß des dem Streitverfahren voraufgehenden Einspruchsverfahrens neu geregelt und diese Regelung in der Weise erfolgt ist, daß das gesammte Verfahren ein zusammenhängendes untrennbares Ganzes bildet. Eine zweifache Anhängigkeit für Beschlußsachen und für Streitsachen giebt es nicht mehr, weil der § 163 des Zuständigkeitsgesetzes vom 1. August 1883 lediglich auf den § 154 Abs. 3 des Landesverwaltungsgesetzes vom 30. Juli 1883 verweist (Parey, Rechtsgrundsätze S. 293).

§ 156.

Im Uebrigen kommt es bei der Feststellung der Anhängigkeit darauf an, ob ein entstandener Streit zum Zwecke der Entscheidung bereits vor dem Inkrafttreten des betreffenden Gesetzes an das bis dahin berufene Organ gebracht worden ist (Parey, Rechtsgrundsätze S. 16), insofern jedoch das Zuständigkeitsgesetz für gewisse Materien nur die Entscheidung von Streitigkeiten neu ordnet, begründet nicht schon irgend eine außer Zusammenhang mit einer solchen Entscheidung stehende Thätigkeit der früher zuständigen Organe die Voraussetzung der Anhängigkeit, vielmehr kommt es darauf an, ob ein entstandener Streit zum Zwecke der Entscheidung bereits vor dem Inkrafttreten des Gesetzes an das bis dahin berufene Organ gebracht worden ist (a. a. O. S. 17).

§ 157.

Der oben in § 155 bereits erwähnte § 82 des Gesetzes vom 3. Juli 1875 hat sich später als § 80 Abs. 2 des Gesetzes vom 2. August 1880 und schließlich als § 154 Abs. 3 des Landesverwaltungsgesetzes vom 30. Juli 1883 erhalten. Hierdurch wird, wie vorher schon nachgewiesen, der in dem Endurtheil vom 23. Mai 1876 (Entsch. Bd. I S. 19; Parey, Rechtsgrundsätze S. 19 —) aufgestellte Grundsatz berührt, daß ein bei dem Kreisausschusse eingebrachter (jetzt als Einspruch obligatorischer) Antrag auf nochmalige Prüfung bei Beschwerden wegen Ueberbürdung mit Kreisabgaben nicht als eine den Termin der Anhängigkeit der Sache bestimmende Klage, sondern nur als eine Remonstration anzusehen sei. Vergl. Endurtheil des Ober-Verwaltungsgerichts vom 12. Januar 1885 (Wochenschrift „Selbstverwaltung", Jahrg. XII, S. 44, 45).

§ 158.

Anhängigkeit und Rechtshängigkeit (Litispendenz) sind zwei verschiedene Begriffe; letztere tritt ein mit dem Zeitpunkte der Zustellung der Klage an den Beklagten (gemeinrechtlich mit der Einlassung auf die Klage) und ist dem Verwaltungsstreitverfahren fremd. Den Ausdruck „Anhängigkeit“ hat die Verwaltungsrechtsprechung nicht anders zu verstehen vermocht, als daß die Entscheidung der berufenen Spruchbehörden hiernach für alle diejenigen Fälle ausgeschlossen ist, in welchen der Streit unter der Herrschaft des alten Verfahrens zur Kognition (Kenntniß) der damals zuständigen Behörden gebracht worden ist. Unter „anhängig gemacht“ ist nur zu verstehen, daß ein Verwaltungsstreitverfahren durch die Anrufung der zuständigen Behörde zur Entscheidung der entstandenen Streitigkeiten in Gang gebracht sei (Parey, Rechtsgrundsätze S. 449).

§ 159.

Neue Prozeß-Vorschriften sind auf alle erst nach ihrem Erlaß anhängig werdenden Rechtsstreitigkeiten ohne Rücksicht auf das Alter des streitigen Rechtes anwendbar (Parey, Rechtsgrundsätze S. 462).

§ 160.

Nach dem früher geltenden Rechte war, wenn gegen die Festsetzung einer polizeilichen Exekutivstrafe die Klage erhoben wurde, die Sache mit dem Zeitpunkte anhängig, in welchem die Klage bei den zuständigen Verwaltungsgerichten angebracht war und nicht etwa mit dem Zeitpunkte, in welchem vorher gegen die polizeiliche Verfügung selbst Beschwerde erhoben war. Dieser Fall kann zwar in derselben Weise jetzt nicht mehr vorkommen, seitdem gegen die Festsetzung und Ausführung eines Zwangsmittels nicht mehr die Klage im Verwaltungsstreitverfahren, sondern nur die Beschwerde im Aufsichtswege stattfindet (§ 133 des Landesverwaltungsgesetzes vom 30. Juli 1883), indessen behält dieser Grundsatz doch Werth für die Anhängigkeit im Beschlußverfahren (Parey, Rechtsgrundsätze S. 216).

§ 161.

Streitige Schulhaus- (Küsterei-) Bausachen sind, wenn sie vor dem Inkrafttreten des Zuständigkeitsgesetzes vom 1. August 1883 (§ 49 Abs. 1) an die bis dahin zuständige Schulaufsichtsbehörde zur Entscheidung gebracht worden sind, auch bei dieser Behörde anhängig geworden und auch dort zu erledigen. Waren die Verfügungen der früher zuständigen Behörden nur vorbereitender Natur und fallen die Widersprüche der Bauverpflichteten erst in die Zeit nach dem Inkrafttreten des Zuständigkeitsgesetzes in den betreffenden Landestheilen, so machen erst diese Widersprüche die Sache zu einer streitigen, und der Zeitpunkt der Anhängigkeit beginnt mit der Anrufung des zuständigen Verwaltungsgerichts (Parey, Rechtsgrundsätze S. 208).

II. Die Klage.

1. Der Inhalt derselben und die Vervollständigung oder Abänderung.

§ 162.

Jede Klage ist nach § 63 des Landesverwaltungsgesetzes vom 30. Juli 1883 direkt bei den in erster Instanz zuständigen Gerichten einzureichen. Dieser Grundsatz bildet die Regel, es giebt jedoch davon eine Ausnahme hinsichtlich der Beschwerden und Klagen gegen polizeiliche Verfügungen und Zwangsmittel (§§ 127 und 133 a. a. O.). Der Grund dieser Ausnahme ist der, daß die Polizeibehörden übersehen können, ob der Kläger gegen dieselbe polizeiliche Verfügung oder gegen dasselbe Zwangsmittel nicht etwa auch gleichzeitig die ebenfalls zulässige Beschwerde angebracht habe. Man nennt diese besondere Art von Klage auch die Wahlklage, weil der von der polizeilichen Verfügung oder dem Zwangsmittel Betroffene zwischen der Klage und der Beschwerde die Auswahl hat. Hieraus ergiebt sich schon, daß der Betroffene nicht etwa beide Rechtsmittel (kumulativ) anwenden kann, weshalb auch das Gesetz sagt: „das eine Rechtsmittel schließt das andere aus". Wird nun aber, ungeachtet jener bestimmten Vorschrift, die Beschwerde oder die Klage bei derjenigen Behörde angebracht, welche zur Beschlußfassung oder Entscheidung darüber zuständig ist, so soll dies dem Betroffenen als Fristversäumniß nicht zum Nachtheil gereichen, es soll vielmehr die Beschwerde oder Klage in solchen Fällen von der angerufenen Behörde zur weiteren Veranlassung an diejenige Behörde abgegeben werden, gegen deren Beschluß sie gerichtet ist. Durch diese Vergünstigung wird die Ausnahme als Prozeßregel für die Parteien vollständig wieder beseitigt, sie behält aber Bedeutung als Instruktion für die mit der Handhabung dieser Angelegenheiten betrauten Behörden. Aber auch diese Bedeutung fällt fort, wenn es sich um Klagen bei dem Ober-Verwaltungsgerichte handelt, welche in letzter Beschwerdeinstanz gegen die Bescheide des Regierungspräsidenten und des Oberpräsidenten handeln (§ 127 Abs. 2 a. a. O.); denn hier entscheidet das Ober-Verwaltungsgericht ausschließlich und in erster und einziger Instanz, so daß also von einer „Wahlklage" in diesen Fällen nicht mehr die Rede sein kann. Dasselbe gilt von den Klagen in wege- und wasserpolizeilichen Angelegenheiten (§§ 55, 56 und 66 des Zuständigkeitsgesetzes vom 1. August 1883), welche ebenfalls mit einer Beschwerde nicht konkurriren, weshalb auch jeder Grund fortfällt, die direkte Abgabe der Klageschrift bei dem angerufenen Richter zu untersagen (Parey, Rechtsgrundsätze S. 440 Nr. 10 und S. 329 Nr. 37).

§ 163.

Die Klage muß schriftlich eingereicht werden, sie kann aber auch bei dem Kreisausschusse zu Protokoll erklärt werden (§ 63 a. a. O.).

Wenn hier allein von dem Kreisausschusse gesprochen wird, so hat das nicht die Bedeutung, daß die Erklärung der Klage zu Protokoll bei den Bezirksausschüssen und bei dem Ober-Verwaltungsgerichte verboten wäre. Dagegen spricht schon der Umstand, daß der Verwaltungsrichter in der Bezirksinstanz ebenso wie der in der Kreisinstanz gar nicht in der Lage ist, eine unvollständige Klage „angebrachtermaßen“ abzuweisen (Parey, Rechtsgrundsätze S. 454), daß ihm später die Pflicht obliegt, dahin zu wirken, daß der Sachverhalt vollständig aufgeklärt werde (§ 71 Abs. 3 a. a. O.). Unter diesen Umständen wird ihm schließlich gar nichts weiter übrig bleiben, als den Kläger vorzuladen, und ihn zu Protokoll über seine eigentlichen Absichten zu vernehmen. Hierzu liegt um so mehr eine Veranlassung vor, als bei den Regierungen, welche dem Regierungspräsidenten jetzt ebenso unterstellt sind, wie die Bezirksausschüsse, überall Anmeldestuben bestehen, in denen dergleichen Anträge des Publikums zu Protokoll genommen werden müssen. Ob bei dem Ober-Verwaltungsgerichte derartige Einrichtungen bestehen, ist hier nicht bekannt, es dürfte aber jedenfalls nichts entgegenstehen, in Sachen, welche dort in erster Instanz verhandelt werden müssen, sich zur protokollarischen Vernehmung zu melden.

§ 164.

Die Anbringung der Klage ist in der Regel an eine bestimmte Frist von 2 Wochen gebunden (§ 51 des Landesverwaltungsgesetzes vom 30. Juli 1883), indessen giebt es auch hiervon zwei Ausnahmen, welche sich aus dem Zuständigkeitsgesetze vom 1. August 1883 selbst ergeben, nämlich:

a. Die Anfechtung der schiedsrichterlichen Entscheidung in Angelegenheiten betreffend die Verschaffung der Vorfluth erfolgt innerhalb sechs Wochen bei den Kreis- (Stadt-) Ausschüssen (§ 71 des Zuständigkeitsgesetzes).
b. In Enteignungssachen behält es bei der für Erhebung der Beschwerden in § 34 des Gesetzes vom 11. Juni 1874 (G. S. S. 221) bestimmten Frist von 3 Tagen sein Bewenden.

Für gewisse Klagen ist eine Frist überhaupt nicht vorgeschrieben, so z. B. für die Klage in Wegesachen, welche auf Erstattung des Geleisteten gegen einen aus Gründen des öffentlichen Rechtes verpflichteten Dritten gerichtet ist (§ 56 Abs. 6, letzter Satz des Zuständigkeitsgesetzes vom 1. August 1883). Vergl. auch für die wasserpolizeilichen Angelegenheiten den § 66 Abs. 4 a. a. O.

§ 165.

Hinsichtlich der Beschwerdefristen ist nach dem ersten Satze im § 51 des Landesverwaltungsgesetzes vom 30. Juli 1883 darauf zu achten, ob sich die Beschwerde gegen Beschlüsse des Kreis- (Stadt-) Ausschusses, des Bezirksausschusses oder des Provinzialrathes oder der Klage beziehungsweise des Antrages auf mündliche Verhandlung im Verwaltungsstreitverfahren bezieht (§§ 63 und 69 des Landesverwaltungsgesetzes vom 30. Juli 1883), oder ob es sich um Beschwerden oder sonstige Angriffe gegen Beschlüsse des Kreisausschusses als Kreiskommunalbehörde oder anderer Behörden und Beamten handelt. Nur in dem ersteren Falle beträgt die Frist durchweg 2 Wochen und auch nur dann, wenn in den Gesetzen eine Frist überhaupt vorgeschrieben ist. Deshalb ist auch z. B. die Anfechtungsklage in § 126 a. a. O. an eine Frist von 2 Wochen nicht gebunden (Parey, Rechtsgrundsätze S. 417); dagegen besteht für diejenigen Klagen, welche an die Stelle des nach § 3 der Gesetze vom 18. Juni 1840 (G. S. S. 140) und vom 12. April 1882 (G. S. S. 297) statthaften Rekurses getreten sind, seit der Geltung des § 51 a. a. O. eine Frist von 2 Wochen (Parey, Rechtsgrundsätze S. 201).

§ 166.

Eine eigenthümliche Klagefrist enthält der § 112a der altländischen Kreisordnung (Novelle vom 19. März 1881). Danach steht den Betheiligten gegen die von dem Kreistage wegen Vertheilung der Kreistagsabgeordneten gefaßten Beschlüsse innerhalb einer Frist von vier Wochen die Klage bei dem Bezirksausschusse zu. Dieselbe Bestimmung enthält die später als das Landesverwaltungsgesetz vom 30. Juli 1883 erlassene Hannoversche Kreisordnung vom 6. Mai 1884 (G. S. S. 181) im § 69, desgleichen die Hessen-Nassauische Kreisordnung vom 7. Juni 1885 (G. S. S. 193) im § 70, dagegen schreibt die Westfälische Kreisordnung vom 31. Juli 1886 (G. S. S. 217) in dem mit den obigen Bestimmungen korrespondirenden § 57 eine Frist von nur zwei Wochen vor. In der jetzt noch nicht publizirten Rheinischen Kreisordnung ist im § 57 ebenfalls eine zweiwöchentliche Frist bestimmt. Diese seltsame Abweichung beruht angeblich auf einem bei der Berathung der Hannoverschen und Hessen-Nassauischen Kreisordnung vorgekommenen Versehen (stenogr. Bericht des Herrenhauses vom 26. Februar 1886 S. 62). Hiergegen läßt sich aber doch mit Recht einwenden, daß der § 51 des Landesverwaltungsgesetzes nur von Klagen gegen Beschlüsse des Kreis- (Stadt-) Ausschusses, des Bezirksausschusses oder des Provinzialrathes spricht, während es sich in § 112a (bez. 69, 70, 57) um Klagen gegen einen Beschluß des Kreistages handelt. Hieraus folgt, daß die vierwöchentliche Frist in den Kreisordnungen für die östlichen Provinzen, für Hannover und Hessen-Nassau mit gutem Grunde und nicht aus einem Versehen stehen geblieben ist, und daß dieselbe auch für Westfalen und die Rheinprovinz hätte stehen bleiben sollen. Daß dies nicht geschehen ist, hat zur Folge, daß für diese beiden letzteren Kreisordnungen nunmehr besondere Fristen bestehen, was nur beklagt werden kann.

Hierzu kommt noch folgende Erwägung: der § 51 des Landesverwaltungsgesetzes vom 30. Juli 1883 ist dem § 42 des Organisationsgesetzes vom 26. Juli 1880 (abgesehen von gewissen, hier nicht in Betracht kommenden Abweichungen) genau nachgebildet. Erst nach dem Zustandekommen jenes § 42, nämlich am 28. Oktober 1880 wurde die Kreisordnungs-Novelle mit dem § 112a der Beschlußfassung der beiden Häuser des Landtages unterbreitet und zwar mit jener Frist von vier Wochen, welche auch nach den ursprünglichen Vorschriften in § 63 Abs. 1 des Zuständigkeitsgesetzes vom 26. Juli 1876 und § 111 Abs. 2 der altländischen Kreisordnung in erster Fassung bereits feststand. Mit dieser Frist von vier Wochen durchlief der § 112a alle Stadien der Berathung in den beiden Häusern des Landtages, ohne daß von Seiten der Staatsregierung oder der Mitglieder auch nur ein Versuch gemacht worden wäre, unter Hinweis auf den vorgedachten § 42 eine zweiwöchentliche Frist einzuführen. Auf einem Versehen oder einem „Uebersehen" kann dies Verhalten unmöglich beruhen, vielmehr ist anzunehmen, daß die längere Frist mit bewußter Absicht beibehalten worden ist. Gleichgiltig ist diese Kontroverse keineswegs, denn die Entscheidung derselben kann für die Frage der Fristversäumniß sehr wohl einmal von Belang sein.

§ 167.

Gewisse in den Verwaltungsgesetzen vorgesehene Fristen bleiben durch § 51 des Landesverwaltungsgesetzes vom 30. Juli 1883 schon deshalb unberührt, weil die Vorbedingungen jenes § 51 auf dieselben nicht zutreffen. So z. B.:

a. Einwendungen gegen den nach § 7 des sogenannten Fluchtliniengesetzes vom 2. Juli 1875 zu Jedermanns Einsicht offen gelegten Bebauungsplan sollen innerhalb einer bestimmt zu bezeichnenden präklusivischen Frist von mindestens vier Wochen bei dem Gemeindevorstande angebracht werden. (Siehe Friedrichs Kommentar S. 23—25.) Dagegen betragen die in § 16 desselben Gesetzes vorgeschriebenen Fristen von 21 Tagen und einer Woche jetzt gleichmäßig zwei Wochen (a. a. O. S. 60).

b. Nach § 20 des Waldschutzgesetzes vom 6. Juli 1875 (G. S. S. 416) kann gegen Verfügungen des Vorsitzenden, welche dem Regulative widersprechen, innerhalb zehn Tage nach erfolgter Zustellung bei dem Waldschutzgerichte Einspruch erhoben werden, dagegen sind die zehntägigen Fristen in den §§ 15 und 33 desselben Gesetzes jetzt in Fristen von zwei Wochen verwandelt.

c. Nach § 4 des Ansiedlungsgesetzes vom 25. August 1876 (G. S. S. 405) steht den Betheiligten gegen den Rentenvertheilungsplan innerhalb 21 Tagen nach der Bekanntmachung des Katasterkontroleurs die Beschwerde offen, und nach § 16 desselben Gesetzes können die Eigenthümer, Nutzungsberechtigten, Gebrauchsberechtigten und Pächter gegen den Ansiedlungsantrag innerhalb einer Präklusivfrist von 21 Tagen bei der Ortspolizeibehörde

Einspruch erheben. Diese Fristen bleiben unberührt, dagegen sind die in § 11, 17 und 19 desselben Gesetzes vorgesehenen Fristen von zehn Tagen in Fristen von zwei Wochen umgewandelt worden.

d. Nach § 49 des Feld- und Forstpolizeigesetzes vom 1. April 1880 (G. S. S. 230) kann ein Waldeigenthümer, wenn Jemand in der Nähe der Waldungen Feuerstellen errichten will, gegen die Baugenehmigung bei der Behörde binnen 21 Tagen Einspruch erheben, dagegen besteht jetzt statt der zehntägigen Frist im § 50 Abs. 2, §§ 76 und 84 desselben Gesetzes eine solche von 2 Wochen.

e. Eine Frist von zwei Wochen findet jetzt auch statt in dem Falle des § 53 des Wassergenossenschaftsgesetzes vom 1. April 1879 (G. S. S. 297), ein Gleiches gilt aber auch von der 21tägigen Frist im letzten Absatze des § 71 desselben Gesetzes.

f. Ebenso ist an die Stelle der zehntägigen Frist im § 53 Abs. 2 des Enteignungsgesetzes vom 11. Juni 1874 (G. S. S. 221) eine Frist von zwei Wochen getreten.

§ 168.

Rechtlich unzulässig im Sinne des § 64 des Landesverwaltungsgesetzes vom 1. August 1883 ist jede Klage, sobald die Klagefrist versäumt ist (Parey, Rechtsgrundsätze S. 454 Nr. 13).

§ 169.

Ein Verwaltungsstreitverfahren kann auch eingeleitet werden auf Grund einer unvollständigen Klage, d. h. welche den Erfordernissen des § 63 des Landesverwaltungsgesetzes vom 30. Juli 1883 nicht entspricht; die entgegenstehende Ansicht wäre mit dem § 71 a. a. O. nicht zu vereinigen (Parey, Rechtsgrundsätze S. 137 und 331).

§ 170.

In der Klage ist nach § 63 des Landesverwaltungsgesetzes vom 30. Juli 1883 ein bestimmter Antrag zu stellen, d. h. in jeder Klage muß ein bestimmter Antrag enthalten und letzterer gegen einen bestimmten Beklagten gerichtet sein (Parey, Rechtsgrundsätze S. 450).

§ 171.

Wegen unrichtiger Formulirung darf ein Klageantrag nicht sogleich zurückgewiesen werden, vielmehr hat der Verwaltungsrichter zu untersuchen und festzustellen, welche Absicht den Kläger geleitet hat, und danach ist in die Verhandlung der Sache einzutreten. Daß eine Ergänzung oder Abänderung des Klageantrags zulässig ist, ergiebt sich aus § 71 des Landesverwaltungsgesetzes vom 30. Juli 1883, durch welchen der Richter im Verwaltungsstreitverfahren nicht nur ermächtigt, sondern geradezu verpflichtet wird, die wirklichen Intentionen des Klägers zu ermitteln und dahin zu wirken, daß von ihm die sachdienlichen Anträge gestellt werden (Parey, Rechtsgrundsätze S. 390).

§ 172.

Nach § 79 des Landesverwaltungsgesetzes vom 30. Juli 1883 bilden nur die Klageanträge den Gegenstand des Streitverfahrens, deshalb würde eine Wiederklage in demselben Verfahren nur dann entschieden werden können. wenn der im Wege der Wiederklage geltend gemachte Anspruch überhaupt durch ein Klagerecht im Verwaltungsstreitverfahren geschützt ist (Parey, Rechtsgrundsätze S. 412, 413).

§ 173.

Bei Reklamationen und Klagen wegen Ueberbürdung mit Kommunalabgaben muß in dem Antrage eine ziffernmäßige Begründung des Anspruches auf Ermäßigung der streitigen Abgaben beigebracht werden. Der Pflichtige muß dem ihm abgeforderten Betrage denjenigen, bis zu welchem er Herabsetzung beansprucht, ziffernmäßig gegenüberstellen, also entweder diese Berechnung selbst aufmachen oder die hierzu erforderlichen Unterlagen so vollständig beschaffen, daß der Verwaltungsrichter in die Lage versetzt wird, seinerseits die nöthige Berechnung sofort eintreten zu lassen. Bei solchen Steuerreklamationen ist das Fundament des Anspruches auf Freilassung oder Herabminderung etwas derart Wesentliches, daß der Versuch, den erhobenen Anspruch ganz oder theilweise mittels eines neuen Fundaments aufrecht zu erhalten, im Sinne des § 71 des Landesverwaltungsgesetzes vom 30. Juli 1883 nicht als eine Ergänzung oder Berichtigung der thatsächlichen und rechtlichen Anführungen betrachtet werden kann, sondern unter den Begriff einer Abänderung der Klage fallen würde (Parey, Rechtsgrundsätze S. 8 und 9).

§ 174.

In der Klageschrift sind auch der Gegenstand des Anspruchs, sowie die den Antrag begründenden Thatsachen genau zu bezeichnen (§ 63 des Landesverwaltungsgesetzes vom 30. Juli 1883). Sollte die Klage in dieser Beziehung an Mängeln leiden, so wäre das ebenfalls kein Grund zur Zurückweisung, vielmehr würde dem Richter die Pflicht obliegen, den Kläger entweder in der mündlichen Verhandlung oder schon vorher über seine Absichten, den Gegenstand und das Ziel seiner Klage und über die vorher erwähnten Thatsachen gehörig zu befragen. (Siehe unten § 179).

§ 175.

Aus der Nothwendigkeit des Vorhandenseins einer Klageschrift ergiebt sich, daß der Verwaltungsrichter in der Regel von Amts wegen gegen irgend einen Beklagten nicht einschreiten darf, namentlich dann nicht, wenn die Gesetze die Einleitung des Verfahrens auch noch von der Stellung besonderer Anträge abhängig machen, wie dies z. B. in Ansiedlungs-Angelegenheiten der Fall ist (Pärey, Rechtsgrundsätze S. 424 N. 7). Ueber die scheinbare Ausnahme von obiger Regel vergl. unten § 182.

§ 176.

Die Abänderung der Klage, sowie die vollständige Zurücknahme derselben (siehe unten § 178) ist gestattet, jedoch die Abänderung nur bis zur Beendigung der ersten Instanz und zwar hinsichtlich sowohl des Klageantrages, wie des Klagegrundes, während dieselbe in der Berufungs- und Revisionsinstanz nicht zulässig erscheint. Jener Grundsatz erleidet nur insofern eine Ausnahme, als es in das Ermessen des erstinstanzlichen Gerichtes gestellt ist, die Klageänderung abzulehnen, insofern dadurch das Vertheidigungsrecht der Gegenpartei geschmälert oder eine erhebliche Verzögerung des Verfahrens herbeigeführt wird (§ 71 des Landesverwaltungsgesetzes vom 30. Juli 1883).

§ 177.

Anders verhält es sich mit der Ergänzung und Berichtigung der Ausführungen thatsächlicher und rechtlicher Natur, welche seitens der Parteien in allen Stadien des Verwaltungsprozesses bis zur Fällung des Urtheils letzter Instanz vorgenommen werden können. Werden jedoch in der Revisionsinstanz neue thatsächliche Anführungen beigebracht, so können dieselben nur in dem Falle einen Einfluß ausüben, wenn das Erkenntniß des Vorderrichters in Gemäßheit des § 94 des Landesverwaltungsgesetzes vom 30. Juli 1883 aufgehoben wird, und wenn dann die Revisionsinstanz über die spruchreife Sache (§ 98 a. a. O.) in die freie Beurtheilung eintritt, oder wenn die nicht spruchreife Sache (§ 99 a. a. O.) in die geeignete Vorinstanz zurückgeht und die Wiederholung oder Ergänzung des Verfahrens angeordnet wird.

§ 178.

Daß eine Zurücknahme der Klage (oben § 176) zulässig ist, ergiebt sich schon aus Nr. II des Kostentarifs vom 27. Februar 1884, indessen erscheint dieser Grundsatz beispielsweise nicht verwendbar in dem Falle, wenn die bei der Bildung einer Waldgenossenschaft Betheiligten, welche dem Statut in der mündlichen Verhandlung vor dem Kommissar (§ 35 des Waldschutzgesetzes vom 6. Juli 1875) zugestimmt haben, in dem hieran sich anschließenden Streitverfahren vor dem Waldschutzgerichte in die Stellung der Kläger eintreten. Denn bei dem Verfahren über die Bildung einer Waldgenossenschaft liegt der Schwerpunkt in den Verhandlungen vor dem vom Waldschutzgerichte zu ernennenden Kommissar (§§ 32, 34, 35, 37 a. a. O.), und deshalb kann ein Betheiligter, welcher zunächst bei der mündlichen Verhandlung vor jenem Kommissar dem Statute zustimmte, im Laufe des nachfolgenden Streitverfahrens diese Zustimmung mit der Wirkung, daß durch sein Ausscheiden die frühere Stimmenmehrheit zur Minderheit wird, nicht wieder zurückziehen (Parey, Rechtsgrundsätze S. 265).

§ 179.

Aus der Vorschrift in § 63 des Landesverwaltungsgesetzes vom 30. Juli 1883 (siehe oben § 174), daß in der Klageschrift die den Antrag begründenden Thatsachen genau bezeichnet werden sollen, ist nicht zu schließen, daß der Kläger sogleich auch die sämmtlichen Beweismittel für seine Angaben beizubringen habe, auch wird eine derartige Forderung nicht im § 66 a. a. O. erhoben, wenn daselbst gesagt ist, daß allen Schriftstücken die als Beweismittel in Bezug genommenen Urkunden im Original oder in Abschrift beizufügen sind, vielmehr wird im § 71 a. a. O. ausdrücklich hervorgehoben, daß die Parteien die sämmtlichen Beweismittel erst in der mündlichen Verhandlung angeben können, soweit dies nicht bereits (in der Klageschrift) geschehen ist. Auch können sie erst in diesem Stadium die ihnen zu Gebote stehenden schriftlichen Beweismittel vorlegen und dem Richter Zeugen behufs deren Vernehmung vorführen. Im Uebrigen hat aber auch in dieser Beziehung der Richter freien Spielraum, namentlich kann er, wenn ihm die Anführungen in der Klageschrift dazu geeignet erscheinen, die Beweismittel für bestimmte Behauptungen auch schon vor der Anberaumung des Termins zur mündlichen Verhandlung einfordern, Untersuchungen an Ort und Stelle veranlassen, Zeugen und Sachverständige laden und eidlich vernehmen, überhaupt den angetretenen und nach dem Ermessen des Gerichts erforderlichen Beweis in vollem Umfange erheben (§ 76 a. a. O.).

§ 180.

Hat nun aber die Partei ihrem Antrage Schriftstücke als Beweismittel beigefügt, so sind die in Bezug genommenen Urkunden im Original oder in Abschrift beizufügen, und zwar sind von allen Schriftstücken und deren Anlagen Duplikate beizufügen, von denen das eine bei den Akten bleibt, das andere aber der Gegenpartei zugestellt wird. Von mehreren Gegenparteien erhält jede ein solches Exemplar des Duplikates, dasselbe muß also erforderlichen Falles auf Kosten des Klägers beschafft werden. Das in dieser Beziehung Erforderliche verfügt der Vorsitzende des Verwaltungsgerichts (§ 6 der Geschäftsregulative für die Kreisausschüsse u. s. w. und für die Bezirksausschüsse v. 28. Febr. 1884).

§ 181.

Nach Abs. 2 in § 66 des Landesverwaltungsgesetzes vom 30. Juli 1883 kann das Verwaltungsgericht „geeigneten Falles“ gestatten, daß statt der Einreichung von Duplikaten die Anlagen selbst zur Einsicht der Betheiligten in seinem Geschäftslokale offen gelegt werden. Dies ist selbstverständlich nicht auf die Klageschrift selbst zu beziehen, sondern nur auf deren Anlagen, unter denen auch solche sein können, deren Vervielfältigung mit verhältnißmäßigen Kosten verknüpft wäre z. B. Separationsrezesse, Flurkarten u. dergl.

§ 182.

Eigenthümlicher Art sind die Fälle, in denen ein Verwaltungsstreitverfahren eingeleitet wird, ohne daß überhaupt eine Klageschrift vorliegt. Von diesen sind folgende anzuführen:

1. Nach § 100 des Zuständigkeitsgesetzes vom 1. August 1883 steht einer Fischereigenossenschaft, welche behauptet, daß eine im Aufsichtswege getroffene Verfügung des Kreis- (Stadt-) Ausschusses dem Genossenschaftsstatut oder dem Gesetze widerspricht, der Antrag auf mündliche Verhandlung im Verwaltungsstreitverfahren zu. In diesem Falle ist der Urheber des Verwaltungsstreitverfahrens der Kreis- (Stadt-) Ausschuß selbst, der Antrag auf mündliche Verhandlung muß hier die Klage ersetzen und muß deshalb auch allen Anforderungen einer solchen entsprechen. Klägerin ist in diesem Falle die Genossenschaft, Beklagter ein auf Grund des § 74 Abs. 3 des Landesverwaltungsgesetzes vom 30. Juli 1883 bestellter Kommissar.
2. Dasselbe gilt von den im § 68 des Zuständigkeitsgesetzes vom 1. August 1883 erwähnten Beschlüssen über Anträge auf Verschaffung der Vorfluth, auf die Mitbenutzung einer Entwässerungsanlage und auf Abänderung eines Entwässerungsplanes.
3. Desgl. von den im § 70 a. a. O. aufgeführten Beschlüssen betreffend die Rechtmäßigkeit der Ablehnung eines Schiedsrichteramtes in Vorfluthsachen, die Zurückweisung unzulässiger Schiedsrichter, die Festsetzung der Vergütigung der Schiedsrichter und der Kommissarien.
4. In dem Falle des § 74 des Zuständigkeitsgesetzes vom 1. August 1883 tritt an die Stelle der Klage sogar ein Restitutionsgesuch gegen den Präklusionsbescheid des Kreis- (Stadt-) Ausschusses bei Bewässerungsanlagen.
5. Auch die in den §§ 16, 17 und 19 des Ansiedlungsgesetzes vom 25. August 1876 (G. S. S. 405) behandelten Fälle unterliegen denselben Grundsätzen wie die sub 1—4 aufgeführten Angelegenheiten.
6. Dasselbe gilt in den in den §§ 15, 33 und 36 des Waldschutzgesetzes vom 6. Juli 1875 (G. S. S. 416) behandelten Fällen.

7. Desgleichen von dem Falle in § 25 Abs. 4 des Zuständigkeitsgesetzes vom 1. August 1883.

2. Zurückweisung der Klage durch den Vorbescheid.

§ 183.

Stellt sich der erhobene Anspruch sofort als rechtlich unzulässig oder als unbegründet heraus, so kann die Klage nach § 64 Abs. 1 des Landesverwaltungsgesetzes vom 30. Juli 1883 ohne Weiteres durch einen mit Gründen versehenen Bescheid zurückgewiesen werden. Dieser Bescheid, welchen man gewöhnlich den „Vorbescheid" nennt, kann die Stelle eines Urtheils vertreten, sofern dagegen die Berufung an die höhere Instanz eingelegt wird; er hat aber nur einen provisorischen Charakter, wenn dagegen der Antrag auf mündliche Verhandlung gestellt wird, was beides nach Abs. 4 a. a. O. zulässig ist. Ohne die Einlegung dieser Rechtsmittel wird der Bescheid zu einem vollstreckbaren Endurtheil.

§ 184.

Dergleichen Vorbescheide können die in erster Instanz entscheidenden Kreisausschüsse und Bezirksausschüsse erlassen, aber auch deren Vorsitzende sind dazu Namens der Behörde befugt, beim Bezirksausschuß aber nur im Einverständniß mit den ernannten Mitgliedern. Eine gleiche Befugniß haben diese Vorsitzenden und derjenige des Provinzialrathes in Beschlußsachen (§ 117 des Landesverwaltungsgesetzes vom 30. Juli 1883), sofern das Sachverhältniß klar liegt und die Zustimmung des Kollegiums nicht im Gesetze ausdrücklich als erforderlich bezeichnet ist, auch gilt für den Bezirksausschuß und für den Provinzialrath die Einschränkung, daß eine Abänderung der durch die Beschwerde angefochtenen Beschlüsse des Kreis- (Stadt-) Ausschusses beziehungsweise des Bezirksausschusses nur unter Zuziehung des Kollegiums erfolgen darf.

§ 185.

In Streitsachen ist den Betheiligten in diesem Vorbescheide eine Rechtsbelehrung dahin zu ertheilen, daß sie befugt seien, innerhalb zwei Wochen, vom Tage der Zustellung ab entweder die Anberaumung der mündlichen Verhandlung zu beantragen, oder dasjenige Rechtsmittel einzulegen, welches zulässig wäre, wenn der Bescheid als Entscheidung des Kollegiums ergangen wäre (§ 64 Abs. 4 des Landesverwaltungsgesetzes vom 30. Juli 1883). Die Unterlassung dieser Eröffnung begründet einen wesentlichen Mangel des Verfahrens (Parey, Rechtsgrundsätze S. 451). Ein ähnliches Verfahren ist für die Beschlußsachen vorgeschrieben, denn hier ist den Betheiligten zu eröffnen, daß sie befugt seien, innerhalb zwei Wochen auf Beschlußfassung durch das Kollegium anzutragen oder dasjenige Rechtsmittel einzulegen, welches zulässig wäre, wenn die Verfügung beziehungsweise der Bescheid auf Beschluß des Kollegiums erfolgt wäre (§ 117 Abs. 3 a. a. O.).

§ 186.

Der Kreissekretär kann den Vorsitzenden bei Erlaß des Vorbescheids niemals vertreten (Ministerialerlaß vom 17. Dezember 1875; Min.-Bl. d. i. V. 1876 S. 13.)

§ 187.

Unzulässig ist die Ertheilung eines Vorbescheides in Gewerbe-Angelegenheiten (§ 21 der Reichs-Gewerbe-Ordnung; Parey, Rechtsgrundsätze S. 378, § 157 Nr. 1 des Landesverwaltungsgesetzes vom 30. Juli 1883). Deshalb giebt es keinen Vorbescheid in folgenden Angelegenheiten:

1. Anträge auf Ertheilung der Erlaubniß zum Betriebe der Gast- oder Schankwirthschaft, zum Kleinhandel mit Branntwein oder Spiritus, zum Betriebe des Pfandleihgewerbes und zum Handel mit Giften (§ 114 des Zuständigkeitsgesetzes vom 1. August 1883).
2. Anträge auf Ertheilung der Konzession zu Privat-, Kranken-, Entbindungs- und Irrenanstalten (§ 115 a. a. O.).
3. Anträge auf Ertheilung der Erlaubniß zu Schauspielunternehmungen (§ 115 a. a. O.).
4. Versagung der Erlaubniß zum Verbreiten von Druckschriften resp. ein dahin gehendes Verbot (§ 116 a. a. O.).
5. Versagung des Legitimationsscheines zum Gewerbebetrieb im Umherziehen (§ 117 a. a. O.).
6. Untersagung der Ertheilung von Tanz-, Turn- und Schwimmunterricht, des Haltens von Badeanstalten, des Trödelhandels, des Gewerbes der Rechtskonsulenten, Vermittlungsagenten, Stellen- und Gesindevermiether, Auktionatoren und der sogen. Straßengewerbe (§ 119 Nr. 1 a. a. O.).
7. Zurücknahme der Konzessionen zum Betriebe der sub 1 aufgeführten Gewerbe (§ 119 Nr. 2 a. a. O.).
8. Anträge auf Ertheilung, Untersagungen und Zurücknahme anderer Konzessionen, Approbationen, Genehmigungen und Bestellungen (a. a. O. § 121, Ausführungs-Anweisung zu dem Gesetze vom 1. Juli 1883, vom 29. Dezember 1883 und Königl. Verordnung vom 31. Dezember 1883 — G. S. 1884 S. 7 bis 9 —).
9. Entscheidungen in Innungsangelegenheiten (§§ 124—126 des Zuständigkeitsgesetzes vom 1. August 1883).
10. Desgleichen in Hülfskassen-Angelegenheiten (§§ 141 und 142 Abs. 1 a. a. O., §§ 85 und 87 des Krankenversicherungsgesetzes vom 15. Juni 1883. — R. G. Bl. S. 73 —).

§ 188.

Auch in Disziplinarangelegenheiten giebt es keinen Vorbescheid (§ 157 Nr. 2 des Landesverwaltungsgesetzes vom 30. Juli 1883, § 157 N. 2 des Gesetzes vom 21. Juli 1882 — G. S. S. 463 —), wohl aber sind dieselben in Armenstreitsachen (§ 157 N. 3 a. a. O.) gestattet.

§ 189.

Unzulässig sind die Vorbescheide in allen den Angelegenheiten, in denen das Streitverfahren durch einen Antrag auf mündliche Verhandlung über einen im Verwaltungswege gefaßten Beschluß herbeigeführt wird, weil jener Antrag das Verlangen nach der Anberaumung eines Termins zur mündlichen Verhandlung mit umfaßt.

§ 190.

Im Uebrigen ist die Ertheilung des Vorbescheides lediglich eine Befugniß, nicht eine Pflicht des Richters (Parey, Rechtsgrundsätze S. 439).

§ 191.

Von der Festsetzung des Werthes des Streitgegenstandes soll auch in den Vorbescheiden nicht abgesehen werden (Parey, Rechtsgrundsätze S. 453).

3. Der Vorbescheid beim Mangel eines Antrages auf mündliche Verhandlung seitens der Parteien.

§ 192.

Nach § 67 des Landesverwaltungsgesetzes vom 30. Juli 1883 kann das Verwaltungsgericht, wenn weder von dem Kläger noch von dem Beklagten die Anberaumung der mündlichen Verhandlung ausdrücklich verlangt ist, auch ohne solche Verhandlung schon auf Grund der Erklärung der Parteien seine Entscheidung in der Form eines mit Gründen versehenen Bescheides fällen. Dabei sollen dann die Bestimmungen der Absätze 4 bis 7 des § 64 des Landesverwaltungsgesetzes vom 30. Juli 1883 gelten, d. h. den Parteien ist die oben im § 185 gedachte Eröffnung zu machen, es muß die mündliche Verhandlung doch noch stattfinden, wenn dieselbe nachher beantragt wird, es muß, wenn die eine Partei die mündliche Verhandlung beantragt, die andere das Rechtsmittel (der Berufung) einlegt, dem Antrage auf mündliche Verhandlung stattgegeben werden, und es gilt der Bescheid, wenn weder mündliche Verhandlung beantragt, noch das Rechtsmittel eingelegt wird, als endgültiges Urtheil.

§ 193.

Im Uebrigen unterscheidet sich diese Art von Bescheiden von den eigentlichen Vorbescheiden (oben §§ 183—191) insofern, als die dem Verwaltungsrichter dadurch eingeräumte Befugniß denselben nicht von der Pflicht entbindet, die Parteien über das vorliegende thatsächliche Material zu hören, vielmehr muß auch in diesen Fällen den Parteien Gelegenheit gegeben werden, sich über die in der Entscheidung zu verwerthenden Beweismittel zu erklären. Denn es ist ein fundamentaler, aus dem Vertheidigungsrechte der Partei folgender Prozeßgrundsatz, daß dieselbe nicht auf einer Grundlage verurtheilt werden darf, zu deren Anfechtung sie überhaupt nicht in der Lage gewesen ist (Parey, Rechtsgrundsätze S. 84, 85).

§ 194.

Die praktischen Folgen dieses neu eingeführten Bescheides bestehen darin, daß die Parteien es in der Hand haben, weitläufige und kostspielige Verhandlungen zu vermeiden, denn nach § 107 Nr. 2 des Landesverwaltungsgesetzes vom 30. Juli 1883 findet die Erhebung des Pauschquantums nicht statt, wenn die Entscheidung ohne vorgängige mündliche Verhandlung erfolgt ist.

4. Der Vorbescheid bei Fristversäumnissen.

§ 195.

Diese Art von Vorbescheiden ist eigentlich erst bei der Besprechung der Rechtsmittelfristen zu erwähnen, denn die verspätet angebrachten Beschwerden und Klagen erster Instanz können einfach durch den eigentlichen Vorbescheid auf Grund des § 64 des Landesverwaltungsgesetzes vom 30. Juli 1883 als „rechtlich unzulässig" zurückgewiesen werden, allein die Zurückweisung der an die höheren Instanzen gerichteten Rechtsmittel wegen Fristversäumniß steht doch mit den Vorbescheiden jenes § 64 in einem so nahen Zusammenhange, daß dieselbe hier sogleich erwähnt werden muß. Das Erforderliche darüber findet man zunächst im § 86 a. a. O., nach welchem innerhalb der Berufungsfrist, bei Verlust des Rechtsmittels die Berufung bei dem Gerichte, gegen dessen Entscheidung dieselbe gerichtet ist, schriftlich angemeldet und gerechtfertigt werden soll. Das Gericht prüft, ob die Anmeldung rechtzeitig erfolgt ist. Ist die Frist versäumt, so ist die Berufung ohne Weiteres durch einen mit Gründen versehenen Bescheid zurückzuweisen. Namens des Kreisausschusses steht auch dem Vorsitzenden, Namens des Bezirksausschusses dem Vorsitzenden im Einverständniß mit den ernannten Mitgliedern der Erlaß eines solchen Bescheides zu. In demselben ist dem Berufungskläger zu eröffnen, daß ihm innerhalb zwei Wochen vom Tage der Zustellung ab die Beschwerde an das Berufungsgericht zustehe, widrigenfalls es bei dem Bescheide verbleibe.

§ 196.

Die Prüfung des Gerichtes erster Instanz, bei welchem das Rechtsmittel der Berufung oder der Revision anzumelden oder zu rechtfertigen ist, hat sich ausschließlich auf die Wahrung der gesetzlichen Frist zur Anmeldung zu beschränken. Eine besondere Form ist für diese Art des Bescheides nicht vorgeschrieben, deshalb hat derselbe auch nicht die Eigenschaft eines in Gemäßheit des § 64 ergehenden Vorbescheides. Dasselbe gilt von der Entscheidung, welche in der Berufungsinstanz auf eine gegen einen solchen Bescheid der ersten Instanz gemäß Abs. 4 des § 86 geführte Beschwerde ergeht. Hat dagegen das Gericht erster Instanz auf das bei diesem eingelegte Rechtsmittel der Berufung oder Revision, indem dasselbe die Frist zur Anmeldung für gewahrt erachtete, das weitere Verfahren eingeleitet, so kann der angerufene Richter auch dann nicht, wenn er jene Frist für versäumt erachtet, das Rechtsmittel durch eine einfache Verfügung zurückweisen, vielmehr muß dies entweder durch einen förmlichen Vorbescheid (§ 64) oder durch Erkenntniß geschehen. Hat dagegen der Kreisausschuß das Rechtsmittel der Berufung wegen Versäumung der Frist zur Anmeldung gemäß dem Abs. 4 des § 86 zurückgewiesen und ist dieser Bescheid von dem Verwaltungsgericht auf die Beschwerde des Berufungsklägers aufrecht erhalten worden, oder ist auch die Beschwerdefrist wieder versäumt, so findet hiergegen eine weitere Beschwerde nicht statt (Parey, Rechtsgrundsätze S. 448, 449).

§ 197.

Von der Frage der Prüfung der rechtzeitigen Anmeldung ist diejenige der Rechtfertigung des Rechtsmittels sorgfältig zu trennen. Wenn also jemand bei dem Richter erster Instanz das Rechtsmittel nur anmeldet, aber nicht rechtfertigt, so muß dieser erstinstanzliche Richter die Akten demungeachtet an die betreffende Instanz einreichen und kann die Berufung nicht etwa aus dem Grunde zurückweisen, weil die Berufung nicht gerechtfertigt ist (Parey, Rechtsgrundsätze S. 439).

5. Die Erledigung der Klage durch Aufforderung zur Klaglosstellung.

§ 198.

Nach § 64 Abs. 2 des Landesverwaltungsgesetzes vom 30. Juli 1883 kann dem Beklagten, sofern der erhobene Anspruch rechtlich begründet erscheint, ohne Weiteres durch einen mit Gründen versehenen Bescheid die Klaglosstellung des Klägers aufgegeben werden. Von diesem Mandatsverfahren, welches den §§ 628 ff. der deutschen Civil-Prozeß-Ordnung vom 30. Januar 1877 (R. G. Bl. S. 83) nachgebildet ist, gilt alles das, was oben in den §§ 183—191 von dem eigentlichen Vorbescheide gesagt worden ist.

§ 199.

Ein ähnliches Verfahren ist bereits vorgeschrieben in § 15 des Gesetzes betreffend die Schutzwaldungen und Waldgenossenschaften vom 6. Juli 1875 (G. S. S. 416), nach welchem das Waldschutzgericht das Regulativ ohne Weiteres durch Bescheid festsetzen und für vollstreckbar erklären kann, wenn Einwendungen nicht vorliegen und sich auch im öffentlichen Interesse nichts dagegen zu erinnern findet. Auch in diesem Falle ist der Bescheid den Betheiligten unter der Eröffnung zuzustellen, daß dieselben befugt seien, innerhalb einer zweiwöchentlichen Frist vom Tage der Zustellung an gegen den Bescheid Einspruch zu erheben und die Anberaumung der mündlichen Verhandlung zu beantragen. Wird kein Einspruch erhoben, so gilt der Bescheid vom Tage der Zustellung ab als Endurtheil.

§ 200.

Macht der Verwaltungsrichter von der Befugniß der Ertheilung des Vorbescheides Gebrauch, so kann der betreffende Streitfall zum Austrag gebracht werden, ohne daß die Gegenpartei überhaupt früher Kenntniß davon erhält (Parey, Rechtsgrundsätze S. 449). Dieser Fall kann selbstredend bei der Aufforderung zur Klaglosstellung nicht vorkommen.

III. Die Zufertigung der Klage an den Beklagten und die Klage=Beantwortung.

§ 201.

Wenn ein Bescheid nach § 64 des Landesverwaltungsgesetzes vom 30. Juli 1883 nicht erlassen wird, so ist die Klage nach § 65 a. a. O. mit der Aufforderung zuzufertigen, seine Gegenerklärung innerhalb einer bestimmten, von einer bis zu vier Wochen zu bemessenden Frist schriftlich einzureichen. Ist das Verfahren bei dem Kreisausschusse anhängig, so kann die Gegenerklärung auch zu Protokoll erklärt werden. Bevor die Frist zur Einreichung dieser Gegenerklärung abgelaufen ist, kann der Termin zur mündlichen Verhandlung nicht anberaumt werden.

§ 202.

Daß die protokollarische Gegenerklärung vor dem Bezirksausschusse oder dem Oberverwaltungsgerichte verboten wäre, läßt sich aus der obigen Fassung nicht schließen, vielmehr ergiebt sich das Gegentheil aus dem obigen § 163.

§ 203.

Nach Abs. 2 des § 65 des Landesverwaltungsgesetzes vom 30. Juli 1883 kann die obige Frist in nicht schleunigen Sachen der Regel nach nicht über zwei Wochen verlängert werden. Ist eine solche Nachfrist einmal gewährt, so muß der Ablauf derselben auch abgewartet werden, bevor Termin zur mündlichen Verhandlung anberaumt werden kann, denn jene Nachfrist ist eine Rechtswohlthat zur Vermeidung von Fristversäumnissen (Parey, Rechtsgrundsätze S. 314), welche übrigens in diesem Falle erhebliche Nachtheile schon deshalb nicht nach sich ziehen könnten, weil diese Nachfristen keineswegs präklusivisch sind, vielmehr die Vervollständigung der Gegenerklärung im Termin zur mündlichen Verhandlung immer noch zulassen.

§ 204.

Während die Klage immer schriftlich sein soll, kann die Klagebeantwortung auch eine mündliche sein. Deshalb sagt der § 68 Abs. 3 des Landesverwaltungsgesetzes vom 30. Juli 1883: „Den Parteien steht es frei, ihre Erklärungen, auch ohne dazu besonders aufgefordert zu sein, vor dem Termin schriftlich einzureichen und zu ergänzen. Das Duplikat solcher Erklärungen ist der Gegenpartei zuzufertigen. Kann dies nicht mehr vor dem Termin zur mündlichen Verhandlung bewirkt werden, so ist der wesentliche Inhalt dieser Erklärungen in dieser Verhandlung mitzutheilen.“ Daß zu diesen Erklärungen auch Rechtsausführungen gehören, ergiebt sich aus der jetzigen, von der früheren abweichenden Fassung des obigen Satzes.

§ 205.

Ein weiterer Schriftwechsel mit Repliken, Dupliken u. s. w. ist für das Verwaltungsstreitverfahren ausdrücklich nicht vorgesehen, indessen sind dieselben auch nicht verboten und können unter Umständen, wenn dadurch die Aufklärung des Sach- und Rechtsverhältnisses gefördert wird, sogar erwünscht sein.

§ 206.

In Reklamationssachen kann die Reklamation nicht durch die Klage, und der Bescheid des Gemeindevorstehers nicht erst durch die Klagebeantwortung ersetzt werden (Parey, Rechtsgrundsätze S. 120).

IV. Die mündliche Verhandlung.

§ 207.

Abgesehen von den oben erörterten Fällen, in denen die Klage durch die verschiedenen Arten des Vorbescheides oder durch den Auftrag der Klaglosstellung (cf. oben §§ 183 ff.) ihre Erledigung findet, muß der Entscheidung immer die mündliche Verhandlung vorausgehen. Aus dem obigen § 187 folgt, daß in Gewerbesachen unter allen Umständen eine mündliche Verhandlung stattfinden muß (§ 21 der Reichsgewerbe-Ordnung). Unterbleibt die mündliche Verhandlung, so gilt dies als ein wesentlicher Mangel des Verfahrens (§ 94 Nr. 2 des Landesverwaltungsgesetzes vom 30. Juli 1883). In Beschlußsachen ist die mündliche Verhandlung nur gestattet, mithin nicht obligatorisch (§ 119 Abs. 2 a. a. O.).

§ 208.

Die mündliche Verhandlung erfolgt nach § 72 des Landesverwaltungsgesetzes vom 30. Juli 1883 in öffentlicher Sitzung des Gerichts. Die Oeffentlichkeit kann durch einen öffentlich zu verkündenden Beschluß ausgeschlossen werden wenn das Gericht dies aus Gründen des öffentlichen Wohles oder der Sittlichkeit für angemessen erachtet. Nur in dem Disziplinarverfahren auf Entfernung aus dem Amte (§ 35 des Disziplinargesetzes für nichtrichterliche Beamte vom 21. Juli 1852, § 157 Nr. 2 des Landesverwaltungsgesetzes vom 30. Juli 1883) ist die mündliche Verhandlung niemals eine öffentliche, dagegen giebt es in den Armenstreitsachen besondere Vorschriften für Ausschließung der Oeffentlichkeit (§ 50 des Reichsgesetzes über den Unterstützungswohnsitz vom 6. Juni 1870 — B. G. Bl. S. 360 —, § 52 des Preußischen Ausführungsgesetzes vom 8. März 1871, § 6 des Geschäftsregulativs für das Bundesamt vom 6. Januar 1873, §§ 1 und 2 des Regulativs zur Ordnung des äußeren Geschäftsganges bei den Deputationen für das Heimathswesen [Bezirksausschüsse § 7 Abs. 3 des Landesverwaltungsgesetzes vom 30. Juli 1883] vom 1. Februar 1872). Danach kann die Oeffentlichkeit nur in denjenigen Streitsachen nicht ausgeschlossen werden, die gegen einen Armenverband des Sprengels von einem anderen deutschen Armenverbande anhängig gemacht worden sind, und in denen die Erstattung von Armenpflegekosten oder die Uebernahme eines Hilfsbedürftigen verlangt wird (§§ 38 ff. des Reichsgesetzes über den Unterstützungswohnsitz vom 6. Juni 1870, §§ 40 ff. des Gesetzes vom 8. März 1871).

In Gewerbestreitsachen konnte früher die Oeffentlichkeit weder ausgeschlossen, noch beschränkt werden, es hat sich dies jedoch durch die Nr. 5 im § 21 der Reichsgewerbe-Ordnung in der Fassung der Novelle vom 1. Juli 1883 (R. G. Bl. S. 159) dahin geändert, daß die Ausschließung und Beschränkung unter entsprechender Anwendung der §§ 173 bis 176 des deutschen Gerichts-Verfassungsgesetzes vom 27. Januar 1877 (R. G. Bl. S. 77) erfolgen kann.

Diese Vorschriften lauten:

§ 173. In allen Sachen kann durch das Gericht für die Verhandlung oder für einen Theil derselben die Oeffentlichkeit ausgeschlossen werden, wenn sie eine Gefährdung der öffentlichen Ordnung oder der Sittlichkeit besorgen läßt.

§ 174. Die Verkündigung des Urtheils erfolgt in jedem Falle öffentlich.

§ 175. Ueber die Ausschließung der Oeffentlichkeit wird in nicht öffentlicher Sitzung verhandelt.

Der Beschluß, welcher die Oeffentlichkeit ausschließt, muß öffentlich verkündet werden.

§ 176. Der Zutritt zu öffentlichen Verhandlungen kann unerwachsenen und solchen Personen versagt werden, welche sich nicht im Besitze der bürgerlichen Ehrenrechte befinden, oder welche in einer der Würde des Gerichts nicht entsprechenden Weise erscheinen.

Zu nicht öffentlichen Verhandlungen kann der Zutritt einzelnen Personen von dem Vorsitzenden gestattet werden.

§ 209.

Nach § 75 des Landesverwaltungsgesetzes vom 30. Juli 1883 erfolgt die mündliche Verhandlung unter Zuziehung eines vereidigten Protokollführers. Das Protokoll muß die wesentlichen Hergänge der Verhandlung enthalten. Dasselbe wird von dem Vorsitzenden und dem Protokollführer unterzeichnet. Ueber den Inhalt der Protokolle geben die Geschäftsregulative folgende Auskunft:

a. Das Regulativ für die Kreisausschüsse und die an die Stelle derselben tretenden Behörden (Stadtausschuß, Magistrat) vom 28. Febr. 1884:

§ 12. Durch Aufnahme in das Protokoll über die mündliche Verhandlung sind insbesondere festzustellen:

a. neue thatsächliche Erklärungen und neue Anträge der Betheiligten oder die Thatsache, daß solche aus den Vorträgen der Betheiligten nicht zu entnehmen waren;
b. Anerkenntnisse, Verzichtleistungen und Vergleiche, durch welche der geltend gemachte Anspruch ganz oder theilweise erledigt wird;
c. die Aussagen der Zeugen und Sachverständigen, welche im Termine zur mündlichen Verhandlung vernommen werden;
d. die zum Zwecke der Aufklärung des Sachverhalts oder der förmlichen Beweisaufnahme erfolgte Vorlegung von Akten und Verlesung von Schriftstücken;
e. das Ergebniß eines im Termine eingenommenen Augenscheins.

Das Protokoll ist insoweit, als es die sub a bis e bezeichneten Gegenstände betrifft, den Betheiligten vorzulesen oder zur Durchsicht vorzulegen. In dem Protokoll ist zu bemerken, daß dies geschehen und die Genehmigung erfolgt sei oder welche Einwendungen erhoben sind.

Den Betheiligten ist auf Antrag Abschrift des über die mündliche Verhandlung aufgenommenen Protokolls zu ertheilen.

b. Dasselbe gilt nach § 12 des Geschäftsregulativs für die Bezirksausschüsse von demselben Tage.
c. Desgleichen nach § 12 des Geschäftsregulativs für die Provinzialräthe von demselben Tage.

d. Die Berathungen des Ober-Verwaltungsgerichts finden nach § 16 des Geschäftsregulativs vom $\frac{2. \text{ April } 1878}{3. \text{ Novbr. } 1884}$ ohne Zuziehung eines Protokollführers statt.

§ 210.

Im Gegensatz zu dem Verfahren im Civilprozeß (§ 295 der deutschen Civil-Prozeß-Ordnung vom 30. Januar 1877 — R. G. Bl. S. 83 —) wird der Fortgang der mündlichen Verhandlung im Verwaltungsstreitverfahren von dem Erscheinen einer oder beider Parteien nicht abhängig gemacht, deshalb werden auch die Parteien nach § 68 Abs. 1 des Landesverwaltungsgesetzes vom 30. Juli 1883 zur mündlichen Verhandlung unter der Verwarnung geladen, daß beim Ausbleiben nach Lage der Verhandlungen werde entschieden werden. Versäumnißurtheile oder ein Kontumazialverfahren kommen also im Verwaltungsprozeß nicht vor. Dem widerspricht auch nicht der Satz in Abs. 2 a. a. O., nach welchem das Gericht zur Aufklärung des Sachverhältnisses das persönliche Erscheinen einer Partei anordnen kann. Hieraus darf man keineswegs schließen, daß dem Verwaltungsrichter die Befugniß zustände, eine Partei durch Zwangsmittel zum Erscheinen vor Gericht anzuhalten. Die Besorgniß vor der Möglichkeit einer derartigen Auslegung gab bei der Berathung des Gesetzes Veranlassung zu dem Antrage, den Satz wieder zu streichen, jedoch der Antrag wurde abgelehnt, nachdem der Berichterstatter v. Liebermann auf das Unbedenkliche des Zusatzes hingewiesen und ausgeführt hatte: Das Gericht könne in die Lage kommen, es für wünschenswerth zu erachten, daß ein Beamter, gegen den eine Klage angestellt sei, oder eine andere Person, die ihrerseits geklagt habe, sich persönlich vorstelle, es könnte für die Entscheidung werthvoll sein, die Personen zu sehen, über die man sich ein Urtheil bilden soll. Redner führte dabei den Fall an, wo Jemandem eine Concession versagt wird, weil man ihn bezichtigt, er sei ein gewerbsmäßiger Trinker, ein Trunkenbold, ersichtlich dem Trunke ergeben. „Solch einen Mann zu sehen, ist nicht ohne Werth, denn man sieht es ihm meistens schon an, daß er ein Trunkenbold ist. Kommt er nicht, so wird das Gericht füglich den Schluß ziehen dürfen, daß der Mann Veranlassung hat, sich nicht zu präsentiren, weil er ohne Schaden für sich nicht präsentabel ist. Zwangsweise herangeschleppt soll Niemand werden. Das Gericht wird solche Ladung auf's Aeußerste beschränken, weil es Kosten verursacht, die man gern vermeidet. Wenn also nicht wichtige Interessen mitspielen, so wird man den Leuten nicht sagen: Kommt unter allen Umständen. Vielfach glauben die Parteien, daß es keinen Werth hat, zu erscheinen. Wenn nun aber das Gericht sagt: es ist von großem Werth, wir wünschen Dich zu sehen, dann wird der Betreffende, um seine Angelegenheit nicht zu verschlechtern, freiwillig kommen. Kommt er nicht, dann schadet's ja auch nicht viel.“

Einen Vortheil hat übrigens die Partei durch ihr persönliches Erscheinen noch dadurch, daß sie an baaren Auslagen für die persönliche Wahrnehmung der mündlichen Verhandlung vor dem Bezirksausschusse und dem Ober-Verwaltungsgerichte, sofern das Gericht das persönliche Erscheinen angeordnet hatte, mehr in Anspruch nehmen kann, als die gesetzlichen Gebühren eines sie vertretenden Rechtsanwaltes betragen haben würden (§ 103 Abs. 1, am Schlusse, des Landesverwaltungsgesetzes vom 30. Juli 1883). Vergl. unten § 229.

§ 211.

Nach § 68 Abs. 3 a. a. O. steht es den Parteien frei, ihre Erklärungen, auch ohne dazu besonders aufgefordert zu sein, vor dem Termin schriftlich einzureichen und zu ergänzen. Daraus folgt und es entspricht auch dem Wesen der das Verwaltungsstreitverfahren beherrschenden Untersuchungsmaxime, daß dergleichen Eingaben volle Berücksichtigung bei dem Referat und bei der Berathung finden müssen, wenn die Parteien selbst nicht zum Termine erscheinen.

§ 212.

Die im Verwaltungsstreitverfahren oder Beschlußverfahren zur mündlichen Verhandlung gelangenden Sachen werden der Regel nach in der durch den Vorsitzenden bestimmten, durch Aushang vor dem Sitzungszimmer bekannt zu machenden Reihenfolge erledigt (§ 11 der Geschäftsregulative für die Kreisausschüsse und die an Stelle derselben tretenden Behörden [Stadtausschuß, Magistrat], für die Bezirksausschusse und Provinzialräthe vom 28. Februar 1884; desgleichen die vor dem Ober-Verwaltungs-Gerichte zur mündlichen Verhandlung gelangenden Sachen, (§ 14 des Regulativs vom 2. April 1878).

§ 213.

In der Vorladung ist die zur mündlichen Verhandlung bestimmte Stunde anzugeben. Die mündliche Verhandlung ist durch einen Vortrag des Referenten über das Sachverhältniß einzuleiten; bei dem Erscheinen sämmtlicher Betheiligten kann der Vorsitzende diesen den Vortrag des Sachverhalts überlassen. Der Vorsitzende hat dahin zu wirken, daß das Sachverhältniß vollständig aufgeklärt und die sachdienlichen Anträge von den Betheiligten gestellt werden (§ 11 bezw. § 15 derselben Geschäftsregulative, wie oben in § 212 angegeben). Der Vorsitzende kann einem Mitgliede des Gerichts gestatten, das Fragerecht auszuüben. Eine Frage ist zu stellen, wenn das Gericht dies für angemessen erachtet (§ 71 Abs. 3—5 des Landesverwaltungsgesetzes vom 30. Juli 1883).

§ 214.

Nachdem auf diese Weise die Verhandlungen mit den Parteien abgeschlossen sind, erfolgt die **Berathung** des Kollegiums, wobei die Parteien nicht zugegen sein dürfen. Die Zuziehung des vereideten Protokollführers ist nur für die mündliche Verhandlung und für die unten zu erwähnenden Beweisverhandlungen vorgeschrieben (§§ 75 und 77 a. a. O.), auch ist dessen Anwesenheit bei der Verkündigung der Entscheidung erforderlich (§ 81 a. a. O.), nicht aber bei der Berathung.

§ 215.

Nach dieser Berathung verkündigt der Vorsitzende die ergangene Entscheidung oder den ergangenen Beschluß. Wird die Verkündigung der Gründe für angemessen erachtet, so erfolgt sie durch Vorlesung derselben oder durch mündliche Mittheilung des wesentlichen Inhalts.

Hat die Verkündigung der Entscheidung oder des Beschlusses nicht sofort erfolgen können, so bedarf es zu diesem Behufe nicht der Anberaumung einer besonderen Sitzung, vielmehr genügt die Zustellung der mit Gründen versehenen Entscheidung oder des Beschlusses an die Betheiligten.

Nur in denjenigen Angelegenheiten, auf welche der § 21 der Reichsgewerbeordnung vom 21. Juni 1869 Anwendung findet, muß die Verkündigung der Entscheidung oder des Beschlusses stets in öffentlicher Sitzung erfolgen. Erscheint in derartigen Sachen die Aussetzung der Entscheidung oder des Beschlusses nothwendig, so erfolgt die Verkündigung derselben in einer weiteren Sitzung, welche sofort anzuberaumen und den Parteien bekannt zu machen ist (§ 14 bezw. beim Ober-Verwaltungsgericht § 18 der Geschäfts-Regulative).

V. Das Beweisverfahren.

1. Im Allgemeinen.

§ 216.

Nach § 71 Abs. 2 Satz 2 des Landesverwaltungsgesetzes vom 30. Juli 1883 haben die Parteien in der mündlichen Verhandlung sämmtliche Beweismittel anzugeben und, soweit dies nicht bereits geschehen, die schriftlichen ihnen zu Gebote stehenden Beweismittel vorzulegen; auch können von ihnen Zeugen zur Vernehmung vorgeführt werden. Diese Vorschrift gestattet den Parteien die freieste Bewegung bei Ausführung ihrer Absicht, ihre Ansprüche oder Einwendungen möglichst klar zu stellen, und dies entspricht auch durchaus dem Wesen des Verwaltungsstreitverfahrens. (Vergl. unten den § 226).

§ 217.

In demselben Sinne bestimmt der § 76 a. a. O., daß Gericht sei befugt — geeigneten Falles schon vor Anberaumung der mündlichen Verhandlung — Untersuchungen an Ort und Stelle zu veranlassen,

Zeugen und Sachverständige zu laden und eidlich zu vernehmen, überhaupt den angetretenen oder nach dem Ermessen des Gerichts erforderlichen Beweis im vollen Umfange zu erheben. Vergl. § 10 (für die Provinzialräthe § 9) der Geschäfts-Regulative. Eine Verpflichtung, Zeugen und Sachverständige zu beeidigen, ist nicht anzuerkennen (Parey, Rechtsgrundsätze S. 264).

§ 218.

Das Gericht kann die Beweiserhebung nach § 77 Abs. 1 a. a. O. durch eines seiner Mitglieder oder erforderlichen Falls durch eine zu dem Ende zu ersuchende sonstige Behörde bewirken lassen. Es kann verordnen, daß die Beweiserhebung in der mündlichen Verhandlung stattfinden soll. Zu den vorhergedachten Behörden gehören auch die Landräthe und für die höhere Instanz auch die Kreisausschüsse. In beiden Fällen liegt ein Auftrag an eine nachgeordnete Behörde vor, es ist deshalb gleichgültig, ob der Landrath als solcher oder in seiner Eigenschaft als Vorsitzender des Kreisausschusses mit der Ausführung eines Beweisbeschlusses beauftragt wird (Parey, Rechtsgrundsätze S. 454 Nr. 12).

§ 219.

In Betreff der Auswahl der zuzuziehenden Sachverständigen, sowie der Bestimmung der Zahl derselben ist der Verwaltungsrichter durch gesetzliche Vorschriften nicht beschränkt; ebensowenig ist es ihm versagt, an Stelle der zuerst ernannten nach seinem Ermessen andere zu ernennen. Auch besteht keine Verpflichtung für ihn, gerade die von den Parteien vorgeschlagenen Sachverständigen und nur diese zuzuziehen. Wenn der Richter den Sachverständigen die schriftliche Einreichung ihres Gutachtens aufgiebt, so daß eine mündliche Vernehmung derselben überhaupt nicht stattfindet, so ist darin ein wesentlicher Mangel des Verfahrens nicht zu finden (Parey, Rechtsgrundsätze S. 264).

§ 220.

Mitglieder der Verwaltungsgerichte, welche an der Entscheidung in erster Instanz theilgenommen haben, können in den höheren Instanzen als Gutachter nicht angehört werden. Ist dies gleichwohl geschehen, so liegt darin ein wesentlicher Mangel des Verfahrens trotz des dem Verwaltungsrichter eingeräumten freien Ermessens bei der Auswahl der Sachverständigen, denn ein solches Verfahren würde darauf hinauslaufen, dem Richter der nachgeordneten Instanz eine gewisse Theilnahme an der Judikatur der höheren Instanz zu gestatten, was offenbar unzulässig ist. Dagegen braucht ein in der Berufungsinstanz erfordertes demnächst zu erörterndes schriftliches Gutachten nicht zu gerichtlichem Protokoll erstattet und beeidet zu werden (Parey, Rechtsgrundsätze S. 446).

§ 221.

Die Beweisverhandlungen durch Gerichtsmitglieder sind nach § 77 Abs. 2 a. a. O. unter Zuziehung eines vereidigten oder von der betreffenden Behörde durch Handschlag zu verpflichtenden Protokollführers aufzunehmen. Die Parteien sind zu denselben zu laden. Dies ist eine positive Vorsicht, welche nicht zu umgehen ist und über deren Verletzung nur in dem Falle hinweggesehen werden kann, wenn der Verwaltungsrichter diese mangelhafte Beweisverhandlung aus dem Bereiche seiner Erwägungen ausschließt, d. h. er darf dieselbe seiner Entscheidung überhaupt nicht zu Grunde legen (Parey, Rechtsgrundsätze S. 445 Nr. 22).

§ 222.

Hieraus ergiebt sich, daß der Verwaltungsrichter in seinem Ermessen hinsichtlich der Schöpfung des Urtheils keineswegs vollkommen frei, sondern gebunden ist hinsichtlich der Frage, in welcher Weise er die Verhandlungen und die Beweise gewinnt. Nur in diesem Sinne ist die Vorschrift im § 79 Satz 1 des Landesverwaltungsgesetzes vom 30. Juli 1883 zu verstehen, welche vorschreibt, das Verwaltungsgericht habe nach seiner freien, aus dem ganzen Inbegriffe der Verhandlungen und Beweise geschöpften Ueberzeugung zu entscheiden.

§ 223.

Ein Verwaltungsrichter bewegt sich in den Bahnen des § 79 Satz 1 a. a. O. und verstößt nicht gegen die §§ 153—163 des Reichs-Straf-Gesetzbuches vom 15. Mai 1871 oder § 12 des Preußischen Strafgesetzbuches vom 14. April 1851, wenn er die eidliche Versicherung eines früher wegen wissentlichen Meineides bestraften Steuer-Reklamanten für unthunlich erachtet (Parey, Rechtsgrundsätze S. 180).

§ 224.

Ueber das pflichtmäßige Ermessen des Amtsvorstehers darüber, was im Interesse des öffentlichen Verkehrs mit einem Wege geschehen müsse, ist zwar im Verwaltungsstreitverfahren durch die Verwaltungsgerichte zu entscheiden, jedoch bewegt sich diese Feststellung innerhalb der im § 79 dem Verwaltungsrichter vorgezeichneten Grenzen und entzieht sich damit zugleich einem Angriffe in der Revisionsinstanz um so mehr, als anerkannt werden muß, daß der Begriff des im öffentlichen Interesse „Erforderlichen" ein seiner Natur nach dehnbarer, lediglich nach Maßgabe der konkreten Verhältnisse des einzelnen Falles und des Gewichtes der einzelnen Beweismittel zu bestimmender ist (Parey, Rechtsgrundsätze S. 298).

§ 225.

Ob ein Weg ein öffentlicher oder ein Privatweg sei, kann aus den bloßen Zugeständnissen der Parteien nicht hergeleitet werden, vielmehr muß der Verwaltungsrichter die Entscheidung hierüber in Gemäßheit des § 79 nach seiner freien, aus dem ganzen Inbegriffe der Verhandlungen und Beweise geschöpften Ueberzeugung treffen, wobei es lediglich Sache seines Ermessens ist, ob er Beweis erheben will oder nicht (Parey, Rechtsgrundsätze S. 319).

§ 226.

Der § 71 des Landesverwaltungsgesetzes vom 30. Juli 1883 handelt nur von der Angabe sämmtlicher Beweismittel, der Vorlegung der schriftlichen Beweismittel, und der Befugniß der Parteien, Zeugen zur Vernehmung vorzuführen, während eine Verpflichtung des Verwaltungsrichters, diese Beweise zu erheben, nicht anerkannt ist. Im Gegentheil würde eine derartige Verpflichtung mit der Vorschrift des § 79 a. a. O., daß der Verwaltungsrichter nach seiner freien Ueberzeugung zu entscheiden habe, in Widerspruch stehen; auch hat der Zusatz „aus dem ganzen Inbegriffe der Verhandlungen und Beweise geschöpften Ueberzeugung" nicht den Sinn, daß jedesmal eine Beweisaufnahme stattgefunden haben müsse, vielmehr ist nach den Worten „und Beweise" offenbar hinzuzudenken: „insofern überhaupt eine Beweisaufnahme erfolgt ist." Mit dem Inhalte des § 79 würde auch die Annahme nicht vereinbar sein, daß der Verwaltungsrichter einem Gutachten des als Partei betheiligten Amtsvorstehers Beweiskraft beigelegt habe. Die verwaltungsrichterliche Beweisaufnahme ist lediglich eine fakultative, und keine Partei hat ein Recht darauf, die Erhebung eines Beweises zu verlangen, welche der Verwaltungsrichter aus materiellen Gründen für einflußlos auf die Entscheidung erachtet (Parey, Rechtsgrundsätze S. 350, 351).

§ 227.

Gerichtliche Bestrafungen sind, sofern dieselben von dem Verwaltungsrichter in den Kreis seiner Erwägungen gezogen werden, für ihn nicht maßgebend, weil die entgegengesetzte Annahme mit der Vorschrift im § 79 nicht vereinbar sein würde (Parey, Rechtsgrundsätze S. 377).

§ 228.

Der Verwaltungsrichter ist, soweit es sich um die Wahrung des öffentlichen Interesses handelt, an die Anträge der Parteien nicht gebunden. Deshalb kann er z. B. Gesuche um Ertheilung der Konzession zum Betriebe der Schankwirthschaft auch gegen den Antrag der betheiligten Ortspolizeibehörde zurückweisen (Parey, Rechtsgrundsätze S. 352).

§ 229.

Nach § 79 Satz 2 des Landesverwaltungsgesetzes vom 30. Juli 1883 können beim Ausbleiben der Partei oder in Ermangelung einer

Erklärung derselben die von der Gegenpartei vorgebrachten Thatsachen für zugestanden erachtet werden. Damit ist aber doch noch kein Kontumazialverfahren für den Verwaltungsprozeß eingeführt, denn es ist immer noch in das freie Ermessen des Verwaltungsrichters gestellt, welche Thatsachen er für zugestanden erachten will. In solchen Fällen wird von der Befugniß, das persönliche Erscheinen der Partei zu verlangen, Gebrauch zu machen sein (vergl. oben § 210).

§ 230.

Nach Satz 3 desselben § 79 dürfen die Entscheidungen der Verwaltungsgerichte nur die zum Streitverfahren vorgeladenen Parteien und die in denselben erhobenen Ansprüche betreffen, es ist mithin das sogenannte ultra petitum ausgeschlossen (Parey, Rechtsgrundsätze S. 12). Aus diesem Grunde ist auch eine Widerklage im Verwaltungsstreitverfahren nur unter der bestimmten Voraussetzung zulässig, daß der im Wege der Widerklage geltend gemachte Anspruch durch ein Klagerecht geschützt ist (Parey, Rechtsgrundsätze S. 412, 413). Ein Hinausgehen des Richters über den vor ihn gebrachten Gegenstand wird nicht vermuthet (a. a. O. S. 32). Vergl. auch die Entscheidungen des Ober-Verwaltungsgerichtes Bd. II S. 376, Bd. IV S. 196.

2. Die Ungehorsamsstrafen gegen Zeugen und Sachverständige.

§ 231.

Hierüber bestimmt der § 78 des Landesverwaltungsgesetzes vom 30. Juli 1883 Folgendes:

„Hinsichtlich der Verpflichtung, sich als Zeuge oder Sachverständiger vernehmen zu lassen, sowie hinsichtlich der im Falle des Ungehorsams zu verhängenden Strafen kommen die Bestimmungen der bürgerlichen Prozeßgesetze mit der Maßgabe zur Anwendung, daß im Falle des Ungehorsams die zu erkennende Geldbuße den Betrag von Einhundertfünfzig Mark nicht übersteigen darf.

Gegen die eine Strafe oder die Nichtverpflichtung des Zeugen oder Sachverständigen aussprechende Entscheidung steht den Betheiligten innerhalb zwei Wochen die Beschwerde an das im Instanzenzuge zunächst vorgesetzte Gericht, gegen die in zweiter Instanz ergangene Entscheidung des Bezirksausschusses die weitere Beschwerde an das Oberverwaltungsgericht zu.“

Aus der deutschen Civil-Prozeß-Ordnung vom 30. Januar 1877 (R. G. Bl. S. 83) kommen hier folgende Bestimmungen in Betracht:

§ 345. Ein ordnungmäßig geladener Zeuge, welcher nicht erscheint, ist, ohne daß es eines Antrages bedarf, in die durch das Ausbleiben verursachten Kosten sowie zu einer Geldstrafe bis zu dreihundert (hier also 150 Mk.) Mark [und für den Fall, daß diese nicht beigetrieben werden kann, zur Strafe der Haft bis zu sechs Wochen] zu verurtheilen.

Im Falle wiederholten Ausbleibens kann die Strafe noch einmal erkannt [auch die zwangsweise Vorführung des Zeugen angeordnet] werden.

Gegen diese Beschlüsse findet die Beschwerde statt (vergl. § 111 des Landesverwaltungsgesetzes vom 30. Juli 1883).

Diese Festsetzung [und die Vollstreckung] der Strafe gegen eine dem aktiven Heere oder der aktiven Marine angehörende Militärperson erfolgt auf Ersuchen durch das Militärgericht [die Vorführung einer solchen Person durch Ersuchen der Militärbehörde].

§ 346. Die Verurtheilung in Strafe und Kosten unterbleibt, wenn das Ausbleiben des Zeugen genügend entschuldigt ist. Erfolgt nachträglich genügende Entschuldigung, so werden die gegen den Zeugen getroffenen Anordnungen wieder aufgehoben.

Die Anzeigen und Gesuche des Zeugen können schriftlich oder zum Protokolle des Gerichtsschreibers oder mündlich in dem zur Vernehmung bestimmten neuen Termin angebracht werden.

§ 347. Der Reichskanzler, der Minister eines Bundesstaates, die Mitglieder der Senate der freien Hansestädte, die Vorstände der obersten Reichsbehörden und die Vorstände der Ministerien sind an ihrem Amtssitze oder, wenn sie sich außerhalb desselben aufhalten, an ihrem Aufenthaltsorte zu vernehmen.

Die Mitglieder des Bundesraths sind während ihres Aufenthalts am Sitze des Bundesraths an diesem Sitze, die Mitglieder einer deutschen gesetzgebenden Versammlung während der Sitzungsperiode und ihres Aufenthalts am Orte der Versammlung an diesem Orte zu vernehmen.

Zu einer Abweichung von den vorstehenden Bestimmungen bedarf es:

in Betreff des Reichskanzlers der Genehmigung des Kaisers,

in Betreff der Minister und der Mitglieder des Bundesraths der Genehmigung des Landesherrn,

in Betreff der Mitglieder der Senate der freien Hansestädte der Genehmigung des Senats,

in Betreff der übrigen vorbezeichneten Beamten der Genehmigung ihres unmittelbaren Vorgesetzten,

in Betreff der Mitglieder einer gesetzgebenden Versammlung der Genehmigung der letzteren.

§ 348. Zur Verweigerung des Zeugnisses sind berechtigt:

1. der Verlobte einer Partei;
2. der Ehegatte einer Partei, auch wenn die Ehe nicht mehr besteht;
3. diejenigen, welche mit einer Partei in gerader Linie verwandt, verschwägert oder durch Adoption verbunden oder in der Seitenlinie bis zum dritten Grade verwandt oder bis zum zweiten Grade verschwägert sind, auch wenn die Ehe, durch welche die Schwägerschaft begründet ist, nicht mehr besteht;
4. Geistliche in Ansehung desjenigen, was ihnen bei der Ausübung der Seelsorge anvertraut ist;

5. Personen, welchen kraft ihres Amtes, Standes oder Gewerbes Thatsachen anvertraut sind, deren Geheimhaltung durch die Natur derselben oder durch gesetzliche Vorschrift geboten ist, in Betreff der Thatsachen, auf welche die Verpflichtung zur Verschwiegenheit sich bezieht.

Die unter Nr. 1 bis 3 bezeichneten Personen sind vor der Vernehmung über ihr Recht zur Verweigerung des Zeugnisses zu belehren.

Die Vernehmung der Nr. 4, 5 bezeichneten Personen ist, auch wenn das Zeugniß nicht verweigert wird, auf Thatsachen nicht zu richten, in Ansehung welcher erhellt, daß ohne Verletzung der Verpflichtung zur Verschwiegenheit ein Zeugniß nicht abgelegt werden kann.

§ 349. Das Zeugniß kann verweigert werden:

1. über Fragen, deren Beantwortung dem Zeugen oder einer Person, zu welcher derselbe in einem der im § 348 Nr. 1 bis 3 bezeichneten Verhältnisse steht, einen unmittelbaren vermögensrechtlichen Schaden verursachen würde;
2. über Fragen, deren Beantwortung dem Zeugen oder einem der § 348 Nr. 1 bis 3 bezeichneten Angehörigen desselben zur Unehre gereichen oder die Gefahr strafgerichtlicher Verfolgung zuziehen würde;
3. über Fragen, welche der Zeuge nicht würde beantworten können, ohne eine Kunst- oder Gewerbegeheimniß zu offenbaren;

§ 350. In den Fällen des § 348 Nr. 1 bis 3 und des § 349 Nr. 1 darf der Zeuge das Zeugniß nicht verweigern:

1. über die Errichtung und den Inhalt eines Rechtsgeschäfts, bei dessen Errichtung er als Zeuge zugezogen war;
2. über Geburten, Verheirathungen oder Sterbefälle von Familiengliedern;
3. über Thatsachen, welche die durch das Familienverhältniß bedingten Vermögensangelegenheiten betreffen;
4. über diejenigen auf das streitige Rechtsverhältniß sich beziehenden Handlungen, welche von ihm selbst als Rechtsvorgänger oder Vertreter einer Partei vorgenommen sein sollen.

Die im § 348 Nr. 4, 5 bezeichneten Personen dürfen das Zeugniß nicht verweigern, wenn sie von der Verpflichtung zur Verschwiegenheit entbunden sind.

§ 351. Der Zeuge, welcher das Zeugniß verweigert, hat vor dem zu seiner Vernehmung bestimmten Termine schriftlich oder zum Protokolle des Gerichtsschreibers oder in diesem Termine die Thatsachen, auf welche er die Weigerung gründet, anzugeben und glaubhaft zu machen.

Zur Glaubhaftmachung genügt in den Fällen des § 348 Nr. 4, 5 die mit Berufung auf einen geleisteten Diensteid abgegebene Versicherung.

Hat der Zeuge seine Weigerung schriftlich oder zum Protokolle des Gerichtsschreibers erklärt, so ist er nicht verpflichtet, in dem zu seiner Vernehmung bestimmten Termine zu erscheinen.

Von dem Eingange einer Erklärung des Zeugen oder von der Aufnahme einer solchen zum Protokolle hat der Gerichtsschreiber die Parteien zu benachrichtigen.

§ 352. Ueber die Rechtmäßigkeit der Weigerung wird von dem Prozeßgerichte nach Anhörung der Parteien entschieden.

[Der Zeuge ist nicht verpflichtet, sich durch einen Anwalt vertreten zu lassen.]

Gegen das Zwischenurtheil findet sofortige Beschwerde statt. (Vgl. § 78 Abs. 2 und 111 des Landesverwaltungsgesetzes vom 30. Juli 1883.)

§ 353. Hat der Zeuge seine Weigerung schriftlich oder zum Protokolle des Gerichtsschreibers erklärt und ist er in dem Termine nicht erschienen, so hat auf Grund seiner Erklärungen ein Mitglied des Prozeßgerichts Bericht zu erstatten.

§ 354. Erfolgt die Weigerung vor einem beauftragten oder ersuchten Richter, so sind die Erklärungen des Zeugen, wenn sie schriftlich oder zum Protokolle des Gerichtsschreibers abgegeben sind, nebst den Erklärungen der Parteien in das Protokoll aufzunehmen.

Zur mündlichen Verhandlung vor dem Prozeßgerichte werden der Zeuge und die Parteien von Amtswegen geladen.

Auf Grund der von dem Zeugen und den Parteien abgegebenen Erklärungen hat ein Mitglied des Prozeßgerichts Bericht zu erstatten. Nach dem Vortrage des Berichterstatters können der Zeuge und die Parteien zur Begründung ihrer Anträge das Wort nehmen; neue Thatsachen oder Beweismittel dürfen nicht geltend gemacht werden.

§ 355. Wird das Zeugniß oder die Eidesleistung ohne Angabe eines Grundes oder, nachdem der vorgeschützte Grund rechtskräftig für unerheblich erklärt ist, verweigert, so ist der Zeuge, ohne daß es eines Antrages bedarf, in die durch die Weigerung verursachten Kosten, sowie zu einer Geldbuße bis zu 300 Mk. (hier 150 Mk.) [und für den Fall, daß diese nicht beigetrieben werden kann, zur Strafe der Haft bis zu 6 Wochen] zu verurtheilen.

[Im Falle wiederholter Weigerung ist auf Antrag zur Erzwingung des Zeugnisses die Haft anzuordnen, jedoch nicht über den Zeitpunkt der Beendigung des Prozesses in der Instanz hinaus. Die Vorschriften über die Haft im Zwangsvollstreckungsverfahren finden entsprechende Anwendung.

Gegen diese Beschlüsse findet die Beschwerde statt.

Die Festsetzung und die Vollstreckung der Strafe gegen eine dem aktiven Heere oder der aktiven Marine angehörende Militärperson erfolgt auf Ersuchen durch das Militärgericht].

§ 356. Jeder Zeuge ist einzeln und vor seiner Vernehmung zu beeidigen; die Beeidigung kann jedoch aus besonderen Gründen, namentlich wenn Bedenken gegen ihre Zulässigkeit obwalten, bis nach Abschluß der Vernehmung ausgesetzt werden.

Die Parteien können auf die Beeidigung verzichten.

§ 357. Der vor der Vernehmung zu leistende Eid lautet:

daß Zeuge nach bestem Wissen die reine Wahrheit sagen, nichts verschweigen und nichts hinzusetzen werde;

der nach der Vernehmung zu leistende Eid lautet:

daß Zeuge nach bestem Wissen die reine Wahrheit gesagt, nichts verschwiegen und nichts hinzugesetzt habe.

§ 358. Unbeeidigt sind zu vernehmen:

1. Personen, welche zur Zeit der Vernehmung das sechzehnte Lebensjahr noch nicht vollendet oder wegen mangelnder Verstandesreife oder wegen Verstandesschwäche von dem Wesen und der Bedeutung des Eides keine genügende Vorstellung haben;
2. Personen, welche nach den Bestimmungen der Strafgesetze unfähig sind, als Zeugen eidlich vernommen zu werden;
3. die nach § 348 Nr. 1—3 und § 349 Nr. 1, 2 zur Verweigerung des Zeugnisses berechtigten Personen, sofern sie von diesem Rechte keinen Gebrauch machen, die im § 349 Nr. 1, 2 bezeichneten Personen jedoch nur dann, wenn sie lediglich über solche Thatsachen vorgeschlagen sind, auf welche sich das Recht zur Verweigerung des Zeugnisses bezieht;
4. Personen, welche bei dem Ausgange des Rechtsstreits unmittelbar betheiligt sind.

Das Prozeßgericht kann die nachträgliche Beeidigung der unter den beiden letzten Nummern bezeichneten Personen anordnen.

§ 359. Jeder Zeuge ist einzeln und in Abwesenheit der später abzuhörenden Zeugen zu vernehmen.

Zeugen, deren Aussagen sich widersprechen, können einander gegenüber gestellt werden.

§ 360. Die Vernehmung beginnt damit, daß der Zeuge über Vor- und Zunamen, Alter, Religionsbekenntniß, Stand oder Gewerbe und Wohnort befragt wird. Erforderlichen Falls sind ihm Fragen über solche Umstände, welche seine Glaubwürdigkeit in der vorliegenden Sache betreffen, insbesondere über seine Beziehungen zu den Parteien vorzulegen.

§ 361. Der Zeuge ist zu veranlassen, dasjenige, was ihm von dem Gegenstande seiner Vernehmung bekannt ist, im Zusammenhange anzugeben.

Zur Aufklärung und zur Vervollständigung der Aussage, sowie zur Erforschung des Grundes, auf welchem die Wissenschaft des Zeugen beruht, sind nöthigen Falls weitere Fragen zu stellen.

Der Vorsitzende hat jedem Mitgliede des Gerichts auf Verlangen zu gestatten, Fragen zu stellen.

§ 362. Die Parteien sind berechtigt, dem Zeugen diejenigen Fragen vorlegen zu lassen, welche sie zur Aufklärung der Sache oder der Verhältnisse des Zeugen für dienlich erachten.

Der Vorsitzende kann den Parteien gestatten, und hat ihren Anwälten auf Verlangen zu gestatten, an den Zeugen unmittelbar Fragen zu richten.

Zweifel über die Zulässigkeit einer Frage entscheidet das Gericht.

§ 363. Das Prozeßgericht kann nach seinem Ermessen die wiederholte Vernehmung eines Zeugen anordnen.

Hat ein beauftragter oder ersuchter Richter bei der Vernehmung die Stellung der von einer Partei angeregten Frage verweigert, so kann das Prozeßgericht die nachträgliche Vernehmung des Zeugen über diese Frage anordnen.

Bei der wiederholten oder der nachträglichen Vernehmung kann der Richter statt der nochmaligen Beeidigung den Zeugen die Richtigkeit seiner Aussage unter Berufung auf den früher geleisteten Eid versichern lassen.

§ 364. Die Partei kann auf einen Zeugen, welchen sie vorgeschlagen hat, verzichten; der Gegner kann aber verlangen, daß der erschienene Zeuge vernommen und, wenn die Vernehmung bereits begonnen hat, daß dieselbe fortgesetzt werde.

§ 365. Der mit der Beweisaufnahme betraute Richter ist ermächtigt, im Falle des Nichterscheinens oder der Zeugnißverweigerung die gesetzlichen Verfügungen zu treffen, auch dieselben, soweit dies überhaupt zulässig ist, selbst nach Erledigung des Auftrags wieder aufzuheben, über die Zulässigkeit einer dem Zeugen vorgelegten Frage vorläufig zu entscheiden und die nochmalige Vernehmung eines Zeugen vorzunehmen.

§ 366. Jeder Zeuge hat nach Maßgabe der Gebührenordnung auf Entschädigung für Zeitversäumniß und, wenn sein Erscheinen eine Reise erforderlich macht, auf Erstattung der Kosten Anspruch, welche durch die Reise und den Aufenthalt am Orte der Vernehmung verursacht werden.

Auf den Beweis durch Sachverständige finden die Vorschriften über den Beweis durch Zeugen entsprechende Anwendung, insoweit nicht in den nachfolgenden Paragraphen abweichende Bestimmungen enthalten sind. (E. G. § 13 Al. 4.)

§ 368. Die Antretung des Beweises erfolgt durch die Bezeichnung der zu begutachtenden Punkte.

§ 369. Die Auswahl der zuzuziehenden Sachverständigen und die Bestimmung ihrer Anzahl erfolgt durch das Prozeßgericht. Dasselbe kann sich auf die Ernennung eines einzigen Sachverständigen beschränken. Es kann an Stelle der zuerst ernannten Sachverständigen andere ernennen.

Sind für gewisse Arten von Gutachten Sachverständige öffentlich bestellt, so sollen andere Personen nur dann gewählt werden, wenn besondere Umstände es erfordern.

Das Gericht kann die Parteien auffordern, Personen zu bezeichnen, welche geeignet sind, als Sachverständige vernommen zu werden.

[Einigen sich die Parteien über bestimmte Personen als Sachverständige, so hat das Gericht dieser Einigung Folge zu geben; das Gericht kann jedoch die Wahl der Parteien auf eine bestimmte Anzahl beschränken].

NB. In Betreff der Auswahl der zuzuziehenden Sachverständigen und der Bestimmung der Zahl derselben ist der Verwaltungsrichter durch gesetzliche Bestimmungen nicht beschränkt, ebensowenig ist es ihm versagt, an Stelle der zuerst ernannten, nach seinem Ermessen andere zu ernennen (Parey, Rechtsgrundsätze S. 264).

§ 370. Das Prozeßgericht kann den mit der Beweisaufnahme betrauten Richter zur Ernennung der Sachverständigen ermächtigen. Derselbe hat in diesem Falle die in dem vorstehenden Paragraphen dem Prozeßgerichte beigelegten Befugnisse auszuüben.

§ 371. Ein Sachverständiger kann aus denselben Gründen, welche zur Ablehnung eines Richters berechtigen, abgelehnt werden. Ein Ablehnungsgrund kann jedoch nicht daraus entnommen werden, daß der Sachverständige als Zeuge vernommen worden ist.

Das Ablehnungsgesuch ist bei demjenigen Gericht oder Richter, von welchem die Ernennung des Sachverständigen erfolgt ist, vor der Vernehmung desselben, bei schriftlicher Begutachtung vor erfolgter Einreichung des Gutachtens anzubringen. Nach diesem Zeitpunkt ist die Ablehnung nur zulässig, wenn glaubhaft gemacht wird, daß der Ablehnungsgrund vorher nicht geltend gemacht werden konnte. Das Ablehnungsgesuch kann vor dem Gerichtsschreiber zu Protokoll erklärt werden.

Der Ablehnungsgrund ist glaubhaft zu machen; der Eid ist als Mittel der Glaubhaftmachung ausgeschlossen.

Die Entscheidung erfolgt von dem im zweiten Absatze bezeichneten Gericht oder Richter; eine vorgängige mündliche Verhandlung der Betheiligten ist nicht erforderlich.

Gegen den Beschluß, durch welchen die Ablehnung für begründet erklärt wird, findet kein Rechtsmittel, gegen den Beschluß, durch welchen dieselbe für unbegründet erklärt wird, findet sofortige Beschwerde statt.

NB. Ein Kreisausschußmitglied, welches als Richter an der Entscheidung erster Instanz theilgenommen hat, kann als Gutachter in der Berufungsinstanz nicht gehört werden (Parey, Rechtsgrundsätze S. 446).

§ 372. Der zum Sachverständigen Ernannte hat der Ernennung Folge zu leisten, wenn er zur Erstattung von Gutachten der erforderten Art öffentlich bestellt ist — oder wenn er die Wissenschaft, die Kunst oder das Gewerbe, deren Kenntniß Voraussetzung der Begutachtung ist, öffentlich zum Erwerbe ausübt oder wenn er zur Ausübung derselben öffentlich bestellt oder ermächtigt ist.

Zur Erstattung des Gutachtens ist auch derjenige verpflichtet, welcher sich zu derselben vor Gericht bereit erklärt hat.

§ 373. Dieselben Gründe, welche einen Zeugen berechtigen, das Zeugniß zu verweigern, berechtigen einen Sachverständigen zur Verweigerung des Gutachtens. Das Gericht kann auch aus anderen Gründen einen Sachverständigen von der Verpflichtung zur Erstattung des Gutachtens entbinden.

Die Vernehmung eiues öffentlichen Beamten als Sachverständigen findet nicht statt, wenn die vorgesetzte Behörde des Beamten erklärt, daß die Vernehmung den dienstlichen Interessen Nachtheile bereiten würde.

§ 374. Im Falle des Nichterscheinens oder der Weigerung eines zur Erstattung des Gutachtens verpflichteten Sachverständigen wird dieser zum Ersatze der Kosten und zu einer Geldstrafe bis zu dreihundert Mark verurtheilt. Im Falle wiederholten Ungehorsams kann noch einmal eine Geldstrafe bis zu sechshundert Mark erkannt werden.

Gegen den Beschluß findet Beschwerde statt.

Die Festsetzung und die Vollstreckung der Strafe gegen eine dem aktiven Heere oder der aktiven Marine angehörende Militärperson erfolgt auf Ersuchen durch das Militärgericht.

§ 375. Der Sachverständige hat, wenn nicht beide Parteien auf seine Beeidigung verzichten, vor Erstattung des Gutachtens einen Eid dahin zu leisten:

> daß er das von ihm geforderte Gutachten unparteiisch und nach bestem Wissen und Gewissen erstatten werde.

Ist der Sachverständige für die Erstattung von Gutachten der betreffenden Art im Allgemeinen beeidigt, so genügt die Berufung auf den geleisteten Eid.

NB. Eine Verpflichtung des Richters, Sachverständige zu beeidigen, ist nicht anzuerkennen (Parey, Rechtsgrundsätze S. 264).

§ 376. Wird schriftliche Begutachtung angeordnet, so hat der Sachverständige das von ihm unterschriebene Gutachten auf der Gerichtsschreiberei niederzulegen.

NB. Ein wesentlicher Mangel des Verfahrens ist im Verwaltungsprozeß nicht darin zu finden, wenn der Verwaltungsrichter dem Sachverständigen die schriftliche Einreichung des Gutachtens aufgiebt und eine mündliche Vernehmung desselben nicht stattfindet (a. a. O.). Ein in der Berufungsinstanz erfordertes, demnächst näher zu erörterndes schriftliches Gutachten braucht nicht zu gerichtlichem Protokoll erstattet und beeidet zu werden (a. a. O S. 446).

Das Gericht kann das Erscheinen des Sachverständigen anordnen, damit derselbe das schriftliche Gutachten erläutere.

§ 377. Das Gericht kann eine neue Begutachtung durch dieselben oder durch andere Sachverständige anordnen, wenn es das Gutachten für ungenügend erachtet.

Das Gericht kann die Begutachtung durch einen anderen Sachverständigen anordnen, wenn ein Sachverständiger nach Erstattung des Gutachtens mit Erfolg abgelehnt ist.

§ 378. Der Sachverständige hat nach Maßgabe der Gebührenordnung auf Entschädigung für Zeitversäumniß, auf Erstattung der ihm verursachten Kosten und außerdem auf angemessene Vergütung seiner Mühwaltung Anspruch.

§ 379. Insoweit zum Beweise vergangener Thatsachen oder Zustände, zu deren Wahrnehmung eine besondere Sachkunde erforderlich war, sachkundige Personen zu vernehmen sind, kommen die Vorschriften über den Zeugenbeweis zur Anwendung.

§ 231.

Für die Ungehorsamsstrafen in Armenstreitsachen ist der § 49 des Ausführungsgesetzes vom 8. März 1871 maßgebend. Danach ist der Bezirksausschuß befugt, Untersuchungen an Ort und Stelle zu veranlassen, Zeugen und Sachverständige zu laden und eidlich zu vernehmen, überhaupt den angetretenen Beweis in vollem Umfange zu erheben. Hinsichtlich der Verpflichtung, sich als Zeuge oder Sachverständiger vernehmen zu lassen, kommen die entsprechenden Bestimmungen der bürgerlichen Prozeßgesetze zur Anwendung. Der Bezirksausschuß erkennt auf die im Ungehorsamsfalle zu verhängenden Strafen, vorbehaltlich des innerhalb vierzehn Tagen nach Zustellung des Strafbescheides zulässigen Rekurses an das Bundesamt für das Heimathwesen.

§ 232.

In den Fällen, in denen die Verwaltungsgerichte entscheidende Disziplinarbehörden sind, kommt ebenfalls der § 78 des Landesverwaltungsgesetzes vom 30. Juli 1883 zur Anwendung, jedoch sind hier die Bestimmungen der deutschen Strafprozeß-Ordnung vom 1. Februar 1877 (R. G. Bl. S. 346) maßgebend. cf. §§ 51 ff. 69—71.

3. Beweislast.

§ 233.

Aus der Bestimmung im § 63 des Landesverwaltungsgesetzes vom 30. Juli 1883, daß die den Klageantrag begründenden Thatsachen genau bezeichnet werden müssen, und aus der im § 66 a. a. O., daß die als Beweismittel in Bezug genommenen Urkunden allen Schriftstücken beigefügt werden sollen, ergiebt sich auch für das Verwaltungsstreitverfahren das Bestehen des Grundsatzes, daß Jeder, der ein Recht nachweisen will, sei es als Kläger oder als Beklagter, diejenigen Behauptungen beweisen muß, welche zur Begründung jenes Rechtes dienen sollen. Dazu kommt aber noch die im § 71 Abs. 3 a. a. O. zum Ausdruck gelangte Verpflichtung des Gerichts-Vorsitzenden, dahin zu wirken, daß der Sachverhalt vollständig aufgeklärt und die sachdienlichen Anträge von den Parteien gestellt werden, eine Bestimmung, welche die Parteien in vielen Fällen der Beweislast vollständig überhebt. Indessen kommen doch hiervon mancherlei Ausnahmen vor, welche in der Natur der Sache liegen, und in denen der Verwaltungsrichter ohne die Beihülfe der ein Recht behauptenden Partei unmöglich zum Ziele gelangen kann. Solche Fälle kommen beispielsweise vor bei dem Streitverfahren über Abgaben-Reklamationen. Wenn der zur Forderung der Abgaben Berechtigte (der Besteuernde) den Reklamanten gegenüber den Einwand der Verjährung erhebt, so ist es seine Sache, diesen Einwand näher zu substantiiren und event. nachzuweisen, wann die Heberolle bekannt gemacht oder die Benachrichtigung von dem Steuerbetrage erfolgt ist und event., daß es sich um eine periodische Veranlagung gehandelt hat und die Anfertigung einer Heberolle nicht stattgefunden hat (Parey, Rechtsgrundsätze S. 438). Ebenfalls auf dem Gebiete des Abgaben-Reklamationswesen bewegt sich der Grundsatz, daß es zunächst der eine Ueberbürdung behauptende Abgabenpflichtige ist, dem der Beweis der thatsächlichen Unterlagen des auf jene Behauptung gegründeten Anspruchs, d. i. der Beweis eines geringeren als des der Heranziehung zu Grunde gelegten Einkommens obliegt. Dieser Grundsatz könnte nur insofern einem Bedenken unterliegen, wenn in und mit diesem Satze zugleich ausgesprochen wäre, es gäbe für die statuirte Beweislast der klagenden Partei überall keine Grenzen, und es bleibe insbesondere die Gegenpartei der Verpflichtung, ihrerseits wieder die Annahme eines Mehreinkommens näher darzulegen, ohne Unterschied der Fälle selbst da enthoben, wo der Kläger (Reklamant) zweifellos alle denkbaren, alle ihm irgend zur Verfügung stehenden Mittel, den Richter zu überzeugen, erschöpft hat. Denn einer vollständigen Beweisführung in diesem Sinne entzieht sich die Thatsache des Nichtbesitzes eines Mehreinkommens ihrer Natur nach überhaupt (Parey, Rechtsgrundsätze S. 179, 180).

§ 234.

Als ein ferneres Beispiel dient der § 5 des Freizügigkeitsgesetzes vom 1. November 1867 (B. G. Bl. S. 55), nach welchem die Fortsetzung des Aufenthaltes eines Neuanziehenden versagt werden kann, wenn sich nach dem Anzuge die Nothwendigkeit einer öffentlichen Unterstützung offenbart, bevor der Neuanziehende an dem Aufenthaltsorte einen Unterstützungswohnsitz (Heimathsrecht) erworben hat und wenn „die Gemeinde nachweist“, daß die Unterstützung aus anderen Gründen als wegen einer nur vorübergehenden Arbeitsunfähigkeit nothwendig geworden ist (Parey, Rechtsgrundsätze S. 240 N. 48, 4).

Wird von Seiten der Polizeibehörde die Feuergefährlichkeit einer gewerblichen Anlage behauptet, so liegt dem von der polizeilichen Verordnung Betroffenen der Beweis der Nichtfeuergefährlichkeit ob (Parey, Rechtsgrundsätze S. 385).

§ 235.

Denselben Grundsätzen folgt auch das Bundesamt für das Heimathwesen, z. B. die Behauptung und der Nachweis, daß ein fürsorgepflichtiger Ortsarmenverband nicht vorhanden sei, gehört zur Substantiirung einer gegen den Landarmenverband gerichteten Klage (Wohlers, Kommentar zu dem Reichsgesetze vom 6. Juni 1870, Ausgabe von 1887 S. 5).

Nach § 30 des Reichsgesetzes ist der Landarmenverband erstattungspflichtig, wenn der Unterstützte keinen Unterstützungs-Wohnsitz hat. Demgemäß muß der Ortsarmenverband der vorläufigen Unterstützung, welche der Landarmenverband in Anspruch nehmen will, die Nichtexistenz eines fürsorgepflichtigen Ortsarmenverbandes beweisen. Dem Einwande, daß keiner Partei der Beweis einer Negation zugemuthet werden könne, ist kein Gewicht beizulegen. Wer aus einer Negation einen Anspruch herleiten will, muß deren Existenz allerdings beweisen. Ebensowenig genügt statt dieses Beweises die Behauptung, daß ein verpflichteter Ortsarmenverband nicht zu ermitteln gewesen sei (a. a. O. S. 93, 94).

§ 236.

Nicht allein über die Beweislast bezüglich der Landarmeneigenschaft, sondern auch gegenüber dem in Anspruch genommenen Ortsarmenverbande hat sich das Bundesamt für das Heimathwesen in folgenden Sätzen ausgesprochen: In allen Fällen muß dem als erstattungspflichtig in Anspruch genommenen Armenverbande der Beweis geführt werden, daß der vom Kläger vorläufig Unterstützte dort zur Zeit des Eintritts der Hülfsbedürftigkeit den Unterstützungs-Wohnsitz gehabt, beziehungsweise noch gehabt habe. Hierbei ist die Frage, ob eine Unterbrechung des Aufenthaltes, der Abwesenheit stattgefunden habe, nach freiem Ermessen zu beurtheilen. Die §§ 13 und 15 des Reichsgesetzes vom 6. Juni 1870 sind nicht dahin auszulegen, als streite ohne Weiteres eine erst durch Gegenbeweis zu entkräftende gesetzliche Vermuthung dafür, daß der Aufenthalt durch die Entfernung, die Abwesenheit durch die Rückkehr unterbrochen werden sei (a. a. O. S. 20).

Der Armenverband, dem an und für sich der Ablauf der im § 14 des Reichsgesetzes vom 6. Juni 1870 bestimmten Frist entgegensteht, muß den Beweis führen, daß gleichwohl ein Ruhen oder eine Unterbrechung gemäß Abs. 2 stattgefunden habe (Wohlers a. a. O. S. 22).

Im Anschluß an § 22 des Reichsgesetzes vom 6. Juni 1870 entschied das Bundesamt für das Heimathwesen, nicht der Armenverband, in dessen Bezirk Jemand früher den Unterstützungs-Wohnsitz besaß, habe zu beweisen, daß der Unterstützungs-Wohnsitz verloren gegangen sei, vielmehr habe der klagende Armenverband dem als erstattungspflichtig in Anspruch genommenen Armenverbande den Beweis zu führen, daß der von ihm vorläufig Unterstützte im Bezirk des Beklagten noch zur Zeit des Eintritts der Hülfsbedürftigkeit den Unterstützungswohnsitz hatte (Wohlers a. a. O. S. 45, 46). Zahlreiche andere Beispiele über die Beweislast in Armenstreitsachen findet man in der Wochenschrift „Selbstverwaltung“ im Jahrgang V. S. 57, 58 und 75.

§ 237.

Ueber Beweisresolute im Verwaltungsstreitverfahren sind Beschwerden unzulässig (Parey, Rechtsgrundsätze S. 453).

4. Der Beweis durch den Augenschein.

§ 238.

Die Befugniß des Verwaltungsrichters, die von ihm für erforderlich erachtete Einnahme des Augenscheins an Ort und Stelle durch das ganze Gericht und nicht bloß durch eins seiner Mitglieder stattfinden zu lassen, kann nicht bezweifelt werden. Hat eine Augenscheinsaufnahme stattgefunden, so muß das Ergebniß unter Zuziehung der Parteien gehörig zu Protokoll genommen werden (Parey, Rechtsgrundsätze S. 264).

5. Der Beweis durch den Parteieneid.

§ 239.

Parteieneide sind kein zulässiges Beweismittel im Verwaltungsstreitverfahren (Parey, Rechtsgrundsätze S. 137). In Abgaben-Reklamationssachen verbietet die Natur des Gegenstandes sowohl, wie die Stellung des Verwaltungsrichters diesem auch das etwaige Zurückgehen auf die verwandte Vorschrift des § 26 des Staats-Einkommensteuergesetzes vom 1. Mai 1851 (G. S. S. 193), betreffend die Befugniß der Bezirks-Kommission, den Reklamanten äußersten Falles zur Erklärung an Eidesstatt über die in Betreff seines Einkommens von ihm selbst gemachten Angaben aufzufordern (Parey, Rechtsgrundsätze S. 180). Der Mangel jeder bestimmten Vorschrift über die Zulässigkeit des Parteieneides im Verwaltungsstreitverfahren wird ersetzt durch die weitgehenden Befugnisse des Verwaltungsrichters, welche im § 79 des Landesverwaltungsgesetzes vom 30. Juli 1883 dahin festgestellt sind, daß das Gericht nach seiner freien, aus dem Inbegriffe der Verhandlungen und Beweise geschöpften Ueberzeugung zu entscheiden hat und daß beim Ausbleiben der betreffenden Partei oder in Ermangelung einer Erklärung derselben die von der Gegenpartei vorgebrachten Thatsachen für „zugestanden“ erachtet werden können.

§ 240.

Dagegen ist eine Eideszuschiebung in Streitsachen unter Armenverbänden nicht unbedingt ausgeschlossen. Der Eid kann aber nur über Thatsachen zugeschoben werden, z. B. darüber, ob ein Benachrichtigungsschreiben (§§ 29, 34 des Reichsgesetzes vom 6. Juni 1870) bis zu einem bestimmten Tage eingegangen sei, ob, wann, bei wem und mit welchen Worten ein Erstattungsanspruch angemeldet worden sei, nicht aber darüber, ob eine Person während einer bestimmten Zeit hülfsbedürftig gewesen sei und öffentliche Unterstützung (ohne nähere Angabe darüber, worin solche bestanden haben soll) bezogen habe, oder ob sie irgendwo durch dauernden Aufenthalt, durch Aufnahme in den Gemeindeverband, durch einjährigen Aufenthalt nach erfolgter polizeilicher Meldung, einen

Unterstützungswohnsitz erworben habe. Andere Fragen: ob Hülfsbedürftigkeit vorgelegen habe, ob der Aufenthalt im Sinne des Reichsgesetzes ein unterbrochener gewesen, ob die Aufnahme in den Gemeindeverband oder die polizeiliche Meldung in gesetzlicher Form erfolgt sei, eignen sich schon deshalb nicht zum Nachweise durch Parteieneide, weil sie ausschließlich der richterlichen Beurtheilung unterliegen (Wohlers, Kommentar zum Reichsgesetze vom 6. Juni 1870, Ausgabe von 1887 S. 153).

6. Der Beweis durch Zugeständniß und Anerkenntniß.

§ 241.

Daß ein solcher im Verwaltungsstreitverfahren zulässig ist, ergiebt sich implicite aus dem § 79 des Landesverwaltungsgesetzes vom 30. Juli 1883 (cf. den Schlußsatz des obigen § 239), indessen haben doch derartige Zugeständnisse der Parteien ihre Grenze hinsichtlich der Wirksamkeit als Beweismittel insofern, als die Partei aus eigenem Rechte auch befugt sein muß, derartige Zugeständnisse zu machen. So z. B. ist der Widerruf einer polizeilichen Verfügung, durch welche die Erlaubniß zur Vornahme einer Handlung ertheilt wird, an sich zwar zuläßsig, jedoch nur insoweit, als das öffentliche Interesse damit nicht in Widerspruch steht, denn zum Nachtheile dieses öffentlichen Interesses kann auch die als Partei im Verwaltungsstreitverfahren auftretende Polizeibehörde keine Zugeständnisse machen (Parey, Rechtsgrundsätze S. 330), weil die Polizei bei der Handhabung der Maßnahmen zum Schutze des öffentlichen Interesses nicht aus eigenem Rechte handelt.

§ 242.

Anders verhält es sich mit den Anerkenntnissen der das öffentliche Interesse vertretenden und schützenden Behörden, wie solche leicht vorkommen können, wenn Jemand gegen behördliche Anordnungen Einspruch erhebt und denselben in einer Weise begründet, daß sich die Behörde dadurch veranlaßt sieht, von der beabsichtigten Maßnahme Abstand zu nehmen, oder wenn eine Behörde auf die Klage des Betroffenen noch im Termin zur mündlichen Verhandlung die angegriffene Verfügung zurücknimmt, oder wenn die Klage in diesem Stadium zurückgenommen wird, oder der Klagegrund fortfällt. Solchen Vorkommnissen gegenüber ist auch der Richter im Verwaltungsstreitverfahren machtlos, selbst wenn er zu der Ueberzeugung gelangt, daß das öffentliche Interesse dadurch gefährdet sein sollte. Das Einzige, was in solchen Fällen geschehen könnte, wäre die Abgabe der Sache an die zuständige Aufsichtsbehörde zur weiteren Veranlassung, was sich in den unteren Verwaltungsgerichtsinstanzen um so leichter bewerkstelligen läßt, als hier die Aufsichtsbehörde gleichzeitig den Vorsitz in dem Verwaltungsgerichte führt. Nur in einem (bereits früher erwähnten) Falle hat das Ober-Verwaltungsgericht die Ansicht ausgesprochen, daß die Zurücknahme der Klage nicht die Wirkung des Aufhörens des Verwaltungsstreitverfahrens haben könne, wenn nämlich von mehreren Streitgenossen nur einer oder einige die Klage zurücknehmen (vergl. Parey, Rechtsgrundsätze S. 265 N. 2).

7. Der Beweis durch Urkunden.

§ 243.

Daß auch diese Art der Beweisführung im Verwaltungsverfahren zulässig ist, ergiebt sich aus §§ 66, 92 und 95 des Landesverwaltungsgesetzes vom 30. Juli 1883, nach welchen die als Beweismittel in Bezug genommenen Urkunden allen Schriftstücken im Orginal oder in Abschrift beigefügt werden sollen. Darunter versteht man nicht bloß Schriftstücke, sondern auch andere Gegenstände, durch deren Vorzeigung eine behauptete Thatsache bewiesen werden soll, die „Beifügung" derselben wird deshalb unter Umständen wohl seine Schwierigkeiten haben, namentlich wenn diese Urkunden nicht bewegliche Sachen sind, indessen hilft sich hier der Verwaltungsrichter event. d. h. wenn er die Urkunde überhaupt für erheblich hält, mit der Einnahme des Augenscheins (s. oben).

§ 244.

Abgaben-Vertheilungs-Plänen wohnt nach § 23 des Gesetzes vom 3. Januar 1845 die Kraft einer gerichtlich bestätigten und vollstreckbaren Urkunde nur so weit bei, als der Inhalt der Urkunde reicht (Parey, Rechtsgrundsätze S. 138).

8. Der Beweis durch gerichtskundige Thatsachen.

§ 245.

Dieses Beweismittel hat für das Verwaltungsstreitverfahren eine viel größere Bedeutung, als für alle anderen Prozeßarten, denn die Zusammensetzung der Verwaltungsgerichte ist, namentlich in den unteren Instanzen, eine solche, daß man annehmen sollte, es sei die Zuziehung von Zeugen und Sachverständigen in der Regel nicht erforderlich, sondern nur ausnahmsweise in Fällen, in denen es sich um spezielle Thatsachen handelt, welche ihrer Natur nach nur wenigen Personen bekannt sein werden. Soweit es sich aber um die allgemeine Kenntniß von Land und Leuten handelt, wird von dem Verwaltungsrichter, sei er Beamter oder Laie, mit vollem Rechte erwartet, daß er sich dieselben in ausreichendster Weise durch die Praxis angeeignet habe, denn diese Voraussetzung liegt in dem Wesen des Begriffes der Selbstverwaltung, deren Organe auch deshalb mit der Beschlußfassung und Entscheidung über die bei der Verwaltung vorkommenden Differenzen betraut sind. Fehlt es den Mitgliedern der Kollegien an derartigen Lokalkenntnissen, was ja wohl zu entschuldigen ist, wenn es sich um Zustände aus älterer Zeit handelt, so wird allerdings nichts weiter übrig bleiben, als den Beweis durch Urkunden oder Zeugen zu erheben, selbst wenn sich das Dasein einer Ortsgewohnheit (Observanz) aus den Handlungen der lebenden Generation noch erkennen läßt.

9. Rechtsvermuthungen und Analogien.

§ 246

Dieselben sind überall ausgeschlossen, wo das Gesetz bestimmte Vorschriften ertheilt und auch da, wo das Gesetz die Entschließung der zuständigen Behörde von dem Nachweise bestimmter Thatsachen abhängig macht, wie z. B. in Ansiedelungssachen hinsichtlich der Gründe zur Versagung der Erlaubniß zur Gründung einer solchen Ansiedelung (Parey, Rechtsgrundsätze S. 423).

§ 246.

Die analoge Anwendung von Gesetzen ist im Verwaltungsstreit- und Beschlußverfahren so bedenklich und gefährlich, daß eine vollständige und grundsätzliche Vermeidung derselben nur dringend angerathen werden kann. Denn es ist zu bedenken, daß die Vorschriften über das Verwaltungsstreit- und Beschlußverfahren in Preußen, gemäß der bei der Gesetzgebung zu Grunde liegenden positiv-kasuistischen Methode immer nur die Ausnahme von der allgemeinen Regel bilden, daß die Behörden der freien Verwaltung in erster Linie zuständig geblieben sind, und daß ihnen diese Zuständigkeit nur in einzelnen bestimmten Fällen zu Gunsten der Verwaltungsstreit- und Beschlußbehörden entzogen worden ist. Mit diesen Gegenständen der Zuständigkeit stehen aber die Vorschriften über das Verfahren im engsten Zusammenhange, dieselben können also in keinem Falle zur Anwendung kommen, wenn die Zuständigkeit selbst nicht in den Gesetzen festgestellt worden ist (§ 7 Abs. 2 des Landesverwaltungsgesetzes vom 30. Juli 1883).

VI. Das Erkenntniß und der Beschluß.

1. Die äußeren Bestandtheile.

a. Die Ueberschrift.

§ 247.

Die Ausfertigung der im Verwaltungsstreitverfahren ergangenen Entscheidungen sind mit der Ueberschrift „Im Namen des Königs“ zu versehen (§ 15 des Geschäftsregulativs für die Kreisausschüsse und die an die Stelle derselben tretenden Behörden [Stadtausschuß, Magistrat] vom 28. Februar 1884, § 15 des Geschäftsregulativs für die Bezirksausschüsse von demselben Tage, hinsichtlich der Endurtheile des Oberverwaltungs-Gerichts § 23 des Geschäfts-Regulativs vom 2. April 1878).

b. Der Eingang des Erkenntnisses.

§ 248.

In demselben müssen der Sitzungstag, an welchem die Entscheidung getroffen worden ist und die Namen der Mitglieder der Behörde, welche an der Abstimmung theilgenommen haben, ersichtlich gemacht sein (a. a. O.).

c. Der Tenor.

§ 249.

Dies ist der den dispositiven Ausspruch des Richters über das streitige Rechtsverhältniß enthaltende Theil des Erkenntnisses. Die Art und Weise, wie dieser Tenor von den „Gründen" (cf. unter § 252) abgezweigt zu werden pflegt (auch in der unzweckmäßigen Weise, welche sich durch die häufige Wiederholung der Worte „In Erwägung" kennzeichnet), gestattet im Allgemeinen nicht, den Einwand der im Verwaltungsstreitverfahren rechtskräftig entschiedenen Sache auf Grund des Tenors zu beurtheilen und von einem Zurückgehen auf den zweiten Theil (die Gründe) dabei ganz abzusehen. Dies ist namentlich dann unzulässig, wenn der im Tenor der früheren Entscheidung als unbegründet zurückgewiesene Anspruch nicht in genauer Uebereinstimmung mit dem zunächst maßgebenden Klageantrage steht (Parey, Rechtsgrundsätze S. 32). Hiernach dürfte es sich empfehlen, durch Geschäftsregulative auch eine einheitliche Form für den Tenor vorzuschreiben.

§ 250.

Rechtsmittel können nur gegen den Tenor des Erkenntnisses, niemals gegen die Gründe desselben eingelegt werden (Parey, Rechtsgrundsätze S. 225).

§ 251.

Der Tenor der Entscheidungen soll klar ergeben, zwischen welchen Parteien als Kläger, Beklagter, Beigeladener der Streitfall entschieden worden ist (Parey, Rechtsgrundsätze S. 450).

d. Die Gründe.

§ 252.

Vergl. oben §§ 249, 250.

Die Wirkung richterlicher Erkenntnisse beruht in der Vollstreckbarkeit der rechtskräftigen Entscheidung, nicht in der mehr oder minder autoritativen, aber nicht zwingenden Bedeutung der Gründe (Parey, Rechtsgrundsätze S. 78). In der Begründung eines Erkenntnisses des Berufungsgerichts ist ein wesentlicher Mangel des Verfahrens zu finden, wenn der Richter es unterläßt, speziell anzugeben, welche von den in zweiter Instanz angeführten Behauptungen für thatsächlich unerwiesen und welche für rechtlich unerheblich zu erachten sind (a. a. O. S. 438).

e. Die Belehrungen über die Rechtsmittel.

§ 253.

Nachdem der § 29 des Zuständigkeitsgesetzes vom 26. Juli 1876 fortgefallen und nicht wieder ersetzt worden ist, giebt es nur noch in folgenden Fällen Rechtsbelehrungen über die Rechtsmittel, welche stets am Schlusse der betreffenden Bescheide und Verfügungen und zwar, falls in denselben der dispositive Inhalt von der Begründung geschieden ist (dies ist die zweckmäßigere Weise), am Schlusse der Gründe in einer thunlichst in die Augen fallenden äußeren Form zu ertheilen sind:

1. § 64 Abs. 4 des Landesverwaltungsgesetzes vom 30. Juli 1883. Rechtsbelehrung bei dem Vorbescheide und der Aufgabe der Klaglosstellung [Geschäfts-Regulative für die Kreis- (Stadt-) Ausschüsse und Magistrate (§ 16), für die Bezirksausschüsse (§ 16)].
2. § 67 a. a. O. Rechtsbelehrung im Falle der Entscheidung ohne vorausgegangene mündliche Verhandlung, welche von den Parteien nicht verlangt ist (dieselben Geschäfts-Regulative).
3. § 86 Abs. 4 a. a. O. Rechtsbelehrung bei der Zurückweisung eines Rechtsmittels wegen Fristversäumniß (dieselben Geschäfts-Regulative).
4. § 89 a. a. O. Rechtsbelehrung im Falle der Entscheidung ohne vorausgegangene mündliche Verhandlung, welche von den Parteien nicht verlangt ist, in der Berufungsinstanz (Geschäfts-Regulative für die Bezirksausschüsse).
5. § 95 a. a. O. Rechtsbelehrung in den Fällen sub 3 und 4 in der Revisionsinstanz (Geschäfts-Regulativ für die Bezirksausschüsse).
6. § 111 Abs. 2. Rechtsbelehrung in dem Falle sub 3 bei Beschwerde (Geschäfts-Regulativ für die Kreis- (Stadt-) Ausschüsse, die Magistrate und Bezirksausschüsse).
7. § 111 Abs. 3. Rechtsbelehrung in dem Falle sub 1 bei Beschwerden (Geschäfts-Regulativ für die Bezirksausschüsse).
8. § 117 Abs. 3. Rechtsbelehrung in dem Falle des Vorbescheides in Beschlußsachen (Geschäfts-Regulative für die Kreis- (Stadt-) Ausschüsse und Magistrate, für die Bezirksausschüsse und für die Provinzialräthe).
9. § 122 Abs. 2. Rechtsbelehrungeu in den Fällen der Fristversäumnisse in Beschlußsachen (dieselben Geschäfts-Regulative wie sub 8).

§ 254.

Der bereits erwähnte § 29 Abs. 3 des Zuständigkeitsgesetzes vom 26. Juli 1876, welcher von den Fristversäumnissen wegen irriger Belehrungen handelte und fortgefallen ist, hat in gewisser Hinsicht Ersatz gefunden in dem § 52 des Landesverwaltungsgesetzes vom 30. Juli 1883 (Wiedereinsetzung in den vorigen Stand wegen unverschuldeter Fristversäumniß) und in § 112 a. a. O. (ebenfalls Wiedereinsetzung in den vorigen Stand). Damit ist der früher zulässige Grundsatz, die fakultative Belehrung könne auch in mündlicher Form stattfinden, gegenstandslos geworden (Parey, Rechtsgrundsätze S. 16).

§ 255.

Orts- und Kreispolizeibehörden haben in ihren Bescheiden niemals Rechtsbelehrungen zu ertheilen. Thun sie dies dennoch, so geschieht es auf ihre eigene Verantwortung, und zwar sowohl den Parteien als den vorgesetzten Behörden gegenüber (Parey, Rechtsgrundsätze S. 440, 441).

§ 256.

Der in erster Instanz ertheilten unrichtigen Belehrung kann niemals die Wirkung beiwohnen, die angegebene Frist an die Stelle der gesetzlich festgestellten treten zu lassen (Parey, Rechtsgrundsätze S. 446).

f. Die Vollziehung und die Unterschriften.

§ 257.

Alle Entscheidungen, Bescheide, Beschlüsse und Verfügungen, welche von dem Kreis- (Stadt-) Ausschusse und dem Magistrat an Stelle des Kreisausschusses als Kollegium erlassen werden, sind in der Ausfertigung mit der die Behörde bezeichnenden Unterschrift zu versehen und von dem Vorsitzenden zu vollziehen (§ 15 des Geschäfts-Regulativs für die vorgedachten Behörden). Dasselbe gilt von den Bezirksausschüssen und von den Provinzialräthen, bei denen es sich aber nur um Beschlüsse und Verfügungen handeln kann, nicht um Entscheidungen und Bescheide. Das Ober-Verwaltungsgericht erläßt alle Endurtheile, Beschlüsse, Verfügungen, Berichte, Requisitionen u. s. w. unter dem Namen „Königliches Oberverwaltungsgericht“. Die Reinschriften werden von dem Präsidenten vollzogen. Bei Endurtheilen, Beschlüssen u. s. w. eines Senats wird die Bezeichnung des letzteren hinzugefügt und die Reinschrift von dem Vorsitzenden des Senats unterschrieben. Für prozeßleitende und ähnliche Verfügungen ist die Beglaubigung durch einen Subalternbeamten genügend (§ 22 des Geschäfts-Regulativs für das Ober-Verwaltungsgericht vom 2. April 1878).

§ 258.

Bei Beschwerden und Verfügungen, welche von dem Vorsitzenden erlassen werden, und gegen welche das Gesetz ausdrücklich den Antrag auf mündliche Verhandlung oder auf Kollegialbeschluß zuläßt, lautet die Unterschrift: „Namens des Kreisausschusses, der Vorsitzende". Dasselbe findet mit der betreffenden Unterschrift statt bei Bescheiden und Verfügungen, welche von dem Vorsitzenden des Bezirksausschusses im Einvernehmen mit den ernannten Mitgliedern oder von ihm allein erlassen werden, desgleichen bei den Bescheiden und Verfügungen, welche von dem Vorsitzenden des Provinzialraths erlassen werden.

Die hier in Betracht kommenden Fälle sind folgende:

1. § 60 des Landesverwaltungsgesetzes vom 30. Juli 1883. Verfügung der Vollstreckung im Verwaltungs-Streit- und Beschlußverfahren durch den Vorsitzenden allein. (Geschäfts-Regulative für die Kreis- (Stadt-) Ausschüsse und Magistrate, für die Bezirksausschüsse und für die Provinzialräthe).
2. § 64 Abs. 3 a. a. O. Erlaß des Vorbescheides von dem Vorsitzenden allein (Geschäfts-Regulative für die Kreis- (Stadt-) ausschüsse, Magistrate und Bezirksausschüsse).
3. § 111 Abs. 3 a. a. O. Erlaß des Vorbescheides für den Fall der Versäumung der Beschwerdefristen (Geschäfts-Regulative wie sub 2 und für die Provinzialräthe).
4. § 117 Abs. 3 a. a. O. Erlaß des Vorbescheides in Beschlußsachen (Geschäfts-Regulative wie sub 3).

§ 257.

Die Urschriften der von dem Kollegium erlassenen Entscheidungen, Bescheide und Beschlüsse sind von dem Vorsitzenden und wenigstens zwei Mitgliedern zu vollziehen (Geschäfts-Regulative wie vorher sub 4); bei den Provinzialräthen kann es sich nur um Beschlüsse handeln, bei den Bezirksausschüssen werden die Urschriften der Bescheide, welche von dem Vorsitzenden im Einvernehmen mit den ernannten Mitgliedern erlassen werden, von den letzteren mit vollzogen.

g. Die Siegel unter den Ausfertigungen der Erkenntnisse.

§ 258.

Dieselben führen den preußischen Adler mit den Umschriften „Kreisausschuß", „Stadtausschuß", „Bezirksausschuß". Als Siegel für den Magistrat, wenn er an die Stelle des Kreisausschusses tritt, gilt das Magistratssiegel.

2. Der Gegenstand des Erkenntnisses.

§ 259.

Nach dem letzten Satze im § 79 des Landesverwaltungsgesetzes vom 30. Juli 1883 dürfen die Entscheidungen nur die zum Streitverfahren vorgeladenen Parteien und die in demselben erhobenen Ansprüche betreffen. Diese Vorschrift hat den Richter über öffentliches Recht und öffentliches Interesse nicht, wie den Richter über Privatrechte für alle Fälle an die Anträge der Parteien gebunden, insbesondere nicht in den Fällen, für welche das Gesetz die Würdigung des öffentlichen Interesses in das freie Ermessen der Verwaltungsgerichte gestellt hat. Deshalb kann der Verwaltungsrichter z. B. Gesuche um Ertheilung der Konzession zum Betriebe der Schankwirthschaft auch gegen den Antrag der betheiligten Orts-, Polizei- und Kommunalbehörden zurückweisen (Parey, Rechtsgrundsätze S. 352 Nr. 6). Vergl. oben § 227.

§ 260.

Dagegen folgt aus dem obigen Grundsatze, daß das gegen eine Partei rechtskräftig gewordene Erkenntniß gegen einen zum Prozeß gar nicht zugezogenen uud im Rubrum nicht bezeichneten Dritten unmittelbar aus dem Erkenntnisse nicht exequirt werden kann (Parey, Rechtsgrundsätze S. 439 Nr. 6, 2).

§ 261.

Wenn auch der Verwaltungsrichter bei seinen Entscheidungen an die Anträge der Parteien nicht gebunden ist, so darf er doch über die von denselben gestellten Ansprüche hinaus nicht erkennen (ultra petitum). cf. Entsch. Bd. II S. 376 und Bd. IV. S. 196.

§ 262.

Im Uebrigen erleidet diese Vorschrift schon eine erhebliche Abschwächung durch den § 71 Abs. 3 des Landesverwaltungsgesetzes vom 30. Juli 1883, nach welchem der Vorsitzende des Gerichtes dahin zu wirken hat, daß die sachdienlichen Anträge von den Parteien gestellt werden. Gelangt der Richter zu der Ueberzeugung, daß die Ansprüche der Parteien zu niedrig bemessen sind, so kann er darauf aufmerksam machen. Dazu wird namentlich bei Abgaben-Reklamationen häufig Gelegenheit sein. Will die Partei auf diesen guten Rath nicht hören, so ist ihr natürlich nicht zu helfen, denn die Entscheidung des Verwaltungsrichters darf nicht an die Stelle der Veranlagung treten (Parey, Rechtsgrundsätze S. 103). Andrerseits darf er sich bei seiner Entscheidung nicht darauf beschränken, die Grundsätze anzugeben, nach welchen das Reineinkommen des Reklamanten (aus dem Grundbesitze) berechnet werden soll, sondern er muß die Höhe dieses Einkommens und damit den Betrag der zu zahlenden Steuer gleichzeitig festsetzen (a. a O. S. 36). In Kreisabgabensachen hat der Verwaltungsrichter nicht die Reklamationsbescheide der Kreisausschüsse zu bestätigen, aufzuheben oder abzuändern, sondern seine Entscheidung auf Abweisung der Klage, Freilassung des Klägers oder Feststellung des Abgabenbetrages, zum mindesten des Prinzipalsteuersatzes, zu richten (a. a. O. S. 50). Wenn der Verwaltungsrichter findet, daß eine Steuer-Ueberbürdung zwar nicht um den behaupteten, sondern um einen gewissen minderen Betrag vorliegt, so ist es seine Aufgabe, diesen letzteren, soweit hierfür die Erklärungen der Parteien und der event. nach Maßgabe derselben erhobene Beweis die erforderliche Grundlage gewähren, festzustellen und demgemäß über den erhobenen Anspruch auf Herabsetzung der veranlagten Gemeindeabgaben Entscheidung zu treffen (a. a. O. S. 137).

§ 263.

Gegenstand und deshalb Theil des Erkenntnisses im Verwaltungsstreitverfahren ist auch die Erledigung des Kostenpunktes und die Festsetzung des Werthes des Streitgegenstandes (§ 103 des Landesverwaltungsgesetzes vom 30. Juli 1883). Hierzu bedarf es keines Antrages der Parteien, vielmehr hat der Verwaltungsrichter für Beides von Amtswegen zu sorgen, ohne sich deshalb dem Vorwurfe auszusetzen, daß er ultra petitum erkannt habe.

3. Die Verkündigung der Entscheidung.

§ 264.

Die Verkündigung der Entscheidung erfolgt nach § 81 des Landesverwaltungsgesetzes — der Regel nach — in öffentlicher Sitzung des Gerichts. Nach § 14 des Geschäfts-Regulativs für die Kreisausschüsse und für die an Stelle desselben tretenden Behörden verkündet der Vorsitzende die ergangene Entscheidung oder den ergangenen Beschluß. Wird die Verkündigung der Gründe der Entscheidung oder des Beschlusses für angemessen erachtet (ein Zwang dazu liegt also der Regel nach nicht vor), so erfolgt sie durch Vorlesung derselben oder durch mündliche Mittheilung ihres wesentlichen Inhaltes.

Hat die Verkündigung der Entscheidung oder des Beschlusses nicht sofort erfolgen können, so bedarf es zu diesem Behufe nicht der Anberaumung einer besonderen Sitzung; vielmehr genügt die Zustellung der mit Gründen versehenen Entscheidung oder des Beschlusses an die Betheiligten.

Nur in denjenigen Angelegenheiten, auf welche der § 21 der Reichsgewerbe-Ordnung vom 21. Juni 1869 (1. Juli 1883) Anwendung findet, muß die Verkündigung der Entscheidung oder des Beschlusses (mithin auch nicht der Gründe) stets in öffentlicher Sitzung erfolgen. Erscheint in derartigen Sachen die Aussetzung der Entscheidung oder des Beschlusses nothwendig, so erfolgt die Verkündigung in einer weiteren Sitzung, welche sofort anzuberaumen und den Parteien bekannt zu machen ist.

Dieselben Vorschriften gelten für die Bezirksausschüsse (§ 14 des Regulativs) und für die Provinzialräthe (§ 14) mit der in der Natur der Sache liegenden Modifikation, daß es sich hier nur um Verkündigung von Bescheiden handelt und daß die Ausnahme wegen der gewerblichen Angelegenheiten fortfällt.

Für das Ober-Verwaltungsgericht ist der § 18 des Geschäfts-Regulativs vom 2. April 1878 maßgebend, welcher lautet:

„Der Vorsitzende verkündigt die ergangene Entscheidung durch Vorlesung der Urtheilsformel. Nach Befinden des Gerichtshofes kann die Verkündigung der Entscheidung bis auf die nächste regelmäßige Sitzung ausgesetzt werden. Zu letzterer werden die erschienenen Parteien mündlich vorgeladen; einer Vorladung der ausgebliebenen Parteien bedarf es nicht.

Wird die Verkündigung der Entscheidungsgründe für angemessen erachtet, so erfolgt sie durch Vorlesung der Urtheilsgründe oder durch mündliche Mittheilung des wesentlichen Inhalts.

Aus besonderen Gründen kann der Gerichtshof beschließen, die mit Gründen versehene Ausfertigung der Entscheidung den Parteien und dem Kommissar zur Wahrnehmung des öffentlichen Interesses an Stelle der Verkündigung zustellen zu lassen.

Vorstehende Bestimmungen finden auf Beweis-Beschlüsse entsprechende Anwendung."

§ 265.

Ist die Verkündigung in öffentlicher Sitzung nicht erfolgt, so genügt die (übrigens unerläßliche) Zustellung einer mit Gründen versehenen Ausfertigung der Entscheidung an die Parteien und, sofern ein besonderer Kommissar zur Wahrnehmung des öffentlichen Interesses bestellt war (§ 74 Abs. 2 des Landesverwaltungsgesetzes vom 30. Juli 1883) gleichzeitig auch an diesen (§ 81 Satz 2 a. a. O.). Diejenigen als Partei das öffentliche Interesse wahrnehmenden Behörden, welchen im Streitverfahren für die mündliche Verhandlung vor dem Bezirksausschusse oder dem Ober-Verwaltungsgerichte auf ihren Antrag von dem Regierungspräsidenten oder dem Ressortminister ein Vertreter bestellt wird, haben eine Ausfertigung nicht zu beanspruchen, sondern nur die Zufertigung der Entscheidung (Parey, Rechtsgrundsätze S. 455).

§ 266.

Ueber die erfolgte Zustellung muß in allen Fällen eine Urkunde zu den Akten gebracht werden (Parey, Rechtsgrundsätze S. 451).

VII. Die Rechtsmittel.

Im Allgemeinen.

§ 267.

Rechtsmittel ist in Verwaltungssachen Alles, was geeignet und bestimmt ist, einen durch Behörden geschaffenen oder geduldeten öffentlich-rechtlichen Zustand durch Anrufen derselben oder einer andern Behörde wieder abzuändern.

1. Die allgemeine Verwaltungsbeschwerde.

§ 268.

Nach § 16 Tit. 13 Theil II A. L. R's muß, soweit die Besorgung gewisser zu den Rechten und Pflichten des Staates gehörender Angelegenheiten und Geschäfte den Beamten des Staates vermöge ihres Amtes obliegt, diesen „innerhalb der Grenzen ihres Auftrages" ebenso, wie dem Landesherrn selbst, Folge geleistet werden. Mit den vorstehend gesperrt gedruckten Worten ist die Grenze bezeichnet, wo die Machtvollkommenheit des Beamten aufhört und dessen Verantwortlichkeit denjenigen Rechtssubjekten gegenüber beginnt, welche durch die bei der Ausübung des Amtes begangenen Gesetzwidrigkeiten in ihren staatsbürgerlichen Rechten verletzt worden sind. Zur Wiederherstellung der auf diese Weise gestörten Rechtsordnung dient das allgemeine Beschwerderecht, d. h. das Recht, die vorgesetzte Dienst- oder Aufsichtsbehörde des betreffenden Beamten um Abhülfe anzurufen. Dies staatsbürgerliche Grundrecht ist schon in der älteren preußischen Verfassung gewährleistet, nämlich in dem (als Strafgesetzbuch aufgehobenen) § 180 Tit. 20 Theil II, welcher lautet:

> „Alle obrigkeitlichen Personen, besonders aber die Vorgesetzten der Magistrate, Gerichte und anderer Kollegien, sind schuldig, einen Jeden, welcher sich in Angelegenheiten ihres Amtes bei ihnen meldet, persönlich zu hören und auf schleunige Untersuchung und Abhelfung gegründeter Beschwerden bedacht zu sein."

Dies eigentlich selbstverständliche Beschwerderecht findet seine direkte Bestätigung in dem Art. 32 der preußischen Verfassung vom 31. Januar 1850, denn das daselbst genannte Petitionsrecht umfaßt nicht bloß Anträge auf Vornahme bestimmter Maßregeln, Verbesserung gewisser Zustände, Fürsorge gegen drohende Uebelstände (früher § 150 Tit. 20 Theil II A. L. R's), sondern auch die Anträge auf Beseitigung von Rechtsverletzungen, welche durch Handlungen oder Unterlassungen der Behörden und Beamten herbeigeführt werden.

§ 269.

Diesem von den Regierten ausgehenden und gehandhabten Beschwerderechte an die höheren und höchsten Instanzen kommt entgegen die Befugniß der Regierenden, innerhalb ihrer gesetzlichen Zuständigkeit Verfügungen und Anordnungen der nachgeordneten Behörden außer Kraft zu setzen oder diese Behörde mit Anweisung zu versehen (§ 50 Abs. 3 des Landesverwaltungsgesetzes vom 30. Juli 1883). Daraus ergiebt sich, daß die höheren Behörden auch ohne einen bestimmten Antrag des angeblich oder thatsächlich Verletzten in die Thätigkeit der nachgeordneten Behörden eingreifen können, daß sie also die Anregung zur Uebung ihrer Aufsichtsthätigkeit auch anderswo her erhalten können, z. B. aus eigener Wahrnehmung, aus Mittheilungen ihrer Organe, oder von „Jedermann aus dem Volke". (Vergl. unten § 290).

§ 270.

Die letzten gesperrt gedruckten Worte im vorstehenden § 269 deuten hin auf ein Hauptunterscheidungsmerkmal der hier behandelten freien Verwaltungsbeschwerde von der später zu beschreibenden formellen Verwaltungsbeschwerde, bei welcher die Legitimation zur Erhebung der Beschwerde eine hervorragende Rolle spielt, bei welcher also sogenannte Popularklagen oder Popularbeschwerden (quivis ex populo) niemals vorkommen können. Zur Erläuterung mögen hier folgende Beispiele aus der Judikatur des Ober-Verwaltungsgerichts dienen:

§ 271.

Die bloße „Berührung" subjektiver Interessen von den Wirkungen polizeilicher Verfügungen gewährt kein Klagerecht im Verwaltungsstreitverfahren, vielmehr ist die Voraussetzung der Klage die Rechtsverletzung, der Eingriff in subjektive Rechte, welche als ungesetzlich und rechtswidrig angefochten wird. Dagegen berechtigt das Interesse, welches eine Person daran hat, daß gegen einen Anderen polizeilich eingeschritten werde, den Ersteren nicht zur Klage im Streitverfahren gegen die Polizeibehörde auf Erlaß einer polizeilichen Verfügung an und gegen diesen Anderen, vielmehr steht hierfür nur das Anrufen der Polizei-Aufsichtsbehörden offen. Das Mittel dieser Berufung ist die freie formlose Beschwerde, welche zum Zweck hat, die säumige oder wohl gar parteiische Polizeibehörde durch die Aufsichtsbehörde zur Erfüllung ihrer Obliegenheiten anzuhalten (Parey, Rechtsgrundsätze S. 246, 247).

§ 272.

Ablehnende Verfügungen (z. B. eine Verfügung, welche den Ausschluß eines von Walde begrenzten Grundstückes ablehnt, § 7 des Jagdpolizeigesetzes vom 7. März 1850) fallen nicht unter den Begriff derjenigen polizeilichen Verfügungen, welche durch die formelle Beschwerde oder die Klage angefochten werden können. Denn der Gesetzgeber hat — im Gegensatze zur Verweigerung eines polizeilichen Einschreitens für das Publikum oder einzelne Glieder desselben — nur positive Anordnungen der Polizeibehörden — Verfügungen, welche eine Handlung oder eine Unterlassung fordern, z. B. den Gebrauch eines den Betheiligten an sich zustehenden Rechtes einschränken — im Auge gehabt. Es ist mithin auch in diesem Falle nur die freie, formlose Beschwerde an die Aufsichtsbehörde zulässig (Parey, Rechtsgrundsätze S. 261).

§ 273.

Die Kontrolle darüber, daß die Polzeibehörden von den ihnen durch das Gesetz beigelegten Befugnissen Gebrauch machen und gegen Einzelne zwingend da einschreiten, wo dies innerhalb ihrer gesetzlichen Machtbefugnisse liegt, ist regelmäßig nicht Gegenstand der richterlichen Thätigkeit im Streitverfahren, sondern Aufgabe der staatlichen Aufsichtsbehörde. Hierüber kann zunächst da kein Zweifel obwalten, wo es sich um den der Polizei anvertrauten Schutz allgemeiner öffentlicher Interessen handelt. Dasselbe gilt auch der Regel nach noch da, wo das Gesetz Interessen und Rechte Einzelner um ihrer Bedeutung für das öffentliche Wohl willen, oder weil die Hülfe des ordentlichen Richters nicht mit der sachlich gebotenen Schleunigkeit einzutreten vermag, unter einen besonderen polizeilichen Schutz stellt. Auch hier steht grundsätzlich der Befugniß und amtlichen Pflicht der Polizeibehörde, gegen Dritte einzuschreiten, kein subjektives, im Streitverfahren verfolgbares Recht des Interessenten gegen die Behörde auf deren Einschreiten gegenüber, sondern der Betroffene kann sich nur mit der freien formlosen Beschwerde an die Aufsichtsbehörde wenden (Parey, Rechtsgrundsätze S. 272).

§ 274.

Von dem vorstehenden Grundsatze machen auch diejenigen Vorschriften keine Ausnahme, welche die Polizeibehörden „ermächtigen", jemanden zu einer bestimmten Handlung anzuhalten. Denn auch dieser amtlichen „Befugniß" der Polizeibehörden steht kein subjektives, im Streitverfahren verfolgbares Recht der betheiligten Interessenten gegen die Behörden auf deren Einschreiten gegenüber (Parey, Rechtsgrundsätze S. 278).

§ 275.

Eine Klage im Streitverfahren steht auch nicht jedem aus dem Publikum zu dem Zwecke zu, um eine Behörde zu veranlassen, daß sie eine bereits erlassene Verfügung nicht zurücknehme oder die schon erfolgte Aufhebung oder Zurücknahme wieder rückgängig mache, wobei es keinen Unterschied macht, ob diese Zurücknahme aus der freien Entschließung der nachgeordneten Behörde oder auf Anweisung von Seiten einer höheren Instanz erfolgen soll. Auch hier kann nur mit der freien formlosen Beschwerde bei der Aufsichtsbehörde Abhülfe nachgesucht werden (Parey, Rechtsgrundsätze S. 279).

§ 276.

Privatpersonen sind nicht legitimirt, auf Erhaltung öffentlicher Wege im ordentlichen Zustande zu klagen. Popularklagen im Verwaltungsstreitverfahren sind nicht zuzulassen; nur auf gewissen Gebieten ist den Interessen der Einzelnen — regelmäßig der Nachbarn, der adjazirenden Grundbesitzer — neben dem öffentlichen Interesse ein besonderer Rechtsschutz im Streitverfahren eingeräumt worden, z. B. bei gewerblichen Anlagen und Ansiedlungen. Auch hier ist nur die freie formlose Beschwerde über die angeblich pflichtvergessene Polizeibehörde bei der Aufsichtsbehörde zulässig (Parey, Rechtsgrundsätze S. 306).

§ 277.

Aus diesen wenigen Beispielen, welche bis ins Unendliche vervielfältigt werden können, ergiebt sich, daß die freie, nur in bestimmten Ausnahmefällen an eine Frist gebundene Beschwerde über behördliche Handlungen oder Unterlassungen die allgemeine Regel bildet und daß Ausnahmen nur in den Fällen vorkommen, wo das Gesetz ein anderes Angriffs- oder Rechtsmittel an die Stelle dieser Aufsichts-Beschwerde gestellt hat. Diese Fälle, welche weiter unten aufgezählt werden sollen, bilden die Ausnahmen, und deshalb heißt es auch im § 50 Abs. 1 des Landesverwaltungsgesetzes vom 30. Juli 1883: „Das Gesetz bestimmt, in welcher Weise Verfügungen (Bescheide, Beschlüsse) in Verwaltungssachen angefochten werden können. Zur ersten Anfechtung dienen in der Regel die (formelle) Beschwerde oder die Klage im Verwaltungsstreitverfahren (vergl. unten § 291). Die hier in Betracht kommenden Aufsichtsbehörden, an welche diese freie Beschwerde zu richten ist, sind im Rahmen der preußischen Verwaltungsgesetze folgende:

§ 278.

1. Die Aufsicht des Staates über die Verwaltung der Angelegenheiten der Landgemeinden, der Aemter in der Provinz Westfalen und der Bürgermeistereien in der Rheinprovinz, sowie der Gutsbezirke wird, unbeschadet der Vorschriften der Kreisordnungen und der in den Gesetzen geordneten Mitwirkung des Bezirksausschusses in erster Instanz von dem Landrath als Vorsitzenden des Kreisausschusses, in höherer und letzter Instanz von dem Regierungspräsidenten geübt. Beschwerden bei den Aufsichtsbehörden in den vorbezeichneten Angelegenheiten sind in allen Instanzen innerhalb zwei Wochen anzubringen (§ 24 des Zuständigkeitsgesetzes vom 1. August 1883).

Es handelt sich in diesem Falle nur um die Aufsicht über die Kommunal- (nicht die Polizei-) Angelegenheiten, z. B. um die Jagdverpachtungs-Angelegenheiten (Parey, Rechtsgrundsätze S. 259 Nr. 1), in denen der Landrath als Kommunal-Aufsichtsbehörde von dem Kreissekretär nicht vertreten werden kann; das bedeuten die Worte „als Vorsitzender des Kreisausschusses".

Die für diese Fälle vorgeschriebene Frist ist insofern von erheblicher Wichtigkeit, als dieselbe überall in den einzelnen Gemeinde-Verfassungsgesetzen eingeführt worden ist, wo es sich um die Einlegung von Beschwerden an die Aufsichtsbehörde in Kommunal-Angelegenheiten handelt. (Vgl. unten § 291.)

§ 279.

2. Dasselbe findet statt hinsichtlich der Aufsicht des Staates über die Verwaltung der Kommunal-Angelegenheiten der Amtsverbände (§ 5 Abs. 2 des Züständigkeitsgesetzes vom 1. August 1883, §§ 55 und 55c der altländischen Kreisordnung). Auch hier ist eine Beschwerdefrist von zwei Wochen vorgeschrieben, dagegen ist eine solche Frist nicht bestimmt in dem Falle des § 67 Abs. 2 der altländischen Kreisordnung betreffend die von dem Landrathe als Vorsitzenden des Kreisausschusses zu übende Aufsicht über die Geschäftsführung des Amtsvorstehers sowohl in kommunalen, als in polizeilichen Angelegenheiten. Daß die Beschwerde in diesen Fällen an den Regierungspräsidenten geht, versteht sich von selbst, aber ebenso, daß der Instanzenzug hiermit keineswegs abgeschlossen erscheint, wie in den vorhergehenden Fällen, in denen jedesmal die höhere Instanz auch die letzte sein soll. Diese Bestimmung hat aber doch nur einen zweifelhaften Werth, denn nichts hindert die noch höheren Aufsichtsinstanzen, in den ihnen geeignet erscheinenden Fällen einzuschreiten. Gegen zudringliche Beschwerdeführer dient allerdings jene einschränkende Vorschrift als wirksames Schutzmittel.

§ 280.

3. Die Aufsicht des Staates über die Verwaltung der städtischen Gemeindeangelegenheiten wird in erster Instanz von dem Regierungspräsidenten, in höherer und letzter Instanz von dem Oberpräsidenten geübt, unbeschadet der in den Gesetzen geordneten Mitwirkung des Bezirksausschusses und des Provinzialrathes. Für die Stadt Berlin tritt an die Stelle des Regierungspräsidenten der Oberpräsident, an die Stelle des Oberpräsidenten der Minister des Innern, für die Hohenzollernschen Lande tritt an die Stelle des Oberpräsidenten der Minister des Innern. Beschwerden bei den Aufsichtsbehörden in städtischen Gemeinde-Angelegenheiten sind in allen Instanzen innerhalb zwei Wochen anzubringen (§ 7 des Zuständigkeitsgesetzes vom 1. August 1883). Wegen der Fristen gilt das oben im § 278 am Schlusse Gesagte. (Vergl. unten § 291 und Parey, Rechtsgrunds. S. 91.)

§ 281.

4. Die Aufsicht des Staates über die Verwaltung der Kommunal-Angelegenheiten der Landkreise (bis zum 1. April 1887 auch des Stadtkreises Magdeburg, vergl. oben § 31) wird von dem Regierungspräsidenten, in höherer und letzter Instanz von dem Oberpräsidenten geübt, unbeschadet der in den Gesetzen geordneten Mitwirkung des Bezirksrathes und des Provinzialrathes. Beschwerden an die Aufsichtsbehörden in Kreis-Kommunal-Angelegenheiten sind in allen Instanzen innerhalb zwei Wochen anzubringen (§ 177 der altländischen Kreisordnung, Hannover § 104, Hessen-Nassau § 105, Westfalen und Rheinprovinz § 92). Dagegen ist die gesammte Polizeiverwaltung im Kreise und in dessen eizelnen Amtsbezirken, Gemeinden und Gutsbezirken von dem Landrathe zu übernehmen. Der Instanzenzug des Beschwerdewegs ist auch hier der gewöhnliche, an keine Beschwerdefrist gebundene. (Vergl. Parey, Rechtsgrundsätze S. 98.)

§ 282.

5. Die nach Maßgabe der Provinzialordnungen (§ 114, Hessen-Nassau § 87) zu handhabende Aufsicht über die Verwaltung der Kommunal-Angelegenheiten der Provinzialverbände wird von dem Oberpräsidenten, in höherer Instanz von dem Minister des Innern geübt. Wegen der Fristen gilt dasselbe, wie vorher in § 280 am Schlusse bemerkt ist.

§ 283.

6. Nach § 11 des Gemeindeholzungsgesetzes vom 14. August 1876 (G. S. S. 373) findet gegen die auf Grund der §§ 2—7 und § 10 jenes Gesetzes von dem Regierungspräsidenten erlassenen Verfügungen innerhalb einer Präklusivfrist von zwei Wochen die Beschwerde an den Oberpräsidenten statt. Gegen den Bescheid des Oberpräsidenten giebt es aber nicht etwa eine weitere Beschwerde an den Minister, sondern eine Klage an das Oberverwaltungsgericht, welche aber an eine Frist nicht gebunden ist. Man hat das Gegentheil aus den Motiven des Herrenhauses bei der Berathung des Gesetzes herleiten wollen, indessen können dergleichen Vermuthungen doch die Stelle des Gesetzes nicht wohl vertreten, wenn es sich um die empfindlichen Nachtheile der Fristversäumnisse handelt. Das Oberverwaltungsgericht beschäftigte sich mit dem obigen § 11 in dem Endurtheile vom 3. April 1878 (Entsch. Bd. III S. 159), hatte aber keine Veranlassung, auf die Fristenfrage einzugehen, obschon man aus der Fassung der Entscheidung wohl entnehmen könnte, daß in dem gedachten Falle dem Magistrate ein Klagerecht eingeräumt

wurde, ungeachtet die Frist von zwei Wochen (damals 21 Tage) seit dem Bescheide des Regierungspräsidenten offenbar längst abgelaufen war. Der § 51 des Landesverwaltungsgesetzes vom 30. Juli 1883 spricht nur von der „vorgeschriebenen" Beschwerdefrist.

§ 284.

Die Aufsicht über die Verwaltung der Kreis- und Orts-Kommunal-Sparkassen wird nach § 53 des Zuständigkeitsgesetzes vom 1. August 1883 durch die geordneten Kommunal-Aufsichtsbehörden geübt. Es müssen also hier, je nach Lage des Falles, die in den obigen §§ 278 oder 280 enthaltenen Vorschriften Platz greifen und zwar einschließlich der Fristbestimmungen.

§ 285.

Dasselbe aber ohne die Fristbestimmungen gilt von der Aufsicht über die Amtsführung der Standesbeamten. Hierüber bestimmt der § 154 des Zuständigkeitsgesetzes vom 1. August 1883 Folgendes:

„Die staatliche Aufsicht über die Amtsführung der Standesbeamten wird in den Landgemeinden und Gutsbezirken von dem Landrath als Vorsitzenden des Kreisausschusses, in höherer Instanz von dem Regierungspräsidenten und dem Minister des Innern, in den Stadtgemeinden von dem Regierungspräsidenten, in höherer Instanz von dem Oberpräsidenten und dem Minister des Innern, im Stadtkreise Berlin von dem Oberpräsidenten und in höherer Instanz von dem Minister des Innern geführt.

In dem Bezirke des Oberlandesgerichts zu Köln bewendet es bei den dieserhalb zur Zeit bestehenden Vorschriften."

Hierzu vergl. den § 11 des Reichs-Personenstands-Gesetzes vom 6. Februar 1875 (R. G. Bl. S. 23).

§ 286.

Nach § 100 des Zuständigkeitsgesetzes vom 1. August 1883 führt der Kreis- (Stadt-) Ausschuß (also hier ausnahmsweise nicht ein Einzelbeamter) die Aufsicht über die nach den §§ 9 und 10 des Fischereigesetzes vom 30. Mai 1874 gebildeten Genossenschaften.

Behauptet die Genossenschaft, daß eine im Aufsichtswege getroffene Verfügung dem Statute oder dem Gesetze widerspricht, so steht ihr innerhalb zwei Wochen der Antrag auf mündliche Verhandlung im Verwaltungsstreitverfahren zu.

Auch der zweite Theil dieser Bestimmung enthält eine Abweichung von der Regel insofern, als gegen eine Aufsichtsverfügung nicht die Beschwerde an die höhere Aufsichtsbehörde, sondern der vollständige Verwaltungsrechtsweg mit allen Instanzen und Fristen gegeben ist.

§ 287.

Nach § 49 Abs. 3 des Wassergenossenschaftsgesetzes vom 1. April 1879 (G. S. S. 297) und § 94 des Zuständigkeitsgesetzes vom 1. August 1883 wird die Aufsicht bei Genossenschaften zur Anlegung und Verbesserung der Wasserstraßen (Flößereien) und anderen Schifffahrtsanlagen von dem Regierungspräsidenten, in der Beschwerdeinstanz vom Oberpräsidenten, bei allen anderen Genossenschaften von dem Landrath als Vorsitzenden des Kreisausschusses, in Stadtkreisen von der Ortspolizeibehörde, in der Beschwerdeinstanz von dem Regierungspräsidenten geführt. Auch hier sind Beschwerdefristen nicht vorgeschrieben, es gilt hier dasselbe, was oben im § 283 darüber gesagt worden ist.

§ 288.

Die dienstliche Aufsicht über die Geschäftsführung des Kreis- (Stadt-) Ausschusses wird von dem Regierungspräsidenten, in Berlin von dem Oberpräsidenten, die Aufsicht über die Geschäftsführung des Bezirksausschusses von dem Oberpräsidenten, die Aufsicht über die Geschäftsführung des Provinzialraths von dem Minister des Innern geführt.

Vorstellungen gegen die geschäftlichen Aufsichtsverfügungen des Regierungspräsidenten unterliegen der endgültigen Beschlußfassung des Oberpräsidenten, Vorstellungen gegen die Aufsichtsverfügungen des Oberpräsidenten der endgültigen Beschlußfassung des Ministers des Innern. Die Aufsichtsbehörden sind zur Vornahme allgemeiner Geschäftsrevisionen befugt (§ 48 des Landesverwaltungsgesetzes vom 30. Juli 1883). Die Vorstellungen sind an eine Frist nicht gebunden.

§ 289.

Gegen Festsetzung und Ausführung eines Zwangsmittels findet in allen Fällen nur die Beschwerde an die Aufsichtsbehörde statt, jedoch ist hier wieder eine Beschwerdefrist von zwei Wochen festgesetzt (§ 133 Abs. 2 des Landesverwaltungsgesetzes vom 30. Juli 1883).

§ 290.

Gegen Bescheide des Regierungspräsidenten und Oberpräsidenten steht den Polizeibehörden, deren Verfügungen Gegenstand dieser Bescheide sind (siehe oben § 269) eine Klage im Verwaltungsstreitverfahren nicht zu. Die entgegenstehende Annahme würde dem Wesen der Staatsaufsicht widersprechen. Die polizeiliche Exekutivbehörde und die Aufsichtsorgane leiten ihre Befugnisse aus einer und derselben Quelle, der Polizeigewalt des Staates, welche begrifflich eine einheitliche ist, her. Dem entsprechend bildet auch die in verschiedene Instanzen gegliederte staatliche Polizeiverwaltung eine Einheit, innerhalb deren die Aufsichtsbehörde, soweit sie die Verfügungen der örtlichen Polizeibehörde aufhebt oder abändert, an deren Stelle tritt. Diese Einheit der Polizeiverwaltung schließt eine Organisation nicht aus, welche die lokalen Organe insofern selbstständig stellt, als die Aufsichtsinstanzen deren Befugnisse nicht willkürlich, sondern nur unter bestimmten gesetzlich geordneten Voraussetzungen an sich ziehen könne. Unvereinbar mit denselben ist aber ein Recht zur Klage im Verwaltungsstreitverfahren der einen Instanz gegen die andere (Parey, Rechtsgrundsätze S. 227, 230 und 231 Nr. 32, 4).

§ 291.

Als ein Beispiel für die Regel, daß das Gesetz bestimmt, in welcher Weise Verfügungen (Bescheide, Beschlüsse) in Verwaltungssachen angefochten werden können (siehe oben § 277) dient der in Pareys Rechtsgrundsätzen S. 53, 54 erwähnte Fall, nach welchem das Besteuerungsrecht des Kreises dadurch nicht berührt wird, wenn ein Beamter im Laufe des Steuerjahres aus dem Kreisverbande ausscheidet. Etwaige Ansprüche dieses Beamten würden nur gegen die Gemeinde zu richten sein, das Gesetz gewährt aber hier kein Klagerecht, sondern nur ein Beschwerderecht gegen die Kommunal-Aufsichtsbehörde (vergl. oben §§ 278 u. 280).

§ 292.

Aus demselben Grunde ist jedes andere Rechtsmittel, als die Beschwerde an die Aufsichtsbehörde ausgeschlossen bei gewissen Vorkommnissen in Synagogen-Angelegenheiten (Parey, Rechtsgrundsätze S. 179).

§ 293.

Zwangsetatisirungen (vergl. die vollständige Zusammenstellung derselben auf Blatt 6a der Parey'schen Zuständigkeitsbilder) sind ebenfalls Akte der Aufsichtsthätigkeit, dieselben werden aber nicht mit der Beschwerde an die höhere Aufsichtsinstanz angefochten, sondern mit der Klage im Verwaltungsstreitverfahren (Ausnahme nur im § 15 des Gesetzes vom 13. März 1878 [G. S. S. 132], wo aber an die Stelle der Beschwerde ein Antrag des Oberpräsidenten tritt).

2. Die formelle Verwaltungs-Beschwerde.

§ 294.

Dieselbe wird nicht an die staatliche Aufsichtsbehörde gerichtet, auch nicht von der letzteren allein erledigt, sondern sie gelangt behufs der „Beschlußfassung" vor ein Kollegium, welches entweder allein darüber seine Entschließungen zu treffen oder wenigstens zu der Entschließung eines Einzelnbeamten seine Zustimmung zu geben hat. Hierüber bestimmt der § 121 des Landesverwaltungsgesetzes vom 30. Juli 1883 Folgendes:

„Gegen die Beschlüsse des Kreis- (Stadt-) Ausschusses findet innerhalb zwei Wochen die Beschwerde an den Bezirksausschuß, gegen die in erster Instanz ergehenden Beschlüsse des Bezirksausschusses innerhalb gleicher Frist die Beschwerde an den Provinzialrath statt, sofern nicht nach ausdrücklicher Vorschrift des Gesetzes:

1. die Beschlüsse endgültig sind,
2. die Beschlußfassung über die Beschwerde anderen Behörden übertragen ist.

Die auf Beschwerden gefaßten Beschlüsse des Bezirksausschusses und die Beschlüsse des Provinzialraths sind endgültig, sofern nicht das Gesetz im Einzelnen anders bestimmt.

Die vorstehenden Bestimmungen finden auf die nach Maßgabe der Gesetze von dem Landrathe unter Zustimmung des Kreisausschusses, von dem Regierungspräsidenten unter Zustimmung des Bezirksausschusses, von dem Oberpräsidenten unter Zustimmung des Provinzialraths gefaßten Beschlüsse entsprechende Anwendung."

§ 295.

In dieser Bestimmung tritt uns der viel besprochene Unterschied zwischen den Verwaltungsbeschluß- und den Verwaltungsstreitsachen zum ersten Male entgegen. In beiden hat man eine richterliche Thätigkeit zu erkennen, der Unterschied beruht aber darin, daß der Verwaltungsbeschluß da einzutreten hat, wo das Gesetz einen Spielraum für die konkrete Anwendung läßt, während die Verwaltungsrechtsprechung zwischen der Verwaltungshandlung und dem sich gegen den Geist des Gesetzes durch dieselbe verletzt fühlenden Einzelnen abzuwägen hat. Beide Arten der richterlichen Thätigkeit sind wieder grundverschieden von der Entschließung der Aufsichtsbehörde, welche immer eine dem thätigen und verantwortlichen Einzelwillen erfordernde Verwaltungshandlung vorstellt, weshalb auch hier nur die freie Beschwerde als Rechtsmittel gegen Handlungen oder Unterlassungen der Behörden am Platze ist. Auf dem Gebiete der (formellen) Beschlußsachen war dem Laienbeamten naturgemäß von vorn herein die Gelegenheit zu einer viel weiter reichenden Mitthätigkeit eröffnet worden, als auf dem Gebiete der Verwaltungsrechtsprechung. Dieser feine Unterschied ist aber durch die Verschmelzung des Bezirksrathes und des Bezirksverwaltungsgerichts in dem Bezirksausschusse jetzt verwischt worden.

§ 296.

Die Vorschrift im § 121 des Landesverwaltungsgesetzes vom 30. Juli 1883 läßt sich nur auf solche Beschlüsse der Kreis- (Stadt-) Ausschüsse anwenden, welche von denselben in ihrer Eigenschaft als zur Mitwirkung bei den Geschäften der allgemeinen Landesverwaltung bestehenden Behörden gefaßt werden (§ 4 a. a. O.), dagegen unterliegen dergleichen

Beschlüsse, wenn dieselben in Kommunal-Angelegenheiten gefaßt werden, der Beanstandung (siehe unten).

§ 297.

Endgültige Beschlüsse des Kreis- (Stadt-) Ausschüsse in Angelegenheiten der allgemeinen Landesverwaltung sind folgende:

1. Ueber die Feststellung und den Ersatz der bei den Kassen- und anderen Verwaltungen der Amtsverbände vorkommenden Defekte beschließt der Kreisausschuß nach Maßgabe der Verordnung vom 24. Januar 1844 (G. S. S. 52) endgiltig vorbehaltlich des ordentlichen Rechtsweges (§ 55b Nr. 2 der altländischen Kreisordnung).
2. Dasselbe gilt hinsichtlich der Defekte der ländlichen Gemeindebeamten (§ 32 Nr. 5 des Zuständigkeitsgesetzes vom 1. August 1883). cf. unten § 298 Nr. 2.
3. Desgleichen hinsichtlich der verweigerten Abnahme oder Entlastung von Rechnungen der rechnungsführenden Beamten der Amtsverbände (§ 55b Nr. 3 der altländischen Kreisordnung).
4. Ist der Amtsvorsteher bei der Erledigung eines Amtsgeschäftes persönlich betheiligt, so hat der Kreisausschuß den Stellvertreter oder einen der benachbarten Amtsvorsteher beziehungsweise Bürgermeister, damit zu betrauen. Dieser Beschluß ist endgiltig (§ 57 Abs. 5 der altländischen Kreisordnung).
5. Dasselbe gilt von dem Beschlusse des Kreisausschusses, durch welchen er Bestimmung darüber trifft, daß in den Gemeinden, welche einen eigenen Amtsbezirk bilden, einer der Schöffen den persönlich betheiligten Amtsvorsteher in seiner Eigenschaft als Amtsvorsteher vertritt (a. a. O. Absatz 6).
6. Der Kreisausschuß bestimmt endgiltig denjenigen Amtsvorsteher, beziehungsweise Bürgermeister, welcher die in Bezug auf die öffentlichen Wege nothwendigen Anordnungen zu treffen hat, wenn die Betheiligten verschiedenen Amtsbezirken, beziehungsweise Amts- und Stadtbezirken, angehören (§ 61 der altländischen Kreisordnung).
7. Wenn der Amtsausschuß die Zustimmung zu einer von dem Amtsvorsteher zu erlassenden Polizeiverordnung versagt, so kann dieselbe durch endgiltigen Beschluß des Kreisausschusses ergänzt werden (§ 62 Abs. 2 der altländischen Kreisordnung).
8. Streitigkeiten über die bestehenden Grenzen der ländlichen Gemeinde- und Gutsbezirke, sowie über die Eigenschaft einer Ortschaft als Gemeinde oder eines Guts als Gutsbezirk unterliegen der Entscheidung im Verwaltungsstreitverfahren. Ueber diese Angelegenheiten beschließt vorläufig, sofern es das öffentliche Interesse erheischt, der Kreisausschuß. Bei dem Beschluß behält es bis zur rechtskräftigen Entscheidung im Verwaltungs-

streitverfahren sein Bewenden, d. h. er ist bedingt endgiltig (§ 26 des Zuständigkeitsgesetzes vom 1. August 1883). Vergl. unten sub 12 und § 298 Nr. 3.

9. Beschwerden von Armen gegen Verfügungen von Ortsarmenverbänden darüber, ob, in welcher Höhe und in welcher Weise Armenunterstützungen zu gewähren sind, unterliegen der endgiltigen Beschlußfassung des Kreisausschusses, sofern nicht eine Stadt von mehr als 10 000 Einwohnern an dem Armenverbande betheiligt ist (§ 41 Nr. 2 des Zuständigkeitsgesetzes vom 1. August 1883). Siehe unten § 298 Nr. 6.

10. Ueber Streitigkeiten zwischen Armenverbänden im schiedsrichterlichen oder sühneamtlichen Vermittlungsverfahren beschließt der Kreis- (Stadt-) Ausschuß endgiltig (§ 43 Nr. 1 a. a. O.).

11. Dasselbe findet statt bei Anträgen von Armenverbänden gegen die zur Unterstützung eines Hülfsbedürftigen verpflichteten Angehörigen, jedoch in diesem Falle vorbehaltlich des ordentlichen Rechtsweges (§ 43 Nr. 2 a. a. O.).

12. Streitigkeiten darüber, ob die Höhe des Wasserstandes in rechtsverbindlicher und deutlicher Weise bestimmt sei, unterliegen der Entscheidung im Verwaltungsstreit-Verfahren vor dem Kreis- (Stadt-) Ausschusse. Der Kreis- (Stadt-) Ausschuß ist aber befugt (nicht verpflichtet), durch endgiltigen Beschluß einen Wasserstand, welcher bis zur rechtskräftigen Entscheidung im Verwaltungsstreit-Verfahren inne zu halten ist, vorläufig festzusetzen (§ 67 a. a. O.). Vergl. oben sub 8.

13. In Angelegenheiten betreffend die Beschaffung der Vorfluth erfolgt die Aufforderung zur Vornahme der Schiedsrichterwahl, die Ernennung des Obmannes, sowie der von den Betheiligten nicht rechtzeitig gewählten Schiedsrichter und die Ermächtigung des Schiedsgerichts endgiltig durch Beschluß des Kreis- (Stadt-) Ausschusses (§ 69 a. a. O.).

14. In Augelegenheiten betreffend die Bewässerungsanlagen ernennt der Kreis- (Stadt-) Ausschuß endgiltig die Taxatoren (§ 78 a. a. O.).

15. In Dismembrations-Angelegenheiten wird im Geltungsbereiche des Lauenburgischen Gesetzes vom 22. Januar 1876 die vorläufige Festsetzung der Lastenvertheilung durch Beschluß des Kreisausschusses bewirkt. Eine Beschwerde findet dagegen nicht statt (§ 149 Abs. 2 a. a. O.).

§ 298.

Endgiltige Beschlüsse des Bezirksausschusses, welcher mit eigenen Kommunalangelegenheiten nichts zu thun hat, weil der Regierungsbezirk ein Kommunalbezirk nicht ist, sondern nur ein Verwaltungsbezirk, sind folgende:

1. Bei der Bildung des Amtsausschusses wird die Zahl der von jeder Gemeinde zu entsendenden Vertreter, sowie der jedem Gutsbezirk einzuräumenden Stimmen mit Rücksicht auf die Steuerleistungen und die Einwohnerzahl nach Anhörung der Betheiligten auf den Vorschlag des Kreisausschusses durch ein von dem Kreistage zu erlassendes Statut geregelt. Beschwerden gegen dieses Statut unterliegen der endgiltigen Beschlußfassung des Bezirksausschusses (§ 51 Abs. 3 der altländischen Kreisordnung).
2. Der Bezirksausschuß beschließt über die Feststellung und den Ersatz von Defekten der Kreisbeamten (§ 128a der altländischen Kreisordnung, Hannover § 85, Hessen-Nassau § 86, Westfalen und Rheinprovinz § 73). cf. oben § 297 Nr. 1 und 2 und unten in diesem § 298 Nr. 4.
3. Streitigkeiten über die bestehenden Grenzen der Stadtbezirke unterliegen der Entscheidung im Verwaltungsstreit-Verfahren. Ueber die Festsetzung streitiger Grenzen beschließt vorläufig, sofern es das öffentliche Interesse erheischt, der Bezirksausschuß. Bei dem Beschlusse behält es bis zur rechtskräftigen Entscheidung im Verwaltungsstreitverfahren sein Bewenden (§ 9 des Zuständigkeitsgesetzes vom 1. August 1883). Vergl. oben § 297 Nr. 8.
4. Der Bezirksausschuß beschließt endgiltig über die Feststellung und den Ersatz von Defekten der städtischen Gemeindebeamten (§ 17 Nr. 5 a. a. O.). Siehe oben Nr. 2 in diesem §.
5. Der Bezirksausschuß beschließt endgiltig über die Bestätigung der Statuten zur Regelung der Armenpflege in den nicht ausschließlich im Eigenthum des Gutsbesitzers stehenden Gutsbezirken und in den Gesammt-Armenverbänden. Ist den Statuten die Bestätigung wiederholt versagt worden, so bestellt der Bezirksausschuß dieselben endgiltig fest (§ 40 a. a. O.).
6. Beschwerden von Armen gegen Verfügungen von Ortsarmenverbänden darüber, ob, in welcher Höhe und in welcher Weise Armenunterstützungen zu gewähren sind, unterliegen, sofern eine Stadt von mehr als 10 000 Einwohnern an dem Armenverbande betheiligt ist, der endgiltigen Beschlußfassung des Bezirksausschusses (§ 41 Nr. 1 a. a. O.). Siehe oben § 297 Nr. 9.
7. Desgleichen unterliegen Beschwerden von Armen gegen Verfügungen von Landarmenverbänden über die Art und Höhe der Unterstützung der endgiltigen Beschlußfassung des Bezirksausschusses, sofern die Landarmenverbände nur aus einem Kreise bestehen (§ 41 Abs. 2 a. a. O.).
8. Ueber die Festsetzung des Geldwerthes der Naturalien und des Ertrages der Ländereien bei amtlicher Festsetzung des Einkommens der Elementarlehrer beschließt auf Anrufen der Betheiligten der Kreisausschuß (dieser aber in diesem Falle nicht end-

giltig), handelt es sich aber um Stadtschulen, so beschließt der Bezirksausschuß endgiltig. Dasselbe ist der Fall, wenn der Bezirksausschuß in zweiter Instanz über dergleichen Angelegenheiten der Landschulen zu beschließen hat (§ 45 des Zuständigkeitsgesetzes vom 1. August 1883).

9. Der zweitinstanzliche Beschluß des Bezirksausschusses ist auch endgiltig in Einquartierungs-Angelegenheiten, wenn gegen die für die Vertheilung der Quartierleistungen aufgestellten Kataster (§ 6 Abs. 4 des Gesetzes vom 25. Juni 1868) innerhalb der gesetzlich bestimmten Frist von 21 Tagen Einwendungen erhoben werden, und nachdem hierüber in den Städten der Gemeindevorstand, in Betreff der übrigen Ortschaften der Kreisausschuß erstinstanzlich entschieden hat (§ 51 a. a. O.).

10. Gegen Beschlüsse des Landrathes, in Stadtkreisen der Ortspolizeibehörde, durch welche Anordnungen wegen Abminderung des Wildstandes getroffen oder Anträge auf Anordnung oder Gestattung solcher Abminderung abgelehnt werden, findet statt der allgemeinen Rechtsmittel innerhalb zwei Wochen die Beschwerde an den endgiltig entscheidenden Bezirksausschuß statt (§ 103 Abs. 2 a. a. O.).

11. Der Bezirksausschuß beschließt endgiltig über die Verlängerung, Verkürzung oder Aufhebung der gesetzlichen Schonzeit, soweit darüber nach bestehendem Rechte im Verwaltungswege Bestimmung getroffen werden kann (§ 107 a. a. O.).

12. Der Bezirksausschuß beschließt endgiltig, aber vorbehaltlich des ordentlichen Rechtsweges über Entschädigungsansprüche der Eigenthümer und Nutzungsberechtigten von Privatschlacht-Anstalten wegen des ihnen durch die Errichtung öffentlicher, ausschließlich zu benutzender Schlachthäuser zugefügten Schadens (§ 131 Nr. 2 a. a. O., §§ 9—11 des Gesetzes vom 18. März 1868 — G. S. S. 277 — und Gesetz vom 9. März 1881 — G. S. S. 273 —).

13. Der Bezirksausschuß entscheidet auf Klage der Aufsichtsbehörde über die Schließung eingeschriebener Hülfskassen (§ 29 des Hülfskassengesetzes vom 7. April 1876 in der Fassung des Gesetzes vom 1. Juni 1884 [R. G. Bl. S. 54], Kommentar von Parey, Berlin bei F. Kortkampf). Vor dem Erlaß dieses Endurtheils kann der Bezirksausschuß nach Anhörung des Kassenvorstandes die vorläufige Schließung der Hülfskassen anordnen. Der hierauf bezügliche Beschluß ist endgiltig so lange bis ein Endurtheil erlassen worden ist (§ 142 des Zuständigkeitsgesetzes vom 1. August 1883).

14. Endgiltig sind auch die Beschlüsse des Bezirksausschusses in Enteignungssachen (Gesetz vom 11. Juni 1874 — G. S. S 221 —) d. h. nur, soweit dagegen der ordentliche Rechtsweg zulässig ist, also nicht in den Fällen, in denen noch eine Beschwerde an

den Minister der öffentlichen Arbeiten stattfindet. Es kommen hier also nur folgende Fälle in Betracht:

a. Der Beschluß über die Entschädigungssumme bei Enteignungen (§§ 29, 30 des Enteignungsgesetzes).
b. Der Beschluß über die Feststellung der Entschädigung der Betheiligten in dem Falle des § 53 Ziffer 2 a. a. O.
c. Der von dem Oberbergamte und dem Bezirksausschusse gemeinschaftlich gefaßte Beschluß wegen Abtretung von Grundstücken zu Zwecken des Bergbaues (§ 145 Abs. 2 des allmeinen Berggesetzes vom 24. Juni 1865 — G. S. S. 705 —), (§ 150 des Zuständigkeitsgesetzes vom 1. August 1883).

15. Der Bezirksausschuß beschließt endgiltig, jedoch vorbehaltlich des ordentlichen Rechtsweges, über die Feststellung der Entschädigung in den Fällen der §§ 39 ff. des Reichs-Rayongesetzes vom 21. Dezember 1871 (R. G. Bl. S. 459). (§ 153 des Zuständigkeitsgesetzes vom 1. August 1883).

16. Im Uebrigen sind die auf Beschwerde ergangenen Beschlüsse des Bezirksausschusses in der Regel endgiltig, eine Ausnahme macht nur der Absatz 3 im § 31 des Zuständigkeitsgesetzes vom 1. August 1883, nach welchem, soweit es sich um die Aufbringung von Gemeindeabgaben und Dienste auf dem Lande handelt, aus Gründen des öffentlichen Interesses gegen den auf Beschwerde ergangenen Beschluß des Bezirksausschusses dem Vorsitzenden des letzteren die Einlegung der weiteren Beschwerde an den Minister des Innern und der Finanzen zusteht.

§ 299.

Auch die auf Beschwerde ergangenen Beschlüsse des Provinzialrathes sind in der Regel endgiltig; eine Ausnahme bildet nur folgender Fall:

Soweit es sich um die Aufbringung von Gemeindeabgaben und Diensten in den Städten handelt (cf. oben § 298 Nr. 16), (§ 16 Abs. 4 des Zuständigkeitsgesetzes vom 1. August 1883). Die Beschwerde steht hier nur dem Vorsitzenden des Provinzialrathes zu. Vergl. § 302.

§ 300.

Die Beschlußfassung über die Beschwerde gegen den Beschluß des Kreis- (Stadt-) Ausschusses oder den an die Stelle desselben tretenden Magistrates ist nicht dem Bezirksausschusse, sondern anderen Behörden übertragen in folgendem Falle:

Der Kreis- (Stadt-) Ausschuß, in den einem Landkreise angehörenden Städten mit mehr als 10 000 Einwohnern der Magistrat (kollegialischer Gemeindevorstand) beschließt über Anträge auf Genehmigung zur Errichtung oder Veränderung der im § 109 des Zuständigkeitsgesetzes vom 1. August 1883 und dessen Nachträgen aufgeführten gewerblichen Anlagen. Gegen diese Beschlüsse findet die Beschwerde an den Minister für Handel und Gewerbe statt; soweit bei Steueranlagen Landeskulturinteressen in Betracht kommen, ist der Minister für Landwirthschaft zuzuziehen.

§ 301.

Die Beschlußfassung über die Beschwerden gegen den Beschluß des Bezirksausschusses ist nicht dem Provinzialrathe, sondern anderen Behörden übertragen in folgenden Fällen:

1. Soweit es sich um Deiche handelt, welche keinem Deichverbande oder Deichbande gehören, beschließt in den Fällen des § 69 des Zuständigkeitsgesetzes vom 1. August 1883 der Bezirksausschuß. Gegen diese Beschlüsse findet nur die Beschwerde an den Minister für Landwirthschaft statt.
2. Nach § 110 desselben Zuständigkeitsgesetzes beschließt der Bezirksausschuß über Anträge auf Genehmigung zur Errichtung oder Veränderung gewerblicher Anlagen, soweit die Beschlußfassung darüber nicht nach § 109 a. a. O. (siehe oben § 300) dem Kreis- (Stadt-) Ausschusse (Magistrat) überwiesen ist. Gegen den Beschluß findet die Beschwerde an den Minister für Handel und Gewerbe statt.
3. Dasselbe gilt von den im Einvernehmen mit dem zuständigen Oberbergamte gefaßten Beschlüssen des Bezirksausschusses über die Zulässigkeit von Wassertriebwerken, welche zum Betriebe von Bergwerken und Aufbereitungsanstalten (vergl. das bergmännische Wörterbuch von Dannenberg und Frentz S. 21) dienen (§ 59 Abs. 3 des allgemeinen Berggesetzes vom 24. Juni 1865 — G. S. S. 705, § 110 Abs. 2 des Zuständigkeitsgesetzes vom 1. August 1883).
4. Desgleichen von den auf Antrag der Ortspolizeibehörden gefaßten Beschlüssen darüber, ob die Ausübung eines Gewerbes in Anlagen, deren Betrieb mit ungewöhnlichem Geräusch verbunden ist, an der gewählten Betriebsstätte zu untersagen oder nur unter Bedingungen zu gestatten ist (§ 111 des Zuständigkeitsgesetzes vom 1. August 1883).
5. Desgleichen von der Befugniß des Bezirksausschusses, gemäß § 51 der Reichsgewerbeordnung die fernere Benutzung einer gewerblichen Anlage wegen überwiegender Nachtheile und Gefahren für das Gemeinwohl zu untersagen (§ 112 a. a. O.).
6. Nach § 131 Nr. 1 des Zuständigkeitsgesetzes vom 1. August 1883 beschließt der Bezirksausschuß über die Genehmigung der auf Grund der §§ 1—4 des Gesetzes vom 18. März 1868 betreffend die Errichtung öffentlicher, ausschließlich zu benutzender

Schlachthäuser (G. S. S. 277) gefaßten Gemeindebeschlüsse, sowie über die Bestätigung von Verträgen zwischen einer Gemeinde und einem Unternehmer in Betreff der Einrichtung eines öffentlichen Schlachthauses (§ 12 a. a. O.). Gegen diesen Beschluß findet die Beschwerde an den Minister für Handel und Gewerbe statt.

7. Ueber Dispense von Bestimmungen der Baupolizeiordnungen beschließt nach §§ 145 und 161 des Zuständigkeitsgesetzes vom 1. August 1883 nnd nach Maßgabe jener Bauordnungen in Stadtkreisen und in den zu einem Landkreise gehörenden Städten mit mehr als 10 000 Einwohnern der Bezirksausschuß, soweit die Angelegenheit nicht nach jenen Ordnungen zur Zuständigkeit anderer Organe gehört. Gegen diesen Beschluß findet die Beschwerde an den Minister der öffentlichen Arbeiten statt.

8. In Enteignungssachen findet nach § 150 des Zuständigkeitsgesetzes vom 1. August 1883 gegen die in erster Instanz gefaßten Beschlüsse des Bezirksausschusses, soweit nicht der ordentliche Rechtsweg zulässig ist (siehe oben Nr. 14 in § 298), innerhalb zwei Wochen die Beschwerde an den Minister der öffentlichen Arbeiten statt. Die hier in Betracht kommenden Fälle sind folgende:

a. Der Bezirksausschuß beschließt über die Zulässigkeit der Enteignung, wenn es sich nur um die Gradelegung oder Erweiterung öffentlicher Wege, sowie um die Umwandlung von Privatwegen in öffentliche Wege handelt, vorausgesetzt, daß daß dafür in Anspruch genommene Grundeigenthum außerhalb der Städte und Dörfer belegen und nicht mit Gebäuden besetzt ist (§ 3 des Enteignungsgesetzes vom 11. Juni 1874). Die Beschwerdefrist an den Minister beträgt hier zwei Wochen.

b. Vorübergehende Beschränkungen unterliegen dem Beschlusse des Bezirksausschusses (§ 4 a. a. O.). Wegen der Beschwerde gilt das sub a Gesagte.

c. Nach § 5 des Enteignungsgesetzes unterliegen der Beschlußfassung des Bezirksausschusses: die Anordnung, daß der Besitzer auf seinem Grund und Boden Handlungen geschehen lassen muß, welche zur Vorbereitung eines die Enteignung rechtfertigenden Unternehmens erforderlich sind. Wegen der Beschwerde gilt das sub a und b Gesagte, handelt es sich aber um die Entschädigung für seine Verluste, so ist der Schaden im ordentlichen Rechtswege festzustellen. (Siehe unten sub h).

d. Nach demselben § 5 „darf" der Bezirksausschuß zur Sicherstellung der Entschädigung (sub c) vor Beginn der Handlungen vom Unternehmer, sofern dies nicht der Fiskus ist (§ 41 des Enteignungsgesetzes), eine Kaution bestellen lassen und deren Höhe bestimmen. Er ist hierzu verpflichtet, wenn ein Betheiligter die Kautionsbestellung verlangt. Beschwerden wie sub a—c.

e. Nach dem letzten Absatze desselben § 5 beschließt der Bezirksausschuß über die behufs der Enteignung erforderliche Zerstörung von Baulichkeiten jeder Art, sowie das Fällen von Bäumen. Beschwerde wie vorher.

f. Der Bezirksausschuß beschließt nach § 14 des Gesetzes über die Obliegenheiten des Unternehmers betreffend die Einrichtung derjenigen Anlagen von Wegen, Ueberfahrten, Triften, Einfriedigungen, Bewässerungs- und Vorfluthsanstalten u. s. w., welche für die benachbarten Grundstücke oder im öffentlichen Interesse zur Sicherung gegen Gefahren und Nachtheile nothwendig werden, sowie die Unterhaltung dieser Anlagen, insoweit dieselbe über den Umfang der bestehenden Verpflichtungen zur Unterhaltung vorhandener demselben Zwecke dienender Anlagen hinausgeht. Beschwerde wie vorher.

g. Der Bezirksausschuß entscheidet mittels motivirten Beschlusses über die gegen ein Enteignungs-Unternehmen erhobenen Einwendungen in Gemäßheit der §§ 21 und 22 des Enteignungsgesetzes. Beschwerde wie vorher.

h. Desgleichen erfolgt mittels motivirten Beschlusses des Bezirksausschusses nach § 29 desselben Gesetzes über die Entschädigung, die zu bestellende Kaution und die sonstigen aus §§ 7—13 des Gesetzes sich ergebenden Verpflichtungen. Gegen diesen Beschluß giebt es aber keine Beschwerde, sondern nur den ordentlichen Rechtsweg.

i. Nach § 32 des Enteignungsgesetzes wird die Enteignung auf den Antrag des Unternehmers von dem Bezirksausschusse ausgesprochen. Gegen die Ablehnung des Antrages ist die Beschwerde an den Minister der öffentlichen Arbeiten binnen zwei Wochen gegeben, dagegen giebt es gegen die Enteignungserklärung kein Rechtsmittel.

k. In dringlichen Fällen kann der Bezirksausschuß nach § 34 des Enteignungsgesetzes auf Antrag des Unternehmers anordnen, daß noch vor der Erledigung des Rechtsweges die Enteignung erfolgen solle, sobald die durch Beschluß festgestellte Entschädigungs- oder Kautionssumme gezahlt oder hinterlegt worden ist. Diese Anordnun gkann unter Umstäuden auch von vorgängiger Leistung einer besonderen Kaution abhängig gemacht werden. Gegen die Anordnung des Bezirksausschusses in diesen Fällen steht innerhalb dreier Tage nach der Zustellung jedem Betheiligten die Beschwerde an den Minister der öffentlichen Arbeiten offen.

1. Gegen den endgiltigen Beschluß des Bezirksausschusses betreffend die Feststellung der Entschädigung in Gemäßheit des § 53 des Enteignungsgesetzes ist noch der ordentliche Rechtsweg zulässig.

§ 302.

Von der Regel, daß die Beschlüsse des Provinzialrathes endgiltig sind (siehe oben § 299), enthält der § 127 des Zuständigkeitsgesetzes vom 1. August 1883 noch die Ausnahme, daß gegen den Beschluß des Provinzialrathes über die Zahl, Zeit und Dauer der Kram- und Viehmärkte die Beschwerde an den Minister für Handel und Gewerbe stattfindet.

§ 303.

Die Beschwerde ist in deu Fällen des § 121 des Landesverwaltungsgesetzes vom 30. Juli 1883 bei derjenigen Behörde, gegen deren Beschluß sie gerichtet ist, anzubringen, jedoch erwächst kein Nachtheil daraus, wenn die Beschwerde bei derjenigen Behörde angebracht wird, welche zur Beschlußfassung darüber zuständig ist (§ 122 a. a. O.).

§ 204.

Die Einlegung der Beschwerde steht in den Fällen des § 121 aus Gründen des öffentlichen Interesses auch den Vorsitzenden der Behörden zu.

Will der Vorsitzende von dieser Befugniß Gebrauch machen, so hat er dies dem Kollegium sofort mitzutheilen.

Die Zustellung des Beschlusses bleibt in diesem Falle einstweilen, jedoch längstens drei Tage, ausgesetzt. Sie erfolgt mit der Eröffnung, daß im öffentlichen Interesse die Beschwerde eingelegt worden sei. Ist die Zustellung ohne diese Eröffnung erfolgt, so gilt die Beschwerde als zurückgenommen.

Die Gründe der Beschwerde sind den Betheiligten zur schriftlichen Erklärung innerhalb zwei Wochen mitzutheilen.

Nach Ablauf dieser Frist sind die Verhandlungen der Behörde einzureichen, welcher die Beschlußfassung über die Beschwerde zusteht.

Eine Vorläufige Vollstreckung des mit der Beschwerde angefochtenen Beschlusses (§ 53) ist in diesen Fällen ausgeschlossen (§ 123 a. a. O.).

3. Der Einspruch und die Gegenvorstellung.

§ 305.

Dies eigenthümliche Rechtsmittel verfolgt den guten Zweck, der Behörde, von welcher eine Anordnung oder eine Feststellung ausgeht, seitens des davon Betroffenen Gelegenheit zu geben, die Anordnung oder Feststellung noch einmal und an der Hand vorgebrachter Gründe zu prüfen, bevor der Betroffene gezwungen wird, weitere kostspielige und zeitraubende Schritte zur Befriedigung seiner Ansprüche, welche auch auf Befreiung von Verbindlichkeiten gerichtet sein können, zu thun.

Hieraus ergiebt sich schon der Unterschied von den oben bereits behandelten beiden Arten von Beschwerden, welche in der Regel (siehe unten § 310) devolutive Rechtsmittel sind, während der Einspruch immer an diejenige Behörde gerichtet ist, welche die anzufechtende Anordnung oder Feststellung getroffen hat (Parey, Rechtsgrundsätze S. 249 Nr. 67, 2). Der Einspruch ist eigentlich eine Art von Bitte, welche als formlose „Gegenvorstellung“ vorkommt, in vielen Fällen aber auch an gewisse Voraussetzungen geknüpft ist und dann obligatorisch wird.

§ 306.

Die Gegenvorstellung (Remonstration) ist ein außerordentliches Rechtsmittel, dessen Zulässigkeit zwar nicht ausdrücklich durch die Verwaltungsgesetze von 1883, aber, entsprechend dem herrschenden Gebrauche, durch die Rechtsprechung des höchsten Verwaltungsgerichtshofes anerkannt worden ist. Mittels solcher Gegenvorstellung gegen polizeiliche Verfügungen kann eine Verlängerung der Klagefrist in dem Sinne bewirkt werden, daß die Frist erst mit der Zustellung der die Gegenvorstellung zurückweisenden (zweiten) Verfügung beginnt, d. h. vorausgesetzt, daß die Behörde in Veranlassung einer wider ihre Verfügung erhobenen Gegenvorstellung des Betroffenen den Gegenstand der Verfügung einer **erneuten** Verfügung unterzogen und sich auf Grund dieser Prüfung anderweit in der Sache schlüssig gemacht, auch das Ergebniß dieser ihrer endgiltigen Entschließung durch einen neuen, obschon die frühere Verfügung inhaltlich aufrecht erhaltenden Bescheid zum Ausdruck gebracht hat (Parey, Rechtsgrundsätze S. 258).

§ 307.

Eine an gewisse Förmlichkeiten und sogar an eine bestimmte Frist gebundene Gegenvorstellung unter dem Namen der „Remonstration“ kommt in Staatssteuer-Angelegenheiten vor. Nach § 53 des Gesetzes vom 1. Mai 1851 steht es dem Steuerpflichtigen innerhalb sechs Wochen nach Mittheilung der Steuerstufe frei, nach seiner Wahl entweder durch schriftliche oder mündliche Verhandlungen, persönlich oder durch Vermittelung von höchstens zwei Vertrauensmännern oder durch andere Beweismittel der Einschätzungskommission die Ueberzeugung von der vorgeblichen Ueberbürdung durch die erfolgte Abschätzung zu verschaffen, um solchergestalt eine berichtigte Steuerveranlagung zu erwirken.

Die erweiterte Remonstration ist in staatlichen, wie in kommunalen Steuersachen die Reklamation; dieselbe ist eine besondere Art des Einspruchs, es ist aber nicht richtig, wenn gesagt wird, das Wort „Einsprüche" sei gleichbedeutend mit „Reklamationen", denn es giebt, wie unten nachgewiesen, sehr viele Einsprüche, welche man nicht als Reklamationen bezeichnen kann, namentlich wenn sich die Einsprüche nicht auf eigene, sondern auf fremde Rechte beziehen.

§ 308.

Auch in Kommunalsteuer-Angelegenheiten kommen solche Remonstrationen vor, jedoch ist dafür keine Frist vorgeschrieben. Ein Reklamant, welcher gegen den seine Reklamation zurückweisenden Beschluß noch einmal remonstrirt und dem erst gegen den darauf ergehenden ferneren Bescheid, ohne daß die Behörde die Remonstration weiter zur Erörterung zieht, sondern dieselbe lediglich mit der Aufforderung zur Zahlung unter Androhung von Zwangsmitteln beantwortet, binnen der gesetzlichen Frist, d. h. vom Tage des zweiten Bescheides an gerechnet, die Klage erhebt, hat die Klagefrist nicht gewahrt, sofern die Klage nicht binnen zwei Wochen, vom Tage des ersten Bescheides an gerechnet, angebracht worden ist (Parey, Rechtsgrundsätze S. 44).

§ 309.

Die Verwaltungsgesetze (siehe z. B. den § 34 des Zuständigkeitsgesetzes vom 1. August 1883) stellen den Ausdrücken „Beschwerden und Einsprüche", die Worte „Ansprüche und Verpflichtungen" gegenüber, es ist damit aber nicht gesagt, daß den „Beschwerden" immer die „Ansprüche", den „Einsprüchen" aber „Verpflichtungen" entsprächen, sondern die Begriffe durchkreuzen sich in der verschiedenartigsten Weise, wie sich das aus folgenden Beispielen ergiebt:

§ 310.

Im § 27 Abs. 2 des Zuständigkeitsgesetzes vom 1. August 1883 sind besonders hervorgehoben: „Einsprüche" gegen die Richtigkeit der Gemeindewählerliste und gegen die Gültigkeit der Wahlen zur Gemeindevertretung. Diese Einsprüche sind also nicht gegen eine bloße behördliche „Anordnung", sondern gegen eine vorbehaltlich des Einspruchs abgeschlossene amtliche „Feststellung" gerichtet. Während die in diesen Fällen nicht devolutiven „Beschwerden" stets in „eigener" Sache erhoben werden, d. h. zum Schutze eigener, subjektiver Ansprüche auf Erhaltung von Rechten oder auf Befreiung von Verbindlichkeiten, hat der „Einspruch" die Beseitigung „fremder" Ansprüche zum Ziele und damit indirekt als Erweiterung „eigener" Rechte. Eine Beschwerde betreffend den Besitz oder den Verlust der Gemeindemitgliedschaft, sowie des Gemeindebürgerrechtes, des Stimmrechtes in der Gemeindeversammlung, des Rechtes zur Theilnahme an den Gemeindewahlen, die Zugehörigkeit zu einer bestimmten Klasse von Stimmberechtigten, die Wählbarkeit zu einer Stelle in der Gemeindeverwaltung oder Gemeindevertretung, die

Ausübung des Stimmrechtes durch einen Dritten, sowie über die Richtigkeit der Gemeindewählerliste hat immer die Wiederherstellung gestörter „eigener" Ansprüche zum Ziele, während der Einspruch stets darauf gerichtet ist, daß unberechtigten Personen durch behördliche Anordnungen und Feststellungen gewisse Rechte eingeräumt und dadurch die wirklich Berechtigten beeinträchtigt werden. In wie fern in den vorstehend aufgeführten Fällen solche „Einsprüche" zulässig sind, ergeben die verschiedenen Gemeindeverfassungsgesetze, deren Besprechung erst in dem zweiten Theile dieses Buches (materielles Verwaltungsrecht) erfolgen kann. Daß Einsprüche über die Gültigkeit der Wahlen zur Gemeindevertretung zulässig sind, ergiebt sich aus Ziffer 2 des § 27, dagegen kann es sich in den Fällen der Ziffer 3 (Berechtigung zur Ablehnung oder Niederlegung einer Stelle in der Gemeindeverwaltung oder Gemeindevertretung u. s. w.) niemals um Einsprüche, sondern immer nur um Beschwerden handeln.

§ 311.

Aehnlich verhält es sich mit den gleichartigen städtischen Angelegenheiten (§ 10 des Zuständigkeitgesetzes vom 1. August 1883) und sonstigen Kommunalwahlen. Das Rechtsmittel des Einspruchs gegen die Wahlen (siehe auch § 23 der Provinzialordnung, Hessen-Nassau § 20) kann nur gegen ein bereits stattgehabtes Wahlverfahren zur Anwendung gebracht werden. Etwaige vor diesem Zeitpunkte abgegebene Erklärungen der Wahlberechtigten können als Einsprüche im Sinne des Gesetzes nicht gelten. Der Einspruch kann sich nur gegen das im Wahlverfahren gewonnene Ergebniß richten, denn dieses soll beseitigt werden. Soweit Mängel des Wahlverfahrens darauf ohne Einfluß geblieben sind, können sie zu einer Berücksichtigung des Einspruches nicht führen. Ein Resultat des Wahlverfahrens muß daher vorliegen, wenn es mit dem Rechtsmittel des Einspruches soll angefochten werden können, und so lange das Wahlverfahren nicht zum Abschluß gelangt ist, fehlt es überhaupt an der rechtlichen Möglichkeit, Einspruch zu erheben. Enthalten sich die Wahlberechtigten nach beendigter Wahl jedes Aktes, der als Einspruch gedeutet werden könnte und geben sie erst später durch die Erhebung der Klage zu erkennen, daß sie einen früheren und deshalb verfrühten Protest als Einspruch hätten behandelt wissen und die Wahl selbst anfechten wollen, so mangelt es der Klage an der rechtlichen Grundlage, als welche der Einspruch gesetzlich angesehen werden muß (Parey, Rechtsgrundsätze S. 3 und 4).

Es ist wohl zu unterscheiden der seitens eines Mitgliedes der Wahlversammlung bei dem Vorsitzenden erhobene Einspruch gegen das Wahlverfahren von der von Amtswegen seitens des Kreistages erfolgten Prüfung der Legitimation seiner Mitglieder (Parey, Rechtsgrundsätze S. 14). Der Einspruch ist immer nur bei derjenigen Behörde anzubringen, welche den Bescheid auf den Einspruch zu ertheilen hat. Nur wenn sämmtliche Personen, bei denen der Einspruch zu erheben wäre, zu den Einsprechenden oder zu denen, deren Wahl angefochten werden soll, gehören, kann der Einspruch ohne Fristversäumniß auch bei der zunächst vorgesetzten Aufsichtsbehörde mit dem Antrage abgegeben werden, die zuständige Behörde zu bezeichnen.

§ 312.

Ebenso verhält es sich mit den Beschwerden und Einsprüchen betreffend das Recht zur Mitbenutzung der öffentlichen Einrichtungen und Anstalten des Amtsbezirkes (§ 70a Ziffer 1 der altländischen Kreisordnung in der Fassung des Gesetzes vom 19. März 1881), dagegen kann der Ausdruck „Einspruch“ in Ziffer 2 a. a. O. betreffend die Heranziehung oder die Veranlagung zu den Kosten der Amtsverwaltung oder zu anderen Amtsabgaben nicht die Bedeutung haben, daß man auch wegen der Heranziehung u. s. w. dritter Personen ein Rechtsmittel einlegen könnte, sondern hier erklärt sich dieser Ausdruck lediglich durch den Umstand, daß eine abgeschlossene amtliche „Feststellung“ (Heberolle) den Gegenstand des Angriffs bildet, wodurch dann allerdings auch subjektive Rechte Dritter indirekt berüht werden können, z. B. wenn es sich um kontingentirte Steuern handelt.

§ 313.

Dasselbe gilt von dem § 19 der Kreisordnung, welcher die Ueberschrift hat: „**Beschwerden** wegen der Veranlagung zu den Kreisabgaben“. Wenn gleichwohl hier mit Bezug auf die „Heranziehung oder die Veranlagung“ zu den Kreisabgaben von „Beschwerden und Einsprüchen“ gesprochen wird, so gewinnt es den Anschein, als ob sich die „Beschwerde“ nur auf die „Veranlagung“, der „Einspruch“ aber auch (oder allein) auf die Heranziehung beziehen sollte. In der ursprünglichen Fassung des § 19 nach dem Gesetze vom 13. Dezember 1872 findet sich der Ausdruck Einspruch nicht vor, es dürfte mithin diese „Verbesserung“ lediglich auf dem Bestreben beruhen, in mechanischer Weise eine Uebereinstimmung der verschiedenen analogen Vorschriften herbeizuführen. Auf diese Weise scheint man in der Praxis dahin gelangt zu sein, die Ausdrücke „Beschwerde und Einsprüche“ beliebig und promiscue anzuwenden, wofür auch einzelne Andeutungen in offiziösen Kommentaren sprechen.

§ 314.

Dasselbe gilt ferner von den im § 34 des Zuständigkeitsgesetzes vom 1. August 1883 erwähnten Landgemeinden, wobei jedoch noch hinzutreten die Beschwerden und Einsprüche betreffend die besonderen Rechte und Verpflichtungen einzelner örtlicher Theile des Gemeindebezirks oder einzelner Klassen der Gemeindeangehörigen in Ansehung der zu Nr. 1 und 2 (1. Mitbenutzung der Gemeindeanstalten u. s. w., 2. Heranziehung oder Veranlagung zu den Gemeindelasten) erwähnten „Ansprüche und Verbindlichkeiten". Auch diese Ausdrucksweise ist unklar, denn „Ansprüche" lassen sich erheben auf Anerkennung von eigenen Rechten und auf Nichtanerkennung fremder Rechte einerseits und auf Befreiung von Verbindlichkeiten andererseits. Nur in dem letzteren Falle kann von Beschwerde die Rede sein, im ersteren aber auch von Einsprüchen.

§ 315.

Dieselben Grundsätze müssen Platz greifen bei der Beurtheilung der gleichartigen städtischen Verhältnisse (§ 18 des Zuständigkeitsgesetzes vom 1. August 1883). Hier sowohl wie in § 34 (siehe oben § 314) ist die Rede von Einsprüchen gegen die Höhe von Gemeindezuschlägen zu den direkten Staatssteuern, welche sich gegen den Prinzipalsatz der letzteren richten und unzulässig sind. Hier hat das Wort „Einspruch" ebenfalls eine Berechtigung insofern, als eine bereits abgeschlossene behördliche Feststellung vorliegt, welche nicht einen Einzelnen, sondern die Gesammtheit der Steuerpflichtigen des Bezirks in ihren Rechten berührt. Vergl. Parey, Rechtsgrundsätze S. 85 Nr. 8 und S. 87 Nr. 13, 1.

Eine wegen Ueberbürdung mit Gemeindeabgaben angestellte Klage darf mit ihren Ansprüchen nicht weiter gehen als der voraufgegangene Einspruch (Reklamation); Beschwerden und Einsprüche in Steuersachen haben keine aufschiebende Wirkung, dasselbe gilt von der nachfolgenden Klage, deshalb können auch Ansprüche des obsiegenden Reklamanten auf Prozeßzinsen (Zögerungszinsen) niemals für gerechtfertigt erachtet werden (Parey, Rechtsgrundsätze S. 60).

§ 316.

Der § 44 des Zuständigkeitsgesetzes vom 1. August 1883, welcher von der Verpflichtung zur Theilnahme an den Lasten der Armenpflege in Gutsbezirken und Gesammtarmenverbänden und von der Heranziehung oder Veranlagung zu den Lasten der Landarmenverbände handelt, ist hinsichtlich der Beschwerden und Einsprüche den §§ 18 und 34 nachgebildet, und es gilt von ihm das oben Gesagte.

§ 317.

Nicht ganz dasselbe gilt von dem § 46 a. a. O., welcher von der Heranziehung, nicht aber von der Veranlagung zu den Schullasten handelt, gleichwohl aber sowohl Beschwerden, als Einsprüche nennt. Auch er kennt Einsprüche gegen die Höhe von Zuschlägen für Schulzwecke zu den direkten Staatssteuern, welche sich gegen den Prinzipalsatz der letzteren richten, erklärt dieselben für unzulässig und verstößt damit auch nicht gegen die Natur des Einspruchs; wie man aber gegen die Veranlagung zu den Schullasten Beschwerden und Einsprüche erheben soll, läßt sich nicht anders erklären, als daß in demselben Rechtsmittel sowohl der Schutz eigener Interessen, als auch ein Angriff gegen eine behördliche Feststellung (die Heberolle) enthalten sind und daß dadurch auch die Interessen Dritter mittelbar berührt werden können.

§ 318.

Nicht von der Beschwerde, sondern allein von dem Einspruch handelt der § 56 a. a. O., welcher vorschreibt, daß gegen die Anordnungen der Wegepolizeibehörde, welche den Bau und die Unterhaltung der öffentlichen Wege oder die Aufbringung und Vertheilung der dazu erforderlichen Kosten oder die Inanspruchnahme von Wegen für den öffentlichen Verkehr betreffen, als Rechtsmittel innerhalb zwei Wochen der „Einspruch" an die Wegepolizeibehörde stattfindet. Dies ist wieder eine ganz neue Art von Einspruch, dessen Wesen sich daraus erklärt, daß sich auf dem Gebiete der Wegepolizei und der Wegebaulast polizeiliche, kommunale und privatrechtliche Verhältnisse in eigenthümlicher Verbindung und Vertheilung der Zuständigkeiten durchkreuzen, und daß es deshalb wohl angezeigt ist, der verfügenden Behörde Gelegenheit zu geben, an der Hand der von dem Betroffenen beigebrachten Einspruchsgründe die Angelegenheit noch einmal reiflich in Erwägung zu ziehen. Deshalb steht dieser Einspruch auch der allgemeinen Gegenvorstellung oder Remonstration (oben § 306) sehr nahe, unterscheidet sich von derselben aber wesentlich dadurch, daß er obligatorisch und an eine bestimmte präklusivische Frist gebunden ist,

§ 319.

Dasselbe gilt nach § 66 a. a. O. von den Einsprüchen gegen die wasserpolizeilichen Anordnungen.

§ 320.

Dem Wesen und dem Zwecke des Einspruchs als besonders geartete Gegenvorstellung in Wege- und Wasserpolizeisachen (siehe oben §§ 318 und 319) entspricht es, daß die Behörde auf erhobenen Einspruch ihre ursprüngliche Verfügung aufhebt. Dieser Fall kann eintreten, wenn sie sich davon überzeugt, daß nicht der in Anspruch genommene, sondern ein Anderer der richtige Verpflichtete ist. Wird diesem letzterem der die erste Verfügung aufhebende Beschluß mitgetheilt und stellt sich derselbe nach Form und Inhalt als ein solcher dar, der auf Einspruch ergangen ist, also nicht als eine einfache polizeiliche Verfügung, so hat der zuletzt in Anspruch Genommene nicht noch einmal das Rechtsmittel des Einspruchs, sondern sogleich das der Klage. Ueber das Vorhandensein dieser Voraussetzung wird da am wenigsten Zweifel entstehen können, wo die Behörde, sobald gegen ihre Verfügung Einspruch erhoben und dieser auf die Behauptung gestützt wird, daß ein Dritter wegebaupflichtig sei, diesen letzteren ordnungsmäßig hört, bevor sie ihm auf den Einspruch hin den Wegebau durch ihren Beschluß aufgiebt (Parey, Rechtsgrundsätze S. 339).

§ 321.

Handelt es sich um einen Akt der Wegepolizei zum Zwecke der Herbeiführung eines Wegebaues, so findet die Klage im Verwaltungsstreitverfahren und gegen den Beschluß der Wegepolizeibehörde über den erhobenen Einspruch statt. Fehlt es an diesem Beschlusse, so ist die Klage als verfrüht zurückzuweisen. Hier liegt indessen keine definitive Zurückweisung der Klage vor, denn es kommt in Betracht, daß die innerhalb zwei Wochen nach Behändigung der angefochtenen Verfügung bei der Wegepolizeibehörde angebrachte Klage als Einspruch zu betrachten gewesen wäre. Das angerufene Verwaltungsgericht muß daher die Klage an die Wegepolizeibehörde behufs Abfassung des Beschlusses zurückgeben, und gegen diesen Beschluß ist auch dann noch die Klage statthaft (Parey, Rechtsgrundsätze S. 328).

§ 322.

Es giebt auch polizeiliche Einsprüche, z. B. gegen die Auszahlung der Immobiliar-Brandentschädigungen (Parey, Rechtsgrundsätze S. 432), dieselben gehören aber nicht zu den Rechtsmitteln im Verwaltungsstreitverfahren, sondern zu den polizeilichen Verfügungen, welche nach § 127 ff. des Landesverwaltungsgesetzes vom 30. Juli 1883 angefochen werden können.

§ 323.

Dagegen gehören die auf Grund der §§ 14—17 und 19 des Gesetzes vom 25. August 1876 erhobenen Einsprüche gegen die Gründung neuer Ansiedlungen und Kolonien zu den Rechtsmitteln, welche gegen eine behördliche Feststellung (siehe oben § 310) gerichtet sind.

§ 324.

Dasselbe gilt von den Einwendungen (Einsprüchen) gegen den Bebauungsplan (§ 8 des sogen. Fluchtliniengesetzes vom 2. Juli 1875, § 146 des Zuständigkeitsgesetzes vom 1. August 1883).

§ 325.

Abermals eine andere Art des Einspruchs mit dem parenthetischen Zusatze „Restitution oder Opposition“ wird im § 40 des Disziplinargesetzes vom 21. Juli 1852 erwähnt und für unstatthaft in diesem Verfahren erklärt. Dieser Einspruch hat aber mit den vorher beschriebenen Einsprüchen durchaus nichts zu schaffen, denn derselbe bedeutet entweder so viel, als die später zu erwähnende Wiederaufnahme des Verfahrens (Restitution, §§ 399 ff. der deutschen Straf-Prozeß-Ordnung vom 1. Februar 1877), oder das jetzt gegenstandslos gewordene, ehemals im Rheinischen Rechte zulässige Rechtsmittel gegen die Kontumazialerkenntnisse der Polizei- und Zuchtpolizei-Gerichte (Opposition). Die Behauptung, daß das Rechtsmittel des Einspruchs im Disziplinarverfahren unstatthaft sei, ist zutreffend, wenn man damit das oben in §§ 305—319 beschriebene Rechtsmittel meint, sie ist aber nicht zutreffend, wenn man darunter den Einspruch im Sinne der §§ 303 ff. der deutschen Civil-Prozeß-Ordnung vom 30. Januar 1877 versteht.

4. Der Antrag auf mündliche Verhandlung.

§ 326.

Der § 69 des Landesverwaltungsgesetzes vom 30. Juli 1883 lautet:

„Wo die Gesetze zur Einleitung des Verwaltungsstreitverfahrens statt der Klage den Antrag auf mündliche Verhandlung im Verwaltungsstreitverfahren geben, erfolgt auf den Antrag ohne Weiteres die Vorladung der Parteien zur mündlichen Verhandlung.

Der Antrag muß Alles enthalten, was nach § 63 für den Klageantrag erfordert wird, soweit dasselbe nicht aus den Vorverhandlungen bei der Behörde sich ergiebt."

Hieraus ergiebt sich, daß der Antrag auf mündliche Verhandlung, wo derselbe in den Gesetzen überhaupt vorgeschrieben ist, der bereits beschriebenen Klage vollständig gleichsteht. Deshalb ist auch dieser ebenso wie die Klage (Parey, Rechtsgrundsätze S. 47 Nr. 33, 2), als Rechtsmittel anzusehen.

§ 327.

Die Fälle, in denen als nicht devolutives Rechtsmittel statt der formellen Beschwerde gegen den Beschluß der Antrag auf mündliche Verhandlung gegeben ist, sind folgende:

1. Wenn in Folge der Vereinigung ländlicher Gemeinde- und Gutsbezirke bezüglich der Verwaltung der Polizei mit dem Bezirke einer Stadt, jene Gemeinden und Gutsbezirke aus dem Amtsbezirke ausscheiden müssen, so beschließt über die hierdurch nothwendig werdende Auseinandersetzung zwischen den Betheiligten der Kreisausschuß. Gegen den Beschluß findet innerhalb zwei Wochen der Antrag auf mündliche Verhandlung im Verwaltungsstreitverfahren statt (§ 49a der altländischen Kreisordnung, § 6 des Zuständigkeitsgesetzes vom 1. August 1883).
2. Nach § 68 des Zuständigkeitsgesetzes vom 1. August 1883 beschließt der Kreis- (Stadt-) Ausschuß über Anträge auf Verschaffung von Vorfluth nach einer vorgängigen, von ihm anzuordnenden örtlichen Untersuchung und über Anträge auf Mitbenutzung einer Entwässerungsanlage und auf Abänderung des Entwässerungsplanes. Das Rechtsmittel ist dasselbe wie sub 1.

3. Dasselbe gilt nach § 70 a. a. O. von der Beschlußfassung über 1. die Rechtmäßigkeit der Ablehnung des Schiedsrichteramtes, 2. die Zurückweisung unzulässiger Schiedsrichter, 3. die Festsetzung der Vergütung für Schiedsrichter und 4. für Kommissionen.

4. Desgleichen nach § 77 a. a. O. von der Beschlußfassung über die erhobenen Widersprüche gegen den von den Kommissionen entworfenenen Entwässerungsplan, sowie über die Frist zu seiner Ausführung.

5. Desgleichen nach § 100 a. a. O. von der Aufsicht des Kreis- (Stadt-) Ausschusses über die Fischereigenossenschaften, wenn eine Genossenschaft behauptet, daß eine im Aufsichtswege getroffene Verfügung dem Statute oder dem Gesetze widerspricht.

6. Desgleichen nach § 114 a. a. O. von den Beschlüssen über die Anträge auf Ertheilung der Erlaubniß zum Betriebe der Gast- oder Schankwirthschaft, zum Kleinhandel mit Branntwein oder Spiritus nach Anhörung der Gemeinde- und Ortspolizeibehörde, gegen deren Widerspruch (eine von beiden) die Ertheilung der Erlaubniß nur im Verwaltungsstreitverfahren erfolgt.

7. Diese Einschränkungen fallen fort und es tritt das Verfahren wie sub 1—5 ein, wenn es sich um den Betrieb des Pfandleihgewerbes und den Handel mit Giften handelt (§ 114 a. a. O.).

8. Dasselbe gilt nach § 115 a. a. O. von den Beschlüssen des Bezirksausschusses beziehungsweise des Polizeipräsidiums zu Berlin von den Anträgen auf Ertheilung 1. der Konzession zu Privat-Kranken-, Entbindungs- und Irrenanstalten, 2. der Erlaubniß zu Schauspielunternehmungen.

9. Desgleichen nach der Verordnung vom 31. Dezember 1883 (G. S. 1884 S. 7) von dem Beschluß des Bezirksausschusses über Anträge auf Genehmigung des in der Reichs-Gewerbe-Ordnung § 56 Abs. 3 gedachten Druckschriften-Verzeichnisses.

10. Desgleichen nach § 117 des Zuständigkeitsgesetzes vom 1. August 1883 von dem versagenden Beschluß des Bezirksausschusses auf Anträge wegen Ertheilung von Wandergewerbescheinen.

11. Desgleichen nach § 124 a. a. O. von dem versagenden Beschluß des Bezirksausschusses über die Genehmigung von Innungsstatuten und deren Abänderung.

12. Desgleichen nach § 140 a. a. O. von der Auseinandersetzung zwischen den Betheiligten in Folge der Veränderung oder Aufhebung von Spritzenverbänden.

13. Desgleichen nach § 141 a. a. O. von der Zulassung eingeschriebener Hülfskassen.

5. Die Wahlbeschwerde und die Wahlklage.

§ 328.

Dies eigenthümliche, zweifache aber alternative Rechtsmittel kommt nur vor bei Angriffen gegen polizeiliche Verfügungen und gegen die sich daran knüpfenden Zwangsmittel (§§ 127—135 des Landesverwaltungsgesetzes vom 30. Juli 1883). Dieser Grundsatz bildet die Regel, es giebt aber davon folgende Ausnahmen:

1. Gegen wegepolizeiliche Verfügungen findet nach § 56 des Zuständigkeitsgesetzes vom 1. August 1883 zunächst ein Einspruch und gegen den darauf ergehenden Bescheid nur die Klage und nicht die Beschwerde statt.
2. Dasselbe gilt von den Verfügungen betreffend die Einziehung oder Verlegung von Wegen (§ 57 a. a. O.).
3. Desgleichen von den wasserpolizeilichen Verfügungen (§ 66 a. a. O.).
4. Dagegen findet gegen die Verfügungen (Beschlüsse) der Jagdpolizeibehörden betreffend Anordnungen wegen Abminderung des Wildstandes oder gegen die Ablehnung von Anträgen auf Anordnung der Gestattung solcher Abminderung nur die Beschwerde und nicht die Klage statt (§ 103 a. a. O.).
5. Gegen polizeiliche Verfügungen, durch welche die Erlaubniß zum gewerbsmäßigen öffentlichen Verbreiten von Druckschriften versagt, oder die nicht gewerbsmäßige öffentliche Verbreitung verboten worden ist, findet wieder nur die Klage und nicht die Beschwerde statt (§ 116 a. a. O.).
6. Dasselbe gilt von den Verfügungen der unteren Verwaltungsbehörden, durch welche Reichsangehörigen der Legitimationsschein zum Ankauf von Waaren oder zum Aufsuchen von Waarenbestellungen untersagt wird (§ 117 a. a. O.).
7. Desgleichen von den nach § 17 des Ansiedlungsgesetzes vom 25. August 1876 zu ertheilenden Bescheiden, durch welche die Ansiedlungs-Genehmigung versagt wird, sowie die gegen die Ansiedlungs-Genehmigung erhobenen Einsprüche zurückgewiesen werden.
8. Endlich von der nach § 19 a. a. O. erfolgenden Versagung der Genehmigung zur Anlegung einer Kolonie.

§ 329.

Diese Ausnahmen haben zur Folge, daß für das Verfahren in den Angelegenheiten, in denen nur die Klage gegeben ist, die Vorschriften in § 50—114, in denen nur die Beschwerde gegeben ist, die Vorschriften in §§ 50—60, 115—126 des Landesverwaltungsgesetzes vom 30. Juli 1883 maßgebend sind, nicht aber die für polizeiliche Verfügungen und Zwangsbefugnisse die Regel bildenden §§ 127—135 a. a. O.

§ 330.

Deshalb kann auch die Klage gegen polizeiliche Verfügungen nur darauf beschränkt werden 1. daß der angefochtene Bescheid durch Nichtanwendung oder unrichtige Anwendung des bestehenden Rechts, insbesondere auch der von den Behörden innerhalb ihrer Zuständigkeit erlassenen Verordnungen den Kläger in seinen Rechten verletze und 2., daß die thatsächlichen Voraussetzungen nicht vorhanden seien, welche die Polizeibehörde zum Erlaß der Verfügung berechtigt haben würden, während die Klage in den Fällen des obigen § 327, wo sie mit der Beschwerde nicht konkurrirt, an diese Beschränkung nicht gebunden ist (§§ 63, 79, 128 a. a. O.).

§ 331.

Deshalb sind ferner nach § 129 a. a. O. die Wahlbeschwerde und die Wahlklage gegen polizeiliche Verfügungen bei derjenigen Behörde anzubringen, gegen deren Verfügung sie gerichtet ist, während die freie Klage nach § 63 a. a. O. bei dem zuständigen Gerichte einzureichen ist', und ebenso die Beschwerde bei der zuständigen Beschwerdebehörde, sofern es sich nicht um Beschwerden gegen Beschlüsse des Kreis- (Stadt-) Ausschusses oder um erstinstanzliche Beschlüsse des Bezirksausschusses handelt (§§ 121, 122 a. a. O.), in welchen Fällen dieselbe ebenfalls bei derjenigen Behörde, gegen deren Beschluß sie gerichtet ist, angebracht werden muß.

§ 332.

Zu bemerken ist hier besonders, daß die im § 127 Abs. 2 a. a. O. erwähnte, bei dem Oberverwaltungsgerichte anzubringende Klage gegen den in letzter Instanz ergangenen Bescheid des Regierungspräsidenten beziehungsweise des Oberpräsidenten keine Wahlklage ist, daß sie also auch direkt fristzeitig bei dem Gericht angebracht werden muß, daß die Entscheidung aber gleichwohl in derselben Weise eine beschränkte ist, wie die gewöhnliche Wahlklage.

6. Die Berufung (der Rekurs).

§ 333.

Das ordentliche Rechtsmittel der Berufung ist ein Recht der Partei, dessen Ausübung von ihrem freien Willen abhängt (Parey, Rechtsgrundsätze S. 444). Deshalb heißt es auch in den §§ 82 und 83 des Landesverwaltungsgesetzes vom 30. Juli 1883: Gegen die in streitigen Verwaltungssachen ergangenen Endurtheile der Kreisausschüsse und die in erster Instanz ergangenen Urtheile der Bezirksausschüsse, sowie gegen die Bescheide in den Fällen der §§ 64 (Vorbescheid und Aufgabe der Klaglosstellung) und 67 (Bescheid ohne mündliche Verhandlung) „steht", soweit nicht gemäß besonderer gesetzlicher Vorschrift diesese Urtheile endgültig oder die gegen dieselben stattfindenden Rechtsmittel in abweichender Weise geregelt sind, den Parteien und aus Gründen des öffentlichen Interesses dem Vorsitzenden des Kreisausschusses beziehungsweise des Bezirksausschusses die Berufung an den Bezirksausschuß beziehungsweise an das Oberverwaltungsgericht „zu".

§ 334.

Endgültige Endurtheile und Bescheide der Kreis- (Stadt-) Ausschüsse sind folgende:

1. Die Entscheidung auf den eigenen Beschluß in Folge Antrags auf mündliche Verhandlung im Verwaltungsstreitverfahren in den Fällen des § 70 des Zuständigkeitsgesetzes vom 1. August 1883.
2. In den Fällen, in denen die Ortspolizeibehörde in Gemäßheit des § 75 des Feld- und Forstpolizeigesetzes vom 1. April 1880 den Bescheid über den Anspruch auf Ersatzgeld zu ertheilen hat, steht gegen diesen Bescheid auf dem Lande und in den Städten (bis zu 10 000 Einwohnern) jedem Theile die Klage bei dem Kreisausschusse zu. Die hierauf erfolgende Entscheidung ist endgültig (§ 76 a. a. O.).
3. Gegen den in Gemäßheit des § 82 a. a. O. von der Ortspolizeibehörde zu ertheilenden Bescheid darüber, ob eine Pfändung ganz oder theilweise aufrecht zu erhalten oder aufzuheben oder ob ein anderweit angebotenes Pfand anzunehmen ist, steht auf dem Lande und in Städten (bis zu 10 000 Einwohnern) jedem Theile die Klage bei dem Kreisausschusse zu. Die hierauf erfolgende Entscheidung ist endgültig (§ 84 a. a. O.).

§ 335.

Die in erster Instanz ergangenen Endurtheile und Bescheide der Bezirksausschüsse sind endgültig in folgenden Fällen:

1. Entsteht über die Nothwendigkeit des Transportes eines auszuweisenden Hülfsbedürftigen oder über die Art der Ausführung dieses Transportes Streit, so erfolgt die Entscheidung hierüber endgültig durch den Bezirksausschuß als Deputation für das Heimathwesen (§ 58 des Reichsgesetzes über den Unterstützungswohnsitz vom 6. Juni 1870 — B. G. Bl. S. 360 —).
2. In den Fällen, in denen die Ortspolizeibehörde in Gemäßheit des Feld- und Forstpolizeigesetzes vom 1. April 1880 den Bescheid über den Anspruch auf Ersatzgeld zu ertheilen hat, steht gegen diesen Bescheid in den Stadtkreisen und in den Städten mit mehr als 10 000 Einwohnern jedem Theile die Klage bei dem endgültig entscheidenden Bezirksausschusse zu (§ 76 a. a. O.).

3. Gegen den in Gemäßheit des § 82 a. a. O. von der Ortspolizeibehörde zu ertheilenden Bescheid (siehe oben § 331 Nr. 3) steht in den Stadtkreisen und in den Städten mit mehr als 10 000 Einwohnern jedem Theile die Klage bei dem endgültig entscheidenden Bezirksausschusse zu.

§ 336.

Die Rechtsmittel gegen die Endurtheile und Bescheide des Kreis-(Stadt-) Ausschusses sind in abweichender Weise geregelt in folgenden Fällen:

1. In dem Verfahren der Entfernung der Gemeindevorsteher, Schöffen, Mitglieder des Gemeindevorstandes, sonstigen Gemeindebeamten und Gutsvorsteher aus dem Amte entscheidet nach § 36 Nr. 4 des Zuständigkeitsgesetzes vom 1. August 1883 der Kreisausschuß als Disziplinarbehörde erster Instanz, die Berufung geht aber hier nicht an den Bezirksausschuß, sondern an das Oberverwaltungsgericht.
2. In Bewässerungs-Angelegenheiten stellt der Kreis- (Stadt-) Ausschuß die Entschädigung der von ihm endgültig ernannten Taxatoren durch Endurtheil fest. Gegen dies Endurtheil steht den Berechtigten die Berufung nicht an den Bezirksausschuß sondern an das Oberlandeskulturgericht zu.

§ 337.

Die Rechtsmittel gegen die in erster Instanz ergangenen Endurtheile und Bescheide der Bezirksausschüsse sind in abweichender Weise geregelt in folgenden Fällen:

1. Gegen die Entscheidung des Bezirksausschusses betreffend die Heranziehung oder die Veranlagung zu den Kreisabgaben, ist nicht das Rechtsmittel der Berufung, sondern nur das der Revision an das Oberverwaltungsgericht zulässig (§ 3 des Zuständigkeitsgesetzes vom 1. August 1883).
2. Gegen die Entscheidung des Bezirksausschusses betreffend die Heranziehung oder die Veranlagung zu den städtischen Gemeindelasten ist nur dasselbe Rechtsmittel der Revision zulässig (§ 18 Nr. 2 und § 21 a. a. O.).
3. Gegen die Entscheidung des Bezirksausschusses in dem Falle des § 44 Ziffer 2 a. a. O. betreffend die Heranziehung oder Veranlagung zu den Lasten der Landarmenverbände ist nur das Rechtsmittel der Revision zulässig.
4. Gegen die Entscheidungen des Bezirksausschusses in den Fällen der §§ 2 und 3 der Verordnung vom 31. Dezember 1883 (G. S. 1884 S. 7) betreffend die Versagung oder Entziehung der Gewerbelegitimationskarten und die Versagung der Geneh-

migung des Druckschriftenverzeichnisses ist nur das Rechtsmittel der Revision zulässig.

5. Gegen die Entscheidungen des Bezirksausschusses in Armenstreitsachen geht die Berufung nicht an das Oberverwaltungsgericht, sondern an das Bundesamt für das Heimathwesen.

6. Streitigkeiten über die im § 57 Abs. 2—4 des Arbeiter-Krankenversicherungsgesetzes vom 15. Juni 1883 (G. S. S. 73) bezeichneten Ansprüche (Uebergang von Unterstützungsansprüchen auf die Gemeinde oder den Armenverband, oder der Entschädigungsansprüche auf die Gemeinde-Krankenversicherung oder die Ortskrankenkasse) werden nach § 58 Abs. 2 a. a. O. im Verwaltungsstreitverfahren entschieden. Zuständig ist in erster Instanz der Bezirksausschuß, gegen dessen Entscheidung nur das Rechtsmittel der Revision stattfindet (Gesetz vom 27. April 1885 — G. S. S. 127 — und vom 12. September 1885 — G. S. S. 333 —).

7. Dasselbe gilt von den Streitigkeiten über die Lohnabzüge und die Zuschüsse der Betriebsunternehmer gegenüber den Kassenmitgliedern (§ 65 Abs. 5 a. a. O.).

8. Desgleichen von den Streitigkeiten über Ersatzansprüche, welche auf Grund des § 71 und des § 57 Abs. 2 gegen den Bauherrn erhoben werden (§ 72 Abs. 4 a. a. O.).

9. Desgleichen von den Streitigkeiten bei den Krankenkassen, welche auf Grund der Vorschriften des Titels VI der Gewerbeordnung von Innungen für die Gesellen und Lehrlinge ihrer Mitglieder errichtet werden (§ 73 a. a. O.).

10. Desgleichen von den Streitigkeiten, welche bei der Ausführung des § 16 des Gesetzes über die Ausdehnung der Unfall- und Krankenversicherung vom 28. Mai 1885 (R. G. Bl. S. 159) entstehen, soweit es sich nicht um Unterstützungsansprüche handelt. Der § 16 lautet:

„Erkrankt ein Versicherter auf der Fahrt im Inlande außerhalb des Bezirks der Orts-, Betriebs- (Fabrik-), Bau-, Innungs-Krankenkasse, der Knappschaftskasse oder der Gemeinde-Krankenversicherung, welcher er angehört, so hat dem Erkrankten die Gemeinde des Ortes, an welchem die Fürsorge für denselben nothwendig wird, diejenigen Unterstützungen zu gewähren, welche er von der Gemeinde-Kranenversicherung oder der Krankenkasse, der er angehört, zu beanspruchen hat. Diese hat der unterstützenden Gemeinde die ihr hieraus erwachsenden Kosten zu erstatten. Bei der Erstattung gilt als Ersatz der im § 6 Absatz 1 Ziffer 1 des Krankenversicherungsgesetzes bezeichneten Leistungen die Hälfte des Krankengeldes, sofern nicht höhere Aufwendungen nachgewiesen werden.

Erkrankt ein bei einer Orts-, Betriebs- (Fabrik-), Bau-, Innungs-Krankenkasse, bei einer Knappschaftskasse oder bei einer Gemeinde-Krankenversicherung Versicherter auf der Fahrt im Auslande, so hat dem Erkrankten der Betriebsunternehmer diejenigen Unterstützungen zu gewähren, welche er von der Gemeinde-Krankenversicherung oder der Krankenkasse, der er angehört, zu beanspruchen hat. Diese hat dem Betriebsunternehmer die ihm hieraus nachweislich erwachsenden Kosten zu erstatten. Bei der Erstattung gilt als Ersatz der im § 6 Abs. 1 Ziffer 1 des Krankenversicherungsgesetzes bezeichneten Leistungen die Hälfte des Krankengeldes."

Vergl. dazu die Verordnung vom 24. Juni 1886 (R. G. Bl. S. 205) und die ministerielle Ausführungs-Anweisung vom 21. August 1885 (Wochenschrift „Selbstverwaltung" Jahrg. XII S. 324).

11. Streitigkeiten über Unterstützungsansprüche, welche aus der Bestimmung des § 10 des Reichsgesetzes betreffend die Unfall- und Krankenversicherung der in land- und forstwirthschaftlichen Betrieben beschäftigten Personen vom 5. Mai 1886 (R. G. Bl. S. 132) zwischen dem Verletzten einerseits und den Gemeinden andererseits entstehen, werden von dem Bezirksausschusse entschieden. Gegen diese Entscheidung ist nur das Rechtsmittel der Revision zulässig (§ 12 Abs. 1 a. a. O., Allerhöchste Verordnung vom 26. Juli 1886 — Wochenschrift „Selbstverwaltung" Jahrg. XIII S. 291 —, ministerielle Ausführungs-Anweisung von demselben Tage — abgedruckt in den Regierungsamtsblättern —).

12. Dasselbe gilt von den Streitigkeiten über Ersatzansprüche, welche aus den Bestimmungen des § 10 des Gesetzes vom 5. Mai 1886 entstehen (§ 12 Abs. 2 a. a. O.).

13. Desgleichen von den Streitigkeiten über Unterstützungsansprüche, welche gegen die Gemeindekrankenversicherung oder Krankenkasse auf Grund des § 136 Abs. 5 a. a. O. entstehen (§ 136 Abs. 6 a. a. O.).

14. Desgleichen von den Streitigkeiten über Ersatzansprüche an den Arbeitgeber seitens der Gemeindekrankenversicherung in dem Falle des § 137 Abs. 3 a. a. O.

15. Desgleichen von den Streitigkeiten über die Kürzung des Krankengeldes und der Beiträge in dem Falle des § 138 a. a. O.

16. Endlich von der Anfechtung der ablehnenden Bescheide wegen Ueberweisung versicherungspflichtiger Personen an die Gemeinde-Krankenversicherung oder an die Ortskrankenkasse im Falle des § 142 a. a. O.

§ 338.

Ist ein erstinstanzliches Endurtheil im Streitverfahren ergangen, und ist dagegen die Berufung eingelegt worden, so muß der Bezirksausschuß auf dieses Rechtsmittel selbst dann entscheiden, wenn der erste Richter sich auch zu Unrecht für zuständig erachtet hätte. Denn die gegen sein Endurtheil stattfindenden Rechtswittel sind in diesem Falle nicht in abweichender Weise geregelt. Der Bezirksausschuß kann sich also auch in zweiter Instanz nicht für unzuständig erklären (Parey, Rechtsgrundsätze S. 334, 335).

§ 339.

Will der Vorsitzende des Kreisausschusses gegen eine Entscheidung des letzteren die Berufung einlegen, so hat er dies sofort zu erklären. Die Verkündigung der Entscheidung bleibt in diesem Falle einstweilen, jedoch längstens drei Tage ausgesetzt. Sie erfolgt mit der Eröffnung, daß im öffentlichen Interesse die Berufung eingelegt worden sei. Ist die Verkündigung ohne diese Eröffnung erfolgt, so findet die Berufung im öffentlichen Interesse nicht mehr statt. Die Gründe der Berufung sind den Parteien zur schriftlichen Erklärung innerhalb der im § 86 des Landesverwaltungsgesetzes vom 30. Juli 1883 gedachten Frist mitzutheilen. Nach Ablauf der Frist sind die Verhandlungen dem Bezirksausschusse einzureichen und die Parteien hiervon zu benachrichtigen (§ 12 Abs. 2 a. a. O.). Dasselbe findet statt hinsichtlich des Vorsitzenden des Bezirksausschusses (§ 83 Abs. 2 a. a. O.).

§ 340.

Das dem Vorsitzenden des Kreisausschusses ertheilte Recht, aus Gründen des öffentlichen Interesses die Berufung einzulegen, ist eine völlig selbstständige Befugniß, welche mit dem Berufungsrecht der als Partei auftretenden öffentlichen Behörde nicht zusammenfällt (Parey, Rechtsgrundsätze S. 352). Den Aufsichtsinstanzen ist die Möglichkeit gewährt, die sich aus ihrer Stellung ergebenden allgemeinen Gesichtspunkte unabhängig von den Anträgen und Ausführungen der Lokalbehörden sowohl durch die Theilnahme an den mündlichen Verhandlungen, als auch erforderlichen Falles durch die Einlegung von Rechtsmitteln zur Geltung zu bringen. Die Rechte der Behörden als Parteien werden durch die Einrichtung nicht beschränkt (a. a. O. S. 217).

§ 341.

Die §§ 82 und 83 des Landesverwaltungsgesetzes vom 30. Juli 1883 setzen Endurtheile voraus, welche in streitigen Verwaltungssachen ergangen sind. Hat also ein Kreisausschuß in Gemäßheit des § 114 des Zuständigkeitsgesetzes vom 1. August 1883 nicht ein Endurtheil erlassen, sondern einen Beschluß gefaßt und zwar in einer bis zu diesem

Beschlusse noch nicht streitigen Sache, so ist der obige § 82 nicht anwendbar. Hieraus ergiebt sich, daß dem Vorsitzenden des Kreis- (Stadt-) Ausschusses gegen einen Beschluß dieser Behörde, wonach die Erlaubniß zum Betriebe einer Gast- oder Schankwirthschaft entsprechend der dem Antrage zustimmenden Erklärung der Gemeinde- und Ortspolizeibehörde ertheilt wird, das Recht der Berufung nicht zusteht (Parey, Rechtsgrundsätze S. 358).

§ 342.

Wenn der Vorsitzende des Kreisausschusses die Absicht, gegen eine Entscheidung des letzteren die Berufung einlegen zu wollen, erklärt hat und wenn dann die Entscheidung ausgesetzt wird, so bedarf es in diesem Falle zum Behufe der ausgesetzten Verkündigung der Entscheidung der Anberaumung einer besonderen Sitzung des Kreisausschusses nur in denjenigen gewerbepolizeilichen Angelegenheiten, auf welche der § 21 der Reichsgewerbeordnung vom 1. Juli 1881 Anwendung findet. Zu der neuen Sitzung sind die erschienenen Parteien mündlich zu laden, die ausgebliebenen gar nicht (Parey, Rechtsgrundsätze S. 455).

§ 343.

Dem Vorsitzenden, welcher die Berufung eingelegt hat, steht nicht das Recht zu, gegen die Entscheidung des Berufungsrichters die Revision einzulegen. Letzteres würde — abgesehen von den Parteien, zu denen der Kreisausschuß-Vorsitzende nicht gehört — nur Sache des Regierungspräsidenten sein (Parey, Rechtsgrundsätze S. 444).

§ 344.

Wenn dem Vorsitzenden auch das Recht zusteht, aus Gründen des öffentlichen Interesses die Berufung einzulegen, so steht ihm doch eine weitere Vertretung des Rechtsmittels nicht zu, sondern nur dem Regierungspräsidenten durch den von ihm zu bestellenden Kommissar (Parey, Rechtsgrundsätze S. 447).

§ 345.

Durch die neueste Fassung des Abs. 4 im § 113 des Landesverwaltungsgesetzes vom 30. Juli 1883 ist festgestellt, daß das außerordentliche Rechtsmittel der Berufung des Vorsitzenden in den Fällen nicht Platz greift, in denen die unteren Instanzen endgiltig entscheiden, auch sind die durch die ältere Fassung hervorgerufenen Zweifel darüber gelöst, ob das Rechtsmittel der Berufung dadurch verloren geht, daß der erste Richter die Entscheidung über den Prinzipaleinwand mit der in der Sache selbst verbindet und, wenn dies zu verneinen, ob mit der Berufung an das Oberverwaltungsgericht die an den Bezirksausschuß in der Sache selbst zur Wahrung der Berufungsfrist zu verbinden ist (Parey, Rechtsgrundsätze S. 294, 295).

§ 346.

Das Rechtsmittel der Berufung im Allgemeinen ist durch dessen nach der Verkündigung, jedoch vor der Zustellung des angegriffenen Urtheils erfolgte Anmeldung und Rechtfertigung als gewahrt zu erachten (Parey, Rechtsgrundsätze S. 444).

§ 347.

Wenn eine Partei erklärt, daß sie ein bereits eingelegtes Rechtsmittel zurücknehme, so ist damit der Streitfall erledigt. Zwar enthält das Gesetz ausdrückliche Bestimmungen über die Zurücknahme von Rechtsmitteln nicht, indessen setzt der auf Grund des § 106 des Landesverwaltungsgesetzes vom 30. Juli 1883 von dem Finanzminister und dem Minister des Innern aufgestellte Kostentarif vom 27. Februar 1884 unter Nr. II den Fall der Zurücknahme eines eingelegten Rechtsmittels ausdrücklich voraus, es muß mithin die Befugniß der Prozeßpartei, ein von ihr eingelegtes Rechtsmittel, sofern darüber noch nicht entschieden ist, wieder zurückzunehmen, im Allgemeinen auch für das Verwaltungsstreitverfahren anerkannt werden. Die Berufung „steht" gemäß § 82, 83 „den Parteien zu", sie ist ein Recht der Partei, dessen Ausübung von ihrem freien Willen abhängt, und zu dessen weiterer Verfolgung — sofern nicht positive gesetzliche Vorschriften oder sonstige besondere Gründe entgegenstehen — sie auch von der Zurücuahme des Rechtsmittels wieder Abstand zu nehmen, für befugt erachtet werden muß. In formeller Beziehung genügt zur Zurücknahme eines Rechtsmittels die schriftliche Form, auch bedarf es zur rechtlichen Wirksamkeit derselben keineswegs noch einer der Gegenpartei gegenüber abzugebenden Erklärung, geschweige denn einer Annahmeerklärung derselben. Die Zurücknahmerklärung hat, sobald dieselbe einmal bei der zuständigen Behörde abgegeben ist, zur Folge, daß sich das eingelegte Rechtsmittel von selbst erledigt, dasselbe ist fernerhin nicht mehr als eingelegt anzusehen, und das anzufechtende Urtheil wird sofort rechtskräftig, so daß auch ein Widerruf der Zurücknahme, selbst wenn die präklusivische Frist noch nicht abgelaufen sein sollte, die Wiederaufnahme des Rechtsmittels nicht zur Folge haben kann (Parey, Rechtsgrundsätze S. 444, 445).

§ 348.

Die nach dem Gegenstande des Streitverfahrens an sich zulässige Berufung wird dadurch nicht ausgeschlossen, daß in erster Instanz rechtsirrthümlich auf Grund einer die Berufung ausschließenden Bestimmung erkannt worden ist. Dies ergiebt sich daraus, daß die Endgiltigkeit gewisser erstinstanzlicher Entscheidungen nach Maßgabe des Gesetzes nicht von etwaiger Bezugnahme des Richters auf dasselbe, sondern davon abhängig ist, daß dieselben ihrem Gegenstande nach unter dasselbe fallen, und ferner daraus, daß der Berufungsrichter hierüber nach seiner

Auffassung zu entscheiden hat, da ihm und nicht den ersten Richter die Entscheidung über die Zulässigkeit des Rechtsmittels zusteht (Parey, Rechtsgrundsätze S. 316).

§ 349.

Das Gesetz hat die Rechtsmittel im Streitverfahren lediglich zur Wahrung derjenigen Rechte der Parteien gegeben, welche Gegenstand des Streites sind. Nur insofern diese durch die Entscheidung betroffen werden, finden gegen dieselben die vorgeschriebenen Rechtsmittel statt und somit nur gegen den dispositiven Theil der Entscheidung (den Tenor des Erkenntnisses), nicht gegen die Begründung derselben allein. Ist zu Gunsten der Behörde erkannt, so hat sie auch keine Veranlassung und keine Befugniß zur Einlegung der Berufung, selbst wenn ihr die Gründe der Entscheidung nicht zusagen (Parey, Rechtsgrundsätze S. 225).

§ 350.

Die Frist zur Einlegung der Berufung beträgt nach § 85 des Landesverwaltungsgesetzes vom 30. Juli 1883 in der Regel zwei Wochen. Ausnahmen finden nur statt hinsichtlich des Berufungsrechts des Vorsitzenden (§§ 82 Abs. 2 und 83 Abs. 2 des Landesverwaltungsgesetzes vom 30. Juli 1883), in Armenstreitsachen und in Disziplinarsachen (§ 157 a. a. O.). In Streitigkeiten zwischen Armenverbänden über die Unterstützung Hülfsbedürftiger beträgt die Frist zur Anmeldung der Berufung 14 Tage, zur Rechtfertigung weitere 4 Wochen (§§ 41, 46 des Reichsgesetzes vom 6. Juni 1870, § 157 Nr. 3 des Landesverwaltungsgesetzes vom 30. Juli 1883). In Disziplinarsachen beträgt die Berufungsfrist nach § 42 des Disziplinargesetzes vom 21. Juli 1852 vier Wochen, dieselben werden gleich $4 \times 7 = 28$ Tagen gerechnet. Die Vorschrift im § 343 der deutschen Strafprozeßordnung vom 1. Februar 1877, wonach jedes von der Staatsanwaltschaft eingelegte Rechtsmittel die Wirkung hat, daß die angefochtene Entscheidung auch zu Gunsten des Angeschuldigten abgeändert oder aufgehoben werden kann, findet in Disziplinarstrafsachen keine Anwendung, denn die Berufung in Disziplinarsachen ist kein beneficium commune (Parey, Rechtsgrundsätze S. 458).

§ 351.

Innerhalb dieser Frist ist, bei Verlust des Rechtsmittels, die Berufung bei dem Gerichte, gegen dessen Entscheidung dieselbe gerichtet ist, schriftlich anzumelden und (gleichzeitig) zu rechtfertigen (§ 86 des Landesverwaltungsgesetzes vom 30. Juli 1883).

Der in erster Instanz ertheilten unrichtigen Belehrung über die innezuhaltenden Rechtsmittelfristen kann niemals die Wirkung beiwohnen, die angegebene Frist an die Stelle der gesetzlich festgestellten treten zu lassen. Die daraus für die Partei erwachsenden Nachtheile können nur im Wege des Regresses gegen denjenigen ausgeglichen werden, der für die Ertheilung der unrichtigen Belehrung verantwortlich ist (Parey, Rechtsgrundsätze S. 446).

§ 352.

Während bei der Beschwerde nach § 111 Abs. 4 und § 122 Abs. 5 des Landesverwaltungsgesetzes vom 30. Juli 1883 und bei der Wahlbeschwerde oder Wahlklage nach § 129 Abs. 5 die Fristen als gewahrt erachtet werden, wenn auch diese Rechtsmittel, den vorausgegangenen ausdrücklichen Vorschriften zuwider, bei derjenigen Behörde angebracht werden, welche zur Beschlußfassung oder Entscheidung darüber zuständig ist, und die Beschwerden beziehungsweise Klagen in solchen Fällen an diejenige Behörde abzugeben sind, gegen deren Beschluß sie gerichtet werden, ist für diese Rechtswohlthat bei der regelmäßigen Berufung nach § 86 a. a. O. kein Raum, indessen hat doch das Oberverwaltungsgericht durch Verfügung (Parey, Rechtsgrundsätze S. 450) bestimmt, daß diese verirrten Prozeßschriften von den Behörden, bei welchen sie zu Unrecht eingereicht sind, ohne jeden Zeitverlust der zuständigen Instanz, sobald sich diese nur irgend sicher aus den Schriftstücken ersehen läßt, übermittelt werden sollen, anstatt dieselben den Parteien mit dem Anheimstellen der weiteren Veranlassung zurückzugeben.

§ 353.

Zur Einlegung des Rechtsmittels genügt die Anmeldung allein nicht, vielmehr muß noch die Rechtfertigung hinzutreten. Die letztere ist zwar an eine Form nicht gebunden und darf sowohl vor als in der mündlichen Verhandlung ergänzt werden, allein es muß doch wenigstens Gegenstand und Ziel der Beschwerde über das ergangene Endurtheil in derselben erkennbar gemacht werden (Parey, Rechtsgrundsätze S. 439). Der nothwendige Inhalt einer Rechtsmittelrechtfertigungsschrift ist vorhanden, wenn sie den Ausdruck der Unzufriedenheit mit der in erster Instanz ergangenen Entscheidung enthält, das Ziel der Beschwerde und etwa in wiederholten Anträgen auf Erhebung eines bereits früher angetretenen Beweises den Vorwurf gegen den ersten Richter erkennen läßt, daß jener Beweis nicht schon in früherer Instanz erhoben worden sei (Parey, Rechtsgrundsätze S. 257, 258).

§ 354.

Das Rechtsmittel der Berufung ist durch dessen nach der Verkündigung, jedoch vor der Zustellung des angegriffenen Urtheils erfolgte Anmeldung und Rechtfertigung für gewahrt zu erachten (Parey, Rechtsgrundsätze S. 444).

§ 355.

Das Gericht prüft, ob die Anmeldung (nicht die Rechtfertigung) rechtzeitig erfolgt ist. Ist dies der Fall, so wird die Berufungsschrift mit ihren Anlagen der Gegenpartei zur schriftlichen Gegenerklärung innerhalb einer bestimmten, von einer bis zu vier Wochen zu bemessenden Frist zugefertigt (§ 86 Abs. 2 des Landesverwaltungsgesetzes vom 30. Juli 1883). Die Prüfung ist ausschließlich auf die Wahrung der gesetzlichen Frist zur Anmeldung zu beschränken, die Frage dagegen, inwiefern es einer Rechtfertigung überhaupt bedarf, soll hierdurch nicht berührt, vielmehr die Prüfung der gesetzlichen Erfordernisse derselben dem Berufungsrichter überlassen werden. Hieraus ergiebt sich, daß, wenn Jemand seine Berufung nur anmeldet und nicht rechtfertigt, der Kreisausschuß die Akten demungeachtet an die nächste Instanz einreichen muß und die Berufung nicht etwa aus dem Grunde zurückweisen darf, weil die Berufung nicht gerechtfertigt ist (Parey, Rechtsgrundsätze S. 439 Nr. 5).

§ 356.

Der Berufungsbeklagte kann sich der Berufung anschließen, selbst wenn die Berufungsfrist verstrichen ist (§ 87 des Landesverwaltungsgesetzes vom 30. Juli 1883). Wenn die Praxis der Verwaltungsgerichte der präzisen Vorschrift des § 86 a. a. O. gegenüber niemals angestanden hat, die bloße Kundgebung der Unzufriedenheit mit einem ergangenen Urtheil als die formgerechte Anmeldung des Rechtsmittels zuzulassen, so bietet auch die Fassung des § 86 a. a. O. keine Handhabe, unter allen Umständen auf die wörtliche Angabe des Beitritts zum Rechtsmittel zu bestehen, vorausgesetzt, daß nur die Aeußerung an sich keinen Zweifel an ihrer wahren Absicht aufkommen läßt. Für die Anschließung giebt noch der Termin zur mündlichen Verhandlung den äußersten Zeitpunkt ab (Parey, Rechtsgrungsätze S. 327 Nr. 32).

§ 357.

Eiue Partei kann die Abänderung eines ihr theilweise ungünstigen, in der Berufungsinstanz nicht angefochtenen erstinstanzlichen Endurtheils nicht noch dadurch erlangen, daß sie sich, nachdem die Gegenpartei die Berufung und demnächst die Revision eingelegt hat, in der Revisionsinstanz beiden Rechtsmitteln anschließt. Das Anschließungsrecht findet darin seine Begründung, daß von der Einlegung eines Rechtsmittels in der Erwartung, der Gegner werde sich ebenfalls bei dem Erkenntnisse beruhigen, oft kein Gebrauch gemacht wird, und daß deshalb, wenn diese Erwartung getäuscht wird, die nachträgliche Zulassung des Rechtsmittels der Billigkeit entspricht. Diese Rechtswohlthat kann aber der betreffenden Partei nur im Laufe der Instruktion des Rechtsmittels zu statten kommen, zögert sie bis zum nächsten Endurtheil, so ist das gedachte Neurecht definitiv erloschen (Parey, Rechtsgrundsätze S. 133).

§ 358.

Die Bestimmungen des Disziplinargesetzes vom 21. Juli 1852 kennen ebensowenig, wie die deutsche Strafprozeßordnung vom 1. Februar 1877 den Anschluß an ein vom Gegner angebrachtes Rechtsmittel.

§ 359.

Nach Ablauf der Berufungsfrist sind die Verhandlungen dem Berufungsgerichte einzureichen. Die Parteien sind hiervon unter abschriftlicher Mittheilung der eingegangenen Gegenerklärungen zu benachrichtigen (§ 88 des Landesverwaltungsgesetzes vom 30. Juli 1883).

§ 360.

Ist weder vom Berufungskläger noch von dem Berufungsbeklagten die Anberaumung der mündlichen Verhandlung ausdrücklich verlangt, so kann das Gericht, auch ohne solche Verhandlung, schon auf Grund der Erklärungen der Parteien seine Entscheidung in der Form eines mit Gründen versehenen Bescheides fällen. In diesem Bescheide ist den Parteien zu eröffnen, daß sie befugt seien, innerhalb zwei Wochen, vom Tage der Zustellung ab, die Anberaumung der mündlichen Verhandlung zu beantragen; geschieht dies nicht, so gilt der Bescheid als endgiltiges Urtheil (§ 89 Abs. 1 des Landesverwaltungsgesetzes vom 30. Juli 1883, auf dessen Unterscheidung vom § 67 und 64 Abs. 4 und 7 zu achten ist). Dieser Bescheid kann nur von dem Kollegium des Berufungsgerichts erlassen werden, mithin nicht von dem Vorsitzenden allein, selbst nicht im Einverständnisse mit den ernannten Mitgliedern. Auch die Ertheilung dieses Vorbescheides involvirt lediglich eine Befugniß, nicht eine Verpflichtung des Verwaltungsgerichts (Parey, Rechtsgrundsätze S. 439 Nr. 5, 4).

§ 361.

Eine Abänderung der durch Berufung angefochtenen Entscheidung findet nur nach vorgängiger Anberaumung der mündlichen Verhandlung statt. Das Gericht kann also von der Befugniß der Ertheilung des Vorbescheides nur in dem Falle Gebrauch machen, wenn es zu der Entschließung gelangt, das Erkenntniß des Vorderrichters zu bestätigen (§ 89 Abs. 2 des Landesverwaltungsgesetzes vom 30. Juli 1883).

§ 362.

Die Ladung der Parteien zur mündlichen Verhandlung erfolgt unter der Verwarnung, daß beim Ausbleiben nach Lage der Verhandlungen werde entschieden werden. In gleicher Weise erfolgt in den Fällen der Berufung aus Gründen des öffentlichen Interesses die Ladung des zur Vertretung desselben bestellten Kommissars. Auch in der Berufungsinstanz kann zur Aufklärung des Sachverhältnisses das persönliche Erscheinen der Partei angeordnet werden (§ 68 Abs. 2 und § 90 des Landesverwaltungsgesetzes vom 30. Juli 1883).

§ 363.

Ist die Berufung von dem Vorsitzenden des Kreisausschusses oder des Bezirksausschusses aus Gründen des öffentlichen Interesses eingelegt, so entscheidet das Berufungsgericht zunächst über die Vorfrage, ob das öffentliche Interesse für betheiligt zu erachten ist. Wird die Vorfrage verneint, so weist das Berufungsgericht, ohne im Uebrigen in die Sache selbst einzutreten, die Berufung als unstatthaft zurück (§ 91 des Landesverwaltungsgesetzes vom 30. Juli 1883).

Das öffentliche Interesse ist für betheiligt zu erachten, wenn es sich z. B. um die Frage handelt, ob bei den Wahlen der Kreistagsabgeordneten die Stellvertretung des Landrathes nur einem der Kreisdeputirten oder auch einem königlichen Beamten übertragen werden dürfe (Parey, Rechtsgrundsätze S. 13 Nr. 21, 1); desgleichen, wenn es sich um die Frage handelt, ob ein Kreisausschuß zur Uebung der Disziplin gegen einen durch sein Hauptamt im unmittelbaren Staatsdienst stehenden Kreiskommunalbeamten im Nebendienste befugt ist (a. a. O. S. 74 Nr. 3, 1); desgleichen, wenn in Frage steht, ob ein öffentliches Amt den bestehenden Gesetzen gemäß verliehen werden soll oder nicht (a. a. O. S. 165 Nr. 14, 1); desgleichen, wenn es sich um die Frage handelt, ob ein Landrath berechtigt (legitimirt) gewesen ist, unter Uebergehung der in erster Reihe gesetzlich berufenen Organe der Polizeiverwaltung deren Funktionen selbst zu übernehmen (a. a. O. S. 250); desgleichen, wenn es sich um die Frage handelt, ob ein Drogist befugt ist, auf seinem Firmaschilde das Prädikat „Apotheker“ zu führen (a. a. O. S. 381).

§ 364.

Wenn der § 91 für den Fall, daß Berufung von dem Vorsitzenden des Kreisausschusses oder von dem Regierungspräsidenten aus Gründen des öffentlichen Interesses eingelegt wird, die Statthaftigkeit dieses Rechtsmittels und das Eingehen auf die Sache selbst von der Entscheidung über die Vorfrage abhängig macht, ob das öffentliche Interesse für betheiligt zu erachten ist, so hat das Gesetz doch diese Bestimmung auf das in seiner Begründung und somit auch in seinem Gebrauche ohnehin beschränkte Rechtsmittel der Revision nicht ausgedehnt, letzteres vielmehr dem Regierungspräsidenten zur Wahrung des öffentlichen Interesses in gleichem Umfange, wie den Parteien selbst, gegeben und somit auch für die Zulässigkeit derselben jene Vorfrage nicht gestellt (Parey, Rechtsgrundsätze S. 304).

§ 365.

Die von dem Regierungspräsidenten aus Gründen des öffentlichen Interesses eingelegte Berufung ist zuzulassen, wenn das öffentliche Interesse bei Entscheidung der die Zuständigkeit und die Machtbefugnisse der Behörden betreffenden Fragen für betheiligt zu erachten ist. (Entscheidungen Bd. III S. 171, Bd. V S. 331, Bd. VIII S. 381 und Bd. IX S. 347).

§ 366.

Nach § 92 des Landesverwaltungsgesetzes vom 30. Juli 1883 sind allen Schriftstücken die als Beweismittel in Bezug genommenen Urkunden im Original oder in Abschrift beizufügen. Von allen Schriftstücken und deren Anlagen sind Duplikate einzureichen.

Das Gericht kann geeigneten Falls gestatten, daß statt der Einreichung von Duplikaten die Anlagen selbst zur Einsicht der Betheiligten in seinem Geschäftslokale offen gelegt werden. (Vergl. § 66 a. a. O.).

Ferner kann das Gericht auch in der Berufungsinstanz auf Antrag oder von Amtswegen die Beiladung Dritter, deren Interesse durch die zu erlassende Entscheidung berührt wird, verfügen. Die Entscheidung ist in diesem Falle auch den Beigeladenen gegenüber giltig (§ 70 a. a. O.).

Desgleichen sind die Parteien oder ihre mit Vollmacht versehenen Vertreter auch in der mündlichen Verhandlung der Berufungsinstanz zu hören. Dieselben können ihre thatsächlichen oder rechtlichen Anführungen ergänzen oder berichtigen, jedoch die Klage nicht mehr abändern. Sie haben sämmtliche Beweismittel anzugeben und, soweit dies nicht bereits geschehen, die schriftlichen, ihnen zu Gebote stehenden Beweismittel vorzulegen, auch können von ihnen Zeugen zur Vernehmung vorgeführt werden. Auch der Vorsitzende des Berufungsgerichts hat dahin zu wirken, daß der Sachverhalt vollständig aufgeklärt und die sachdienlichen Anträge von den Parteien gestellt werden. Er kann einem Mitgliede des Gerichts gestatten, das Fragerecht auszuüben, eine Frage ist zu stellen, wenn das Gericht dies für angemessen erachtet (§ 71 a. a. O.). Für das Verfahren in der Berufungsinstanz sind auch maßgebend die für die erste Instanz geltenden Bestimmungen betreffend die Oeffentlichkeit und den Ausschluß der letzteren, die Entfernung von Ruhestörern aus der öffentlichen Sitzung, auch wenn dieselben zu den Parteien, Zeugen oder Sachverständigen gehören (§ 72 a. a. O.), ferner betreffend die Vertretung der Parteien durch Bevollmächtigte und Beistände (§ 73 a. a. O.), die Bestellung von Kommissarien zur Vertretung des öffentlichen Interesses (§ 74 a. a. O.), die Zuziehung eines Protokollführers (§ 75 a. a. O.), die Erhebung des Beweises durch Lokaluntersuchungen und Vernehmung von Zeugen und Sachverständigen vor und nach der Anberaumung des Termins zur mündlichen Verhandlung (§ 76 a. a. O.), die Beweiserhebung durch Mitglieder des Gerichts, Requisition anderer Behörden oder in der mündlichen Verhandlung (§ 77 Abs. 1 a. a. O.), ferner die Zuziehung eines Protokollführers zu solchen Beweisverhandlungen (§ 77 Abs. 2 a. a. O.). Dies ist eine von den positiven, nicht zu umgehenden Vorschriften darüber, wie die Grundlage für das richterliche Urtheil herzustellen ist, und über deren Verletzung nur dann hinweggesehen werden kann, wenn der Richter die mangelhaften Beweisverhandlungen aus dem Bereiche seiner Erwägungen ausschließt (Parey, Rechtsgrundsätze S. 445).

§ 367.

Ferner sind auch für die Berufungsinstanz maßgebend die Vorschriften betreffend die Verpflichtung, sich als Zeuge und Sachverständiger vernehmen zu lassen (Ungehorsamsstrafen) (§ 78 a. a. O.), die Bestimmung, daß der Richter nach seiner freien, aus den ganzen Inbegriffen und Beweisen geschöpften Ueberzeugung zu entscheiden hat, daß beim Ausbleiben der Partei oder in Ermangelung einer Erklärung derselben die von der Gegenpartei vorgebrachten Thatsachen für zugestanden erachtet werden, und daß die Entscheidungen nur die zum Streitverfahren vorgeladenen Parteien und die in demselben erhobenen Ansprüche betreffen dürfen (ultra petitum) (§ 79 a. a. O.), die Bestimmung, daß die Entscheidung ohne vorgängige Anberaumung einer mündlichen Verhandlung erlassen werden kann, wenn beide Theile auf solche ausdrücklich verzichten (§ 80 a. a. O.) und endlich die Vorschriften über die Verkündigung der Entscheidung in öffentlicher Sitzung des Gerichts und die Zustellung der Ausfertigung dieser Entscheidung an die Parteien und den Kommissar zur Wahrnehmuug des öffentlichen Interesses, wobei jedoch zu bemerken ist, daß die Zufertigung der in der Berufungsinstanz getroffenen Entscheidung durch Vermittlung des ganzen Gerichts erfolgt, gegen dessen Entscheidung die Berufung eingelegt war (§§ 81 und 92 Abs. 2 a. a. O.).

§ 368.

Die in der Berufungsinstanz etwa angebrachten Klageanträge wegen Ueberbürdung mit Provinzialabgaben: entweder das ganze, durch den Provinzialausschuß bewirkte Ausschreiben der Provinzialabgaben als nicht gesetzmäßig und deshalb für aufgehoben, oder die Provinz für schuldig zu erklären, nach dem Ist-Aufkommen Abrechnung mit dem Kreise zu halten, sind nach § 92 a. a. O. unzulässig (Parey, Rechtsgrundsätze S. 8).

§ 369.

Dem Berufungsrichter steht gemäß § 92 a. a. O. die Entschließung über den Antrag in vollem Umfange und ganz in derselben Weise zu, wie dem ersten Richter (Parey, Rechtsgrundsätze S. 366).

§ 370.

Bei der Frage, ob der Berufungsrichter überhaupt berechtigt ist, ohne seinerseits materiell zu entscheiden, die Sache zur anderweitigen Entscheidung in die erste Instanz zurückzuverweisen, ist von den Normen, welche für die Revisionsinstanz in den §§ 98—101 a. a. O. gegeben sind und eine analoge Anwendung nicht zulassen, abzusehen, auch sind die dem Verwaltungsrichter in den §§ 71, 76 und 92 ertheilten Befugnisse über die Zurückweisung in die Vorinstanz wenig vereinbar; gleichwohl ist eine Unzulässigkeit der Verweisung in die erste Instanz nicht anzunehmen, und es wird eine solche insbesondere da mit Recht erfolgen, wo es sich um die Beurtheilung spezieller örtlicher Verhältnisse handelt, die beim Untergerichte durch Notorietät, durch Auskunft der Ortsbehörden und nachbarlicher Zeugen leicht festzustellen sind, während diese Feststellungen beim Obergerichte unverhältnißmäßige Kosten und Weiterungen verursachen würden (Parey, Rechtsgrundsätze S. 437).

§ 371.

An die Stelle des in Steuersachen nach § 3 des Gesetzes vom 18. Juni 1840 (12. April 1882) statthaften Rekurses ist in Verwaltungssachen die Klage getreten, derselbe ist mithin nicht gleichbedeutend mit der Berufung (Parey, Rechtsgrundsätze S. 201, Nr. 37), dagegen hat der Ausdruck „Rekurs“ in gewerbepolizeilichen Angelegenheiten (§§ 20, 21, 40 der Reichsgewerbeordnung in der Fassung des Gesetzes vom 1. Juni 1883) keine technische Bedeutung, sondern soll alle Arten von Rechtsmitteln, die in den verschiedenen Bundesstaaten verschiedene Normen haben, umfassen. In Preußen hat er die Bedeutung der Berufung (Parey, Rechtsgrundsätze S. 358, 359). In Armenangelegenheiten hat das Wort „Rekurs“ jetzt bald die Bedeutung der „Berufung“, bald die der „weiteren Beschwerde“.

7. Die Revision.

§ 372.

Gegen die von den Bezirksausschüssen in zweiter Instanz erlassenen Endurtheile steht, soweit nicht gemäß besonderer gesetzlicher Vorschrift diese Urtheile endgiltig oder die gegen dieselben stattfindenden Rechtsmittel in abweichender Weise geregelt sind, den Parteien das Rechtsmittel der Revision an das Oberverwaltungsgericht zu.

Soweit das Rechtsmittel der Revision überhaupt zugelassen ist, steht dasselbe aus Gründen des öffentlichen Interesses auch dem Vorsitzenden des Bezirksausschusses zu. (§ 93 des Landesverwaltungsgesetzes vom 30. Juli 1883).

§ 373.

In abweichender Weise geregelt ist das Verfahren nur insofern, als in Armenstreitsachen das Bundesamt für das Heimatwesen als höchstinstanzliches Gericht an die Stelle des Oberverwaltungsgerichts tritt, jedoch nur als Berufungs- und nicht als Revisionsgericht. (§ 46 des Reichsgesetzes über den Unterstützungswohnsitz vom 6. Juni 1870.)

§ 374.

Endgiltige Endurtheile der Bezirksausschüsse sind folgende:

1. Bei Bewässerungsanlagen und bei Entwässerungsanlagen faßt der Kreisausschuß den Präklusionsbescheid. Gegen die Präklusion ist das Restitutionsgesuch innerhalb zwei Wochen bei dem Kreis-(Stadt-) Ausschusse anzubringen, welcher darüber im Verwaltungsstreitverfahren entscheidet. Auf Berufung entscheidet der Bezirksausschuß endgiltig. (§ 74 des Zuständigkeitsgesetzes vom 1. August 1883.)
2. Desgleichen entscheidet der Bezirksausschuß in der Berufungsinstanz endgiltig nach § 114 des Zuständigkeitsgesetzes vom 1. August 1883 betreffend die Anträge auf Ertheilung der Erlaubniß zum Betriebe der Gast- und Schankwirthschaft, zum Kleinhandel mit Branntwein und Spiritus, sowie zum Betriebe des Pfandleihgewerbes und zum Handel mit Giften.
3. Dasselbe gilt von den Beschlüssen des Kreis- (Stadt-) Ausschusses betreffend die Ertheilung der Erlaubniß an diejenigen, welche gewerbsmäßig in ihren Wirthschafts- oder sonstigen Räumen Singspiele, Gesangs- und deklamatorische Vorträge, Schaustellungen von Personen oder theatralische Vorstellungen, ohne daß ein höheres Interesse der Kunst oder Wissenschaft dabei obwaltet, öffentlich veranstalten oder zu deren öffentlicher Veranstaltung ihre Räume benutzen lassen wollen (§ 33 a der Reichsgewerbeordnung), und betreffend die Anträge auf Ertheilung der Erlaubniß, innerhalb des Gemeindebezirks des Wohnsitzes oder der gewerblichen Niederlassung den im § 42 b Abs. 1 der Reichsgewerbeordnung bezeichneten Gewerbebetrieb auszuüben, soweit es dazu der Erlaubniß bedarf (§ 1 der Verordnung vom 31. Dezember 1883 — G. S. 1884 S. 7. —).

§ 375.

Die Einlegung des Rechtsmittels, mit welcher ein Beamter seiner Dienstbehörde gegenüber nur einer amtlichen Pflicht genügte, kann aus dem Grunde, weil sie gezwungen erfolgte, als eine unfreiwillige, nicht ernstlich gemeinte, nicht angefochten werden, da der Zwang von der hierzu völlig berechtigten Seite ausging, es macht mithin keinen Unterschied, ob das Rechtsmittel aus eigener Initiative des Beamten oder auf Anweisung der Aufsichtsbehörde erfolgt ist (Entsch. Bd. IX S. 45).

§ 376.

Das Rechtsmittel der Revision kann auf die Behauptung von Rechtsirrthümern in der Prüfung von Fragen, von welchen die Vorentscheidung nicht abhängig ist, nicht gestützt werden (Parey, Rechtsgrundsätze S. 73).

§ 377.

Der früher geltende Grundsatz, daß die in der Berufungsinstanz ergangenen Entscheidungen der Mittelinstanz in Schulbausachen und Schulbeitragssachen auch in dem Falle endgiltig und mit der Revision nicht anfechtbar seieu, wenn eine wesentliche Vorschrift des Verfahrens verletzt ist, ja selbst, wenn das betreffende Verwaltungsgericht mit Unrecht seine Zuständigkeit angenommen habe, ist nicht mehr anwendbar seit §§ 4 und 78 des Zuständigkeitsgesetzes vom 26. Juli 1876 durch §§ 47 und 160 des Zuständigkeitsgesetzes vom 1. August 1883 ersetzt worden sind (Parey, Rechtsgrundsätze S. 197 und 208).

§ 378.

In dem auf Entfernung aus dem Amte gerichteten Disziplinarverfahren gegen Amtsvorsteher, Gemeindevorsteher, Gutsvorsteher, sowie die sonstigen Beamten der Amtsverbände und der Landgemeinden ist die Einlegung der Revision unzulässig (Parey, Rechtsgrundsätze S. 442).

§ 379.

Die Revision kann nur darauf gestützt werden:

1) daß die angefochtene Entscheidung auf der Nichtanwendung oder auf der unrichtigen Anwendung des bestehenden Rechts, insbesondere auch der von den Behörden innerhalb ihrer Zuständigkeit erlassenen Verordnungen beruhe;
2) daß das Verfahren an wesentlichen Mängeln leide (§ 94 des Landesverwaltungsgesetzes vom 30. Juli 1883).

§ 380.

Von der Aufforderung des Revisionsbeklagten zur Gegenerklärung kann nur abgesehen werden, wenn die Revision verspätet angemeldet ist oder wenn die Sache vor dem 1. Oktober 1875 anhängig geworden ist. Im ersteren Falle tritt das Verfahren vor dem Verwaltungsgerichte erster Instanz gemäß dem letzten Satze des § 86 des Landesverwaltungsgesetzes vom 30. Juli 1883 ein (Parey, Rechtsgrundsätze S. 451).

§ 381.

Ausführungen des Vorderrichters, welche auf der Auslegung von Verträgen oder auf der Würdigung thatsächlicher Vorgänge beruhen, sind in der Revisionsinstanz nicht anfechtbar (Parey, Rechtsgrundsätze S. 110).

§ 382.

Ueber die Mängel des Verfahrens im Allgemeinen vergl. Parey, Rechtsgrundsätze S. 450 1 a—d, 3 a—b, dagegen werden in der Rechtsprechung des Ober-Verwaltungsgerichts als wesentliche Mängel des Verfahrens folgende erwähnt:

1. Ein wesentlicher Mangel des Verfahrens ist nicht darin zu finden, wenn der Verwaltungsrichter Gesuche um Schankkonzessionen auch gegen den Antrag der betheiligten Ortspolizeibehörde zurückweist (Parey, Rechtsgrundsätze S. 352). In der Revisionsinstanz kann dieser Grundsatz allerdings jetzt nicht mehr zur Anwendung kommen.
2. Die Vorladung des Beklagten zum Termin zur mündlichen Verhandlung vor dem Bezirksausschusse darf nur dann unterbleiben, wenn der im Termine zur mündlichen Verhandlung zur Wahrnehmung des öffentlichen Interesses erschienene Kommissar auf den Antrag des Beklagten zur Vertretung desselben bestimmt worden ist. Andern Falles ist die unterlassene Vorladung des Beklagten als ein wesentlicher Mangel des Verfahrens anzusehen (Parey, Rechtsgrundsätze S. 393).
3. In Bezug auf die Zurückweisung der Sache in die Vorinstanz ist das freie Ermessen des Berufungsrichters nicht zu sehr einzuschränken, und jedenfalls ist ein wesentlicher Mangel des Verfahrens nicht anzunehmen, wenn der Berufungsrichter von der ihm nur in besonderen Fällen (vergl. ober § 370) eingeräumten Befugniß einen vielleicht ungeeigneten Gebrauch gemacht hat (Entsch. Band I S. 407).
4) In der Begründung des Urtheils eines Berufungsgerichts ist ein wesentlicher Mangel zu finden, wenn der Richter es unterläßt, speziell anzugeben, welche von den in zweiter Instanz angeführten Behauptungen für thatsächlich unerwiesen und welche für rechtlich unerheblich anzusehen sind (Parey, Rechtsgrundsätze S. 438).
5. Als ein wesentlicher Mangel des Verfahrens erscheint es, wenn in einer Konzessionssache ein Amtsvorsteher als Polizeibehörde gehört wird, welcher selbst einen Gasthof besitzt, mithin bei der Sache persönlich betheiligt erscheint, sofern ein Antrag auf Ertheilung der Erlaubniß zum Betriebe des Schankgewerbes in einem anderen (zweiten) Gasthofe vorliegt. Dasselbe gilt auch, wenn etwa der Amtsvorsteher von seinem Krugpächter eine so hohe Kaution erhalten hätte, daß ein Verlust an Pachtgeldern nicht so leicht zu besorgen wäre (Parey, Rechtsgrundsätze S. 438).
6. Wenn in einer Klage die Person des Beklagten nicht genau bezeichnet ist, so kann dies als ein wesentlicher Mangel des Verfahrens nicht gelten, da nach § 71 des Landesverwaltungsgesetzes vom 30. Juli 1883 der Kläger noch in der mündlichen Verhandlung die Klage ergänzen und abändern kann und es Aufgabe des Vorsitzenden ist, dahin zu wirken, daß sachdienliche Anträge gestellt werden (Parey, Rechtsgrundsätze S. 188).

7. In der Unterlassung der rechtzeitigen Mittheilung der Gegenerklärung auf die Klage kann ein wesentlicher Mangel des Verfahrens nicht gefunden werden. Kläger erhalten in der mündlichen Verhandlung noch Kenntniß von dem Inhalte aller abgegebenen Erklärungen und haben auch in der Berufungsinstanz noch Gelegenheit, alle zur Wahrung ihrer Interessen dienlichen Ergänzungen und Berichtigungen nachzubringen (Parey, Rechtsgrundsätze S. 421).
8. In dem Tagen des Kreisausschusses außerhalb des Sitzes des Landrathes kann ein wesentlicher Mangel des Verfahrens nicht gefunden werden (Parey, Rechtsgrundsätze S. 440).
9. Als ein wesentlicher Mangel des Verfahrens ist es nicht anzusehen, wenn eine Beiladung erst in der Berufungsinstanz erfolgt (Entsch. Band III S. 109).
10. Mit dem Gemeindevorsteher als Beklagtem darf in einer Streitsache betreffend die von dem Kreisausschusse gegen den Willen einer Landgemeinde angeordnete anderweite Regelung des Stimmrechtes nicht verhandelt werden. Ist dies gleichwohl geschehen, so liegt darin ein wesentlicher Mangel des Verfahrens (Parey, Rechtsgrundsätze S. 161).
11. Die Beiladung hängt lediglich von dem Ermessen des erkennenden Gerichts ab und die Unterlassung derselben stellt niemals einen wesentlichen Mangel des Verfahrens dar. Dieselbe hat nur zur Folge, daß die Entscheidung dem Nichtbeigeladenen gegenüber keine Geltung erlangt (Parey, Rechtsgrundsätze S. 117 und 193).
12. Wenn in einer Wegestreitsache der zuständige Amtsvorsteher nur als Beigeladener statt einer Partei zugegen ist, so ist dies als ein wesentlicher Mangel des Verfahrens in dem Falle nicht anzusehen, wenn die Gegenpartei dadurch nur in ihren Interessen nicht verletzt worden ist (Parey, Rechtsgrundsätze S. 112).
13. Absolute Nichtigkeiten (§ 513 der Civilprozeßordnung vom 30. Januar 1877) giebt es in Verwaltungsstreitverfahren nicht, auch wird die Möglichkeit der Zurückweisung in die Vorinstanz seitens des Berufungsrichters (vergl. oben § 369) nicht erwähnt, andererseits besteht in dieser Hinsicht keine Nöthigung für den Berufungsrichter in Fällen, in welchen ein Mangel des Verfahrens behauptet wird, eine solche Zurückweisung eintreten zu lassen. Wenn in einer in erster Instanz ergangenen Entscheidung zwei Brüder als Richter mitgewirkt haben, so liegt darin kein absoluter Nichtigkeitsgrund, event. müßte ein Ablehnungsgesuch vorliegen und eine etwaige Benachtheiligung durch die bemängelte Zusammensetzung des Gerichts erster Instanz behauptet werden (Parey, Rechtsgrundsätze S. 400). Absolut nichtige, rechtskräftig gewordene Erkenntnisse der unteren

Instanzen (in der höchsten Instanz sind dieselben undenkbar) lassen sich immer noch durch § 50 Abs. 3 des Landesverwaltungsgesetzes vom 30. Juli 1883 unschädlich machen.

14. Die Unterlassung der Zuziehung eines vereidigten oder durch Handschlag zu verpflichtenden Protokollführers (§ 77 des Landesverwaltungsgesetzes vom 30. Juli 1883) enthält nur in dem Falle keinen wesentlichen Mangel des Verfahrens, wenn der Richter die mangelhaften Beweisverhandlungen aus dem Bereiche seiner Erwägungen ausschließt (Parey, Rechtsgrundsätze S. 445).

15. Es ist ein wesentlicher Mangel des Verfahrens, wenn in einer streitigen Wegesache die Instruktion und die Vertretung des öffentlichen Interesses einer anderen als der zuständigen Behörde übertragen worden ist (Parey, Rechtsgrundsätze S. 327).

16. Darin, daß der Verwaltungsrichter es unterlassen hat, die verspätet eingezogene Berufungspflicht unter dem Gesichtspunkte eines Antrags auf Wiedereinsetzung in den vorigen Stand zu prüfen, liegt kein wesentlicher Mangel des Verfahrens (Parey, Rechtsgrundsätze S. 446).

17. Ein Kreisausschußmitglied, welches als Richter an der Entscheidung erster Instanz theilgenommen hat, kann als Gutachter in der Berufungsinstanz nicht angehört werden. Ist dies gleichwohl geschehen, so liegt darin ein wesentlicher Mangel des Verfahrens (Parey, Rechtsgrundsätze, S. 446).

§ 383.

Für die Frist zur Einlegung und Rechtfertigung der Revision sowie für das Verfahren in der Revisionsinstanz sind nach § 95 des Landesverwaltungsgesetzes vom 30. Juli 1883 folgende Bestimmungen maßgebend:

1. Allen Schriftstücken sind die als Beweismittel in Bezug genommenen Urkunden im Original oder in Abschrift beizufügen. Von allen Schriftstücken und deren Anlagen sind Duplikate einzureichen.

   Das Gericht kann geeigneten Falls gestatten, daß statt der Einreichung von Duplikaten die Anlagen selbst zur Einsicht der Betheiligten in seinem Geschäftslokale offen gelegt werden (§ 66 a. a. O.).

2) In der mündlichen Verhandlung sind die Parteien oder ihre mit Vollmachten versehenen Vertreter zu hören. Dieselben können ihre thatsächlichen und rechtlichen Anführungen ergänzen oder berichtigen, aber nicht die Klage abändern. Sie haben sämmtliche Beweismittel anzugeben und, soweit dies nicht bereits geschehen, die schriftlichen ihnen zu Gebote stehenden Beweis-

mittel vorzulegen; auch können von ihnen Zeugen zur Vernehmung vorgeführt werden (vergl. wegen des Unterschiedes von dem Verfahren in erster Instanz § 71 a. a. O.).

3. Im Uebrigen gilt von der Revisionsinstanz das, was oben in den §§ 366 und 367 von der Berufungsinstanz gesagt worden ist, jedoch kommen hier nicht zur Anwendung die Vorschriften über
   a. die Erhebung des Beweises durch Lokaluntersuchungen und durch Vernehmung von Zeugen und Sachverständigen vor Anberaumung der mündlichen Verhandlung (§ 76 a. a. O.);
   b. die Beweiserhebung durch ein Mitglied des Gerichts oder durch eine zu dem Ende zu ersuchende sonstige (?)*) Behörde, die Beweiserhebung in der mündlichen Verhandlung und die Aufnahme der Verhandlungen (§ 77 a. a. O.).
   c. die Ungehorsamsstrafen gegen Zeugen und Sachverständige (§ 78 a. a. O.).
   d. die Vorschriften, daß das Gericht nach seiner freien, aus dem ganzen Inbegriffe der Verhandlungen und Beweise geschöpften Ueberzeugung zu entscheiden hat, daß beim Ausbleiben der betreffenden Partei oder in Ermangelung einer Erklärung derselben die von der Gegenpartei vorgebrachten Thatsachen für zugestanden erachtet werden, und daß die Entscheidungen nur die zum Streitverfahren vorgeladenen Parteien und die in demselben erhobenen Ansprüche betreffen dürfen (§ 79 a. a. O.).
4. Dagegen gelten für die Revisionsinstanz die Bestimmungen, daß die Entscheidung ohne vorgängige Anberaumung einer mündlichen Verhandlung erlassen werden kann, wenn beide Theile auf eine solche ausdrücklich verzichtet haben (§ 80 a. a. O.) und
5. daß die Verkündigung der Entscheidung der Regel nach in öffentlicher Sitzung des Gerichts erfolgt, und daß eine mit Gründen versehene Entscheidung den Parteien und, sofern ein besonderer Kommissar zur Vertretung des öffentlichen Interesses bestellt war, gleichzeitig auch diesem zuzustellen ist. Die Zustellung genügt, wenn die Verkündigung in öffentlicher Sitzung nicht erfolgt ist (§ 81 a. a. O.).
6. Der § 82 des Landesverwaltungsgesetzes vom 30. Juli 1883 ist zusammengesetzt aus den §§ 52 und 58 des Gesetzes vom 3. Juni 1875 in der Fassung des Gesetzes vom 2. August 1880. Der § 65 dieses letztgedachten Gesetzes entspricht dem § 95 des Landesverwaltungsgesetzes, läßt aber sowohl den § 52 als den

———

) Aus dem Worte „sonstige" könnte man schließen, daß jedes Mitglied des s eine „Behörde" wäre.

§ 58 aus. Wenn der § 93 in dieser Beziehung vervollständigt ist, so folgt daraus, daß auch der Vorsitzende des Bezirksausschusses gegen die Entscheidung des letzteren die Revision einlegen kann und zwar unter Beobachtung der in § 82 Abs. 2 vorgesehenen Fristen nud Formen.

7. Auch die Bestimmung in § 84 a. a. O., daß die Vertretung der aus Gründen des öffentlichen Interesses von dem Vorsitzenden des Kreisausschusses oder des Bezirksausschusses eingelegten Berufung vor dem Oberverwaltungsgerichte durch den von dem Ressortminister zu bestellenden Kommissar erfolgt, soll nach § 95 a. a. O. für das Verfahren in der Revisionsinstanz maßgebend sein. Dies ist selbstverständlich und widerspricht dem Grundsatze, daß der Gesetzgeber etwas Ueberflüssiges (Wiederholungen) in der Regel nicht anzuordnen pflegt (Parey, Rechtsgrundsätze S. 331).

8. Die Frist zur Einlegung der Revision beträgt, vorbehaltlich der Bestimmungen im § 82, 2 (Einlegung der Revision durch den Vorsitzenden des Bezirksausschusses) und in § 157 (die besonderen Fristen in Armen-, Gewerbe- und Disziplinsachen, wo solche überhaupt vorkommen können), zwei Wochen (§ 85 a. a. O.).

9. Innerhalb dieser Frist ist, bei Verlust des Rechtsmittels, die Revision bei demjenigen Gerichte, welches in erster Instanz entschieden hat, schriftlich anzumelden und zu rechtfertigen (§ 86 Abs. 1 und § 95 Abs. 2 a. a. O.).

10. Das Gericht erster Instanz prüft, ob die Anmeldung (nicht die Rechtfertigung) der Revision rechtzeitig erfolgt ist. Ist dies der Fall, so wird die Revisionsschrift mit ihren Anlagen der Gegenpartei zur schriftlichen Gegenerklärung innerhalb einer bestimmten, von einer bis zu vier Wochen zu bemessenden Frist zugefertigt. Zur Rechtfertigung der Revision, sowie zur Gegenerklärung kann der Richter erster Instanz eine angemessene, der Regel nach nicht über zwei Wochen zu erstreckende Nachfrist gewähren.

Ist die Frist versäumt, so ist die Revision ohne Weiteres durch einen mit Gründen versehenen Bescheid des Richters erster Instanz zurückzuweisen. Namens des Kreisausschusses steht auch dem Vorsitzenden (allein), Namens des Bezirksausschusses dem Vorsitzenden im Einverständniß mit den ernannten Mitgliedern der Erlaß eines solchen Bescheides zu. In demselben ist dem Revisionskläger zu eröffnen, daß ihm innerhalb zwei Wochen, vom Tage der Zustellung ab, die Beschwerde an das Oberverwaltungsgericht zustehe, widrigenfalls es bei dem Bescheide verbleibe (§ 86 a. a. O.).

11. Der Revisionsbeklagte kann sich der Revision anschließen, selbst wenn die Revisionsfrist verstrichen ist (§ 87 a. a. O.).

12. Nach Ablauf der Frist sind die Verhandlungen dem Oberverwaltungsgerichte einzureichen. Die Parteien sind hiervon unter abschriftlicher Mittheilung der eingegangenen Gegenerklärungen zu benachrichtigen. Hinsichtlich der Einreichung der Akten ist Folgendes zu bemerken:

1. Aus dem Regulative zur Ordnung des Geschäftsganges und des Verfahrens bei den Kreisausschüssen und den an dessen Stelle tretenden Behörden (Stadtausschuß, Magistrat) vom 23. Februar 1884:

§ 18. Bei der Einreichung der Akten an die höhere Instanz ist auf die Vollständigkeit des einzusendenden Materials an Vorakten und dergl. Bedacht zu nehmen und außerdem Folgendes zu beachten:

1. Die Akten sind zu foliiren, mit einem vorzuheftenden vollständigeu Inhaltsverzeichnisse zu versehen und mittelst besonderen Begleitberichtes einzureichen, in welchem auf die Aktenfolien der angefochtenen Entscheidung oder des angefochtenen Beschlusses, der in der höheren Instanz gewechselten Erklärungen und der von den Betheiligten ausgestellten Vollmachten zu verweisen ist.

2. In diesem Berichte sind kurz ersichtlich zu machen:

a. die Art des Verfahrens und die Bezeichnung des Rechtsmittels (Beschwerde, Berufung, Revision):

b. Name, Stand und Wohnort der Betheiligten und Bezeichnung desjenigen, der das Rechtsmittel eingelegt hat;

c. der Gegenstand des Verfahrens;

d. im Verwaltungsstreitverfahren der Werth des Streitgegenstandes.

§ 19. Wenn gemäß § 82 des Landesverwaltungsgesetzes aus Gründen des öffentlichen Interesses gegen die Entscheidung des Kreisausschusses von dem Vorsitzenden Berufung eingelegt ist, so hat derselbe hiervon sofort dem Regierungspräsidenten, zum Zwecke der Bestellung eines Kommissars für die Verhandlung vor dem Bezirksausschusse gemäß § 84 a. a. O. Anzeige zu machen.

Wenn gemäß § 92 (§ 74 Abs. 2) a. a. O. ein besonderer Kommissar des Regierungspräsidenten zur Wahrnehmung des öffentlichen Interesses an der mündlichen Verhandlung in zweiter Instanz vor dem Bezirksausschusse Theil genommen hat und demnächst gegen die ergangene Entscheidung seitens einer Partei das Rechtsmittel der Revision eingelegt wird, so hat der Kreisausschuß hiervon dem Regierungspräsidenten Anzeige zu machen und zwar gleichzeitig mit der Einforderung der Gegenerklärung auf die Anmeldungs- und Rechtfertigungsschrift. Abschrift dieser Schriftsätze ist dem Regierungspräsidenten auf Verlangen mitzutheilen.

2. Aus dem Geschäftsregulativ für die Bezirksausschüsse von demselben Tage:

§ 18. Das bei dem Bezirksausschuß in zweiter Instanz entstandene Aktenmaterial ist zu den Akten der ersten Instanz zu nehmen und mit diesen zurückzusenden, mit Ausnahme der Urschriften der in zweiter Instanz ergangenen Entscheidungen und Bescheide, von denen eine beglaubigte Abschrift zu den Akten der ersten Instanz zu ertheilen ist. Hat der Bezirksausschuß in zweiter Instanz einen Bescheid gemäß §§ 89, 111, 117 a. a. O. erlassen, so ist die Rücksendung der Akten auszusetzen und zuvörderst abzuwarten, ob gegen den Bescheid der Antrag auf mündliche Verhandlung bezw. auf Beschluß des Kollegiums gestellt wird.

Einreichung der Akten an die höhere Instanz.

§ 19. Bei der Einreichung der vom Bezirksausschuß in erster Instanz verhandelten Akten an die höhere Instanz ist auf Vollständigkeit des einzusendenden Materials an Vorakten und dergl. Bedacht zu nehmen und außerdem Folgendes zu beobachten:

(Im Uebrigen wie vorstehend sub 1 § 18 1 und 2.

3. Der Gleichartigkeit der Vorschriften wegen wird hier mitgetheilt aus dem Geschäftsregulativ für die Provinzialräthe von demselben Tage:

§ 18. Bei Einreichung der Akten Seitens des Provinzialraths an die Beschwerde-Instanz (§ 121 Abs. 2 des Landesverwaltungsgesetzes) ist auf Vollständigkeit des Aktenmaterials Bedacht zu nehmen; die Akten sind zu foliiren und mit einem Inhaltsverzeichnisse zu versehen, in dem Begleitbericht ist der Gegenstand der Beschwerde zu bezeichnen und auf die Aktenfolien Bezug zu nehmen.

13. Hat eine Partei die Revision eingelegt und die Anberaumung der mündlichen Verhandlung nicht ausdrücklich verlangt, so kann das Gericht auch ohne solche Verhandlung schon auf Grund der vorliegenden Erklärung seine Entscheidung in der Form eines mit Gründen versehenen Bescheids fällen. In dem Bescheide ist der betreffenden Revisionspartei zu eröffnen, daß sie befugt sei, innerhalb zwei Wochen vom Tage der Zustellung ab, die Anberaumung der mündlichen Verhandlung vor dem Verwaltungsgericht zu beantragen. Wird die mündliche Verhandlung nicht beantragt, so gilt der Bescheid als endgiltiges Endurtheil.

Die Abänderung der durch Revision angefochtenen Entscheidung findet nur nach vorgängiger Anberaumung der mündlichen Verhandlung statt (§ 64 Abs. 4 und 7, §§ 67, 89 und 95 des Landesverwaltungsgesetzes vom 30. Juli 1883).

14. Die Ladung der Parteien zur mündlichen Verhandlung vor dem Oberverwaltungsgericht erfolgt unter der Verwarnung, daß beim Ausbleiben nach Lage der Verhandlungen werde entschieden werden. In gleicher Weise erfolgt in den Fällen der Revision aus Gründen des öffentlichen Interesses die Ladung des zur Vertretung desselben bestellten Kommissars. Das Oberverwaltungsgericht kann zur Aufklärung des Sachverhältnisses das persönliche Erscheinen einer Partei anordnen (kein Zwang) (§§ 90 und 95 a. a. O.).

§ 384.

In der Revisionsinstanz findet die Beiladung Dritter nicht statt. Dies ergiebt sich daraus, daß im § 95 a. a. O. der § 70 a. a. O. nicht mit angeführt ist. Desgleichen ergiebt sich aus der Nichterwähnung des § 91, daß, wenn der Vorsitzende des Bezirksausschusses aus Gründen des öffentlichen Interesses die Revision einlegt, das Oberverwaltungsgericht nicht darüber zu entscheiden hat, ob das öffentliche Interesse für betheiligt zu erachten ist.

§ 385.

In der Revisionsschrift ist anzugeben, worin die behauptete Nichtanwendung oder unrichtige Anwendung des bestehenden Rechts oder worin die behaupteten Mängel des Verfahrens gefunden werden (§ 96 des Landesverwaltungsgesetzes vom 30. Juli 1883.

Das Oberverwaltungsgericht ist bei seiner Entscheidung an diejenigen Gründe nicht gebunden, welche zur Rechtfertigung der gestellten Anträge geltend gemacht worden sind (§ 97 a. a. O.).

§ 386.

In Folge der Vorschrift in dem § 97 des Landesverwaltungsgesetzes vom 30. Juli 1883 prüfte der höchste Verwaltungsgerichtshof bespielsweise von Amtswegen die Frage, ob eine Gemeinde, als sie eine Vermiethungssteuer einzuführen beschloß, sich innerhalb der Grenzen hielt, welche die Gesetze dem Besteuerungsrechte der Gemeinden gezogen haben (Parey, Rechtsgrundsätze S. 116 Nr. 23, S. 124, 125 Nr. 40), desgleichen wurde in demselben Sinne Seitens des Revisionsrichters die verspätete Anbringung der Klage von Amtswegen gerügt, und die Revision deshalb für begründet erachtet, obwohl dieser Einwand Seitens des Revisionsklägers nicht erhoben war (Preußisches Archiv S. 299).

§ 387.

Andererseits ist aber die Vorschrift im § 97 des Landesverwaltungsgesetzes vom 30. Juli 1883 nicht dazu geeignet, um den Richter zu ermächtigen, ultra petitum zu erkennen. Als ein Beispiel hierzu dient die Entscheidung vom 7. Juni 1887 in Sachen der Rechtsgiltigkeit der neuen Berliner Bauordnung vom 15. Januar 1887. In diesem Falle war der klägerische Antrag dahin gerichtet, die qu. Verordnung für formell rechtsungiltig zu erachten und dabei war zur Unterstützung dieses Antrages auch die materielle Rechtsgiltigkeit einzelner Vorschriften dieser Bauordnung (§§ 28 und 43) angezweifelt worden, obwohl der zur Verhandlung gestellte Fall mit diesen Spezialbestimmungen nichts zu thun hatte. Unter diesen Umständen hatte der Gerichtshof auch keine Veranlassung, auf die Prüfung der materiellen Rechtsgiltigkeit einzugehen.

§ 388.

Aus § 94 des Landesverwaltungsgesetzes vom 30. Juli 1883 ergiebt sich, daß eine Würdigung und Beurtheilung der Vorentscheidung in Beziehung auf die thatsächlichen Unterlagen und auf die unmittelbar hiermit zusammenhängenden Feststellungen nicht gehört (Endsch. Bd. III S. 167).

§ 389.

Erachtet das Oberverwaltungsgericht die Revision für begründet, so hebt es die angefochtene Entscheidung auf und entscheidet in der Sache selbst, wenn diese spruchreif erscheint. Die Zufertigung der Entscheidung erfolgt durch Vermittelung desjenigen Gerichts, welches in erster Instanz entschieden hat (§ 98 des Landesverwaltungsgesetzes vom 30. Juli 1883).

Ist die Sache nicht spruchreif, so weist das Oberverwaltungsgericht dieselbe zur anderweitigen Entscheidung an die dazu nach der Sachlage geeignete (also nicht immer an den Vorderrichter) Instanz zurück und verordnet die Wiederholung oder Ergänzung des Verfahrens, soweit es nach seinem Ermessen mit einem wesentlichen Mangel des Verfahrens behaftet ist (§ 99 a. a. O.).

Der Instanzenrichter, an den eine Sache zurückgewiesen ist, hat sich nach § 101 des Landesverwaltungsgesetzes vom 30. Juli 1883 bei dem Verfahren und bei der anderweiten Entscheidung nach den durch das Erkenntniß des Revisionsrichters festgestellten Rechtsgrundsätzen und Normen zu richten. Dies gilt auch bezüglich derjenigen Grundsätze, welche dahin geführt haben, die Sache für nicht spruchreif und die angeordnete Instruktion für erforderlich zu erachten (Parey, Rechtsgrundsätze S. 135 Nr. 63, 1). Andererseits kann sich der Berufungsrichter nach dieser Bestimmung nicht richten, wenn er seinerseits eine Sache in die erste Instanz zurückweisen will (Preußisches Archiv S. 299, Wochenschrift „Selbstverwaltung“ Jahrgang IX S. 42).

§ 390.

Wie schon oben im § 389 angedeutet, erfolgt die Zurückweisung in die Vorinstanz nicht immer an den Bezirksausschuß, vielmehr hat der Revisionsrichter auch die Befugniß, die Sache an den Kreisausschuß zurückzuweisen (Begründung des Regierungs-Entwurfs von 1879, Preuß. Archiv S. 300).

§ 391.

Ueber die in den Bestimmungen des § 101 des Landesverwaltungsgesetzes vom 30. Juli 1883 hinaus gezogenen Grenzen dürfen die unteren Instanzen durch die Revisionsinstanz in der ihnen für die Beurtheilung der Verwaltungsstreitsachen gewährten Selbstständigkeit nicht beschränkt werden. Deshalb sind auch Beschwerden über Beweisresolute im Verwaltungsstreitverfahren unzulässig (Parey, Rechtsgrundsätze S. 453).

§ 392.

Handelt es sich auf dem Gebiete des öffentlichen Rechtes um die Anwendung neuer bindender Rechtsnormen, so wird der Vorderrichter durch die Bestimmung im § 101 des Landesverwaltungsgesetzes vom 30. Juli 1883 nicht behindert, vielmehr berechtigt und verpflichtet, bei der anderweiten Entscheidung einer bereits früher in der Revisionsinstanz nach Lage der älteren Gesetzgebung in die Vorinstanz zurückgewiesenen Sache diejenigen Gesichtspunkte, welche sich aus der inzwischen veränderten Gesetzgebung ergeben, mit zu berücksichtigen (Wochenschrift „Selbstverwaltung“ Jahrgang VII S. 164, Preußisches Archiv S. 300 u. 301).

§ 393.

Muß eine Streitsache zur Vornahme weiterer thatsächlicher Ermittelungen und zur demnächstigen anderweiten Entscheidung an das Berufungsgericht zurückgewiesen werden, so müssen dieser in einem untrennbaren Zusammenhange mit der Aufhebung der Vorentscheidung stehende Ausspruch und folgenweise auch die rechtliche Begründung, auf welcher derselbe beruht, für den Berufungsrichter unbedingt maßgebend sein, da es dem letzteren nicht zusteht, seinerseits zu prüfen, ob die Zurückweisung der Sache von Seiten des Revisionsrichters in die Berufungsinstanz als nicht spruchreif zu Recht erfolgt ist (Preußisches Archiv S. 301).

8. Die Wiederaufnahme des Verfahrens.

§ 394.

Gegen die im Verwaltungsstreitverfahren ergangenen, rechtskräftig gewordenen Endurtheile findet die Klage auf Wiederaufnahme des Verfahrens unter denselben Voraussetzungen, in demselben Umfange und innerhalb derselben Fristen statt, wie nach den bürgerlichen Prozeßgesetzen die Nichtigkeitsklage beziehungsweise die Restitutionsklage. Zuständig ist ausschließlich das Oberverwaltungsgericht. Erachtet das Oberverwaltungsgericht die Klage für begründet, so hebt es die angefochtene Entscheidung auf, verweist die Sache zur anderweitigen Entscheidung an die dazu nach der Sachlage geeignete Instanz und verordnet die Wiederholung oder Ergänzung des Verfahrens, soweit dasselbe von dem Anfechtungsgrunde betroffen wird (§ 100 des Landesverwaltungsgesetzes vom 30. Juli 1883).

§ 395.

Durch diese neue Vorschrift, welche erst durch die Novelle vom 2. August 1880 geschaffen ist, werden die früheren Rechtsgrundsätze des Oberverwaltungsgerichts über die Unzulässigkeit der **Nullitätsklage** im Verwaltungsstreitverfahren gegenstandslos (Parey, Rechtsgrundsätze S. 439 Nr. 6. Daselbst muß es sub 5 statt „Wiedereinsetzung in den vorigen Stand" heißen „Wiederaufnahme des Verfahrens"). Im Uebrigen gelten für das Verfahren die Vorschriften im vierten Buche der Deutschen Civilprozeßordnung vom 30. Januar 1877, §§ 541 ff., wozu hinsichtlich der Anwendbarkeit der einzelnen Bestimmungen für das Verwaltungsstreitverfahren aus der Begründung des Gesetzentwurfes für die oben genannte Novelle Folgendes anzuführen ist:

> Nach §§ 541 ff. der Civilprozeßordnung kann die Wiederaufnahme eines durch rechtskräftiges Endurtheil geschlossenen Verfahrens erfolgen entweder durch Nichtigkeitsklage (nach näherer Bestimmung des § 542), wegen vorschriftswidriger Besetzung des Gerichts, wegen Mitwirkung eines kraft Gesetzes ausgeschlossenen oder abgelehnten Richters, wegen nicht vorschriftsmäßiger Vertretung einer Partei, — oder durch Restitutionsklage (nach näherer Bestimmung des § 543), wenn das betreffende Urtheil auf Grund eines falsch geschworenen Eides oder auf Grund einer falschen Urkunde erlassen oder sonst mittels Verübung einer strafbaren Handlung erwirkt worden ist, wenn ein strafgerichtliches Urtheil, auf welches das Urtheil sich gründet, durch ein anderes rechtskräftiges Urtheil aufgehoben worden ist, wenn die Partei eine Urkunde auffindet, welche eine ihr günstigere Entscheidung herbeigeführt haben würde.

Die §§ 541 ff. regeln überdies des Näheren die besonderen Voraussetzungen, unter denen die Klage auf Wiederaufnahme zulässig sein soll, die Fristen, innerhalb deren sie anzustellen ist, die Zuständigkeit der Gerichte bezüglich der Nichtigkeits- und der Restitutionsklage.

Die Nichtigkeitsklage findet in den a. a. O. bezeichneten Fällen nicht statt, wenn die Nichtigkeit mittels eines ordentlichen Rechtsmittels hätte geltend gemacht werden können; die den Grund der Restitutionsklage bildende strafbare Handlung muß durch rechtskräftige Verurtheilung festgestellt sein, sofern nicht die Einleitung oder Durchführung eines Strafverfahrens aus anderen Gründen als wegen Mangels an Beweis hat unterbleiben müssen; die Klage ist innerhalb der präclusivischen Frist eines Monats, nachdem die Partei von dem Anfechtungsgrunde Kenntniß erhalten hat, und jedenfalls innerhalb fünf Jahren zu erheben rc. rc.

Die Natur der im Verwaltungsstreitverfahren zur Erörterung gelangenden Sachen — in Verbindung zumal in der Art und Weise, wie der Instanzenzug in demselben geregelt ist — wird viele der in den §§ 541 ff. der Civilprozeßordnung aufgeführten Anfechtungsgründe allerdings kaum jemals zur Geltung kommen lassen. Gleichwohl schien es mißlich, und jedenfalls nicht geboten, einzelne dieser Gründe — als für das Verwaltungsstreitverfahren unbedingt bedeutungslos — hier definitiv auszusondern. Eben so wenig schien es andererseits geboten, die ausführlichen Vorschriften der §§ 541 ff. über die besonderen Voraussetzungen der Klage auf Wiederaufnahme, so wie der Fristen, hier in ihren Details zu reproduziren. Dem praktischen Bedürfniß dürfte die Fassung des in Vorschlag gebrachten § 70 genügen, Inhalts dessen die gedachte Klage unter denselben Voraussetzungen, in demselben Umfange und innerhalb derselben Fristen stattfinden soll, wie nach den bürgerlichen Prozeßgesetzen die Nichtigkeitsklage bezw. die Restitutionsklage. Um so mehr dürfte dann aber weiter der Vorschlag Billigung finden, bezüglich der Klage auf Wiederaufnahme für ausschließlich zuständig das Oberverwaltungsgericht zu erklären, welches, wenn es die Klage für begründet erachtet, in ähnlicher Weise wie in dem Revisionsverfahren die Sache zur anderweitigen Entscheidung an die dazu nach der Sachlage geeignete Instanz zu verweisen.

Vergl. den 1880 bei A. & R. Faber in Magdeburg erschienenen ausführlichen Kommentar zu dem Gesetze vom 3. Juli 1875 und der Novelle vom 2. August 1880 von Parey S. 76 u. 77.

§ 396.

Im Uebrigen gilt von der Wiederaufnahme des Verfahrens dasselbe, wie von der Zurückweisung in die Vorinstanz (§ 101 des Landesverwaltungsgesetzes vom 30. Juli 1883).

9. Die Wiedereinsetzung in den vorigen Stand.

§ 397.

Die Wiedereinsetzung in den vorigen Stand kann beantragen, wer durch Naturereignisse oder andere unabweisbare Zufälle verhindert worden ist, die in dem gegenwärtigen Gesetze oder die in den Gesetzen für Anstellung der Klage beziehungsweise für den Antrag auf mündliche Verhandlung im Verwaltungsstreitverfahren vorgeschriebenen Fristen einzuhalten. Als unabwendbarer Zufall ist es anzusehen, wenn der Antragsteller von einer Zustellung ohne sein Verschulden keine Kenntniß erlangt hat. Ueber den Antrag entscheidet das Gericht, dem die Entscheidung über die versäumte Streithandlung zusteht. Die versäumte Streithandlung ist, unter Anfügung der Thatsachen, mittels deren der Antrag auf Wiedereinsetzung begründet werden soll, sowie das Beweismittel, innerhalb zwei Wochen nachzuholen; der Lauf dieser Frist beginnt mit dem Ablauf des Tages, mit welchem das Hinderniß gehoben ist. Nach Ablauf eines Jahres, von dem Ende der versäumten Frist an gerechnet, findet die Nachholung der versäumten Streithandlung beziehungsweise der Antrag auf Wiedereinsetzung nicht mehr statt. Die durch Erörterung des Antrags auf Wiedereinsetzung entstehenden baaren Auslagen trägt in allen Fällen der Antragsteller (§ 112 des Landesverwaltungsgesetzes vom 30. Juli 1883, für die Beschlußsachen § 52 Abs 2 a. a. O., vergl. auch wegen der Wiedereinsetzung in den vorigen Stand im polizeilichen Strafverfahren den § 455 der deutschen Strafprozeßordnung vom 1. Febr. 1877 als Ergänzung zu dem Gesetze betreffend den Erlaß polizeilicher Strafverfügungen vom 23. April 1883).

§ 398.

Ueber die Begründung dieser neu eingeführten Bestimmung ist die ausführliche Darstellung in dem Kommentar zu dem Gesetze vom 3. Juli 1875 mit der Novelle vom 2. August 1880 von Parey, S. 103 und 104, nachzulesen (Magdeburg bei A. & R. Faber 1880).

§ 399.

Als Vorbild für diese Bestimmung dienten die §§ 211 ff. der deutschen Civilprozeßordnung vom 30. Januar 1877 und die §§ 44 ff. der deutschen Strafprozeßordnung vom 1. Februar 1877; deshalb werden einige Erläuterungen aus der Rechtsprechung des Reichsgerichts angeführt:

1. Wenn eine am letzten Tage vor Ablauf der Frist durch die Post beförderte Rechtsmittelanmeldung deshalb verspätet an das Gericht gekommen ist, weil die an das Gericht adressirten Poststücke gegen den bisherigen Gebrauch von dem Botenpersonal des Gerichts an demselben Tage nicht mehr abgeholt wurden, so begründet dieser Umstand keine Wiedereinsetzung in den vorigen Stand; das verspätet angemeldete Urtheil ist nicht mehr anfechtbar. Erkenntniß des Reichsgerichts, ersten Straffenats vom 31. Mai 1880 — Wochenschrift „Selbstverwaltung" Jahrgang VII S. 324 —).
2. Das Versehen des Anwaltes, vermöge dessen er ohne genügende Legitimation für einen Angeklagten die Revision angemeldet und begründet hat, so daß in Folge dessen die Re-

vision als unzulässig verworfen wird, ist kein unabwendbarer Zufall im Sinne des § 44 der deutschen Strafprozeßordnung vom 1 Februar 1877 und gewährt dem Angeklagten keinen Anspruch auf die Wiedereinsetzung in den vorigen Stand. (Erkenntniß des Reichsgerichts, dritten Strafsenats vom 28. April 1880 — Wochenschrift „Selbstverwaltung", Jahrgang VII, S. 380 —).

3. Unter „Naturereignissen und anderen unabwendbaren Zufällen" ist dasselbe zu verstehen, wie unter der „höheren Gewalt". Ein mit der äußersten, nach Lage der Sache vernünftiger Weise zu erwartenden Vorsicht weder ganz zu verhinderndes, noch unschädlich zu machendes Ereigniß muß Ursache der Versäumung sein. Der bloße „Mangel an Verschulden" genügt nicht zur Einsetzung in den vorigen Stand. (Erkenntniß des Reichsgerichts vom 5. November 1880 — Wochenschrift „Selbstverwaltung", Jahrgang VIII, S. 370 —).

§ 400.

Es ist in hohem Grade zweifelhaft, ob der Berufungsrichter bei dem Inhalte einer sich lediglich mit sachlichen Anführungen befassenden Berufungsschrift und bei der zu Gunsten des Prozeßgegners bereits eingetretenen Rechtskraft des ersten Urtheiles sich auch nur in der thatsächlichen und rechtlichen Möglichkeit befand, ohne jede Anregung seitens der betreffenden Partei von Amts wegen das Verfahren wegen Wiedereinsetzung in den vorigen Stand in den Gang zu bringen. Aber auch diese Möglichkeit einmal zugegeben, so würde doch ein hieran sich anschließender Mangel des Verfahrens erst dann als vorliegend anzuerkennen sein, wenn zugleich entweder zufolge ausdrücklicher Vorschrift oder nach dem Sinne und Zusammenhange der Gesetze die richterliche Pflicht bestände, eine zwar nach der Auffassung der Partei rechtzeitig, nach Lage des bestehenden Rechtes aber zu spät angebrachte Berufungsschrift darauf hin zu prüfen, ob damit etwa gleichzeitig die Einlegung des in seinen Voraussetzungen speziell geregelten, außerordentlichen Rechtsmittels der Wiedereinsetzung in den vorigen Stand beabsichtigt und wenn weiter — diese Verpflichtung vorausgesetzt — eine solche Verpflichtung gleichwohl unterblieben wäre. Aus diesen in der Entsch. Bd. IX. S. 434 aufgestellten Grundsätzen läßt sich nicht folgern, daß die Wiedereinsetzung in den vorigen Stand unter allen Umständen einen speziell darauf gerichteten Antrag voraussetzte.

§ 401.

Zur Begründung des Antrages auf Wiedereinsetzung in den vorigen Stand reicht die Behauptung eines Rechtsirrthums nicht aus (Parey, Rechtsgrundsätze S. 446).

§ 402.

Durch die Einführung des außerordentlichen Rechtsmittels der Wiedereinsetzung in den vorigen Stand ist nicht allein der § 29 Abs. 3 des Zuständigkeitsgesetzes vom 26. Juli 1876 betreffend Fristversäumnisse wegen irriger Belehrungen fortgefallen, sondern es ist auch der Grundsatz, daß die fakultative Belehrung über Rechtsmittel auch in wündlicher Form stattfinden könne, selbstredend dadurch gegenstandslos geworden (Parey, Rechtsgrundsätze S. 16).

§ 403.

Für das auf Entfernung aus dem Amte gerichtete Disziplinarverfahren ist die Wiedereinsetzung in den vorigen Stand nicht vorgesehen (Parey, Rechtsgrundsätze S. 458, Nr. 4, 2), ebensowenig ist dies in Preußen für Streitsachen zwischen Armenverbänden vorgesehen, dagegen hat man in anderen deutschen Staaten diese Einrichtung z. B. in Württemberg und Oldenburg. (Württembergisches Ausführungsgesetz vom 16. Dezember 1876 Art. 38 Abs. 2 und Art. 44 Abs. 5, Oldenburgisches Ausführungsgesetz vom 28. Januar 1882 Art. 9.) Unvereinbar mit den prozessualischen Vorschriften des preußischen Ausführungsgesetzes vom 8. März 1871 wäre diese Einrichtung ebensowenig, wie mit den Prozeßvorschriften der Reichsgewerbeordnung in der Fassung des Gesetzes vom 1. Juli 1883 § 21).

10. Die Restitutionsklage und das Restitutionsgesuch.

§ 404.

Ueber die Restitutionsklage ist das Erforderliche bereits gesagt in dem obigen Abschnitt 8 über die Wiederaufnahme des Verfahrens, das Restitutionsgesuch wird nur einmal erwähnt in § 74 des Zuständigkeitsgesetzes vom 1. August 1883. Daselbst heißt es:

„Der Kreis- (Stadt-) Ausschuß faßt den Präklusionsbescheid bei Bewässerungsanlagen ab (§§ 19—22 des Gesetzes vom 28. Februar 1843 — G. S. S. 41 — §§ 6—9 der Wiesenordnung für den Kreis Siegen vom 28. Oktober 1846 — G. S. S. 485). Gegen die Präklusion ist das Restitutionsgesuch innerhalb zwei Wochen bei dem Kreis- (Stadt-) Ausschusse anzubringen, welcher darüber im Verwaltungsstreitverfahren entscheidet. Das Gleiche gilt bezüglich des Präklusionsverfahrens bei Entwässerungsanlagen (Gesetz vom 23. Januar 1846 betreffend das für Entwässerungs-Anlagen einzuführende Aufgebots- und Präklusionsverfahren — G. S. S. 26 —, Art. 3 des Gesetzes vom 11. Mai 1853 — G. S. S. 182 —, § 29 des Vorfluthgesetzes für Neuvorpommern und Rügen vom 9. Februar 1867 — G. S. S. 220 —)“.

In allen diesen Gesetzesstellen hat das Restitutionsgesuch die Bedeutung eines außerordentlichen Rechtsmittels, um sich gegen die Nachtheile der Versäumniß vor Widersprüchen und Entschädigungsansprüchen bei beabsichtigter Entwässerungs- und Bewässerungsanlage zu schützen.

Ein ähnliches Verfahren ist in § 17 der Reichsgewerbeordnung in der Fassung des Gesetzes vom 1. Juli 1883 für die Errichtung gewerblicher Anlagen vorgeschrieben, indessen enthält hier die öffentliche Bekanntmachung nach Art. 35 der preußischen Ausführungs-Verordnung in der Fassung des Ministerialerlasses vom 19. Juli 1884 nur die Verwarnung, daß nach Ablauf der Frist „Einwendungen" in dem Verfahren nicht mehr vorgebracht werden können, während nach Art. 38 Abs. 2 a. a. O. die auf die Besorgniß nachtheiliger Folgen anderer (z. B. wirthschaftlicher) Art gestützten Einwendungen seitens der Verwaltungsbehörde ebensowenig zur Erörterung zu ziehen sind, wie Einwendungen, welche auf besonderen privatrechtlichen Titeln (wie Vertrag, Privilegien, letztwilliger Verfügung) beruhen, d. h. mit den Worten des § 19 der Gewerbeordnung, daß sie zur richterlichen Entscheidung zu verweisen sind, ohne daß von der Erledigung derselben die Genehmigung der Anlage abhängig gemacht wird. Hier ist mithin von einer Präklusion der Endschädigungsansprüche nicht die Rede.

Ein Gleiches gilt von dem Einspruchsverfahren in Ansiedlungssachen (§§ 16, 17 und 19 des Gesetzes vom 25. August 1876).

11. Die Anfechtungsklage.

§ 405.

Der Oberpräsident kann endgültige Beschlüsse des Provinzialraths, der Regierungspräsident endgültige Beschlüsse des Bezirksausschusses, und der Landrath, beziehungsweise der Vorsitzende des Kreis-(Stadt-)Ausschusses endgültige Beschlüsse dieser Behörde mit aufschiebender Wirkung anfechten, wenn die Beschlüsse die Befugnisse der Behörden überschreiten oder das bestehende Recht, insbesondere auch die von den Behörden innerhalb ihrer Zuständigkeit erlassenen Verordnungen verletzen. Die Anfechtung erfolgt mittelst Klage beim Oberverwaltungsgericht.

Die Behörde, deren Beschluß angefochten wird, ist befugt, zur Wahrnehmung ihrer Rechte in dem Verfahren vor dem Oberverwaltungsgericht einen besonderen Vertreter zu wählen (§ 126 des Landesverwaltungsgesetzes vom 30. Juli 1883).

§ 406.

Der Umstand, daß dem Vorsitzenden überall die Parteirolle des Klägers (niemals des Beklagten) beigelegt wird, beruht auf der Erwägung, daß in den vorliegenden Fällen das öffentliche Interesse die Herbeiführung eines positiven Resultates erheischt (Begründung des

Entwurfes von 1879 zu dem Organisationsgesetze vom 26. Juli 1880). Anders verhält sich dies bei den Beanstandungen (siehe den nächsten Abschnitt 12).

§ 407.

Die bis jetzt bestehenden Verwaltungsgesetze haben das Institut der Staatsanwaltschaft zur Wahrung des bestehenden Rechtes und zur Aufrechterhaltung der allgemeinen Gesichtspunkte der Verwaltung nicht aufgenommen; deshalb erscheinen an dieser Stelle die dem Vorsitzenden gewährten Befugnisse als ein nothwendiges Surrogat jenes Instituts (Kommissionsbericht des A. H. von 1880).

§ 408.

An Stelle der Worte „Verletzung des bestehenden Rechtes“ enthielt der § 60 des Organisationsgesetzes vom 26. Juli 1880 die Worte „Verletzung des Gesetzes“. Diese Aenderung hatte lediglich den Zweck, die Bestimmungen im § 126 in Einklang zu bringen mit denen der §§ 94 Nr. 1 und 127 Nr. 1 des Landesverwaltungsgesetzes vom 30. Juli 1883.

§ 409.

Der § 126 betrifft nur solche Beschlüsse, welche von den Verwaltungsbehörden in Angelegenheiten der allgemeinen Landesverwaltung gefaßt werden, dagegen werden die in Kommunalangelegenheiten gefaßten Beschlüsse des Kreisausschusses nicht angefochten, sondern beanstandet. Im ersteren Falle erhebt der Vorsitzende (Landrath) die Anfechtungsklage, im anderen Falle untersagt er die Ausführung des Beschlusses durch Verfügung und erwartet die Anstellung der Klage (siehe unter dem Abschnitt 12 „Beanstandungen“).

§ 410.

„Endgültige“ Beschlüsse sind solche, denen bereits positive Wirksamkeit beiwohnt (Entsch. Bd. VI, S. 66, Wochenschrift „Selbstverwaltung“, Jahrgang VII. S. 398), auch solche, welche nach ausdrücklicher Vorschrift des Gesetzes einer Anfechtung mittels des ordentlichen Rechtsmittels der (formellen) Beschwerde nicht unterliegen, nicht etwa auch solche, welche dadurch endgültig werden, daß ein an sich zulässiges Rechtsmittel im gegebenen Falle überhaupt nicht oder nicht rechtzeitig eingelegt ist (Parey, Rechtsgrundsätze S. 418). „Endgültig“ bedeutet nichts anderes, als daß im Beschlußverfahren ein weiteres Rechtsmittel nicht stattfindet (Parey, Rechtsgrundsätze S. 327). Welche Beschlüsse endgültig sind, ist schon oben an geeigneter Stelle mitgetheilt werden.

§ 411.

Der Gerichtshof wird durch die angestellte Klage lediglich mit der Frage befaßt, ob der angefochtene Beschluß die Befugniß der Behörde überschreitet oder die Gesetze (das bestehende Recht) verletzt, und das Urtheil hierüber kann sich nur danach richten, ob zu der Zeit, als der angefochtene Beschluß gefaßt wurde, die betreffende Behörde der erforderlichen Zuständigkeit ermangelte oder sonst die damaligen Gesetze (das bestehende Recht) durch jene Beschlußnahme verletzte. Dagegen steht nicht in Frage, ob gegenwärtig (d. h. zur Zeit der Fällung des Urtheils) ein solcher Beschluß gefaßt werden könnte. Die inzwischen veränderte Lage bleibt daher ohne Einfluß (Entsch. Bd. IX, S. 335).

§ 412.

Bei mangelndem Widerspruch ist der nach § 114, Abs. 1 des Zuständigkeitsgesetzes vom 1. August 1883 zu fassende Beschluß über den Antrag auf Ertheilung der Erlaubniß zum Betriebe der Gast- und Schankwirthschaft endgültig, weil der Antrag auf mündliche Verhandlung nur im Falle der Versagung (Abs. 2) gegeben ist. Jener endgültige Beschluß kann mithin nach § 126 des Landesverwaltungsgesetzes vom 30. Juli 1883 angefochten werden (Parey, Rechtsgrundsätze S. 358, Nr. 14, 6).

§ 413.

Der Beschluß des Kreisausschusses über die Verhängung von Ordnungsstrafen gegen Kreisbeamte ist nicht endgültig, denn nach § 143 N. 3 in Verbindung mit § 68 der altländischen Kreisordnung (Hannover § 91, Hessen-Nassau § 92, Westfalen und Rheinprovinz § 79) findet dagegen die Beschwerde an den Bezirksausschuß und schließlich die Klage an das Ober-Verwaltungsgericht statt. Ein solcher nicht endgültiger Beschluß ist mithin nach § 126 des Landesverwaltungsgesetzes vom 30. Juli 1883 nicht anfechtbar (Parey, Rechtsgrundsätze S. 73, 74).

12. Das Beanstandungsrecht.

§ 414.

Dasselbe ist wesentlich verschieden von dem Anfechtungsrechte, bezieht sich nur auf Kommunalangelegenheiten und wird seitens des Vorsitzenden der betreffenden Behörde nur durch Erlaß von Verfügungen geübt, gegen welche geklagt werden kann, niemals durch Anstellung von Klagen.

§ 415.

Die einzelnen Fälle der Beanstandungen sind folgende:

1. § 118 der Provinzialordnungen (Hessen-N. § 91):

   Beschlüsse des Provinziallandtages, des Provinzialausschusses oder einer Provinzialkommission, welche deren Befugnisse überschreiten oder die Gesetze verletzen, hat der Oberpräsident, entstehenden Falles auf Anweisung des Ministers des Innern, unter Angabe der Gründe, mit aufschiebender Wirkung zu beanstanden.

Gegen die Verfügung des Oberpräsidenten steht dem Provinziallandtage, dem Provinzialausschusse beziehungsweise der Provinzialkommission innerhalb zwei Wochen die Klage bei dem Oberverwaltungsgerichte zu. Dieselben können zur Wahrnehmung ihrer Rechte im Verwaltungsstreitverfahren einen besonderen Vertreter bestellen.

2. § 178 der altländischen Kreisordnung (Hannover § 106, Hessen-Nassau § 107, Westfalen und Rheinprovinz § 94):

Beschlüsse des Kreistages, der Kreiskommissionen, sowie in Kommunalangelegenheiten des Kreises gefaßte Beschlüsse des Kreisausschusses, welche deren Befugnisse überschreiten oder die Gesetze verletzen, hat der Landrath, entstehenden Falles auf Anweisung der Aufsichtsbehörde, unter Angabe der Gründe, mit aufschiebender Wirkung zu beanstanden.

Gegen die Verfügung des Landrathes steht dem Kreistage, der Kreiskommission, beziehungsweise dem Kreisausschusse innerhalb zwei Wochen die Klage bei dem Bezirksausschusse zu. Dieselben können zur Wahrnehmung ihrer Rechte im Verwaltungsstreitverfahren einen besonderen Vertreter bestellen.

3. § 54a der altländischen Kreisordnung:

Beschlüsse des Amtsausschusses, welche dessen Befugnisse überschreiten oder die Gesetze verletzen, hat der Amtsvorsteher, entstehenden Falles auf Anweisung der Aufsichtsbehörde, unter Angabe der Gründe, mit aufschiebender Wirkung zu beanstanden.

Gegen die Verfügung des Amtsvorstehers steht dem Amtsausschusse innerhalb einer Frist von zwei Wochen die Klage bei dem Kreisausschusse zu. Zur Wahrnehmung seiner Rechte im Verwaltungsstreitverfahren kann der Amtausschuß einen besonderen Vertreter wählen.

4. § 15 des Zuständigkeitsgesetzes vom 1. August 1883 (städtische Angelegenheiten):

Beschlüsse der Gemeindevertretung oder des kollegialischen Gemeindevorstandes, welche deren Befugnisse überschreiten oder die Gesetze verletzen, hat der Gemeindevorstand, beziehungsweise der Bürgermeister, entstehenden Falles auf Anweisung der Aufsichtsbehörde, mit aufschiebender Wirkung, unter Angabe der Gründe, zu beanstanden. Gegen die Verfügung des Gemeindevorstandes (Bürgermeisters) steht der Gemeindevertretung, beziehungsweise dem kollegialischen Gemeindevorstande, die Klage im Verwaltungsstreitverfahren zu.

Die in den Gemeindeverfassungsgesetzen begründete Befugniß der Aufsichtsbehörden, aus anderen als den vorstehend angegebenen Gründen eine Beanstandung der Beschlüsse der Gemeindevertretung oder des kollegialischen Gemeindevorstandes herbeizuführen, wird aufgehoben.

Für den Stadtkreis Berlin ist das Oberverwaltungsgericht zuständig (§ 21 a. a. O.).

5. § 29 des Zuständigkeitsgesetzes vom 1. August 1883 (bürgerliche Angelegenheiten):

Beschlüsse der Gemeindeversammlung, der Gemeindevertretung oder des kollegialischen Gemeindevorstandes, welche deren Befugnisse überschreiten, oder die Gesetze verletzen, hat der Gemeindevorsteher, in der Provinz Westfalen auch der Amtmann, entstehenden Falles auf Anweisung der Aufsichtsbehörde, mit aufschiebender Wirkung, unter Angabe der Gründe, zu beanstanden. Gegen die Verfügung des Gemeindevorstehers beziehungsweise Amtmanns steht der Gemeindeversammlung, Gemeindevertretung, beziehungsweise dem kollegialischen Gemeindevorstande die Klage im Verwaltungsstreitverfahren zu.

Die in den Gemindeverfassungsgesetzen begründete Befugniß der Aufsichtsbehörde, aus anderen als den vorstehend angegebenen Gründen eine Beanstandung von Beschlüssen der Gemeindevertretung oder des kollegialischen Gemeindevorstandes herbeizuführen, wird aufgehoben. Eine gute Uebersicht über den vielfach verschlungenen Instanzenzug in diesen und anderen Verwaltungsangelegenheiten erhält man durch die Parey'schen Zuständigkeitsbilder (Cöslin, bei A. Schulz).

§ 416.

Ein anderes Beanstandungsrecht, als das bezüglich der Beschlüsse der Kommunalbehörden geübte, giebt es noch hinsichtlich der Wahlen zu den kommunalen Körperschaften gelegentlich der Prüfung der Legitimation der Mitglieder derselben; von diesem wird aber erst im zweiten Bande dieses Buches die Rede sein.

§ 417.

Nach Lage der früheren Gesetzgebung wurden auch die in Kommunalangelegenheiten gefaßten Beschlüsse nicht bloß beanstandet, sondern mit der Klage des Vorsitzenden ebenso angefochten, wie die in Angelegenheiten der allgemeinen Landesverwaltung gefaßten Beschlüsse. Jetzt wird in dieser Beziehung ein zweckmäßiger Unterschied gemacht insofern, als es den kommunalen Körperschaften überlassen wird, gegen die Beanstandungsverfügungen des Vorsitzenden zu klagen (cf. unten § 423). Im Allgemeinen unterliegen der Beanstandung auch ablehnende Beschlüsse dieser Körperschaften, allein ein Beschluß z. B. des Kreistages auf Ablehnung eines Antrages, daß nach der Ungiltigkeitserklärung einer Wahl des von der Majorität Gewählten und von dem Wahlvorstande für gewählt Erklärten der von der Minorität Gewählte als gewählt erklärt werde, enthält keine Verletzung des Gesetzes, mithin könnte die Beanstandung der Wahl infolge einer Klage des Kreisausschusses nicht aufrecht zu erhalten sein (Parey, Rechtsgrundsätze S. 14, 15).

§ 418.

Bei der Auslegung der oben im § 415 mitgetheilten Bestimmungen ist eine Unterscheidung zwischen „unrichtiger Auslegung des Gesetzes“ oder „Nichtanwendung bezw. unrichtiger Anwendung des Gesetzes“ einerseits und „Gesetzesverletzung“ andererseits für gerechtfertigt nicht zu erachten, denn ein solcher Unterschied besteht in Bezug auf die Beanstandung nicht (Parey, Rechtsgrundsätze S. 59).

§ 419.

Die Uebung der Disziplin über die Kreisbeamten gehört nicht zu den Kommunalangelegenheiten, die dieserhalb gefaßten Beschlüsse können also auch seitens des Vorsitzenden nicht beanstandet werden. Die Handhabung des Disziplinarstrafrechtes über die Kreisbeamten als mittelbare Staatsbeamten ist stets, auch wenn sie durch Organe der Kommunen erfolgt, ein Akt der Staatshoheit und vollzieht sich lediglich in Ausübung eines Staatshoheitsrechtes (a. a. O. S. 74).

§ 420.

Der Kreistag ist befugt, über den Fortbestand und die Zusammensetzung einer kreisständischen (Armen-) Kommission insbesondere dahin Beschluß zu fassen, daß nach der Einführung der Kreisordnung die mittels älterer Bestimmungen einer solchen Kommission überwiesenen kreiskommunalen Geschäfte fortan von dem Kreisausschusse wahrgenommen werden sollen. Ein solcher Beschluß kann mit Erfolg nicht beanstandet werden (Parey, Rechtsgrundsätze S. 76).

§ 421.

Als ein Grund zur Anfechtung eines Beschlusses des Kreisausschusses kann es nicht angesehen werden, wenn derselbe die gegen die Bestätigung der Wahl eines Gemeindevorstehers geltend gemachten Thatsachen nicht genügend geprüft und berücksichtigt habe. Diese Frage würde keine der „Befugniß“, d. h. der „Zuständigkeit“ sein, sondern lediglich den Beschluß nach seinem materiellen Inhalt betreffen (Parey, Rechtsgrundsätze S. 166).

§ 422.

Gegen Beschlüsse des Kreisausschusses betreffend die Vereinigung mehrerer kleiner Güter, oder der Einwohner mehrerer kleiner Gemeinden zu Kollektivstimmen und betreffend die Bestimmung des Wahlortes in den Wahlbezirken des Verbandes der Landgemeinden, den Städten und den Stände-Wahlbezirken findet ein ordentliches Rechtsmittel, insbesondere die Beschwerde an den Bezirksausschuß nicht statt, dieselben können vielmehr nur beanstandet werden (Parey, Rechtsgrundsätze S. 24).

§ 423.

Die Umkehrung der Parteirollen in diesen Beanstandungsangelegenheiten (siehe oben § 416) entspricht dem Grundsatze, daß die Aufsichtsbehörde niemals in die Rolle des Klägers gebracht werde, auch wird durch die jetzige Fassung die Möglichkeit gewährt, den beanstandeten Beschluß auf sich beruhen zu lassen, ohne daß der Verwaltungsrechtsweg betreten zu werden braucht (cf. S. 185 in Parey's Kommentar zur Kreisordnung — Magdeburg bei A. & R. Faber).

§ 424.

Es ist der Ansicht nicht beizutreten, daß Beschlüsse des Kreistages nur so lange nicht beanstandet werden können, als sie noch nicht ausgeführt sind. Die Worte „aufschiebende Wirkung" haben nur die Bedeutung, daß die Ausführung, wenn sie noch nicht erfolgt ist, bis nach ausgemachter Sache zu unterbleiben hat. Aus Beschlüssen, welche die Befugnisse der beschließenden Behörde überschreiten oder die Gesetze verletzen, kann der Regel nach Niemand Rechte erwerben, die ihm nicht — wenn auch unter Vorbehalt seiner Ansprüche gegen die Behörde — wieder entzogen werden dürften. Der Umstand, daß der Landrath in die Lage kommen kann, Beschlüsse nachträglich zu beanstanden, die er selbst ausgeführt hat, fällt nicht in's Gewicht (Parey, Rechtsgrundsätze S. 77).

§ 425.

Zweck der obigen Vorschriften ist, zu verhindern, daß ein die Befugnisse der betreffenden Behörden überschreitender oder die Gesetze verletzender Beschluß zur Ausführung gelange, der Verwaltungsrichter kann deshalb, sofern die Klage der Behörde sich als begründet herausstellt, die beanstandende Verfügung des Vorsitzenden nur außer Kraft setzen, im entgegengesetzten Falle aber nur die Klage abweisen, dagegen ist er zu einer Aufhebung des beanstandeten Beschlusses nicht befugt, denn damit würde er über das ihm gesteckte Ziel hinausgehen (Entsch. Band VI S. 74).

Die Rolle des Klägers ist der Behörde nicht übertragen, weil es der Bedeutung der Staatsgewalt nicht entspricht, in den Fällen, wo sie sich in der Ausübung ihrer Befugnisse befindet, erst ein Gericht zu Hülfe zu rufen, um zum Ziele zu gelangen (Preußisches Archiv S. 349).

§ 426.

Beschlüsse des Provinzialausschusses können nur beanstandet, niemals angefochten werden, weil diese Behörde nur ein kommunales

Organ ist, niemals ein staatliches; anders verhält sich dies mit dem Kreisausschusse.

§ 427.

Der Amtsausschuß kann nach § 53 der altländischen Kreisordnung ein kommunales Organ sein, ist dies aber in der Regel nicht.

§ 428.

Die Uebung des Beanstandungsrechts ist an eine Frist nicht gebunden (Parey, Rechtsgrundsätze S. 77), wohl aber die dagegen zulässige Klage.

13. Beschwerden über die Leitung des Verfahrens.

§ 429.

Auf Beschwerden, welche die Leitung des Verfahrens in Verwaltungsstreitangelegenheiten bei den Kreis- und Bezirksausschüssen zum Gegenstande haben, entscheidet das im Instanzenzuge zunächst höhere Gericht endgültig (§ 110 des Landesverwaltungsgesetzes vom 30. Juli 1883).

Ueber Beschwerden, welche die Leitung des Verfahrens und die Kosten in Beschlußsachen betreffen, beschließt endgültig die in der Hauptsache zunächst höhere Instanz (§ 125 a. a. O.).

Daß Beweisresolute keine prozeßleitenden Verfügungen sind, und daß deshalb dagegen die obige Beschwerde nicht stattfindet, ist schon mehrfach erwähnt worden.

§ 430.

Wegen der Vollstreckung der auf die Beschwerde ergehenden Beschlüsse vergl. § 60 des Landesverwaltungsgesetzes vom 30. Juli 1883.

VIII. Die Rechtskraft.

§ 431.

Den Ausdruck „rechtskräftig" gebraucht man nur in Bezug auf die im Verwaltungsstreitverfahren ergangenen Erkenntnisse, nicht auch auf Beschlüsse oder wohl gar polizeiliche Verfügnngen, welche niemals rechtskräftig, sondern höchstens „vollstreckbar" werden (Parey, Rechtsgrundsätze S. 420, Nr. 49, 6 und 7).

Formell rechtskräftig ist eine Entscheidung, wenn die Rechtsmittelfrist versäumt oder abgelaufen oder das Erkenntniß in letzter Instanz ergangen ist. Hiergegen helfen dann nur die Rechtsmittel der Wiederaufnahme des Verfahrens oder der Wiedereinsetzung in den vorigen Stand (siehe oben Abschnitt 8 und 9 §§ 394—403). Wo auch diese

Rechtsmittel nicht ausreichen, die Vollstreckung der Entscheidung aber gleichwohl zu offenbaren Verstößen gegen alles geltende Recht, gegen Vernunft und gute Sitten verstoßen muß (solche Fälle sind schon vorgekommen), da erübrigt immer noch das Auskunftsmittel der Anrufung der obersten Aufsichtsbehörden (§ 50, Abs. 3 des Landesverwaltungsgesetzes vom 30. Juli 1883), welche wenigstens den ihnen unterstellten Behörden geeignete Anweisungen für die Vollstreckung bezw. die Unterlassung derselben ertheilen können.

Die materielle Rechtskraft (res judicata inter partes) ist in Verwaltungsangelegenheiten überhaupt schwer nachzuweisen, weil die das öffentliche Interesse berührenden Umstände jederzeit Aenderungen unterworfen sind und deshalb die Stellung wiederholter Anträge nicht verkümmert werden darf, wenn auch der Antragsteller dadurch von der Tragung der Kosten für die bereits ungünstig ausgefallenen Entscheidungen nicht befreit wird (Parey, Rechtsgrundsätze S. 365 und 425).

§ 432.

Bei der Anfechtung der Aufstellung von Verzeichnissen der zur Wahl der Kreistagsabgeordneten Berechtigten kann der Einwand der rechtskräftig entschiedenen Sache niemals Platz greifen, weil das zu berichtigende Verzeichniß stets nur für die bevorstehende Wahl der Kreistagsabgeordneten, für welche es angeordnet und publizirt ist, die Unterlage bilden soll und nur für diese Giltigkeit hat. Die auf Grund früherer Verzeichnisse etwa ergangenen Entscheidungen sind nicht maßgebend (Parey, Rechtsgrundsätze S. 12).

§ 433.

Dem Grundsatze, daß der Einwand der res judicata nicht gegen die Gründe eines Erkenntnisses gestattet ist, steht in der Praxis die Art und Weise entgegen, wie der den positiven Ausspruch des Richters über das streitige Rechtsverhältniß enthaltende Theil eines Erkenntnisses — der sogenannte Tenor — abgegrenzt zu werden pflegt. Diese Methode gestattet im Allgemeinen überhaupt nicht, jenen Einwand ausschließlich auf Grund des Tenors zu beurtheilen und von einem Zurückgehen auf den zweiten Theil — die sogenannten Gründe — dabei ganz abzusehen. Dies ist namentlich dann unzulässig, wenn der im Tenor der früheren Entscheidung als unbegründet zurückgewiesene Anspruch nicht in Uebereinstimmung mit dem zunächst maßgebenden Klageanspruche steht (Parey, Rechtsgrundsätze S. 32).

§ 434.

Wenn der Gegenstand des Streitverfahres ein anderer ist, als der des Vorverfahrens, so ist der Einwand der rechtskräftig entschiedenen Sache zu verwerfen (Parey, Rechtsgrundsätze S. 189).

§ 435.

Aus Entscheidungen, welche wegen öffentlicher, für einen bestimmten Zeitraum geforderter Gemeindelasten und Abgaben getroffen sind, kann nicht der Einwand der rechtskräftig entschiedenen Sache behufs späterer Leistungen erhoben werden, vielmehr kann der Abgabenpflichtige für jede neue Periode auch eine neue Reklamation anbringen und von Neuem Entscheidung über seine Verbindlichkeit und deren Maß beantragen (Parey, Rechtsgrundsätze S. 149).

§ 436.

Die in Armenstreitsachen ergangenen Erkenntnisse des Bundesamtes für das Heimathswesen über die Gutszubehörigkeit schaffen für Streitigkeiten der kommunalen Zubehörigkeit gewisser Gutsparzellen nicht res judicata (Parey, Rechtsgrundsätze S. 156).

§ 437.

Der Verwaltungsrichter hat überall, wo es sich um die Anfechtung einer noch nicht endgiltig festgesetzten polizeilichen Strafe handelt, unabhängig von der Vorentscheidung über andere Straffestsetzungen, auch wenn letztere denselben Zweck verfolgen, zu prüfen, ob die Polizeibehörde zu dem Verfahren, in welchem die noch nicht endgiltige Straffestsetzung erfolgte, überhaupt zuständig war — eine Prüfung, welche stets eintreten muß, auch wenn die Anträge der klagenden Partei nicht darauf gerichtet sind (Parey, Rechtsgrundsätze S. 217, 218).

§ 438.

Entscheidungen der Kreisausschüsse darüber, von wem und auf wessen Kosten die öffentlichen Wege zu unterhalten sind, begründen für künftige Streitfälle keineswegs den Einwand der rechtskräftig entschiedenen Sache, wenn derartige Entscheidungen nach der jetzigen Lage der Gesetzgebung auch nicht mehr als Interimistika für die einzelnen Streitfälle gelten (Parey, Rechtsgrundsätze S. 302).

IX. Die Beendigung des Verwaltungsstreitverfahrens ohne Erkenntniß.

1. Anerkenntniß und Verzicht.

§ 439.

Ein solches hat im Verwaltungsstreitverfahren bereits Erwähnung gefunden in den Vorschriften über die Erledigung der Klage durch Aufforderung zur Klagslosstellung (siehe oben Theil B. II 5), denn ein Beklagter, welcher dieser Aufforderung nachkommt, giebt damit zu erkennen, daß er den Anspruch anerkennt, ein Gleiches gilt von den Vorschriften über den Einspruch und die Gegenvorstellung (oben B. VII 3), denn eine Behörde, welche in Folge eines solchen Einspruches oder einer solchen Gegenvorstellung ihre Maßnahmen oder Anforderungen zurücknimmt, giebt damit gleichzeitig zu, daß sie ihre ursprünglichen Absichten aufgiebt und dabei anerkennt, daß sie bei dem Erlaß ihrer Forderungen von Voraussetzungen ausgegangen ist, welche sie nach näherer Erwägung nunmehr selbst nicht mehr für zutreffend erachtet.

Hierzu sind die Parteien auch unzweifelhaft berechtigt, sofern es sich um ihre eigenen subjektiven Interessen handelt, indessen hat diese Befugniß doch ihre Grenzen hinsichtlich derjenigen Parteien, welche in Verwaltungsverfahren nicht ihr eigenes, subjektives, sondern das öffentliche Interesse zu vertreten haben. Dies zeigt sich in dem Grundsatze, daß durch die Ertheilung einer polizeilichen Erlaubniß (z. B. eines Baukonsenses) der Bauherr keineswegs ein unwiderrufliches Recht erhält, dieser Erlaubniß gemäß zu handeln. Denn eine derartige polizeiliche Genehmigung schließt keinen Verzicht der Polizeiverwaltung auf die fernere Wahrung des öffentlichen, gesetzlich geschützten Rechtes in sich. Nicht einmal möglich ist ein solcher Verzicht, vielmehr bleibt das gesetzlich anerkannte öffentliche Interesse auch dann allein maßgebend, wenn ein Organ der Polizeiverwaltung dasselbe nicht ausreichend wahrgenommen hat. In solchen Fällen ist, wo nicht besondere gesetzliche Bestimmungen entgegenstehen, eine Remedur durch Widerruf oder Modifikation der ertheilten Erlaubniß, wie beispielsweise bei Baukonsensen durch die nachträgliche Auferlegung von Baubedingungen, rechtlich zulässig, und es können die daraus dem Betroffenen etwa erwachsenden Vermögensnachtheile immer nur für die Frage der Entschädigungsverbindlichkeit in Betracht kommen. Der Widerruf einer polizeilichen Verfügung, durch welche die Erlaubniß zur Vornahme einer Handlung ertheilt wird, ist zulässig, falls sich die ertheilte Erlaubniß als mit dem für die polizeiliche Entschließung allein und unbedingt maßgebenden öffentlichen Interesse in Widerspruch stehend herausstellt (Parey, Rechtsgrundsätze S. 251 und 330).

Hieraus ergiebt sich, daß die das öffentliche Interesse vertretende Partei im Verwaltungsverfahren hinsichtlich ihrer Befugnisse zu Anerkenntnissen und Verzichten doch erheblich beschränkt ist und daß ein solches gleichwohl abgegebenes Anerkenntniß nicht immer die Folgen hat, ein einmal begonnenes Verfahren ohne Erkenntniß zu beendigen.

§ 440.

Ein Gleiches gilt von der Zurücknahme von Klagen und sonstigen Rechtsmitteln, wovon schon früher einmal die Rede war. Durch den Verzicht der Parteien auf die Einlegung eines Rechtsmittels ist das Streitverfahren für dieselben beendigt, und die ergangene Entscheidung ist für sie rechtskräftig. Gleichgiltig ist es dabei, ob sich die Parteien zur Abgabe einer solchen Erklärung aus eigener Bewegung entschlossen haben, oder ob sie dazu durch eine Frage des Richters veranlaßt worden sind.

Ein Widerruf des Verzichtes ist unzulässig (Parey, Rechtsgrundsätze S. 445).

§ 441.

Wenn ein verklagter Armenverband den klägerischen Anspruch in der Klagebeantwortung ausdrücklich anerkannt hat, so darf die Klage nicht zurückgewiesen werden, selbst wenn sich bei Prüfung derselben ergeben sollte, daß sie nicht substanziirt gewesen ist. Dies ist in einem Erkenntnisse des Bundesamtes vom 15. September 1873 ausgeführt. Dagegen ist durch Erkenntniß von demselben Tage entschieden, daß wenn ein Armenverband einen Anspruch aus Irrthum anerkennt und das Zugeständniß rechtzeitig widerrufen hat und wenn dann der Kläger die Klage lediglich auf jenes frühere Zugeständniß stützt, daß dann das Anerkenntniß der Ortsangehörigkeit eines Hülfsbedürftigen seitens des verpflichteten Armenverbandes nicht das Hülfsdomicil begründet, sondern nur als Beweismittel desselben in Betracht kommen und durch Gegenbeweis entkräftet werden kann. Ob das Anerkenntniß auf einem entschuldbaren oder unentschuldbaren Irrthum beruht, ist gleichgültig, sobald es nur den Werth eines Beweismittels hat. Unter Umständen, wenn ein älteres Anerkenntniß in einem neuen Prozesse mit den obwaltenden thatsächlichen und rechtlichen Verhältnissen nicht mehr im Einklange steht, kann dasselbe nach einer Entscheidung vom 6. Oktober 1873 einen Werth als Beweismittel nicht in Anspruch nehmen. In einer anderen Streitsache zwischen dem pommerschen Landarmenverbande und dem Armenverbande Starnitz hat, das Bundesamt sich dahin ausgesprochen, es stehe das durch die Vertreterin des Landesarmenverbandes (damals die Regierung) ausgesprochene Anerkenntniß der Landarmenqualität eines Hülfsbedürftigen dem Verklagten bis zum geführten Gegenbeweise entgegen. Auch ein von einer Regierung ausgestellter Heimathschein kann nach dem Erkenntnisse vom 9. Januar 1875 hinsichtlich der Nationalität eines Hülfsbedürftigen ein Anerkenntniß enthalten, indessen ist nicht ausgeschlossen, daß die in dem Heimathscheine dokumentirte Thatsache durch andere Beweismittel widerlegt wird.

In dem Umstande, daß ein Armenverband einen Hülfsbedürftigen längere Zeit unterstützt, ohne von einem anderen Armenverbande Erstattung zu verlangen, ist nach der Entscheidung vom 27. Februar 1875 ein stillschweigendes Anerkenntniß der Ortsangehörigkeit nicht zu erblicken.

Durch Urtel vom 26. Juni 1875 ist ausgesprochen, daß ein früher abgegebenes Anerkenntniß der Fürsorgepflicht für die ganze Dauer der Hülfsbedürftigkeit eines verlassenen unehelichen Kindes nicht binde, da ein irrthümliches Anerkenntniß als solches keine für sich bestehende Fürsorgepflicht, unabhängig von der gesetzlichen, begründet und mit einer rechtskräftigen Entscheidung nicht auf gleiche Linie gestellt werden kann.

Daß ein ausdrückliches Anerkenntniß der Ortsangehörigkeit und die fortgesetzte Unterstützung eines Hülfsbedürftigen den Beweis jener Ortsangehörigkeit bildet und daß dieser Beweis nur durch den Nachweis der Irrthümlichkeit des Anerkenntnisses entkräftet werden kann, ist auch in dem Urtel vom 9. September 1876 ausgeführt, desgleichen in dem Urtel vom 17. Februar 1877.

§ 442.

Ein Contumacialverfahren (Versäumnißurtel) in dem Sinne, daß der Richter die Anführungen der nicht beantworteten Klage für zugestanden erachten müßte, kennt das Verwaltungsstreitverfahren überhaupt nicht. Erkenntniß des Bundesamtes für das Heimathwesen vom 22. Juni 1878 (Wohlers X. S. 136).

2. Der Vergleich.

§ 443.

Die Erledigung der Sache durch einen solchen ist in B. II des Tarifs vom 27. Februar 1884 ebenso vorgesehen, wie die durch Zurücknahme der Klage, des Antrages auf mündliche Verhandlung oder eines Rechtsmittels und ebenso der Fall, wenn die Entscheidung auf Anerkenntniß erfolgt. Näheres hierüber siehe in dem folgenden Abschnitte „Die Kosten". Vergl. auch unten den § 448, wo ebenfalls von „Vergleichen" die Rede ist.

X. Die Kosten.

§ 444.

Das Verwaltungsstreitverfahren ist stempelfrei (§ 102 des Landesverwaltungsgesetzes vom 30. Juli 1883). Dieser Grundsatz ist um so beachtenswerther, als nach § 34 Abs. 2 a. a. O. alle Einnahmen des Bezirksausschusses zwar zur Staatskasse fließen, dagegen alle Ausgaben (ausgenommen die Tagegelder und Reisekosten der Mitglieder) der Staatskasse zur Last fallen (Reichs- und Staats-Anzeiger 1875 Nr. 187). Hiernach hat die Stempelfreiheit eine nicht unerhebliche Einbuße der Staatskasse zur Folge, indessen wird dieser Nachtheil einigermaßen dadurch ausgeglichen, daß Vollmachtstempel doch erhoben werden sollen, weil die Ausstellung derselben nicht zum Verfahren gehört (Minist.-Erlaß vom 7. November 1876 — Minist.-Bl. d. i. V. 1877 S. 276 —). In Armenstreitsachen ist die Stempelfreiheit der Vollmachten allerdings auch wieder anerkannt (Minist.-Erlaß vom 15. April 1877 — Labus, Stempelgesetz, Ausgabe von 1886 S. 161 —, § 50 Abs. 1 des Reichsgesetzes vom 6. Juni 1870, § 56 des Gesetzes vom 8. März 1871). Wenn ein Vollmachtstempel zu erheben ist, so beträgt derselbe 1 Mk. 50 Pf.

§ 445.

Nach einem Ministerialrescript vom 7. Juni 1877 (Ministerial-Bl. S. 200) sind für stempelpflichtig zu erachten alle Konzessionen (Erlaubnißertheilungen) zum Betriebe der im § 33 der Reichsgewerbeordnung bezeichneten Gewerbe, welche, sei es ohne Streitverfahren, sei es auf Grund des Ergebnisses eines solchen — von dem Kreisausschusse ausgestellt werden und welche nicht in der Form von Entscheidungen, sondern nur als Folge von derartigen Entscheidungen resp. eines ohne Streitverfahren gefaßten Beschlusses ergehen.

Hiernach ist der Inhalt des § 102 des Landesverwaltungsgesetzes vom 30. Juli 1883 dahin auszulegen, daß das Verfahren an sich zwar stempelfrei ist, daß diese Freiheit aber aufhört, wenn Jemand eine Ausfertigung der ihm ertheilten Konzession verlangt.

§ 446.

In einer Streitsache betreffend die Versagung eines Jagdscheines (jetzt §§ 127 ff. des Landesverwaltungsgesetzes vom 30. Juli 1883) hatte der Kläger einen Rechtsanwalt mit seiner Vertretung beauftragt. Die betreffende Vollmacht wurde für stempelpflichtig erachtet, weil Vollmachten nur dann stempelfrei sind, wenn ihr Gegenstand nach Geld geschätzt werden kann und der Werth 150 Mark nicht erreicht. (§ 3a des Stempelgesetzes vom 7. März 1822.) Daß dieser Ausnahmefall vorliegt, muß jedoch aus dem für die Stempelpflichtigkeit maßgebenden Inhalt hervorgehen. In dem betreffenden Falle war in dieser Hinsicht nichts geschehen; da nun von der Ertheilung eines Jagdscheins die Ausübung der Jagd für ein Jahr abhängt, das mit derselben verbundene Jagdvergnügen sich einer Abschätzung nach Geld überhaupt entzieht und da ferner dafür, ob der Werth der Jagdbeute auf einen Betrag von 150 Mark zu schätzen sei, beziehungsweise ob jener Werth die Auslagen des Jägers um jenen Betrag nicht übersteigen wird, der Inhalt der Vollmacht keinen Anhalt gewährte, so mußte von der Vollmacht ein Stempel erhoben werden.

Hiernach empfiehlt es sich in den Fällen, in denen es sich für den Jäger nur um den Erwerb der Jagdbeute handelt, dies in der Vollmacht unter Angabe der Summe des Interesses zum Ausdruck zu bringen.

§ 447.

Dem unterliegenden Theile sind die Kosten und die baaren Auslagen des Verfahrens, sowie die erforderlichen baaren Auslagen des obsiegenden Theils zur Last legen. Die Gebühren eines Rechtsanwalts des obsiegenden Theils hat der unterliegende Theil nur insoweit zu erstatten, als dieselben für Wahrnehmung der mündlichen Verhandlung vor dem Bezirksausschusse oder dem Oberverwaltungsgerichte zu zahlen sind. An baaren Auslagen für die persönliche Wahrnehmung der mündlichen Verhandlung vor dem Bezirksausschusse und dem Oberverwaltungsgerichte kann die obsiegende Partei nicht mehr in Anspruch nehmen, als die gesetzlichen Gebühren eines sie vertretenden Rechtsanwalts betragen haben würden, es sei denn, daß ihr persönliches Erscheinen von dem Gerichte angeordnet war.

Im Endurtheile ist der Werth des Streitobjektes festzusetzen.

Die Gebühren der Rechtsanwälte bestimmen sich nach den für dieselben bei den ordentlichen Gerichten geltenden Vorschriften (§ 103 des Landesverwaltungsgesetzes vom 30. Juli 1883).

Aehnlich verhält es sich mit den Armenstreitsachen nach § 56 Abs. 2 des Ausführungsgesetzes vom 8. März 1871, jedoch ist hinsichtlich der gegnerischen Rechtsanwaltsgebühren bestimmt, daß dieselben den unterliegenden Theile ebenso wie die baaren Auslagen des obsiegenden Theiles zur Last zu legen sind, soweit diese Gebühren diesen Bevollmächtigten für Wahrnehmung der öffentlichen Sitzung des Bezirksausschusses zu entrichten sind.

§ 448.

Das Verfahren in Streitsachen der Armenverbände, wie es durch die §§ 34 ff. des Reichsgesetzes vom 6. Juni 1870 geordnet ist, nimmt seinen Anfang nicht erst mit der Klageerhebung, und es kann daher vorkommen, daß Auslagen durch dasselbe entstehen, ohne daß ein Streit über die Unterstützung selbst vor der zuständigen Spruchbehörde anhängig wird. Diese in einem vorbereitenden Stadium des Verfahrens erwachsenen Auslagen gehören, wie das Bundesamt in zahlreichen Entscheidungen ausgesprochen hat, eben so zu den Kosten des Verfahrens, wie die im Laufe des Prozesses selbst entstandenen Verläge. Auf Streitigkeiten über die Erstattbarkeit solcher Auslagen erstreckt sich daher auch die Kompetenz der Spruchbehörden in Armensachen. In dieser Sachlage ist durch das Landesverwaltungsgesetz vom 30. Juli 1883, welches sich an die Bestimmungen in § 56 des Gesetzes vom 8. März 1871 eng anschließt, nichts geändert worden.

Indem das Landesverwaltungsgesetz die Verbindlichkeit zur Tragung der Kosten des Verfahrens der Regel nach derjenigen Partei auferlegt, welche in der Hauptsache unterliegt, und im § 108 a. a. O. die Festsetzung der Kosten und baaren Auslagen des Verfahrens in quanto der Spruchbehörde überträgt, welche in der Hauptsache entschieden hat, schließt es eben so wenig wie im § 56 des Gesetzes vom 8. März 1871 aus, daß nach entsprechend gleichen Normen auch die baaren Auslagen eines Verfahrens zu behandeln sind, welches nicht bis zur Entscheidung in der Hauptsache gedieh; nur ist alsdann über die streitigen Auslagen besonders zu erkennen, und die endgiltige Festsetzung des Betrages der einzelnen Auslagen steht derjenigen Spruchbehörde zu, welche zur Entscheidung in der Hauptsache competent war. Eine Einschränkung der

Zuständigkeit der Verwaltungsgerichte ist aus den Bestimmungen des Gesetzes vom 30. Juli 1883 nicht abzuleiten. (Entnommen aus dem Erkenntnisse des Bundesamtes für das Heimathwesen vom 18. März 1876).

§ 449.

Die positive Bestimmung, daß dem unterliegenden Theile die Kosten und die baaren Auslagen des Verfahrens mit Ausschluß der Gebühren, welche derselbe seinem Bevollmächtigten für Wahrnehmung der öffentlichen Sitzungen des **Kreisausschusses** zu entrichten hat, zur Last zu legen sind, findet sich schon als § 134 Abs. 2 des Entwurfes zur Kreisordnung vom 20. Dezember 1871 (Drucks. des A.-H., 11. Legislaturperiode, II. Session 1871—72, Nr. 89, S. 36). Diese **ausdrückliche** Bestimmung ist (eod. S. 69) damit begründet, daß die Parteien veranlaßt werden sollen, in **Person** vor dem Kreisausschuß zu erscheinen, um dadurch eine gründliche Erörterung des Sachverhalts bezw. in den dazu geeigneten Fällen eine **vergleichsweise** Erledigung des Streites zu erleichtern. Dieser Bestimmung ist auch der **negativ** gefaßte § 72 des Gesetzes vom 3. Juli 1875 nachgebildet. (Drucks. d. A.-H., 12. Legislaturperiode, II. Session 1875, Nr. 20, S. 26.) Dasselbe gilt von dem § 103 des Landesverwaltungsgesetzes vom 30. Juli 1883.

§ 450.

In Fällen, wo die unterliegende Partei eine öffentliche Behörde ist, wird nur von der Erhebung des Pauschquantums abgesehen, während die Verpflichtung derselben zur Erstattung der baaren Auslagen des Verfahrens und des obsiegenden Theiles bestehen bleiben. Nicht berührt von dieser Bestimmung wird selbstverständlich der Anspruch der Partei auf Erstattung des ihm aus der Erfüllung eines Auftrages erwachsenden Kostenbetrages an diejenige Behörde, welche ihm den Auftrag ertheilt hat (Entsch. Bd. III S. 176; Bd. V S. 295; Parey, Rechtsgrundsätze S. 451, 6).

§ 451.

Nach einem Ministerialreskript vom 5. April 1878 (Minist.-Bl. S. 45) sollen die Kosten im Verwaltungsstreitverfahren in dem Falle auf die Staatskasse übernommen werden, wenn der Regierungspräsident im öffentlichen Interesse gegen die Entscheidung des Bezirksausschusses Revision einleg. und die hierauf ergehende Entscheidung des Oberverwaltungsgerichts dem Revisionskläger die baare nAuslagen des Verfahrens und des obsiegenden Theiles zur Last gelegt hat (Parey, Kommentar zum Verwaltungsgerichtsgesetze von 1875 S. 83).

§ 452.

Die im Streitverfahren das öffentliche Interesse vertretende Behörde (mithin auch die Amtsvorsteher) haben das Recht, von der unterliegenden Gegenpartei die Erstattung der baaren Auslagen zu fordern. Der Umstand, daß die Reisekosten des Amtsvorstehers den Charakter der Amtsunkosten haben, berührt lediglich das Rechtsverhältniß zum Amtsverbande, nicht aber das des Amtsvorstehers zur unterliegenden Gegenpartei im Streitverfahren. Der Amtsvorsteher ist Partei, wie jede andere Privatperson, und er nimmt keineswegs eine dem Staatsanwalt analoge Stellung ein. Die Möglichkeit der Vertretung in Gemäßheit des § 74 des Landesverwaltungsgesetzes vom 30. Juli 1883 steht dieser Auffassung nicht entgegen, auch kann der Amtsvorsteher ein wesentliches Interesse dabei haben, seine Angelegenheit persönlich zu führen, z. B. wegen der möglichen Regreßansprüche. Die geforderten baaren Auslagen müssen allerdings „erforderlich“ und nicht etwa nutzlos oder überflüssig gewesen sein. Nach der Fassung des § 103 a. a. O. können übrigens auch diese Behörden nicht mehr Kosten fordern, als ihnen durch die Annahme eines Rechtsanwaltes erwachsen sein würde, es sei denn, daß ihr persönliches Erscheinen vor Gericht angeordnet war (Parey, Rechtsgrundsätze S. 454, 455).

§ 453.

Für die Gebührenerstattungspflicht ist nach § 103 a. a. O. derjenige Gebührensatz maßgebend, welcher der obsiegende Theil dem ihn vertretenden Rechtsanwalte auch dann zu zahlen gesetzlich verpflichtet ist, wenn letzterer zu keiner anderen amtlichen Thätigkeit, als lediglich zur Wahrnehmung der mündlichen Verhandlung Auftrag erhalten hat. Nach § 43 der deutschen Gebührenordnung vom 7. Juli 1879 (R. G. Bl. S. 176) steht dem Rechtsanwalte, welchem von der Partei nur die Vertretung in der mündlichen Verhandlung übertragen ist, neben der Verhandlungsgebühr auch die Prozeßgebühr zu $^1/_2$ zu. Letztere wird zwar nach § 13 a. a. O. für den Geschäftsbetrieb ausschließlich der Information gewährt, steht jedoch mit der mündlichen Verhandlung insofern in untrennbarem Zusammenhange, als auch der Rechtsanwalt, welcher nur die Vertretung in der mündlichen Verhandlung übernommen hat, für seine Thätigkeit der Information bedarf, welche durch die Hälfte der Prozeßgebühr mit vergütet wird (Informationsgebühr). Diese letztere erhält der Rechtsanwalt auch für die wiederholte mündliche Verhandlung (Parey, Rechtsgrundsätze S. 455, 456).

§ 454.

In Provocations- (Antrags-)sachen trägt der Antragsteller die Kosten. §§ 1 und 34 des Gesetzes vom 15. November 1811 und §§ 4 und 28 des Gesetzes vom 9. Februar 1867 (Merkpfahlsetzung, Vorfluth); §§ 22, 45 des Gesetzes vom 28. Februar 1843, §§ 8 des Gesetzes vom 23. Jan. 1846 (Be- und Entwässerung); §§ 4, 5, 19, 27, 40 des Gesetzes vom 6. Juli 1875 (Schutzwaldungen).

§ 455.

Die Festsetzung des Werthes des Streitgegenstandes darf im Endurtheile, mag dieses als Vorbescheid (Parey, Rechtsgrundsätze S. 453 Nr. 11) gemäß § 64 des Landesverwaltungsgesetzes vom 30. Juli 1883, oder auf Grund mündlicher Verhandlung ergehen, unter keinen Umständen fehlen, also auch dann nicht, wenn von der Erhebung eines Pauschquantums abgesehen wird und die Parteien sich bis dahin der Hülfe von Rechtsanwälten nicht bedient haben. Ferner ist diese Festsetzung als Theil der Entscheidung nicht in den Gründen der Endurtheile und auch nicht in gesonderten Verfügungen über die Kostenlast, sondern in dem dispositiven Theile der Erkenntnisse bezw. Vorbescheide (im Tenor) vorzunehmen (Parey, Rechtsgrundsätze S. 451).

§ 456.

In Armenstreitsachen findet gegen die den Betrag der baaren Auslagen festsetzenden Bescheide eine Berufung oder Beschwerde an das Bundesamt nicht statt. Erk. des B.-A. vom 20. Sept. und 27. Oktbr. 1877 (Wohlers IX. S. 142, 143).

§ 457.

Unzulässig ist es, die baaren Auslagen des Verfahrens Jemandem aufzuerlegen, welcher in den betreffenden Streitverfahren als Partei gar nicht betheiligt ist (Entsch. Bd. I S. 298).

§ 458.

Die Kosten und baaren Auslagen bleiben dem obsiegenden Theile zur Last, soweit sie durch sein eigenes Verschulden entstanden sind (§ 104 des Landesverwaltungsgesetzes vom 30. Juli 1883).

§ 459.

Die Entscheidung über den Kostenpunkt (§§ 103, 104 a. a. O.) kann nur gleichzeitig mit der Entscheidung über die Hauptsache durch Berufung oder Revision angefochten werden (§ 105 a. a. O.).

Diese Vorschrift findet auf Armenstreitsachen keine Anwendung. Erkenntniß des Bundesamts für das Heimathwesen vom 8. Dezember 1877 (Wohlers IX. S. 139). Vergl. dazu § 52 des Reichsgesetzes vom 6. Juni 1870. In Civilstreitsachen (§ 94 des deutschen Civilprozeßordnung vom 30. Januar 1877) ist ein gegen die Entscheidung über den Kostenpunkt gerichtetes Rechtsmittel in solchen Fällen zulässig, wo eine Entscheidung in der Hauptsache überhaupt nicht vorliegt (Erk. des Reichsgerichts vom 3. Mai 1882 — besondere Beilage zum Reichs- und Staats-Anzeiger 1882 Nr. 7 S. 5 —). In diesem Falle ist auch nicht zu fürchten, daß die Entscheidung über den Kostenpunkt in ihrer Begründung zu einem in der Hauptsache abweichenden Ergebnisse gelangt.

§ 460.

An Kosten kommt ein Pauschquantum zur Hebung, welches im Höchstbetrage bei dem Kreisausschusse und bei dem Bezirksausschusse sechzig Mark, bei dem Oberverwaltungsgerichte einhundertfünfzig Mark nicht übersteigen darf. Für die Gebühren der Zeugen und Sachverständigen gelten die in Civilprozessen zur Anwendung kommenden Vorschriften, für die Berechnung des Pauschquantums kann von den Ministern der Finanzen und des Innern ein Tarif aufgestellt werden (§ 106 des Landesverwaltungsgesetzes vom 30. Juli 1883).

§ 461.

Bei den Gebühren für Zeugen und Sachverständige handelt es sich um Entschädigungen, welche Privatpersonen zu beanspruchen haben, die Bestimmung über die Höhe derselben soll ferner nicht in das Belieben des Minsters gestellt werden. Vergl. deutsche Gebührenordnung vom 20. Juni 1878 (R. G. Bl. S. 173), preußisches Ausführungsgesetz vom 10. März 1879 (G. S. S. 145) und vom 21. März 1882 (G. S. S. 129), für die Armenstreitsachen § 56 des Gesetzes vom 8. März 1871.

§ 462.

In denjenigen Verwaltungsstreitsachen, welche bei den Kreisausschüssen zwar verhandelt, demnächst aber vor dem Ergehen der Entscheidung durch Zurücknahme der Klage erledigt werden, soll die Normirung des Kostenpauschquantums in derselben Weise erfolgen, wie in den Fällen, in denen die Sache durch Vergleich ihre Erledigung findet. (Ministerialerlaß vom 6. Oktober 1879 — Min.-Bl. d. i. V. 1880 S. 2.)

§ 463.

Sämmtliche zu Gunsten der Gendarmen und Beamten früher geltenden Bestimmungen, nach welchen dieselben berechtigt waren, bei Vernehmungen in gerichtlichen Angelegenheiten höhere, als die gewöhnlichen Zeugen- und Sachverständigengebühr zu liquidiren, sind durch die Ministerialerlasse vom 18. April und 3. Mai 1876 (Min.-Bl. d. i. V. S. 122, 123) aufgehoben worden.

§ 464.

Die Erhebung des Pauschquantums findet nicht statt:

1. wenn der unterliegende Theil eine öffentliche Behörde ist, insoweit die angefochtene Verfügung oder Entscheidung derselben nicht lediglich die Wahrung der Haushaltsinteressen eines von

der Behörde vertretenen Kummunalverbandes zum Gegenstande hatte; die baaren Auslagen des Verfahrens und des obsiegenden Theiles fallen demjenigen zur Last, der nach gesetzlicher Bestimmung die Amtsunkosten der Behörde zu tragen hat;

2. wenn die Entscheidung ohne vorgängige mündliche Verhandlung erfolgt ist;
3. bei dem Kreisausschusse in den Fällen der §§ 60—62 des Gesetzes vom 8. März 1871, betreffend die Ausführung des Bundesgesetzes über den Unterstützungswohnsitz (Gesetz-Samml. S. 130);
4. bei dem Bezirksausschusse und bei dem Oberverwaltungsgerichte, soweit die Berufung oder die Revision von dem Vorsitzenden des Kreisausschusses beziehungsweise des Bezirksausschusses eingelegt worden war;
5. von denjenigen Personen, mit Ausnahme jedoch der Gemeinden in den die Verwaltung der Armenpflege betreffenden Angelegenheiten, denen nach den Reichs- oder Landesgesetzen Gebührenfreiheit in bürgerlichen Rechtsstreitigkeiten zusteht (§ 107 des Landesverwaltungsgesetzes vom 30. Juli 1883).

§ 465.

Zu Ziffer 1 des § 107 des Landesverwaltungsgesetzes vom 30. Juli 1883 stellt sich die Sache so, daß der betreffende Beamte — abgesehen von einer etwaigen Regreßpflicht — in keinem Falle die Kosten zu tragen hat; entweder er hat als Organ der Staatsregierung gehandelt, dann wird er aus der Staatskasse seine Deckung bekommen, oder er hat als Vertreter einer Kommune gehandelt, dann hat diese die Kosten zu decken (Parey, Preußisches Archiv S. 306).

§ 466.

Zunächst bleibt es immer Sache der unterliegenden Behörde, die Kosten auszulegen; dagegen finden die Bestimmungen in Nr. 1 nur Anwendung, wenn die unterliegende Behörde als solche Partei ist, aber nicht, wenn die Behörde auch in Vertretung eines anderen Rechtssubjektes (z. B. einer Korporation) gehandelt hat. In diesem Falle ist letzteres Partei, und deshalb sind die Kosten nicht der vertretenden Behörde, sondern dem vertretenen Rechtssubjekte im Endurtheil aufzuerlegen (Parey, Rechtsgrundsätze S. 355, 356).

§ 467.

Wenn der Fiskus reklamirt, so steht ihm Kostenfreiheit zu, jedoch sind auch in diesem Falle die baaren Auslagen des Verfahrens und des obsiegenden Theiles dem unterliegenden Theile zur Last zu legen (Parey, Rechtsgrundsätze S. 33 und 440). Zu den öffentlichen Behörden in diesem Sinne werden auch die Königl. Eisenbahnkommissionen und die Provinzialschulkollegien als Vertreter der unter Königl. Patronat stehenden Gymnasien gerechnet.

§ 468.

Haushaltungsinteressen der Kommune stehen auch in Frage, wenn es sich um berechtigte Beschwerden wegen Heranziehung oder Veranlagung zu den Kreisabgaben handelt (Parey, Rechtsgrundsätze S. 451).

§ 469.

In Ansiedlungssachen ist der widersprechende Gemeindevorsteher zu den Kosten nicht heranzuziehen (Entsch. Bd. VI S. 330).

§ 470.

Nach Ziffer 2 in § 107 des Landesverwaltungsgesetzes vom 30. Juli 1883 ist den Vorbescheiden durch alle Instanzen die Kostenfreiheit gesichert.

§ 471.

Die Ausnahme in Ziffer 5 a. a. O. rechtfertigt sich durch die große Belastung, die den Verwaltungsgerichten gerade aus der Kategorie der Armenstreitsachen erwächst (Begründung des Regierungsentwurfs von 1879).

§ 472.

Die Kosten und baaren Auslagen des Verfahrens werden für jede Instanz von dem Gerichte festgesetzt, bei dem die Sache selbst anhängig gewesen ist.

Die von der obsiegenden Partei zur Erstattung seitens des unterliegenden Theils liquidirten Auslagen werden für alle Instanzen von demjenigen Gerichte festgesetzt, bei dem die Sache in erster Instanz anhängig gewesen ist.

Gegen den Festsetzungsbeschluß des Kreisausschusses findet innerhalb zwei Wochen die Beschwerde an den Bezirksausschuß, gegen den in erster Instanz ergangenen Festsetzungsbeschluß des Bezirksausschusses findet innerhalb gleicher Frist die Beschwerde an das Oberverwaltungsgericht statt (§ 108 des Landesverwaltungsgesetzes vom 30. Juli 1883).

§ 473.

Die von den Kreis- und Bezirksausschüssen festgesetzten Kosten sind nicht unmittelbar nach beendigter Instanz, sondern erst nach eingetretener Rechtskraft der Entscheidung einzuziehen. Ministerialerlaß vom 26. Mai 1880 (Min. Bl. d. i. V. S. 161). Im Uebrigen vergl. die zahlreichen Erläuterungen in Parey's preußischem Archiv S. 307 und 308, und Kommentar S. 92—95.

§ 474.

Dem unterliegenden Theile kann im Falle des bescheinigten Unvermögens, nach Maßgabe der Bestimmungen des § 30 des Ausführungsgesetzes zum Deutschen Gerichtskostengesetze vom 10. März 1879 (Gesetzsamml. S. 145), oder wenn sonst ein besonderer Anlaß dazu vorliegt, gänzliche oder theilweise Kostenfreiheit beziehungsweise Stundung bewilligt werden. Gegen den das Gesuch ablehnenden Beschluß des Kreisausschusses findet innerhalb zwei Wochen die Beschwerde an den Bezirksausschuß, gegen den in erster Instanz ergangenen ablehnenden Beschluß des Bezirksausschusses die Beschwerde an das Ober-Verwaltungsgericht statt (§ 109 des Landesverwaltungsgesetzes vom 30. Juli 1883).

§ 475.

In dem Beschlußverfahren wird ein Kostenpauschquantum nicht erhoben, ebensowenig haben die Betheiligten ein Recht, den Ersatz ihrer baaren Auslagen zu fordern.

Jedoch können die durch Anträge und unbegründete Einwendungen erwachsenden Gebühren für Zeugen und Sachverständige demjenigen zur Last gelegt werden, welcher den Antrag gestellt beziehungsweise den Einwand erhoben hat.

Die sonstigen Kosten und baaren Auslagen des Verfahrens fallen demjenigen zur Last, der nach gesetzlicher Bestimmung die Amtsunkosten der Behörde zu tragen hat.

Bei den Vorschriften der Gewerbeordnung behält es sein Bewenden (§ 22 der Reichsgewerbeordnung).

Ueber Beschwerden, welche die Kosten betreffen, beschließt endgültig die in der Hauptsache zunächst höhere Instanz (§§ 124, 125 des Landesverwaltungsgesetzes vom 30. Juli 1883).

§ 476.

Wegen der Gewerbeordnung vergl. Nr. 48 der preußischen Ausführungsverordnung in der in „Rüdiger, Concessionirung gewerblicher Anlagen“ (Verlag von J. Guttentag in Berlin) auf S. 63, 64 mitgetheilten Fassung.

XI. Die Vollstreckung.

§ 477.

Die Vollstreckung im Verwaltungsstreitverfahren und im Beschlußverfahren erfolgt im Wege des Verwaltungszwangsverfahrens. Die Vollstreckung wird Namens der Behörde, welche in der ersten Instanz entschieden, beziehungsweise beschlossen hatte, von deren Vorsitzendem verfügt. Ueber Beschwerden gegen die Verfügungen des Vorsitzenden entscheidet die Behörde. Gegen die Entscheidung der Behörde findet innerhalb zwei Wochen die Beschwerde an die im Instanzenzuge zunächst höhere Behörde statt.

Die Entscheidung der letzteren ist endgültig (§ 60 des Landesverwaltungsgesetzes vom 30. Juli 1883).

§ 478.

Die Vollstreckung erfolgt, soweit es sich um Geldbeträge handelt, nach den Vorschriften der Verordnung vom 7. September 1879 (G. S. S. 591) und nach der Anweisung vom 15. desselben Monats und Jahres. Eine Darstellung dieser Vorschriften nebst den dazu ergangenen Ergänzungen der Zentralbehörden und höchsten Gerichtshöfe findet man in dem vortrefflichen Buche von B. Crux (Hagen in Westfalen bei Hermann Risel & Comp. 1885).

Handelt es sich nicht um Beitreibung von Geldbeträgen, sondern darum, daß Jemand etwas thun oder unterlassen soll, so können nur die §§ 132 ff. des Landesverwaltungsgesetzes vom 30. Juli 1883 Platz greifen.

§ 479.

Der Antrag auf Zwangsvollstreckung in das unbewegliche Vermögen (Immobiliarvermögen) behufs Beitreibung der Kosten und baaren Auslagen des Verwaltungsstreitverfahrens unterliegt der Genehmigung des demjenigen Verwaltungsgerichte, welches in erster Instanz entschieden hat, vorgesetzten Verwaltungsgerichtes. Dabei soll im Sinne der Vorschrift im § 29 des preußischen Ausführungsgesetzes vom 10. März 1879 (G. S. S. 145) zum deutschen Gerichtskostengesetze vom 18. Juni 1878 (R. G. Bl. S. 141) verfahren werden (Ministerialerlaß vom 26. März 1881 — Wochenschrift „Selbstverwaltung" Jahrgang VIII. S. 212 —). Wegen der Zwangsvollstreckung in das unbewegliche Vermögen erging inzwischen das Gesetz vom 13. Juli 1883 (G. S. S. 131) (Kommentar von O. Rudorff, Berlin bei H. W. Müller 1883) und dazu die allgemeine Verfügung des Justizministers vom 2. November 1883 — Min.-Bl. d. i. V. S. 254, Wochenschrift „Selbstverwaltung" Jahrgang XI, S. 23). Zu dem Gesetze vom 10. März 1879 ist auch das Gesetz vom 21. März 1882 (G. S. S. 129) nachzulesen.

§ 480.

Zwangsvollstreckungen gegen den Fiskus und gegen die unter Staatsaufsicht stehenden juristischen Personen (Gemeinden u. s. w.) haben der Regel nach durch Vermittlung der einer zunächst betheiligten nachgeordneten fiskalischen Station vorgesetzten Finanzbehörde bezw. der Staatsaufsichtsbehörde zu erfolgen. Allgemeine Preußische Gerichtsordnung vom 6. Juli 1793, Anhangs § 155 bei Theil I. Tit. 24 § 45. Diese Vorschrift ist gemäß § 15 Nr. 4 des Einführungs-Gesetzes zur

Deutschen Civil-Prozeß-Ordnung vom 30. Januar 1877 unberührt geblieben und zwar soweit es sich um Zwangsvollstreckung wegen Geldforderungen handelt gegen Provinzial-, Kreis-, Amts-, Gemeinde- und überhaupt Kommunalverbände, deren Vermögen unter Aufsicht der Staatsbehörde verwaltet wird und als nicht dingliche Rechte verfolgt werden; vergl. die allgemeine Verfügung des Justizministers vom 24. März 1882 (Justiz-Min.-Bl. S. 59). Im Geltungsbereiche des Landesverwaltungsgesetzes vom 30. Juli 1883 tritt an die Stelle der Bezirksregierung, wenn die Zwangsvollstreckung gegen Landgemeinden oder Amtsverbände gerichtet ist, der Kreisausschuß nach § 33 Ziffer 4 des Zuständigkeitsgesetzes vom 1. August 1883 bezw. des § 55b der altländischen Kreisordnung in der Fassung der Novelle vom 19. März 1881; im Uebrigen tritt an die Stelle der Regierung der Regierungspräsident nach § 18 des Landesverwaltungsgesetzes vom 30. Juli 1883. Vergl. auch dieselbe Preußische Allgemeine Gerichtsordnung Thl. I. Tit. 35. § 33 und hinsichtlich der Zwangsvollstreckungen in das unbewegliche Vermögen wegen Geldforderungen den § 6 des Gesetzes vom 4. März 1879 (G. S. S. 102) und das Kammergerichts-Erkenntniß vom 9. Juli 1881 (J. u. K. I. S. 119). (Parey, Rechtsgrundsätze S. 101.)

§ 481.

Der Vorsitzende kann in diesem Falle von dem Kreissekretair nicht vertreten werden. Ministerialerlaß vom 17. Dezember 1875 (Min.-Bl. d. i. V. 1876. S. 13).

§ 482.

Gegen eine bei dem Prozeß nicht betheiligt gewesene Person kann auch auf Grund eines rechtskräftigen Erkenntnisses eine Exekution nicht vollstreckt werden (Parey, Rechtsgrundsätze S. 439).

§ 483.

Verfügungen, welche der Regierungspräsident auf Grund dieses § 60 erläßt, haben dessen Verhinderung gemäß § 30 des Landesverwaltungsgesetzes vom 30. Juli 1883 nicht zur Folge; diese letztere Bestimmung bezieht sich vielmehr nur auf die von der politischen Stellung des Regierungspräsidenten aus erlassenen Verfügungen (Parey, Preußisches Archiv S. 262).

Schlußwort.

Wie schon in der rechtsgeschichtlichen Einleitung S. 12 angedeutet wurde, ist die Darstellung der Verwaltungsgerichtsbarkeit in Preußen hiermit keineswegs abgeschlossen, vielmehr giebt es noch eine große Anzahl von Angelegenheiten, welche zwar in einem bestimmt vorgeschriebenen Verfahren, aber weder von den ordentlichen Gerichten, noch von den Verwaltungsgerichten erledigt werden.

Andererseits ist eine Anzahl von Gegenständen dem Verwaltungs-Streit- und Beschlußverfahren überwiesen, welche dabei aber doch an andere, als an die in dem Landesverwaltungsgesetze vom 30. Juli 1883 vorgeschriebenen Formen gebunden sind. Die Kenntniß aller dieser Vorschriften ist ebenso unentbehrlich, wie die des eigentlichen, hier beschriebenen Verwaltungsprozesses, es wird deshalb in dem zweiten Bande dieses Buches auf die Darstellung derselben Bedacht genommen werden.

Chronologisches Register.

1877.

1878.

1879.

1880.

1881.

Das Zuständigkeitsgesetz vom 1. August 1883.

1884.

1885.

Alphabetisches Register.

(Die beigefügten Zahlen verweisen auf die Seiten.)

A.

C.

D.

G.

H.

J.

K.

L.

M.

N.

S.

T.

U.

V.

W.

Z.

Druck von Ramm & Seemann, Leipzig.

Handbuch

des

Preußischen Verwaltungsrechts

für den praktischen Gebrauch bearbeitet

von

K. Parey

Königl. Verwaltungsgerichts-Direktor a. D.

Zweiter Band:

Das materielle Verwaltungsrecht.

Berlin

J. J. Heines Verlag

1887

Inhalt.

Erste Abtheilung.

Die Vorrechte des Kaisers und Königs.

I. Die wirklichen Majestäts- und Hoheitsrechte.

II. Die nicht wirklichen Majestätsrechte und die sogenannten Regalien.

Zweite Abtheilung.

Die Organisation der Behörden und Beamten in Deutschland—Preußen.

Dritte Abtheilung.

Die einzelnen Verwaltungszweige.

Erste Abtheilung.

Die Vorrechte des Kaisers und Königs.

I. Die wirklichen Majestäts- und Hoheitsrechte.

Im Allgemeinen.

§ 1.

In der brandenburgisch-preußischen Monarchie war der einzige und oberste Träger sämmtlicher Verwaltungsbefugnisse der Landesherr. Diese Befugnisse beruhten auf der monarchischen Verfassung und wurden — abgesehen von einer vorübergehenden Beschränkung hinsichtlich des später besonders zu erwähnenden Steuerbewilligungsrechtes durch die Stände — ohne jede Beschränkung geübt.

§ 2.

Unrichtig ist die Behauptung, daß wir in Preußen erst seit dem Erlaß der Urkunden vom 5. Dez. 1848 und 31. Jan. 1850 eine „Verfassung" hätten. Richtig ist nur so viel, daß wir seit jener Zeit eine „konstitutionelle" Verfassung haben, während vorher die „monarchische" bestand. Die letztere besteht noch heute, soweit sie nicht durch die Konstitutionen von 1848 und 1850 abgeändert worden ist. Die Zulässigkeit der vollständigen Nichtbeachtung der früheren monarchischen Verfassung würde zur Voraussetzung haben, daß jene Konstitutionen das gesammte Rechtsgebiet im Staate beherrschten. Dies ist keineswegs der Fall, vielmehr zeigen sich in den Verfassungsurkunden noch überall Lücken genug, welche in einem wohlgeordneten Staate nicht durch Analogien oder Willkür, sondern nur durch das ältere bestehende Recht (die monarchische Verfassung) oder durch neue, verfassungsmäßig erlassene Gesetze ausgefüllt werden können. So lange also solche Gesetze nicht zu Stande gekommen sind, bleibt hinsichtlich dieser Lücken die frühere monarchische Verfassung unberührt. Wollte man das Gegentheil annehmen, so würden die auf jene Lücken bezüglichen Rechtsfragen überhaupt nicht entschieden werden können. (Vergl. die Bismarcksche Rede im preußischen Landtage vom 27. Jan. 1863. — Spemannsche Sammlung, Bd. II, S. 34. —)

§ 3.

Hieraus ergiebt sich schon, daß es auf einem ferneren Rechtsirrthum beruht, wenn behauptet wird, es sei mit dem Erlaß der Konstitutionen das monarchische Prinzip überhaupt verlassen und vollständig aufgegeben worden, denn gerade das Umgekehrte ist der Fall, d. h. das monarchische Prinzip ist noch heute in Preußen das alleinige staatsrechtliche Fundament, dasselbe ist aber für einzelne Fälle durch die Konstitutionen durchbrochen, und es sind in diesen einzelnen Fällen an die Stelle der früher allein maßgebenden Krone und neben derselben Organe zur Mitwirkung berufen worden, welche man jetzt als die beiden Häuser des Landtages der Monarchie bezeichnet.

§ 4.

Die Rechte dieser Häuser sind durch die Konstitutionen genau vorgezeichnet und damit gleichzeitig auf bestimmte Gebiete beschränkt, woran sich überhaupt nicht rütteln läßt, so lange die Verfassungs-Urkunden nicht auf legalem Wege, d. h. unter der Zustimmung der Krone, abgeändert und damit die Rechte der beiden Häuser des Landtages erweitert sind.

§ 5.

Außerdem enthalten die Konstitutionen eine große Anzahl von Vorschriften über zu erlassende Gesetze; diese Vorschriften sind aber, soweit auf Grund derselben nicht schon Gesetze vereinbart worden sind, zunächst und meistens nur „programmartiger" Natur und harren noch der Erfüllung und Ausfüllung durch die verfassungsmäßige Gesetzgebung.

§ 6.

Daß es derartige offene Stellen heute nach 37 Jahren noch giebt, ist eine bedauerliche Thatsache namentlich deshalb, weil auf diese Weise zwei grundsätzlich von einander verschiedene und schwer zu vereinigende Systeme fortwährend neben einander bestehen, wodurch dem politischen Hader Thür und Thor geöffnet ist und das Land nicht zur Ruhe gelangen kann. Dabei stützen sich die Einen auf die Eigenschaften gewisser Verfassungsbestimmungen als eines bloßen „Programms," bis zu dessen Ausführung das frühere monarchische Prinzip das allein herrschende sei, die Andern aber auf die nicht programmartigen Verheißungen der Verfassungsurkunden, welche gebieterisch die Behandlung der noch nicht durch Gesetz geregelten Materien, wenigstens „im Sinne und Geiste" jener Verheißungen, erheischten.

Jene haben offenbar das formelle, diese aber das moralische Recht für sich, denn strikte Verheißungen aus dem Munde des Landesherrn sind mehr, als bloße Programme, und es ist unrichtig, wenn gesagt wird, die Ausdrücke „Sinn und Geist der Verfassung" seien nur eine Phrase.

§ 7.

Dies widerlegt sich schon durch die Thatsache, daß die einzelnen Artikel der Verfassung, mögen dieselben im Wege der Gesetzgebung bereits ausgeführt sein oder nicht, untereinander doch in einem untrennbaren Zusammenhange stehen und sämmtlich von demselben konstitutionellen Prinzip durchzogen sind, so daß, wo die Konstitution eine Materie überhaupt in ihren Bereich gezogen hat, diese Prinzipien auch nicht als werthlos bei Seite gesetzt werden dürfen.

§ 8.

Hiernach bleibt für das rein monarchische Prinzip nur da Raum wo die Konstitutionen überhaupt nicht Fuß gefaßt haben, und dieser, Raum ist wahrlich noch heute ein so bedeutender, daß man mit gutem Recht die Behauptung aufstellen und aufrecht erhalten kann: Preußen ist eine nur in einzelnen bestimmten Fällen durch die Konstitutionen eingeschränkte Monarchie.

§ 9.

Es ist in den nachfolgenden Abschnitten nachgewiesen, wie weit diese Einschränkungen der Monarchie reichen. Dieselben beruhen, wenn auch nicht auf einem zielrechtlich erzwingbaren Vertrage, so doch auf einer feierlichen Abmachung zwischen Landesherrn und Volk, welchem in einzelnen staatsrechtlichen Angelegenheiten von dem Inhaber der Krone eine gewisse Mitwirkung eingeräumt worden ist, ohne welche wiederum einzelne Angelegenheiten rechtsgültig nicht geordnet und geregelt werden können.

§ 10.

Diejenigen Rechte, welche durch die Konstitutionen eingeschränkt worden sind, nennt man die „Majestäts- und Hoheitsrechte,“ Ausdrücke, welche heute nur insofern nicht mehr zutreffen, als man diese Rechte wohl in der Hand des Landesherrn, nicht aber in derjenigen der beiden Häuser des Landtages als „Majestätsrechte“ bezeichnen kann, während der Ausdruck „Hoheitsrechte“ für beide Faktoren der höchsten Gewalt noch heute anwendbar erscheint.

§ 11.

Der Begriff der Staatshoheit bezw. der Majestät ist in keinem wohlgeordneten Staatswesen entbehrlich, mag auch die Benennung des Landesherrn mit diesem erhabenen Prädikate nur in den von Kaisern, Königen und anderen Fürsten regierten Staaten vorkommen. Das in der Hoheit oder Majestät verkörperte allgemeine Wohl, welches nur nicht mit dem Fiskus und den Privatinteressen des Landesherrn verwechselt werden darf, ist mit den üblichen gesetzlichen Rechtsmitteln nicht angreifbar. (§ 35 der Verordng. vom 26. Dez. 1808. N. C. C. XII. S. 694.) Niemand hat ein Recht, den Landesherrn oder den sonstigen Träger der Majestät des Staates, wegen Ausübung seiner Hoheits- und Majestätsrechte gerichtlich oder sonst wie zu belangen, und darum heißt es auch mit Recht im Art. 43 der Verfassung vom 31. Jan. 1850:

„Die Person des Königs ist unverletzlich.“

oder in englischer Ausdrucksweise: the king can do no wrong, d. h. der König kann niemals Unrecht haben. Das ist ein echt monarchischer Grundsatz, für welchen aber auch in einem konstitutionellen Staate Raum bleibt und bleiben muß und welcher alle übrigen Majestäts- und Hoheitsrechte beherrscht.

§ 12.

Dieselbe Unverletzlichkeit steht dem deutschen Kaiser zu. Er führt diesen „Namen" als Inhaber des Präsidiums des deutschen Bundes und als Bundesfeldherr (Art. 63 der Reichsverf.).

Aus dem Begriffe der Unverletzlichkeit der Person des Kaisers ergeben sich besondere Vorrechte desselben hinsichtlich des strafrechtlichen Schutzes: Hochverrath gegen den Kaiser wird nach § 80 des R. St. G. B. bestraft, zuständig ist in diesen Fällen das Reichsgericht (§ 136, Nr. 1 des deutschen Ger. Verf. Ges.). Wegen der Thätlichkeiten gegen den Kaiser vergl. § 94 des R. St. G. B., wegen der Beleidigungen gegen denselben § 95 a. a. O.

§ 13.

Hierher gehört auch die Strafvorschrift wegen unbefugten Gebrauches der Abbildung des Kaiserlichen Wappens (R. Str. Ges. B. § 367, Nr. 7). Aehnliche Vorschriften bestehen hinsichtlich der Führung der Wappen der einzelnen Bundesfürsten, worüber der ausführliche Aufsatz in der Wochenschrift „Selbstverwaltung" Jahrg. XII. S. 193 nachzulesen ist.

§ 14.

Besondere Majestätsrechte stehen dem Kaiser zu in den Reichslanden Elsaß-Lothringen. Hier übt der Kaiser die Staatsgewalt aus (§ 3 des Ges. vom 9. Juni 1871), er erläßt nach der Einführung der Reichsverfassung daselbst Kaiserliche Verordnungen mit gesetzlicher Kraft (§ 8 des Ges. vom 25. Juni 1873), desgleichen die Landesgesetze (§ 1 des Ges. vom 2. Mai 1877).

§ 15.

Die landesherrlichen Befugnisse, welche dem Kaiser kraft der Ausübung der Staatsgewalt daselbst zustehen, kann er einem Statthalter übertragen. Dieser Statthalter wird vom Kaiser ernannt und abberufen (§ 1 des Ges. vom 4. Juli 1879). Der Kaiser ernennt für das Reichsland den Staatssekretär, die Unterstaatssekretäre und die Räthe des Ministeriums (§ 6 a. a. O.), desgl. erfolgt seitens des Kaisers die Feststellung der Geschäftsordnung des Staatsrathes und die Ernennung von Mitgliedern desselben (§ 10 a. a. O.). Der Landesausschuß für Elsaß-Lothringen kann durch den Kaiser vertagt und aufgelöst werden (§ 19 a. a. O.). Hierzu erging die ergänzende Kaiserliche Verordnung vom 28. Sept. 1885 (R. G. Bl. S. 273).

§ 16.

Durch Kaiserliche Verordnung wird das Erforderliche festgesetzt über die Organisation des Ministeriums in den Reichslanden, über die Wahlen zum Landesausschuß und über die Ernennung des Kaiserlichen Rathes daselbst (§§ 5, 11, 17 des Ges. vom 4. Juli 1879). Der Kaiser übt die Schutzgewalt aus in den deutschen Schutzgebieten (§ 1 des Ges. vom 17. April 1886); über die Rechtsverhältnisse in diesen Gebieten wird durch Kaiserliche Verordnung Bestimmung getroffen (§§ 2—4 a. a. O.,

Verordng. vom 21. April 1886). Ueber die Stellvertretung des Kaisers in den Regierungsgeschäften ist Bestimmung getroffen in den Allerh. Erlassen vom 4. Juni, 5. Juni und 5. Dez. 1878 (R. G. Bl. S. 101, 102 und 363).

§ 17.

Es leuchtet ein, daß die in den nachstehenden Abschnitten erörterten Majestäts- und Hoheitsrechte in ihrem ganzen Umfange und bis in's Einzelne von dem Landesherrn persönlich nicht ausgeführt werden können, daß vielmehr die Besorgung gewisser zu den Rechten und Pflichten des Staates gehörender Angelegenheiten und Geschäfte den Beamten des Staates obliegt. Soweit dies angeordnet ist, muß diesen Beamten ebenso wie dem Landesherrn selbst Folge geleistet werden (§ 16, Tit. 13, Th. II A. L. R.'s), jedoch erfährt dieser Grundsatz die wesentliche Einschränkung, daß sich die Beamten bei der Besorgung dieser Geschäfte **„innerhalb ihres Auftrages"** gehalten haben müssen. Haben die Beamten ihre Amtsbefugnisse überschritten, so giebt es dagegen für die von der amtlichen Verfügung oder Anordung Betroffenen einen Rechtsschutz, und zwar zunächst in der Form der freien Beschwerde an die Aufsichtsbehörde des angegriffenen Beamten, sodann aber auch in derjenigen der formellen Beschwerde oder der Klage im Verwaltungsstreitverfahren, wie dies in Bd. I dieses Buches ausführlich auseinandergesetzt worden ist; endlich gilt aber auch als Rechtsschutz gegen bereits erlittene Nachtheile durch polizeiliche Verfügungen unter gewissen Voraussetzungen die Ersatzklage (Regreßansprüche) im ordentlichen Rechtswege (Ges. vom 11. Mai 1842 — G. S. S. 192 —) oder die strafrechtliche Verfolgung des Beamten, woraus sich dann die Lehre von den Konflikten (§ 11 des Einführungsgesetzes zum deutschen Ger.-Verf.-Ges. vom 27. Jan. 1877) entwickelt. In das Gebiet dieses Rechtsschutzes gegen beamtliche oder behördliche Anordnungen, Festsetzungen, Verfügungen u. s. w. gehört auch das gesammte Reklamationswesen in Steuersachen, Militairsachen, Flurschäden-Angelegenheiten, Post- und Chausseegeld-Kontraventionssachen u. s. w., welche sämmtlich der Erledigung bei den ordentlichen Gerichten entzogen sind und außerhalb der großen Verwaltungsgesetze vom Jahre 1883 eine verwaltungsgerichtliche Thätigkeit darstellen, wie dies ebenfalls später noch besonders zur Darstellung gelangen wird.

§ 18.

Verschieden von der bloßen Ausübung der Majestäts- und Hoheitsrechte durch Behörden und Beamte ist die förmliche **Delegation** dieser Rechte an gewisse Einzelbeamte und Körperschaften innerhalb des Staates. In diesen Fällen kann man freilich von der Handhabung eines „Majestätsrechtes" nicht mehr sprechen, wohl aber von derjenigen eines „delegirten Hoheitsrechtes," wobei den ausführenden Beamten und Behörden aber nicht die Immunität in demselben Grade zusteht, wie dem Landesherrn, vielmehr ist auch hier ein besonderer Rechtsschutz geschaffen, wie dies im Einzelnen unten dargestellt ist. Als oberster allgemeiner Grundsatz kann hier vorläufig angeführt werden, daß das delegirte Hoheitsrecht niemals in einem weiteren Umfange geübt werden kann, als das landesherrliche Majestätsrecht, es sei denn, daß besondere Staatsgesetze eine derartige Erweiterung zuließen.

§ 19.

Nicht zu verwechseln mit den Majestäts- und Hoheitsrechten sind die Rechte des Fiskus, d. h. des Staates in vermögensrechtlicher Beziehung, und auch nicht die Privatrechte des Landesherrn, welche dem Rechtswege nicht entzogen sind. Der hier zu Tage tretende wichtige Unterschied kann nicht besser dargelegt werden, als dies in der Allerhöchsten Kabinetsordre vom 4. Dez. 1831 geschehen ist (mitgetheilt in der Wochenschrift „Selbstverwaltung" Jahrg. X, S. 33).

Nach diesen Vorbemerkungen gelangen wir zu der Darstellung der einzelnen Majestäts- und Hoheitsrechte:

1. Das Recht, die Vertheidigung des Staates gegen auswärtige Feinde anzuordnen.

§ 20.

Dies durch den § 5, Tit. 13, Th. II A. L. R.'s gewährleistete, lediglich auf die Defension gegen plötzliche feindliche Angriffe gerichtete Majestätsrecht ist weder durch die preußische, noch durch die deutsche Bundes- resp. Reichsverfassung in irgend einer Weise eingeschränkt worden.

§ 21.

Zwar wird es nach dem heute geltenden Völkerrechte für „geziemend" erachtet, daß dem Ausbruche wirklicher Feindseligkeiten zwischen bisher in freundschaftlichem Verkehr stehenden Staaten eine Kriegsankündigung oder Kriegserklärung vorausgeht, indessen ist dadurch doch die Möglichkeit eines plötzlichen Ueberfalles oder Raubanfalles nicht vollständig ausgeschlossen, und in diesem Falle tritt dann naturgemäß das hier beschriebene Majestätsrecht in volle unbeschränkte Wirksamkeit. Dies bezieht sich auch auf das deutsche Reich, denn nach Art. 11 der Reichsverfassung hat der Kaiser das Reich völkerrechtlich zu vertreten, auch ist in demselben Artikel der Fall vorgesehen, daß ein Angriff auf das Bundesgebiet und dessen Küsten erfolgt.

§ 22.

Eine Delegation (siehe oben § 18) dieses recht eigentlichen Majestätsrechtes ist gänzlich ausgeschlossen, denn die Uebung dieses Rechtes beruht auf der eigenen und freien kaiserlichen Entschließung, dagegen bedient sich selbstredend der Kaiser zur Führung der Vertheidigungskriege der dazu bestimmten Beamten, d. h. der Führer des Kriegsheeres. In wie fern gegen deren Maßnahmen ein Rechtsschutz geboten ist, ergiebt sich aus den folgenden Abschnitten.

2. Das Recht, Kriege zu führen und die Militärhoheit.

§ 23.

Dies in § 5, Tit. 13, Th. II A. L. R's begründete Recht des Königs von Preußen ist durch die preußische Verfassung nicht beseitigt, durch Art. 63 der Reichsverfassung aber für den deutschen Kaiser ausdrücklich in der Bestimmung bestätigt, daß die gesammte Landmacht des Reiches ein einheitliches Heer bildet, welches in Krieg und Frieden unter dem Befehle des Kaisers steht. Demgemäß führen die Regimenter u. s. w. fortlaufende Nummern durch das ganze deutsche Heer, und für die Bekleidung sind die Grundfarben und der Schnitt der königlich preußischen Armee maßgebend. Den betreffenden Kontingentsherren bleibt es überlassen, die äußeren Abzeichen (Kokarden u. s. w.) zu bestimmen.

§ 24.

Der Kaiser hat die Pflicht und das Recht, dafür Sorge zu tragen, daß innerhalb des deutschen Heeres alle Truppentheile vollzählig und kriegstüchtig vorhanden sind. (Art. 63.)

Diese bedeutsame Vorschrift erfährt eine Deklaration durch Art. 60 der Reichsverfassung, nach welcher seit dem 1. Jan. 1872 die Friedens-Präsenzstärke des deutschen Heeres im Wege der Reichsgesetzgebung festgestellt wird. Dies geschah zuerst für die Jahre 1872—1874 durch Ges. vom 9. Dez. 1871 (R. G. Bl. S. 411), mit einer Friedenspräsenzstärke von 401 659 Mann, sodann durch § 1 des R. Mil. G. vom 2. Mai 1874 für 7 Jahre (bis 31. Dez. 1881) ebenfalls auf 401 659 Mann, ferner durch Art. I § 1 des Ges. vom 6. Mai 1880 abermals auf 7 Jahre (bis zum 31. März 1888) auf 427 274 Mann, wobei die Einjährig-Freiwilligen nicht zur Anrechnung gelangen.

In derselben Weise ist in neuester Zeit die Friedenspräsenzstärke des Heeres an Mannschaften für die Zeit vom 1. April 1887 bis zum 31. März 1894 auf 468 409 Mann festgestellt worden. (Ges. vom 11. März 1887. — R. G. Bl. S. 117.)

§ 25.

Zur Bestreitung des Aufwandes für das gesammte deutsche Heer und die zu demselben gehörigen Einrichtungen waren bis zum 31. Dez. 1871 dem Kaiser jährlich sovielmal 225 Thaler (675 M.), als die Kopfzahl der Friedensstärke des Heeres (Art. 60) beträgt, zur Verfügung zu stellen (Art. 62), auch war während dieser Uebergangszeit der nach Titeln geordnete Etat über die Ausgaben für das Heer dem Bundesrathe und dem Reichstage nur zur Kenntnißnahme und zur Erinnerung vorzulegen (Art. 71). Nach Ablauf jener Uebergangszeit müssen diese Beiträge von den einzelnen Staaten des Bundes zur Reichskasse fortgezahlt werden (Matrikularbeiträge). Zur Berechnung derselben wird die in Art. 60 interimistisch festgestellte Friedenspräsenzstärke so lange festgehalten, bis sie durch ein Reichsgesetz abgeändert wird, was, wie oben bereits bemerkt wurde, schon mehrfach geschehen ist.

§ 26.

Die Verausgabung dieser Summe für das gesammte Reichsheer und dessen Einrichtungen wird durch das Etatsgesetz festgesetzt.

Bei der Feststellung des Militär-Ausgabe-Etats wird die auf Grundlage der Reichsverfassung gesetzlich feststehende Organisation des Reichsheeres zu Grunde gelegt.

Ist also hiernach der Kaiser in seinem Rechte, dafür zu sorgen, daß innerhalb des deutschen Heeres alle Truppentheile vollzählig und kriegstüchtig vorhanden sind, durch das Etatsrecht des Reichstages beschränkt, so ist er doch vollständig unbeschränkt in der Fürsorge dafür, daß Einheit in der Organisation und Formation, in Bewaffnung und Kommando, in der Ausbildung der Mannschaften, sowie in der Qualifikation der Offiziere hergestellt und erhalten wird. Zu diesem Behufe ist der Kaiser berechtigt, sich jederzeit durch Inspektionen von der Verfassung der einzelnen Kontingente zu überzeugen und die Abstellung der dabei vorgefundenen Mängel anzuordnen.

§ 27.

Demgemäß bestimmt der Kaiser den Präsenzstand, die Gliederung und Eintheilung der Kontingente des Reichsheeres, sowie die Organisation der Landwehr und hat das Recht, innerhalb des Bundesgebietes die Garnisonen zu bestimmen, sowie die kriegsbereite Aufstellung eines jeden Theiles des Reichsheeres anzuordnen.

§ 28.

Alle deutschen Truppen sind nach Art. 64 verpflichtet, den Befehlen des Kaisers unbedingte Folge zu leisten. Diese Verpflichtung ist in den Fahneneid aufzunehmen.

§ 29.

Der Kaiser ernennt die Höchstkommandirenden der einzelnen Kontingente, sowie alle Offiziere, welche Truppen mehr als eines Kontingents befehligen, und alle Festungskommandanten. Diese Offiziere leisten dem Kaiser den Fahneneid.

Bei der Ernennung von Generalen und Generalstellungen versehenden Offizieren innerhalb der Kontingente ist die jedesmalige Zustimmung des Kaisers erforderlich.

§ 30.

Der Kaiser ist berechtigt, behufs Versetzung mit oder ohne Beförderung für die von ihm im Reichsdienste, sei es im preußischen Heere oder in den Kontingenten, zu besetzenden Stellen aus den Offizieren aller Kontingente des Reichsheeres zu wählen. Im Uebrigen werden nach Art. 66, wo nicht besondere Konventionen ein Anderes bestimmen, die Offiziere der Kontingente von den Bundesfürsten bezw. Senaten der freien Städte ernannt.

§ 31.

Dem Kaiser steht das Recht zu, Festungen innerhalb des Bundesgebietes anzulegen (Art. 65), jedoch ist auch diese Befugniß durch das

Etatsrecht des Reichstages beschränkt. Vergl. Ges. vom 30. Mai 1873, betreffend die Geldmittel zur Umgestaltung und Ausrüstung von deutschen Festungen, desgl. vom 8. Juli 1872, betr. die französische Kriegskosten-Entschädigung und das Reichs-Rayon-Ges. vom 21. Dez. 1871.

§ 32.

Ferner kann der Kaiser nach Art. 68, wenn die öffentliche Sicherheit in dem Bundesgebiete bedroht ist, einen jeden Theil desselben in Kriegszustand erklären (cf. das preuß. Ges. v. 4. Juni 1851, — G. S. S. 451 —, § 4 des Einführungsgesetzes vom 31. Mai 1870 zum Str. Ges. B. für den Norddeutschen Bund, § 9 des Mil. Str. G. B. für das Deutsche Reich vom 20. Juni 1872).

§ 33.

Dem Kaiser steht ferner das Recht zu, sich in dem aus der Mitte des Bundesraths zu bildenden Ausschusse für das Landheer und die Festungen vertreten zu lassen (Art. 8, Nr. 1 der R. V.), unter seinen Befehlen steht die gesammte Landmacht des Reiches, welche ein einheitliches Heer bildet, in Krieg und Frieden (Art. 63, Abs. 1 a. a. O.), seinen Befehlen müssen alle deutschen Truppen unbedingt Folge leisten (Art. 64).

§ 34.

Unter dem Oberbefehle des Kaisers steht nach Art. 53 die Kriegsmarine des Reiches als eine einheitliche. Die Organisation und Zusammensetzung derselben liegt dem Kaiser ob, welcher die Offiziere und Beamten der Marine ernennt und für welchen dieselben nebst den Mannschaften in Eid und Pflicht zu nehmen sind.

Ueber die Rechte des Kaisers hinsichtlich des Militairwesens des Reiches vergl. auch §§ 6—8, 17, 27, 69 und 71 des Ges. vom 2. Mai 1874 (R. G. Bl. S. 46).

§ 35.

Der Kaiser erläßt nach § 18 des Ges. vom 4. April 1874 (R. G. Bl. S. 25) für jeden einzelnen Feldzug besondere Bestimmungen darüber, wer im Sinne des Ges. vom 27. Juni 1871, betr. die Pensionirung und Versorgung der Militairpersonen (§§ 17 und 71), Theilnehmer am Kriege war.

§ 36.

Er bestimmt die militairischen Dienstauszeichnungen, deren Besitz zum Empfange der Ehrenzulage berechtigt (Ges. vom 2. Juni 1878 — R. G. Bl. S. 99 —, Allerh. Erlaß vom 19. Nov. 1878 — R. G. Bl. S. 361 —).

§ 37.

Der Kaiser bestimmt nach der Ausführungs-Bestimmung v. 1. April 1876 (R. G. Bl. S. 137) VI, Nr. 15, welche Eisenbahnen als auf dem Kriegsschauplatze oder in der Nähe desselben liegend anzusehen sind. Er erläßt mit Zustimmung des Bundesrathes die Reglements mit den näheren Bestimmungen, nach welchen jede Eisenbahnverwaltung die Beförderung der bewaffneten Macht und der Kriegsbedürfnisse, sowie die Abrechnung mit den Militairbehörden zu bewirken hat.

§ 38.

Durch Kaiserliche Anordnung werden die Abweichungen bei Vollstreckung der Arreststrafen während des Krieges bestimmt (§ 28 des Mil. Str. G. B. vom 20. Juni 1872).

§ 39.

Durch Kaiserliche Verordnung erfolgt das Aufgebot des Landsturmes (§ 2 des Ges. vom 12. Febr. 1875), desgleichen die Auflösung desselben (§§ 7 und 8 a. a. O.), desgl. die Festsetzung des Zeitpunktes, mit welchem die Verpflichtung zu Kriegsleistungen aufhören soll (§ 32 des Ges. vom 13. Juni 1873).

§ 40.

Der Kaiser erläßt die Anordnungen über die Verwaltung des Reichs-Kriegschatzes (§ 3 des Ges. vom 11. Nov. 1873); dazu vergl. § 6 des Ges. vom 22. Jan. 1874, betr. das Verfahren, in welchen Ausgaben auf den Reichskriegsschatz angewiesen werden.

§ 41.

Der Kaiser erläßt die Ausführungsbestimmungen zum Gesetz über die Naturalleistungen für die bewaffnete Macht im Frieden (§ 18 des Ges. vom 13. Febr. 1875, vergl. Ges. vom 21. Juni 1887 — R. G. Bl. S. 245 —), desgleichen zu dem Gesetze über die Ausübung der militärischen Kontrolle der Personen des Beurlaubtenstandes (§ 8 des Ges. vom 15. Febr. 1875).

§ 42.

Durch Kaiserliche Verordnung erfolgt die Einberufung von über 32 Jahre alte Landwehrmannschaften zu den Uebungen (§ 4 a. a. O.) und die Festsetzung der Form der Beurkundung des Personenstandes von deutschen Militairpersonen im Auslande (§ 71 des Ges. vom 6. Febr. 1875).

§ 43.

Der Kaiser erläßt nach Art. III des Ges. vom 6. Mai 1880 die Ausführungsbestimmungen zum R. Mil. Ges. vom 2. Mai 1874.

§ 44.

Dem Kaiser gebührt die Bestätigung der Stiftungsurkunde für die Generalstabs-Stiftung (Ges. vom 31. Mai 1877).

§ 45.

Auch das Recht der Kriegführung und der Militärhoheit kann nicht behufs der selbstständigen, von der Kaiserlichen Leitung unabhängigen Uebung delegirt werden (oben §§ 18 und 21), vielmehr werden die sämmtlichen vorher beschriebenen Rechte des Kaisers nur in dessen ausdrücklichem Auftrage und im Namen desselben durch die Heerführer und Mannschaften gehandhabt. Sollten sich diese Beauftragten nicht in den

„Grenzen ihres Auftrages“ halten, so würden sie dafür nicht allein disziplinarisch, sondern auch privatrechtlich verantwortlich gemacht werden können (vergl. unten § 49), andern Falles kann aber Jemand, der an seiner Person oder seinem Vermögen dadurch einen Schaden erleidet, daß der Kaiser die Vertheidigung des Reiches anordnet oder Kriege führt, keineswegs den Kaiser oder das Reich vor Gericht wegen Entschädigung belangen und zwar weder vor den ordentlichen noch vor den Verwaltungsgerichten.

§ 46.

Niemand kann sich der Befolgung eines Gesetzes durch die Behauptung entziehen, das Gesetz habe nicht erlassen werden dürfen, und der Richter ist nicht berechtigt, aus diesem Grunde die Anwendung eines Gesetzes abzulehnen (Parey, Rechtsgrundſ. S. 53).

§ 47.

Auch der Fiskus (oben § 19) kann in solchen Fällen nicht verantwortlich gemacht werden, denn nicht er, sondern der Kaiser handhabt das Majestätsrecht der Landesvertheidigung und der Kriegsführung. „Fiskus“ — so sagte einst Stahl — „ist der Staat nur da, wo er nichts zu befehlen hat, wo der Staat aber kraft seiner Autorität steht, da ist er Hoheit.“

§ 48.

Wenn in §§ 18 und 34 des Zuständigkeitsgesetzes vom 1. Aug. 1883 implicite (vergl. § 49 des früheren Zuständigkeitsges. vom 26. Juli 1876) davon die Rede ist, daß ein besonderes Verwaltungsstreitverfahren vorgeschrieben ist, sofern es sich um die Heranziehung oder Veranlagung zu den Kriegsleistungen handelt (§ 6 des Reichsges. vom 13. Juni 1873), so erklärt sich das daraus, daß die Handhabung dieser Befugniß seitens der Gemeindebehörden wegen der Fehlbarkeit der letzteren einer bestimmten Kontrolle behufs des Rechtsschutzes der Zensiten unterliegen muß. Die betreffenden Streitigkeiten sind in diesem Stadium dem Gebiete des ursprünglichen Hoheitsrechtes schon so weit entrückt, daß die Autorität des Staates gar nicht mehr in Frage kommt, sondern die Thätigkeit von Beamten an deren Stelle tritt, welche ohnehin in dieser Beziehung der Aufsicht der Zentralbehörden unterliegen. Zur besseren Regelung und gründlicheren Erörterung dieser Angelegenheiten ist an die Stelle der bloßen Aufsichtsbeschwerde ein besonderes Reklamationsverfahren getreten.

§ 49.

Dieselbe Auffassung liegt auch der Bestimmung in § 116, Ziffer 2 der altländischen Kr. O. (Hannover § 73, Hessen-Nassau § 74, Westfalen und Rheinprov. § 61) zu Grunde, nach welcher der Kreistag befugt ist, zu bestimmen, in welcher Weise Staatspräſtationen, welche kreisweise aufzubringen sind und deren Aufbringungsweise nicht schon durch das Gesetz vorgeschrieben ist, repartirt werden sollen. Bei der Bestimmung in § 5, Nr. 3 des preuß. Ges. vom 11. Mai 1851 (G. S. S. 362):

„Die Vertheilung des Bedarfes erfolgt innerhalb der Kreise auf die Gemeinden durch die Landräthe unter Zuziehung eines von der Kreisvertretung gewählten Ausschusses“

soll es sein Bewenden behalten. Hieran wird nichts geändert durch das Reichsgesetz über die Kriegsleistungen vom 13. Juni 1873 (R. G. Bl. S. 129), durch die Ausführungs-Verordng. vom 1. April 1876 (R. G. Bl. S. 137) und vom 26. Jan. 1887 (R. G. Bl. S. 9).

§ 50.

Der Kreistag hat nicht nöthig, einen besonderen Ausschuß zur Vertheilung der Kriegsleistungen auf die Gemeinden zu wählen, er kann vielmehr hiermit auch ein für allemal den Kreisausschuß beauftragen (Entsch. Bd. V, S. 40).

§ 51.

Wenn Ansprüche wegen Kriegsbeschädigungen (siehe oben §§ 44—46) aus dem Grunde erhoben werden, weil von dem Hoheitsrechte, Krieg zu führen, Gebrauch gemacht worden ist, so kann darüber kein Gericht entscheiden. Dagegen ist in jenem Hoheitsrechte noch keineswegs die Befugniß enthalten, zum Zwecke der Kriegsführung das Privatvermögen der eigenen Unterthanen zu beschädigen. Eine solche Befugniß kann vielmehr nur auf das hoheitliche Expropriationsrecht zurückgeführt werden, und es ist hiernach die Existenz sowie die Prozeßfähigkeit eines desfallsigen Entschädigungsanspruchs (wenigstens im Prinzip) nicht zu bestreiten, wie denn auch im gemeinen Rechte der Satz gilt, daß der Staat zwar nicht für den vom Feinde verursachten Schaden, wohl aber für den, welche er selbst anrichtet, ersatzpflichtig ist. (Vergl. Art. 30 der Wiener Schlußakte vom 15. Mai 1820 — G. S. S. 122 und die oben in § 48 allegirte Reichsgesetzgebung.)

§ 52.

In Bezug auf die Kriegsleistungen giebt es auch für die Kommunallasten des Gutsbezirks ausnahmsweise und ebenso wie hinsichtlich der Armenlasten ein Recht der Untervertheilung (§ 31 der altländischen Kr. O. Hannover § 36, Hessen-Nassau § 37, Westfalen und Rheinland § 23; § 6 des Reichsges. vom 13. Juni 1873, §§ 8 ff. des preuß. Ausführungsges. vom 8. März 1871, Entsch. Bd. VI, S. 85).

§ 53.

Nach dem Grundsatze des Rechtsschutzes gegen die Anordnungen, der die hoheitsrechtlichen Befugnisse ausführenden Behörden und Beamten sind auch die Vorschriften in §§ 50 und 51 des Zuständigkeitsges. vom 1. August 1883 zu erklären, welche lauten:

§ 50. Ueber die Bestätigung von Gemeindebeschlüssen oder Ortsstatuten wegen Vertheilung von Quartierleistungen und sonstigen Naturalleistungen (Vorspann, Naturalverpflegung, Fourage (§ 7, Abs. 3 bis 5 des Ges. vom 25. Juni 1886, betr. die Quartierleistungen für die bewaffnete

Macht während des Friedenszustandes, Bundes-Gesetzbl. S. 523*) und § 7 Abs. 2 des Ges. über die Naturalleistungen für die bewaffnete Macht im Frieden vom 13. Febr. 1875, R. G. Bl. S. 52) beschließt der Kreisausschuß, in Städten der Bezirksausschuß.

Der Kreisausschuß beschließt über die Festsetzung des Umfangs der Quartierleistung für solche Gutsbezirke, welche eine Vereinigung mit einer Gemeinde nicht abgeschlossen haben (§ 7 letzter Abs. des Ges. vom 25. Juni 1868).

§ 51. Werden gegen die für die Vertheilung der Quartierleistungen aufgestellten Kataster (§ 6 Abs. 4 des Ges. vom 25. Juni 1868) innerhalb der gesetzlich bestimmten Frist von 21 Tagen Einwendungen erhoben, so hat hierüber in Betreff der Städte der Gemeindevorstand, in Betreff der übrigen Ortschaften der Kreisausschuß zu beschließen.

Gegen den Beschluß findet innerhalb zwei Wochen die Beschwerde an den Bezirksausschuß statt.

Der Beschluß des Bezirksausschusses ist endgültig.

§ 54.

Die in dem Reichsgesetze vom 13. Febr. 1875 bezeichneten Leistungen sind keine Gemeindelasten, denn die Pflichtigen sind weder die Gemeinden, noch die nach der Gemeindeverfassung Spanndienstpflichtigen, noch die Mitglieder der Gemeinden, sondern alle Besitzer von Zugthieren und Wagen. Wenn also Jemand, der vom Schulzen zur Vorspannleistung herangezogen wird, sich dadurch beschwert fühlt, so kann er nicht aus § 34 des Zuständigkeitsges. vom 1. Aug. 1883 wegen Ueberbürdung mit Gemeindelasten klagen, auch kann er überhaupt im Verwaltungs**streit**verfahren seine Ansprüche auf Ermäßigung nicht verfolgen (P. Rechtsgrundsätze S. 119, 120). Die Lasten der Einquartierung und des Militärvorspanns werden als steuerliche Anlagen im Sinne des § 78, Tit. 14, Th. II A. L. R.'s angesehen, gleichviel, ob es sich um Naturaleinquartierung oder um den an deren Stelle getretenen Servis handelt, oder ob vom Staate eine theilweise Vergütung gewährt wird.

§ 55.

Die Fürsorge für die Unterbringung der bewaffneten Macht in Friedenszeiten ist nach § 1 des Reichsgesetzes vom 25. Juni 1868 eine Last des Reiches, deren Naturalleistung nur gegen Entschädigung gefordert werden kann. Nach § 4 a. a. O. ist das Reich berechtigt, gegen die im Tarif bestimmte Entschädigung mit einer im Gesetz bestimmten Einschränkung alle benutzbaren Baulichkeiten in Anspruch zu nehmen, und wenn im § 5 a. a. O. die örtliche Vertheilung der Quartierleistung auf die Gemeinde- bezw. Gutsvorstände im Ganzen, die Untervertheilung durch die Gemeindevorstände und die Besitzer der selbständigen Gutsbezirke erfolgen soll, so folgt daraus nicht, daß die Quartierleistung eine Last der Gemeinde und der Gutsbezirke ist, vielmehr ist dadurch nur ein Vertheilungsbezirk geschaffen, in welchem die Gemeinde- bezw. Gutsvorsteher kraft des Gesetzes

*) Vergl. Ges. vom 21. Juni 1887 (R. G. Bl. S. 245).

und nach den Bestimmungen desselben die Leistungen auf die einzelnen Pflichtigen zu vertheilen haben.

§ 56.

Ganz anders liegen die Fälle, von denen der § 51 des Zuständigkeitsgesetzes vom 1. Aug. 1883 handelt, denn hier wird das Vorhandensein eines Katasters vorausgesetzt. (Parey, Rechtsgrundſ. S. 121, Nr. 34.)

§ 57.

Das Kriegsrecht rechnet nicht mit Dienstpragmatik und Disziplinarrecht nach der Verfassung eines occupirten Landes, sondern nur mit den Bedürfnissen des Krieges und der diesem entsprechenden Brauchbarkeit der Mittel. (Parey, Rechtsgrundſ. S. 463.)

§ 58.

Aus dem Begriffe der Militärhoheit erklärt sich auch das besondere Verfahren, betr. die Ergänzung und Zusammensetzung des Heeres. Grundsatz ist die allgemeine Wehrpflicht ohne Befugniß, sich vertreten zu lassen. Dem Vaterlande als Soldat zu dienen, ist in den Gesetzen als eine Pflicht bezeichnet, es ist dies aber auch eine Ehre und insofern ein Recht, welches, körperliche Brauchbarkeit vorausgesetzt, nur denen versagt wird, welche in Folge von Bestrafungen für „moralisch unwürdig" erachtet werden. Die Entscheidung über derartige Ausschließungen steht den Ersatzbehörden zu (§§ 2 und 35 der Ersatzordng.) und stellt sich dar als ein Akt der Verwaltungsrechtspflege ohne die in den Verwaltungsgesetzen von 1883 vorgeschriebenen Formen (Vgl. Bd. I dieses Buches). Dasselbe gilt von den verschiedenen Arten der militärischen Reklamationen, nämlich:

1. § 53 des Reichs-Militairgesetzes vom 2. Mai 1874 in der Fassung der Novelle vom 6. Mai 1880, betreffend die Entlassung von Soldaten im aktiven Dienst aus den gesetzlichen Gründen. Ueber die Zulässigkeit des Gesuches entscheidet nach Begutachtung der Verhältnisse durch die ständigen Mitglieder der Ersatzkommission der kommandirende General desjenigen Armeecorps, in welchem der Reklamirte seiner Dienstpflicht genügt, in Gemeinschaft mit der betreffenden (§ 30, Nr. 3c) Landes- oder Provinzialbehörde seines Heimathsbezirkes, bezw. das zuständige Kriegsministerium in Gemeinschaft mit der obersten Civilverwaltungsbehörde seines Heimathsbezirkes.
2. §§ 30 ff. der Ersatzordnung vom 28. Sept. 1875, betr. die Zurückstellungen in Berücksichtigung bürgerlicher Verhältnisse, welche auf Ansuchen (Reklamation) der Militärpflichtigen oder deren Angehörigen stattfinden. Endgültige Entscheidungen werden hierüber von der Ober-Ersatzkommission getroffen, sofern es sich um die körperliche Brauchbarkeit (Tauglichkeit) der Militärpflichtigen oder um die Vertheilung der ausgehobenen Mannschaften auf die verschiedenen Waffengattungen und Truppentheile handelt, dagegen ist

gegen andere Entscheidungen der Ober-Ersatzkommission den Militärpflichtigen und deren zur Reklamation berechtigten Angehörigen noch ein Berufungsrecht an die höheren Instanzen gegeben. (Vergl. auch §§ 82 ff. und § 100 a. a. O., desgl. § 14 der Rekrutirungs-Ordng. und § 14 der Marine-Ordng. vom 4. Dez. 1883.)

Ausgenommen von der Wehrpflicht sind nur die Mitglieder der regierenden und der mediatisirten Häuser, sowie die vertragsmäßig Befreiten. Diejenigen Wehrpflichtigen, welche zwar nicht zum Waffendienste, jedoch zu sonstigen militärischen Dienstleistungen, welche ihrem bürgerlichen Berufe entsprechen, fähig sind, können zu solchen Leistungen herangezogen werden.

Die bewaffnete Macht besteht aus

1. dem Heere:
   a. stehendes Heer,
   b. Landwehr (dazu gehören auch die Reserve- und Ersatztruppentheile);
2. der Marine:
   a. Flotte,
   b. Seemacht;
3. dem Landsturm (Wehrpflichtige vom vollendeten 17. bis zum vollendeten 42. Lebensjahre, welche weder dem Heere, noch der Marine angehören).

Die Verpflichtung zum Dienste im stehenden Heere dauert in der Regel 7 Jahre und beginnt mit dem Kalenderjahre, in welchem der Wehrpflichtige das 20. Lebensjahr vollendet. Während der ersten 3 Jahre sind die Mannschaften zum ununterbrochenen aktiven Dienst verpflichtet, während der anderen 4 Jahre gehören sie zur Reserve. Demnächst werden sie der Landwehr überwiesen, bei welcher sie 5 Jahre verbleiben.

Junge Leute, welche sich um die Berechtigung zum einjährig-freiwilligen Dienste bewerben wollen, müssen ihre Meldungen bei der betr. Prüfungskommission bis zu dem von dieser Kommission alljährlich durch die Regierungsamtsblätter bekannt zu machenden Termine anbringen.

Die Berechtigung zum einjährig-freiwilligen Militärdienste darf nicht vor vollendetem 17. Lebensjahre nachgesucht werden Der Nachweis derselben ist bei Verlust des Anrechts spätestens bis zum 1. April des Kalenderjahres, in welchem das 20. Lebensjahr vollendet wird, beizubringen. (Circ.-Verf. vom 29. Mai und 9. Aug. 1877 — Centralbl. f. d. U. V. S. 484 —, vom 17. Juni 1879 — a. a. O. S. 455 —, vom 9. Febr. 1881 — a. a. O. S. 188 —, vom 8. Juli 1885 — a. a. O. S. 527.)

Die nächste militärische Umgebung des Kaisers besteht nach der Rangliste von 1885 aus 18 Generaladjutanten, 6 Generalen à la suite, 13 Flügeladjutanten (davon 5 von der Kavallerie, 7 von der Infanterie, 1 von der Marine). Zum Militärkabinet gehören 7 Mitglieder.

Adjutanten der königlichen Prinzen giebt es 11, der deutschen Fürsten 29; Offiziere von der Armee 5; Offiziere à la suite der Armee 84; à la suite des Sanitätskorps 6.

Das reitende Feldjägerkorps besteht aus 1 Chef, 1 Kommandeur, 3 Oberjäger-Premierlieutenants und 85 Sekondelieutenants. An der Spitze der Leibgendarmerie steht 1 Kommandeur; die Schloßgarde-Kompagnie zählt 1 Kommandeur und 7 Offiziere.

Zur Armee gehören ferner: das Oberkommando in den Marken, die Armee-Inspektionen, der Inspekteur der Kavallerie, die Landesvertheidigungskommission, das Kriegsministerium und die Militär-Intendanturen.

Das deutsche stehende Heer und die Landwehr werden in 18 Armeecorps eingetheilt, nämlich:

Das Gardecorps (in Berlin, Potsdam, Spandau, Koblenz u. s. w.).
„ 1. Armeecorps in Ost- und Westpreußen,
„ 2. „ „ Pommern,
„ 3. „ „ Brandenburg,
„ 4. „ „ Provinz Sachsen, Anhalt und Thüringen,
„ 5. „ „ Posen,
„ 6. „ „ Schlesien,
„ 7. „ „ Westfalen,
„ 8. „ „ Rheinprovinz,
„ 9. „ „ Schleswig-Holstein, beiden Mecklenburg und Hansestädten,
„ 10. „ „ Hannover,
„ 11. „ „ Kurhessen und Nassau,
„ 12. „ „ Königreich Sachsen,
„ 13. „ „ Württemberg,
„ 14. „ „ Baden,
„ 15. „ „ Elsaß-Lothringen,

außerdem 2 Königlich Baierische Armeecorps. Jedes Armeecorps zerfällt in 2 Divisionen, einzelne aber in 3, nämlich 2 Infanterie-Divisionen und 1 Kavallerie-Division. Eine Division besteht aus 2 Infanterie-Brigaden und einer Kavallerie-Brigade. Eine Infanterie-Brigade besteht im Allgemeinen aus 4 Infanterie-Regimentern und zwar 2 Linien- und 2 Landwehr-Infanterie-Regimentern. Eine Kavallerie-Brigade besteht aus 2 oder 3 Linien-Kavallerie-Regimentern. Ein Infanterie-Regiment zerfällt in 3 Infanterie-Bataillone. Ein Infanterie-Bataillon hat 4 Kompagnien.

Sowohl die einzelnen Bataillone, als die einzelnen Kompagnien sind durch die Farbe der Säbeltrobbel zu erkennen. Die Stange der Trobbel zeigt durch ihre Farbe das Bataillon an und zwar hat das 1. Bataillon weiß, das 2. roth und das 3 (Füsilierbataillon) gelb. Der Knopf und der Schieber der Trobbel zeigt die Kompagnie an und zwar hat die 1. Kompagnie jedes Bataillons weiß, die 2. roth, die 3. gelb und die 4. blau. — Diese Abzeichen sind bei allen Waffengattungen Vorschrift, dienen also ebenso zur Unterscheidung der Kompagnien, als auch der Eskadrons und der Batterien.

Außer den 2 oder 3 Divisionen gehören zu jedem Armeecorps:
eine Feldartillerie-Brigade (mit 2 Regimentern),
ein Fußartillerie-Regment oder Bataillon,

ein Jäger-Bataillon (bei dem Gardecorps noch ein Schützen-Bataillon),
ein Pionier-Bataillon (bei dem Gardecorps auch noch das Eisenbahn-Regiment),
ein Train-Bataillon.

Kommandirt werden:
ein Armeecorps von einem General der Infanterie oder Kavallerie,
eine Division vom einem Generallieutenant,
eine Brigade von einem Generalmajor,
ein Regiment von einem Oberst,
ein Bataillon von einem Oberstlieutenant oder Major,
eine Kompagnie, Eskadron oder Batterie von einem Hauptmann, bezw. Rittmeister.

Für die Kaiserliche Marine ist die oberste Behörde die Kaiserliche Admiralität, deren Chef im Range eines Vizeadmirals steht, außerdem 2 Vizeadmirale, 7 Kontreadmirale, 26 Kapitains zur See, 52 Korvettenkapitains.

Das aktive Flottenmaterial umfaßt nach der Rangliste von 1886 13 Panzerschiffe (Schlachtschiffe und Ausfallkorvetten), 14 Panzerfahrzeuge zur Küstenvertheidigung, 9 Kreuzerfregatten und 10 Kreuzerkorvetten zur Verwendung bei wichtigen politischen Missionen. Außerdem sind für die Aufgaben des Handelsschutzes, bezw. der Nachrichten und Befehlsüberbringung bestimmt 5 Kreuzer, 4 Kanonenboote und 8 Avisos.

§ 59.

Eine Verwaltungskontrolle findet sich auch noch in dem § 14 des Ges. über die Naturalleistungen für die bewaffnete Macht im Frieden in der Fassung des Ges. vom 21. Juni 1887 (R. G. Bl. S. 245). Demnach werden alle durch die Benutzung von Grundstücken, Brunnen, Tränken rc. entstandenen Schäden aus Militärfonds vergütet. Die Feststellung der Schäden und der dafür eintretenden Vergütungen erfolgt, sofern über den Betrag eine Einigung nicht stattfindet, endgültig unter Ausschluß des Rechtsweges auf Grund sachverständiger Schätzung. Vergl. auch Nr. 8 zu § 14 der Ausführungsinstruktion zu dem obigen Gesetze.

3. Das Recht zur Kriegserklärung.

§ 60.

Dasselbe beruht in dem monarchischen Prinzip und in den völkerrechtlichen Anschauungen und ist deshalb im § 5, Tit. 13, Th. II A. L. R's nicht ausdrücklich vorgesehen, wohl aber im Art. 48 der preußischen Verfassung und erscheint hier als ein unbeschränktes Majestätsrecht des Königs von Preußen. Anders gestaltet sich dies Recht für den deutschen Kaiser nach Art. 11 der Reichsverfassung, welcher vorschreibt, daß zur Erklärung des Krieges im Namen des Reiches die Zustimmung des Bundesrathes (Art. 6—10) erforderlich ist. Diese Vorschrift erleidet nur die bereits sub 1 erwähnte Ausnahme in dem Falle, daß ein Angriff auf das Bundesgebiet oder dessen Küsten erfolgt.

Aus der Handhabung dieses Rechtes seitens des Kaisers und des Bundesrathes oder seitens der Bevollmächtigten oder Beauftragten derselben können rechtlich verfolgbare Entschädigungsansprüche niemals hergeleitet werden, auch findet eine Delegation dieses Rechtes nicht statt.

4. Das Recht, Frieden zu schließen.

§ 61.

Dies durch § 5, Tit. 13, Th. II A. L. R's bereits begründete Recht des Königs von Preußen wird durch Art. 48 der preußischen Verfassung bestätigt und ebenso für den deutschen Kaiser durch Art. 11 der Reichsverfassung. Dies Recht ist ein vollständig unbeschränktes Majestätsrecht und es gilt von ihm dasselbe, wie von dem vorher im § 60 besprochenen Rechte.

5. Das Recht, Bündnisse mit fremden Staaten zu schließen.

§ 62.

Der Art. 48 der preußischen Verfassung erwähnt dies Recht nicht; daraus folgt, daß für diesen Fall der § 5, Tit. 13, Th. II A. L. R's, welcher das Bündnißrecht ausdrücklich als Majestätsrecht bezeichnete, maßgebend geblieben und auch durch Art. 11 der Reichsverfassung, soweit es sich um Kriegsbündnisse handelt, als ein unangreifbares und unübertragbares, noch heute aufrecht erhalten ist.

Anders steht es mit dem folgenden Rechte:

6. Das Recht, Verträge mit fremden Staaten zu errichten.

§ 63.

Ein solches stand dem Monarchen nach § 5, Tit. 13, Th. II A. L. R's unbedingt und ausschließlich zu, allein dies änderte sich schon durch Art. 48 der preußischen Verfassung dahin, daß Verträge mit fremden Regierungen zu ihrer Gültigkeit der Zustimmung der damaligen Kammern (jetzt der beiden Häuser des Landtages) bedurften, sofern es Handelsverträge waren, oder wenn dadurch dem Staate Lasten oder einzelnen Staatsbürgern Verpflichtungen auferlegt wurden.

§ 64.

Dieser konstitutionelle Grundsatz ist für den Bundesstaat Preußen durch den Art. 11 der Reichsverfassung keineswegs vollständig beseitigt, denn derselbe deckt nicht das gesammte Gebiet der vertragsfähigen Gegenstände, bestimmt vielmehr nur, daß, insoweit die Verträge mit fremden Staaten sich auf solche Gegenstände beziehen, welche nach Art. 4 der Reichsverfassung in den Bereich der Reichsgesetzgebung gehören, zu ihrem Abschlusse die Zustimmung des Bundesrathes und zu ihrer Gültigkeit die Genehmigung des Reichstages erforderlich ist. Es folgt daraus, daß Verträge, welche sich auf das der Landesgesetzgebung vorbehaltene Gebiet beziehen, nach wie vor der Behandlung nach § 48 der preußischen Verfassung unterliegen.

§ 65.

Aus diesem Grunde findet man denn auch unter den mit fremden Staaten abgeschlossenen völkerrechtlichen Verträgen nur solche, die in den Rahmen des Art. 4 der Reichsverf. passen, wie sich das aus dem nachstehenden bis auf die Neuzeit fortgeführten Verzeichnisse ergiebt:

1. Aegypten.

Vertrag wegen der Leuchtfeuerabgaben, vom 27. Oct. 1875 (R. G. Bl. S. 703).

2. Amerika (Vereinigte Staaten).

Post-Vertrag vom 7/23. Oct. 1870 (R. G. Bl. S. 594) und vom 5/31. März 1871 R. G. Bl. S. 245), vergl. auch R. Centralbl. 1880, S. 110.

Vertrag betr. die Staatsangehörigkeit vom 22. Febr. 1868 (B. G. Bl. S. 228).

Consular-Vertrag vom 11. Dez 1871 (R. G. Bl S. 95).

Auslieferungs-Vertrag vom 16. Juni 1852 (B. G. Bl. 1868, S. 231), dazu die Bekanntmachung vom 3. Feb. 1879 (Justiz-Min.-Bl. S. 22).

Schiffspapiere und Vermessungsangaben. Bekanntmachung vom 21. Dez. 1872 (R. Centralbl. 1873 S. 163, 1875 S. 324, 1879 S. 269).

3. Belgien.

Post-Verträge vom 26. März 1868 (B. G. Bl. S. 205), vom 29. Mai 1868 (B. G. Bl. S. 343) vom 22. Nov. 1874 (R. G. Bl. S. 12).

Eisenbahn-Vertrag vom 11. Juli 1873 (R. G. Bl. S. 399.)

Auslieferungs-Vertrag vom 24. Dez. 1874 (R. G. Bl. 1875, S. 73), hierzu die Bekanntmachung im Reichs- und Staats-Anzeiger vom 13. Sept. 1875 und der Min.-Erl. vom 27. Juni 1875 (Min.-Bl. d. i. V. S. 248)

Handels-Verträge vom 31. Dez. 1879 (R. G. Bl. 1880, S. 10) und vom 22. April 1880 (R. G. Bl. S. 148); wegen der Regelung der Handelsbeziehungen cf. R.Centralbl. 1881, S. 172, wegen der Schiffspapiere Wochenschrift „Selbstverwaltung" Jahrg. XI. S. 122.

Armenrecht. Uebereinkunft wegen Zulassung zu demselben, vom 18. Oct. 1878 (R. G. Bl. 1879, S. 316).

Aerztliche Praxis. Uebereinkunft wegen Ausübung derselben in den Grenzdistrikten vom 7. Febr. 1873 (R. G. Bl. S. 55).

Litteratur, Kunst, Muster und Modelle, Schutz an Werken derselben (R. G. Bl 1884, R. 24, S. 173), dazu die Bekanntmachung vom 18. Dez. 1884, Kongo-Gesellschaft (R. Centralbl. 1884 S. 324).

Forst-, Feld-, Fischerei- und Jagdfrevel, Vertrag wegen Bestrafung auf beiderseitigen Gebieten, vom 29. April 1885 (R. G. Bl. S. 251).

4. Brasilien.

Post-Vertrag vom 30. Sept. 1873 (R. G. Bl. 1874, S. 85).

Auslieferungs-Vertrag vom 17. Sept. 1877 (R. G. Bl. 1878, S. 293), dazu Vertrag vom 5. Febr. 1879 (Justiz-Min.-Bl. S. 30).

Markenschutz. Bek. vom 28. Febr. 1877 (R. G. Bl. S 406).

Konsular-Vertrag vom 10. Jan. 1882 (R. G. Bl. S. 69.)

5. Chili.

Post-Vertrag vom 22. März 1874 (R.G.Bl. 1875, S.88, R.Centralbl. 1876, S.26).

6. China.

Freundschafts-, Handels- und Schifffahrts-Vertrag vom 31. März 1880 (R. G. Bl. 1881, S. 261).

7. Costa-Rica.

Freundschafts-, Handels- und Schifffahrts-Vertrag vom 18. Mai 1875 (R. G. Bl. 1877, S. 13).

8. Dänemark.

Post-Vertrag vom 7./9. April 1868 (B. G. Bl. S. 157).

Hülfsbedürftige. Uebereinkommen wegen wechselseitiger Unterstützung vom 11. Dez. 1873 (R. Centralbl. 1874, S. 21), dazu die Zusatzconvention vom 25. Aug. 1881 (R. Centralbl. S. 407) und die Cirkulare vom 14 Dez. 1883 (Min. Bl. d. i. V. 1884, S. 5), vom 7. Juli 1884 (a. a. O. S. 191) und vom 17. Juli 1884 (R. Centralbl. S. 201).

Schiffspapiere und Vermessungsangaben. Bekanntmachungen vom 21. Dez. 1872 (R. Centralbl. 1873 S. 163, 1875 S. 324, 1879 S. 269).

9. Dominikanische Republik.

Handels-, Schifffahrts- und Konsular-Vertrag vom 30. Jan. 1885 (R. G. Bl. 1886, S. 3).

England siehe Großbritannien.

10. Frankreich.

Post-Vertrag vom 14. Febr. 1872 (R. G. Bl. S. 111).

Schifffahrt auf der Donau, Vertrag vom 13. März 1871 (R. G. Bl. S. 104).

Post-Aufträge. Uebereinkommen betr. Einziehung von Quittungen mittelst derselben (R. Centralbl. 1880, S. 542).

Armenrecht. Uebereinkommen wegen Bewilligung desselben (R.G.Bl. 1881, S. 81).

Schiffspapiere u. Vermessungs-Angaben. Bek. vom 2. Okt. 1873 (R. Centralbl. S. 316) und vom 21. März 1883 (R. Centralbl. S. 82).

Litteratur u. Kunst Uebereinkunft wegen des Schutzes derselben vom 19. April 1883 (R. G. Bl. S. 269), dazu die Ausführungsbestimmungen (R. Centralbl. S. 317).

11. Griechenland.

Olympia. Vertrag wegen Ausführung von archäologischen Ausgrabungen. Vertrag vom 13./25. April 1874 (R. G. Bl. 1875 S. 241).

Konsular-Vertrag vom 26. Nov. 1881 (R. G. Bl. 1882, S. 101).

Handels- u. Schifffahrts-Vertrag vom 9. Juli 1884 (R.G.Bl. 1885, S. 23).

12. Großbritannien und Irland.

Post-Vertrag vom 25. April 1870 (B. G. Bl., S. 565).

Auslieferungs-Vertrag vom 14. Mai 1872 (R. G. Bl. S. 229; dazu R. Centralbl. 1874, S. 101 und 1875, S. 430, auch Just. Min. Bl. 1874, S. 111).

Aktiengesellschaften. Vereinbarung über die rechtliche Behandlung derselben vom 18. April 1874 (R. Centralbl. S. 143).

Handels-Vertrag vom 30. Mai 1865, Deklaration vom 14. April 1875 (R. G. Bl. S. 199).

Sklavenhandels-Vertrag wegen Unterdrückung vom 29. März 1879 (R. G. Bl. 1880, S. 100).

Donauschifffahrts-Vertrag vom 13. März 1871 (R. G. Bl. S. 104).

Schiffspapiere u. Vermessungsangaben. Bek. vom 2. Okt. 1873 (R. Centralbl. S. 316).

Litteratur u Kunst. Schutz-Uebereinkunft vom 2. Juli 1886 (R.G.Bl.S.237).

13. Hawaii.

Freundschafts-, Handels-, Schifffahrts- und Konsular-Vertrag vom $\frac{\text{25. März}}{\text{19. Sept.}}$ 1879 (R. G. Bl. 1880, S. 121).

14. Japan.

Freundschafts-, Handels- und Schifffahrts-Verträge vom 20. Febr. und 12. Dez. 1869, 19. Jan. 1870 (B. G. Bl. S. 1, 25 und 31).

15. Italien.

Post-Verträge vom 10. Nov. 1868 (B. G. Bl. 1869, S. 55) u. vom 11. Mai 1873 (R. G. Bl. S. 222).

Schifffahrts-Vertrag vom 14. Okt. 1867 (B. G. Bl. S. 317).

Handels- u. Schifffahrts-Vertrag vom 4. Mai 1883 (R. G. Bl. S. 109). Dazu Ges. vom 10. Sept. 1883 (R. G. Bl. S. 303) nebst den Ausführungs-Bestimmungen vom 25. Okt. 1883 (R Centralbl. S. 295) und die Verordnung wegen Ausdehnung der Zollermäßigungen vom 20 Okt 1883 (R. G. Bl. S. 334).

Konsular-Vertrag vom 21. Dez. 1868 (B. G. Bl. S. 113).
Auslieferungs-Vertrag vom 31. Okt. 1871 (R. G. Bl. S. 446).
Hülfsbedürftige, wechselseitige Unterstützung, Uebereinkunft vom 8 Aug. 1873 (R. Centralbl. S. 228).
Armenrecht, Zulassung. Bek. vom 1. Okt 1879 (R. G. Bl. S. 312).
Schifffahrt auf der Donau. Vertrag vom 13. März 1871 (R. G. Bl. S. 104).
Schiffs-Vermessungen. Bek. vom 25. Aug. 1874 (R. Centralbl. S. 323).
Waarenzeichen, Namen u. Firmen, Schutz deutscher in Italien. Bek. vom 20 April 1875 (R. G. Bl. S. 200).
Litteratur u. Kunst, Schutz. (R G. Bl. 1884, S. 193 und Bek. vom 18 Dez. 1884 — R. Centralbl. S. 327).
Aktiengesellschaften; rechtliche Behandlung derselben. Bek. vom 8. Aug. 1873 (R. Centralbl. S. 288).
Gotthard-Eisenbahn, siehe Schweiz.

16. Kongo-Gesellschaft.

Uebereinkunft vom 8. Nov. 1884 (R. G. Bl. S. 211).

17. Korea.

Handels-, Freundschafts- und Schifffahrts-Vertrag vom 26. Nov. 1883 (R. G. Bl S. 221).

18. Liberia.

Freundschafts-, Handels- und Schifffahrts-Vertrag vom 31. Okt. 1867 (B. G. Bl. S. 197).

19. Luxemburg.

Post-Verträge vom 23. Nov. 1867 (B. G. Bl. 1868, S. 101) und vom 19. Juni 1872 (R. G. Bl. S. 338).
Telegraphen-Vertrag vom 25/28. Mai 1868 (B. G. Bl. S. 68).
Eisenbahn-Vertrag vom 15. Juli 1872 (R. G. Bl. S. 329) und vom 11. Okt. 1876 (R. G. Bl. S 2?4).
Auslieferungs-Vertrag vom 9. März 1876 (R. G Bl. S. 223 und R. Centralbl. 1877, S. 214).
Armenrecht. Uebereinkunft vom 12 Juni 1879 (R. G. Bl. S. 318).
Markenschutz. Uebereinkunft vom 2. Aug. 1882 (R. G. Bl. S. 268).
Aerztliche Praxis. Uebereinkunft vom 4. Juni 1883 (R. G. Bl. 1884, S. 19).

20. Madagaskar.

Konvention vom 15. Mai 1883 (R. G. Bl. 1885, S. 166).

21. Marokko.

Schutzrecht-Konvention (R. G. Bl. 1881, S. 103).

22. Mexico.

Freundschafts-, Handels- und Schifffahrts-Vertrag vom 28. Aug. 1869 (B. G. Bl. 1870, S. 525), dazu Protokoll vom 26. Aug. 1870 (B. G. Bl. S. 542). Verlängerung dieses Vertrages (R. Centralbl. 1881, S. 149, 1882 S. 341). Neuer Vertrag vom 5. Dez. 1882 (R. G. Bl. 1883, S. 247).

23 Niederlande.

Post-Vertrag vom 1. Sept. 1868 (B. G Bl 1870, S. 547).
Eisenbahn-Verträge vom 18. August 1871 (R. G. Bl. S. 39), vom 3. Juni und 13. Nov. 1874 (R. G. Bl. 1875, S. 101 und 112), vom 13. Nov. 1875 (R. G. Bl. S. 123), vom 31. Juli 1875 (R G. Bl. 1877, S. 397).
Kanal-Vertrag vom 12. Okt. 1876 (R. G. Bl. 1877, S. 539).
Konsular-Konvention vom 11. Jan. 1872 (R. G Bl S. 67)
Aerztliche Praxis. Uebereinkunft vom 11 Dez. 1873 (R G. Bl 1874, S. 99).
Schiffspapiere und Vermessungsangaben. Bek. vom 8. April 1877 (R. Centralbl. S. 164).
Lachsfischerei im Rhein. Vertrag vom 30. Juni 1885 (R. G. Bl. 1886, S. 192).

24. Norwegen (siehe auch Schweden).

Post-Vertrag vom 17. Febr. 1868 (B. G. Bl. S. 5).

Schiffspapiere, Vermessungsangaben. Bek. vom 6. April 1876 (R. Centralbl. S. 221).

25. Oesterreich.

Post-Verträge vom 23. und 30. Nov. 1867 (B. G. Bl. 1868, S. 69 und 97), vom 7. Mai 1872 (R. G. Bl. 1873, S. 1).

Eisenbahn-Verträge vom 21. Mai 1872 (R. G. Bl. S. 353 und 362) und vom 2. März 1877 (R. G. Bl. S. 415), vom 14. März 1885 (R. G. Bl. S. 198).

Handels-Verträge vom 16. Dez. 1878 (R. G. Bl. S. 365, R. G. Bl. 1879, S. 11 und R. Centralbl. 1880, S. 18).

Handels- und Zoll-Verträge vom 9. März 1868 (B. G. Bl. S. 239), vom 31. Dez. 1879 (R. G. Bl. 1880, S. 9), vom 23. Mai 1881 (R. G. Bl. S. 123).

Auslieferungs-Vertrag. Vergl. Min.-Erl. vom 31. Dez. 1875 (Min. Bl. d. i. V. 1876, S. 50).

Schifffahrt auf der Donau. Vertrag vom 13. März 1871 (R. G. Bl. S. 104).

Elbzölle. Vertrag vom 22. Juni 1870 (B. G. Bl. S. 417).

Schiffspapiere u. Vermessungsangaben. Bek. vom 21. Dez. 1872 und 30. April 1884 (R. Centralbl. 1873, S. 163, 1884 S. 156, 157).

Aerztliche Praxis. Uebereinkunft vom 30. Sept. 1882 (R. G. Bl. 1883, S. 39).

Zulassung zum Armenrecht. Uebereinkunft vom 9. Mai 1886 (R. G. Bl. S. 120).

26. Persien.

Freundschafts-, Handels- und Schifffahrts-Vertrag vom 11. Juni 1873 (R. G. Bl. S. 351).

27. Peru.

Post-Vertrag vom 11. Juni 1874 (R. G. Bl. S. 161).

28. Portugal.

Post-Vertrag vom 9. Mai 1872 (R. G. Bl. 1873, S. 93).

Handels- u. Schifffahrts-Vertrag vom 2. März 1872 (R. G. Bl. S. 254).

29. Rumänien.

Handels-Konvention (R. Centralbl. 1881, S. 232). Nachtrags-Konvention vom 1. März 1887 (R. G. Bl. S. 213).

Donaumündungen. Zusatz zur Schifffahrtsakte vom 28. Mai 1881 (R. G. Bl. 1882, S. 61).

30. Rußland.

Post-Vertrag vom 26. Mai 1872 (R. G. Bl. S. 238).

Eisenbahn-Vertrag vom 8. Juli 1871 (R. G. Bl. 1872, S. 23) und vom 20. Okt. 1876 (R. Centralbl. S. 171).

Waarenbezeichnungen, Schutz-Vertrag vom 18. Aug. 1873 (R. G. Bl. S. 337).

Hinterlassenschaften. Konvention wegen Regulirung derselben vom $\frac{\text{12. Nov.}}{\text{31. Okt.}}$ 1874 (R. Centralbl. 1875 S. 145).

Konsular-Vertrag vom $\frac{\text{8. Dez.}}{\text{26. Nov.}}$ 1874 (R. Centralbl. 1875, S. 145).

Schifffahrt auf der Donau. Vertrag vom 13. März 1871 (R. G. Bl. S. 104).

Schiffspapiere und Vermessungsangaben. Bek. vom 2. April 1873 (R. Centralbl. S. 196).

31. Salvador.

Freundschafts-, Handels- und Schifffahrts-Vertrag vom 13. Juni 1870, (R. G. Bl. 1872, S. 377).

32. Samoa, siehe Tonga.

33. Schweden, siehe auch Norwegen.

Post-Verträge vom 23./24. Febr. 1869, 20. März 1870 und 25. Mai 1873. B. resp. R. G. Bl. S. 73, 37 und 198).

Waarenbezeichnungen, Schutz-Vertrag vom 11. Juli 1872 (R. G. Bl. S. 293).

Auslieferungs-Vertrag vom 19. Jan. 1878 (R. G. Bl. S. 110).

Schiffspapiere und Vermessungsangaben (R. Centralbl. 1875, S. 688 und 1882, S. 353).

34. Schweiz.

Post-Vertrag vom 11. April 1868 (B. G. Bl. S. 481, R. Centralbl. 1881, S. 155).

Handels- und Zoll-Vertrag vom 13. Mai 1869 (B. G. Bl. S. 603).

Handels-Verträge vom 31. Dez. 1879 und 1. Mai 1880 (R. G. Bl. 1880, S. 10 und 149).

Auslieferungs-Vertrag vom 24. Jan. 1874 (R. G. Bl. S. 113).

Niederlassungs-Vertrag vom 27. April 1876 (R. G. Bl. 1877, S. 3), nebst Zusatzprotokoll vom 21. Dez. 1881 (R. Centralbl. S. 16).

Grenzregulirung bei Constanz. Vertr. vom 24. Juni 1879 (R. G. Bl S. 307).

Gotthard-Eisenbahn. Vertr. vom 31. Mai 1870 (B. G. Bl. S. 312), desgl. vom 28. Oct. und 2. Nov. 1871 (R. G. Bl S. 375, 376. Nachtrag R. G. Bl. 1879 S. 270).

Durch § 1 des Ges. vom 2. Nov. 1871 (R. G. Bl. S. 375) ist der Kaiser ermächtigt, dem zwischen Italien und der Schweiz am 15. Oct. 1869 über die Herstellung und die Subventionirung der Gotthardbahn abgeschlossenen Staats-Vertrage beizutreten und dem Unternehmen eine Subvention zuzusichern.

Litterarische Erzeugnisse, Schutz-Vertrag vom 13. Mai 1869 (B. G. Bl. S. 603).

Aerztliche Praxis. Uebereinkunft vom 29. Febr. 1884 (R. G. Bl. S. 45).

Reblaus. Bek. vom 24. Aug. 1884 (R. G. Bl. S. 191).

Lachsfischerei im Rhein. Vertr. vom 30: Juui 1885 (R. G. Bl. 1886, S. 192).

35. Serbien.

Handels-Vertrag vom 6. Jan. 1883 (R. G. Bl. S. 41).

Konsular-Vertrag von demselben Tage (a. a. O. S. 62).

Markenschutz. Uebereinkunft vom 7. Juli 1886 (R. G. Bl. 1886, S. 231), desgl. wegen des Schutzes der Muster und Modelle vom 3. Juli 1886 (R. G. Bl. 1887, S. 151).

36. Spanien.

Post-Vertrag vom 19. April 1872 (R. G. Bl. S. 137).

Handels- und Schifffahrts-Verträge vom 30. März und 16. Juli 1868 (B. G. Bl. S. 322 u. 464). Mit dem 1. Okt. 1882 außer Kraft getreten (R. Centralbl. 1881, S. 431), später bis zum 15. Dez. 1882 verlängert (a. a. O. S. 418). Vergl. sodann die Bekanntmachung vom 9. August 1883 (R. Centralbl. S. 243). Indemnität vom 10. Sept. 1883 (R. G. Bl. S. 303). Neuer Vertrag vom 12. Juli 1883 (R. G. Bl. S. 307), dazu die Ausführungsbestimmungen vom 25. Okt. 1883 (R. Centralbl. S. 295), Abänderungen durch Vertrag vom 10. Mai 1885 (R. G. Bl. S. 247). Vertrag, betr. die Ausdehnung der Zollermäßigungen vom 20. Okt. 1883 (R. G. Bl. S. 334), Verlängerung des Vertrages vom 12. Juli 1883 durch Abkommen vom 12. Aug. 1886 (R. G. Bl. S. 295).

Sula-Archipel. Vertrag, betr. den Verkehr in demselben vom 11. März 1877 (R. Centralbl. S. 271).

Schiffspapiere, Vermessungsangaben. Bek. vom 8. Januar 1880 (R. Centralbl. S. 38).

Konsular-Verträge vom 22. Febr. 1870 und 12. Jan. 1872 (B. resp. R. G. Bl. S. 99 und 211).

Auslieferungs-Vertrag vom 2. Mai 1878 (R. G. Bl. S. 213); dazu Erlaß vom 6. Febr. 1879 (Just. Min. Bl. S. 31).

37. Südafrikanische Republik.

Freundschafts- und Handels-Vertrag vom 22. Jan. 1885 (R. G. Bl. 1886, S. 209).

38. Tonga.

Freundschafts-Vertrag vom 1. Nov. 1876 (R. G. Bl. 1877, S. 517).

39. Türkei.

Schifffahrt auf der Donau. Vertrag vom 13. März 1871 (R. G. Bl. S. 104).

40. Uruguay.

Auslieferungs-Vertrag vom 12. Febr. 1880 (R. G. Bl. 1883, S. 287).

41. Venezuela.

Markenschutz. Uebereinkunft vom 8. Dez. 1883 (R. G. Bl. S. 339).

42. Zanzibar.

Freundschafts-, Handels- u. Schifffahrts-Vertrag vom 20. Dez. 1885 (R. G. Bl. 1886, S. 261). Bek. vom 11. Aug. 1886 (R. G. Bl. S. 285).

43. Internationale Verträge.

1. Allgemeiner Post-Verein vom 9. Oct. 1874 (R. G. Bl. 1875, S. 223) nebst Bek. vom 23. April 1877 (R. Centralbl. S. 223) und der

Welt-Post-Verein (R. G. Bl. 1879, S. 83). Lissaboner Vertrag vom 21. April 1885 (R. G. Bl. 1886, S. 82).

2. Internationale Meterconvention vom 20. Mai 1875 (R. G. Bl. 1876, S. 191). Beitritt von Großbritannien, Serbien und Rumänien. Vertr. vom 30. Dez. 1884 (R. G. Bl. 1885, S 1).

3. Der Berliner Vertrag vom 13. Juli 1878 (R. G. Bl. S. 307).

4. Reblaus-Konvention vom 17. Sept. 1878 (R. G. Bl. 1880, S. 15, 1882 S. 125. 138).

5. Fischerei in der Nordsee. V. 6. Mai 1882 (R. G. Bl. 1884, S. 25 und 48).

6. Suezkanal. Bek. vom 8. Juli 1874 (R. Centralbl. S. 282) cf. auch R. Centralbl. 1877 S. 648, 1879 S. 288).

7. Elbzölle. Ges. vom 11. Juni 1870 (B. G. Bl. S. 416).

7. Das Recht, Gesandte zu beglaubigen und zu empfangen.

§ 66.

Dies Recht übt der Kaiser Namens des Reichs nach Art. 11 der Reichsverfassung allein aus. Dadurch ist aber das aktive und passive Gesandtschaftsrecht den deutschen Einzelstaaten nicht entzogen, jedoch dürfen sich diese Gesandten der einzelnen deutschen Fürsten in Reichsangelegenheiten nicht einmischen.

Wegen des Konsulatwesens vergl. Art. 4 Nr. 7 und Art. 56 der Reichsverfassung, dazu vergl. Gesetz vom 7. Juni 1880, nach welchen die dem Konsul des Deutschen Reiches in Serajewo für Bosnien und die Herzogowina zustehende Gerichtsbarkeit mit Zustimmung des Bundesrathes durch Kaiserliche Verordnung eingeschränkt oder außer Uebung gesetzt werden kann, desgl. den § 3 des Gesetzes vom 25. März 1880, nach welchem die näheren Bestimmungen zur Ausführung dieses Gesetzes durch Kaiserliche Verordnung erlassen werden. Die Verordnung bestimmt insbesondere die Punkte, über welche der Schiffsführer dem Konsul bei der Meldung Auskunft zu ertheilen hat.

Die Gerichtsbarkeit der deutschen Konsuln in Egypten kann durch Kaiserliche Verordnung eingeschränkt werden (Ges. vom 30. März 1874 — R. G. Bl. S. 23 —), desgl. des Konsuls in Tunis (Ges. vom 27. Juli 1883). Urlaub können Botschafter, Gesandte u. s. w. nur vom Kaiser erhalten (§ 2 der Verordng. vom 23. April 1879 – R. G. Bl. S. 134 —). Im Uebrigen können aus der Handhabung dieses unübertragbaren Rechtes seitens des Kaisers oder der einzelnen Landesherren verfolgbare Rechte nicht abgeleitet werden. Dagegen unterliegen die diplomatischen Beamten des Deutschen Reiches hinsichtlich ihrer Handlungen ebenso einer Verwaltungs- (Aufsichts-) und Rechtskontrolle, wie alle übrigen Beamten, jedoch können deren Handlungen, abgesehen von den Konfliktsangelegenheiten, Gegenstand eines Verwaltungsstreitverfahrens nicht sein (§ 353 a. des R. Str. G. B).

8. Das Gesetzgebungsrecht.

§ 67.

Unter der monarchischen Verfassung nach § 6, Tit. 13, Th. II ein unbeschränktes Majestätsrecht des Königs, welches auch durch die selbst auferlegten Beschränkungen der Einsetzung des Staatsrathes und des Staatsministeriums dem Wesen nach nicht berührt wurde, hat die preußische Verfassung in Art. 62 dieses Recht vollständig umgestaltet und getheilt. Denn seitdem wird die gesetzgebende Gewalt gemeinschaftlich durch den König und die zwei Kammern (jetzt die beiden Häuser des Landtages) dergestalt ausgeübt, daß die Uebereinstimmung des Königs und beider Kammern zu jedem Gesetze erforderlich ist. Finanzges.-Entwürfe und Staatshaushalts-Etas werden zuerst der zweiten Kammer (dem Hause der Abgeordneten) vorgelegt; letztere werden von der ersten Kammer (dem Herrenhause) im Ganzen angenommen oder abgelehnt.

Bei Gesetzen, durch welche die Verfassung abgeändert werden soll, genügt in jedem Hause des Landtages die gewöhnliche absolute Stimmenmehrheit bei zwei Abstimmungen, zwischen welchen ein Zeitraum von mindestens 21 Tagen liegen muß.

§ 68.

Soweit der König an der Ausübung dieses Rechtes betheiligt ist, erscheint dasselbe noch heute als Majestätsrecht, dasselbe kann aber in den Händen der beiden Häuser des Landtages nur als ein Hoheitsrecht bezeichnet werden. Damit erledigt sich der früher wohlberechtigte Ausspruch Oppenhoffs (Ressortverhältnisse S. 36), nach welchem die Ausdrücke „Majestätsrechte“ und „Hoheitsrechte“ als völlig gleichbedeutend zu behandeln wären. Dies war zutreffend, so lange die betr. Befugnisse sämmtlich in der einen Hand des Monarchen lagen, seit der vorgedachten Theilung tritt der Unterschied wieder hervor, wobei es sich allerdings um wesentliche ernstliche Folgen nicht handelt. Denn wenn der § 36 des Gesetzes vom 26. Dez. 1808 (N. C. C. XII. S. 679) bestimmt, daß über „wirkliche“ Majestäts- und Hoheitsrechte der Rechtsweg überall ausgeschlossen ist, so findet dies auch noch heute Anwendung hinsichtlich der Gesetze, welche unter der Mitwirkung der beiden Häuser des Landtages entstanden sind. Wenn also Jemand glaubt, durch den Erlaß eines Gesetzes in seinen subjektiven Rechten beschädigt zu sein, so kann er dieserhalb nicht etwa die gesetzgebende Gewalt vor Gericht verklagen und Schadenersatz beanspruchen. (Vergl. Endurtheil des Ober-Verwaltungsgerichts vom 19. Jan. 1880 — Entsch. B. VI, S. 34, Parey, Rechtsgrundsätze S. 52, 53. —). Auch den Fiskus kann man in solchen Fällen nicht belangen, denn derselbe kann keine Gesetze erlassen und kann deshalb auch für den Erlaß nicht verantwortlich gemacht werden. Der Fiskus ist auch etwas ganz Anderes, als der Staat in hoheitsrechtlicher Beziehung. (Siehe oben § 19).

§ 69.

Dieselben Grundsätze gelten für die Gesetzgebung des Reiches: Nach Art. 2 der Reichsverfassung übt innerhalb des in Art. 1 beschriebenen Bundesgebietes das Reich das Recht der Gesetzgebung und zwar nur in ganz bestimmten in Art. 4 aufgezählten Angelegenheiten, welche damit der Landesgesetzgebung entzogen sind. Die Ausübenden sind nach Art. 5 der Bundesrath und der Reichstag, die Uebereinstimmung der Mehrheitsbeschlüsse beider Versammlungen ist zu einem Reichsgesetze erforderlich ausreichend.

Die einzelnen Gegenstände der Reichsgesetzgebung sind folgende:

a. die Bestimmungen über Staatsbürgerrecht, Freizügigkeit, Heimaths- und Niederlassungsverhältnisse, Paßwesen und Fremdenpolizei und über den Gewerbebetrieb, einschließlich des Versicherungswesens, der Kolonisation und Auswanderung;
b. die Zoll- und Handelsgesetzgebung und die für die Zwecke des Reichs zu verwendenden Steuern;
c. die Ordnung des Maaß-, Münz- und Gewichtssystems;
d. die allgemeinen Bestimmungen über das Bankwesen;
e. die Erfindungspatente;
f. der Schutz des geistigen Eigenthums;
g. Organisation eines gemeinsamen Schutzes des Deutschen Handels im Auslande, der Deutschen Schifffahrt und ihrer Flagge zur See und Anordnung gemeinsamer konsularischer Vertretung, welche vom Reiche ausgestattet wird;
h. das Eisenbahnwesen und die Herstellung von Land- und Wasserstraßen im Interesse der Landesvertheidigung und des allgemeinen Verkehrs (auf Baiern findet diese Vorschrift keine Anwendung);
i. der Flößerei- und Schifffahrtsbetrieb auf den mehreren Staaten gemeinsamen Wasserstraßen und der Zustand der letzteren, sowie die Fluß- und sonstigen Wasserzölle, desgl. die Seeschifffahrtszeichen (Leuchtfeuer, Tonnen, Baaken und sonstigen Tagesmarken);
k. das Post- und Telegraphenwesen (Ausnahme für Baiern und Württemberg);
l. Bestimmungen über die wechselseitige Vollstreckung von Erkenntnissen in Civilsachen und Erledigung von Requisitionen überhaupt, sowie
m. über die Beglaubigung von öffentlichen Urkunden;
n. die gemeinsame Gesetzgebung über das gerichtliche Verfahren;
o. das Militairwesen des Reichs und die Kriegsmarine;
p. Maßregeln der Medizinal- und Veterinairpolizei;
q. die Bestimmungen über die Presse und das Vereinswesen.

In allen diesen Reichsangelegenheiten wird die Gesetzgebung durch den Bundesrath und den Reichstag ausgeübt. Die Uebereinstimmung der Mehrheitsbeschlüsse beider Versammlungen ist zu einem Reichsgesetze erforderlich.

§ 70.

Indirekt sind der Kaiser und die einzelnen Bundesfürsten hierbei allerdings ebenfalls in Ausübung eines Majestätsrechtes betheiligt, aber auch direkt steht dem Kaiser ein solches Recht zu, wenn es sich um Gesetzesvorschläge handelt über das Militärwesen, die Kriegsmarine (Art. 5) und die im Art. 35 der Reichsverf. bezeichneten Abgaben (Zollwesen, Besteuerung des inländischen Salzes, Tabaks, Branntweins, Bieres, Rübenzuckers und Syrups). In diesen Fällen gibt, wenn im Bundesrathe eine Meinungsverschiedenheit stattfindet, die Stimme des Präsidiums (des Kaisers) den Ausschlag, wenn sich das Präsidium für die Aufrechterhaltung der bestehenden Einrichtungen ausspricht (Art. 37).

§ 71.

Nach Art. 7 der Reichsverf. hat das Präsidium noch eine andere und zwar folgende Verpflichtung: Der Bundesrath beschließt über die dem Reichstage zu machenden Vorlagen und die von demselben gefaßten Beschlüsse, ferner über die zur Ausführung der Reichsgesetze erforderlichen allgemeinen Verwaltungsvorschriften und Einrichtungen, endlich über Mängel, welche bei der Ausführung der Reichs-Gesetze oder der vorstehend erwähnten Vorschriften oder Einrichtungen hervortreten. Jedes Bundesglied ist befugt, Vorschläge zu machen und in Vortrag zu bringen.

§ 72.

Endlich gehört in dieser Beziehung noch zu den Majestätsrechten des Kaisers die Befugniß der Publikation der Gesetze (Art. 2 der Reichsverf.).

§ 73.

In Betreff der Reichs-Gesetzgebung hat der Kaiser als Inhaber des Bundespräsidiums auch eine Verpflichtung, nämlich die von einem Bundesgliede gemachten und in Vortrag gebrachten Vorschläge der Berathung des Bundesrathes zu übergeben (Art. 7 der Reichsverf.), auch muß der Kaiser den Mitgliedern des Bundesraths den üblichen diplomatischen Schutz gewähren (Art. 10). Der Kaiser ernennt den Reichskanzler, welchem der Vorsitz im Bundesrathe und die Leitung der Geschäfte zusteht (Art. 15).

§ 74.

Die erforderlichen Gesetzesvorlagen werden nach Maßgabe der Beschlüsse des Bundesrathes im Namen des Kaisers an den Reichstag gebracht, wo sie durch Mitglieder des Bundesrathes oder durch besondere, von letzterem zu ernennende Kommissarien vertreten werden (Art. 16).

§ 75.

Die Legislaturperiode des Reichstages dauert drei Jahre. Zur Auflösung des Reichstages während derselben ist ein Beschluß des Bundesrathes unter Zustimmung des Kaisers erforderlich (Art. 24).

§ 76.

Dem Kaiser steht die Ausfertigung und Verkündigung der Reichsgesetze und die Ueberwachung der Ausführung derselben zu.

§ 77.

Die Anordnungen und Verfügungen des Kaisers werden im Namen des Reiches erlassen und bedürfen zu ihrer Gültigkeit der Gegenzeichnung des Reichskanzlers, welcher dadurch die Verantwortlichkeit übernimmt (Art. 17).

§ 78.

Das Gesetzgebungsrecht kann durch Beamte niemals gehandhabt werden, oder mit anderen Worten: Kein Beamter kann selbständig Gesetze machen und wenn seine Absichten dabei noch so gute, seine Ideen noch so zweckmäßige wären.

§ 79.

Dagegen ist das Gesetzgebungsrecht übertragbar (durch Delegation) auf Kommunalverbände und sonstige Korporationen in der Form des Statutenrechtes d. i. das Recht der „Selbstgesetzgebung" (Autonomie) im Gegensatze zu der „Selbstverwaltung". Dergleichen Statuten, welche sowohl geschriebenes als ungeschriebenes Recht (Gewohnheiten, Observanzen) darstellen können und deshalb auch Ortsrecht, Ortsverfassung, Ortsgewohnheit genannt werden, können sich überall bilden, wo das allgemeine Landesgesetz dafür Raum läßt.

Vergl. Zirkular-Reskript des Ministers des Innern und der Polizei an sämmtliche Regierungen mit Ausnahme derjenigen zu Stralsund und derjenigen der Provinz Westf. u. d. Rheinpr., die rücksichtlich der Observanzen zu beobachtenden Grundsätze betreffend vom 20. Juli 1839 (V. K. Ann. 1839 Bd. I, S. 128—141).

§ 80.

In diesem Sinne ist den Provinzialverbänden ein Statutenrecht verliehen (delegirt) worden in folgenden Bestimmungen:

§ 8 der altländischen Provinzialordng. (Hessen-Nassau § 6).

Die Provinzialverbände sind befugt:

1) zum Erlasse besonderer statutarischer Anordnungen über solche ihre Verfassung betreffenden Angelegenheiten, hinsichtlich deren das Gesetz auf statutarische Regelung verweist oder keine ausdrücklichen Vorschriften enthält. Das Statut darf den bestehenden Gesetzen nicht widersprechen;

2) zum Erlasse von Reglements über besondere Einrichtungen des Provinzialverbandes.

Die Provinzialstatuten und Reglements sind auf Kosten der Provinzialverbände durch die Amtsblätter der Provinz bekannt zu machen.

§ 35 (Hessen-Nassau § 32). Ueber den Erlaß von Statuten und Reglements (§ 8) beschließt der Provinziallandtag (bezw. in Hessen-Nassau der Kommunallandtag).

§ 41 (Hessen-Nassau § 38):

Der Provinziallandtag beschließt über die Einrichtung von Provinzialämtern, er bestimmt die Zahl, die Besoldung, sowie die Art der Anstellung der Beamten und wählt den Landesdirektor (Landeshauptmann), die demselben nach § 93 zugeordneten oberen Beamten, sowie die sonstigen im Provinzialstatute zu bezeichnenden leitenden Beamten einzelner Verwaltungszweige.

§ 119 (Hessen-Nassau § 92). Beschlüsse des Provinziallandtages, welche den Erlaß von Statuten, gemäß § 8 Nr. 1 und § 35, betreffen, bedürfen der landesherrlichen Genehmigung.

Außerdem ist noch auf § 11 (Hessen-Nassau § 8) der Provinzialordnungen zu verweisen, nach welchem durch statutarische Anordnung mehrere Gemeinden zu Provinzial-Landtags-Wahlbezirken vereinigt werden können.

§ 81.

Von den Kreisstatuten handeln in den Kreisordnungen folgende Bestimmungen:

§ 20. Jeder Kreis ist befugt:

1) zum Erlasse besonderer statutarischer Anordnungen über solche Angelegenheiten des Kreises, hinsichtlich deren das gegenwärtige Gesetz Verschiedenheiten gestattet (§§ 104 Abs. 2, 108 Abs. 1 und 109), oder das Gesetz auf statutarische Regelung verweist, sowie über solche Angelegenheiten, deren Gegenstand nicht durch Gesetz geregelt ist;
2) zum Erlasse von Reglements über besondere Einrichtungen des Kreises.

Die Kreisstatuten und Reglements sind durch das Kreisblatt und, wo ein solches nicht besteht, durch das Amtsblatt auf Kosten des Kreises bekannt zu machen.

§ 116 (Hannover § 73, Hessen-Nassau § 74, Westf. u. Rheinpr. § 61). Der Kreistag ist befugt, nach Maßgabe des § 20 statutarische und reglementarische Anordnungen zu erlassen.

§ 176 (Hannover § 103, Hessen-Nassau § 104, Westf. u. Rheinpr. § 91). Beschlüsse des Kreistages, welche statutarische Anordnungen nach Maßgabe des § 20 Nr. 1 betreffen, bedürfen der landesherrlichen Genehmigung.

§ 82.

Von den Ortsstatuten handeln folgende Bestimmungen:

1. Nach § 16 Abs. 3 des Zuständigkeits-Gesetzes vom 1. Aug. 1883 beschließt der Bezirksausschuß über die in den städtischen Gemeindeverfassungs-Gesetzen der Aufsichtsbehörde vorbehaltene Bestätigung (Genehmigung) von Ortsstatuten. Als Beispiel ist der § 11 der Städte-Ordnung vom 30. Mai 1853 anzuführen; derselbe lautet:

Jede Stadt ist befugt, statutarische Anordnungen zu treffen:

1) über solche Angelegenheiten der Stadtgemeinden, so wie über solche Rechte und Pflichten ihrer Mitglieder, hinsichtlich deren das gegenwärtige Gesetz Verschiedenheiten gestattet oder keine ausdrücklichen Bestimmungen enthält;

2) über sonstige eigenthümliche Verhältnisse und Einrichtungen, insbesondere hinsichtlich der den gewerblichen Genossenschaften bei Eintheilung der stimmfähigen Bürger und bei Bildung der Wahlversammlungen und der städtischen Vertretung zu gewährende angemessene Berücksichtigung. Dergleichen Anordnungen bedürfen der Bestätigung der Regierung (jetzt also des Bezirksausschusses).

§ 83.

Die öffentliche Bekanntmachung dieser Ortsstatuten erfolgt in ortsüblicher Weise mit verbindlicher Kraft. Aus der gleichmäßigen Wiederholung der einmal gewählten Art der Publikation ergiebt sich eine Ortsgewohnheit (Erkenntniß des ehemaligen Obertribunals vom 9. Juni 1871 — Min. Bl. d. i. V. S. 202 —). Gänzlich unterbleiben darf eine derartige Bekanntmachung nicht, vielmehr muß dieselbe durch das bestehende örtliche Publikationsorgan erfolgen (Ministerial-Erlaß vom 30. Aug. 1872 — Min. Bl. d. i. V. S. 225 —). Die für die Publikation von Polizeiverordnungen gegebenen Vorschriften sind für Ortsstatuten nicht maßgebend.

§ 84.

Gegen den Beschluß des Bezirksausschusses ist die Beschwerde an den Provinzialrath gegeben (§ 121 des Landesverwaltungsgesetzes vom 30. Juli 1883). In Berlin tritt an die Stelle des Bezirksausschusses der Oberpräsident, gegen dessen Beschluß die Beschwerde an den Minister des Innern gegeben ist. (§ 43 a. a. O.) Hierin ist eine Verwaltungskontrolle enthalten, welche bei den Staatsgesetzen und bei den vom Landesherrn genehmigten Provinzial- und Kreisstatuten (siehe oben §§ 78, 79) in Beziehung auf die behördliche Prüfung der Rechtsgültigkeit fortfällt, während die Behörden, insbesondere die Gerichte, auch hier zu prüfen haben, ob die Verkündigung gehörig erfolgt ist (Art. 106 der preußischen Verfassung vom 31. Jan. 1850). Bei allen übrigen Ortsstatuten ist incidenter auch die Rechtsgültigkeit zu prüfen.

§ 85.

2. Nach § 31 des Zuständigkeitsgesetzes vom 1. Aug. 1883 beschließt der Kreisausschuß, soweit die Beschlußfassung in den ländlichen Gemeindeverfassungsgesetzen der Aufsichtsbehörde oder — wie in der Provinz Hessen-Nassau — dem Amtsbezirke zusteht, über die Bestätigung (Genehmigung) von Ortsstatuten. Wegen der Publikation und wegen der Anfechtbarkeit gilt das oben im § 81 Gesagte (Parey, Rechtsgrunds. S. 141 Nr. 77, 6), wegen der Verwaltungskontrolle ist ebenfalls der § 121 des L.-Verw.-Gesetzes vom 30. Juli 1883 maßgebend.

§ 86.

3. Nach § 122 des Zuständigkeitsgesetzes beschließt der Bezirksausschuß über die Genehmigung von Ortsstatuten, betr. gewerbliche Angelegenheiten (§ 142 der Reichsgewerbe-Ordnung und § 57 Nr. 2 der Verordnung vom 9. Febr. 1849 — G. S. S. 93 —).

§ 87.

4. Nach § 50 des Zuständigkeitsgesetzes vom 1. Aug. 1883 beschließt der Kreisausschuß (in Städten der Bezirksausschuß) über die Bestätigung von Ortsstatuten wegen Vertheilung der Quartierleistungen und sonstigen Naturalleistungen (Vorspann, Naturalverpflegung, Fourage, § 7 Abs. 3 — 5 des Ges. vom 25. Juni 1868 — B. G. Bl. S. 523 —, § 7 Abs. 2 des Ges. vom 13. Febr. 1875 — R. G. Bl. S. 52 —).

§ 88.

5. Ortsstatutarische Vorschriften sind auch vorgesehen in den §§ 12 und 15 des sogen. Fluchtliniengesetzes vom 2. Juli 1875 (G. S. S. 561), im §§ 2 und 8 des Landgemeindeverfassungsgesetzes vom 14. April 1856 (G. S. S. 359), im § 23 Absatz 3, § 34 Absatz 1, 81, 98a, § 120 Absatz 1, §§ 140 und 142 der Reichs-Gewerbe-Ordnung in der Fassung des Gesetzes vom 1. Juli 1883. Sonstige Statuten im § 16 des Unfallversicherungsgesetzes vom 6. Juli 1884 (Berufsgenossenschaften), § 3 des Gesetzes vom $\frac{\text{7. April 1876}}{\text{1. Juni 1884}}$ (eingeschriebene Hülfskassen), § 5 des Gesetzes vom 14. März 1881 (gemeinschaftliche Holzungen), in den §§ 23, 46, 64, 72, 74, 85 des Krankenversicherungsgesetzes vom 15. Juni 1883, Nr. 2 des Sparkassen-Reglements vom 12. Dez. 1838 (G. S. 1839, S. 5), §§ 25 und 34 des Waldschutzgesetzes vom 6. Juli 1875 (G. S. S. 416), §§ 8 und 56 des Wassergenossenschaftsgesetzes vom 1. April 1879, § 51, Nr. 1, Absatz 3 der altländischen Kreisordnung (Bildung des Amtsausschusses), § 40 des Zuständigkeitsgesetzes vom 1. Aug. 1883 (Regelung der Armenpflege in Gutsbezirken), § 52 des Gesetzes, betr. die Errichtung von Landeskultur-Rentenbanken, vom 13. Mai 1879 (G. S. S. 367).

§ 89.

Ein vom Kreisausschuß zu bestätigendes Ortsstatut ist auch zu erlassen, wenn Landgemeinden von ihrer Befugniß Gebrauch machen wollen, in Gemäßheit des § 27, Tit. 19, Th. II. A. L. R's. und § 74 des Gesetzes vom 8. März 1871, eine Abgabe von öffentlichen Tanzlustbarkeiten zu Armenzwecken, insbesondere zur Besteuerung a l l e r solcher Lustbarkeiten, nicht nur der für die „wohlhabenden Einwohner“ zu erheben (Parey, Rechtsgrunds., S. 141).

§ 90.

Staatlich genehmigte Gesellschaftsstatuten, z. B. für Aktiengesellschaften, haben rechtlich bindende Kraft, deshalb ist die Aenderung derselben dem Belieben der Gesellschaft entrückt (Parey, Rechtsgrunds., S. 84).

§ 91.

Statuten sind nicht Quellen des Besteuerungsrechtes. Die Entscheidung der Frage, wie weit die Grenzen des Besteuerungsrechtes überhaupt reichen, kann nicht aus dem Kreissteuer-S t a t u t (oben § 79), sondern nur aus dem Gesetze entnommen werden. Sollte etwa mit ersterem eine Belastung der Kreisangehörigen über die durch das letztere festgestellten Grenzen hinaus bezweckt oder bestimmt werden, so stände gleichwohl jedem davon Betroffenen das Recht zu, dieselbe in jedem einzelnen Falle der Heranziehung auf das gesetzlich allein statthafte Maß zurückgeführt zu sehen (Parey, Rechtsgrundſ., S. 48). Dieser Grundsatz kann aber nur aufrecht erhalten werden in Fällen, in denen das betreffende Statut nicht landesherrlich, sondern durch eine Behörde bestätigt worden ist (Parey, Rechtsgrundſ., S. 108).

9. Verordnungsrecht.

§ 92.

Dasselbe ist rechtsgeschichtlich keineswegs dasselbe, wie das Gesetzgebungsrecht, der Unterschied zwischen beiden ist nur unter der Herrschschaft der absoluten Monarchie verwischt worden durch den Umstand, daß der Landesherr unabhängig und nach freiem Ermessen sowohl Gesetze als Verordnungen erlassen konnte. Dem ältesten Verordnungsrechte, welches aus der vollziehenden Gewalt (dem Exekutionsrechte) hervorgegangen ist, wurde das ohne unmittelbare Einwirkung der Obrigkeit sich bildende angeborene Volksrecht, das Gesetz (lex terrae) gegenübergestellt. Solche Gesetze konnten auch in der Zeit vor der monarchischen Verfassung nicht durch bloße Verordnungen abgeändert werden, vielmehr bedurfte es dazu der Zustimmung der reichsständischen Volksvertretung, wie solche nach den damaligen staatsrechtlichen Begriffen überhaupt denkbar war (consensus optimatum). Dadurch erhielten die betreffenden landesherrlichen Verordnungen den Charakter als Rechtsnormen höherer Ordnung, welche den Gesetzen gleichgestellt wurden, während dies hinsichtlich der gewöhnlichen landesherrlichen Verordnungen, welche die Zustimmung der Volksvertretung nicht erhielten, nicht der Fall war. Auch nach dem 30jährigen Kriege (siehe Osnabrücker Friedens-Urkunde vom 14. (28.) Okt. 1648 Art. VIII, Ziffer 2) bedurften die kaiserlichen Polizeiordnungen noch der Zustimmung der Kurfürsten, eine Vorschrift, welche mit der zunehmenden Macht der Territorialherren und der Schwächung des kaiserlichen Ansehens nach und nach ihre Bedeutung verlor, bis sich die Territorialherren selbst im Besitze des Verordnungsrechtes sahen.

§ 93.

Von da ab unterschied man drei Arten von landesherrlichen Verordnungen, welche sich aber von dem Gesetze nur formell unterschieden, es waren dies:

1. Ausführungs-Verordnungen zur speziellen Ausführung der durch die Gesetzgebung schon bestimmten Normen.
2. Im Gesetz selbst vorbehaltene Verordnungen, welche über die Grenzen der Ausführung oft absichtlich hinausgehen.
3. Selbstständige landesherrliche Verordnungen für alle in der Gesetzgebung noch nicht präoccupirten Gebiete der Verwaltung.

§ 94.

In Bezug auf die Verwaltungsangelegenheiten unterschied man ferner:

1. Landeshoheitssachen.
2. Kommunal-, Sozietäts- und Korporationsangelegenheiten.
3. Finanzsachen.
4. Polizeisachen.

Nur in der letzteren Beziehung erfuhr das landesherrliche Verordnungsrecht eine hervorragende Bedeutung, ließ auch den rechtsgeschichtlichen, theoretischen Unterschied zwischen landesherrlicher Verordnung und Gesetz noch deutlich erkennen. Deshalb heißt es auch im § 6, Tit. 13, Th. II A. L. R's:

„Das Recht, allgemeine Polizeiverordnungen zu geben, ist ein Majestätsrecht."

Es versteht sich ganz von selbst, daß hiermit nur die damaligen landesherrlichen Polizeiverordnungen gemeint sind, und es ist nicht wohl begreiflich, wenn eine sogenannte „Autorität" sagt: „Der Erlaß der Polizeiverordnungen erscheint im Landrecht als Majestätsrecht; den Ministerien stand diese Befugniß zu; die Regierungen waren dagegen an höhere Genehmigung gebunden und die Ortspolizeibehörden u. s. w." Dagegen ist zu sagen, daß weder die Ministerien, noch die nachgeordneten Behörden jemals ein „Majestäts- oder wirkliches Hoheitsrecht" ausgeübt haben, vielmehr wurde ihnen das Polizeiverordnungsrecht als ein besonderer Zweig der Verwaltung nur delegirt (cf. oben § 18), wobei von jeher ganz bestimmte Vorbedingungen vorgeschrieben waren, für deren Beobachtung eine Rechts- und Verwaltungskontrolle zu sorgen hatte (siehe unten § 98).

§ 95.

Der Unterschied zwischen Gesetz und landesherrlicher Verordnung trat wieder schärfer hervor in den Art. 62 und 63 der preußischen Verfassung vom 31. Januar 1850. Nach Art. 63 „können in dem Falle, wenn die Aufrechterhaltung der öffentlichen Sicherheit oder die Beseitigung eines ungewöhnlichen Nothstandes es dringend erfordert, insofern die Häuser des Landtages nicht versammelt sind, unter Verantwortlichkeit des gesammten Staatsministeriums, Verordnungen, die der Verfassung nicht zuwiderlaufen, mit Gesetzeskraft erlassen werden. Dieselben sind aber den Häusern des Landtages bei ihrem nächsten Zusammentritt zur Genehmigung sofort vorzulegen." Es handelt sich also hier lediglich um Nothverordnungen, deren Bereich schon der Natur der Sache nach ein überaus beschränkter ist, und nicht um Verordnungen im Sinne des Schlußsatzes im obigen § 93 Nr. 1—3.

Als Spezialbestimmung ist hier noch zu erwähnen, daß die Höhe des Zinsfußes, zu welchem hinterlegtes Geld verzinst werden soll, durch königliche Verordnung bestimmt wird. (§ 9 der Hinterlegungsordnung vom 14. März 1879 — G. S. S. 249. —)

Dem Rechte der Gesetzgebung unterliegt auch die Bestimmung darüber, in welcher Weise und unter welchen Bedingungen gesetzliche Beschränkungen des Privateigenthums zum Besten des gemeinen Wesens stattfinden dürfen.

Nach A. L. R. I. 8 § 33 war dies ein Recht des „Staates," mithin des Monarchen, seitdem aber das Gesetzgebungsrecht in Preußen und dem Reiche zwischen dem Landesherrn und den Häusern des Landtages bezw. dem Bundesrathe und dem Reichstage getheilt ist, hat auch dies Majestätsrecht als solches aufgehört.

§ 96.

Das Verordnungsrecht des deutschen Kaisers und des Bundesrathes ergiebt sich aus Art. 17 und 7 Ziff. 2 der Reichsverfassung. Demnach steht dem Kaiser die Ueberwachung der Ausführung der Reichsgesetze zu. Die Anordnungen und Verfügungen des Kaisers werden im Namen des Reichs erlassen und bedürfen zu ihrer Gültigkeit der Gegenzeichnung des Reichskanzlers, welcher dadurch die Verantwortlichkeit übernimmt. Der Bundesrath beschließt über die zur Ausführung der Reichsgesetze erforderlichen allgemeinen Verwaltungsvorschriften und Einrichtungen, sofern nicht durch Reichsgesetz etwas Anderes bestimmt ist.

In beiden Fällen handelt es sich also nur um die am Schlusse des obigen § 93 Nr. 1 und 2 erwähnten Ausführungs- und im Gesetze vorbehaltenen Verordnungen, dagegen giebt es nach Reichsverfassung keine selbstständigen Verordnungen für alle von der Gesetzgebung noch nicht präoccupirten Gebiete der Verwaltung (Nr. 3. a. a. O.).

Im Uebrigen regelt sich das Reichs-Verordnungsrecht im Einzelnen in den Reichsgesetzen selbst; z. B. §§ 5—8 des Gesetzes vom 14. Mai 1879 (R. G. Bl. S. 145), nach welchen durch kaiserliche Verordnung mit Zustimmung des Bundesrathes gewisse Vorschriften erlassen und das gewerbsmäßige Herstellen, Verkaufen und Feilhalten von Gegenständen, welche zur Fälschung von Nahrungs- und Genußmitteln bestimmt sind, verboten und beschränkt werden können.

Ebenfalls kaiserlicher Verordnung unterliegt die Bestimmung darüber, welche Apothekerwaaren dem freien Verkehr zu überlassen sind. (§ 6 der Reichs-Gewerbe-Ordnung vom 1. Juli 1883), desgl. über die Ausführung der Bestimmungen, betr. die Fischerei in der Nordsee (§ 2 des Ges. vom 30. April 1884) und über den Sitz und die Zusammensetzung der Prisengerichte und das Verfahren vor denselben (§ 2 des Ges. vom 3. Mai 1884). Vergl. auch § 2 des Ges. vom 22. Mai 1881 (Verordnung vom 29. Dez. 1881), betr. die Zulassung fremder Schiffe zur Küstenfrachtschifffahrt zwischen deutschen Seehäfen.

§ 97.

Einer nachträglichen Genehmigung bedürfen derartige kaiserliche Verordnungen nicht, eine Ausnahme hiervon macht der § 6 des Einführungsgesetzes zur Deutschen Civil-Prozeß-Ordnung vom 30. Januar 1877. Beispiel hierzu die Verordnung vom 28. Sept. 1879 (R. G. Bl. S. 299) und die Bekanntmachung des Reichskanzlers vom 11. April 1880 (R. G. Bl. S. 102).

§ 98.

Während das königliche Verordnungsrecht in Preußen durch die Verfassung zu einem Nothverordnungsrecht verkümmert ist (oben § 95), das kaiserliche Verordnungsrecht sich aber lediglich darauf beschränkt hat, das Institut der Ausführungsverordnungen weiter auszubilden (oben § 96), hat sich das erstere in seiner ursprünglichen durch das Allgemeine Landrecht geschaffenen und bis zum Inkrafttreten der Verfassung bewahrten Gestalt insofern erhalten, als dasselbe noch immer die Grundlage des schon in früherer Zeit darauf aufgebauten, delegirten behördlichen Polizeiverordnungsrechtes bildet. Denn eine rechtsgeschichtliche Erklärung dieses eigenthümlichen Rechtes aus Art. 63 der preußischen oder Art. 17 der Reichsverfassung ist schon deshalb nicht möglich, weil das behördliche Verordnungsrecht gesetzlich viel weiter geht und thatsächlich auch noch viel weiter ausgedehnt wird, als das königliche und das kaiserliche Verordnungsrecht.

§ 99.

Auf konstitutionellem Boden steht das behördliche Verordnungsrecht überhaupt nicht mehr, seitdem ihm die ursprüngliche Basis, die Gemeindeordnung vom 11. März 1850 (G. S. S. 213) wieder entzogen ist und die Artikel 42 und 105 der Verfassung in ihrer ursprünglichen Fassung durch Gesetz vom 24. Mai 1853 beseitigt worden sind. Die gutsherrliche Polizeigewalt ist zwar in den altländischen Provinzen durch § 46 der Kreisordnung vom $\frac{\text{13. Dez. 1872}}{\text{19. März 1881}}$ abermals aufgehoben, allein die weitere Ausgestaltung des behördlichen Polizeiverordnungsrechtes ist seitdem ihren eigenen mit der Verfassung nur in äußerlicher Verbindung stehenden Weg gegangen, wie sich dies aus den folgenden tabellarischen Uebersichten ergiebt:

I. Das Verordnungsrecht der ländlichen Lokal-Polizeibehörden.

Zeitabschnitte.	Die berechtigten Behörden und Beamten.	Die Gegenstände des Verordnungsrechtes.	Die Formen u. die Art der Verkündigung.	Mitwirkung anderer Behörden oder Körperschaften.	Geltungsbereich der Polizeiverordnungen.	Die Strafandrohung.	Die Außerkraftsetzung.
1.	2.	3.	4.	5.	6.	7.	8.
1. Bis zum Inkrafttreten des Polizei-Verwaltungs-Ges. v. 11. März 1850. Vgl. die Bemerkung (2) wegen der Zeit von der Einführung der Gemeinde-Ordnung v. 11 März 1850 (G. S. S. 213) bis zum Inkrafttreten des Ges. v. 14. April 1856 (G. S. S. 359).	Die ländlichen Orts-Polizeibehörden. Bis zum 31. Dezember 1873 die gutsherrliche Polizei (§ 46 Abs. 2 der A. K. O.). In der Rheinprovinz die Ortsbehörde. Dekret vom 16 August 1790 und 19. Juli 1791. Min.-Reskr. vom 13. und 17. Mai 1842 (Min.-Bl. d. i. V. 208, 209). In der Provinz Posen. V. vom 3. März 1833.	Nur in Feldpolizeiangelegenheiten (§§ 2. 73 u. 74 d. Feld-Poliz.-O. v. 1. Novbr. 1847. Vgl. heute Feld- und Forst-Pol.-Ges. v. 1. Apr. 1880 (G. S. S. 230), §§ 32, 34, 40, N. 2, 41, 43, 46, dageg. §§ 11, 13, 94) und in Sachen der Räumung u. Instandhaltg. v. Gräben u. Privatflüssen (spät. § 6 litt. h u. § 7 d. Ges. v. 11. März 1850.) Rheinprov. siehe Kol. 2.	Bestimmung d. bestätigenden Behörden. cf. Kabinets-Ordre v. 8. Febr. 1840 (G. S. S. 32) mit Beschluß d. Obertribunals vom 5. Dezember 1855 (Goltd. Archiv 4. S. 225.)	Mit Genehmigung u. unter Bestätigung der Minister des Innern u. der Just.-Feld.-Pol.-O. v. 1. Nov. 1847. § 74. Bestätigung d. Landrathes §2. a. a. O. In der Rheinprov. keine Mitwirkung, wohl aber in den übrigen Provinzen (1).	Der örtliche Polizeibezirk.	Von 5 Sgr. bis zu 3 Thlr. Höhere Strafe Genehmigung der Regierung. §2 d. Feld-Pol.-O. v. 1. Nov. 1847. In der Rheinprov. der staatlichen Gesetzgebung vorbehalten.	Die Ressortminister. Heute noch der Minister des Innern außer den sub 2—4 gedachten Behörden. (§ 145, Abs. 2 des L. V. G. vom 30. Juli 1883.
2. Von da ab bis z. 31. Dezbr. 1873. (2) cf. f. Hohenzollern die Organis.-Verordn. v. 7. Jan. 1852 (G. S. S. 35); Jagdgebiet das Ges. v. 24. Jan. 1859 (G. S. S. 72); die 1866 erworbenen Landestheile. V. v. 22. Mai u. 20. Sept. 1867 (G. S. S. 729 und 1529). Lauenburg Ges. v. 7. Jan. 1870 (Offiz.-Wochenbl. S. 13.)	Desgl. (§ 5 des Pol.-Verw.-Ges. vom 11. März 1850). In der Provinz Posen die Distriktskommissarien, in den Gutsbez. die Rittergutsbesitzer (lt. Kab.-O. v. 10. 12. 1836, § 4 des Pol.-Verw.-Ges. v. 11. 3. 50). In der Rheinprovinz der Bürgermeister (§§ 7 u. 108 der Gemeinde-Ordnung vom 23. Juli 1845 G. G. S. 523 —). In Westfalen der Amtmann (§§ 4 u. 74 der Land-Gemeinde-Ordn. v. 19. März 1856 — G. S. S. 265 —). Schlesw.-Holst. die Kreis- u. Distriktsbehörden (§ 4 der V. v. 22. Sept. 1867. — G. S. S. 1587 —). Hardes- u. Kirchspielvögte; Lauenburg dieselben Distriktsbeamten ev. Gemeindebeamte oder Landrath (§ 4 d. Ges. v. 7. Jan. 1870. Hannover, siehe Kr.-O. v. 6. Mai 1884, §§ 24, 29, 30, Landrath, Kirchspielsgerichte, aber nicht die Inselvögte; Hessen-Nassau, Kr. O. v. 7. Juni 1885, § 27; Hohenzollern, Gem. O. v. 6. Juni 1840.	Gegenstände der Ortspolizei; aufgezählt in § 6 des Pol.-Verw.-Ges. v. 11. März 1850. sub a — i.	Bestimmung d. Regier. (Amtsblattsbekanntmachungen) (§ 5, Abs. 3 des Pol. Verw. Ges. vom 11. März 1850).	Berathung mit dem Gemeindevorstande (§ 5, Abs. 1 d. Ges. v. 11. März 1850. Bei Verordnungen über Gegenstände der landwirthsch. Polizei die Zustimmung der Gem.-Vertr. unter Vorsitz des mit der örtlichen Polizeiverw. beauftragten Beamten (§ 7 a. a. O.).	Umfang d. Gemeinde (§ 5. Abs. 1 des Ges. vom 11. März 1850).	Bis zu 3 Thalern, mit Genehmigung der Regierung bis zu 10 Thalern. (§ 5, Abs 1 u. 2 d. Ges. vom 11. März 1850).	Beschluß des Regierungspräsident. Angabe d. Gründe. Berathung mit dem damaligen (niemals ins Leben getretenen) Bezirksrathe (§ 9 des Pol.-Verw.-Ges. vom 11. März 1850).

3. Vom 1. Jan. 1874 bis z. 31. März 1881 in den 6 altländischen Kreisordnungszweigen, während in den anderen Provinzen das Pol.-Verw.-Gesetz vom 11. März 1850 maßgebend bleibt. cf. aber Tab. I. B.	Der Amtsvorsteher. (§ 62 der Kr.-O. vom 13. Dezbr. 1872). Vergl. außerdem die Bemerkung (3).	Desgl. (§ 62. der A.K.O. v. 13. Dezbr. 1872).	Bis zum 31. Dezbr. 1875 die Regierung. Seit dem 1. Jan. 1876 der Oberpräsident. (§ 82, Abs. 2 der Prov.-Ordn. v. 29. Juni 1875).	Zustimmung d. Amtsausschusses, auch bei Verordnungen über Gegenstände d. landwirthsch. Polizei. Ergänzung der versagten Zustimmung durch d. Kreisausschuß cf. § 58 des Zust.-Ges. v. 26. Juli 1876.	Umfang einer einzelnen Gemeinde u. eines einzelnen Gutsbezirks, Umfang mehrerer Gemeinden und Gutsbez. und Umfang des ganzen Amtsbezirks (§ 62 d. Kr.O. vom 13. Dezember 1872).	Desgl.	Desgl., aber v. 1. Jan. 1876 ab der Oberpräsident, § 83 der Prov.-O. vom 29. Juni 1875.
4. Vom 1. April 1881 ab bis auf Weiteres.	Desgl. Vgl. Kol. 2 in Nr. 2.	Desgl. Vgl. wegen der 1866 neu erworbenen Landestheile die in Nr. 2, Kol. 2 angeführten, gesetzlichen Vorschriften.	Seit dem 1. April 1881 der Regierungspräsident. §80 Abs. 2 d. Organisationsges. v. 26. Juli 1880, jetzt § 144 des L.V.G. v. 30. Juli 1883. Wegen der Warnungstafeln vgl. Erk. des Kammergerichts v. 5. Febr. 1852 (Gold. Archiv. 2. S. 232).	Die Endgültigkeit des Beschlusses des Kreisausschusses ergiebt sich jetzt aus den Schlußworten im § 62 der Kreis-O. Novelle vom 19. März 1881.	Desgl.	Desgl. Seit dem 1. April 1881. Genehmigung des Regierungspräsid. (§ 88 des Organis.-Ges. v. 26. Juli 1880, jetzt § 144 des L.V.G. vom 30. Juli 1883).	Der Regier.-Präsid. mit Zustimmung des Bezirksrathes (jetzt des Bezirksausschuss.). Ausgenommen sind dringende Fälle. (§ 81 des Organis.Ges. v. 26. Juli 1880, jetzt § 145 des L.V.G. vom 30. Juli 1883).

Bemerkung 1. Auch die Guts- und Gerichtsherren bedurften als Inhaber der Patrimonialpolizei zu ihren Verordnungen der höheren Genehmigung. Vgl. die Ministerialerlasse vom 22 Februar 1834 (v. Kamptz Annalen S. 13), vom 25. Mai, 8. und 19. Juni 1829 (eod. Band XIII. S. 325, 331 und 334), desgl. vom 31. Juli 1847 (Min.-Bl. d. i. V. S. 197), desgl. vom 17. Juli 1828 (Min.-Bl. d. i. V. 1847 S. 198), desgl. vom 26. April 1828 und vom 21. Mai 1840 (Min.-B. d. i. V. S. 159), desgl. für die Rheinprovinz vom 13. April 1842 (a. a. O. S. 208, 209).

Bemerkung 2. Durch den § 1 des Polizeiverwaltungsgesetzes vom 11. März 1850 in Verbindung mit den §§ 58, Nr. 1 und 114 Nr. 2 der Gemeindeordnung von demselben Tage war die gutsherrliche Polizei thatsächlich aufgehoben. Von jenen beiden Gesetzen gilt das erstere noch heute, dagegen wurde die Gemeinde-Ordnung durch den Allerhöchsten Erlaß vom 19. Juni 1852 suspendirt und durch Gesetz vom 24. Mai 1853 definitiv aufgehoben. Inzwischen war aber diese Gemeindeordnung gemäß § 156 derselben mehrfach in Wirksamkeit getreten (in den rheinischen und westfälischen Landgemeinden und in einzelnen Ortschaften der Provinzen Sachsen und Preußen). Hinsichtlich dieser letzteren ist anzunehmen, daß in der Zeit vom Inkrafttreten des Ges. v. 24. Mai 1853 (vergl. Gesetz vom 3. April 1846 — G.S. S. 151) — bis zu dem Inkrafttreten des den Art. 114 der Verfassung vom 31. Januar 1850 aufhebenden Gesetzes vom 14. April 1856 (G.S. S. 353) keine Behörde vorhanden war, welche zum Erlaß von Polizeiordnungen zuständig gewesen wäre; die aus dieser Periode etwa stammenden Verordnungen sind also rechtsungültig. Anders verhielt es sich mit den Gemeinden, in denen die neue Ordnung überhaupt niemals eingeführt gewesen ist, denn hier bestand die gutsherrliche Polizei vorläufig unberührt fort bis zur Einführung der Kr.-O. vom 13. Dezbr. 1872 (cf. § 62). Dagegen spricht freilich ein Erkenntniß des ehemaligen Obertribunals vom 19. Oktober 1854.

Bemerkung 3. Wegen der sog. Straßengewerbe vergl. §§ 37 und 76 der Reichs-Gew.-O. (Fassung des Ges. vom 1. Juli 1883); Marktordnungen (§ 69. a. a. O.); Gewerbliche Taxen (§ 73 a. a. O.) cf. auch N. 14 der Ausführungs-Instruktion vom 4. September 1869; Baupolizeiliche Vorschriften auf Grund des § 12 des Gesetzes vom 2. Juli 1875. (Wochenschrift „Selbstverwaltung", Jahrgang IX. S. 222).

II. Das Verordnungsrecht der städtischen Lokal=

Zeitabschnitte.	Die berechtigten Behörden und Beamten.	Die Gegenstände des Verordnungsrechtes.	Die Formen und die Art der Verkündigung.
1.	2.	3.	4.
1. Bis zum Inkrafttreten d. Polizei=Verwaltungs=Ges. vom 11. März 1850.	Die städtischen Ortspolizeibehörden (§§ 165 bis 167 der Städte=Ordnung vom 19. November 1808, § 109 der revid. Städte=Ordnung vom 17. März 1831). Vergl. die Ministerial=Erlasse in der Bemerkung (1) zur Tabelle I.	Die gesammte Ortspolizei cf. auch Tab. I u. Gesetz über die Termine bei Wohnungs=Mieth-Verträgen vom 30. Juni 1834 (G. S. S. 92) (1). Kab.=O. v. 9. Dezbr. 1832 betr. das Tabakrauchen in den Städten (G. S. 1833, S. 1).	Siehe Tabelle I.
2. Von da ab bis zum 31. März 1881.	§ 5 des Pol.=Verw=Ges vom 11. März 1850, die städtischen Ortspolizeibehörden. § 62 I 1 der Städte=Ordnungen vom 30. Mai 1853, (2) vom 19. März 1856 (Westfalen), § 57 der Rheinischen Städte=Ordnung vom 15. Mai 1856, § 89 der schleswigschen Städte=Ordnung vom 14. April 1869. (3). (6).	§ 6 des Pol.=Verw.=Ges. vom 11. März 1850, § 6 der V. vom 20. Septbr. 1867 (G. S. S. 1569). Lauenburgisches Gesetz vom 7. Jan. 1870 (Offizielles Wochenblatt S. 13). Vergl. auch die Bemerkung (3) zu Tabelle I.	Bestimmung der Bezirks=Regierungen, § 5 Abs. 3 des Pol.=Verw.=Gesetzes vom 11. März 1850. Seit dem 1. Januar 1876 der Oberpräsident. § 82 Abs. 2 der Provinzial=Ordnung vom 29. Juni 1875.
3. V. 1. April 1881 bis auf Weiteres.	Desgl.	Desgl.	Der Regierungspräsident. § 80 Abs. 2 des Organis.=Gesetzes vom 26. Juli 1880, § 144 Abs. 2 d. Landes=Verwaltungsges. vom 30. Juli 1883.

Bemerkung 1. cf. Min.=Erlaß vom 26. August 1852 (Min.=Bl. d. i. V. S. 221).

Bemerkung 2. Vergl. Nr. XIV der Instruktion vom 20. Juni 1853.

Bemerkung 3. Vor dem Inkrafttreten der einzelnen Städte=Ordnungen gelten natürlich die bisher maßgebenden Vorschriften.

Bemerkung 4. Vergl. Ober=Tribunal=Erkenntniß vom 23. Oktbr. 1857 (Goltd. Arch. 5, S. 411).

Bemerkung 5. Strom=, Schifffahrts= und Hafenpolizei=Verordnungen kann nur der Minister für Handel und Gewerbe außer Kraft setzen (§ 81 Abs. 2 des Organis.=Ges., § 145 Abs. 2 des L. V. G.).

Bemerkung 6. In den Städten, in denen besondere Königliche Polizei=Verwaltungen nicht eingerichtet sind (§ 2 des Polizei=Verwaltungsgesetzes vom 11. März 1850, § 2 der Verordnung vom 20. Setember 1867, § 78 der Hannoverschen Städte=

Polizeibehörden. (Stadtkreise siehe Tabelle III).

Mitwirkung anderer Behörden oder Körperschaften.	Geltungsbereich der Polizei-Verordnungen.	Die Strafandrohung.	Die Außerkraftsetzung.
5.	6.	7.	8.
Bestätigung der Regierung.	Ortspolizeibezirk	Bestimmung der Regierung.	Siehe Tabelle I.
Berathung mit dem Gemeindevorstande ohne obige Bestätigung, § 5 des Pol.-Verw.-Ges. vom 11. März 1850.	Der Umfang der Gemeinde.	Bis zu 3 Thalern, mit Genehmigung der Regierung bis zu 10 Thalern. § 5 Abs. 2 des Pol.-Verw.-Ges. vom 11. März 1850. Seit dem 1. Jan 1876 Genehmigung des Oberpräsidenten § 82 der Prov.-O. vom 29. Juni 1865 (4).	Der Regierungspräsident, § 9 des Polizei-Verw.-Ges. vom 11. März 1850.
Zustimmung des Gemeindevorstandes, exclus. Sicherheitspolizei, event. Ergänzung des Bezirksrathes (jetzt Bezirksausschusses). Noth-Verordnungen auf 4 Wochen. cf. Gesetze in Kol. 4.	Desgl.	Desgl. 9 resp. 30 M. Regierungspräsident. cf. Gesetze in Kol. 4.	Regierungspräsid., event. Zustimmung d. Bezirksrathes (Bezirksausschusses), § 81 resp. 145 der nebenstehend genannten Gesetze (5).

Ordnung vom 29. Juni 1858, § 61 Abs. 2 der Kurhessischen Gemeindeordnung vom 23. Oktober 1834, §§ 2 und 18 des Nassauischen Gemeinde-Gesetzes vom 26. Juli 1854 [vergl. Ges. vom 26. April 1869 — G. S. S. 629 —], § 89 der Schleswig-Holsteinischen Städte-Ordnung vom 14. April 1869 — G. S. S. 589 —, Lauenburgisches Gesetz vom 16. Dezbr. 1870 (Offizielles Wochenblatt S. 521), § 1 der Verordnung für Frankfurt a. M. vom 29. Juni 1867 — G. S. S. 917 — hat in der Regel der Bürgermeister oder ein anderes beauftragtes Mitglied der Polizeiverwaltung auszuüben. In dieser Beziehung vergl. außer den in Kol. 2 aufgeführten Gesetzesstellen für Lauenburg das bereits erwähnte Ausführungsgesetz, für Kurhessen § 61 der ebenfalls schon gedachten Gemeindeordnung von 1834, für Nassau nach § 9 der Verordnung vom 22. Februar 1867 (G. S. S. 273), für Hohenzollern § 38 des Gemeinde-Gesetzes vom 6. Juni 1840 (Hohenzollernsche G. S. V. S. 241), für Hannover §§ 71 und 78 der Städte-Ordnung vom 29. Juni 1858 (Hannov. G. S. S. 141).

III. Das Verordnungsrecht der Lokal=

Zeitabschnitte.	Die berechtigten Behörden und Beamten.	Die Gegenstände des Verordnungsrechtes.	Die Formen und die Arten der Verkündigung.
1.	2.	3.	4.
Bis zum 31. März 1881.	Siehe Tabelle II.	Die Gegenstände der von den Königl. Polizeibehörden erlassenen Verordnungen sind (mit der in der Anmerkung erwähnten Ausnahme) stets lokalpolizeilicher Natur. Ober=Verw.=Gerichts=Erk. vom 26. Sept. 1881. („Selbst." VIII. S. 354).	Siehe Tabelle II.
Vom 1. April 1881 bis auf Weiteres.	§ 80 des Organis=Gesetzes vom 26. Juli 1880, § 144 des Landesverwaltungsgesetzes vom 30. Juli 1883.		Siehe Tabelle II.

Bemerkung: 1) Der Polizeipräsident von Berlin war früher sowohl Lokalpolizeibehörde in dem ehemaligen „engeren" Polizeibezirke, als auch Landespolizeibehörde in dem ehemaligen „weiteren" Polizeibezirke. Vergl. die Bestimmungen in den Oberpräsidial-Erlasse vom 20. Okt. 1810, Polizei=Reglement vom 18. Sept. 1822 und im Königl. Erlasse vom 16. Mai 1830 (abgedruckt bei Ballheim: „das Berliner Polizei=Präsidium"). Danach bezeichneten die Grenze des Weichbildes der Stadt Berlin in der Regel auch die Grenze des „engeren" Polizeibezirks. Eine Ausnahme machten der Wedding und das Kämmerei-Haideland, welche damals zwar nicht zum Weichbilde der Stadt, aber doch zum „engeren" Polizeibezirke gehörten. Der Unterschied zwischen dem „engeren" und „weiteren" Polizeibezirke ist fortgefallen seit der Einsetzung der Amtsvorsteher (§ 185 der Kreisordnung vom 13. Dezember 1872). Seitdem steht die

polizeibehörden in den Stadtkreisen. (1).

Mitwirkung anderer Behörden und Körperschaften.	Geltungsbereich der Polizei-Verordnungen.	Die Strafandrohung.	Die Außerkraftsetzung.
5.	6.	7.	8.
Siehe Tabelle II.	Siehe Tabelle II.	Siehe Tabelle II.	Siehe Tabelle II.
Siehe Tabelle II.	Siehe Tabelle II.	Bis zu 30 M.	Siehe Tabelle II.

Ortspolizei außerhalb des Weichbildes der Stadt Berlin auf dem Lande den Amtsvorstehern, in den Stadtgemeinden den Ortspolizeibehörden, die Landespolizei den betreffenden Regierungspräsidenten zu. Wenn gleichwohl thatsächlich hiervon noch Ausnahmen gemacht werden, wie hinsichtlich der Landespolizei in der Stadt Charlottenburg, so ist das mit dem jetzt geltenden Rechte nicht in Einklang zu bringen. Vergl. über die Organisation des Berliner Polizeipräsidiums das Endurtheil des Königl. Ober-Verwaltungsgerichts vom 14. März 1882 (Entsch.-Band VIII. S. 332, 340). Außerdem ist zu bemerken, daß die Straßenbaupolizei in Berlin städtischen Organen übertragen ist durch Kab.-Ordre vom 28. Dez. 1875 (Potsdamer Amtsblatt 1876 S. 8).

IV. Das Verordnungsrecht der

Zeitabschnitte.	Die berechtigten Behörden und Beamten.	Gegenstände des Verordnungsrechtes.	Die Formen und die Art der Verkündigung.
1.	2.	3.	4.
1. Bis zum 31. Dez. 1873 (1). Vergl. das Ober.-Trib.-Erk. vom 7. Okt. 1858 (Justiz-Min.-Bl. S. 366), Erk. des Rhein. Kassations-hofes vom 5. Okt. 1852 (Oppenh. Str.-G.-B. S. 511, Nr. 6), Min.-Erlaß vom 13. April 1842 (Min.-Bl. d. i. B. S. 209).	Der Landrath im Auftrage der Aufsichts-behörde, auf Grund bestimmter gesetzlicher Ermächtigung. Kreis-Polizei-Verordnungen konnten auch die Regierungen erlassen. S. Tabelle V. Vergleiche auch Min.-Erlaß vom 23. Jan. 1830 (vergl. Kampz. Annal. Band 30 S. 350), § 36 der B. v. 30. Apr. 15 (G.S. S. 91)	In einzelnen Gebieten der Polizei, also kein allgemeines Verordn.-Recht, sondern immer nur auf Grund gesetzlicher Ermächtigung. Vergl. Ministerial-Erlasse vom 25. Mai bis 29. Nov. 1841 (Min.-Bl. d. i. V. S. 161 und 315). Desgl. vom 1. Juli 1860 (a. a. O. S. 146). O. T. E. vom 7. Okt. 1858 (Justiz-Min.-Bl. S. 366).	Bestimmung der Regierung, auch schon vor dem Inkrafttreten der A. K. O. v. 8. Febr. 1840 (G.S. S. 32), betr. die Publikation kreis- u. lokal-polizeilicher Verordnungen.
2. Vom 1 Jan. 1874 bis zum 31. Dez. 1875.	Der Landrath ohne Auftrag (§ 78 der altländischen Kreisordnung vom 13. Dez. 1872 Vergl. die Motive zur Kreis.-Ord. („Selbstv." III. S. 420).	Nach Maßgabe des Pol.-Verw.-Gesetzes vom 11. März 1850.	Bestimmung der Regierung bezw. des Regierungs-Präsidenten.
3. Vom 1. Jan. 1876 bis zum 31. März 1881.	Desgl.	Desgl.	Bestimmung des Oberpräsidenten.
4. Vom 1. April 1881 bis zum 31. März 1884.	Desgl. § 78 des Organisations-Gesetzes vom 26 Juli 1880.	Desgl. bezw. der Verordnung vom 20. Sept. 1867 u. des lauenburgischen Ges. v. 7. Jan. 1870.	Der Reg.-Präs. § 80 Abs. 2 des Organ.-Ges. vom 26. Juli 1880.
5. Vom 1. April 1884 bis auf Weiteres.	Desgl. § 142 des Landesverw.-Ges. vom 30. Juli 1883. Vergl. § 24 der hannoverschen, § 26 der hessen-nassauischen und § 32 der westfälischen Kreisordn.	Desgl. § 142 des L. V. G.	Desgl. § 144 Abs. 2 des L. V. G.

Bemerkung 1. Die königlichen Polizeibehörden in den Städten erlassen in dieser Periode nur Lokalpolizeiverordnungen. Siehe Tab. II und III.

Bemerkung 2. Vergl. jetzt §§ 13 und 96 des Feld- und Forstpolizeigesetzes vom 1. April 1880 (G. S. S. 230).

Landräthe (Kreispolizeibehörden).

Mitwirkung anderer Behörden oder Körperschaften.	Geltungsbereich der Polizei-Verordnungen.	Die Strafandrohung.	Außerkraftsetzung.
5.	6.	7.	8.
Im Allgemeinen Genehmigung der Regierung, in feldpolizeilichen Angelegenheiten des Ministers des Innern und der Justiz. Anhörung der Kreisstände (§ 74 der Feld-Polizei-Ord. vom 1. Nov. 1847 (2).	In feldpolizeilichen Angelegenheiten sowohl Kreis- als lokalpolizeiliche Verordnungen. Siehe Tab. I und II.	Bestimmung der Regierung. Siehe die Bemerkungen in Kol. 1.	Die Ressortminister. Vom Tage des Inkrafttretens des Pol.-Verw.-Ges. vom 11. März 1850 an der Regierungs-Präsident (§ 9 jenes Gesetzes).
Zustimmung d. Kreisausschusses.	Für mehrere Amtsbezirke und für den Umfang des Kreises (3).	Bis zu 10 Thalern. § 78 der Kr. O.	Desgl.
Desgl.	Desgl.	Desgl.	Der Oberpräs. § 82 der Prov.-O. v. 29. Juni 1875, jedoch v. 1. April 1881 ab bis auf Weiteres wieder der Regierungspräs. (§ 81 des Organis.-Ges. vom 26. Juli 1880, § 145 des Landesverwaltungsgesetzes v. 30. Juli 1883), jedoch nur unter Zustimmung des Bezirksrathes (Bezirksausschusses), Ausnahmen nur, wenn Aufschub unzulässig. Dasselbe Recht steht dem Minister des Innern zu, jedoch hinsichtlich der Strom-, Schifffahrts- und Hafenpolizei dem Minister für Handel und Gewerbe. (§ 16 des Polizei-Verwaltungs-Gesetzes vom 11. März 1850, § 14 des Gesetzes vom 20. Sep. 1867, § 115 des Zuständigkeits-Gesetzes vom 26. Juli 1876 und die vorher gedachten §§ 81 und 145).
Desgl. § 78 des O. G.	Für mehrere Ortspolizeibezirke und für den Umfang des ganzen Kreises (§ 78 des O. G.), also die Landstädte mit inbegriffen (4).	Bis zu 30 M. § 78 des O. G.	
Desgl. § 142 des L. V. G.	Desgl. § 142 des L. V. G.	Desgl. § 142 des L. V. G.	

Bemerkung 3. Für mehrere oder sämmtliche Städte des Kreises durfte der Landrath Polizeiverordnungen nicht erlassen. Min.-R. vom 25. August 1876 (Min.-Bl. d. i. V. S. 161). Siehe oben den Zeitabschnitt 4.

Bemerkung 4. Wegen Hannover vergl. § 24 der hannoverschen Kreisordnung und L. V. G. § 142.

V. Das Verordnungsrecht der Bezirksregierungen und der Regierungspräsidenten und des Polizeipräsidenten von Berlin in seiner Eigenschaft als Landespolizeibehörde.

Zeitabschnitte.	Die berechtigten Behörden und Beamten.	Die Gegenstände des Verordnungsrechtes.	Die Form und die Art der Verkündigung.	Mitwirkung anderer Behörden und Körperschaften.	Geltungsbereich der Polizeiverordnungen.	Die Strafandrohung.	Die Außerkraftsetzung.
1.	2.	3.	4.	5.	6.	7.	8.
1. Von dem Inkrafttreten der V. vom 26. Dez. 1808 (1.) bis zum Inkrafttreten der Regierungs-Instruktion vom 23. Okt. 1817.	Die Bezirks-Regierungen. (§§ 1, 3, 40, 48 der V. vom 26. Dez. 1808, §§ 2, 3, 7, 34, 37, 50 der Instruktion von demselben Tage.)	cf. Tab. VII A. Weg. der sogenannten „Schulpolizei" vergl. den Ministerialerlaß vom 4. März 1871. (Min.-Bl. d. i. V. S. 106.)	cf. Tab. VII. A. (2). Vergl. Ob.-Trib.-Erk. vom 2. Nov. 1860 (Goltd. Archiv. 9. S. 9).	Bestätigung des Ressort-Ministers, Min.-R. vom 7. Mai 1819 und 18. April 1840 (Min.-Bl. d. i. V. S. 158), desgl. vom 19. August 1830. (Vergl. Kampz. Ann. S. 639) und vom 16. Febr. 1833 (a. a. O. S. 130). Ob.-Trib.-E. v. 15. März 1877. (Min.-Bl. d. i. V. S 137), desgl. vom 8. Dez. 1868 (Oppenh. 9. S. 690). (6).	Für den ganzen Regierungsbez. und für einzelne Theile derselben, also auch Kreis- und Lokalpolizeiverord.	A. L. R. II. 20. §§ 33, 35, 240.	Die Ressortmin.
2. Von dem Inkrafttreten der Regierungsinstruktion von 1817 bis zum Inkrafttreten des Pol.-Verw.-Ges. vom 11. März 1850 (§ 11 der Instruktion).	Desgl.	Desgl. § 2 der Instruktion. Erweiterung durch die A. K. O. vom 7. Febr. 1837 (G. S. S. 19). (3.)	Desgl. Wegen des Polizeipräsidiums zu Berlin vergl. Allerh. Kab.-O. vom 8. Febr. 1840 (G. S. S. 32). Siehe auch die Bemerkung Tab. III.		Desgl.	Desgl.	Desgl.
3. Von dem Inkrafttreten des Gesetzes v. 11. März 1850 bis zur Bildung der Bezirksräthe (§ 81 d. Pr. O. v. 29. Juni 1875). NB. Nur für damaligen Kreisordnungsprovinzen.	Desgl. § 11 des Ges. vom 11. März 1850; auch §§ 12—14.	Das Ressort ist neu geregelt durch die §§ 11 bis 15 des Ges. vom 11. März 1850. Der § 14 ist besonders zu beachten. Derselbe bezieht sich auf § 11, Abs. 2 der Instruktion vom 23. Okt. 1817 (4.) (7.) Erweiterung durch § 28 der Reichs-Gew.-Ord. (Windmühlen etc.)	§ 11, Abs. 2 des Ges. v. 11. März 1850 und Min.-Erlaß vom 6. Juni 1850 (Min.-Bl. d. i. V. S. 176). (8.) Für Berlin vergl. das Erkenntniß des Ober-Verwaltungsgerichts vom 7. Juni 1887, betreffend die Rechtsgültigkeit der Bau-Polizei-Ordnung vom 15. Jan. 1887.	Die ministerielle Bestätigung fällt fort. Als spezielle Vorbedingung ist nicht anzusehen die Vorschrift im § 8 Nr. 1 der Dienstanweisung für die Gewerberäthe vom 24. Mai 1879 (Min.-Bl. d. i. V. S. 152).	Für mehrere Gemeinden (9) des Verwaltungsbezirks oder für den ganzen Umfang desselben. (§ 11, Abs. 1 des Ges. v. 11. März 50), mithin nicht für einzelne Gemeinden, wohl aber für einzelne Kreise.	Bis zu 10 Thlr. § 11 d. G. v. 11. März 1850. Vgl. Parey, Verordnungs-Recht S. 33. Anm. 32.	Der Minister des Innern, § 16 des Pol.-Verw.-G. v. 11. März 1850, § 14 des Ges. vom 20. Septbr. 1867, event. der Minister für Handel und Gewerbe. § 81 d. Organisationsgesetzes v. 26. Juli 1880, später § 145 d. Landesverwalt.-gesetzes vom 30. Juli 1883.
4. Von da ab (für die damaligen Kreisordnungsprov.) bis zum 31. März 1881.	Der Regierungspräs.; aber nur Nothverord. an Stelle des Oberpräs. §§ 79 bis 81 der Prov.-O. v. 29. Juni 1875. (5.) (10.)	Desgl.	§ 77 der Prov.-O. v. 29. Juni 1875. (12.)	cf. Kol. 2. Zustimmung d. Bezirksrathes; nachträgliche Zustimmung des Provinzialrathes binnen 6 Monaten. (13.)	F. mehr. Kreise od. f. d. ganzen Bez., mithin nicht mehr f. einzelne Gem.; vgl. jedoch die Abweich. i. d. Lauenb. Ges. vom 7. Jan. 1870.	Bis zu 30 Mark. §§ 76 und 79 der Prov.-O. (11.)	

5. Vom 1. April 1886 ab bis zum 31. März 1884. (Org.-Ges. vom 26. Juli 1880, § 73, Abs. 2.)	Desgl., aber ohne die Beschränkung auf Nothverordnungen.	Desgl., es treten aber hinzu die Gegenstände der Strom- rc. Polizei, soweit dieselben nicht anderen Behörden zustehen. cf. Tab. VII. B. V. und VIII. (§ 74 des Org.-Ges.)	Desgl. (Org.-Ges. § 76.)	Desgl., bei Nothverord. nachträgl. Zustimmung d. Bezirksrathes binnen 3 Mon. (Org.-Ges. § 75 Satz 2.) Wegen der Gew.-Räthe siehe oben.	Für mehrere Kreise oder für den Umfang des ganzen Regierungsbezirks. (Org.-Ges. § 73, Abs. 2.) In Betreff Strompolizei auch f. einzelne Kreise der Theile derselben.	Bis zu 60 Mark (Org.-Ges. § 74).	
Vom 1. April 1884 ab bis auf Weiteres. (L. V. G. v. 30. Juli 1883. § 137, Abs. 2.	Desgl.	Desgl. (L. V. G. § 138.)	Desgl. (L. V. G. § 140.)	Desgl. (L. V. G. § 139), jedoch Zustimmung des Bezirksausschusses.	Desgl. (L. V. G. § 138.)	Desgl. (L. V. G. § 138.)	Desgl.

Bemerkung 1. Wegen des Inkrafttretens der Gesetze vergl. Parey, Polizei-Verordnungsrecht. S. 13.

Bemerkung 2. Wegen der Publikations-Formen der Staatsgesetze vergl. ebenda S. 12, auch „Selbstv". IX. S. 145.

Bemerkung 3. Nach dem Inkrafttreten des Pol.-Verw.-Gesetzes vom 11. März 1850 fällt diese auf die „äußere Heilighaltung der Sonn- und Festtage" bezügliche Erweiterung fort, jedoch unbeschadet des § 19 jenes Gesetzes.

Bemerkung 4. Die höhere Instanz im Sinne des § 15 ist zunächst der Oberpräsident (siehe Tab. VI.)

Bemerkung 5. Hiermit ist das Verordnungsrecht der Bezirks-Regierungen vollständig aufgehoben.

Bemerkung 6. Wegen des Verordnungsrechtes der Oberbergämter, der Festungskommandanten und der Konsuln vergl. Parey, Verordnungsrecht, S. 29. Anmerkung 28. Auch die Marinebehörden üben auf Grund des § 2 des Gesetzes, betreffend die Reichskriegshäfen vom 19. Juni 1883 (R.-G.-Bl. S. 105), ein Verordnungsrecht aus. Als Beispiel mag dienen die „Seepolizeiliche" Verordnung vom 7. November 1885, welche von dem Vice-Admiral und Stationschef von Wickede zu Kiel durch das Schleswig'sche Amtsblatt erlassen wurde.

Bemerkung 7. Vergl. a. a. O. S. 30 ff. die Anmerk. 30—38, 38a—c, ferner zu der Anm. 33, Ob.-Trib.-Erk. vom 28. Jan. 1864 (Opp. 4. S. 332), v. 23. Okt. 1862 (Opp. 3. S. 85), v. 27. Juni 1862 (Opp. 2. S. 498), dagegen v. 12. April 1877 (Opp. 17. S. 261). Impfzwang Rosin S. 61, Anm. 84. Zu Anm. 33, vergl. ferner Ob.-Trib.-Erk. vom 8. Febr. 1877 (Opp. X. S. 112), Ober-Verw.-Gerichts-Erk. vom 10. Nov. 1877 (Entsch. III. S. 377).

Bemerkung 8. Vergl. hierzu Parey, Polizeiverordnungsrecht S. 35 und 36, die Anmerkungen 39 und 40, auch „Selbstv." IX. S. 9.

Bemerkung 9. Vergl. a. a. O. Anm. 42. (S. 37, 38.)

Bemerkung 10. Vergl. a. a. O. Anm. 42a. (S. 98.)

Bemerkung 11. Vergl a. a. O. Anm. 43—45. (S. 38, 39.)

Bemerkung 12. Vergl. a. a. O. Anm. 46 und 47. (S. 39.)

Bemerkung 13. Vergl. a. a. O. Anm. 48. (S. 39.)

VI. Das Verordnungsrecht der Oberpräsidenten.

Zeitabschnitte.	Der berechtigte Beamte.	Die Gegenstände des Verordnungsrechtes.	Die Formen und die Art der Verkündigung.	Mitwirkung anderer Behörden und Körperschaften.	Geltungsbereich der Polizeiverordnungen	Das Strafmaß.	Die Außerkraftsetzung.
1.	2.	3.	4.	5.	6	7.	8.
1. Von dem Tage des Inkrafttretens (1) der Oberpräsidialinstruktion vom 31. Dezbr. 1825 (G. S. 1826 S. 1) bis zum 31. Dez. 1875.	Der oben genannte Beamte.	Das Ressort der Regierungen in polizeilichen Angelegenheiten cf. Kol. 3 in Tabelle I. A. (2).	cf. Kol. 4 in Tab. I. A.	Genehmigung d. Ressortministers.	Für die ganze Provinz und für mehr als einen Regierungsbezirk.	A. L. R. II. 20. §§ 33, 35, 240.	Die Ressortminister.
2. Vom 1. Januar 1876 (sofern damals die Provinzialräthe schon gebildet waren) bis zum 3'. Septbr. 1876. § 76 der Prov.-O. vom 29. Juni 1875.	Desgl.	Desgl.	Bezeichnung als „Polizeiverordnung". Bezugnahme auf die §§ 6, 12 u. 15 des Gesetzes vom 11. März 1850; Bekanntm. durch die Amtsblätter (§ 77 der Prov.-O.).	Zustimmnng des Provinzialrathes. (§ 76 der Prov.-O.)	Für mehrere Kreise, für einen oder mehrere Regierungsbezirke oder für den Umfang der ganzen Provinz.	Bis zu 30 Mark.	Der Minister des Innern. (§ 84 der Prov.-O. v. 29. Juni 1875.
3. Vom 1. Oktober 1876 bis zum 31. März 1881. § 115 des Zust.-Ges. vom 26. Juni 1876.	Desgl.	Desgl. Jedoch außerdem die Vorschriften über Strom-, Schifffahrts- u. Hafenpolizei, soweit das Recht nicht anderen Behörden zustand. cf. Tab. I. B.	Desgl.	Desgl. bei Nothverordnungen in Strom-, Schifff.- u. Hafenangelegenheiten die nachträgliche Einholung d. Zustimmung binnen 3 Monaten. (§ 115 des Zust.-Ges. von 1876).	Desgl., jedoch cf. Kol. 3 wegen der Strom- rc. Polizei.	Desgl.	Desgl.
4. Vom 1. April 1881 bis z. 31. März 1884 (§ 73 des Organ.-Ges. vom 26. Juli 1880).	Desgl.	Desgl. Org.-Ges. § 74. cf. Tab. I. B., II u. IV.	Bezeichnung als „Polizeiverordnung", Bezugnahme auf §§ 6, 12 u. 15 des Ges. vom 11. März 1850, bezw. der V. vom 20. Sept. 1867 (§§ 6, 12 u. 13) oder des Lauenburg. Ges. vom 7. Jan. 1870. (Org. Ges. § 76.)	Desgl. Die Vorschrift wegen der Nothverordnungen gilt nunmehr für alle Verordnungen des Oberpräsidenten (Org.-Ges. § 76).	Für mehrere Kreise, sofern dieselben verschiedenen Regierungsbezirken angehören, für mehr als einen Regierungsbezirk oder für den Umfang der ganzen Provinz. cf. Kol. 3. (Org. Ges. § 73.) Strom- rc. Polizei. Mehr als ein Bezirk und die ganze Provinz.	Bis zu 60 Mark. Org. Ges. § 74.	Desgl. Jedoch hinsichtl. der Strom-, Schifffahrts- u. Hafenpolizei d. Minister für Handel u. Gewerbe. (§ 81 Abs. 2 des Org.-Ges. v. 26. Juli 1880, später § 145 d. Landesverwaltungsges. vom 30. Juli 1883.

5. Vom 1. April 1884 ab bis auf Weiteres. § 137 des L. V. Gesetzes vom 30. Juli 1883.	Desgl.	Desgl. L.V.G. § 138.	Desgl. L. V. G. § 138.	Desgl. L. V. G. § 139.	Desgl. L. V. G. § 137. Die Stadt Berlin ist für sich keine Provinz. In den Gesetzen (siehe die Ueberschrift zu Tit. II, Abschnitt IV des L. V. G) heißt dieselbe ein „Stadtkreis", im § 42 Abs. 2 a. a. O. wird der Polizeipräsident dem Regierungspräsidenten gleich gestellt und in § 41 a. a. O. wird von einem Oberpräsidenten für Berlin gesprochen. Das sind subjektive und objektive Merkmale für die Eigenschaften einer Provinz, eines Regierungsbezirkes und eines Stadtkreises. Nur die zweite Eigenschaft kann hier maßgebend sein, deshalb kann der Oberpräsident wohl für die beiden Regierungsbezirke der Provinz Brandenburg und für Berlin, niemals aber für Berlin allein Polizei-Verordnungen erlassen.	Desgl. L. V. G. § 137.

Bemerkung 1. V. vom 27. Oktober 1810 und vom 28. März 1811. Deklaration vom 14. Januar 1813 (G. S. S. 2) u. V. vom 19. Juni 1819 (G. S S. 148); letztere für die Rheinprovinz.

Bemerkung 2. Den Gesetzen des Staates und den Verordnungen der Minister dürfte diese Verordnung nicht widersprechen.

Bemerkung 3. Die persönliche Berechtigung beruht lediglich auf Deduktion des ehemaligen Obertribunals. Erk. vom 16. Juli 1857 (Justiz-Min.-Bl. S. 378) Goltd. Arch. Band 5, S. 372), cf. auch die O.-Präs.-Instruktion, § 1 I, § 2, Nr. 4, § 4 und § 2 der V. vom 30. April 1815 (G. S. S. 85). Vergl. auch Parey, Pol. V. die Anm. 52.

VI. A. Das Verordnungs=

A. Im All=

Zeitabschnitte.	Die berechtigten Beamten.	Die Gegenstände des Verordnungsrechtes.
1.	2.	3.
1. Verordnung v. 26. Dez. 1808 (N. C. C. XII. S. 679). Von dem Tage des Inkrafttretens dieser Verordnung (§ 54) bis zum Tage des Inkrafttretens der Verfassung v. 31. Jan. 1850 (zugleich Tag der Vollziehung durch den König und der Publikation, ev. Ges. v. 3. Apr. 1846 — G. S. S. 151 —).	event. die Verwaltungsminister, soweit dieselben mit polizeilichen (1) Angelegenheiten befaßt waren.	event. Ressort der Regierungen in „polizeilichen" (1) Angelegenheiten. Vergl. Parey, Verordnungsrecht, S. 28, die Anmerkungen 25a und 26.
2. Von dem Tage des Inkrafttretens der Verf. b. z. 31. Dez. 1875 (die Prov.-Ordn. v. 29. Juni 1875 ist am 1. Jan. 1876 in Kraft getreten, § 123 dieses Gesetzes).	event. dieselben Minister, aber nur kraft besonderer gesetzlicher Delegation (2).	—
3. Vom 1. Januar 1876 bis zum 31. März 1881 (das Organisationsgesetz vom 26. Juli 1880 ist am 1. April 1881 in Kraft getreten, § 88 dieses Gesetzes).	Die Ressortminister. § 85 der Provinzial-Ordnung vom 29. Juni 1875.	Soweit die Ges. ausdrücklich auf den Erl. besonderer poliz. Vorschriften (Verordn., Anord., Reglem. u. s. w.) durch die Centr.-Behörden verweisen, aber nur innerhalb des Ressorts. Außerdem Erlaß der im § 365 Nr. 5 des R.S.G. gedachten Verordn. (3) ohne obige Einschränkung.
4. Vom 1. April 1881 bis zum 31. März 1884 (das Landesverwaltungsgesetz vom 30. Juli 1883 ist am 1. April 1884 in Kraft getreten, § 154 dieses Gesetzes).	Desgl. § 72 des Organisations-Gesetzes vom 26. Juli 1880.	Desgl.
5. Vom 1. April 1884 bis auf Weiteres.	Desgl. § 136 des Landesverwaltungs-Gesetzes vom 30. Juli 1883.	Desgl. § 136 des L. V. G.

Bemerkung 1. „Polizeiliche" Angelegenheiten im Gegensatz zu den landeshoheitlichen und Finanzsachen cf. § 3 der V. vom 26. Dez. 1808, §§ 2, 3, 7, 34 der Instruktion von demselben Tage (N. C. C. XII S. 703, V. vom 27. Okt. 1810 (G. S. S. 3), Kab.-O. vom 4. Juli 1832 (G. S. S. 181), Staats-Min.-Beschluß vom 7. Jan. 1845 (Min.-Bl. d. i. V. S. 40, Justiz-Min.-Bl. S. 84). Letzteres die einzige, aber unhaltbare Rechtsquelle für das Verordnungsrecht der Minister während dieser Periode.

Bemerkung 2. Der Beschluß vom 7. Januar 1845 hat durch § 11 und 14 des Pol.-Verw.-Ges. vom 11. März 1850 den Boden verloren. cf. Drucksachen des Abg.-Hauses von 1875 Nr. 170 S. 24. Bezug genommen wird auch auf die O. T. Erkenntnisse vom 28. Mai 1864 (Opp. IV S. 545) und vom 16. Juli 1857 (Justiz-Min.-Bl. S. 378). In dieser Periode also überhaupt kein ministerielles Verordnungsrecht.

recht der Minister.

gemeinen.

Die Art der Verkündigung, die Formen u. s. w.	Mitwirkung anderer Behörden.	Geltungsbereich der Verordnungen.	Das Strafmaß.
4.	5.	6.	7.
event. wie die Landesgesetze. Seit der V. vom 28. März 1811 durch die Amtsblätter (cf. Parey, Verordnungsrecht, S. 12).	Fehlen gänzlich. Wollte man die königliche Genehmigung als solche annehmen, so würde es sich nicht mehr um ministerielle Verordnungen, sondern nach damaliger Verfassung um „Gesetze" handeln.	event. der ganze Staat, oder einzelne Theile desselben.	ev. A. L. R. II. 20. §§ 33, 35, 240.
—	—	—	—
§§ 77 und 86 der Prov.-Ordn. Bezeichn. „Polizei-Verordn." Bezugnahme auf § 85 der Prov.-O. u. auf §§ 6, 12, 15 des Pol.-Verw.-Ges. vom 11. März 1850 (4). Bekanntm. durch die Amtsbl. § 78 Zeit des Inkrafttretens d. Verord.	Fehlen hier absichtlich.	Geltungsbereich der betreffenden Gesetze (Kol. 3).	Bis zu 30 M. § 85 der Provinzial-Ordn.
§ 76 des Organ.-Ges. Bezeichnung „Polizei-Verordnung." Bezugnahme auf § 72 des Organ.-Ges., Abdruck in den Amtsblättern.	Desgl.	Für den ganzen Umfang der Monarchie oder für einzelne Theile derselben. O. G. § 72.	Bis zu 100 M. § 72 des O. G.
§ 140 d. L. V. G. Bezeichn. „Pol.-Verordn." Bezugn. auf § 136 des L. V. G. Bekanntm. durch d. Amtsbl.	Desgl.	Desgl. L. V. G. § 136.	Dgl. L. V. G. § 136.

Bemerkung 3. Vergl. Min.-Erlaß vom 23. Juli 1871 (Min.-Bl. d. i. V. S. 205, Reichs-Gewerbe-Ordnung in der Fassung vom 1. Juli 1883 (G. S. S. 159), §§ 34, Abs. 3, 56, 147, Nr. 2; V. vom 1. Mai 1882 (R. G. Bl. S. 55); Gesetz vom 9. Juni 1884 (G. S. S. 61), dazu die ministeriellen Anweisungen vom 11. Sept. und 6. Dez. 1884 (Min.-Bl. d. i. V. 1884, S. 247 und 1885 S. 17), Bekanntmachung des Reichskanzlers vom 13. März 1885. (Wochenschrift „Selbstverwaltung" XII S. 94), Min.-Erlaß vom 4. Juli 1885 (a. a. O. S. 255), desgl. vom 28. März 1885 (R. und St. A. N. 125). Vergl. auch die ministerielle V. vom 29. August 1879 („Selbstverw." VI S. 349) und die Ergänzung dazu (XIII S. 210).

Bemerkung 4. Die Erfüllung dieser Bedingung war unmöglich. Siehe Anm. 52 in Parey, Polizei-Verordnungsrecht.

VII. B. Der Minister für Handel und Gewerbe.

Zeitabschnitte.	Der berechtigte Beamte.	Gegenstände der Verordnungen.	Die Formen und die Art der Verkündigung.	Mitwirkung anderer Behörden.	Geltungsbereich der Verordnungen.	Das Strafmaß.	Bemerkungen.
1.	2.	3.	4.	5.	6.	7.	8.
1. Vom 1. Januar 1876 ab bis zur Ausführung des Allerhöchsten Erlasses vom 7. August 1878 (G. S. 1879. S. 25). (1) Provinzial-Ordnung § 85.	Der oben genannte Minister. § 85 der Pr.-O.	Pol.-V. a) wegen Uebertretungen der Eisenbahnpolizei-Reglements (2). b) Der zur Regelung der Schifffahrt u. Flößerei auf den mehrere Provinzen durchziehenden öffentlichen Wasserstraßen (Strompolizei) (3).	Wie sub A. pro § 85.	Wie sub A.	cf. Kol. 3.	Bis z. 30 M. Prov.-O. § 85.	1. Vgl. auch Ges. vom 13. März 1879 (G.S. S. 123). 2. Eisenb.-Poliz.-Regl. v. 4. Jan. 1875 (Reichs-Centr. Bl. S. 57); an dessen Stelle gilt jetzt das Bahn-Polizei-Regl. vom 30. Novbr. 1885 (R. G. Bl. S. 289, Centralbl. S. 541), cf. auch Tab C. die Bemerkung (1).
2. Vom 1. April 1879 ab (cf. Bemerkung 1) bis zum 31. März 1884). §§ 72, 74, 76, 77 des Organisationsgesetzes v. 26. Juli 1880.	Desgl.	Nur noch die Strom-, Schifffahrts- u. Hafenpolizei; wegen der Eisenbahnpolizei siehe Tab. C.	Wie sub A. 3. Vom 1. April 1881 ab wie sub A 4.	—	cf. Kol. 3.	Bis zum 31. März 1881 30 M., von da ab 100 Mark. § 72 des Org.-Ges.	
3. Vom 1. April 1884 ab bis auf Weiteres. Landesverwaltungsgesetz vom 30. Juli 1883. § 136.	Desgl. L. V. G. § 136.	Desgl. L. V. G. § 136.	Wie sub A 4 L. V. G. § 140.	—	Desgl.	100 Mark. L. V. G. § 136.	3. Beispiel: Endurtheil des O.-Verw.-Ger. v. 7. Nov. 1877 (Entsch. Band III. S. 211).

VII. C. Der Minister für öffentliche Arbeiten.

Zeitabschnitte.	Der berechtigten Beamte.	Gegenstände der Verordnungen.	Die Art der Verkündigung, die Formen u. s. w.	Mitwirkung anderer Behörden.	Geltungsbereich der Verordnungen.	Das Strafmaß.
1.	2.	3.	4.	5.	6.	7.
1. Vom 1. April 1879 ab (Gesetz vom 13. März 1879 — G S. S. 123 —) bis zum 31. März 1881. Provinzial-Ordnung § 85.	Der oben genannte Minister.	Das Verordnungsrecht hinsichtlich der Uebertretungen der Eisenb.-Pol.-Reglem. cf. Bemerkung (2) zur Tabelle B. (1).	Wie sub B.	—	cf. Kol. 3.	Bis zu 30 M.
2. Vom 1. April 1881 ab bis zum 31. März 1884 (§§ 72, 74, 76, 77 des Organ.-Ges. vom 26. Juli 1880).	Desgl.	Desgl.	Desgl.	—	Desgl.	Bis z. 100 M.
3. Vom 1. April 1884 ab bis auf Weiteres. § 136 des L. V. G. vom 30. Juli 1883.	Desgl.	Desgl.	Desgl.	—	Desgl.	Desgl.

Bemerkung 1. Zu beachten ist, daß die Eisenbahn-Polizei-Reglements vor dem Erscheinen der neuesten Fassung vom 30. Nov. 1885 vielfache Aenderungen erfahren haben, das Nähere hierüber siehe in der „Gesetzgebung d. deutschen Reiches" (Verl. v. J. Guttentag, Berlin), Band II S. 163 ff. In dieser Weise ist das Eisenbahn-Polizei-Verordnungswesen zur Zeit in Preußen geregelt. Die ursprünglichen Vorschriften findet man in der Reichsverfassung vom 16. April 1871, Art. 4 Nr. 8, Art. 7, 42 und 43, auf Grund derselben sind die allgemeinen Eisenbahn-Polizei-Reglements ergangen. Den Eisenbahn-Direktionen ist ein Polizei-Verordnungsrecht niemals übertragen worden, sondern nur den Bezirks-Regierungen, deren bezügliche Verordnungen aber, soweit es sich um Bahnen handelt, welche unter staatlicher Verwaltung stehen, von den Direktionen mit vollzogen und veröffentlicht werden sollten. (Min.-Erlaß vom 23. Juni 1858 — Min.-Bl. d. i. V. S. 169. —)

VIII. Verordnungsrecht der mit der Strom=, Schifffahrts= oder Hafen=Polizei unmittelbar von dem Minister für Handel und Gewerbe ressortirenden und mit der Verwaltung dieser Zweige der Polizei beauftragten Behörden.

Zeitabschnitte.	Die berechtigten Behörden.	Die objektive Berechtigung.	Die Art der Verkündigung, die Formen 2c.	Die Vorbedingungen.	Das Ressort in territorialer Beziehung.	Das Strafmaß.	Bemerkungen.
1.	2.	3.	4.	5.	6.	7.	8.
1. Vom 1. Okt. 1876 ab bis zum 31. März 1881. (§ 115 des Zuständigk.=Ges. v. 26. Juli 1876.)	Die oben genannten Behörden d. h. der Chef derselben.	Polizeivorschriften über Gegenstände der Strom=, Schifffahrts= und Hafen=Polizei, sofern sich dieselben nicht auf die mehrere Prov. durchziehenden öffentlichen Wasserstr. erstrecken. (§ 85, Abs. 2 der Prov.=O. vom 29. Juni 1875.)	Bezeichnung als „Polizei=Verord.", Bezugnahme auf die betreffenden (1) Bestimmungen des Ges. vom 11. März 1850, Bekanntm. durch das Amtsbl. (§§ 77, 78 der Prov.=O. vom 29. Juni 1875.)	Außer der ministeriellen Beauftragung im Allgemeinen für Vorbedingungen für die einzeln. Verord. nicht vorgeschrieben.	cf. Kol. 3.	Bis zu 30 M.	1. Dies könnte nur § 6, Litt. b, des Gesetzes vom 11. März 1850 sein, sodann aber auch noch §§ 12 und 15, also wie die landespolizeil. Verord. O.=V.=G.=E. vom 11. Mai 1882. (Entsch. VIII S. 379.)
2. V. 1. April 1881 ab bis zum 31. März 1884. § 74 des Org.=Ges. v. 26. Juli 1880.	Die oben genannten Behörden.	Polizeivorschriften über Gegenstände der Strom=, Schifffahrts= und Hafen=Polizei, wenn sich diese Vorschriften auf mehr als einen Regierungsbez. oder auf die ganze Provinz, aber nicht auf mehr. Prov. erstrecken. § 74 des Org.=Ges.	Wie sub VII B.	—	cf. Kol. 3.	Bis zu 60 M.	Zu beachten ist die Ausnahme im letzten Abs. des § 74 des Org.=Ges. v. 26. Juli 1880, jetzt § 138 des Landes=Verw.=Ges. v. 30. Juli 1883. Vergl. Tab. V.
3. V. 1. April 1884 b. auf Weit. § 138 d. L.=V.=G.	Desgl.	Desgl.	Desgl.	Desgl.	Desgl.	Desgl.	Desgl.

§ 100.

Seit der Delegation des Polizeiverordnungsrechtes auf die Behörden hat dasselbe in dieser Gestalt aufgehört, ein Majestäts- oder Hoheitsrecht zu sein. Folge davon ist, daß der Grundsatz der Unangreifbarkeit der Majestätsrechte auf die Polizeiverordnungen keine Anwendung finden kann. Es hat sich hieraus eine Spezialgesetzgebung entwickelt, deren Schlußstein bis jetzt das Gesetz vom 11. Mai 1842 (G. S. S. 192) bildet. Vergl. Erkenntniß des Gerichtshofes zur Entscheidung der Kompetenzkonflikte vom 9. April 1881 (Min.-Bl. d. i. V. S. 208).

§ 101.

Zur polizeilichen Festsetzung neuer und zur Abänderung schon bestehender Bebauungspläne in den Städten Berlin, Potsdam und Charlottenburg ist die Königliche Genehmigung erforderlich (§ 10 des Ges. vom 2. Juli 1875 — G.S. S. 370 —).

10. Das Recht, Gesetze und Königliche Verordnungen aufzuheben.

§ 102.

Dasselbe war zu den Zeiten des allgemeinen Landrechtes ebenfalls ein Majestätsrecht, dasselbe hat aber durch die Verfassungen dieselben Wandlungen erfahren, wie das Gesetzgebungs- und Verordnungsrecht selbst, nach dem Grundsatze, daß die Gesetze und Verordnungen in derselben Weise aufgehoben werden, wie sie entstehen, d. h. jetzt nur durch ein neues Gesetz. Hiernach unterliegt es auch keinem Zweifel, daß die nach § 63 der Verfassung erlassenen Königlichen Verordnungen, so lange sie die Zustimmung der beiden Häuser des Landtages nicht gefunden haben, vom Landesherrn allein auch wieder aufgehoben werden können.

§ 103.

Durch Richtersprüche können Gesetze nicht aufgehoben werden (Art. 106 der Preußischen Verfassung), es erscheint dies aber zulässig durch gänzliche Veränderungen der geschichtlichen Voraussetzungen eines Rechtsinstituts. Koch verweist ih seinem Privatrechte Band I. S. 107 namentlich auf die über die persönlichen Verhältnisse der Unterthanen zu ihrem Herrn gegebenen Gesetze, welche durch die Aufhebung der Erbunterthänigkeit aufgehoben seien. (A. L. R. II 12 § 33). Anderer Ansicht ist das Ober-Verwaltungsgericht (Parey, Rechtsgrunds. S. 198, 202). Dagegen werden die Gesetze nicht aufgehoben durch Nichtanwendung (desuetudo) (Parey, Rechtsgrunds. S. 76), auch nicht durch das wissenschaftliche Recht (Meinungen der Rechtslehrer. A.L.R. Einleitung § 6).

Statuten und Provinzialgesetze werden nicht durch neue allgemeine Gesetze aufgehoben, es sei denn, daß die Aufhebung darin deutlich ausgesprochen ist, dagegen werden behördliche Polizeiverordnungen durch allgemeine Gesetze und Verordnungen einer höheren Instanz ohne Weiteres beseitigt (§ 15 des Poliz.-Verw.-Ges. vom 11. März 1850), wie denn überhaupt die Befugniß der Bezirksregierungen (jetzt des Regierungspräsidenten) sonstige allgemeine Verbote und Strafbestimmungen in Ermangelung eines bereits gesetzlich bestehenden Verbotes **mit** höherer Genehmigung (also noch vielmehr **ohne** dieselbe) zu erlassen, aufgehoben ist (§ 14. a. a. O., § 11, Abs. 2 der Regierungsinstruktion vom 23. Oktbr. 1817).

§ 104.

Statuten werden durch den Widerruf der zu ihrer Entstehung erforderlich gewesenen Genehmigung oder Bestätigung aufgehoben; in welcher Weise Polizei-Verordnungen aufgehoben werden, ergiebt sich aus den Tabellen (oben § 99).

11. Das Recht der authentischen Interpretation.

§ 105.

Das Recht des Gesetzgebers, mit Gesetzeskraft zu erklären, daß ein früheres Gesetz, richtig verstanden, nur den von ihm (dem Gesetzgeber) angegebenen Sinn habe und daß also in allen Fällen, in denen man einen anderen Sinn unterlege, ein Rechtsirrthum obwalte, ist nach dem A. L. R. II 13 § 6 ein Majestätsrecht. Dasselbe besteht noch heute, wird aber, wie das Gesetzgebungsrecht selbst, jetzt von den verfassungsmäßigen gesetzgebenden Faktoren gehandhabt. (Art. 62 der preußischen, Art. 2 der Reichsverf.); Beispiel: Gesetz vom 31. Mai 1880 (R. G. Bl. S. 117).

§ 106.

Die Rechtskontrole über den Inhalt der Statuten und behördlichen Polizeiverordnungen wird von den ordentlichen und den Verwaltungsgerichten geübt.

12. Das Recht, Privilegien als Ausnahmen von den Gesetzen zu bewilligen.

§ 107.

Der einzige Entstehungsgrund eines Privilegiums ist zur monarchischen Zeit (A. L. R. II 13 § 7) in der **gesetzgebenden** Gewalt zu suchen, wobei es nicht darauf ankommt, daß es zweierlei Arten von Privilegien giebt, nämlich 1) Ausnahmen von erlassenen Gesetzen, denen in der Regel jede physische oder juristische Person im Staate unterworfen ist, und 2) Verleihungen an physische oder juristische Personen von solchen Rechten, auf deren Genuß in der Regel nicht sämmtliche Staatsbürger einen Anspruch haben.

§ 108.

Um **Ausnahmen** handelt es sich freilich in **beiden** Fällen, allein im ersteren Falle ist diese Ausnahme eine **negative**, sie enthält eine Befreiung oder **Verringerung der Pflichten**, im anderen Falle ist sie eine **positive**, sie enthält eine **Erweiterung der Rechte** einzelner physischer oder juristischer Personen. Diese beiden Arten von Privilegien unterscheiden sich insofern wesentlich von einander, als durch die ersteren den Nichtprivilegirten die Last der Privilegirten mit auferlegt wird, während dies bei der zweiten Art keineswegs der Fall ist. Wurde in früheren Zeiten durch einen Machtspruch des Monarchen ein einzelner Unterthan oder eine Stadt von allen Staatssteuern befreit, so hatte dies die Wirkung, daß alle Steuerpflichtigen die Last des Privilegirten mit übernehmen mußten, wurde aber ein einzelner Unterthan in den Adelstand versetzt oder eine Ortschaft mit Korporationsrechten versehen, so erwuchs daraus für alle Nichtprivilegirten durchaus kein Nachtheil, vielleicht sogar ein Vortheil, wenn das Privilegium und dessen Erhaltung mit Opfern verbunden war.

§ 109.

Für einen konstitutionellen Staat hat diese Unterscheidung der beiden Arten von Privilegien insofern eine Bedeutung, als die erstere Art wegen der erwähnten Wirkungen in das Gebiet der Gesetzgebung fallen muß, die andere mangels jeder Veranlassung aber nicht. Aus diesem Grunde könnten Privilegien der ersteren Art heute nur in der Form eines konstitutionell erlassenen Gesetzes, d. h. unter Mitwirkung der beiden Häuser des Landtages entstehen, und dazu ist schwerlich eine Aussicht vorhanden. Man kann also wohl sagen, daß dies Majestätsrecht unter der Herrschaft der Verfassung thatsächlich unwirksam geworden ist, zumal die Verleihung von Steuerprivilegien durch Art. 101 der Verfassung grundsätzlich verboten ist.

§ 110.

Anders verhält es sich mit der zweiten Art der Privilegien, welche oben als die positiven bezeichnet wurden, mit deren Verleihung die Häuser des Landtages nichts zu schaffen haben. Denn, wird ein solches Privilegium verliehen, so mag es sich wohl für Manchen um Verletzung idealer, es kann sich aber niemals um die Verletzung materieller Interessen der Nichtprivilegirten handeln. Deshalb ist auch dies Majestätsrecht durch die Verfassungen des Landes und des Reiches in den einzelnen Bundesstaaten vollständig unberührt geblieben, woraus dann weiter folgt, daß die bereits vor der Verfassung ertheilten Königlichen Privilegien beiderlei Art durch die Verfassung nicht aufgehoben sind. Hätte dies geschehen sollen, so hätte dies ausdrücklich bestimmt werden müssen, wie dies z. B. in manchen Verfassungen in Betreff der Aufhebung des Adels vorübergehend geschehen ist. (Vergl. z. B. § 8 der Anhaltische Verf. vom 29. Okt. 1848.)

§ 111.

Die Möglichkeit der Delegation jenes negativen Rechtes ist stets ausgeschlossen gewesen, anders verhält sich dies in gewissem Sinne mit der Delegation des positiv wirkenden Rechtes, wovon in den folgenden Abschnitten die Rede sein wird.

§ 112.

Unter den Begriff der an Korporationen zu verleihenden positiven Privilegien fällt die Verleihung des Meß- und Jahrmarktrechtes, welches im Allgemeinen Landrecht Theil II, Tit. 8, § 105 als ein besonderes Majestätsrecht bezeichnet wird.

Dies Recht ist zum Theil durch die §§ 127—130 und 161 des Zuständigkeitsgesetzes vom 1. Aug. 1883 auf Verwaltungsbehörden delegirt worden. Vergl. auch § 75 der Preuß. Gew.-O. vom 17. Jan. 1845 und und §§ 64—71 der R. G. O. in der Fassung des Ges. vom 1. Juli 1883.

§ 113.

Im Uebrigen sind ausdrückliche Privilegien (leges speciales) für einzelne Personen oder Sachen nicht mit den gesetzlichen Sonderrechten zu verwechseln, welche, wie dies schon in der Bezeichnung liegt, auch früher nur im Wege der Gesetzgebung geschaffen werden konnten. (Erk. des R. G. vom 21. Febr. 1881 — Entsch. Bd. IV, S. 220 —). So ist es z. B. irrthümlich, wenn man mit Bezug auf das Gesetz vom 11. Juli 1822 (G.S. S. 184) oder die Verordn. vom 23. Sept. 1867 (G. S. S. 1648) von einem Beamten-Privilegium, oder unter Hinweis auf das Gesetz, betreffend die Beschlagnahme des Vermögens des Königs von Hannover von einem privilegium odiosum spricht (Schulze's Staatsrecht II, S. 207).

§ 114.

Die Ertheilung des Rechtes zur Enteignung (Expropriation) von Grundeigenthum (§ 2 des Ges. vom 11. Juni 1874 — G. S. S. 221 —) fällt zwar unter den Begriff der negativen Privilegien, ist aber dem Landesherrn durch Gesetz übertragen.

§ 115.

Hierher gehört auch das Recht des Königs, betreffend die Genehmigung zu Schenkungen und letztwilligen Zuwendungen, sowie die Uebertragung von unbeweglichen Gegenständen an Korporationen und andere juristische Personen. Das hierauf bezügliche Gesetz vom 23. Februar 1870 (G. S. S. 118) ist durch Gesetz vom 25. Februar 1878 (G. S. S. 97) auf das Herzogthum Lauenburg ausgedehnt, auch ist dazu der Allerhöchste Erlaß vom 14. Febr. 1882, betreffend die Ertheilung der staatlichen Genehmigung zum Erwerb preußischer Grundstücke durch außerhalb Preußens domizilirende deutsche juristische Personen (G. S. S. 18), nachzulesen.

13. Das Recht, Standeserhöhungen zu verleihen.

§ 116.

Dies Majestätsrecht (A. L. R. II 13 § 7) ist durch die Verfassungen nicht aufgehoben, sondern im Gegentheil im Art. 50 der preußischen Verfassung aufrecht erhalten und bestätigt, allerdings mit der dem Wesen des konstitutionellen Staates und dem Art. 4 derselben Verfassung entsprechenden Einschränkung, daß diese Auszeichnungen mit Vorrechten nicht verbunden sein dürfen. Auch hier hat der Gesetzgeber nur materielle, nicht aber ideale Vorrechte im Auge gehabt, wodurch die Nichtbedachten nicht weiter geschädigt wurden. (Vergl. oben § 108). Dahin gehören nach Art. 50 Abs. 1 die Orden und andere Auszeichnungen, deren Verleihung mithin ein unantastbares Majestätsrecht geblieben ist.

§ 117.

Zu den mit Vorrechten nicht verbundenen Auszeichnungen gehört auch die Verleihung des Adels (A. L. R. II 9 §§ 9 ff). Adelsprädikate und Ordensverleihungen ausländischer (nicht preußischer) Fürsten an preußische Staatsbürger bedürfen der Genehmigung des Königs (Anh. § 118 zu § 13, Tit. 9, Th. II A. L. R's.).

§ 118.

Familien- und Geschlechtsnamen durften, wenn auch keine unlautere Absicht dabei zu Grunde lag, früher nach der A. K. O. vom 15. April 1822 (G. S. S. 108) bei Strafe ohne die Allerhöchste Genehmigung nicht geändert werden, jetzt ist dies Recht für diejenigen Fälle, in denen es sich nicht um die Aenderung eines adligen Namens oder um die Annahme adliger Prädikate handelt, den Regierungspräsidenten übertragen worden (Allerh. Erlaß vom 12. Juli 1867 — G. S. S. 1310 —), welche dasselbe aber nicht als Majestäts- oder Hoheitsrecht handhaben, so daß gegen ungünstige Entschließungen immer noch eine Verwaltungskontrolle gegeben ist.

§ 119.

Durchaus verschieden von den Standes-Vorrechten, von denen der Art. 4 der preußischen Verfassung spricht, sind die Standes-Unterschiede, welche durch die Rang-Ordnungen geregelt sind und welche nur nicht mit den im Zivilprozeß zu schützenden Statusrechten verwechselt werden dürfen.

§ 120.

In einer Beziehung hat man aber doch in neuerer Zeit auch den idealen Interessen der Nichtbevorzugten Rechnung getragen, nämlich durch die stillschweigende Beseitigung der Vorschrift im § 12 Nr. 12 des preußischen Strafgesetzbuches, nach welchem der Verlust der bürgerlichen Ehre den Verlust des Adels zur Folge hatte.

Jene Bestimmung war aus den vorher angeführten Gründen überhaupt nicht korrekt, denn ein Privilegium, welches der Landesherr oder einer seiner Vorgänger kraft seines Majestätsrechtes verliehen hat, kann er auch ohne Richterspruch widerrufen, sobald dem Privilegirten materielle Nachtheile daraus nicht erwachsen.

§ 121.

Zu dem Rechte, Standeserhöhungen und Titel zu verleihen, ist schließlich noch zu bemerken, daß die Ernennung der Räthe bei allen Departements- und Provinzial-Landes-Kollegien, sowie aller Diener, die theils höher, theils mit solchen in gleicher Kategorie, nicht bloß in gleichem Range stehen, und deren Bestallung durch die Verordnung vom 27. Oktober 1810 (G. S. S. 3) dem Könige vorbehalten worden ist. Dasselbe gilt von der Ertheilung von Titeln, welche den Rathscharakter geben und überhaupt alle größeren Gnadenbewilligungen.

§ 122.

Wenn auch das Recht, Titel zu verleihen, an sich zu den Majestätsrechten gehört, so bezieht sich das doch nur auf solche Titel, welche „von Staats wegen" verliehen werden. Denn auch Privatpersonen, Vereine, Korporationen, die in keinem Zusammenhange mit dem Staatsorganismus stehen, können ihren Angestellten Titel im weitesten Sinne beilegen. Dies gilt auch von den mittelbaren Staatsdienern, den Beamten der Gemeinden, z. B. den städtischen Beamten. Die in dieser Beziehung in den Gesetzen enthaltenen Vorschriften sind nicht unbedingt bindend. Nur das Prädikat „Königlich" darf derartigen Titeln nicht hinzugesetzt werden, wie denn überhaupt „Prädikate" etwas ganz Anderes sind, wie Titel (Parey, Rechtsgrundſ. S. 77). Deshalb ist es auch nicht richtig, wenn gesagt wird: „Der jedesmalige König von Preußen führt nach Art. 11 der Reichsverfassung den Titel „Deutscher Kaiser" oder wohl gar „Kaiser von Deutschland."

§ 123.

Dies Recht der Gemeinden u. s. w., ihren Beamten gewisse Bezeichnungen (Titel) beizulegen, um dadurch ihre Beschäftigung im Dienste der Gemeinde anzudeuten, ist auch nicht zurückzuführen auf ein delegirtes Majestätsrecht.

§ 124.

Aehnlich verhält es sich mit der Verleihung und dem Tragen gewisser Verbindungsabzeichen, welche nicht zu den Orden im obigen Sinne gehören und deren öffentliches Tragen, sofern es sich um verbotene Verbindungen handelt, untersagt ist (Verordnung vom 30. Juni 1849, § 15 Nr. 2 — G. S. S. 229 —, Preußisches Str. G. B. von 1851 § 93, Nr. 2 G. S. S. 120 —). Die Mitglieder erlaubter Verbindungen können auch ihre Abzeichen öffentlich tragen, soweit die bestätigten Statuten dies für zulässig erklären. Die Berechtigung, diese Abzeichen zu tragen, beruht aber nicht auf einem delegirten Majestätsrechte, deshalb sind auch etwaige Beeinträchtigungen des einmal erworbenen Rechtes mit einer Rechtskontrolle umgeben. Wegen des Johanniter-Ordens vergl. die besonderen Bestimmungen in der Urkunde vom 23. Mai 1812 — G. S. S. 109 — und den Allerh. Erlaß vom 15. Oktober 1852 (G. S. 1853 S. 1).

14. Das Recht, Staatsämter und Würden zu verleihen.

§ 125.

Auch dies auf A. L. R. II 13 § 7 und später auf Art. 45 Satz 2 und 47 der preußischen, Art. 18, 48, 50, 52, 53, 56, 63, 64 der Reichsverfassung beruhende Majestätsrecht besteht weiter als solches unberührt fort. Dasselbe ist unübertragbar auf Behörden, Korporationen oder Privatpersonen, und wenn diese letzteren ihre Beamten auch mit Titeln und Würden versehen dürfen, so geschieht dies doch nicht in Ausübung eines Majestäts- oder Hoheitsrechtes (vergl. oben § 121).

§ 126.

Das Recht der Anstellung der mittelbaren Staatsbeamten (Kommunalbeamten) ist von Hause aus ebenfalls ein Majestätsrecht, dasselbe ist aber vielfach an die Aufsichtsbehörden delegirt worden und ist sodann als ein Majestätsrecht nicht mehr anzusehen. Deshalb ist auch der Ansicht nicht beizutreten, es sei in dem § 13 des Zuständigkeitsgesetzes vom 1. August 1883 in der Art gegen ein Majestätsrecht verstoßen, daß dem Bezirksausschusse bei der Bestätigung der städtischen Beamten (durch den Regierungspräsidenten) eine Mitwirkung eingeräumt sei.

§ 127.

Besondere Bestimmungen sind für die königliche Ernennung folgender Beamtenklassen gegeben:

1. Die Vorsitzenden, deren Stellvertreter und gewisse Mitglieder der Deputationen für das Heimathwesen (§ 41 des Ges. vom 8. März 1871, G. S. S. 130 —). Wegen der richterlichen Beamten dieser Behörden siehe Ges. vom 20. Jan. 1879 (G. S. S. 5). Für die Kreisordnungsprovinzen sind diese Vorschriften durch § 7 Abs. 3 des Landesverwaltungsgesetzes vom 30. Juli 1883 gegenstandslos geworden.
2. Der Vorsitzende der technischen Deputation für das Veterinärwesen. Verordnung vom 21. Mai 1875 (G. S. S. 219).
3. Die Richter, einschließlich der Handelsrichter (§ 7 des Ausführungsgesetzes zum deutschen Gerichtsverfassungsgesetze vom 24. April 1878 — G. S. S. 230 —). Das Dienstalter der Richter wird durch königliche Verordnung bestimmt (§ 9 a. a. O.), dasselbe gilt hinsichtlich der Sitze und Bezirke der Amtsgerichte (§ 21 a. a. O.).
4. Die Oberstaatsanwalte und Staatsanwalte (§ 60 a. a. O).
5. Die Rechtsanwalte; über deren Zulassung zur Praxis wird durch landesherrliche Verordnung Bestimmung getroffen (§ 107 der Rechtsanwaltsordnung vom 1. Juli 1878 (R. G. Bl. S. 177).
6. Der Vorsitzende des Gerichtshofes zur Entscheidung der Kompetenzkonflikte (§ 2 der V. vom 1. August 1879 — G. S. S. 573 —).
7. Die Mitglieder der Akademie des Bauwesens (Allerh. Erlaß vom 7. Mai 1880 — G. S. S. 261 —).
8. Zwei Mitglieder der Bezirksausschüsse, unter denen der Verwaltungsgerichtsdirektor (§ 28 des Landesverw.-Ges. vom 30. Juli 1883).
9. Die Mitglieder des Volkswirthschaftsrathes (V. vom 17. Nov. 1880 — G. S. S. 367 —).
10. Die Landräthe (§ 74 der Kr. O. in der Fassung des Ges. vom 19. März 1881, hannoversche Kr. O. § 22, hessen-nassauische § 24, westfälische und rheinische § 30).
11. Die Landesdirektoren, deren Wahl der König bestätigt (§ 87 der Prov.-Ordn. in der Fassung des Ges. vom 22. März 1881, hessen-nassauische Prov.-Ordn. § 60).
12. Die Bürgermeister und anderen Kommunalbeamten in gewissen Städten. Siehe die betr. Städte-Ordnungen und § 23 der hessen-nassauischen Kreisordnung.

§ 128.

In welchen Fällen zur Versetzung eines Beamten in den Ruhestand königl. Genehmigung erforderlich ist, ergiebt sich aus den §§ 21—23 des Gesetzes vom 27. März 1872 (G. S. S. 268), wozu aber die Gesetze vom 31. März 1882 (G. S. S. 133), vom 30. April 1884 (G. S. S. 126) und vom 6. Juli 1885 (G. S. S. 291) nachzulesen sind.

§ 129.

Welche Rechte dem Kaiser hinsichtlich der Post- und Telegraphenverwaltung zustehen, ergiebt sich aus Art. 50 und 52 der Reichsverfassung. Im Uebrigen ernennt derselbe die Reichsbeamten, läßt dieselben für das Reich vereidigen und verfügt erforderlichen Falls deren Entlassung. (Vergl. das R. B. G. vom 31. März 1873, Kommentar vom Reichsgerichtsrath Turnau.)

§ 130.

Den zu einem Reichsamte berufenen Beamten eines Bundesstaates stehen, sofern nicht vor ihrem Eintritt in den Reichsdienst im Wege der Reichs-Gesetzgebung etwas Anderes bestimmt ist, dem Reiche gegenüber diejenigen Rechte zu, welche ihnen in ihrem Heimathslande aus ihrer dienstlichen Stellung zugestanden haben. (Art. 18.) Wegen der Rechte des Kaisers hinsichtlich der Reichs-Zoll-Beamten vergl. Art. 36, wegen der Feststellung der Eisenbahn-Tarifsätze in Nothstands- und Theuerungszeiten Art. 46, wegen der Aufsicht über das Konsulatwesen Art. 56.

§ 131.

Der Kaiser ernennt die Stellvertreter des Reichskanzlers (§ 1 des Ges. vom 17. März 1878. — R. G. Bl. S. 7 —).

§ 132.

Wegen der Rechte des Kaisers hinsichtlich der Rechtsverhältnisse der Reichsbeamten im Allgemeinen vergl. Art. 18 und 50 der Reichsverf., §§ 1, 14, 15, 17, 18, 25, 49, 54, 66, 67, 87, 88, 93, 118 und 159 des R. B. G. vom 31. März 1873 — (R. G. Bl. S. 61 —), das Ges. vom 20. April 1881 (R. G. Bl. S. 80) und die Verordng. vom 20. Juni 1886 (R. G. Bl. S. 203).

§ 133.

Eine Kaiserliche Bestallung erhalten die im § 2 der Verordnungen vom 23. Nov. 1874 (R. G. Bl. S. 135), und eine Anstellungsurkunde im Namen des Kaisers die im § 3 a. a. O. aufgeführten Beamten.

§ 134.

Nach welchen Tarifsätzen die Reichsbeamten den Wohnungsgeldzuschuß empfangen, wird durch Kaiserliche Verordnung bestimmt. (§ 2 des Ges. vom 30. Juni 1883 — R. G. Bl. S. 166 — Verordng. von demselben Tage — S. 169 —, Verordn. vom 3. Febr. 1874 — R. G. Bl. S. 13 —).

§ 135.

Für die Verwaltung des Reichs-Invalidenfonds ernennt der Kaiser den Vorsitzenden (§ 11 des Ges. vom 23. Mai 1873 — R. G. Bl. S. 120 —), auch vollzieht der Kaiser den Spezialetat für die Verwaltung dieses Fonds (§ 10 der Bekanntm. vom 11. Juni 1874 — R. G. Bl. S. 106 —).

§ 136.

Der Kaiser ernennt den Vorsitzenden und die Mitglieder des Reichs-Eisenbahnamtes und die Reichs-Eisenbahn-Kommission (§ 2 des Ges. vom 27. Juni 1873 — R. G. Bl. S. 164 —).

§ 137.

Desgleichen die Mitglieder der Reichsbank (§§ 16, 25, 26, 27, 36 des Gesetzes vom 14. März 1876 — R. G. Bl. S. 182 —), deren Statut der Kaiser erläßt (§ 40 a. a. O.). Das Reich behält sich das Recht vor, zunächst am 1. Januar 1891, alsdann aber von 10 zu 10 Jahren nach vorausgegangener einjähriger Ankündigung, welche auf Kaiserliche Anordnung, im Einvernehmen mit dem Bundesrathe, vom Reichskanzler an das Reichsbank-Direktorium zu erlassen und von letzterem zu veröffentlichen ist, entweder a) die auf Grund des Bankgesetzes errichtete Reichsbank aufzuheben und die Grundstücke derselben gegen Erstattung des Buchwerthes zu erwerben oder b) die sämmtlichen Antheile der Reichsbank zum Nennwerthe zu erwerben (§ 41 a. a. O.).

§ 138.

Die Ernennung der Präsidenten und Räthe des Reichsgerichts erfolgt durch den Kaiser, desgleichen diejenige des Ober-Reichs-Anwaltes und der Reichsanwälte (§§ 127 und 150 des deutschen Gerichts-Verfassungsgesetzes vom 27. Januar 1877), desgleichen der Vorsitzenden und der Mitglieder des Patentamtes (§ 13 des Ges. vom 25. Mai 1877), des Vorsitzenden des Ober-Seeamtes (§ 29 des Ges. vom 27. Juli 1879) und des Vorsitzenden der Reichskommission für das Sozialistengesetz und dessen Stellvertreter (§ 26 des Ges. vom 28. Okt. 1878).

§ 139.

Auch der Geschäftskreis der Seewarte und ihre Einrichtung und Verwaltung wird durch Kaiserliche Verordnung festgestellt (§ 4 des Ges. vom 9. Jan. 1875).

§ 140.

Der Kaiser ernennt den Vorsitzenden und die ständigen und richterlichen Mitglieder des Reichs-Versicherungs-Amtes, über dessen Geschäftsgang durch Kaiserliche Verordnung Bestimmung getroffen wird, desgleichen über das Verfahren vor den Schiedsgerichten und über den Zeitpunkt des Inkrafttretens des Unfallversicherungsgesetzes (Ges. vom 6. Juli 1884 §§ 50, 87, 90 und 111, Ges. vom 28. Mai 1885 § 17, vom 25. Sept. 1885 § 2).

§ 141.

Kaiserliche Verordnung ergeht über den Geschäftsgang bei dem Reichs-Versicherungsamte (§ 98 des Ges. vom 5. Mai 1886), desgleichen über das Verfahren bei den Schiedsgerichten (§ 54 a. a. O.). Durch Kaiserliche Verordnung wird Bestimmung getroffen über das Inkrafttreten der Unfall- und Krankenversicherung für die in land- und forstwirthschaftlichen Betrieben beschäftigten Personen (§ 143 a. a. O.).

§ 142.

Durch den Kaiser erfolgt die einstweilige Festsetzung des Abgabentarifs für Benutzung des Nord-Ostseekanals (§ 3 des Ges. vom 16. März 1886). Für diesen Kanal wird eine besondere Kaiserliche Kommission eingerichtet, über deren Sitz, Zusammensetzung und Geschäftsgang aber der Reichskanzler Bestimmung zu treffen hat.

§ 143.

Behufs Verleihung von Belohnungen an die Mitglieder der zur Erforschung der Cholera nach Egypten und Ostindien entsendeten Kommission waren dem Kaiser die erforderlichen Mittel zur Verfügung gestellt worden (Ges. vom 27. Mai 1884).

15. Das Recht, Todesurtheile zu bestätigen.

§ 144.

Dies frühere, auf A. L. R. II 13 § 8, § 530 der Kriminalordnung vom 11. Dez. 1805 und der Allerh. Kab.-Ordre vom 15. Juli 1809 (G. S. S. 577) beruhende Majestätsrecht wird jetzt in einer anderen, durch § 485 der S. P. O. vom 1. Febr. 1877 vorgeschriebenen Form gehandhabt.

16. Das Recht der Begnadigung.

§ 145.

Zu diesem in den §§ 9—11, Tit. 13, Theil II A. L. R's. (§ 590 der K. O. vom 11. Dez. 1805) beschriebenen Majestätsrechte gehörte zur monarchischen Zeit das Recht:

1. aus erheblichen Gründen Verbrechen zu verzeihen,
2. Untersuchungen niederzuschlagen (Abolitionsrecht),
3. Verbrecher ganz oder zum Theil zu begnadigen,
4. Zuchthaus-, Festungs- oder andere harte Leibesstrafen in gelindere zu verwandeln.

Für gewisse Arten von Verbrechen war dies Recht an untere Behörden übertragbar.

Das Recht sub 2 ist nach Art. 49, Abs. 3 der preuß. Verf. dahin eingeschränkt worden, daß der König bereits eingeleitete Untersuchungen nur auf Grund eines besonderen Gesetzes niederschlagen kann, dagegen ist das Recht sub 1 in der Art aufrecht erhalten, daß der König in Ansehung der noch nicht zur Einleitung (Erhebung der öffentlichen Klage) gebrachten Strafthaten die Straferfolgung auszuschließen berechtigt ist.

Die Rechte sub 3 und 4 sind durch die preußische Verfassung mit der Einschränkung aufrecht erhalten, daß das Recht der Begnadigung zu Gunsten eines wegen seiner Amtshandlungen verurtheilten Ministers nur auf Antrag desjenigen Hauses des Landtages ausgeübt werden kann, von welchem die Anklage ausgegangen ist.

§ 146.

Nach § 484 der deutschen Strafprozeß-Ordnung vom 1. Febr. 1877 (vergl. die allgem. Verfügg. des Justizm. vom 14. Aug. 1879 — Justiz-Min.-Bl. S. 238 —) steht dem Kaiser in Sachen, in denen das Reichsgericht in erster Instanz erkannt hat, das Begnadigungsrecht zu. Dies bezieht sich auf die Fälle des Hochverraths oder Landesverraths, sofern diese Verbrechen gegen den Kaiser oder das Reich gerichtet sind, ferner auf diejenigen, in welchen ein Konsul oder ein Konsulatgericht in erster Instanz erkannt hat (§ 42 des Ges. über die Konsulargerichtsbarkeit vom 10. Juli 1879 — R. G. Bl. S. 197 —). Außerdem steht dem Kaiser das Begnadigungsrecht zu in Disziplinarsachen (nicht Amtsvergehen) der Reichsbeamten.

§ 147.

Sofern der König das Begnadigungsrecht an Behörden oder Beamten delegirt hat, ist dasselbe nicht mehr als ein Majestäts- oder Hoheitsrecht anzusehen und ist deshalb mit einer Rechtskontrolle umgeben.

17. Das Recht, Münzen, Maß und Gewicht zu bestimmen.

§ 148.

Dasselbe war in monarchischer Zeit nach § 12, Tit. 13, Theil II A. L. R's. ein Majestätsrecht, in der preußischen Verfassung Art. 50, Abs. 2 war dasselbe schon dahin eingeschränkt, daß der König das Münzrecht nur nach Maßgabe des Gesetzes zu üben hatte, und jetzt ist durch Art. 4 Nr. 3 der Reichsverfassung die Ordnung des Maß-, Münz- und Gewichtssystems, nebst Feststellung der Grundsätze über die Emission von fundirtem und unfundirtem Papiergelde der Beaufsichtigung des Reiches und der Gesetzgebung desselben unterstellt. Von dem früheren Majestätsrechte bleibt hiernach gerade so viel übrig als dies das Gesetzgebungsrecht (oben 8) zuläßt. Die Festsetzung des Zeitpunktes der Einführung der Reichswährung erfolgt durch Kaiserliche Verordnung. (Art. I des Ges. vom 9. Juli 1873 — R. G. Bl. S. 375. —)

18. Das Aufsichtsrecht über Gesellschaften und öffentliche Anstalten.

§ 149.

Dies Majestätsrecht beruht auf A. L. R. II 13 § 3, und II 6 § 3, nach welchem alle im Staate vorhandenen und entstehenden Gesellschaften und öffentlichen Anstalten der Aufsicht des Landesherrn nach dem Zwecke der allgemeinen Ruhe, Sicherheit und Ordnung unterworfen sind. Dies Recht besteht unberührt fort, ist aber in der preußischen Verfassung

Art. 23 und 30 und durch die auf Grund derselben entstandene Gesetzgebung (vergl. unten § 157) noch näher festgestellt, ebenso durch Art. 4 Nr. 16 der Reichsverfassung (vergl. unten § 158). Soweit das Recht auf Behörden delegirt ist, findet der § 16, Tit. 13, Theil II A. L. R.'s Anwendung, d. h. mit der Maßgabe einer Rechts- oder Verwaltungskontrolle für die Fälle, daß sich die Behörden nicht „innerhalb ihres Auftrages" gehalten haben.

§ 150.

Als ein Ausfluß dieses Aufsichtsrechtes ist auch die Bestimmung anzusehen, daß Städten von gewisser Einwohnerzahl das Ausscheiden aus dem bisherigen und die Bildung eines eigenen Kreisverbandes (Stadtkreises) durch königliche Verordnung gestattet werden kann (§ 4 der verschiedenen Kreisordnungen), daß gewisse Beschlüsse der Kreistage der Königlichen Bestätigung bedürfen (altländ. K. O. § 176, Hannover § 103, Hessen-Nassau § 104, Westfalen und Rheinprovinz § 91), daß die Kreistage durch Königliche Verordnung aufgelöst werden können (altländ. K. O. § 197, Hannover § 107, Hessen-Nassau § 108, Westfalen und Rheinprovinz § 95).

§ 151.

Die Provinziallandtage werden vom Könige berufen. (§ 25 der Prov.-O., Hessen-Nassau § 22.) Gewisse Beschlüsse der Provinziallandtage bedürfen der Königlichen Bestätigung (§ 119 bezw. § 92 a. a. O.). Die Auflösung der Provinziallandtage erfolgt durch Königliche Bestätigung. (§ 122, bezw. § 95 a. a. O.) Die Regelung der Rechtsverhältnisse der bisherigen kommunialständischen Verbände erfolgt unter gewissen Voraussetzungen durch Königliche Verordnung (§ 128 a. a. O.).

§ 152.

Diese Bestimmungen sind der Vorschrift nachgebildet, nach welcher der König die beiden Häuser des Landtages beruft, das Abgeordnetenhaus auflösen und gleichzeitig das Herrenhaus vertagen kann. Er kann aber auch Jedes von Beiden für sich geschehen lassen. Es müssen in einem solchen Falle innerhalb eines Zeitraumes von sechzig Tagen nach der Auflösung die Wähler und innerhalb eines Zeitraumes von neunzig Tagen nach der Auflösung die beiden Häuser des Landtages versammelt werden. Die Nichtbeachtung dieser Fristen enthält zwar eine Verfassungsverletzung, es sind aber rechtliche Wirkungen daran nicht geknüpft.

§ 153.

Ein verspätet gewähltes Abgeordnetenhaus hat alle Befugnisse eines rechtzeitig gewählten, ebenso haben die verspätet zusammenberufenen Häuser des Landtages dieselben Rechte, wie die rechtzeitig zusammengetretenen (siehe Arndt, Verf.-Urk. S. 78). Hiernach unterliegt es auch keinem formellen Bedenken, die Eröffnung des Landtages bis zur Erledigung etwaiger Stichwahlen auszusetzen.

§ 154.

Dasselbe gilt von dem **Reichstage** (Art. 12 und 15 der R. V.). Zahlreiche ähnliche Rechte stehen dem Kaiser und König auch hinsichtlich anderer Korporationen zu, z. B. hinsichtlich der **Städte**. Eine vollständige Aufzählung dieser Rechte würde aber doch über den Rahmen dieser Uebersicht hinausgehen; es genügt deshalb, daran zu erinnern.

§ 155.

Ueber die Rechts- und Verwaltungskontrollen gegenüber den Maßnahmen der Behörden und Beamten, denen das ursprünglich hoheitsrechtliche Aufsichtsrecht delegirt worden ist, mag aus der neuesten Verwaltungsgesetzgebung Folgendes angeführt werden:

Nach § 24 des Zuständigkeitsgesetzes vom 1. Aug. 1883 wird die Aufsicht des Staates über die Verwaltung der Angelegenheiten der Landgemeinden, der Aemter der Provinz Westfalen und der Bürgermeistereien in der Rheinprovinz, sowie der Gutsbezirke, unbeschadet der Vorschriften der Kreisordnungen und der in den Gesetzen geordneten Mitwirkung des Kreisausschusses und des Bezirksausschusses in erster Instanz von dem Landrathe als Vorsitzendem des Kreisausschusses und in letzter Instanz von dem Regierungspräsidenten geübt. Beschwerden bei den Aufsichtsbehörden in den vorbezeichneten Angelegenheiten sind in allen Instanzen innerhalb zwei Wochen anzubringen.

Hier ist hinsichtlich der Verwaltungskontrollen das Erforderliche bereits angegeben.

Dasselbe gilt hinsichtlich der Aufsicht über die Amtsverbände (§ 5, Abs. 2 a. a. O., § 55 c der altländ. Kr. O.), desgl. über die Geschäftsführung des Amtsvorstehers (§ 67, Abs. 2 der Kr. O.), jedoch ist hier eine Frist nicht vorgeschrieben. Aehnlich verhält es sich mutatis mutandis mit allen übrigen Aufsichtsbefugnissen, worüber das Erforderliche in Theil I dieses Buches nachzulesen ist.

§ 156.

Die unübertragbare und keiner Rechts- oder Verwaltungskontrolle unterliegende **Oberaufsicht** des Staates kann man der durch die Landes- und Lokalbehörden geübten **Unteraufsicht** gegenüberstellen. Die letztere bewegt sich in den Formen der Einzelnverfügungen und ist wie diese, je nach der Lage des Falles, im ordentlichen Rechtswege, im Verwaltungsrechtswege oder mit einer der verschiedenen Arten der Beschwerde angreifbar.

§ 157.

Zur Ausführung der Bestimmung im Art. 29 und 30 der preußischen Verfassung vom 31. Jan. 1850 ergingen:

Die Versammlungs- und Vereins-Verordnung vom 11. März 1850 (G. S. S. 277). Dieselbe gilt für den Umfang der ganzen Monarchie (Art. II der Verordng. vom 25. Juni 1867 — G. S. S. 921 —, § 10 des Ges. vom 23. Juni 1876 — G. S. S. 172. —)

§ 158.

Zur Ausführung des Art. 4 Nr. 16 der Reichsverfassung ergingen:

1. Gesetz, betreffend den Orden der Gesellschaft Jesu vom 4. Juli 1872 (R. G. Bl. S. 253), für Elsaß-Lothringen vom 8. Juli 1872 (G. Bl. S. 506), Bekanntmachung vom 5. Juli 1872 (R. G. Bl. S. 253) und vom 20. Mai 1873 (R. G. Bl. S. 109). Die Mitglieder dieser Gesellschaft und der ihnen verwandten Orden und ordensähnlichen Kongregationen (Redemptoristen, Liguorianer, Lazaristen, Vinzentiner und Priester vom heiligen Geiste), sowie der geistlichen Genossenschaften, welche durch das preußische Gesetz vom 31. Mai (G. S. S. 217) vom Gebiete der preußischen Monarchie ausgeschlossen sind, dürfen die im Art. 15 des preußischen Gesetzes vom 21. Mai 1886 (G. S. S. 147) für straflos erklärten geistlichen Handlungen in Preußen auch jetzt noch nicht vornehmen. (Hinschius Kommentar S. 84.) Min.-Erl. vom 27. Jan. 1887 — Min.-Bl. d. i. V. S. 18. —)
2. Gesetz gegen die gemeingefährlichen Bestrebungen der Sozialdemokratie vom 21. Okt. 1878 (R. G. Bl. S. 351), desgl. vom 31. Mai 1880 (a. a. O. S. 117), desgl. vom 28. Mai 1884 (a. a. O. S. 53), desgl. vom 20. April 1886 (a. a. O. S. 77).

§ 159.

In Betreff der Aufsicht des Staates über die Privat- und öffentliche Religionsübung vergl. Allgem. Landrecht Theil II, Tit. 11, § 32 und Ges. vom 5. April 1873 (G. S. S. 143), welches an Stelle der Art. 15, 16, 18 der preußischen Verfassung vom 31. Januar 1850 getreten ist. Im Uebrigen vergl. Abschnitt 19 der Kirchenhoheit.

§ 160.

Wegen der öffentlichen und Privat-Unterrichts- und Erziehungsanstalten vergl. §§ 1 und 2, Tit. 12, Theil II A. L. R's, Art. 23 der preuß. Verf. vom 31. Jan. 1850 und das Ges., betr. die Beaufsichtigung des Unterrichts- und Erziehungswesens vom 11. März 1872 (G. S. S. 183). Aus der auf Grund dieser Vorschriften ergangenen Gesetzgebung ergiebt sich, welche hoheitlichen Befugnisse auf die nachgeordneten Behörden delegirt worden sind. Siehe das Weitere in Abschnitt III.

19. Die Kirchenhoheit.

§ 161.

Das A. L. R. II 11 § 113 bestimmt: Die dem Staate über die Kirchengesellschaften nach den Gesetzen zukommenden Rechte werden von dem geistlichen Departement (jetzt dem Kultusminister) insofern verwaltet, als sie nicht dem Oberhaupte dieses Staates ausdrücklich „vorbehalten" sind. Diese Vorbehalte bilden das Majestätsrecht der Kirchenhoheit und ergeben sich aus §§ 308–311, Tit. 11, Theil II A. L. R's. (Erloschene Parochien und Simultaneum), aus §§ 1 und 2 des Ges. vom 23. Febr. 1870

(Schenkungen und letztwillige Zuwendungen an juristische Personen, Kirchen u. s. w.), § 2 Nr. 4 der General-Synodal-Ordnung vom 20. Jan. 1876. (Ernennung von Mitgliedern der Generalsynode und verschiedene andere Befugnisse.)

Die kirchliche Gesetzgebung unterliegt nur dann den Vorschriften des Art. 62 der Verfassung, wenn in den betreffenden Gesetzen andere, als rein kirchliche Angelegenheiten geregelt werden, z. B. Festsetzung von Strafen, Eingriffe in das Eigenthum u. s. w. Wo dies nicht zutrifft, da erläßt der König kraft seines Majestätsrechtes die erforderlichen Gesetze ohne die Zuziehung der beiden Häuser des Landtages. Diese Gesetze nennt man dann auch Kirchengesetze, z. B. die Synodal-Ordnung vom 10. Sept. 1873 (G. S. S. 417, 448), das Kirchengesetz, betreffend die Einführung eines neuen Gesangbuches in der evangelisch-lutherischen Kirche der Provinz Hannover vom 12. Febr. 1883 (G. S. S. 23), und das Gesetz, betreffend das Ruhegehalt der emeritirten Geistlichen in Rheinland und Westfalen vom 26. Jan. 1880 (G. G. S. 216). Der Gerichtshof für kirchliche Angelegenheiten, dessen Mitglieder der König zu ernennen hatte, ist durch Art. 9 des Ges. vom 21. Mai 1886 (G. S. S. 147) aufgehoben.

§ 162.

In Angelegenheiten der katholischen Kirche können Niederlassungen von Genossenschaften durch Königliche Verordnung aufgehoben werden. (Art. 6 des Ges. vom 14. Juli 1880 — G. S. S. 285 —, dazu Art. 13 des Ges. vom 21. Mai 1886 — G. S. S. 147 — und Art. 5 § 1 des Ges. vom 29. April 1887 G. S. S. 127. —)

§ 163.

Soweit die Ausübung der kirchlichen Hoheitsrechte auf kirchliche und staatliche Organe delegirt worden ist, wird auch ein Rechtsschutz gewährt, wie sich das aus der nachstehenden Zusammenstellung ergiebt:

1. Die Ausübung der Rechte des Staates in Betreff der Vollstreckbarkeit der Kirchen-Gemeinde-Umlagen gebührt dem Regier.-Präsidenten, in Berlin dem Polizeipräsidenten (Art. 3 Abs. 3 des Ges. vom 25. Mai 1874, § 31 Nr. 6 der Synod.-O. vom 10. Sept. 1873, § 50 Nr. 9 des Ges. vom 20. Juni 1875 [kathol. K.], Art. III Nr. 1 der Verf. vom 9. Sept. 1876, Art. I Nr. 3 der Verf. vom 27. Sept. 1875). Gegen die Verfügung des Regierungspräsidenten die Beschwerde (ohne Frist) an den endgültig entscheidenden Oberpräsidenten (Art. III Abs. 2 der Verf. vom 9. Septbr. 1876). Die Vorschrift des Polizeipräsidenten in Berlin gilt nur für die evangelische Kirche.
2. Bestreiten die Gemeindeorgane die Gesetzwidrigkeit der bei der Revision der Kirchenrechnungen beanstandeten Posten oder die Verpflichtung zu der auf Anordnung des Konsistoriums und der Staatsbehörde in den Etat eingetragenen Leistungen, so entscheidet auf Klage der Gemeindeorgane das Ober-Verwaltungsgericht. (Art. 27 Abs. 3 des Ges. vom 3. Juni 1876.)

3. Dasselbe wie sub 1 gilt von der Anerkennung der Staatsbehörde bei Feststellung der Gemeinde-Statuten, welche die Kirchengemeinde und Syn.-O. ergänzen oder modifiziren, daß die entworfene Bestimmung den in Artikel 2–4 und 8 staatsgesetzlich genehmigten Vorschriften nicht zuwider sei. (§ 31 Nr. 11 und 46 der Syn.-O., Art. 5 des Ges. vom 25. Mai 1874. Art. III Abs. 2 der Verf. vom 9. Septbr. 1876.)
4. Desgleichen in Betreff der Patronatsrechte, als: Theilnahme an der Verwaltung des kirchlichen Vermögens, Betheiligung an dem Gemeinde-Kirchenrath (§ 6 der Syn.-O.), Aufsicht über die Verwaltung der Kirchenkasse, Zustimmung bei den Geschäften der Vermögens-Verwaltung. Wegen des Widerspruchs in letzterer Beziehung (vergl. § 23 der Syn.-O., Art. 8 des Ges. vom 25. Mai 1874, § 39 des Ges. vom 20. Juni 1875 [kathol. K.]). Wegen der Ergänzung der Einwilligung des Patronates vergl. § 23 Abs. 3 der Syn.-O., Art. 8 Abs. 2 des Ges. vom 25. Mai 1874. Die Wahrnehmung der fiskalischen Patronatsgerechtsame bei der katholischen Kirche steht der Bezirksregierung zu (§§ 39–41 des Ges. vom 20. Juni 1875, Berlin § 44 des Landesverw.-Ges. vom 30. Juli 1883).
5. Ueber Beschlüsse der Kreissynode wegen Repartition der zur Kreissynodalkasse zu zahlenden Beiträge (Art. 3 des Ges. vom 3. Juni 1876) ist die Beschwerde mit Frist von 21 Tagen an den Regierungspräsidenten (in Berlin an den Polizeipräsidenten) gegeben und dagegen die weitere Beschwerde, ohne Frist an den Oberpräsidenten (Art. III Nr. 1 und Abs. 2 der Verf. vom 9. Septbr. 1876). Auch dies gilt nur für die evangelische Kirche.
6. Die Anerkennung zur Feststellung statutarischer Anordnungen in dem der Kreissynode überwiesenen Geschäftsgebiete (§ 53 Nr. 8, § 65 Nr. 5 der Syn.-O.), daß die entworfenen Bestimmungen dem Ges. vom 25. Mai 1874 und vom 3. Juni 1876 nicht zuwider seien (Art. 4 des Ges. vom 3. Juni 1876), gebührt dem Regierungspräsidenten, in Berlin dem Polizeipräsidenten (Art. III der Verf. vom 9. Sept. 1876. Im Uebrigen wie sub 5.
7. Dasselbe gilt von der Feststellung des Regulativs, welches zu erlassen ist, wenn der Wirkungskreis einer Kreissynode oder einer nach § 57 Abs. 1 der Syn.-O. gebildeten Vereinigung von Kreissynoden, sowie ihres Vorstandes (§ 57 Abs. 2 l. c.) mit Rücksicht auf eigenthümliche Einrichtungen oder Bedürfnisse des Kreises erweitert werden soll. (Art. 7 des Ges. vom 3. Juni 1876.)
8. Dagegen kann die Heranziehung der Einkünfte des Kirchenvermögens und der Pfarrpfründen zu Beiträgen für kirchliche Zwecke (§ 15 der Gen.-Syn.-O. vom 20. Januar 1876, Art. 17 des Ges. vom 3. Juni 1876) nur auf Grund eines Kirchengesetzes erfolgen (§ 15 der General-Syn.-O. vom 20. Jan. 1876), auf Grund dessen die Beitreibung der Beiträge im Wege der administrativen

Exekution erfolgen kann. Zur Abwendung der letzteren ist die Beschwerde binnen 21 Tagen an den Regierungspräsidenten gegeben (Art. 17 des Ges. vom 8. Juni 1876), und hiergegen die fristenlose weitere Beschwerde an den Oberpräsidenten. Handelt es sich aber um den Fall des Art. 27 Abs. 3 des Ges. vom 3. Juni 1876, so haben die Gemeindeorgane die Klage an das Oberverwaltungsgericht (siehe oben sub 2).

9. Die Genehmigung der Beschlüsse der kirchlichen Organe bei dem Erwerb der Veräußerung oder der dinglichen Belastung von Grundeigenthum (Art. 24 Nr. 1 des Ges. vom 3. Juni 1876 u. § 50 Nr. 1 des Ges. vom 20. Juni 1875 [kathol. Kirche]):

   a) wenn der Werth des Gegenstandes oder der Betrag der Summe 10 000 Mark übersteigt,

   b) unter 10 000 Mk.,

   ertheilt in dem Falle sub a der Minister der geistlichen Angelegenheiten (Art. I 2 der Verordng. vom 9. Sept 1876; Art. I 1 der Verordng. vom 27. Sept. 1875 [kathol. Kirche]); sub b der Regierungspräsident, in Berlin der Polizeipräsident a. a. O. Art. III Nr. 4. Nur in dem Falle sub b ist die fristenlose Beschwerde an den Oberpräsidenten und event. die Klage der Gemeindeorgane bei dem Oberverwaltungsgerichte (oben 2) gegeben. Die Bestimmung sub a gilt sowohl für die katholische, wie für die evangelische Kirche, in Betreff der Instanzen sub b besteht insofern eine Verschiedenheit, als der Polizeipräsident von Berlin bei der Vermögensverwaltung der katholischen Kirche nicht betheiligt ist und als die Anrufung des Ober-Verwaltungsgerichts fortfällt.

10. Handelt es sich um die Veräußerung von Gegenständen, welche einen geschichtlichen, wissenschaftlichen oder Kunstwerth haben, (Art. 24 Nr. 2 des Ges. vom 3. Juni 1876 u. § 50 Nr. 2 des Ges. vom 20. Juni 1875 [kathol. K.]), so erfolgt die Genehmigung von dem Minister der geistlichen Angelegenheiten. (Art. I 3 der Verordng. vom 9. Sept. 1876; Art. I 1 der Verordng. vom 27. Sept. 1875 [kathol. K.]).

11. Zu Anleihen, soweit sie nicht blos zu vorübergehender Aushülfe dienen und aus der laufenden Einnahme derselben Vorschlagsperiode zurückerstattet werden können (Art. 24 Nr. 3 a. a. O.), ertheilt die Genehmigung der Regierungspräsident, in Berlin der Polizeipräsident (Art. III Nr. 4 der Verordng. vom 9. Sept. 1876 und § 50 Nr. 3 der Verordng. vom 27. Sept. 1875 [kathol. K.]), jedoch ohne Betheiligung des Berliner Polizeipräsidenten bei der Vermögensverwaltung der katholischen Kirche. Zu diesen und zu den übrigen Fällen des Art. 24 Nr. 2 des Ges. vom 3. Juni 1876 ist zu bemerken, daß der Minister der geistlichen Angelegenheiten zuständig ist, wenn die Rechte des

Staates gegenüber dem evangelischen Oberkirchenrath geltend zu machen sind. cf. Verordng. vom 5. Sept. 1877 (G. S. S. 215).

12. Dasselbe gilt von der Einführung und Veränderung von Gebührentaxen. (Art. 24 Nr. 4 a. a. O., § 50 Nr. 6 der Verordng. vom 27. Sept. 1875 [kathol. K.])

13. Bei der Errichtung neuer, für den Gottesdienst, die Geistlichen oder andere Kirchendiener bestimmter Gebäude (Art. 24 Nr. 5 eod. u. § 50 Nr. 4 des Ges. vom 20. Juni 1875 [kathol. K.]) bedarf es der Genehmigung des Ministers der geistlichen Angelegenheiten. (Art. I Nr. 4 der Verordng. vom 9. Sept. 1876; Art. I 1 der Verordn. vom 27. Sept. 1875 [kathol. K.]). Vergl. die hierauf bezügliche Notiz im Jahrg. IV S. 21 der Wochenschrift „Selbstverwaltung".)

14. Desgl. bei der Anlegung oder veränderten Benutzung von Begräbnißplätzen (Art. 24 Nr. 6 a. a. O. u. § 50 Nr. 5 des Ges. vom 20. Juni 1875 [kathol. K.]. Art. I Nr. 5 der Verordng. vom 9. Sept. 1876 und Art. I 1 der Verordng. vom 27. Sept. 1875 [kathol. K.])

15. Bei der Ausschreibung, Veranstaltung und Abhaltung von Sammlungen außerhalb der Kirchengebäude unbeschadet der Befugniß, vor dem jedesmaligen Zusammentritt der Provinzial-Synode oder alljährlich in der Provinz zum Besten der dürftigen Gemeinden des Bezirks Hauskollekten anzuordnen (Art. 24 Nr. 7 a. a. O., Art. 10 Nr. 4 a. a. O.):
   a) in mehr als einer Provinz,
   b) in mehr als einem Regierungsbezirk,
   c) in einem Regierungsbezirk,

   ertheilt in dem Falle sub a die Genehmigung der Minister der geistlichen Angelegenheiten in Gemeinschaft mit dem Minister des Innern (Art. I Nr. 6 der Verordng. vom 9. September 1876); in dem Falle sub b der Oberpräsident, gegen dessen Beschluß die Beschwerde ohne Frist an die Minister des Innern und der geistlichen Angelegenheiten gegeben ist (Art. 2 Nr. 2 a. a. O., § 50 Nr. 7 des Ges. vom 20. Juni 1875 [kathol. K.]); in dem Falle sub c der Regierungspräsident, in Berlin der Polizeipräsident mit dem Recht der Beschwerde an den endgültig entscheidenden Oberpräsidenten (Art. I Nr. 3 der Verordng. vom 27. Sept. 1875 [kathol. K.]). Bei Hauskollekten für Zwecke der katholischen Kirche ist eine Unterscheidung hinsichtlich des Bezirks, innerhalb dessen die Sammlung veranstaltet werden soll, nicht gemacht worden. Der Oberpräsident ist in allen Fällen zuständig. Die Instanzen sind dieselben wie in der evangelischen Kirche.

16. Dieselben Rechtsmittel finden statt, jedoch event. die Klage beim Oberverwaltungsgericht (wie oben sub 2) bei einer Verwendung des kirchlichen Vermögens zu anderen als den bestimmungsmäßigen Zwecken (Art. 24 Nr. 8 a. a. O., § 50 Nr. 8 des Ges.

vom 20. Juni 1875 [kathol. K.]; Art. I Nr. 3 der Verordng. vom 27. Sept. 1875 [kathol. K.]). Bewilligungen aus der Kirchenkasse an andere Gemeinden oder zur Unterstützung evangelischer Vereine und Anstalten, sofern dieselben einzeln 2 pCt. und im Gesammtbetrage eines Etatsjahres 5 pCt. der Soll-Einnahme nicht übersteigen, bedürfen nicht der Genehmigung der Staatsbehörde. Für die katholische Kirche gilt die Genehmigung als ertheilt, wenn die staatliche Aufsichtsbehörde nicht binnen 30 Tagen nach Mittheilung des Beschlusses widerspricht. Wegen der Schenkungen und letztwilligen Zuwendungen bewendet es bei dem Gesetze vom 23. Febr. 1870; § 50 (Schlußsatz) des Ges. vom 20. Juni 1875; Art. 25 des Ges. vom 3. Juni 1875.

17. Die Feststellung des Regulativs für die vereinigten evangelischen Kreissynoden der Haupt- und Residenzstadt Berlin (Art. 8 des Ges. vom 3. Juni 1876) bewirkt der Minister der geistlichen Angelegenheiten (Art. I 1 der Verordng. vom 9. Sept. 1876).

18. Die von den evangelischen Provinzialsynoden beschlossenen neuen Ausgaben (Art. 11 Abs. 2 des Ges. vom 3. Juni 1876) bedürfen der Bestätigung des Oberpräsidenten (Art. II 1 der Verordng. vom 9. Sept. 1876).

19. Die Eintragung in den Etat und Anordnung des weiteren Verfahrens, wenn sich ein Gemeindekirchenrath oder eine Gemeindevertretung weigert, gesetzliche Leistungen, welche aus dem kirchlichen Vermögen zu bestreiten sind, oder den Pfarreingesessenen obliegen, auf den Etat zu bringen, festzusetzen oder zu genehmigen (Art. 27 des Ges. vom 3. Juni 1876), bewirken:

a) der Minister der geistlichen Angelegenheiten, wenn die Rechte des Staates gegenüber dem evangelischen Oberkirchenrathe geltend zu machen sind. (Art. I Nr. 7 der Verordng. vom 9. Sept. 1876);

b) in anderen Fällen der Regierungspräsident (Polizeipräsident von Berlin), oder

c) das Konsistorium. (Art. 27 des Ges. vom 3. Juni 1876 und Art. III. Nr. 4 der Verordng. vom 9. Sept. 1876; §§ 52, 53 des Ges. vom 20. Juni 1875 und Art. I Nr. 3 der Verordng. v. 27. Sept. 1875 [kathol. Kirche]). In den Fällen sub b und c ist die Beschwerde ohne Frist an den Oberpräsidenten gegeben, event. (wie oben sub 2) die Klage an das Oberverwaltungsgericht. Hier sind die Abweichungen der Bestimmungen für die katholische Kirche (§§ 52, 53 des Ges. vom 20. Juni 1875) von denen für die evangelische Kirche (§ 27 des Ges. vom 3. Juni 1876) besonders zu beachten. Der Instanzenzug ist sonst derselbe, jedoch fällt bei der katholischen Kirche die Mitwirkung des Ober-Verwaltungsgerichts fort, auch ist in I. Instanz der Regierungspräsident in allen Fällen zuständig. Demselben ist die Jahresrechnung der katholischen Kirchen zur Prüfung mitzutheilen. Die Mitwirkung des Berliner Polizeipräsidenten fällt auch hier fort. cf. Verordng. vom 5. Sept 1877 (G.-S. S. 215).

20. Die Ausübung des staatlichen Aufsichtsrechtes über die Vermögensverwaltung der katholischen Kirche, wenn die vorgesetzte Kirchenbehörde ungeachtet der erfolgten Aufforderung binnen 30 Tagen von den ihr gesetzlich zustehenden Rechten der Aufsicht oder der Einwilligung zu bestimmten Handlungen der Verwaltung keinen Gebrauch macht (§ 48 des Ges. vom 20. Juni 1875), steht dem Regierungspräsidenten zu (Art. I Nr. 3 der Verordng. vom 27. Sept. 1875. Dagegen ist das Rechtsmittel der Berufung (?) an den Oberpräsidenten ohne Frist gegeben (Art. 2 der Verordng. vom 27. Sept. 1875).
21. Dasselbe gilt von der Ertheilung von Attesten über die Legitimation des katholischen Kirchenvorstandes zur Besorgung von Rechtsangelegenheiten oder Attesten über das Vorhandensein derjenigen Thatsachen, welche den Anspruch auf Kostenfreiheit begründen. (§ 51 a. a. O.)
22. Wegen der Beaufsichtigung der Forstverwaltung der kirchlichen Institute vergl. § 1—3 und 11 des Ges. vom 14. Aug. 1876.
23. Wegen der Ausführung von Umlagebeschlüssen der kirchlichen Gemeindeorgane in dem Geltungsbereiche des Kirchenverfassungsgesetzes vom 3. Juni 1876 (Reklamationen und Zwangsvollstreckung) erging der Erlaß des Ministers der geistlichen Angelegenheiten vom 15. Jan. 1881 (Wochenschrift „Selbstverwaltung", Jahrg. VIII, S. 87, 88).

§ 164.

Was aus den sogenannten Mai- oder Kulturkampf-Gesetzen durch den Erlaß der Novellen vom 14. Juli 1880, 31. Mai 1882, 11. Juli 1883, 21. Mai 1886 und 29. April 1887 geworden und was davon noch übrig geblieben ist, hat Hinschius in seinem Kommentar zu dem zuletzt angeführten Gesetze (Verlag von Guttentag in Berlin 1887) dargestellt. In Betracht kommen dabei folgende Gesetze:

1. Gesetz über die Vorbildung und Anstellung der Geistlichen vom 11. Mai 1873 (G. S. S. 191).
2. Gesetz wegen Deklaration des vorstehenden Gesetzes vom 21. Mai 1874 (G. S. S. 139).
3. Gesetz über die kirchliche Disziplinargewalt und die Errichtung des Königlichen Gerichtshofes für kirchliche Angelegenheiten vom 12. Mai 1873 (G. S. S. 198). Hieraus ist zu merken, daß der vorgedachte Gerichtshof beseitigt worden ist.
4. Gesetz über die Grenzen des Rechts zum Gebrauche kirchlicher Straf- und Zuchtmittel vom 13. Mai 1873 (G. S. S. 205). Von diesem Gesetze ist nur der § 1 übrig geblieben.
5. Gesetz über die Verwaltung erledigter katholischer Bisthümer vom 20. Mai 1874 (G. S. S. 135). Von diesem Gesetze gelten nur noch die §§ 1—3, 20 und 21.

6. Gesetz, betreffend die geistlichen Orden und ordensähnlichen Kongregationen der katholischen Kirche, vom 31. Mai 1875 (G. S. S. 217).

20. Das Recht des Landesherrn auf gewisse Einkünfte.

§ 165.

Auch dieses Recht wird nach § 14, Tit. 13, Th. II A. L. R's zu den Majestätsrechten gerechnet. Seit Einführung der Verfassung bildet diese Bestimmung aber nur noch die geschichtliche Basis für Art. 59 der preußischen Verfassung, wozu die Gesetze, betreffend die Erhöhung der Krondotation vom 30. April 1859 (G. S. S. 204) und vom 27. Januar 1868 (G. S. S. 61), nachzulesen sind. Von der landrechtlichen Auffassung bleibt immer noch so viel übrig, daß der Landesherr seine Einkünfte aus dem Staatsvermögen kraft eines Majestätsrechtes bezieht, daß mithin die damit korrespondirenden Pflichten keinerlei Rechtskontrolle unterliegen. Eine Delegation dieses Rechtes kann selbstverständlich so wenig stattfinden, wie eine Ausübung desselben durch Beamte. Dem vorstehend gedachten Gesetze vom 27. Januar 1868 ist auch noch ein Verzeichniß angehängt, betreffend diejenigen zu den Staatsdomainen gehörigen Schlösser nebst Zubehör, welche zur Benutzung Sr. Majestät des Königs gewidmet sind.

§ 166.

Der § 59 enthält materielles Recht, d. h. der Kronfideikommißfonds kann den ihm gesetzlich zustehenden Betrag gegen den preußischen Fiskus im Wege des Civilprozesses einklagen, wenn etwa die Rente nicht in den Staatshaushaltsetat eingestellt sein oder ein Etat überhaupt nicht zu Stande kommen sollte. cf. auch § 99 der Verfassung vom 31. Januar 1850.

21. Das Besteuerungsrecht.

§ 167.

Nach dem monarchischen Prinzip (A. L. R. II 13 § 15 und II 14 § 2) war dieses Recht ein ausschließliches Majestätsrecht, in dem konstitutionellen Staate hat sich dies durch Art. 100, 101 und 109 der preußischen Verfassung und Art. 70 der Reichsverfassung insofern erheblich geändert, als nunmehr der Krone ein Recht, ohne Mitwirkung des Landtages Steuern einzuführen, nicht mehr zusteht und als die Reichssteuergesetze ebenso zu Stande kommen, wie die Reichsgesetze überhaupt (oben Nr. 8 S. 25). Das delegirte Besteuerungsrecht der Korporationen u. s. w. ist kein Majestäts- oder Hoheitsrecht (siehe weiter unten).

§ 168.

In Bezug auf die Zollgesetzgebung des deutschen Reiches vergl. Art. 4 Nr. 2, 8, 33, 34, 35, 38—40 der Reichsverfassung; die Erhebung von Zuschlägen zu den Eingangszöllen erfolgt durch kaiserliche Verordnung (§ 6 des Ges. vom 15. Juli 1879), desgleichen die Bestimmung über die Erhebung von Zuschlägen zu den Eingangszöllen (§ 6 des Zolltarifges. — R. G. Bl. 1885, S. 111).

§ 169.

Ueber die Entstehung und weitere Ausbildung des landesherrlichen Besteuerungsrechtes in Brandenburg-Preußen vergleiche den Aufsatz von Dr. jur. C. Bornhak im Jahrgang XIII, S. 2 der Wochenschrift „Selbstverwaltung."

§ 170.

Dem preußischen Landtage und ebenso dem Reichstage steht das Ausgabenbewilligungsrecht, mithin auch das Ausgabenverweigerungsrecht (Budgetrecht) zu, nicht aber in Ansehung der bestehenden Steuern (Art. 109 der preußischen Verfassung) das Einnahme- oder Steuerverweigerungsrecht. In Ansehung neuer Steuern müssen alle Einnahmen und Ausgaben des Staates und des Reiches im Voraus veranschlagt und auf den Staatshaushaltsetat gebracht werden. Letzterer wird jährlich durch ein Gesetz festgestellt, woraus sich schon das Recht zur Betheiligung der beiden Häuser des Landtages beziehungsweise des Reichstages ergiebt (Art. 99 der preußischen Verfassung vom 31. Januar 1850 und Art. 69 der Reichsverfassung vom 16. April 1871).

§ 171.

Die Steuerzahlung ist eine allgemeine staatsbürgerliche Pflicht, deren Erfüllung erzwungen werden kann, ohne daß dieserhalb erst eine gerichtliche Entscheidung zu treffen wäre (A. L. R. II 14 § 78), dagegen ist den Staatssteuerpflichtigen ein Rechtsschutz gewährt gegen ungerechtfertigte Heranziehung oder Ueberbürdung seitens der ausführenden Behörden in Bezug auf folgende Steuern:

I. Direkte Steuern.

1. Die Grundsteuer.

§ 172.

Diese Steuer wird von den Eigenthümern der Liegenschaften entrichtet und ist für die alten Provinzen auf einen Jahresbetrag von 30 000 000 Mark, für die im Jahre 1866 neu erworbenen Landestheile auf 9 600 000 Mark, im ganzen preußischen Staate also auf 39 600 000 Mark festgestellt. Dieser Betrag ist nach Verhältniß des durch Einschätzung nach der Bodengüte ermittelten Reinertrages der steuerpflichtigen Liegenschaften auf die einzelnen Provinzen gleichmäßig vertheilt. Daraus ergiebt sich für jede Provinz eine feststehende, d. h. bis auf Weiteres unveränderliche Grundsteuerhauptsumme, was man ein „Kontingent" nennt. Diese Summe kann der Staatskasse gegenüber zwar durch den Zugang steuerpflichtig werdender oder durch den Abgang steuerfrei zu stellender Grundstücke, sonst aber nur durch die Gesetzgebung und in dem Falle erhöht oder vermindert werden, wenn die Staatsbedürfnisse eine allgemeine Erhöhung der Grundsteuer nothwendig machen oder eine allgemeine Herabsetzung derselben gestatten. Innerhalb der Provinzen sind die für dieselben festgesetzten Grundsteuerhauptsummen auf die einzelnen Kreise, innerhalb dieser auf die Gemeinden und selbstständigen Gutsbezirke und innerhalb der Gemeinden auf die steuerpflichtigen Liegenschaften nach Verhältniß ihres Reinertrages gleichmäßig vertheilt.

Befreit von der Grundsteuer sind: a. die dem Staate gehörenden (fiskalischen) Grundstücke, b. die Domanialgrundstücke der vormals Reichsunmittelbaren, c. die den Provinzen, Kreisen, Gemeinden und selbstständigen Gutsbezirken gehörenden, zu einem öffentlichen Dienste oder Gebrauche bestimmten Grundstücke, wie Straßen, Gassen, Plätze, Brücken, öffentliche Fußwege, Leinpfade (an den Ufern der Flüsse, zum Treideln der Flußfahrzeuge), Bäche, Brunnen u. s. w., d. Chausseen, die Schienenwege der Eisenbahnen, d. h. der Bahnkörper nebst den zu dessen Erhaltung und Sicherstellung dienenden Gräben und Schutzstreifen, die schiffbaren Kanäle, e. die vor 1861 befreit gewesenen Grundstücke der Kirchen, Schulen, milden Stiftungen u. s. w. und die Begräbnißplätze, auch die der Juden.

Die vorhin gedachten Aenderungen, welche bei der Grundsteuer vorkommen, haben Berichtigungen der Grundsteuerregister zur Folge. Dies nennt man die „Fortschreibung der Grundsteuer", welche von besonderen Katasterbeamten bewirkt wird.

Von den Reklamationen gegen die Untervertheilung der Grundsteuer in den sechs östlichen Provinzen (Ges. vom 21. Mai 1861) handeln die §§ 12 ff. des Gesetzes vom 8. Februar 1867 (G. S. S. 185), von den Beschwerden wegen Grundsteuer-Ueberbürdungen die §§ 21 ff. a. a. O. Im Uebrigen ist mit dem längst erfolgten Abschlusse der Veranlagung die Grundsteuer bis zur Aenderung des Gesetzes festgestellt (§ 15 der Verordn. vom 12. Dez. 1864 (G. S. S. 683), sofern nicht durch das Fortschreibungsverfahren (§§ 32—39 des Ges. vom 8. Febr. 1867) Veränderungen herbeigeführt werden.

§ 173.

Die Grundsteuer und auch andere preußische Steuern sind eingeführt in der Provinz Hannover durch die Verordnungen vom 28. April 1867 (G. S. S. 533) und vom 18. Mai 1885 (G. S. S. 172), in dem Gebiete des ehemaligen Kurfürstenthums Hessen durch Verordnung vom 28. April 1867 (G. S. S. 538), in Schleswig-Holstein durch Verordnung von demselben Tage (G. S. S. 543), dazu Gesetz vom 11. Februar 1870 (G. S. S. 85), Verordnung vom 22. Juli 1872 (G. S. S. 585), Gesetz vom 3. Januar 1873 (G. S. S. 3), Verordnung vom 7. April 1877 (G. S. S. 129), Verordnung vom 27. Juni 1881 (G. S. S. 305), Verordnung vom 18. Oktober 1882 (G. S. S. 375), Verordnung vom 7. Mai 1883 (G. S. S. 105), Gesetz vom 25. Mai 1885 (G. S. S. 170), im Herzogthum Lauenburg durch Verordnung vom 8. Oktober 1877 (G. S. S. 229), im Jadegebiet durch Gesetz vom 23. März 1873 (G. S. S. 111), in ehemals nassauischen, Frankfurter, großherzogl. hessischen und landgräflich hessen-homburgischen Landestheilen durch Verordnung vom 11. Mai 1867 (G. S. S. 593), in den ehemals bayerischen Landestheilen durch Verordnung vom 24. Juni 1867 (G. S. S. 842), in dem ehemals landgräflich hessen-homburgischen Kreise Meisenheim durch Verordnung vom 4. Juni 1867 (G. S. S. 761), in den hohenzollernschen Landen (direkte Steuern) Gesetz vom 22. Februar 1867 (G. S. S. 269) nebst Verordnung vom 14. Oktober 1869 (G. S. S. 1117), Gesetz vom 25. März 1875 (G. S. S. 181). Wegen der Grundsteuer-Reklamation in den beiden westlichen Provinzen vergl. Verordnung vom 12. Dezember 1864 (G. S. S. 683).

2. Die Gebäudesteuer.

§ 174.

Die Veranlagung erfolgt in der Weise, daß jedes der Steuer unterliegende Gebäude nach Maßgabe seines jährlichen Nutzungswerthes zu einer in einem gesetzlich festgestellten Tarif bestimmten Steuerstufe eingeschätzt wird. Dieser Tarif hat 43 Steuerstufen mit bestimmten jährlichen, zwischen 12 und 3300 Mark schwankenden, dann aber bis zu unbestimmter Höhe aufsteigenden Nutzungswerthen der Gebäude; es kann also dieser Nutzungswerth, namentlich in großen Städten, ein sehr hoher sein, z. B. 100 000 Mark und noch mehr betragen. Nach diesem Nutzungswerthe richtet sich auch die Steuer; dieselbe beträgt aber bei Gebäuden, welche vorzugsweise zum Bewohnen und nur in Ansehung einzelner Räume zu gewerblichen Zwecken, z. B. zu Kauf- und Kramläden, Werkstätten rc. benutzt werden, für Schauspiel-, Ball-, Bade-, Gesellschaftshäuser rc. 4 % des Nutzungswerthes, es würde also von einem Gebäude, welches zu 100 Mark Nutzungswerth eingeschätzt ist, 4 Mark Steuer zu zahlen sein.

Für solche Gebäude, welche ausschließlich oder vorzugsweise zum Gewerbebetriebe dienen, namentlich Fabriken und Manufakturgebäude, Ziegel-, Kalk- und Gypsbrennereien, Brauereien und Branntweinbrennereien, Hammer- und Hüttenwerke, Schmieden, Mühlen rc., ferner für solche nicht zur Benutzung für die Landwirthschaft und Fabriken bestimmte Ställe, Scheuern, Speicher, Remisen, Keller rc., sofern sie selbstständige Gebäude bilden, sind 2 % des Nutzungswerthes zu zahlen; es kommt jedoch bei allen diesen Gebäuden nur der Miethswerth in Betracht. Ebenso werden in den Städten die Hofräume und Hausgärten behandelt. Auf dem Lande sind noch mehrfache Erleichterungen nachgelassen.

Neu erbaute Gebäude werden erst nach zwei Jahren steuerpflichtig. Befreit von der Gebäudesteuer sind die Königlichen, fürstlich hohenzollernschen, staatlichen und im Besitze der ehemals Reichsunmittelbaren befindlichen Gebäude, ferner die zu einem öffentlichen Dienste oder Gebrauche bestimmten Häuser des Staates, der Provinzen, Kreise, Gemeinden und selbstständigen Gutsbezirke, alle Kirchen, Kapellen rc., Universitäts- und Schulgebäude, die Diensthäuser aller Geistlichen und Lehrer, also auch der Gymnasiallehrer, die Armen-, Waisen-, Kranken-, Besserungs- (Korrigenden-) Häuser, Gefängnißanstalten, milde Stiftungen, endlich gewisse unbewohnte Gebäude, welche den Zwecken der Landwirthschaft, der Industrie, der Entwässerung und Bewässerung dienen.

Diese Steuer wird alle 15 Jahre einer Revision unterworfen. Ueber den Verwaltungsrechtsschutz (Reklamations-, Rekurs- und Beschwerdesachen) in diesen Angelegenheiten vergl. §§ 10, 11 des Gebäudesteuerges. vom 21. Mai 1861 (G. S. S. 317), für die neueren Provinzen oben § 173. Reklamationen binnen 4 Wochen an den Ausführungskommissar des Bezirks, Entscheidung der Regierung (Finanzabtheilung), in Berlin die Direktion der Verwaltung der direkten Steuern; Rekurs an den Finanzminister binnen 6 Wochen (Winiker, Steuerkatechismus S. 39, 40).

3. Die Gewerbesteuer.

§ 175.

Dieselbe wird für den Betrieb des stehenden Gewerbes entrichtet und zwar in 6 Klassen: Groß-, Mittel- und Kleinhandel, Gast- und Schankwirthschaft, Handwerk und Transportgewerbe. Die Veranlagung vom Handel erfolgt also in 3 Klassen: A I, A II und B. Hierbei ist von der mittleren Klasse A II auszugehen, in der Art, daß nur die umfangreicheren Geschäfte zur Klasse A I, die geringfügigen dagegen zur Klasse B gehören. Außerdem zerfallen alle Ortschaften des Staates noch in vier Gewerbesteuerabtheilungen, für welche höhere oder geringere Steuersätze bestehen. Darnach erfolgt nun die Steuereinschätzung und zwar in den Steuerklassen A I und A II durch Steuergesellschaften, welche sich unter staatlicher Kontrolle gegenseitig selbst einschätzen, wobei von gewissen Mittelsätzen ausgegangen wird, welche für die Klasse A I in der ersten Ortsabtheilung monatlich 24 Mk., in der zweiten Abtheilung 18 Mk. beträgt; der niedrigste Satz ist in beiden Abtheilungen 12 Mk. Für die Klasse A II schwanken diese Mittelsätze, je nach der Ortsabtheilung zwischen 1,50 und 72 Mk. monatlich, für die Klasse B zwischen 0,25 und 2 Mk. monatlich, für die Gast- und Schankwirthschaft zwischen 0,50 und 4,50 Mk. monatlich, für Handwerker zwischen 0,50 und 2 Mk. monatlich 2c.

Wegen der Rechtskontrolle vergl. § 33 des Gewerbesteuerges. vom 30. Mai 1820 (G. S. S. 147), §§ 98 ff. der Anweisung vom 20. Mai 1876, und Falkmann, Gewerbesteuergesetzgebung S. 92. — Eine zweckmäßige Belehrung über Reklamationen und Rekurse gegen die Veranlagung der Gewerbe- und Klassensteuer erließ die Königliche Regierung zu Coblenz. (Wochenschr. „Selbstverwaltung", Jahrgang VIII, S. 121.)

Gegen die Gewerbesteuerveranlagung Reklamation binnen 3 Monaten nach Zustellung des Rollenauszuges an die Regierung (Finanzabtheilung), in Berlin an die Direktion der direkten Steuern, gegen den Reklamationsbescheid Rekurs binnen 6 Wochen an den Finanzminister. Gegen die Festsetzung der Steuer für das Gewerbe im Umherziehen finden dieselben Rechtsmittel statt (Winiker, Steuerkatechismus, S. 112 ff. und 146).

4. Die klassifizirte Einkommensteuer.

§ 176.

Auch diese Steuer wird nach Stufen erhoben. Die beiden ersten sind:

1. bei einem Jahreseinkommen von mehr als 3000—3600 Mk. = 90 Mk.
2. „ „ „ „ „ „ 3600—4200 „ = 108 „

Von der ersten Stufe bleiben 2 Monatsraten, von der zweiten bleibt eine Monatsrate außer Hebung.

Sodann steigen die Stufen bis zur 40ten mit einem Einkommen von 780 000 Mk. mit einer Steuer von 21 600 Mk. Darüber hinaus sind für jede 60 000 Mk. mehr 1800 Mk. zu zahlen.

Der Rechtsschutz für die Besteuerten liegt hier in einem Remonstrations- und Reklamationsverfahren, welches sich an das Einkommensteuer-Veranlagungsverfahren anschließt. §§ 21 ff. des Gesetzes vom $\frac{\text{1. Mai 1851.}}{\text{16. Juni 1875.}}$ Danach erfolgt die Veranlagung jedes Jahr durch die Einschätzungskommission, dessen Vorsitzender ein Staatskommissar (in der Regel der Landrath) ist und dessen Mitglieder zu $^1/_3$ von dem Kreistage aus seiner Mitte, zu $^2/_3$ aus einkommensteuerpflichtigen Eingesessenen gewählt werden. Zwei Kalendermonate nach der Behändigung des Benachrichtigungsschreibens können die Besteuerten gegen die Einschätzung die Remonstration einlegen und gegen diesen letzteren Beschluß die Reklamation binnen 28 Tagen. Auch der Vorsitzende hat das Recht der Berufung gegen die Beschlüsse der Einschätzungskommission. Hierüber sowie über die Reklamation beschließt dann endgültig die Bezirkskommission, welche aus einem Kommissarius des Staates und aus Mitgliedern besteht, von denen $^2/_3$ aus Einkommensteuerpflichtigen, $^1/_3$ aus Klassensteuerpflichtigen bestehen. Für jeden Regierungsbezirk und auch für die Stadt Berlin besteht eine solche Kommission; deren Mitglieder werden von den Provinzial- bezw. Kommunal-Landtagen gewählt.

5. Die Klassensteuer.

§ 177.

Dieselbe wurde früher nur in den nicht mahl- und schlachtsteuerpflichtigen Orten erhoben. Die Mahl- und Schlachtsteuer ist jetzt als Staatssteuer vollständig beseitigt, nur die Schlachtsteuer (nicht die Mahlsteuer) wird noch als Kommunalabgabe erhoben in den Städten: Aachen mit Burtscheid, Breslau, Gnesen, Koblenz mit Ehrenbreitstein, Posen und Potsdam. Jetzt wird die Klassensteuer überall erhoben und zwar von einem Einkommen bis zu 3000 Mk. Die Einschätzung erfolgt durch eine Gemeindekommission und wird von der Regierung festgestellt. Diese Behörde entscheidet auch nach eingeholtem Gutachten einer von der Kreisvertretung gewählten Kommission über die gegen die Veranlagung erhobenen Reklamationen.

Die Klassensteuer wurde früher nach Klassen, sie wird jetzt nach Stufen erhoben; der Name paßt also nicht mehr.

Der Steuersatz beträgt für die Haushaltung, wie für den Einzelnstehenden:

1. und 2. Stufe sind aufgehoben, der Ausfall soll durch Mehreinnahmen des Reichs gedeckt werden.

3. Stufe von einem Jahresbetrage von mehr als 900—1050 Mk. = 12 Mk.

4. " " " " " " " 1050—1200 " = 15 "

5. " " " " " " " 1200—1350 " = 18 "

6. Stufe von einem Jahresbetrage von mehr als	1350—1500	Mk.	= 24 Mk.
7. " " " " " " "	1500—1650	"	= 30 "
8. " " " " " " "	1650—1800	"	= 36 "
9. " " " " " " "	1800—2100	"	= 42 "
10. " " " " " " "	2100—2400	"	= 48 "
11. " " " " " " "	2400—2700	"	= 60 "
12. " " " " " " "	2700—3000	"	= 72 "

Drei Monatsraten der Stufen 3—12 bleiben außer Hebung.

Befreit von dieser Steuer sind unter bestimmten Voraussetzungen die Unteroffiziere und Gemeinen des stehenden Heeres, der Reserve und Landwehr mit ihren Angehörigen, die Inhaber des eisernen Kreuzes 2c. Reklamationen binnen zwei Monaten bei dem Landrathe, in Stadtkreisen bei dem Stadtvorstande; Begutachtung durch die Reklamationskommission und den Landrath, Entscheidung durch die Regierung (Finanzabtheilung), in Berlin die Direktion der direkten Steuern oder durch die Bezirkskommission. Hiergegen Rekurs binnen 4 Wochen an den Finanzminister, die Rekursschrift ist bei dem Landrath einzureichen (§ 14 d des Ges. vom 25. Mai 1874, Winiker, Steuerkatechismus S. 209—213.)

II. Abgaben besonderer Art.

§ 178.

1. Die Bergwerksabgaben (Ges. vom 12. Mai 1851 — G. S. S. 261—, dazu K. O. vom 30. Aug. 1820 — S. 167 —, Verordng. vom 21. Jan. 1857 — S. 85 —, Ges. vom 22. Mai 1861 — S. 225, vom 20. Okt. 1662 — S. 351 —, und vom 17. Juni 1863 — S. 462 —, Verordng. vom 8. Mai 1867 — S. 601 —, vom 1. Juni 1867 — S. 770 —, Art. 17 der Verordng. vom 17. Juni 1867 — S. 802 —, Ges. vom 1. Jan. 1869 — S. 78 —, vom 12. März 1869 — S. 453 —, nebst den Instruktionen zur Ausführung des Ges. vom 20. Okt. 1862, linksrheinische Landestheile Min.-Bl. d. i. Verwalt. 1865, S. 8, rechtsrheinische Min.-Instr. vom 29. Jan. 1866, a. a. O. S. 31) sind nach Oppenhoff (Ressortverhältnisse S. 122) zwar steuerartige Abgaben; dies entspricht auch ihrer Entstehungsgeschichte (siehe später das Kapitel „Regalien"), es wird aber bestätigt durch § 1 Nr. 13 der Verordng. vom 30. Juli 1853 — G. S. S. 909 — und § 1 d und e der Verordng. vom 22. Sept. 1867 — G. S. S. 1553 —, daß sie und die Eisenbahnabgabe weder zu den direkten, noch zu den indirekten Steuern gehören, vielmehr im Gegensatz zu denselben aufgeführt werden. Ministeriell wurde anerkannt, daß sie nicht zu den Gewerbesteuern gehören („Selbstverwaltung" I S. 317 VII, S. 27, Ministerialerlaß vom 13. Juli 1874 — Min.-Bl. d. i. V. S. 199 —).

Wegen der Reklamationen vergl. §§ 8 und 11 des Rheinischen Ressort-Reglements vom 20. Juli 1818. In den östlichen Provinzen gehören die Bergwerksabgaben (Bergwerkssteuern) zu denen, welche exekutivisch beigetrieben werden können (vergl. § 1 Nr. 13 der Verordng.

vom 30. Juli 1853 — G. S. S. 909 — und die in anderen Provinzen geltenden verwandten Verordnungen, cf. Crux, Kommentar zur Verordng. vom 7. Sept. 1879, S. 148, 149), es ist mithin auch die Reklamation in Gemäßheit der Gesetze vom 18. Juni 1840 — G. S. S. 140 — und vom 12. April 1882 — G. S. S. 297 — gegeben. Nach § 18 der vorstehend erwähnten Instruktion vom 29. Jan. 1866 müssen Reklamationen gegen die vom Oberbergamte festgesetzte Bergwerkssteuer binnen 3 Monaten, vom Tage der Zurückstellung des einen Exemplars der Abgabennachweisung an die Bergwerksbesitzer oder deren Repräsentanten an gerechnet, bei dem Minister für öffentliche Arbeiten angebracht werden.

§ 179.

2. Dasselbe gilt im Wesentlichen von der **Eisenbahnabgabe** (cf. vorstehend § 178), welche auf Grund folgender Gesetze erhoben wird: Ges. vom 30. Mai 1853 (S. 449), vom 21. Mai 1859 (S. 243), vom 16. März 1867 (S. 465), vom 22. Sept. 1867 (S. 1639), § 4 des Ges. vom 27. Juli 1885 (S. 328). Bei dem Verfahren, in welchem diese Abgabe unter Zuziehung und Betheiligung der steuerpflichtigen Eisenbahngesellschaften festgesetzt wird, bleibt für eine Reklamation weiter kein Raum. Der Betrag der zu entrichtenden Abgabe wird nach Ablauf jedes Jahres von einer Behörde, welche der Finanzminister damit beauftragt, festgesetzt und muß dann innerhalb 6 Wochen nach Behändigung der Zahlungsaufforderung an die darin bezeichnete Kasse bei Vermeidung der Exekution abgeführt werden.

III. **Die indirekten Steuern** (Reichsabgaben).*)

1. Die Salzsteuer.

§ 180.

Dieselbe beruht auf einer Uebereinkunft der Zollvereinsstaaten vom 8. Mai 1867 und dem Ges. vom 12. Okt. 1867 (B. G. Bl. S. 41) und einer Anzahl von Instruktionen für die Behörden. Soweit es sich um die **eigentliche** Salzsteuer für inländisches Produkt handelt, wird jede Reklamation durch die eingeführte Kontrolle entbehrlich; auf die Einfuhr von Salz aus dem Auslande finden die Zollgesetze Anwendung (vergl. den Schlußsatz zu § 182 unten).

2. Die Tabakssteuer.

§ 181.

Auch hierfür giebt es einen Zoll für ausländisches und eine Steuer für inländisches Produkt. (Ges. v. 16. Juli 1879 — R. G. Bl. S. 245

*) **Von direkten Reichssteuern** ist in den Reichsgesetzen nur insofern die Rede, als Bestimmungen darüber getroffen worden sind, daß ein Deutscher mit gewissen Vorbehalten zu den direkten Staatssteuern nur in demjenigen Bundesstaate herangezogen werden kann, in welchem er seinen Wohnsitz hat oder, wenn er in keinem Bundesstaate einen Wohnsitz hat, nur an seinem Aufenthaltsorte.

und vom 5. April 1885 — a. a. O. S. 83 — nebst zahlreichen Ausführungs-Instruktionen und Dienstvorschriften für die Beamten. Die Steuer ist für kleine Felder eine Flächensteuer, im Uebrigen eine Gewichtsteuer. In letzterer Beziehung ist eine strenge steuerbehördliche Kontrolle eingeführt, durch welche das Steuerobjekt vor der Ernte durch vorläufige Abschätzung, nach der Ernte durch Verwiegung amtlich festgestellt wird. Die Abschätzung erfolgt in Gegenwart der Tabakpflanzer durch eine Schätzungskommission, zu welcher außer Beamten auch ein von der Gemeindebehörde ernannter Sachverständiger gehört. Gegen das Abschätzungsregister kann innerhalb einer präklusivischen Frist von 3 Tagen seitens des Tabakpflanzers Einspruch erhoben werden, über welchen eine aus Beamten und vereideten Sachverständigen bestehende Bezirks-Kommission entscheidet. Gegen die Verwiegung giebt es keinen Einspruch, vielmehr erfolgt auf Grund desselben sogleich die Feststellung des Steuerbetrages. (Vergl. den Schlußsatz in dem § 185 unten.)

3. Die Branntweinsteuer.

§ 182.

Ges. vom 24. Juni 1887 (R. G. Bl. S. 253), in Verbindung mit dem Ges. vom 8. Juli 1868 (R. G. Bl. S. 384). Dieselbe besteht in einer Verbrauchsabgabe, einer Maischbottichsteuer, Branntweinmaterialsteuer und Zuschlag zur Verbrauchsabgabe und in einer Zoll- und Uebergangsabgabe. In allen Beziehungen steht die Herstellung des Produktes unter steuer- und zollamtlicher Kontrolle, welche durch Strafvorschriften unterstützt wird. Das Verfahren nach diesen letzteren bildet den Rechtsschutz der Steuer- und Zollpflichtigen; außerdem nur die Beschwerde (vergl. unten § 185 Schlußsatz).

4. Die Biersteuer.

§ 183.

Gesetz vom 31. Mai 1872 (R. G. Bl. S. 153). Dasselbe gilt bis jetzt nicht im ganzen deutschen Reiche, sondern nur innerhalb der Zolllinie (§ 16 des Vereinszollges. vom 1. Juli 1869 [B. G. Bl. S. 317]). Dazu ergingen die Ausführungsbestimmungen vom 18. Nov. 1872 (Centralbl. S. 364) nebst 3 Anlagen. Hinsichtlich des Rechtsschutzes der Steuerpflichtigen gilt dasselbe, wie bei der Branntweinsteuer.

5. Die Zuckersteuer.

§ 184.

Gesetz vom 9. Juli 1887 (R. G. Bl. S. 308). Auch diese Steuer wird erhoben theils als Materialsteuer nach dem Gewichte der Zuckerrüben, theils als Verbrauchsabgabe von dem Gewichte des zum inländischen Verbrauchs bestimmten Zuckers. Neben der steueramtlichen Kontrolle und den Strafbestimmungen bleibt für einen besonders geregelten Verwaltungsrechtsschutz im Interesse der Steuerpflichtigen kein Raum übrig. cf. § 183.

6. Die Zölle.

§ 185.

Vertrag zwischen dem Norddeutschen Bunde, Bayern, Württemberg, Baden und Hessen, die Fortdauer des Zoll- und Handelsvertrages betreffend vom 8. Juli 1867 (B. G. Bl. S. 81), Vereins-Zoll-Gesetz vom 1. Juli 1869 (B. G. Bl. S. 317), Vereins-Zolltarif vom 15. Juli 1879 in der Fassung der Bekanntmachung vom 24. Mai 1885 (R. G. Bl. S. 111), nebst Gesetz vom 18. April 1886 (R. G. Bl. S. 123). Wegen des Rechtsschutzes vergl. § 165 des Vereins-Zoll-Gesetzes vom 1. Juli 1869 und für Preußen §§ 28 ff. des Gesetzes wegen Untersuchung und Bestrafung der Zollvergehen vom 23. Januar 1838 (G. S. S. 78), desgl. vom 29. Juli 1867 (G. S. S. 1270). Diese prozeßrechtlichen Vorschriften werden durch die Deutsche Straf-Prozeß-Ordnung vom 1. Febr. 1877 nicht berührt (cf. § 5, Abs. 1), vergl. auch §§ 459, 460 der Str. P. O.

7. Die Banknotensteuer.

§ 186.

Nach § 9 des Bankgesetzes vom 14. März 1875 (R. G. Bl. S. 177) haben Banken, deren Baarvorrath und Depots den ihnen zugewiesenen Betrag (siehe die Anl. zum Ges., wozu die Bekanntmachung vom 25. Juli 1886 — R. G. Bl. S. 236 — nachzulesen) übersteigt, von dem Ueberschusse eine Steuer von jährlich 5% an die Reichskasse zu entrichten. Die Feststellung der Steuer erfolgt lediglich im Verwaltungswege, als Rechtsschutz der Steuerpflichtigen dient lediglich die Beschwerde an die Aufsichtsbehörde.

8. Die Wechselstempelsteuer.

§ 187.

Gesetz vom 10. Juni 1869 (R. G. Bl. S. 193), desgl. vom 4. Juni 1879 (R. G. Bl. S. 151). Wegen des Rechtsschutzes vergl. § 18 des ersteren Gesetzes und den Schlußsatz in dem obigen § 185, auch die Anweisung des Justizministers vom 19. Dez. 1869 (Just.-Min.-Bl. S. 282).

9. Der Spielkartenstempel.

§ 188.

Gesetz vom 3. Juli 1878 (R. G. Bl. S. 133) nebst zahlreichen Instruktionen. Wegen des Rechtsschutzes gilt das am Schlusse des obigen § 185 Gesagte.

10. Die Reichsstempelabgabe.

§ 189.

Gesetz vom 1. Juli 1881 (R. G. Bl. S. 185). Rechtsschutz, wie in dem obigen § 185.

11. Die preußische Stempelabgabe.

§ 190.

Gesetz vom 7. März 1822 (G. S. S. 57) nebst vielen Ergänzungen, worüber der Kommentar von Leo Labus, dritte Auflage, nachzulesen ist. Hier ist für die Vollziehung der Stempelstrafen ein besonderes Rekurs-Verfahren gegen Stempelstrafresolute vorgeschrieben (§ 31 des Ges.; Labus S. 51 ff.), auch enthält das Gesetz vom 24. Mai 1861, betreffend die Erweiterung des Rechtsweges (G. S. S. 241), in den §§ 11—14 Vorschriften in Beziehung auf die Stempelsteuer. Die im § 12 a. a. O. bestimmte Klagefrist von 6 Monaten für die gerichtliche Geltendmachung eines Anspruches auf Rückzahlung gezahlter Stempelsteuer stellt nach einem Urtheil des Reichsgerichts, IV. Civilsenats, vom 17. Febr. 1887 eine Verjährungsfrist dar, welche im Geltungsbereiche des Allgemeinen Landrechtes nicht 6 Kalendermonate, sondern 6 × 30 = 180 Tage beträgt.

12. Die preußische Erbschaftssteuer.

§ 191.

Gesetz vom 30. Mai 1873 (G. S. S. 329). Dieser Steuer sind nach Vorschrift des Gesetzes und eines demselben angehängten Tarifs unterworfen, ohne Unterschied, ob der Anfall Inländern oder Ausländern zukommt:

1. Erbschaften, Vermächtnisse und Schenkungen von Todes wegen (mit Einschluß der remuneratorischen und der mit einer Auflage belasteten Schenkungen).
2. Lehns- und Fideikommißanfälle.
3. Die Anfälle von Hebungen aus Familienstiftungen, welche in Folge Todesfalles auf den vermöge stiftungsmäßiger oder gesetzlicher Successionsordnung Berufenen übergehen.

Für die verschiedenen Arten von Erbschaften sind besondere Bestimmungen getroffen und bestimmte Sätze vorgeschrieben, auch sind gewisse Erbschaften von der Steuer befreit.

Die Verwaltung des Erbschaftssteuerwesens wird unter der Leitung des Finanzministers von den Provinzial-Steuerbehörden durch die Erbschaftssteuerämter geführt, welchen innerhalb der ihnen vom Finanzminister anzuweisenden Geschäftsbezirke die Feststellung und Einziehung der zu erhebenden Erbschafts-Steuerbeträge und die Aufsicht über die Beobachtung der Vorschriften des Gesetzes obliegt. Wegen der Einrichtung dieser Aemter ergingen: Die allgemeine Verfügung des Justizministers vom 27. Dez. 1873 mit der Bekanntmachung vom 2. desselben Monats (Justiz-Min.-Bl. 1874 S. 3), vom 1. Sept. 1876 (a. a. O. S. 173), vom 26. Sept. 1876 (a. a. O. S. 182), vom 11. Juni 1878 (a. a. O. S. 91), vom 5. Aug. 1878 (a. a. O. S. 125). Wegen der Beziehungen der Erbschaftssteuerämter zu den Standesbeamten in Betreff der Beschaffungen der Todtenlisten vergl. Min.-Erlasse vom 3. Dez. 1873 (Min.-Bl. d. i. V. 1874 S. 24 ff.), desgl. vom 15. Aug. 1874 (a. a. O. S. 243), desgl. vom 22. Juni 1875 (Wochenschr. „Selbstverwaltung", Jahrg. II, S. 283).

Die steueramtliche Kontrolle ist dagegen der zollamtlichen nachgebildet, jedoch finden die Bestimmungen in den §§ 11—14 des Gesetzes, betreffend die Erweiterung des Rechtsweges vom 24. Mai 1861 (G. S. S. 241) und im Artikel 5 der Verordng. vom 16. Sept. 1867 (G. S. S. 1515), auch auf die nach Vorschrift des Erbschaftssteuergesetzes zu entrichtende Steuer Anwendung. Insoweit die gänzliche oder theilweise Erstattung der erlegten Steuer wegen eines nach deren Festsetzung eingetretenen Ereignisses verlangt werden kann, ist die Klage (an Stelle der sonst bei Steuern üblichen Reklamation) bei Verlust des Klagerechtes binnen Jahresfrist nach dem Eintritt des Ereignisses anzubringen. Für Berlin siehe die Bekanntm. des dortigen Prov.-Steuerdirektors vom 19. Dez. 1876 (R. und St. A. Nr. 300).

§ 192.

Das staatliche Besteuerungsrecht ist eines von den wenigen Hoheitsrechten, welche auf andere Berechtigte übertragen werden können, was aber selbstredend zur Folge hat, daß der hoheitsrechtliche Charakter dieses übertragenen Rechtes verloren geht. Nur die Uebertragung selbst, welche sich ebenfalls als ein Hoheitsrecht darstellt, unterliegt keinerlei gerichtlicher Anfechtung, deshalb kann auch über die Gesetzmäßigkeit und Zulässigkeit (cf. unter § 197) einer Kommunalsteuer kein Rechtsverfahren stattfinden (Reskript der Minister des Innern und der Polizei und der Finanzen vom 9. Jan. 1839 — v. Kamptz, Ann. 1839, Bd. I S. 143 —, Rhein. Ress.-Reglm. vom 20. Juli 1810 § 10, Reskripte vom 24. Febr. und 8. Apr. 1836 — Jahrb. Bd. 47 S. 531—534 —). Dagegen giebt es gegen die Art der Ausführung des bestehenden delegirten Besteuerungsrechtes eine weitgehende Rechtshülfe, wie dies in Bd. I dieses Buches (Verwaltungsprozeß) an den geeigneten Stellen ausführlich dargethan ist.

§ 193.

Aus der Natur des delegirten Rechtes ergiebt sich von selbst, daß dasselbe ohne besondere gesetzliche Ermächtigung niemals in einem weiteren Umfange ausgeübt werden kann, als das staatliche Besteuerungsrecht selbst, deshalb sagt auch das Ober-Verwaltungsgericht (Parey, Rechtsgrundsätze S. 116, Nr. 23, 4: „Die nach der Emanation des Abgabengesetzes vom 30. Mai 1820 (G. S. S. 134) eingeführten Gemeindeabgaben dürfen den allgemeinen Steuergesetzen nicht entgegenstehen, müssen sich vielmehr mit diesen grundsätzlich in Einklang befinden (vgl. Entsch. Bd. I, S. 143, V S. 132, VI S. 110. Parey, Rechtsgrundsätze S. 124, Nr. 40.)

§ 194.

Gegenstand des durch § 19 der Kreisordnungen eingeführten Streitverfahrens ist lediglich das Besteuerungsrecht der Kreiskorporationen, nicht deren gesammtes Verwaltungsrecht, insbesondere nicht deren Etatsrecht. Beschwerden in dieser Beziehung sind lediglich an die Aufsichtsbehörden zu richten (vgl. Bd. I, §§ 268 ff.). Parey, Rechtsgrunds. S. 40. cf. unten § 206.

§ 195.

Das Besteuerungsrecht eines Kreises (auch anderer Gemeindebezirke) kann sich nicht über die Grenzen desselben hinaus erstrecken. Sind die Kreisabgaben unmittelbar von einem Forensen eingefordert, so kommt in Frage, ob dieser zur Zeit der Ausschreibung der Kreisabgaben noch Forense, mithin noch kreisabgabepflichtig war. Hat ein Forense vor diesem Zeitpunkte seinen forensalischen Besitz im Kreise veräußert, so war er auch nicht mehr Forense, mithin dem Besteuerungsrechte des Kreises nicht mehr unterworfen (Parey, Rechtsgrunds. S. 49, 50).

§ 196.

Die Entscheidung der Frage, wie weit die Grenzen des Besteuerungsrechts der Kreise überhaupt reichen, kann nicht aus dem Kreissteuer-Statut, sondern nur aus dem Gesetze entnommen werden. Sollte etwa mit ersterem eine Belastung der Gemeindeangehörigen über die durch das letztere festgestellten Grenzen hinaus bezweckt oder bestimmt werden, so stände jedem Betroffenen das Recht zu, dieselbe in jedem einzelnen Falle der Heranziehung auf das gesetzlich allein statthafte Maß zurückgeführt zu sehen (Parey, Rechtsgrunds. S. 48).

§ 197.

Wenn aber in § 192 von der „Zulässigkeit" einer Kommunalsteuer die Rede war, so ist dies nur in dem Sinne zu verstehen, daß Niemand den Gesetzgeber dafür verantwortlich machen kann, daß er den Gemeinden ein bestimmtes Besteuerungsrecht überlassen hat, anders verhält es sich mit derjenigen Zulässigkeit, welche zu prüfen ist, wenn es sich um die Frage handelt, ob einer Gemeinde das Recht zur Erhebung einer bestimmten Steuer überhaupt durch Gesetz übertragen worden ist. Denn es sind keineswegs die sämmtlichen Staatssteuern der Gemeinde delegirt worden, sondern nur ganz bestimmte und auch diese nur unter bestimmten Voraussetzungen. Deshalb sagt auch das Oberverwaltungsgericht (Parey, Rechtsgrunds. S. 125, Nr. 41): die Voraussetzung der Zulässigkeit einer Gemeindeumlage ist ein Gemeindebeschluß. Dies folgt aus der rechtlichen Natur der Gemeinden als Korporationen. Wenn eine Klage aus § 34 des Zuständigkeitsgesetzes vom 1. August 1883 die rechtlichen Voraussetzungen für die Zulässigkeit einer Umlage bestreitet, so muß sie für zulässig erachtet werden.

§ 198.

Sogenannte Vermiethungs- und Stubensteuern sind als Kommunalsteuern für die Landgemeinden der sechs östlichen Provinzen nicht zulässig, auch wenn das Recht der Erhebung derselben auf einem von der zuständigen Kommunalaufsichtsbehörde bestätigten Gemeindebeschlusse (cf. oben § 197) beruht. Dergleichen Gemeindebeschlüsse unterliegen hinsichtlich der rechtlichen Zulässigkeit und Verbindlichkeit der Prüfung des Verwaltungsrichters, sobald eine auf Grund derselben erforderte Abgabe im Verwaltungsstreitverfahren durch den dazu herangezogenen angefochten wird (Parey, Rechtsgrunds. S. 116 u. 125).

§ 199.

Das Besteuerungsrecht der Landgemeinden (im Gegensatz zu manchen Stadtgemeinden) darf nicht in das Gebiet der indirekten Steuern hinübergreifen. Deshalb ist die Erhebung einer ländlichen Gemeindeabgabe von Braumalzschrot und Braumalz-Surrogaten und von Bier zollvereinsländischen Ursprungs selbst dann unstatthaft, wenn auch das betreffende Regulativ die Bestätigung der Aufsichtsbehörden erhalten hat (Parey, Rechtsgrundſ. S. 140).

§ 200.

Die Landgemeinden dürfen auch die Steuerpflicht nicht willkürlich regeln, d. h. sie dürfen nicht beliebige Personen zu den Gemeindeabgaben heranziehen, sondern sind auch in dieser Beziehung durch das öffentliche Recht gebunden. So sind z. B. nach A. L. R. II 7 §§ 18 ff. dem Besteuerungsrechte der Laudgemeinden die angesessenen Wirthe, d. h. die Besitzer der in einem Dorfe oder in dessen Feldmark belegenen bäuerlichen Grundstücke, sowie die unangesessenen Dorfeinwohner unterworfen. Die nach dem Verhältnisse der Grundsteuer umgelegten Gemeindeabgaben können hiernach nur von den Eigenthümern der mit Grundsteuer belasteten Grundstücke, aber nicht von den Pächtern derselben gefordert werden (Parey, Rechtsgrundſ. S. 106).

§ 201.

Das Besteuerungsrecht der ländlichen Gemeinden, wie es bis zum Erlasse des Ges. vom 14. April 1856 (G. S. S. 359) und der Kreisordnung bestand, hat keine Erweiterung erfahren, und ebensowenig ist die Geltendmachung von Einwendungen gegen eine demselben zuwiderlaufende Besteuerung dahin beschränkt worden, daß sie nur noch bei Gelegenheit der Bestätigung in dem hierauf sich beziehenden Verfahren erfolgen dürfe, auch findet sich keine solche Beschränkung in dem das Beschwerderecht regelnden § 34 des Zuständigkeitsges. vom 1. Aug. 1883.

§ 202.

Die forensalische Einkommenbesteuerung ist für die Landgemeinden der sechs östlichen Provinzen an sich rechtlich nicht ausgeschlossen, wenn aber in einer Landgemeinde das Kommnnalsteuersystem der Zuschläge zu gewissen Staatssteuern eingeführt worden ist, so ist damit doch keineswegs die Forensal-Einkommenbesteuerung vorgeschrieben, denn für diese gewährt die Staatsbesteuerung keine Prinzipalsteuersätze. Es bedarf also zu dieser forensalischen Besteuerung einer autonomischen Bestimmung, wonach dieselbe in die Abgabenverfassung der Gemeinde eingeführt wird, sei es observanzmäßig oder durch Beschluß (Parey, Rechtsgrundſ. S. 122, 123).

§ 203.

Jede öffentliche Korporation hat die Pflicht, für die Deckung ihrer Bedürfnisse aufzukommen und die für die Erfüllung ihrer Zwecke erforderlichen Beamten zu bestellen und zu besolden. Eine Ausnahme hiervon kann nur durch besondere Satzungen, Privilegien oder Gesetze für einzelne Korporationen oder Kategorien derselben geschaffen werden, deshalb sind diese Gemeinden, zu denen auch die Kirchengemeinden gehören, mit einem Besteuerungsrechte ausgestattet. (Parey, Rechtsgrunds. S. 177).

§ 204.

Aus demselben Grunde haben auch die Synagogengemeinden ein Besteuerungsrecht. (Parey, Rechtsgrunds. S. 179).

§ 205.

Dagegen steht den Hebammenbezirken ein solches nicht zu, trotz der entgegenstehenden Annahme der Centralbehörde (Parey, Rechtsgrunds. S. 150, 157). Vgl. die Min.-Erl. vom 2. Jan. 1870 (Min.-Bl. d. i. V. S. 187) und vom 6. Aug. 1883 (Wochenschrift „Selbstverwaltung" Jahrg. X S. 281, XI S. 5.

§ 206.

Die einzelnen Kommunalsteuern sollen zwar in der Regel nur dazu dienen, die Bestreitung der Ausgaben der betreffenden Gemeinden zu decken, sofern ihnen nicht aus sonstigem Vermögen oder aus anderen Einnahmen die dazu erforderlichen Mittel zu Gebote stehen, es folgt aber daraus nicht, daß den Steuerpflichtigen das Recht zustände, eine etwaige Beschwerde wegen Ueberbürdung im Verwaltungsstreitverfahren mit der Behauptung zu begründen, daß eine ausgeschriebene Kommunalabgabe über das Gemeindebedürfniß hinausgehe. cf. oben § 194.

§ 207.

Zu den Gemeindelasten gehören alle diejenigen Aufwendungen, für welche die politische Gemeinde nach öffentlichem Rechte aufkommen muß; mithin gehören die Schullasten zu den Lasten der politischen Gemeinde nur in denjenigen Provinzen, in denen die Kosten des Schulwesens von den politischen Gemeinden zu tragen sind. Dasselbe gilt von den Kosten der öffentlichen Armenpflege und von den Quartier- und Kriegsleistungen, soweit dieselben zu Gemeindelasten erklärt worden sind.

§ 208.

Die Aufbringung der Gemeindeabgaben erfolgt auf zweierlei Weise, nämlich: entweder durch Zuschläge zu den (direkten oder indirekten) Staatssteuern, oder durch besondere Gemeindeabgaben.

§ 209.

Statt des Ausdruckes „Zuschläge zu den Staatssteuern" bedient sich der Gesetzgeber auch der Bezeichnung „nach dem Maßstabe der Staatssteuern" (z. B. im § 106 der Prov.-Ordng. — Hessen-N. § 79 —). Hierin liegt aber kein Gegensatz, vielmehr kommen ihrer Wirkung nach beide Arten der Aufbringung im Wesentlichen auf dasselbe hinaus. Wollte man das Wort „Zuschlag" in seiner engsten und strengsten Bedeutung nehmen, so müßte jedesmal mit der Staatssteuer zugleich der betreffende Prozentsatz als die zugeschlagene Gemeindeabgabe entrichtet werden, dergestalt, daß die Zahlung der Gemeindeabgabe nothwendig mit der Staatssteuer zusammenfiele und daß alle im Laufe des Jahres an der Staatssteuer sich ergebenden Zu- und Abgänge von selbst auf die Gemeindeabgabe zurückwirkten. In dieser Bedeutung wird indessen der Ausdruck „Zuschlag“ in der preußischen Gesetzgebung regelmäßig nicht gebraucht, namentlich nach den Kreisordnungen (§ 10) wird der Zuschlag nur einmal bei der Veranlagung berechnet und bleibt zu dem ermittelten Betrage für das ganze Jahr bestehen (Parey, Rechtsgrundſ. S. 10 und 59.) Dieselbe Bedeutung hat der Ausdruck „nach dem Verhältnisse der landesherrlichen Steuern“ im § 43, Tit. 7, Th. II A. L. R's.

§ 210.

Das Kreisabgabensystem der Kreisordnungen ist kein reines Staatssteuer-Zuschlagssystem; ersteres durchbricht letzteres vielmehr durch die vollständig selbstständigen Grundsätze der forensischen Real- und Personalbesteuerung, welche zwar hinsichtlich der Einschätzungsnormen, nicht aber hinsichtlich der Steuerpflicht dem Staatssteuersystem angepaßt ist (Parey, Rechtsgrundſ. S. 27).

§ 211.

Die Kreisabgaben sind in Form von Zuschlägen zu allen direkten Staatssteuern, sei es zu den staatlicherseits veranlagten, sei es zu den von den Kreisen fingirt zu veranlagenden Prinzipalsteuern, aufzubringen (Parey, Rechtsgrundſ. S. 46).

§ 212.

Die staatlichen Grundsteuern können sowohl bei gänzlicher Uebergehung, als bei zu geringem Ansatze nachträglich verlangt werden, bei allen anderen Steuern nur bei gänzlicher Uebergehung. Derselbe Grundsatz gilt für die Kreisabgaben, weil diese durch Zuschläge zu den direkten Staatssteuern — seien dieselben unmittelbar aus den Steuerrollen hergenommen oder durch besondere Einschätzungen ermittelt — erhoben werden. Die von den einzelnen Kreisabgabenpflichtigen zu entrichtenden Kreisabgaben setzen sich zusammen aus den Zuschlägen zu den verschiedenen direkten Staatssteuern; der Zuschlag zu einer jeden direkten Steuer bildet einen für sich bestehenden Theil des ganzen Betrages und läßt sich als eine besondere Kreisabgabe ansehen. Denn als Kreisabgaben-Vertheilungsmaßstab brauchen weder die sämmtlichen direkten Steuern zu Grunde gelegt zu werden, noch die gleichen Prozentsätze der heranzuziehenden Steuern, und in einem Falle, wo nicht sämmtliche direkte Staatssteuern mit denselben Prozentsätzen zur Grundlage für die Kreisabgaben dienen, muß sowohl bei der Veranlagung der Abgabenpflichtigen von Seiten des Kreisausschusses, wie bei der Untervertheilung des für die Gemeinde u. s. w. berechneten Kreisabgabensolls auf die einzelnen Pflichtigen der Zuschlag für jede direkte Staatssteuer besonders ausgeworfen werden. Wenn dann aus Zweckmäßigkeitsgründen die Beträge der einzelnen Zuschläge zusammengerechnet und in einer Summe erhoben werden, so ändert das nichts an dem rechtlichen Charakter der Zuschläge (Parey, Rechtsgrundſ. S. 57).

§ 213.

Bei der Vertheilung der Kreisabgaben ist ein möglichst enger Anschluß an die Staatssteuern anzustreben. Die Vertheilung soll als Regel nur durch Zuschläge zu den direkten Staatssteuern erfolgen. Hiervon macht das Gesetz eine Ausnahme lediglich insoweit, als dazu eine unabweisbare Nothwendigkeit vorliegt, nämlich in denjenigen Fällen, wo beim Mangel einer unmittelbar verwerthbaren staatlichen Veranlagung eine anderweite (fingirte) Einschätzung unentbehrlich ist (Parey, Rechtsgrunds. S. 67).

§ 214.

Der Kreissteuer-Vertheilungsmaßstab, auf welchem der § 70 der altländischen Kreisordnung hinsichtlich der Amtsbezirks-Verwaltungskosten verweist, setzt sich aus zwei Faktoren zusammen, nämlich aus den Prinzipalsteuersätzen, nach welchen zu vertheilen ist und aus der Quote, mit welcher dieselben dabei zum Ansatz kommen. Erstere ergeben sich aus dem Gesetz beziehungsweise aus der auf Grund desselben erfolgenden Einschätzung, während die letzteren (die Quoten) der Kreistag feststellt und zwar innerhalb gewisser, durch das Gesetz gezogener Grenzen. Keiner dieser beiden Faktoren kann modificirt werden, ohne daß damit der Kreissteuer-Vertheilungsmaßstab aufgegeben und an Stelle desselben ein neuer, eigenthümlicher Maßstab gesetzt würde. (Parey, Rechtsgrunds. S. 95.

§ 215.

Die Gemeindegesetze stimmen fast durchweg darin überein, daß zu gewissen Zuschlägen und auch zur Einführung oder Erhöhung besonderer Gemeindeabgaben die Genehmigung der Aufsichtsbehörde erforderlich ist. (§§ 11—13 des Landgemeinde-Verfassungsgesetzes vom 14. April 1856, § 176 der altländischen Kreisordnung [Hannover § 103, Hessen-N. § 104, Westfalen und Rheinprovinz § 91]), Städteverordnung vom 30. Mai 1853 § 53, Westfälische St.-O. vom 19. März 1856 § 52, Rheinische St.-O. vom 15. Mai 1856 § 49, Neuvorpommersche und Rügensche St.-O. vom 31. Mai 1853 § 5 III 3, Westfälische Landgemeinde-O. vom 19. März 1856 § 57 nebst § 31 Abs. 3 und 4 des Zuständigkeitsgesetzes vom 1. Aug. 1883, Rheinische Landgemeinde-O. vom 23. Juli 1845 § 23 mit demselben Zusatze, Schleswig-Holsteinische Städte- und Flecken-O. vom 14. April 1869 § 72, Gemeinde-Verfassungsgesetz für Frankfurt a. M. vom 25. März 1867 § 62 u. s. w.

§ 216.

Von den einzelnen Kommunalabgaben sind besonders zu erwähnen: 1. das städtische **Bürgerrechtsgeld**. Dasselbe wird erhoben auf Grund der Städteordnungen (cf. z. B. § 52, Abs. 2 der St. O. vom 30. Mai 1853), jetzt aber auf Grund des Ges. vom 14. Mai 1860, betr. das städtische **Einzugs-**, **Bürgerrechts-** und **Einkaufsgeld** (G. S. S. 237). Das **Einzugsgeld** darf seit dem Inkrafttreten des Ges. vom 2. März 1871 (G. S. S. 361) nicht mehr erhoben werden, wohl aber das **Bürgerrechtsgeld**, vor dessen Berichtigung das Bürgerrecht nicht ausgeübt werden kann (§ 6 des Ges. vom 14. Mai 1860), welches von derselben Person und in derselben Gemeinde nicht zweimal erhoben werden kann (§ 7, Abs. 1 a. a. O.) und von welchem die unmittelbaren und mittelbaren Staatsbeamten, Geistlichen und Lehrer unter bestimmten Voraussetzungen befreit sind (Näheres: Wochenschrift „Selbstverwaltung", Jahrgang XII, S. 262.)

§ 217.

Die Bestätigung eines Regulativs über die Erhebung von Bürgerrechtsgeld nach Maßgabe des § 16 Abs. 5 des Zuständigkeitsgesetzes vom 1. Aug. 1883 ist nicht erforderlich, denn bei der Entstehung dieser Vorschrift und bei den Erörterungen über die Nothwendigkeit der Zustimmung der Minister des Innern und der Finanzen zu Gemeindebeschlüssen, durch welche besondere direkte und indirekte Gemeindesteuern neu eingeführt oder in ihren Grundsätzen verändert werden, ist an das Bürgerrechtsgeld überhaupt nicht gedacht worden. Die Erhebung dieser Abgabe ist durch das oben gedachte Spezialgesetz von 1860 besonders geregelt, an dessen Bestimmungen durch das Zuständigkeitsgesetz von 1883 nur der eine Punkt geändert worden ist, daß an die Stelle der in § 2 des ersteren vorbehaltenen Genehmigung der Regierung diejenige des Bezirksausschusses tritt. (Min.-Erlaß vom 3. März 1885 — Min.-Bl. d. i. Verwaltg. S. 107. —)

§ 218.

Jeder Einwohner eines Stadtbezirks (§ 3 der St. O. vom 30. Mai 1853), welcher einen eigenen Hausstand hat (mithin auch jeder sogenannte Chambregarnist), und welcher Klassensteuer entrichtet (§ 5, Ziff. 4 d a. a. O.), ist zur Zahlung des Bürgerrechtsgeldes verpflichtet. Dabei kommt es nicht darauf an, ob die Klassensteuer in Gemäßheit des Ges. vom 26. März 1883 (G. S. S. 37) nicht eingezogen ist, denn im Sinne des § 5 der St. O. ist der Ausdruck „entrichtet" gleichbedeutend mit „veranlagt". (Wochenschrift „Selbstverwaltung", Jahrgang XIII, S. 5 und 395.

§ 219.

Nichtpreußen gegenüber müssen die Stadtverwaltungen auf die Erhebung des Bürgerrechtsgeldes so lange verzichten, bis der Erwerb der Staatsangehörigkeit und demnächst des städtischen Bürgerrechts erfolgt ist (Wochenschrift „Selbstverwaltung", Jahrgang XIII, S. 73).

§ 220.

Die Verpflichtung zur Zahlung des Bürgerrechtsgeldes im Geltungsbereiche der Städte-Ordng. vom 30. Mai 1853 ergiebt sich aus dem § 5 derselben, nach welcher jeder selbstständige Preuße das Bürgerrecht ohne Weiteres erwirbt, wenn er seit einem Jahre Einwohner des Stadtbezirks ist und wenn die obige Verpflichtung *statutarisch* feststeht (Wochenschrift „Selbstverwaltung", Jahrgang XIV, S. 163).

§ 221.

Das *Einkaufsgeld* kann zwar auf Grund *statutarischer* Festsetzung auch erhoben werden, allein die Verpflichtung zur Zahlung desselben und die demselben entsprechende Abgabe ruhen, so lange auf die Theilnahme an den Gemeindenutzungen verzichtet wird (§ 8 des Ges. vom 14. Mai 1860).

§ 222.

Hinsichtlich der Verjährung und der Reklamation in Betreff des Bürgerrechtes und des Einkaufsgeldes findet das Ges. vom 18. Juni 1840 — G. S. S. 140 — (cf. Ges. vom 12. April 1882 — G. S. S. 297 —) mit der Maßgabe Anwendung, daß die nicht zur Hebung gestellten Beträge erst in zwei Jahren nach Ablauf desjenigen Jahres verjähren, in welchem die Zahlungsverbindlichkeit entstanden ist (§ 9 des Ges. vom 14. Mai 1860).

§ 223.

Die Sonderrechte der Beamten in Bezug auf ihre Befreiung von Kommunallasten (Ges. vom 11. Juli 1822 — G. S. S. 184, cf. Verordng. vom 22. Sept. 1867 — G. S. S. 1648 —, A. Kab. O. vom 14. Mai 1832 — G. S. S. 145 —) sind auf die hier besprochenen Abgaben nicht anwendbar. (§ 9 des Ges. vom 14. Mai 1860.)

§ 224.

Die vorstehenden Bestimmungen sind auch in den Fleckengemeinden, in denen die sogenannte kleine Städteordnung gilt, und deren Ortsverfassung ihnen die Erhebung eines Einkaufsgeldes gestattet, zur Anwendung zu bringen (§ 11 a. a. O.), dagegen bestimmt der Ministerialerlaß vom 5. Juni 1861 — Min.-Bl. d. i. Verwaltg. S. 268 —: Die fernere Erhebung eines Einzugs- und Einkaufsgeldes von neu anziehenden Personen in den Landgemeinden ist gesetzlich unzulässig, es kann jedoch von allen Theilnehmern an den gemeinschaftlichen Nutzungen eine dem Theilnahme-Verhältnisse entsprechende dauernde Abgabe erhoben werden.

§ 225.

Für die Provinz Westfalen erging betr. des Einkaufs- und Einzugsgeldes in den Landgemeinden und den nach der Landgemeinde-Ordng. vom 19. März 1856 verwalteten Städten das Ges. vom 24. Juni 1861 — G. S. S. 446 —, welches aber hinsichtlich des Einzugs- (Eintritts-) geldes durch Ges. vom 2. März 1867 wieder aufgehoben ist, und ebenso der § 56 der Landgemeinde-Ordng.; es bleibt also nur noch das Einzugsgeld anstatt oder neben einer jährlichen Abgabe für die Theilnahme an den Gemeindenutzungen bestehen. Dasselbe gilt von der Westfälischen Städte-Ordng. vom 19. März 1856, von deren § 51 nur noch die Abs. 3, 4 und 6 Gültigkeit haben.

§ 226.

Aehnliches wie im vorstehenden § 225 ist für die Rheinprovinz durch § 18 der rheinischen Landgemeindeordnung vom 23. Juli 1845 – G. S. S. 523 — bestimmt, es ist dazu die Instruktion vom 15. Nov. 1847 — Min. Bl. d. i. V. S. 310 — nachzulesen.

§ 227.

Nach § 13 Abs. 2 der R.-Gew.-O. vom $\frac{\text{21. Juni 1869}}{\text{1. Juli 1883}}$ darf unter den daselbst bestimmten Voraussetzungen das Bürgerrechtsgeld von Gewerbetreibenden nachträglich nicht eingefordert werden.

§ 228.

Wegen des Bürgerrechtsgeldes in der Stadt Frankfurt a. M. vergl. §§ 16 und 75 des Gemeindeverfassungsges. vom 25. März 1867 — G. S. S. 401. — In Schleswig-Holstein wird kein Bürgerrechtsgeld erhoben (§ 15 des Ges. vom 14. April 1869 — G. S. S. 589 —).

§ 229.

2. Die Schlachtsteuer. Dieselbe ist durch Ges. vom 25. Mai 1873 — G. S. S. 222 — als Staatssteuer aufgehoben, als Kommunalsteuer aber auf Grund dieses Ges. von einigen Stadtgemeinden beibehalten. Es sind dies nur die Städte Aachen mit Burtscheid, Breslau, Gnesen, Koblenz mit Ehrenbreitstein, Posen und Potsdam.

§ 230.

3. Die Wildpretsteuer. Allerh. Erlaß vom 24. April 1848 — G. S. S. 131 —. Dieselbe konnte von jeher nur in den mahl- und schlachtsteuerpflichtigen Orten erhoben werden, jetzt also nur in den schlachtsteuerpflichtigen.

§ 231.

4. Die Marktstandsgelder. Nach § 68 der R.-Gew.-O. darf der Marktverkehr in keinem Falle mit anderen als solchen Abgaben belastet werden, welche eine Vergütigung für den überlassenen Raum und den Gebrauch von Buden und Geräthschaften bilden. In den Bestimmungen darüber, ob und in welchem Umfange Abgaben dieser Art erhoben werden dürfen, wird durch die R.-Gew.-O. nichts geändert. Ein Unterschied zwischen Einheimischen und Fremden (Nichtortsangehörigen) bezüglich der Zahlung der Abgaben darf nicht gemacht werden. Siehe Ges. betr. die Erhebung von Marktstandsgeld vom 26. April 1872 — G. S. S. 513 —. § 130 des Zuständigkeitsgesetzes vom 1. August 1883, Min.-Erlaß vom 10. Juni 1872 — Min.-Bl. d. i. V. S. 513 —, § 8 Ziffer 4 des Ges. vom 25. Febr. 1878 — G. S. S. 97 —. Wegen der exekutivischen Beitreibung dieser Abgaben vergl. Verordng. für Neuvorpommern und Rügen vom 1. Febr. 1858, § 1 — G. S. S. 85 —. In den übrigen Provinzen hilft man sich durch die praenumerando-Zahlung des Standgeldes.

§ 232.

Die Marktstandsgelder bilden zwar eine Einnahme für die Gemeindekasse, ihrem Ursprung nach sind sie aber doch weiter nichts, als ein Miethzins, eine Vergütigung für den dem Verkäufer zeitweise überlassenen Raum (Erkenntniß des Obertribunals vom 11. Juni 1857), auch kann die Befreiung von dieser Abgabe durch Ersitzung erworben werden (Ober-

Trib.-Erk. vom 6. Nov. 1877 — Entsch. Bd. 81 S. 14 —). In dieser Entscheidung ist auch ausgesprochen, daß die Marktstandsgelder den Charakter einer öffentlichen Abgabe haben, und daß die Einziehung nöthigen Falles im Wege sofortiger Zwangsvollstreckung nach Maßgabe der Verordng. vom 7. Sept. 1879 erfolgt.

§ 233.

Für Reklamationen wegen ungerechtfertigter Heranziehung oder Ueberbürdung mit Marktabgaben gewähren die §§ 5 und 6 des Ges. vom 26. April 1872 ausreichenden Rechtsschutz. Wegen des in diesen Angelegenheiten zulässigen Verwaltungsstreitverfahrens vergl. das Endurtheil des Ober-Verw.-G. vom 1. Okt. 1886 (Wochenschrift „Selbstverwaltg.", Jahrg. XIV., S. 75). Auch in dieser Entscheidung wird anerkannt, daß sich das Marktstandsgeld unbedenklich als eine Gemeindelast im Sinne des § 18 Nr. 2 des Zuständigkeitsges. vom 1. Aug. 1883 charakterisirt. Als Muster vergl. des Regulativ nebst Tarif für die Stadt Posen (a. a. O. S. 102).

§ 234.

Wegen der Rechtsverhältnisse der Berliner Markthallen vergl. a. a. O. Jahrg. XIII S. 54 und 135. Markthallen sind keine polizeilichen, sondern kommunale Anstalten (Parey, Rechtsgrunds. S. 239).

§ 235.

Der Privat-Eigenthümer wird in der Bestimmung der Bedingungen, unter denen er den Marktbesuchern die Benutzung seines Grundstückes u. s. w. zum Feilhalten gestatten will, durch die Vorschrift im § 68 der R.-Gew.-O. nicht beschränkt. (Jacobi, Kommentar von 1874, S. 102, 103).

§ 236.

5. Abgaben von öffentlichen Lustbarkeiten zu Armenzwecken.

A. L. R. II 19 § 27, Min.-Erlaß vom 2. Mai 1823 — v. Kamptz, Ann. VII S. 337 —; vom 12. Aug. 1825 — a. a. O. IX S. 760 —, vom 9. März 1849 — Min. Bl. d. i. V. S. 60 —, vom 10. Febr. 1850 — a. a. O. S. 74 —, vom 4. Sept. 1871, 30. Nov. 1876 — a. a. O. 1877 S. 14 —, vom 30. März 1879 — a. a. O. S. 149 —, vom 23. Dez. 1880 — a. a. O. 1881 S. 24 —, § 74 Abs. 2 des Ges. vom 8. März 1871.

§ 237.

Der Steuer muß ein Ortsstatut zu Grunde liegen. Wenn in einem solchen in der Ueberschrift von „öffentlichen," im Text aber von der Besteuerung von „Bällen und Ressourcen, Vereinen und Gesellschaften jeder Art u. s. w." die Rede ist, so liegt darin kein Ungültigkeitsgrund, denn auch die „nicht öffentlichen" Lustbarkeiten können besteuert werden (Parey, Rechtsgrunds. S. 91).

§ 238.

Auch die Landgemeinden sind befugt, derartige Abgaben zu erheben, wobei sie sich keineswegs auf die „wohlhabenden" Einwohner zu beschränken haben, es ist aber zu diesem Behuf ein von dem Kreisausschuß zu bestätigendes Ortsstatut zu erlassen. Die dabei aufzustellenden „gemäßigten Taxen" sind der Autonomie und den Aufsichtsbehörden überlassen, der Verwaltungsrichter hat über die Höhe derselben nicht zu befinden. Mit den Worten „ihrer wohlhabenden Einwohner" soll überhaupt nur auf den Luxus hingewiesen werden. Das Statut kann alle öffentlichen Lustbarkeiten als entbehrlich, als Gegenstände des Luxus, behandeln. Auch von dem Tanzwirth kann die Abgabe erhoben werden. (Näheres Parey, Rechtsgrunds. S. 141.) Im Uebrigen siehe Wochenschr. „Selbstverwaltung" Register unter Stichwort „Lustbarkeiten".

§ 239.

6. Die Hundesteuer. (A. K. O. vom 29. April 1829 — Min.-Bl. d. i. V. 1849 S. 243), desgl. vom 18. Okt. 1834 — v. Kamptz, Ann. 18, S. 1093 — Min.-Erlaß vom 24. Febr. 1840 — Min.-Bl. d. i. V. S. 106 —, desgl. vom 15. Sept. 1849 — a. a. O. S. 243 —, desgl. vom 4. Mai 1833 — v. Kamptz, Ann. 17, S. 482 — desgl. vom 22. April 1864 — a. a. O. S. 202 —, desgl. vom 28. Dez. 1829 — v. Kamptz, Ann. 13, S. 890 —, vom 9. Mai 1835 — a. a. O. 19 S 471 —, vom 30. April 1837 — a. a. O. 21 S. 497 —, vom 5. Jan. 1836 — a. a. O. 20 S. 218 —, vom 4. Dez. 1838 — a. a. O. 22 S. 987 —, vom 31. Juli 1839 — a. a. O. 23 S. 689 —, vom 23. Juni 1842 — Min.-Bl. d. i. V. S. 210 —, vom 14. Okt. 1837 — v. Kamptz, Ann. 21, S. 1060 —).

§ 240.

Die Bestimmung in einem Hundesteuer-Regulativ einer Landgemeinde, daß darüber, ob Jemand zur Bewachung oder zum Gewerbe eines Hundes bedürfe und deshalb Anspruch auf Befreiung von der Hundesteuer habe, der Amtsvorsteher und in zweiter Instanz der Landrath zu entscheiden habe, ist unzulässig, denn gesetzlich ist hierzu der Landrath allein, auch ohne Zuziehung des Kreisausschusses zuständig. Die zum Handel mit Hunden oder zur gewerbsmäßig betriebenen Hundezüchterei gehaltenen Hunde müssen keineswegs frei gelassen werden. (Parey, Rechtsgrunds. S 111).

§ 241.

Zur Entscheidung von Streitigkeiten (Reklamationen) über die Verpflichtung zur Entrichtung der Hundesteuer sind die Verwaltungsgerichte zuständig, dagegen gebührt dem Landrath die Bestätigung der H.-St.-Regulative.

§ 242.

7. Die Wanderlagersteuer. (Ges. vom 27. Febr. 1880 — G. S. S. 174 —.) AusführungsAnweisung vom 4. März 1880 — Wochenschr. „Selbstverw." Jahrg. VII, S. 242, auch S. 56, 114, 192, 307 und 387.

§ 243.

8. Die Berliner Miethssteuer (Regulativ vom 15. Nov. 1858, Allerh. Verordng. vom 26. Jan. 1815 — G. S. S. 3. — Vergl. L. Herrfurth, Beiträge zur Statistik der Gemeindeabgaben in Preußen, 1878, S. 22).

§ 244.

9. Die Gemeinde-Einkommensteuer (§ 9 a und b des Ges. vom 25. Mai 1873 — G. S. S. 213 —, dazu Ges. vom 26. März 1883 — G. S. S. 37 — § 4). Dies ist die eigentliche regelmäßige Kommunalsteuer, welche in der Form von Zuschlägen zu den direkten Staatssteuern erscheint, aber deshalb einer Erweiterung bedurfte, weil sonst die bei den Staatssteuern naturgemäß fortfallende Forensalsteuer in den Gemeinden nicht hätte erhoben werden können. Das Gleiche gilt von der Kommunalbesteuerung der juristischen Personen, Gesellschaften u. s. w., worüber jetzt das sogenannte Kommunalsteuer-Nothgesetz vom 27. Juli 1885 — G. S. S. 327 —*) das Nähere enthält. Vergl. Min.-Erlaß vom 5. Juli 1873 — Min.-Bl. d. i. V. S. 218. —)

§ 245.

Unzulässig sind die Gemeindezuschläge zu den indirekten Reichssteuern und Zöllen und zu der Steuer für den Gewerbebetrieb im Umherziehen (Zollvereinsvertrag vom 8. Juli 1867 Art 5 I (cf. Ges. vom 27. Mai 1885 — R. G. Bl. S. 109 —), II § 7 — B. G. Bl. S. 81 —, Städte-Ordng. vom 30. Mai 1853, § 53 I 1, westfälische Städte-Ordng. § 52, rheinische § 49, neuvorpommersche und rügensche § 5 III 1, westfälische Landgemeinde-Ordng. § 57, rheinische Landgemeinde-Ordng. § 23 (jetzige Fassung offiziell publizirt durch die rheinischen Amtsblätter).

§ 246.

10. Die indirekten Gemeindeabgaben. Zu denselben sind die oben sub 2, 3, 7 und 8 aufgeführten Abgaben zu rechnen, es können aber noch andere derartige Abgaben eingeführt werden, jedoch in denselben Grenzen, wie dies vorher sub 9 angegeben ist. Das Bürgerrechtsgeld (oben Nr. 1) und das hannoversche Bürgerrechtsgewinngeld, die Marktstandsgelder (oben Nr. 4), die Abgaben von Lustbarkeiten (oben Nr. 5), die Hundesteuer (oben Nr. 6) sind direkte Gemeindeabgaben, die letzteren dürfen als Kreisabgaben nicht eingeführt werden. Min.-Erlaß vom 11. Jan. 1875 (Min.-Bl. d. i. Verwaltg. S. 43).

§ 247.

Unzulässige indirekte Gemeindeabgaben sind: Kommunal-Binnenzölle aller Art, Gemeinde-Auflagen auf alle ausländischen Erzeugnisse, welche einer Eingangs- oder Durchgangs-Verzollung im Zollverein unterliegen oder als tarifmäßig zollfrei vom Auslande eingeführt werden, mit Ausnahme der Brennmaterialien und der Fourage, endlich Gemeinde-Auflagen auf Wein (da Preußen nicht zu den eigentlichen Weinländern gehört?), auf Branntwein und Tabak. Alle Anträge, welche die Einführung einer Gemeindeabgabe der gedachten Art bezwecken, sind von der Aufsichtsbehörde zurückzuweisen (Ziff. 22 der Ausführungs-Verordng. vom 17. Juli 1854

*) Kleiner Kommentar von Parey, zu beziehen gegen Einsendung von 1 Mk. 20 Pf. von Kanzleirath Hoppe in Tempelhof bei Berlin.

— Min.=Bl. d. i. V. S. 128 —, Ziff. 20 der westfälischen Verordng. vom 31. Juli 1856 — Min.=Bl. d. i. V. S. 198 — und der rheinischen Verordng. vom 15. Mai 1856 — Min.=Bl. d. i. V. S. 221 —).

§ 248.

Siehe als Beispiele Regulativ betr. die Erhebung eines Kommunalzuschlages zur Braufsteuer und einer Gemeindesteuer von Bier in der Stadt Königsberg i. Pr. vom 25. Febr. 1884 (Wochenschrift „Selbstverwaltung", Jahrg. XI, S. 78), desgl. für die Stadt Quedlinburg (a. a. O. S. 407). Vergl. auch den Aufsatz von Frhrn. v. Stengel (a. a. O. XII S. 153). Biersteuer in Osnabrück (a. a. O. S. 417).

22. Das Recht der Gerichtsbarkeit (Justizhoheit).

§ 249.

Nach A. L. R. II 17 § 18 war nur die allgemeine und höchste Gerichtsbarkeit ein Majestäts= und Hoheitsrecht, allein durch § 1 der Verordnung vom 2. Jan. 1849 (G.=S. S. 1) wurde die Patrimonialgerichtsbarkeit beseitigt, so daß die Verfassung vom 31. Jan. 1850 bereits den Boden geebnet fand, um darauf die Art. 86 ff. aufbauen zu können. Für das Reich ist dasselbe gesagt in § 1 des deutschen Gerichts=Verfassungsgesetzes vom 27. Januar 1877. Nunmehr wird die richterliche Gewalt in Preußen „im Namen des Königs," im Reiche „im Namen des Reichs," in Preußen und im Reiche aber durch unabhängige, nur dem Gesetze unterworfene Richter ausgeübt. Damit ist die frühere Kabinetsjustiz und der Regel nach auch das landesherrliche Bestätigungsrecht der Urtheile beseitigt, dagegen verbleibt die Justizhoheit und die Justizverwaltung in Preußen dem Könige als Majestätsrecht.

§ 250.

Als ein Ausfluß dieses Majestätsrechtes ist anzusehen das Bestätigungsrecht gewisser kriegsgerichtlicher Entscheidungen (§ 154 der Allerh. Kabinetsordre vom 3. April 1845 — Militär=Straf=Gerichts=Ordnung) und der ehrengerichtlichen Entscheidungen (§ 50 der Allerh. Verordnung vom 20. Juli 1843, G.=S. 1844 S. 299).

§ 251.

Durch Kaiserliche Verordnung erfolgt die Zuweisung von Rechtssachen an das Reichsgericht (Einführungsges. zum deutschen Gerichts=Verfass.=Ges. vom 27. Jan. 1877), desgleichen kann durch Kaiserliche Verordnung unter Zustimmung des Bundesrathes bestimmt werden, daß die Verletzung von Gesetzen, obgleich deren Geltungsbereich sich über den Bezirk des Berufungsgerichts hinaus erstreckt, die Revision nicht begründe und daß die Verletzung von Gesetzen, obgleich deren Geltungsbereich sich nicht über den Bezirk des Berufungsgerichts hinaus erstreckt, die Revision begründe (§ 6 des Einführungsges. zur Civil=Prozeß=Ordng. vom 30. Jan. 1877).

§ 252.

Die Reelung des Geschäftsganges bei dem Patentamt erfolgt durch Kaiserl. Verrdng. (§ 17 des Ges. vom 25. Mai 1877), desgl. die Regelung des Berufunsverfahrens in Patentsachen beim Reichsgericht (§ 32 a. a. O). Durch kaiserl. Verordng. kann für das Verfahren vor dem Reichsgerichte die Befreiung von Gebühren mit Zustimmung des Bundesrathes gewährt weren (§ 98 des Gerichtskostenges. vom 18. Juni 1878).

§ 253.

Zur Zegenvernehmung des Reichskanzlers ist die Genehmigung des Kaisers erfoderlich (§§ 341 und 347 der deutschen Civ.-Proz.-O. vom 30. Jan. 187).

§ 254.

Ueber ie Organisation der Gerichte und über die Bestimmungen bezüglich de Verpflichtung des Laien, sich an der Rechtspflege zu betheiligen, wid hier Folgendes bemerkt:

a. Organisation der Gerichte.

Der höste Gerichtshof im Reiche ist das Reichsgericht in Leipzig. Dasselbe ist zunächst ein Revisionsgerichtshof für Entscheidungen der Oberlandesgrichte, der Schwurgerichte und der Landgerichtsstrafkammern; dagegen entheidet dasselbe als erste und einzige Instanz über die Verbrechen des Hochverraths und des Landesverraths gegen Kaiser und Reich.

§ 255.

Die Oberlandesgerichte sind der Regel nach die obersten Provinzialgerichtshöfe und haben auf Berufungen gegen die Erkenntnisse der Landgerichte zu entscheiden, auch bilden sie über die Landgerichte die Beschwerdeinstanz. Das Oberlandesgericht in Berlin hat den historischen Namen „Kammergericht“ beibehalten, zeichnet sich aber von anderen Oberlandesgrichten auch dadurch aus, daß es als höchster Gerichtshof in Landesstrafsachen (als sogenanntes „Kleines Obertribunal“) fungirt. Bei dem Kammergerichte wird auch der Geheime Justizrath gebildet, vor welchem die Mitglieder der Königlichen Familie und der hohenzollernschen Fürstenhäuser ihren persönlichen Gerichtsstand haben.

§ 256.

Die Landgerichte entscheiden vielfach in erster Instanz, sie sind aber auch Berufungsinstanz für die Entscheidungen der Amtsgerichte. Die Landgechte sind eingetheilt in Civil- und Strafkammern, auch bestehen bei manchen von ihnen besondere Kammern für Handelssachen. Von den ebenfalls neben ihnen stehenden Schwurgerichten ist weiter unten die Rede.

§ 257.

Die Amtsgerichte bestehen in der Regel aus Einzelnrichtern. Sie bearbeiten d geringeren Civilprozeßangelegenheiten und die Strafsachen als Schöffengerichte (s. unten).

§ 258.

Außer diesen „ordentlichen" Gerichten giebt es noch besondere Gewerbe-, Militär-, Disziplinar-, Rheinschifffahrts- und Elbzollgerichte und landwirthschaftliche Spruchbehörden. Die Verwaltungsgerichte gehören ebenfalls zu den besonderen Gerichten.

b. Die Mitwirkung der Laien bei der Rechtspflege.

1. Der Schöffendienst.

§ 259.

Die Schöffengerichte sind die erkennenden Geriche erster Instanz:

a. für alle Uebertretungen, d. h. die mit Haft bis 6 Wochen oder Geldstrafe bis 150 Mk. bedrohten Handlungen;

b. für gewisse Vergehen, d. h. die mit Festungshaft bis zu 5 Jahren oder mit Geldstrafe von mehr als 150 Mk. bedrohten Handlungen. Von diesen gehören vor die Schöffengerichte diejenigen, welche nur mit Gefängniß von höchstens 3 Monaten oder Geldstrafe von höchstens 600 Mk. allein oder neben Haft oder in Verbindung mit einander oder mit Einziehung (Konfiskation einzelner Gegenstände) bedroht sind. Allein auch hiervon giebt es viele Ausnahmen;

c. für die Privatklagen wegen Beleidigungen und Körperverletzungen;

d. für die Vergehen des Diebstahls, der Unterschlagung, des Betrugs, der Sachbeschädigung, wenn der Werth des gestohlenen oder unterschlagenen Gegenstandes oder der zugefügte Schade die Summe von 25 Mk. nicht übersteigt;

e. für das Vergehen der Begünstigung und Hehlerei, wenn die Handlung, auf welche sich dasselbe bezieht, zur Zuständigkeit des Schöffengerichtes gehört;

f. für solche Vergehen, deren Verhandlung und Entscheidung den Schöffengerichten von den Strafkammern der Landgerichte überwiesen wird.

§ 260.

Absolut unfähig zu dem Amte eines Schöffen sind: Ausländer, weibliche Personen; diejenigen, welche die Befähigung in Folge strafrechtlicher Verurtheilung verloren haben; diejenigen, gegen welche das Hauptverfahren wegen eines Verbrechens (d. i. eine mit dem Tode, mit Zuchthaus oder mit Festungshaft von mehr als 5 Jahren bedrohte Handlung) oder Vergehen eröffnet ist, welches die Aberkennung der bürgerlichen Ehrenrechte oder die Fähigkeit zur Bekleidung öffentlicher Aemter zur Folge haben kann; diejenigen, welche in Folge gerichtlicher Anordnung in der Verfügung über ihr Vermögen beschränkt sind: auch Gebrechliche, Geisteskranke, Blinde, Taube, Stumme und Minderjährige.

§ 261.

Relativ unfähig sind im einzelnen vorliegenden Falle: die durch die in Betracht kommende strafbare Handlung selbst verletzten Personen, welche also an dem Ausgange des Prozesses ein nahes Interesse haben; der frühere oder zeitige Ehemann oder Vormund des Beschuldigten oder Verletzten; die mit dem Beschuldigten oder Verletzten in grader Linie oder in der Seitenlinie bis zum dritten Grade Verwandten, bis zum zweiten Grade Verschwägerten, auch wenn die Ehe, durch welche die Schwägerschaft begründet ist, nicht mehr besteht, und die mit demselben durch Adoption Verbundenen; ferner Personen, welche in der Sache als Beamte der Staatsanwaltschaft, als Polizeibeamte, als Anwalt des Verletzten oder als Vertheidiger thätig gewesen sind und endlich diejenigen, welche in der Sache als Zeugen oder Sachverständige fungirt haben.

§ 262.

Ausgeschlossen von dem Schöffendienst sind Personen unter 30 Jahren, ferner die noch nicht zwei Jahre in der betreffenden Gemeinde wohnen, die Armenunterstützungen aus öffentlichen Mitteln empfangen oder während der letzten 3 Jahre empfangen haben; die wegen körperlicher oder geistiger Gebrechen Ungeeigneten und die Dienstboten.

Befreit von dem Schöffendienste sind und dürfen das Amt ablehnen:

a. Personen, welche im letzten Geschäftsjahre die Verpflichtung eines Geschworenen oder an wenigstens 5 Sitzungstagen die Verpflichtung eines Schöffen erfüllt haben;

b. Mitglieder der deutschen gesetzgebenden Versammlung;

c. Aerzte und Apotheker (ohne Gehülfen);

d. Personen über 65 Jahre und die glaubhaft nachweisen, daß sie den mit der Ausübung des Amtes verbundenen Aufwand zu tragen nicht vermögen.

2. Im Geschworenendienste.

§ 263.

Die Schwurgerichte sind zuständig für die Verbrechen (im Gegensatz zu den Vergehen und Uebertretungen; § 1 des Reichsstrafgesetzbuches in der Fassung des Ges. vom 26. Febr. 1876), welche nicht zur Zuständigkeit der Strafkammer oder des Reichsgerichts gehören.

§ 264.

Das Amt des Geschworenen ist ein Ehrenamt, welches nur von Deutschen versehen werden kann.

§ 265.

Die Urliste für die Auswahl der Schöffen dient zugleich als die Urliste für die Auswahl der Geschworenen, die Vorschriften über die Berufung zum Schöffenamte finden auch auf das Geschworenenamt Anwendung.

3. Im Schiedsmannsdienste.

§ 266.

Vergleiche die Schiedsmanns-Ordng. vom 29. März 1879 (G. S. S. 321) nebst den Ausführungsverfügungen des Justizministers vom 22. und 27. Aug. 1879, 11. März 1880 (Min.-Bl. d. i. Verwaltg. S. 50) und vom 8. April 1882. (Zusammengestellt ist dies Alles in dem kleinen Kommentar von Florschütz, Berlin 1879). Diesem Buche sind auch eine Geschäftsanweisung und verschiedene Muster zu Protokollen ꝛc. angehängt.

4. Im Dienste der Dorfgerichte.

§ 267.

1. Allgemeine Preußische Gerichtsordnung vom 6. Juli 1793, Th. II, Tit. 2 § 8. Diese Vorschrift besteht noch heute, jedoch ist an Stelle des Gerichtshalters (Abs. 1) der Amtsrichter getreten, desgl. im Abs. 1, Ziffer 2 an Stelle des Justitiars (Abs. 2) das Amtsgericht, Abs. 3 ist seit der Beseitigung der Patrimonialgerichte hinfällig geworden.

2. § 9 a. a. O. gilt ebenfalls, doch fehlt es jetzt bei den Magistraten an einer zur Justiz verpflichteten Gerichtsperson.

3. a. a. O. II 5 § 19. Auch hier tritt an die Stelle des Gerichtshalters das Amtsgericht. Vergl. § 58 der Dorfgerichtsinstruktion vom 11. Mai 1854 (Justiz-Minist.-Bl. S. 206), welche aber nur für die Bezirke der früheren Appellationsgerichte Halberstadt und Naumburg und des früheren Kammergerichts erlassen ist und in der jetzt geltenden Fassung in der Sammlung der Justiz-Ministerial-Verfügungen von Basch (Berlin 1884) mitgetheilt ist.

4. a. a. O. § 43 Abs. 2. Auch hier tritt das Amtsgericht für den Gerichtshalter ein.

5. a. a. O. II 6 § 12 und Anhangs § 437, dazu Ges. vom 15. Juni 1840 — G. S. S. 131 — und vom 4. Mai 1857 — G. S. S. 445 —, Verfügung vom 27. Juli 1857 (Justiz-Minist.-Bl. S. 282), desgl. vom 16. Juni 1857 (a. a. O. S. 230), vom 12. Nov. 1881 (Min.-Bl. d. i. Verwaltg. S. 228) und vom 26. Nov. 1881 (a. a. O. 1882 S. 4). Vergl. auch über den heutigen Fortbestand der Dorfgerichte: Wochenschrift „Selbstverwaltung", Jahrgang VII, S. 108 und aus den A. L. R. I 5 § 173, I 12 §§ 93 ff., II 7 §§ 73 ff.

§ 268.

Das Majestätsrecht der Gerichtsbarkeit ist unübertragbar, auch kann eine Delegation nicht darin erblickt werden, wenn nach §§ 453 ff. der Strafprozeßordnung vom 1. Febr. 1877 den Polizeibehörden die Befugniß ertheilt worden ist, eine in den Strafgesetzen angedrohte Strafe durch Verfügung festzusetzen. Geregelt sind diese Angelegenheiten durch

Ges. vom 23. April 1883 (G. S. S. 65) und die Ausführungs-Anweisung vom 8. Juni 1883 (Wochenschrift „Selbstverwaltung", Jahrgang X, S. 211).

§ 269.

Besonders zu erwähnen ist die Militärgerichtsbarkeit.

Höchster Gerichtsherr ist auch hier der Kaiser und König als oberster Kriegsherr.

Die Militärgerichte befassen sich ausschließlich mit Strafsachen und behandeln dieselben auf Grund des Militärstrafgesetzbuches und einer Militärstrafgerichtsordnung. Als höchste Aufsichts- und Beschwerdeinstanz ist das Generalauditoriat eingesetzt. Gerichte erster Instanz sind die Korps-, Divisions-, Garnison- und Regimentsgerichte. Vorsitzender derselben ist der betreffende Kommandeur als Gerichtsherr, neben ihm steht der Korps-, Divisions-, bezw. der Garnisonauditeur, während dessen Stelle bei den Regimentsgerichten ein untersuchungsführender Offizier einnimmt. Außerdem werden besondere Beisitzer kommandirt. Es giebt eine höhere und eine niedere Militärgerichtsbarkeit. Der höheren unterliegt die Aburtheilung von Straffällen der Offiziere und höheren Militärbeamten und gewisser mit höheren Strafen bedrohten Handlungen der sonstigen Militärpersonen. Dies nennt man Kriegsgericht, über andere geringere Strafen entscheidet das Standgericht. Die Bestätigung der kriegsgerichtlichen Erkenntnisse ist in der Regel dem Kaiser vorbehalten; die standgerichtlichen hat der betreffende Gerichtsherr zu bestätigen.

§ 270.

Neben den gerichtlichen Strafen giebt es Disciplinarstrafen; auch bestehen noch die aus Standesgenossen zusammengesetzten Ehrengerichte, deren Entscheidungen ebenfalls erst durch die Bestätigung des Kaisers Gültigkeit erlangen.

II. Die nicht wirklichen Majestäts- und Hoheitsrechte und die sogenannten Regalien.

§ 271.

Der § 36 der Verordng. vom 26. Dez. 1808 (N. C. C. XII. S. 693*) bestimmt, daß kein Prozeß zugelassen werden kann:

1. über wirkliche Majestäts- und Hoheitsrechte,
2. gegen allgemeine in Gegenständen der Regierungsverwaltung ergangene Verordnungen,
3. über die Verbindlichkeit zur Entrichtung allgemeiner Anlagen und Abgaben, deren sämmtliche Einwohner des Staates oder alle Mitglieder einer gewissen Klasse derselben nach der bestehenden Landesverfassung unterworfen sind.

*) Der erste Band der Gesetzsammlung mit den Gesetzen von 1806—1810 ist hier nicht allgirt worden, weil derselbe niemals ausdrücklich als Publikations-Organ erklärt worden ist. Vergl. übrigens G. S. 1817. S. 248.

Dabei ist hingewiesen ad 1 und 2 auf A. L. R. Einleitung § 70, Th. I, Tit. 11, §§ 4—10, Th. II, Tit. 13, §§ 5—16, ad 3 auf A. L. R. Th. II, Tit. 14, § 78 und als Modifikation ist hingewiesen auf § 79 desselben Titels.

1. Die Aufhebung der Privilegien.

§ 272.

1. Auf die „wirklichen Majestäts- und Hoheitsrechte" beziehen sich die §§ 5—16 Tit. 13, Th. II, wie dies in den obigen §§ 19—270 nachgewiesen wurde und was auch im Landrecht durch das Marginal neben § 5 bestätigt wird.
2. Auf die „allgemeinen in Gegenständen der Regierungsverwaltung ergangenen Verordnungen" ließe sich wohl der § 6 Tit. 13, Th. II beziehen, welcher von den Rechten zum Erlaß allgemeiner Königlicher Polizeiverordnungen spricht (oben §§ 89—94), allein, da sich dies als eine Wiederholung, also als etwas Ueberflüssiges herausstellen würde, was in der Gesetzgebung nicht vermuthet wird (Parey, Rechtsgrundſ. S. 131), so kann man auf die „allgemeinen in Gegenständen der Regierungsverwaltung ergangenen Verordnungen" nur die übrigen Allegate beziehen, und das sind folgende:

§ 70 der Einleitung zum A. L. R. Derselbe handelt von der Aufhebung der Privilegien (oben §§ 104 ff.), auch solcher, die durch einen lästigen Vertrag erworben worden; dieselben könne der Staat nur aus überwiegenden Gründen des gemeinen Wohles und gegen hinlängliche Entschädigung der Priveligirten wieder aufheben. Hieraus ergiebt sich, daß die Aufhebung der Privilegien zwar an sich ein Majestätsrecht ist, gegen dessen Ausübung ein Prozeß nicht zugelassen werden soll, daß indessen wegen der Frage, ob und wie für diese Aufhebung Entschädigung zu leisten sei, der ordentliche Rechtsweg gegeben ist (§ 71 der Einleitung, § 4 des Ges. vom 11. Mai 1842 — G. S. S. 192, — § 56 Abs. 8 des Zuständigkeitsges. vom 1. Aug. 1883). In diesem Sinne ist also das Recht der Wiederaufhebung der Privilegien kein wirkliches (oder kein vollständiges) Majestätsrecht, sondern gehört in das Gebiet der „allgemeinen in Gegenständen der Regierangsverwaltung ergangenen Verordnungen" (cf. unter §§ 268 ff.). Dasselbe gilt

2. von dem Enteignungs- (Expropriations-) Rechte.

§ 273.

A. L. R. Theil II Tit. 11 §§ 4—10. An die Stelle dieser Vorschriften ist das Gesetz vom 11. Juni 1874 (G. S. S. 221) getreten und für das Verwaltungsrecht der Titel 22 (§§ 150—153) des Zuständigkeitsges. vom 1. August 1883. Auch dieses Recht ist kein vollständiges Majestätsrecht wegen der Entschädigungsfrage (§ 11 Tit. 11, Theil I A. L. R.'s, §§ 24—30 des Ges. vom 11. Juni 1874 (cf. unten § 277).

Von den „Privilegien" sind sorgfältig zu unterscheiden die Sonderrechte (Exemtionen) einzelner Klassen der Staatsbürger, z. B. das Recht der Geistlichen auf Befreiung von Kommunalabgaben oder auf Bezug des Gnadenmonats u. s. w. (Parey, Rechtsgrundſ. S. 58).

§ 274.

Aeltere Privilegien, betreffend die Befreiung von Kreisabgaben, haben gegenüber den die Kreisabgabenpflicht neu regelnden Bestimmungen der Kreisordnung keine Geltung mehr. Dagegen sprechen auch nicht die §§ 21 und 61 der Einleitung zum A. L. R. „lex generalis non derogat legi speciali priori." Niemand kann sich der Befolgung eines Gesetzes durch die Behauptung entziehen, das Gesetz habe nicht erlassen werden dürfen und der Richter sei nicht berechtigt, aus diesem Grunde die Anwendung eines Gesetzes abzulehnen (Parey, Rechtsgrunds. S. 53).

§ 275.

Ein Staat mag dem andern völkerrechtlich verbunden sein, einer Eisenbahngesellschaft die Befreiung von allen Kommunalabgaben fortdauernd zu gewähren, staatsrechtlich ist er aber unbehindert, ein derartiges Privilegium wieder aufzuheben (Parey, Rechtsgrunds. S. 53).

§ 276.

Die wirthschaftliche Selbstständigkeit eines Gutes reicht allein nicht aus, um seine kommunale Selbstständigkeit zu begründen. Dazu ist erforderlich eine provinzialrechtliche Norm, eine erwerbende Verjährung oder ein Privilegium (Parey, Rechtsgrunds. S. 152, 154).

§ 277.

Ueber das Enteignungsverfahren und die dabei maßgebenden Grundsätze vergl. Parey, Rechtsgrunds. S. 299, 319, 332, 338.

§ 278.

In Bezug auf das Enteignungsrecht sind zu beachten die §§ 135 bis 147 des allgemeinen Berggesetzes für die preußischen Staaten vom 24. Juni 1865 (G. S. S. 705) und §§ 1, 34 37 des Reichsges., betr. die Beschränkungen des Grundeigenthums in der Umgebung von Festungen vom 21. Dezember 1871 (R. G. Bl. S. 459).

3. Die Steuerpflicht.

§ 279.

Wegen der Verbindlichkeit zur Entrichtung allgemeiner Anlagen (oben § 271 Nr. 3), d. i. die „Steuerpflicht", ist hingewiesen auf A. L. R. II 14 §§ 78, 79. Durch diese Vorschrift wird die Eigenschaft des Besteuerungsrechtes (siehe oben §§ 164 ff.) als eines wirklichen Majestätsrechtes in keiner Weise beeinträchtigt, denn der § 79, welcher von dem rechtlichen Gehör bei Behauptung einer Abgabenbefreiung aus besonderen Gründen und von der ungebührlichen Belastung des Steuerpflichtigen in der Bestimmnng seines Antheils spricht, eröffnet nicht etwa den Rechtsweg gegen die Steuerbehörden, an dessen Stelle ja auch schon die Rechtsmittel der Reklamation getreten sind, sondern ein etwaiger Streit wird hier lediglich unter den Kontribuenten entschieden und zwar, soweit das Verwaltungsrecht in Frage kommt, nicht mehr im ordentlichen Rechtswege, sondern im Verwaltungsstreitverfahren. (Vergl. den § 160 des Zuständigkeitsgesetzes vom 1. August 1883.)

§ 280.

In diesem § 160 wird auch verwiesen auf §§ 9 und 10 des Gesetzes über die Erweiterung des Rechtsweges vom 24. Mai 1861 (G. S. S. 241), in welchem bestimmt wird, es könne wegen allgemeiner Anlagen und Abgaben auf Grund der Behauptung, daß die einzelne Forderung bereits früher getilgt sei, die Klage auf Erstattung des Gezahlten angestellt werden, jedoch bei Verlust des Klagerechts nur binnen spätestens sechs Monaten nach erfolgter Beitreibung oder geleisteter Zahlung; ferner finde der Rechtsweg statt, wenn der Herangezogene behaupte, daß die geforderte Abgabe keine öffentliche sei, sondern auf einem aufgehobenen privatrechtlichen Fundamente, insbesondere einem früheren gutsherrlichen, schutzherrlichen oder grundherrlichen Verhältnisse beruhe. Dies Rechtsmittel richtet sich aber gegen die Steuerbehörde in der Form der Einrede.

§ 281.

Die vorstehenden Grundsätze (§§ 279, 280) finden Anwendung auf folgende Fälle:

1. Reklamationen gegen die Veranlagung zu den Provinzialabgaben. (Vertheilung derselben). §§ 112 der Prov.-Ordng. (Hessen-Nassau § 84). § 1 des Zust.-Ges. vom 1. Aug. 1883.
2. Desgl. gegen die Heranziehung oder die Veranlagung zu den Gemeindelasten in den Städten (§ 18 des Zust.-Ges.).
3. Desgl. in den Landgemeinden (§ 34 a. a. O.).
4. Desgl. in den Kreisen (§ 19 der Kreis-Ordng.).
5. Desgl. in den Landarmenverbänden (§ 44 des Zust.-Ges.).
6. Beschwerden und Einsprüche, betr. die Heranziehung zu den Schulabgaben (§ 46 a. a. O.).
7. Streitigkeiten über Schulbaulasten (§ 47 a. a. O.).
8. Klagen wegen Abgaben und Leistungen zu den Bedürfnissen der Synagogengemeinden.
9. Klagen wegen der Wegebaulasten (§ 56 a. a. O.).
10. Klagen wegen der Wasserbaukosten (§ 66 a. a. O.).
11. Klagen gegen Wassergenossenschaftsbeiträge (§ 57 des Ges. vom 1. April 1879 — G. S S. 297 —).
12. Streitigkeiten bei der Auseinandersetzung in Folge von Veränderung der Aufhebung von Spritzenverbänden (§ 140 des Zust.-Ges.).

4. Die sogenannten Regalien.

§ 282.

Die Regalien wurden im alten Deutschen Reiche auch als Privilegien des Kaisers (privilegia principis, jura regalia) bezeichnet und mit den Hoheits- und Majestätsrechten nur insofern nicht auf eine Linie gestellt, als man die letzteren als die „hohen," jene aber als die „niederen"

Regalien bezeichnete. Der Ausdruck paßt aber in dem konstitutionellen Staate in keiner Weise mehr, denn der Landesherr bezieht jetzt seine besonderen Einkünfte kraft des Majestätsrechtes (siehe oben §§ 162 ff.), während die sogenannten „niederen" Regalien lediglich als Nutzungsrechte anzusehen sind, welche zum gemeinen Staatseigenthum gehören. Dieselben sind nach § 25, Tit. 14, Theil II. A. L. R's den Domainen völlig gleich zu achten und können von Privaten sowohl durch Uebertragung als durch Ersitzung erworben werden, während die Majestäts- und Hoheitsrechte der Staatsgewalt nach ihrem Begriffe zustehen, deshalb unveräußerlich sind und aus dem Wesen des Staates folgen, mithin hinsichtlich ihrer Geltung auch nicht bewiesen zu werden brauchen. Letzteres hat aber hinsichtlich der niederen Regalien zu geschehen, sofern sie sich in Privathänden befinden.

§ 283.

Die niederen Regalien sind theils solche, welche die Freiheit des Eigenthums der Staatsbürger beschränken (niedere Regalien in engerem Sinne), theils solche, welche in die Gewerbefreiheit der Staatsbürger eingreifen (Monopole).

a. Die niederen Regalien im engeren Sinne.

§ 284.

Lediglich ihrem Ursprunge nach, mithin aus geschichtlichen Gründen wird denselben ein publizistischer (öffentlich — rechtlicher) Charakter beigelegt, thatsächlich unterscheiden sie sich aber in heutiger Zeit, seitdem der hoheitsrechtliche Nimbus verschwunden ist, in nichts von den privatrechtlichen fiskalischen Rechten des Staates. Die Ausbeutung der niedern Regalien im engeren Sinne gehört ebenso zu den etatsmäßigen Einnahmen des Staates, wie das Einkommen aus den Grundstücken des Fiskus (Staatsdomainen und Staatsforsten) und aus den Steuern. Der Ausspruch: „Regalia sunt regis, dominialia domini" hat nur noch einen antiquarischen Werth.

Dr. H. Schulze, Kronsyndikus, sagt in seinem maßgebenden Werke „das Preußische -taatsrecht", Band II, S. 468: „Das moderne Staatsrecht kann alle Befugnisse des Staates aus den rein staatsrechtlichen Begriffen der Finanz- und Polizeigewalt herleiten und scheidet deshalb das Regal nicht nur aus seinen Begriffen, sondern auch aus seiner Terminologie grundsätzlich aus."

1. Das Bergwerksregal.

§ 285.

Siehe A.L.R. II 14 §§ 22, II 16 §§ 6, 69—480, an deren Stelle das allgemeine Berggesetz vom 24. Juni 1865 (G. S. S. 705) getreten und wodurch das Bergregal als solches thatsächlich aufgehoben ist. Der Staat verleiht jetzt das Bergbaurecht und beaufsichtigt den Bergbau im allgemeinen staatswirthschaftlichen und bergpolizeilichen Interesse. Aus dem letzteren Umstande rechtfertigt sich auch das bergpolizeiliche Verordnungsrecht (vergl. oben im § 99 die Tabelle V in den Bemerkungen Nr. 6), aus dem ersteren die Bergwerksabgabe (oben § 175).

§ 286.

Das allgemeine Berggesetz vom 24. Juni 1865 ist in den neu erworbenen Landestheilen eingeführt durch Verordng. vom 22. Febr. 1867 in Nassau und landgräflichen hessischen Theilen (G. S. S. 237 und 242), Verordng. vom 8. Mai 1867 in Hannover (G. S. S. 601, Verordng. vom 1. Juni 1867), in Kurhessen, Frankf. a. M. und vormals bairischen Theilen (G. S. S. 770), Ges. vom 1. Jan. 1869 in Waldeck (G. S. S. 78), Verordng. vom 12. März 1869 in Schleswig-Holstein (G. S. S. 453), Ges. vom 6. Mai 1868 in Lauenburg (Wochenbl. S. 161), dazu ferner Ges. über den Eigenthumserwerb und die dingliche Belastung der Grundstücke, Bergwerke und selbstständigen Gerechtigkeiten vom 5. Mai 1872 (G. S. S. 433) nebst § 29 des Ges. vom 13. Juli 1883 (G. S. S. 139) und Ges. vom 18. Juli 1883 (G. S. S. 189), Ges. vom 22. Febr. 1869 (G. S. S. 401), Ges. vom 12. Okt. 1867 (G. S. S. 41), Ges. vom 9. April 1873 (G. S. S. 181), § 116 der Subhastations-Ordng. vom 15. März 1869 (G. S. S. 421).

§ 287.

Die Bergbehörden sind: Die Revierbeamten, die Oberbergämter und der Handelsminister (§ 187 des Ges. vom 24. Juni 1865). Zwischen denselben findet in bergpolizeilichen und in Angelegenheiten, betreffend die Bergabgaben u. s. w., ein besonderes Verfahren statt. Gegen Verfügungen und Beschlüsse der Revierbeamten ist mit Frist von 4 Wochen der Rekurs an die Oberbergämter, gegen Verfügungen und Beschlüsse der letzteren der Rekurs an den Handelsminister binnen gleicher Frist zulässig, insofern das Gesetz denselben nicht ausdrücklich ausschließt (§§ 191, 192 a. a. O.). Unter der Aufsicht der Oberbergämter stehen die Markscheider (§ 190 a. a. O.). Für dieselben bestehen besondere Geschäftsanweisungen, z. B. im O. B. B. Dortmund vom 14. Mai 1887.

§ 288.

Ueber den Begriff der Bergpolizei giebt der neunte Titel (§§ 196 bis 209) Aufschluß. Derselbe unterscheidet zwischen dem Erlasse bergpolizeilicher Vorschriften (Polizeiverordnungen), dem Verfahren bei Unglücksfällen und den Uebertretungen bergpolizeilicher Vorschriften. In bergpolizeilichen Angelegenheiten sind die Amtsvorsteher nicht zuständig (§ 59 der altländischen Kr. O.), ebensowenig die Bürgermeister, Landräthe und sonstigen Organe der Polizeiverwaltung in Hessen-Nassau (Kr. O. für diese Prov. §§ 27—33), desgl. die Amtmänner in Westfalen (dortige Kr. O. § 29); auch das Verfahren nach §§ 127 ff. des Landes-Verw.-Ges. vom 30. Juli 1883 findet in bergpolizeilichen Angelegenheiten nicht statt und ebensowenig das Straffestsetzungsverfahren in Gemäßheit des Gesetzes vom 23. April 1883.

§ 289.

Die Berggewerkschaften und die Bergwerksbesitzer sind nach § 14 der Kr. O. kreissteuerpflichtig, dagegen können die Bergwerksabgaben zu den

Kreisabgaben nicht herangezogen werden, weil sie nicht zu den direkten Steuern, insonderheit nicht zu den Gewerbesteuern gehören (Min.-Erl. vom 13. Juli 1874; Min.-Bl. d. i. V. S. 199, 200).

§ 290.

In welcher Weise die Bergwerksbesitzer an den Wahlen zum Kreistage theilzunehmen haben, ergiebt sich aus §§ 87 Nr. 3, 96, 98, Nr. 3, 102, 110, Nr. 2 der altländischen Kr. O. (Hannover §§ 43, 52, 54, 58, 66, Hessen-Nassau §§ 44, 53, 55, 59, 67, Westfalen und Rheinprovinz §§ 36, 44, 46, 47, 54, und aus der Instruktion vom 10. März 1873 (Min.-Bl. d. i. V. S. 81).

§ 291.

Die zum Betriebe auf Bergwerken und Aufbereitungsanstalten bestimmten Dampfkessel unterliegen nicht der Beschlußfassung des Kreis- (Stadt-) Ausschusses bezw. des Magistrats in Gemäßheit des § 109 des Zuständigkeitsgesetzes vom 1. Aug. 1883, jedoch beschließt der Bezirksauschuß im Einvernehmen mit dem Oberbergamte über die Zulässigkeit von Wassertriebwerken, welche zum Betrieb von Bergwerken und Aufbereitungsanstalten dienen (§ 110 in fin. a. a. O).

§ 292.

Nach § 150 Abs. 2 des Zuständigkeitsgesetzes vom 1. Aug. 1883 gehen auf den Bezirksausschuß beziehungsweise die erste Abtheilung des Polizeipräsidiums in Berlin die nach §§ 142 ff. des Berggesetzes vom 24. Juni 1865 den Bezirksregierungen zustehenden Befugnisse über. (Grundabtretung für Bergbauzwecke.)

2. Die Einziehung des Vermögens aufgehobener Gesellschaften.

§ 293.

Auch dieses auf §§ 192 ff., Tit. 6, Th. II A. L. R's. beruhende Recht, über das Eigenthum aufgehobener Gesellschaften als herrenloses dem Staate anheimgefallenes Gut unter gewissen Voraussetzungen zu Gunsten des gemeinen Wohles zu verfügen, hat man zu den Majestäts- und Hoheitsrechten rechnen wollen. Dasselbe gehört aber nicht einmal zu den sogenannten Regalien, sondern ist lediglich ein außerordentlicher fiskalischer Anspruch, gegen welchen andere Berechtigte unzweifelhaft im Civilprozeß Einspruch erheben können. Vergl. Wochenschrift „Selbstverwaltung", Jahrgang XI, S. 162, woselbst ausgeführt ist, daß auf dieses Recht die Vorschriften in A. L. R. II 16, §§ 16 ff., betr. das Recht des Staates auf erblose Verlassenschenschaften, nicht anwendbar ist.

3. Das Wasserregal und das Wasserrecht.

§ 294.

Nach § 38, Tit. 15, Theil II A. L. R's gehören die Nutzungen solcher Ströme, die von Natur schiffbar sind, zu den Regalien des Staates, desgl. sind nach § 21, Tit. 14, Th. II A. L. R's. die von Natur schiffbaren

Ströme, das Ufer des Meeres und die Häfen gemeinsames Eigenthum des Staates. Dagegen ist der Gebrauch des Flußwassers aus öffentlichen Strömen durch Schöpfen, Baden und Tränken (sofern nicht polizeiliche Verbote entgegen stehen) einem Jeden unverwehrt (§ 44, Tit. 15), auch kann jeder Anwohner eines solchen Flusses Fähren und Prahmen zum eigenen Gebrauche halten, mithin nicht für Geld zum Uebersetzen, denn das gehört wiederum zu den Regalien des Staates (§§ 50, 51 a. a. O., § 7 der Preuß. Gew.-Ordng. vom 17. Jan. 1845, § 6 der Reichs-Gew.-Ordng.). Ferner gehören die Ufer der öffentlichen Flüsse der Regel nach den Eigenthümern der unmittelbar daran stoßenden Grundstücke, auch die Vergrößerung des Ufers durch angesetztes Land (Alluvionen) wächst dem Eigenthümer des Ufers zu (§§ 55, 56, Tit. 15, §§ 225—241, Tit. 9, Th. I). Hiernach verbleiben dem Staate als Ausflüsse des Wasserregals nur folgende Nutzungen:

§ 295.

a. Die Fischereigerechtigkeit.

A. L. R. II 15, §§ 73—78; Hahn, Wasserrecht, 2. Auflage 1886, S. 29, 30.

§ 296.

b. Die Mühlengerechtigkeit.

A. L. R. II 15, §§ 229—246; Hahn, a. a. O., S. 31, 32.

c. Das Recht, Brücken, Fähren, Prahmen und andere zur Sicherheit und Bequemlichkeit der Schifffahrt dienende Anstalten zu treffen und Gebühren für deren Benutzung zu erheben.

A. L. R. II 15, §§ 50—54; Hahn, a. a. O., S. 25, 26.

Diese sogenannten Regalien, welche an einigen Stellen (z. B. §§ 229, Tit. 15) auch Vorbehalte des Staates genannt werden, können nach heutiger Auffassung nur als fiskalische Einnahmequellen aufgefaßt werden.

4. Das Jagdregal.

§ 297.

A. L. R. I 9, § 127, 130—138, 141—148, 158—169, II 16, §§ 30 ff. Dasselbe ist als Regal durch die Gesetze vom 31. Okt. 1848 und 7. März 1850 aufgehoben. Dasselbe bestand in dem Rechte des Landesherrn, das Wild in seinem Lande wegzufangen, insofern dies Recht nicht vertragsmäßig den Unterthanen überlassen war. Uebrig geblieben sind nur das selbstverständliche Oberaufsichtsrecht des Staates, das Recht der Gesetzgebung auf diesem Gebiete und die Handhabung der Forstpolizei, dasselbe gewährt also nur noch aus den fiskalischen Forstgütern eine staatliche Einnahmequelle.

5. Das Forstregal.

§ 298.

Dasselbe besteht jetzt nur fort als ein Oberaufsichtsrecht des Staates (Verordng. vom 24. Dez. 1816 — G. S. S. 57 —, Allerh. Kab.-Ordre vom 12. Aug. 1839 — G. S. S. 266 —, Ges. vom 14. Aug. 1876,

§ 15 — G. S. S. 373 – Ges. vom 6. Juli 1875) über die Forsten des Staates, der Gemeinden und Privatpersonen, ferner gilt als ein Ausfluß des ehemaligen Forstregals das Recht zur Handhabung der Forstpolizei (Ges. vom 1. April 1880), die Forstgerichtsbarkeit (Ges. vom 15. April 1878 — G. S. S. 222 —, § 96 des Ges. vom 1. April 1880 — G. S. S. 230 —), wofür auch ein besonderes Verfahren vorgeschrieben ist, und das Recht, die Forstbeamten anzustellen.

§ 299.

Ein fernerer Ausfluß des Forstregals ist die staatliche Befugniß, die Gerechtsame Dritter an den Forsten zu regeln. Dabei kommen in Betracht die Forst-Hütungs-Gerechtigkeiten und die Waidegerechtsame (§§ 80 ff., Tit. 22, Theil I A. L. R's.), die Koppelhütung, die gemeinsame Hütung und die Koppelweide (§ 133—135 a. a. O.), das Mastungsrecht (§§ 187—196 a. a. O.), die Holzungsgerechtigkeiten (§§ 197 ff. a. a. O.), die Waldstreuberechtigung (Verordng. vom 5. März 1843 — G. S. S. 105 —, Ges. vom 31. Jan. 1845 — G. S. S. 95 — § 96 Nr. 3 des Feld- und Forst-Polizeiges. vom 1. April 1880 — G. S. S. 230 —).

6. Das Konfiskationsregal.

§ 300.

An die Stelle des Vermögenskonfiskationsregals ist das Recht der Vermögens-Beschlagnahme getreten (Art. 10 der Verf. vom 31. Jan. 1850). In Bezug auf das Konfiskationsrecht im Einzelnen sind noch die dem A. L. R. eigenthümlichen, mithin nur auf dessen Geltungsbereich anwendbaren Vorschriften in Theil I, Tit. 16, §§ 172, 173 als Reste des ehemaligen Regales anzusehen, obwohl auch sie jetzt nur einen fiskalischen Einnahme-Anspruch darstellen. Vergl. Erkenntniß des Reichsgerichts vom 25. Nov. 1886, betreffend die Diätenprozesse gegen Reichstagsabgeordnete (Besondere Beilage zum Reichs- und St.-Anz. 1887, S. 41 ff.).

7. Das Abzugsrecht.

§ 301.

Dasselbe ist beseitigt durch Art. 11 der Verfassung vom 31. Jan. 1850.

8. Das Judenschutzregal.

§ 302.

Desgl. durch Art. 12 a. a. O.

9. Das Bernsteinregal.

§ 303.

Nach § 73 des Westpreußischen Provinzialrechtes vom 19. April 1844 (G. S. S. 103) ist der Bernstein, soweit er in der Ostsee gefunden wird, ein vorbehaltenes Eigenthum des Staates. Nach Art. 10 § 1 des Gesetzes, betreffend die Einführung des Westpreußischen Provinzialrechtes in die Stadt Danzig und deren Gebiet vom 16. Febr. 1867 (G. S. S. 87), ist das Fischen und Sammeln des Bernsteins am Ostseestrande, von Weichselmünde bis Polksk, ein ausschließliches Recht der Kämmerei der Stadt Danzig.*) Bei den zum Schutze dieses Rechtes erlassenen Bestimmungen der Verordnung vom 3. Febr. 1802 behält es sein Bewenden. Dagegen ist innerhalb des Landes nach Westpreußischem Provinzialrecht § 74 jeder Grundeigenthümer berechtigt, auf seinem Grunde Bernstein zu suchen und zu graben. Wer, ohne zum Bernsteinsammeln befugt zu sein, solchen zufällig auffischt, findet oder gräbt, hat alle Rechte und Pflichten eines Finders (A. L. R. I 9, §§ 19—22, 43—73).

§ 304.

Bernstein ist nicht Gegenstand des Bergbaues oder Bergrechtes, das Recht zum Sammeln desselben wird als ein Ausfluß des Strandrechtes und des Rechtes am Meeresufer angesehen (vergl. die Strandungs-Ordng. vom 17. Mai 1874 — R. G. Bl. S. 73 —, Instruktion vom 24. Nov. 1875 — Reichs-Centralbl. S. 750 —). Dem steht nicht entgegen, daß die Gewinnung von Bernstein bergmännisch betrieben wird.

§ 305.

In Ostpreußen ist der Bernstein sowohl am Strande wie im Binnenlande Regal (Ges. vom 22. Febr. 1867, Art. 4 — G. S. S. 272 —). Durch dieses Gesetz, welches auch den Zusatz-§ 228 des Ostpreußischen Provinzial-Rechtes vom 4. Aug. 1801 beseitigt hat, wird die unbefugte Aneignung von Bernstein unter Strafe gestellt. Im Uebrigen stellt sich das Bernsteinregal, soweit dasselbe staatlicherseits ausgenutzt wird, lediglich als eine fiskalische Einnahmequelle dar, auf die Bernsteingewinnung seitens der Privatbesitzer würde der Ausdruck „Regal" ohnehin nicht anwendbar erscheinen.

b. Die Monopole des Staates.

§ 306.

Gegen die Einführung der Staatsmonopole haben sich schon die treuen Anhänger ihrer Landesherren Veit Ludwig von Seckendorf (1626—1692) und Hugo Grotius (1583—1645) ausgesprochen. Letzterer eiferte namentlich gegen die Monopolien, welche Einzelnpersonen gewährt werden und verlangte hinsichtlich der Berechtigung dieser Art von Privilegien den Nachweis, daß die Preise der monopolistisch erzeugten Waaren den Verhältnissen entsprechen. Damit war schon auf den Irrthum hingewiesen, welchem sich diejenigen hingaben, die um eines anscheinend erheblichen Vortheils der Staatskasse die Produktions- und Steuerkraft der Staatsbürger zu opfern bereit sind. Der scheinbare sichtbare Nutzen auf der einen Seite wird durch den indirekten Schaden auf der anderen Seite vollständig aufgehoben.

*) Als sogenanntes Regal gilt der Bernstein auch in den Kreisen Lauenburg und Bütow, Belgard, Dramburg, Neustettin, soweit er in der Ostsee gefischt oder am Strande gefunden wird. Letzteres ist nur im Kreise Lauenburg möglich, von den übrigen Kreisen gelten also nur die Vorschriften über den Bernsteingewinn im Binnenlande.

Deshalb sind Staatsmonopole nur hinsichtlich solcher Gewerbebetriebe statthaft, für deren Ausübung in dem nothwendigen Umfange die Kraft des Einzelnen nicht ausreicht, so daß derartige Institute in der Hand Einzelner dem allgemeinen Wohle nicht dienstbar gemacht werden können (vergl. Marchet, Studien über die Verwaltungslehre in Deutschland. München 1885).

1. Das Postmonopol.

§ 307.

Dasselbe besteht in dem beinahe ausschließlichen Rechte der Beförderung von Briefen und dergl., Packeten und Personen gegen bestimmte Bezahlung, mithin in verschiedenartigen Gewerbebetrieben, welche im kleinen Umfange sehr wohl von Privatpersonen geübt werden können. Stellt nun auch in dieser Beziehung das Postmonopol einen Eingriff in die Gewerbefreiheit dar, so ist dies doch wiederum nicht der Fall hinsichtlich des gewaltigen Umfangs, in welchem dies Staatsgewerbe thatsächlich betrieben und auch nur dadurch ermöglicht wird, daß die sämmtlichen Regierungen der civilisirten Staaten ihre schützende Hand über dies segensreiche Institut halten und ihm den Stempel der staatlichen Autorität aufdrücken. Nach beiden Richtungen hin (Geschäftsumfang und staatliche Autorität) kann kein Privatmann und kein Consortium mit der amtlichen Post konkurriren, namentlich nicht bei den heutigen kosmopolitischen Leistungen des Instituts. Hier ist also ein Fall gegeben, in welchem die Monopolisirung eines Gewerbebetriebes seine volle Berechtigung hat.

§ 308.

Man hat behauptet, die Post sei gar kein Gewerbebetrieb, weil dieselbe auf manchen Betriebsstrecken nichts erwerbe, vielmehr mit Unterbilanz arbeite und auch unter Umständen im Ganzen leicht mit einem Defizit abschließen könne, allein das sind Erscheinungen, welche auch bei allen übrigen Gewerbebetrieben vorkommen können, und außerdem wird der Postbetrieb im § 5 der Reichs-Gew.-Ordng. implicite und im § 1 des Postges. vom 2. Nov. 1867 (jetzt Ges. vom 28. Okt. 1871 — R. G. Bl., S. 347 —) ausdrücklich mit dem Privatgewerbebetriebe gleichgestellt.

§ 309.

Wenn gleichwohl das Oberverwaltungsgericht (Parey, Rechtsgrunds., S. 40) sagt: „der postalische Transportbetrieb ist der Gegenstand eines „Regals,“ so kann dies doch nur dahin verstanden werden, daß das Postwesen aus einem ehemaligen Kaiserlichen Regale hervorgegangen ist. Regalien im ursprünglichen und eigentlichen Sinne kennen wir heute überhaupt nicht mehr, wohl aber haben wir an deren Stelle „Wohlfahrtseinrichtungen“ und Staatsanstalten „zum gemeinen Besten,“ zu dem auch die Post schon zu den Zeiten des Allgemeinen Landrechts (II 15 § 142) gerechnet wurde und noch heute gerechnet werden muß. Deshalb fügt auch derselbe Gerichtshof dem obigen Satze die Bemerkung hinzu: „Um der bei dem Postbetriebe vorwiegend maßgebenden öffentlichen Interessen Willen ist derselbe in allen einzelnen Beziehungen und im direkten Gegensatze zu einem Gewerbebetriebe als **öffentlicher Dienst** durch das Gesetz geregelt. Hieraus folgt aber weiter nichts, als daß die **Postbeamten** keine Gewerbetreibenden sind, sondern Staatsdiener, dabei bleibt aber der staatliche Postbetrieb an sich immer ein **gewerblicher**, welchem der ehemalige Regalitätsbegriff gänzlich abhanden gekommen ist. Dies ergiebt sich auch aus Art. 4, Nr. 10 und Art. 48 ff. der Reichsverf. vom 16. April 1871, durch welche die Post zu einer „einheitlichen Verkehrsanstalt für das deutsche Reich" erklärt worden ist.

§ 310.

Aus dieser veränderten Sachlage erklärt sich auch der Umstand, daß die früheren Vorrechte der Post vor anderen gleichartigen Gewerbebetrieben erheblich vermindert worden sind, so daß der freie gewerbliche Verkehr hinsichtlich der Versendung von Briefen und dergl. in demselben Maße erweitert worden ist, und die besonderen Vorrechte der Posten (§§ 16—26 des Reichs-Postgesetzes vom 28. Okt. 1871) erheblich eingeschränkt worden sind, wenn auch andererseits gewisse Vorzüge, z. B. die Befreiung der Postpferde vom Militärvorspann, geblieben sind, was sich einfach daraus erklärt, daß Kollisionen zwischen gleichberechtigten Staatseinrichtungen vermieden werden müssen.

§ 311.

Die Unverletzlichkeit des Briefgeheimnisses ist durch § 8 a. a. O. und §§ 364 und 368 des R. St. G. B. gewährleistet, vergl. auch Art. 6 und 33 der Verf. vom 31. Jan. 1850, § 299 des R. Str. G. B. Ausnahmen finden statt bei strafgerichtlichen Untersuchungen und in Konkurs- und civilprozessualischen Fällen. cf. §§ 99—101 der Deutschen Str.-Proz.-Ordng. vom 1. Febr. 1877, § 111 der Deutschen Konkurs-Ordng. vom 10. Febr. 1877 — R. G. Bl. S. 351 —).

§ 312.

Die von der Postverwaltung übernommene Garantie für Verluste an Werthsendungen in einfachen und eingeschriebenen Briefen, Postanweisungen, Packeten und für Beschädigung der Reisenden ergiebt sich aus §§ 6—15 des Reichspostges. vom 28. Okt. 1871. Der Anspruch auf Schadloshaltung ist bei der Oberpostdirektion des Einlieferungsortes zu erheben; der Anspruch erlischt binnen 6 Monaten vom Tage der Einlieferung der Sendung oder der Beschädigung des Reisenden an gerechnet. Die Verjährung wird durch Anbringung der **Reklamation** unterbrochen. (§ 13, Nr. 4 des Einführungsges. zur Deutschen Civil-Proz.-Ordng. und §§ 239 und 633 desselben Ges. vom 30. Jan. 1877, Handelsgesetzbuch vom 24. Juni 1861, Art. 421 und 449).

§ 313.

Außer diesen Reklamationsverfahren giebt es bei der Post noch ein anderes Verwaltungsverfahren hinsichtlich der Post- und Porto-Defraudationen. Dasselbe richtet sich gegen die Strafen (§§ 27—33 des Postges. vom 28. Okt. 1871) und bewegt sich in besonderen Formalitäten, welche aus technischen und sonstigen Zweckmäßigkeiten gerechtfertigt, aber keineswegs aus der Natur des Regals zu erklären sind. (§§ 34 bis 46 a. a. O.)

2. Das Telegraphenmonopol.

§ 314.

Wenn ein solches im jetzigen deutschen Reiche überhaupt beansprucht würde, so könnte dasselbe doch niemals auf ein altes kaiserlich-deutsches oder auf ein brandenburg-preußisches „Regal" zurückgeführt werden, denn die amtliche Telegraphie (Fernschreibung) ist in Preußen erst 1832 in der primitiven Form der optischen (Arm-) Telegraphen eingeführt worden und deren ausschließlicher Betrieb beruhte lediglich auf dem Umstande, daß der dazu erforderliche Apparat von Privatpersonen gar nicht beschafft werden konnte. Als der elektro-magnetische Telegraph den Sieg über das alte System errang, hat Niemand daran gedacht, diesen Betrieb für den Staat zu monopolisiren, d. h. jedem Privatmann die Herstellung und freie Benutzung derartiger Anlagen zu unterſagen. Dies ist auch heute noch nicht der Fall, denn der Art. 4 Nr. 10 der Bundes- und der Reichsverfassung (letztere vom 16. April 1871) haben nur das Post- und Telegraphenwesen der Beaufsichtigung und der Gesetzgebung des Reiches unterstellt, und der Art. 50 a. a. O. spricht nur von der ausschließlichen Wahrnehmung der Beziehungen zu anderen Post- und Telegraphen-Verwaltungen, nicht aber von dem ausschließlichen Rechte des Staates, die telegraphische Korrespondenz der einzelnen Staatsbürger unter einander zu führen. Hätten also einzelne Staatsbürger die Mittel, eine telegraphische Verbindung unter einander herzustellen und würden sie sich wegen der Herrichtung der erforderlichen Anlagen mit den dazwischen liegenden Grundbesitzern verständigen (ein Expropriationsrecht steht ihnen ohne Weiteres nicht zu), so könnte ihrem Vorhaben jedenfalls nicht aus dem Grunde entgegen getreten werden, weil dem Staat ein ausschließliches Recht auf dergleichen Anlagen zustände. Auch in der jetzt geltenden Telegraphen-Ordnung vom 13. Aug. 1880 (Reichs-Centralbl. S. 560) ist keine Spur von einem derartigen Monopol zu finden, wenn auch der § 299 des Reichsstrafgesetzbuches und die §§ 99 bis 101 der Strafprozeßordnung sowie der § 111 der Konkursordnung auf die telegraphische Privatkorrespondenz Anwendung finden müßten.

§ 315.

Eine andere Frage wäre die, ob derartige Privat-Telegraphen-Anstalten gewerblich ausgenutzt werden dürfen dergestalt, daß auf denselben Depeschen von Jedermann gegen Bezahlung zu befördern wären. Dies kam unzweifelhaft aus polizeilichen Gründen und mit Rücksicht auf die Nachtheile, welche aus derartigen Verkehrsanstalten, wenn sie ohne staatliche Kontrolle bestehen, dem Gemeinwohle und dem staatlichen Interesse erwachsen können, verhindert werden, nicht aber deshalb, weil das Telegraphenwesen als einheitliche Staatsverkehrsanstalt eingerichtet worden ist. Für diesen letzteren Grund könnte höchstens der Umstand sprechen, daß dem Publikum ausreichende Gelegenheit für seine telegraphische Korrespondenz durch die Staatsanstalten geboten ist. Dasselbe gilt von den Telephon- (Fernsprech-) Anlagen (Min.-Erlaß vom 27. Okt. 1880 — Min.-Bl. d. i. V., S. 305 —).

§ 316.

Gleichwohl besteht nach dem Erlaß der preußischen Minister für Handel und Gewerbe und des Innern vom 30. Juni 1882 (Min.-Bl. d. i. V. S. 170 —) eine andere Auffassung, nach welcher die Telephon-Anlagen als Gegenstände eines „Reichs-Regals" angesehen und deshalb von den Regierungspräsidenten untersagt werden können, sobald es sich handelt um

a. die Unterhaltung von Telephon- oder Fernsprechverbindungen zwischen Grundstücken, welche zwar ein und demselben Besitzer gehören, aber räumlich — sei es durch Grundstücke anderer Besitzer, sei es durch öffentliche Wege — von einander getrennt sind, oder sobald

b. die Unterhaltung derartiger Verbindungen zwischen Häusern, Etablissements, Grundstücken u. s. w. in Frage kommt, welche nicht ein und demselben Besitzer gehören,

denn dann würde die Leitung den Begriff der Verkehrsanstalt haben und damit in das Reichs-Regal eingreifen.

Hinsichtlich der Fälle zu a soll die Genehmigung des Reichs in der Regel ohne Weiteres und insbesondere ohne Anspruch auf Erhebung einer Abgabe (welcher?) ertheilt werden, jedoch unter dem Vorbehalte des Widerrufs, um jederzeit den Abbruch der Leitung verlangen zu können, z. B. falls dieselbe störend auf den Betrieb benachbarter Leitungen einwirken, oder der Besitzer sich unbefugt den Anschluß an die letzteren verschaffen sollte.

Dieser Min.-Erlaß hat keineswegs die Kraft eines Gesetzes und es kann demselben gegenüber nur so viel zugegeben werden, daß der unbefugte Anschluß einer Privatanlage an eine öffentliche unbedingt als eine gemeingefährliche polizeilich untersagt werden kann, was aber die Störungen der Staatsanstalten durch die privaten betrifft, so liegt lediglich ein Civilanspruch vor, welcher im ordentlichen Rechtswege seitens des Telegraphen- oder Telephon-Fiskus und, wenn die Privatanlage früher dagewesen ist, durch Expropriation der letzteren gegen Entschädigung zum Austrag zu bringen wäre.

„Begriffswidrig ist es, für ganz neue Anstalten neue Regalien zu erfinden, wie etwa ein „Telegraphenregal" (Schulze, Staatsrecht. Bd. II, S. 468). „Mit dem Siege des Staatsprinzips verschwindet diese halbprivat-, halbstaatsrechtliche Regalität, so in England mit dem Jahre 1688, in Frankreich räumt die Revolution die sogenannten droits de la couronne vollständig hinweg, nur in Deutschland schleppte sich die Regalität in Theorie und Praxis altersmüde fort bis zum Jahre 1848" (a. a. O. S. 467). „Der Begriff der Regalität existirt für Preußen nicht mehr" (a. a. O., S. 463. Anm.).

3. Das Lotteriemonopol.

§ 317.

Wegen dieser, nur als polizeiliches Mittel zur Regulirung der Leidenschaft des Glückspieles zu billigenden, im Uebrigen aber als unmoralisch zu verwerfenden Finanzquelle hat niemals Jemand auf die Eigenschaft der Regalität Anspruch erhoben, es ist deshalb nicht begreiflich, wie man überhaupt von einem „Lotterieregal" sprechen kann (Lotterie-Edikt vom 28. Mai 1810 — N. C. C. XII, S. 1041 —, A. K. O. vom 21. Juli 1841 — G. S. S. 131 —, Verordng. vom 7. Dez. 1816 — G. S. 1817, S. 4 —, Kab.-Ordre vom 26. März 1825 — G. S. S. 22 —, Deklaration vom 20. März 1827 — G. S. S. 29 —, Kab.-Ordre vom 6. Juni 1829 — G. S. S. 63 —, Verordng. vom 5. Juli 1847 — G. S. S. 261 —, Verordng. vom 31. März 1812 — G. S. S. 31 —, Bericht vom 12. Mai 1812 — G. S. S. 48 —, Ges. vom 7. Mai 1853 [Einführung der Lotterie-Vorschriften in Hohenzollern] — G. S. S. 180 —, Allerh. Erlaß vom 5. Juli 1867 [Aufhebung der Landeslotterie in Hannover, Osnabrück und Frankfurt a. M. — G. S. S. 1056 —]).

§ 318.

Der Natur des Monopols entspricht es, daß gewisse „Ausspielungen" und das Spielen in auswärtigen (nichtpreußischen) Lotterien verboten ist, und daß auch die öffentlichen Spielbanken im deutschen Reiche aufgehoben sind (§§ 284, 285, 286, 360, Nr. 14 des Reichs-Str.-Ges., Ges. vom 29. Juli 1885 — G. S. S. 317 —, Allerh. Erlaß vom 2. Nov. 1868 — G. S. S. 991 —, Min.-Reskript vom 14. Nov. 1868 — Min.-Bl. d. i. V., S. 305 —, desgl. vom 11. April 1876 — a. a. O., S. 113 —, desgl. vom 10. Jan. 1884 — a. a. O. S. 21 —, Ges. vom 1. Juli 1868 — G. S. S. 367 —, desgl. vom 22. April 1871, § 2 Nr. 6 — R. G. Bl., S. 87 —).

§ 319.

Aus demselben Grunde dürfen auch Prämienanleihen innerhalb des deutschen Reiches nur auf Grund eines Reichsgesetzes und nur zum Zwecke der Anleihe eines Bundesstaates oder des Reiches ausgegeben werden (Reichsges. vom 8. Juni 1871 — R. G. Bl. S. 210 — Bekanntmachungen vom 19. Juni, 1. und 10. Juli, 4. Dez. 1871 — R. G. Bl. S. 255, 304, 314 und 408). Ueber den Handel mit Lotterieloosen vergl. § 56 Ziff. 5, § 56a Ziff. 2 der Reichs-Gew.-Ordng., Min.-Reskript vom 16. Jan. 1885 — Min.-Bl. d. i. V. S. 52. —

Zweite Abtheilung

der Organisation der Behörden und Beamten in Deutschland—Preußen.

§ 320.

An der Spitze des deutschen Reiches steht der Deutsche Kaiser, an der Spitze des Preußischen Staates der König von Preußen. In keiner dieser Eigenschaften kann man von einem „ersten Diener des Staates" sprechen, denn der Kaiser und König steht thatsächlich und staatsrechtlich **über** allen Behörden und Beamten, welche ihre Anstellung und ihre Vollmachten von der obersten Stelle erhalten. Der Kaiser und König hat keinen „Titel", sondern einen „Namen" und gewisse „Prädikate", man spricht auch nicht von einem Gehalt und einer Besoldung des Herschers, sondern von einer ihm kraft des Majestätsrechtes zustehenden „Civilliste" (oben §§ 262, 263). Der Inhaber der Krone hat bestimmte, verfassungsmäßig garantirte Rechte und nur solche Pflichten, welche das allgemeine Sittengesetz vorschreibt und für deren Erfüllung er lediglich seinem Gewissen verantwortlich ist.

§ 321.

Die Bestandtheile des deutschen Reiches sind:

1. vier Königreiche (Preußen, Baiern, Sachsen und Württemberg);
2. sechs Großherzogthümer (Baden, Hessen, Mecklenburg-Schwerin, Sachsen-Weimar, Mecklenburg-Strelitz und Oldenburg);
3. fünf Herzogthümer (Braunschweig, Sachsen-Meiningen, Sachsen-Altenburg, Sachsen-Koburg-Gotha und Anhalt);
4. sieben Fürstenthümer (Schwarzburg-Rudolstadt, Schwarzburg-Sondershausen, Waldeck, Reuß älterer Linie, Reuß jüngerer Linie, Lippe und Schaumburg-Lippe);
5. drei freie Reichsstädte (Lübeck, Bremen und Hamburg);
6. ein Reichsland (Elsaß-Lothringen);

zusammen also 26 Einzelnstaaten. Das Reich wird einheitlich nach Außen vertreten. Ueber dasselbe erstreckt sich eine im Wesentlichen gemeinsame Gesetzgebung, welche jedoch insofern keine vollständige ist, als das Reich sich nur gewisse Gebiete der Gesetzgebung vorbehalten hat, während die Einzelnstaaten auf allen übrigen Gebieten durchaus selbstständig sind. In dieser Beziehung ist also das Deutsche Reich ein Staatenbund. Wenn die Einzelnstaaten in den Reichsgesetzen als Bundesstaaten bezeichnet werden, so geschieht dies natürlich in einem ganz anderen Sinne, als wenn man von dem Deutschen Reiche als einem Bundesstaate spricht.

§ 322.

Die Einzelnstaaten werden nach der Reichsverf. vom 16. April 1871 durch den Bundesrath vertreten, welcher aus den Bevollmächtigten der Deutschen Fürsten und freien Städte zusammengesetzt ist und in verschiedene Bundesraths-Ausschüsse zerfällt, nämlich für Reichsverfassung, Geschäftsordnung, Landheer und Festungen, Seewesen, Zoll- und Steuerwesen, Handel und Verkehr, Eisenbahnen, Post- und Telegraphen, Gütertarifwesen, Justizwesen, Rechnungswesen, auswärtige Angelegenheiten, Elsaß-Lothringen.

§ 323.

Der erste Beamte des Reichs ist der Reichskanzler. Er oder sein Stellvertreter führt den Vorsitz im Bundesrathe; auch steht ihm die Leitung der Geschäfte zu. Jedes Bundesmitglied kann soviel Bevollmächtigte ernennen, als es Stimmen im Bundesrathe führt. Es haben:

a.	Preußen mit den ehemaligen Stimmen von Hannover, Kurhessen, Holstein, Nassau, und Frankfurt a. M.	17
b.	Baiern	6
c.	Sachsen und Württemberg je 4	8
d.	Baden und Hessen je 3	6
e.	Mecklenburg-Schwerin und Braunschweig je 2	4
f.	die Uebrigen je 1	18
	Dies sind im Ganzen	59 Stimmen.

Die dem Bundesrathe obliegenden Geschäfte sind weiter unten speziell angegeben.

§ 324.

Die zur Mitwirkung bei der Reichsregierung berufene Körperschaft ist der Reichstag. Zu demselben entsenden Abgeordnete:

Preußen	236
Baiern	48
Sachsen	23
Württemberg	17
Baden	14
Hessen	9
Mecklenburg-Schwerin	6
Sachsen-Weimar, Oldenburg, Braunschweig und Hamburg je 3	12
Sachsen-Meiningen, Sachsen-Koburg-Gotha und Anhalt je 2	6
die übrigen Staaten je 1	11
Elsaß-Lothringen	15.
Die Anzahl sämmtlicher Reichstagsabgeordneten beträgt also	397.

§ 325.

Die Wahl der Reichstagsabgeordneten erfolgt allgemein und direkt mit geheimer Abstimmung. Wählbar ist jeder Deutsche, welcher das 25. Lebensjahr zurückgelegt hat, in dem Bundesstaate, wo er seinen Wohnsitz hat. Das Wahlrecht der Personen des Soldatenstandes ruht, so lange dieselben sich bei der Fahne befinden. Nicht wahlberechtigt sind:

1. Personen, welche unter Vormundschaft oder Kuratel stehen;
2. Personen, über deren Vermögen Konkurs oder Fallitzustand gerichtlich eröffnet worden ist und zwar während der Dauer dieses Konkurs- oder Fallitverfahrens;
3. Personen, welche eine Armenunterstützung aus öffentlichen oder Gemeinde-Mitteln beziehen oder im letzten, der Wahl vorangegangenen Jahre bezogen haben;
4. Personen, denen in Folge rechtskräftigen Erkenntnisses der Vollgenuß der staatsbürgerlichen Rechte entzogen ist für die Zeit der Entziehung, sofern sie nicht in diese Rechte wieder eingesetzt sind. Ist der Vollgenuß der staatsbürgerlichen Rechte wegen politischer Vergehen oder Verbrechen entzogen, so tritt die Berechtigung zum Wählen wieder ein, sobald die außerdem erkannte Strafe vollstreckt oder durch Begnadigung erlassen ist.

Wählbar zum Abgeordneten ist im ganzen Reiche jeder Deutsche, welcher das 25. Lebensjahr zurückgelegt und einem zum Reiche gehörigen Staate seit mindestens einem Jahre angehört hat, sofern er nicht von der Berechtigung zum Wählen ausgeschlossen ist.

Näheres findet man in dem Wahlgesetze vom 31. Mai 1869 (Bundes-Ges.-Bl. S. 145), Art. 18, I 13 der Bundesverfassung vom 31. Dez. 1870, § 2 des Ges. vom 16. April 1871 (R. G. Bl. S. 63), Vereinbarung mit Baden und Hessen vom 15. Nov. 1870, Vertrag mit Würftemberg vom 25. November 1870 Art. 2 Nr. 6, Vertrag mit Baiern vom 23. Nov. 1870, Nr. III § 8, Einführung der deutschen Verf. in Elsaß-Lothringen, Ges. vom 25. Juni 1873, § 6. — Gesetzbl. S. 131 —, § 49, Abs. 1 des R. Mil. G. vom 2. Mai 1874, Wahlreglement vom 28. Mai 1870 (B. G. Bl. S. 275), Bekanntmachung vom 27. Febr. 1871 (B. G. Bl.. S. 35), Bekanntmachung vom 1. Dez. 1873 (Ges.-Bl. für Elsaß-Lothringen S. 315).

§ 326.

Die beiden Häuser des Landtages in Preußen sind:

A. Das Herrenhaus (früher „Erste Kammer“ genannt.) (Art. 65 bis 68 der Verf. vom 31. Jan. 1850, Ges. vom 7. Mai 1853 — G. S. S. 181 — Allerh. Verordng. vom 12. Oktbr. 1854 — G. S. S. 541 —, desgl. vom 10. Nov. 1865 — G. S. S. 1077 —, desgl. vom 12. Oktober 1854, Min. Bl. d. i. V. S. 189 und 196 —.)

Die Anzahl der Mitglieder dieses Hauses ist eine wechselnde, denn es gehören dazu:

1. Die nach den Hausgesetzen großjährigen Prinzen des Königlichen Hauses.

2. Mitglieder mit erblicher Berechtigung (die Häupter der fürstlich-hohenzollernschen Häuser, die Häupter der sogenannten mediatisirten und die übrigen zur ehemaligen Herrenkurie berufenen Fürsten, Grafen und Herren).
3. Mitglieder, welche auf Lebenszeit vom Könige berufen werden, nämlich:
   a. diejenigen, welche von den zur ehemaligen Herrenkurie berufenen Stiftern, den Grafenverbänden, den durch ausgezeichneten Familienbesitz ausgezeichneten Geschlechtern, den Verbänden des alten und befestigten Grundbesitzes, den Landesuniversitäten und den mit diesem Rechte besonders beliehenen Städten präsentirt worden;
   b. die Inhaber der vier großen Landesämter in Ostpreußen: der Oberburggraf, der Obermarschall, der Landhofmeister und der Kanzler;
   c. die vom Könige aus besonderem Vertrauen ausersehenen Personen, aus denen auch die Kronsyndici genommen werden.

Mit Ausnahme der Prinzen müssen diese Mitglieder mindestens 30 Jahre alt sein.

§ 327.

B. Das Haus der Abgeordneten (früher „Zweite Kammer" genannt) (Ges. vom 30. April 1851 — G. S. S. 213 —, desgl. vom 17. Mai 1867 — G. S. S. 1481 —, desgl. vom 23. Juni 1876 — G. S. S. 169 —, desgl. vom 27. Juni 1860 —, G. S. S. 158 —, § 4 des Ges. vom 23. März 1873 — G. S. S. 108 —, § 2 des Ges. vom 23. Juni 1876 — G. S. S. 169 —, § 1 der Hannov. Kr. O. vom 6. Mai 1884 — G. S. S. 181 —, § 1 der Hessen-Nassauischen Kr. O. vom 7. Juni 1885 — G. S. S. 193 —, Verordng. vom 30. Mai 1849, Ges. vom 30. April 1851 — G. S. S. 216 —, Ges. vom 11. März 1869 — G. S. S. 481 —, Wahl-Reglement vom 4. September 1882 und 22. August 1885).

Dasselbe zählt zur Zeit 433 Mitglieder. Dieselben müssen das 30. Lebensjahr vollendet haben. Ihre Wahl erfolgt allgemein, aber indirekt mit öffentlicher Abstimmung nach dem Dreiklassensystem. Stimmberechtigter Urwähler ist jeder Preuße, welcher das 25. Lebensjahr vollendet hat und in der Gemeinde, in welcher er seinen Wohnsitz hat, die Befähigung zu den Gemeindewahlen besitzt. Es kommt also in jedem einzelnen Falle auch darauf an, vor der Wahlberechtigung zum Abgeordnetenhause die Gemeindewahlberechtigung festzustellen.

Zum Mitgliede des Hauses der Abgeordneten ist jeder Preuße wählbar, welcher das 30. Lebensjahr vollendet, den Vollbesitz der bürgerlichen Rechte in Folge rechtskräftigen richterlichen Erkenntnisses nicht verloren und bereits 3 Jahre dem preußischen Staatsverbande angehört hat.

§ 328.

Die beiden Häuser des Landtags werden zu gleicher Zeit berufen, eröffnet, vertagt und geschlossen; sie werden durch den König regelmäßig in dem Zeitraume vom Anfange des Monats November jeden Jahres bis zur Mitte des folgenden Monats Januar und außerdem, so oft es die Umstände erheischen, einberufen. Wird ein Haus aufgelöst, so wird das andere vertagt. Die beiden Häuser berathen in getrennten Sitzungen, nur die Eröffnung und Schließung erfolgt in einer Sitzung des vereinigten Landtags. Niemand kann gleichzeitig Mitglied beider Häuser des Landtags sein.

§ 329.

Zur Beschlußfähigkeit des Abgeordnetenhauses gehört die Anwesenheit der Mehrheit der gesetzlichen Anzahl seiner Mitglieder; das Herrenhaus kann keinen Beschluß fassen, wenn nicht mindestens 60 der gesetzlich zu Sitz und Stimme berufenen Mitglieder anwesend sind. Die Abstimmung erfolgt in jedem Hause nach absoluter Stimmenmehrheit, vorbehaltlich der durch die Geschäftsordnung für Wahlen etwa bestimmten Ausnahmen.

§ 330.

Jedes Haus hat für sich das Recht, Adressen an den König zu richten. Niemand darf dem Landtage oder einem Hause desselben in Person eine Bittschrift oder Adresse überreichen. Jedes Haus kann die an dasselbe gerichteten Schriften an die Minister überweisen und von denselben Auskunft über eingehende Beschwerden verlangen (Interpellationsrecht).

§ 331.

Die Mitglieder des Landtages sind die Vertreter des ganzen Volks. Sie stimmen nach ihrer freien Ueberzeugung und sind an Aufträge und Instruktionen nicht gebunden. Kein Mitglied des Landtages darf außerhalb der Versammlung wegen seiner Abstimmung oder wegen der in Ausübung seines Berufes als Abgeordneter gethanenen Aeußerungen zur strafgerichtlichen Verantwortung gezogen werden. Kein Mitglied eines Hauses kann ohne dessen Genehmigung während der Sitzungsperiode wegen einer mit Strafe bedrohten Handlung zur Untersuchung gezogen oder verhaftet werden, außer wenn es bei Ausübung der That oder im Laufe des nächstfolgenden Tages ergriffen wird. Auf Verlangen des Hauses wird jedes Strafverfahren gegen ein Mitglied des Landtags und jede Untersuchungshaft für die Dauer der Sitzungsperiode aufgehoben.

A. Die Behörden im Reiche.

§ 332.

Obenan steht der Reichskanzler, welcher bei dem ihm zustehenden Vorsitze im Bundesrathe sich von jedem anderen Mitgliede des Bundesraths durch schriftliche Substitution vertreten lassen kann. Ist Preußen verhindert, den Vorsitzenden zu stellen, so übernimmt zunächst ein Vertreter der baierischen Regierung den Vorsitz. Der Reichskanzler hat die im Namen des Reiches erlassenen kaiserlichen Anordnungen und Verfügungen gegenzuzeichnen und übernimmt dafür die Verantwortlichkeit. Er überwacht die Ausführung der Reichsgesetze und leitet die Reichsverwaltung.

§ 333.

Direkt unter dem Reichskanzler steht als oberstes Centralbureau die Reichskanzlei. Dieselbe hat den Verkehr des Reichskanzlers mit den Chefs der einzelnen Ressorts zu vermitteln.

Das frühere Reichskanzleramt ist aufgehoben. Dieser Adresse darf man sich also bei Schreiben an eine der höchsten Reichsbehörden nicht mehr bedienen. Diese Behörden sind jetzt:

I. Das Auswärtige Amt.

§ 334.

An der Spitze desselben steht der Staatssekretär und ein Unterstaatssekretär. Das Amt zerfällt in 3 Abtheilungen:

1. die politische Abtheilung (mit einem Direktor),
   Ressort: höhere Politik, Personalien, Generalien, Ceremonialien, Ordenssachen, Etats- und Kassensachen, kirchliche und Schulangelegenheiten;
2. die handelspolitische Abtheilung,
3. die Rechts-Abtheilung
   je 2. und 3. jede mit besonderem Direktor,
   Ressort: Angelegenheiten des Handels und Verkehrs, Konsulatswesen, staats- und civilrechtliche Angelegenheiten, Kunst und Wissenschaft, Schutz der Privatangelegenheiten der Deutschen im Auslande, Justiz-, Polizei- und Paßwesen, Auswanderungssachen, Grenzsachen, Ausgleichungen mit fremden Staaten.

(Der internationale Handel wird durch Handelsverträge geregelt, wegen des Binnenhandels vergl. unten das preußische „Handelsministerium".)

Ferneres Ressort des Auswärtigen Amtes:

a. die Prüfungskommission für das diplomatische Examen,
b. das Institut für archäologische Korrespondenz mit 2 Secretariaten in Rom und Athen,
c. die inländischen und auswärtigen Missionen, Gesandtschaften, Botschafter, Ministerresidenturen, Generalkonsulate und Konsulate (Berufs- und Wahl-Konsulate), auch Vize-Konsulate,

4. die Legationskasse.

II. Das Reichsamt des Innern.

§ 335.

An der Spitze steht der Staatssecretär des Innern, daneben ein Unterstaatssecretär.

Zwei Abtheilungen:

1. die Centralabtheilung mit folgendem Ressort:
   a. Angelegenheiten, betreffend den Bundesrath, den Reichstag und die Reichstagswahlen, die Reichsbehörden und Reichsbeamten;

b. Aufsicht über den Disciplinarhof und die Disciplinarkammern;
c. Indigenats-, Heimaths-, Niederlassungs-, Freizügigkeits- und Auswanderungsangelegenheiten;
d. Handel und Gewerbe, Bank- und Versicherungswesen, Maaße und Gewichte;
e. Schutz des geistigen Eigenthums und Patentwesen;
f. See- und Flußschifffahrt und Flößerei.

Man unterscheidet die deutsche einheitliche Kriegsmarine unter dem Oberbefehle des Kaisers (s. unten „die Reichs-Marine-Verw.") und die deutsche einheitliche Handelsmarine (die Kauffahrteischiffe aller zum Reiche gehörenden Einzelnstaaten). Die Reichshandelsflagge ist schwarz (oben) — weiß — roth. (Drei gleichbreite horizontale Streifen.) Das Reich bestimmt das Verfahren zur Ermittelung der Ladungsfähigkeit der Seeschiffe, regelt die Ausstellung der Meßbriefe und der Schiffscertifikate und stellt die Bedingungen fest, von welchen die Erlaubniß zur Führung eines Seeschiffes abhängig ist. Alle deutschen Kauffahrteischiffe werden in den deutschen Seehäfen und auf allen natürlichen und künstlichen Wasserstraßen (Kanälen) gleichmäßig zugelassen und behandelt. Die Hafenabgaben dürfen die zur Unterhaltung und gewöhnlichen Herstellung der Schifffahrtsanstalten erforderlichen Kosten nicht übersteigen. Auf die Flößerei finden diese Bestimmungen insofern Anwendung, als dieselbe auf schiffbaren Wasserstraßen betrieben wird.

Die Strandämter haben für Hilfeleistung und Bergung bei Strandung von Schiffen zu sorgen. Den Strandämtern sind die Strandvoigte untergeordnet.

g. Medizinal- und Veterinärpolizei;
h. Preß- und Vereinswesen;
i. Militär und Marine hinsichtlich der Mitwirkung der Civilverwaltung, namentlich: Ersatzwesen, Mobilmachung, Naturalleistungen, Transport- und Etappen-Angelegenheiten, Unterstützung der Soldatenfamilien, Civilversorgung, Landesvermessung, Anerkennung der höheren Lehranstalten hinsichtlich ihrer Fähigkeit, Berechtigungszeugnisse für den einjährig-freiwilligen Militärdienst auszustellen;
k. die Reichsstatistik.

2. Abtheilung für wirthschaftliche Angelegenheiten (unter einem Ministerialdirektor).

Vorarbeiten auf dem Gebiete der wirthschaftlichen Gesetzgebung.

Das Reichsamt des Innern giebt heraus: das Reichsgesetzblatt, das Centralblatt für das Deutsche Reich und das deutsche Handelsarchiv. Als Publikationsorgan für das Reich dient der „Reichs-Anzeiger" (vergl. unten beim Preuß. Staats-Min.); es beruht aber die Annahme auf einem

Irrthume, daß die Publikation im Staatsanzeiger irgend einen Einfluß auf die Rechtsgiltigkeit der Gesetze oder verfassungsmäßig ergangenen Kaiserlichen oder landesherrlichen Erlasse habe.

Von dem Reichsamte des Innern ressortiren folgende Behörden:

1. Der Reichskommissar für das Auswanderungswesen.
   Ueberwachung der bezügl. Vorschriften in den deutschen Häfen.
2. Die Reichs-Schulkommission.
   Begutachtung der Anträge auf Anerkennung der Fähigkeit, Berechtigungszeugnisse für den einjährig-freiwilligen Militärdienst auszustellen.
3. Die technische Kommission für Seeschifffahrt.
4. Die Reichs-Prüfungs-Inspektoren.
   Aufsichtsbehörde für Prüfung der Seeschiffer, Seesteuerleute und See-Dampfmaschinisten.
5. Die Reichs-Schiffsvermessungs-Inspektoren.
6. Das Bundesamt für das Heimathswesen.
   Es ist dies der höchstinstanzliche Berufungsgerichtshof zur Entscheidung von Streitigkeiten zwischen deutschen Armenverbänden wegen der Unterstützung Hilfsbedürftiger (vergl. unten die preußischen Bezirksausschüsse). Die Mitglieder dieser Behörde werden vom Bundesrathe gewählt.
7. Der Reichs-Disciplinarhof und die Disciplinarkammern für Reichsbeamte.
   Die Mitglieder dieser Behörde wählt der Bundesrath.
8. Die Behörden für Untersuchung von Seeunfällen.
   a. Das Ober-Seeamt.
      Beschwerdebehörde in den Fällen, in welchen die Seeämter der Einzelnstaaten einem Seeschiffer, einem Seesteuermanne oder dem Maschinisten eines Seedampfschiffes die Befugniß zur Ausübung seines Gewerbes entziehen wollen.
   b. Die Reichs-Kommissare bei den Seeämtern.
9. Das statistische Amt (Reichsstatistik).
10. Die Normal-Aichungskommission.
11. Das Reichsgesundheitsamt.
12. Das Patentamt. (Die Mitglieder wählt der Bundesrath.)
13. Die Reichskommission zur Beschlußfassung über Beschwerden über polizeiliche Verbote von sozialistischen und dergleichen Vereinen. (Die Mitglieder dieser Kommission wählt der Bundesrath.)
14. Das Reichs-Versicherungsamt.
    Aufsichts- und Beschlußbehörde in Unfallversicherungs-Angelegenheiten, gleichzeitig Gerichtshof zur Entscheidung der hierbei vorkommenden Streitigkeiten. (Den Präsidenten und die Mitglieder wählt der Bundesrath.)

15. Die Kommission zur Errichtung des Reichstagsgebäudes mit der Reichstags-Bauverwaltung und der Reichskasse. (Fünf Mitglieder und zwei Stellvertreter wählt der Bundesrath.)
16. Die Kommission für den Bau des Nord-Ostsee-Kanals.

III. Die Reichs-Marine-Verwaltung (Admiralität).

§ 336.

Acht Abtheilungen: die Centralabtheilung, die Personalangelegenheiten der Offiziere, die Kommandoabtheilung, das Marinedepartement, das Verwaltungsdepartement, das statistische Bureau der Admiralität, das hydrographische Amt, verschiedene Decernate und das General-Auditoriat der Kaiserlichen Marine.

Ressort:

a. Obere Kommandobehörden;
b. Verwaltungsbehörden (Intendanturen, Werfte, Artillerie- und Torpedo-Depots);
c. Erziehungs- und Bildungsanstalten (Marine-Akademien und Schulen, Seekadetten, Maschinisten, Steuerleute);
d. die deutsche Seewarte in Hamburg;
e. die Schiffsprüfungskommission zu Kiel;
f. die Abwickelungsbureaus.

Zu dem Geschäftskreise der deutschen Seewarte gehören:

1. Die Förderung der Seefahrten im Allgemeinen und zwar durch:
   a. Sammlung von Beobachtungen über die physikalischen Verhältnisse des Meeres, sowie über die meteorologischen Erscheinungen auf hoher See;
   b. Prüfung und Berichtigung der auf Schiffen gebräuchlichen, für die Sicherheit der Fahrten und die Zuverlässigkeit von Beobachtungen wichtiger Instrumente, wie Barometer, Thermometer, Sextanten, Compasse und Chronometer;
   c. Beobachtung der Erscheinungen des Erdmagnetismus auf der See, Prüfung des Verhaltens der Magnetnadel an Bord eiserner Schiffe und Ertheilung von Weisungen für ihre zweckmäßige Aufstellung an Bord der Schiffe;
   d. Sammlung von wichtigen, auf die Physiographie und die Hydrographie des Meeres, sowie auf die praktische Navigation bezüglichen Schriften und Karten;
   e. Unterstützung und Anregung der heimischen Schifffahrt vermittelst der aus den theoretischen Arbeiten gewonnenen praktischen Ergebnisse und zwar dem gesammten, bei der Schifffahrt betheiligten Publikum gegenüber durch Bearbeitung der verschiedenen Seewege- und Segelhandbücher, durch periodische Veröffentlichung der für die Navigation wichtigen, sonstigen Erfahrungen und Ermittelungen — den einzelnen Schiffern gegenüber — durch Ertheilung erbetener Informationen, durch Ausarbeitung rationeller Segelanweisungen für bestimmte Fahrten.

2. Die Sturmwarnung und zwar:
a. die regelmäßige Sammlung von Beobachtungen über den meteorologischen Zustand der Atmosphäre auf bestimmten Plätzen an der Küste, sowie im Innern Deutschlands, ferner auf solchen Plätzen des Auslandes, deren meteorologische Verhältnisse für Beurtheilung der atmosphärischen Zustände an den deutschen Küsten von Einfluß erscheinen;
b. die regemäßige telegraphische Verbreitung der Mittheilungen über den augenblicklichen Zustand der Atmosphäre, sowie die unverzügliche Veröffentlichung solcher Wahrnehmungen, welche einen gefahrdrohenden Witterungsumschlag erwarten lassen;
c. die Verarbeitung des in längeren Beobachtungszeiten gesammelten Materials auf die daraus für die Navigation und Wissenschaft zu gewinnenden Resultate und deren periodische Veröffentlichung.

IV. **Das Reichs-Justizamt.**

§ 337.

Ressort:
a. die in das Gebiet der Rechtspflege einschlagenden Reichsangelegenheiten;
b. Kommission zur Ausarbeitung des Entwurfs eines bürgerlichen Gesetzbuches. (Die Mitglieder wählt der Bundesrath);
c. das Reichsgericht in Leipzig. (Die Mitglieder, den Ober-Reichsanwalt und die Reichsanwälte wählt der Bundesrath.) Das Reichsgericht ist auch Ehrengericht für Rechtsanwälte.

V. **Das Reichsschatzamt** (oberste Reichsfinanzbehörde).

§ 338.

Ressort:
a. die Reichshauptkasse;
b. der Reichs-Kriegsschatz;
c. die Reichs-Schuldenverwaltung (preußische Staatsschulden-Tilgungskasse und Kontrolle der Staatspapiere);
d. die Reichsbevollmächtigten und Stationskontrolleure für Zölle und Verbrauchssteuern;
e. die Hauptzollämter;
f. die Reichs-Rayon-Commission-Behörde zur endgültigen Beschlußfassung über Beschränkungen des Privatgrundeigenthums innerhalb der dauernden Befestigungen, außerdem zur Entscheidung über Rekurse gegen Anordnungen der Kommandanturen in Rayon-Angelegenheiten.

VI. **Das Reichs-Eisenbahnamt.**

§ 339.

Dasselbe übt innerhalb der durch die Verfassung bestimmten Zuständigkeit des Reiches das Aufsichtsrecht über die deutschen Eisenbahnen, hat für die Ausführung der in der Reichsverfassung enthaltenen Bestimmungen, sowie der sonstigen, auf das Eisenbahnwesen bezüglichen

Gesetze und verfassungsmäßigen Vorschriften Sorge zu tragen und auf Abstellung der in Hinsicht auf das Eisenbahnwesen hervortretenden Mängel und Mißstände hinzuwirken. Die einheitliche Regelung des Betriebes, des Eisenbahnpolizeiwesens und des Tarifwesens durch besondere Reglements wird durch die Einführung des Eisenbahn-Verstaatlichungssystems sehr gefördert. Die Ankaufskosten werden zum Theil aus den Ueberschüssen der Staatsbahnverwaltungen im Wege der Tilgung gedeckt.

In Preußen ist das Eisenbahnwesen dem Ministerium für öffentliche Arbeiten unterstellt. Dessen Organe sind die Eisenbahn-Direktionen und Eisenbahnbetriebsämter. Zur Beaufsichtigung der Privateisenbahnen sind die Eisenbahn-Kommissariate bestimmt. Bezirkseisenbahnräthe sind zur Mitwirkung in Eisenbahnverkehrsfragen als Beiräthe der Staatseisenbahndirektionen, ein Landeseisenbahnrath ist zu demselben Zwecke als Beirath der Centralverwaltung der Staatseisenbahnen eingesetzt worden.

Ohne die Genehmigung des Staates darf keine Eisenbahn angelegt werden; die Begründung der dieserhalb bei dem Minister für öffentliche Arbeiten zu stellenden Anträge unterliegt bestimmten gesetzlichen Vorschriften, insbesondere in Betreff der Aktienzeichnungen. Mit der staatlichen Bestätigung des Plans erhält der Unternehmer auch das Recht der Enteignung (Expropriation), derselbe übernimmt aber auch die Verpflichtung zur ordnungsmäßigen Unterhaltung der Bahn und zur Haftung für Unfälle für Leben, Gesundheit und Eigenthum. Andere nachbarliche Pflichten werden polizeilich geregelt, z. B. in Rücksicht auf Beschädigung des an der Bahn befindlichen Privateigenthums.

Eine große Bedeutung hat das Eisenbahnwesen für Kriegszwecke, für die Postverwaltung, für den Handel (Frachtgeschäft der Eisenbahnen), für die Industrie und Landwirthschaft und für volkswirthschaftliche Zwecke (schnelle und billige Beförderung von Rohprodukten in Nothstandszeiten).

Die Eisenbahnen (auch die fiskalischen) haben gewisse Kommunallasten zu tragen, sie sind aber auch durch zahlreiche Bestimmungen unter staatlichen Schutz gestellt. (Ges. vom 27. Juni 1873 — R. G. Bl. S. 164 —, Bekanntm. vom 13. Mai 1876 — R. Centralbl. S. 197 —.)

VII. Der Rechnungshof des deutschen Reichs.

§ 340.

Kontrolle des Reichshaushalts, Revision und Feststellung der Rechnungen der Reichsbank und des Reichsinvalidenfonds. Die Mitglieder wählt der Bundesrath.

VIII. Verwaltung des Reichs-Invalidenfonds.

§ 341.

Dieser Verwaltung unterliegen auch der Reichsfestungs-Baufonds und der Fonds für die Einrichtung des Reichstagsgebäudes. Die Behörde hat einen Vorsitzenden und drei vom Bundesrathe gewählte Mitglieder.

IX. Das Reichs-Postamt.

§ 342.

An der Spitze der Reichspostverwaltung steht ein Staatssekretär. Jede der drei Abtheilungen hat einen Direktor und eine Anzahl von Räthen.

Unter dem Reichs-Postamte stehen die Oberpost-Direktionen, deren Bezirke bei uns in der Regel mit den Regierungsbezirken zusammenfällt. Unter den Ober-Postdirektionen stehen die Postämter und Postagenturen. Die Postagenturen können auch von Privatpersonen verwaltet werden.

Die vereinigte Post- und Telegraphenverwaltung ist Reichsverkehrsanstalt, die Einnahmen aus derselben sind für das ganze Reich gemeinschaftlich, die Ausgaben werden aus den gemeinschaftlichen Einnahmen bestritten. Die Ueberschüsse fließen in die Reichskasse.

Die obere Leitung des Post- und Telegraphenwesens gehört dem Kaiser an. Für Baiern und Württemberg gelten besondere Vorschriften.

Zu den großartigsten Schöpfungen unserer Zeit gehören der internationale Weltpostverein, welchem sich die sämmtlichen europäischen und viele außereuropäische Staaten angeschlossen haben und der internationale Telegraphenverein.

Der Postzwang besteht nur noch in dem Verbote, alle versiegelten, zugenähten oder sonst verschlossenen Briefe und alle Zeitungen politischen Inhalts, welche öfter als einmal wöchentlich erscheinen, gegen Bezahlung von Orten mit einer Postanstalt nach anderen Orten mit Postanstalten des In- und Auslandes auf anderem Wege als durch die Post zu befördern. Die Beförderung von Briefen und politischen Zeitungen gegen Bezahlung durch expresse Boten, welche aber nur von einem Absender abgeschickt sein dürfen, ist gestattet. Mit den Bedürfnissen des Postdienstes ist der Eisenbahnbetrieb reichsgesetzlich in Uebereinstimmung gebracht worden. Die Einlegung besonderer Eisenbahnzüge für die Zwecke des Postdienstes kann nicht beansprucht werden, wohl aber die Einstellung von Postwagen in jeden für den regelmäßigen Beförderungsdienst der Bahn bestimmten Zug.

Die Portosätze sind durch das Gesetz über das Posttaxwesen vom 28. Okt. 1871 (R. G. Bl. S. 358) und die Novellen vom 17. Mai 1873 (R. G. Bl. S. 107), desgl. vom 3. Nov. 1874 (R. G. Bl. S. 127) geregelt. Im Uebrigen vergl. oben §§ 307 ff. (Postmonopol) und den vollständigen Kommentar von Dr. P. D. Fischer, Direktor im Reichspostamt. — Verlag von Guttentag 1886. —

X. Die Verwaltung der Reichsbank.

§ 343.

Den Präsidenten und die 6 Mitglieder des Reichsbank-Direktoriums wählt der Bundesrath, ebenso die 3 Mitglieder des Reichsbank Kuratoriums, dessen Vorsitzender der Reichskanzler (als Stellvertreter der Staatssekretärs des Innern) ist. In den Provinzen bestehen 17 Reichsbank-Hauptstellen, 44 Reichsbankstellen und zahlreiche Reichsbanknebenstellen und Bankkommanditen. (Ges. vom 14. März 1875 — R. G. Bl. S. 177 —.)

XI. Die Reichs-Schuldenkommission.

§ 344.

Dieselbe ist Aufsichts- und Kontrollbehörde für die Reichsschulden-Verwaltung (s. oben § 338c), für den Reichskriegsschatz (§ 338) und den Reichs-Invalidenfonds (§ 341), sowie für die An- und Ausfertigung, Einziehnng und Vorrichtung der Reichsbanknoten. Vier von den Mitgliedern dieser Behörde wählt der Bundesrath. (Ges. vom 19. Juni 1868 — B. G. Bl. S. 339 —, desgl. vom 30. April 1874 — R. G. Bl. S. 40 —, Ges. vom 24. Febr. 1850 — G. S. S. 57 —.)

B. In Preußen.

I. Der Staatsrath.

(Verordng. vom 20. März 1817 — G. S. S. 67 — und vom 6. Jan. 1848 — G. S. S. 15.)

Derselbe ist eine erst in neuester Zeit wieder neu organisirte Behörde, deren Hauptthätigkeit darin besteht, neue Gesetzentwürfe zu prüfen und darüber ihr Gutachten abzugeben, bevor dieselben den beiden Häusern des Landtags zur Berathung zugehen. Bisher erfolgte diese Vorprüfung in den einzelnen Ressortministerien.

In seiner Zusammensetzung hat der Staatsrath einige Aehnlichkeit mit dem Herrenhause, denn er besteht aus den großjährigen Prinzen des Königlichen Hauses, den Ministern, Feldmarschällen, den in der Hauptstadt anwesenden kommandirenden Generalen und Oberpräsidenten und ausnahmsweise durch besonderes Allerhöchstes Vertrauen berufene Personen (zur Zeit 78). Präsident: Se. Kaiserliche und Königliche Hoheit der Kronprinz; Vizepräsident: der Reichskanzler, außerdem ist ein Staatssekretär für den Staatsrath bestimmt.

II. Die Ministerien.

§ 345.

1. Das Staatsministerium.

Präsident: der Reichskanzler, ein Vizepräsident (zur Zeit der Minister des Innern), ein Unterstaatssekretär und 3 vortragende Räthe. Allerh. Kab.-Ordre vom 3. Juni 1814 — G. S. S. 40 —, desgl. vom 3. Nov. 1817 Nr. VIII — G. S. S. 229 —, Publikandum vom 16. Dez. 1808 — N. C. C. XII, S. 527.

Von dem Staatsministerium ressortiren unmittelbar:

a. Das Centraldirektorium der Vermessungen im Preußischen Staate. Vorsitzender: der Chef des Generalstabes (Organisationsstatut vom 11. Juni 1870).

b. Der Gerichtshof zur Entscheidung der Kompetenzkonflikte, mit einem Vorsitzenden und 10 Mitgliedern; Verordng. vom 1. Aug. 1879 (G. S. S. 573).

c. Der Disciplinarhof für nicht richterliche Beamte mit einem Präsidenten und 10 Mitgliedern (Ges. vom 21. Juli 1852 [G. S. S. 465], Verordng. vom 23. Sept. 1867 [G. S. S. 1613], Ges. vom 9. April 1879 [G. S. S. 345]).

d. Das Oberverwaltungsgericht. (§ 7 des L. V. G. vom 30. Juli 1883, §§ 17—30 a und 88 des Ges. vom 3. Juli 1872, 2. Aug. 1880.)

Auch dieser Gerichtshof, welcher die höchste Instanz für Verwaltungsstreitsachen bildet, hat über Konflikte zu entscheiden, sofern es sich um die Frage handelt, ob ein Beamter sich einer Ueberschreitung seiner Amtsbefugnisse oder der Unterlassung einer ihm obliegenden Amtshandlung schuldig gemacht hat und ob deshalb die Verfolgung dieses Beamten entweder im Falle des Verlangens einer vorgesetzten Behörde oder unbedingt an die Vorentscheidung einer besonderen Behörde gebunden ist, während der oben sub b genannte Gerichtshof über die Einstellung des Verfahrens für den Fall entscheidet, daß ein Kompetenzkonflikt zwischen den Gerichten und den Verwaltungsbehörden oder Verwaltungsgerichten entsteht.

Das Oberverwaltungsgericht hat einen Präsidenten, einen Senatspräsidenten und elf Räthe. (Geschäfts-Regulativ vom 30. Jan., 2. April 1878, 3. November 1884, 22. September 1881.)

e. Die Prüfungskommission für höhere Verwaltungsbeamte mit einem Präsidenten, 4 Mitgliedern und 4 Stellvertretern (Ges. vom 11. März 1879 — G. S. S. 160 —, Regulativ vom 30. Nov. 1883 — Min.-Bl. d. i. V. 1884, S. 1 –).

f. Die Ansiedlungskommission für Westpreußen und Posen (Ges. vom 26. April 1886 — G. S. S. 131 —, Verordng. vom 21. Juni 1886 — G. S. S. 159 —, Allerh. Erlaß vom 26. Juli 1886 — G. S. S. 204 —).

g. Das literarische Bureau des Staatsministeriums mit einem Direktor.

h. Der Deutsche Reichs- und Königlich Preußische Staatsanzeiger mit einem Kurator.

i. Die Redaktion der Preußischen Gesetzsammlung.

§ 346.

2. Das Präsidium des Staatsministeriums.

Präsident: der Reichskanzler; Vizepräsident: zur Zeit der Minister des Innern.

Davon ressortiren:

a. Die General-Ordenskommission mit einem Präsidenten und 6 Mitgliedern (Allerh. Erlaß vom 22. Jan. 1850 — G. S. S. 42 —).

b. Die Staatsarchive (Allerh. Erlaß vom 20. März 1852 — Min.-Bl. d. i. V. S. 80 —, Instruktion vom 31. August 1867 — a. a. O. S. 327 —, desgl. vom 9. Jan. 1876 a. a. O. S. 1 — vom 12. Jan. 1877 — a. a. O. S. 3 —, vom 30. März 1885 — a. a. O. S. 64 —).

c. Das Gesetzsammlungsamt (Verkaufsstelle) mit einem Rendanten.

§ 347.

3. Das Ministerium der auswärtigen Angelegenheiten (siehe oben bei den Reichsbehörden „Auswärtiges Amt"; außerdem die Königl. Preußischen Gesandtschaften u. s. w.).

§ 348.

4. Das Finanzministerium

mit dem Finanzminister, einem Unterstaatssekretär, 2 Direktoren und 22 Räthen (Kab.-Ordre vom 26. Nov. 1813 — G. S. S. 129 —).

Das Finanzministerium hat folgende Abtheilungen:

a. Für das Etats- und Kassenwesen.

Ressort:

1. Die General-Lotteriedirektion mit einem Direktor.
2. Die Münze.
3. Die General-Direktion der Wittwen-Verpflegungsanstalt mit einem Direktor.

b. Für die Verwaltung der direkten Steuern, mit einem Direktor.

Ressort:

1. Die Direktion der Verwaltung der direkten Steuern in Berlin (Katasteramt Berlin I, Einkommensteuer-Einschätzungskommission und die Bezirkskommission für dieselbe Steuer), A. K. O. vom 2. Juni 1869.
2. Die Steuerabtheilungen bei den Povinzialregierungen.

c. Für die indirekten Steuern mit einem Direktor und 7 Mitgliedern (Allerh. Erlaß vom 1. Okt. 1875 — G. S. 1876, S. 167 — nebst Verfügg. des Finanzministers von demselben Tage und vom 13. Sept. 1876). Die Provinzialsteuerdirektionen, Erbschaftssteuerämter (cf. oben § 188), Stempelfiskalate, Hauptsteuerämter und das Hauptstempelmagazin.

Außerdem sind dem Finanzminister untergeordnet:

a. die Seehandlung, ein staatliches Handels- und Bankinstitut, auch zur Unterstützung von Handel und Gewerbe, mit 1 Präsidenten. Darunter stehen:
   α. das Königliche Leihamt. (Reglement vom 8. Febr. 1834, Allerh. Erlasse vom 25. Febr. 1834 — G. S. S. 23 —, und vom 12. Aug. 1850 G. S. S. 370 —);
   β. die Rother-Stiftung. (Statut vom 19. Mai und 19. Juli 1840 — G. S. S. 187 —, Allerh. Kabinets-Ordre vom 20. Sept. 1840 — Min.-Bl. d. i. Verordng. S. 494 —.)

b. die Hauptverwaltung der Staatsschulden, mit 1 Direktor und mindestens 3 Mitgliedern. (Ges. vom 24. Febr. 1850, § 4 — G. S. S. 57 —.)

Den Staatsschulden steht das in den Domänen und Forsten bestehende Staatsvermögen gegenüber. — Schulden macht der Staat entweder zu dem Zwecke, um gewisse hervortretende Bedürfnisse zu decken oder um das

Darlehn in nützlicher Weise anzulegen, z. B. in Staatseisenbahnen. Diese Unterscheidung ist aber ohne Einfluß auf die verfassungsmäßige Vorschrift, daß die Aufnahme von Anleihen für die preußische Staatskasse und die Uebernahme von Garantien zu Lasten des Staates nur auf Grund eines Gesetzes stattfindet. Dasselbe findet auch statt hinsichtlich der Reichsanleihen.

Die konsolidirte Staatsanleihe ist jetzt auf 4% und $3\frac{1}{2}$% festgesetzt worden. Die Staatsgläubiger erhalten Inhaberpapiere, deren Werth aber auch in eine auf den Namen des Gläubigers lautende Forderung an den Staat umgewandelt werden kann. Dies geschieht durch Hingabe der Inhaberpapiere an die Verwaltung des Staatsschuldbuches. Ein förmliches Dokument erhält der Staatsgläubiger in diesem Falle nicht, aber seine Forderung steht im Buche und die Zinsen werden ihm pünktlich gezahlt. Unverzinsliche Staatsschulden kann jetzt nur noch das Reich machen, deshalb giebt es auch nur noch Reichskassenscheine. Der Reichskanzler ist gesetzlich ermächtigt, solche Scheine im Gesammtbetrage von 120 Millionen Mark ausfertigen zu lassen. Diese Summe entsprach ungefähr der Bevölkerungsziffer von 40 Millionen im Jahre 1874, in welchem das betreffende Gesetz erging.

Das preußische Staatsschuldenwesen steht unter der Leitung der Hauptverwaltung der Staatsschulden, welche unter der Aufsicht der Staatsschuldenkommission steht. Diese Kommission besteht aus dem Präsidenten der Oberrechnungkammer, aus 3 Mitgliedern des Herrenhauses und 3 Mitgliedern des Hauses der Abgeordneten. Den Vorsitzenden wählt die Kommission aus ihrer Mitte.

§ 349.

5. Das Ministerium der geistlichen, Unterrichts- und Medizinal-Angelegenheiten.

(Allerh. Kab.-Ordre vom 3. Nov. 1817, III — G. S. S. 290 —, desgl. vom 27. April 1872 — G. S. S. 594 —, § 21 des Ges. vom 3. Juni 1876 — G. S. S. 125 —, Verordng. vom 5. Septbr. 1877 — G. S. S. 215 —, Min.-Erlaß vom 10. Sept. 1877 — Min.-Bl. d. i. V. S. 244 —, Verordng. vom 13. Mai 1867 — G. S. S. 667 —, Allerh. Erlaß vom 9. Jan. 1882 [betrifft die Zerlegung der Abtheilung für Unterrichts-Angelegenheiten in deren zwei]).

Dasselbe besteht aus dem Minister, 1 Unterstaatssekretair, 3 Direktoren und 30 vortragenden Räthen.

Es zerfällt in folgende Abtheilungen:

a. für geistliche Angelegenheiten,
b. für Unterrichts-Angelegenheiten (mit 2 Unterabtheilungen für höheres und für Volks-Schulwesen),
c. für die Medizinal-Angelegenheiten mit
   1. der wissenschaftlichen Deputation für das Medizinalwesen,
   2. der technischen Kommission für pharmaceutische Angelegenheiten,
   3. dem Direktorium Montis pietatis.

Zu dem Ressort dieses Ministeriums gehören: die Akademie der Wissenschaften (Gründungsurkunde vom 10. Juli 1700, reorganisirt 1743, Statut am 28. März 1881 — Centralbl. für die Unterrichtsverwaltung S. 510 —), die Kunstakademie (gegründet am 1. Juni 1699, Statut vom 19 Juni 1882 — Centralbl. für die Unterrichtsverw. S. 630 —); dasselbe Statut regelt auch die Verhältnisse der akademischen Hochschule für bildende Künste, die akademischen Meister-Ateliers, die akademische Hochschule für Musik, die akademischen Meisterschulen für musikalische Komposition.

Zu dem Ressort des Ministeriums gehören auch die Kunstschule zu Berlin (Prüfungs-Ordng. vom 23. April 1885 — R. u. St. A. Nr. 131—), die Museen (Statut vom 25. Mai 1868 und 13. Nov. 1878 — Centralbl. für die Unterrichtsverw. S. 654), unter diesen die National-Galerie (Allerh. Kab.-Ordre vom 11. Dez. 1882, Regulativ vom 20. Febr. 1883 — R. u. St. A. Nr. 14 — und vom 1. Okt. 1876 — Centralbl. f. d. U. V. S. 647 —), die Königliche Bibliothek (Allerh. Erlaß vom 16. Nov. 1885 — Centralbl. f. d. U. S. 190 —), die Sternwarte, der botanische Garten, das geodätische Institut für die europäische Gradmessung (Statut vom 22. Sept. 1877 — Min.-Bl. d. i. V. S. 254 —), das meteorologische Institut (Allerh. Erlaß vom 5. Mai 1886 — G. S. S. 152 —), das astrophysikalische Observatorium in Potsdam, die Universitäten, die technischen Hochschulen zu Berlin, Hanover und Aachen (Statut vom 28. Juli 1882 — Centralbl. f. d. U. 1883, S. 228 —, Habilitationsordnung vom 24. April 1884). Damit sind verbunden die mechanisch-technische Versuchsanstalt zur Prüfung der Festigkeit von Eisen, anderen Metallen und Materialien (Reglement vom 23. Jan. 1880 — R. u. St. A. Nr. 43 —, Vorschriften vom 1. Jan. 1881 — a. a. O. Nr. 47, 48 —, Mittheilungen vom 1. Sept. 1884 — a. a. O. Nr. 208 —), desgl. die Prüfungsstation für Baumaterialien zur Feststellung der Festigkeit und sonstiger Eigenschaften von gebrannten und ungebrannten künstlichen Steinen, Bruchsteinen, Cement, Kalk, Gips, Röhren und anderen Baumaterialien (Reglement vom 23. Jan. 1880 — Centralbl. f. d. U. V. S. 343 —). Ferner gehören zu diesem Ressort die Provinzial-Gewerbe-Schulen (Verordng. vom 21. Mai 1870, Circularerlaß des Handelsministers vom 1. Nov. 1878, Prüfungs-Ordng. vom 17. Okt. 1883 — Centralbl. für die U. V. S. 558 —), die verschiedenen Prüfungs-Kommissionen für Aerzte, Zahnärzte, Pharmazeuten (Apotheker), Homöopathen, Kandidaten des höheren Schulamtes, Taubstummenlehrer (Prüfungs-Ordng. vom 11. Juni 1881 — Centralbl. f. d. U. V. S. 462 —), Turnlehrer, Fecht- und Schwimmlehrer (Prüfungs-Ordng. vom 10. Sept. 1880 — Centralbl. S. 654 —), für Turnlehrerinnen (Prüfungs-Ordng. vom 21. Aug. 1875 — Centralbl. f. d. U. V. S. 591), die pädagogischen Seminarien, die Turnlehrer-Bildungsanstalten (Minist.-Erlasse vom 13. März 1880 — Centralbl. f. d. U. V. S. 302 — und vom 24. Nov. 1884 — a. a. O. S. 211 —), die Charité, die Sachverständigen-Vereine; 1. der litterarische (Ges.

vom 11. Juni 1870 — B. G. Bl. S. 339 —, Instruktion vom 12. Dez. 1870 — a. a. O. S. 626 — desgl. vom 16. Juli 1879 — R.-Centralbl. S. 490 —, vom 25. Okt. 1882 — a. a. O. S. 417 —); 2. der musikalische (dieselben Bestimmungen); 3. der künstlerische (Ges. vom 9. Jan. 1876 — R. G. Bl. S. 4, Instruktion vom 29. Febr. 1876 — R.-Centralbl. S. 117 —, vom 16. Juli 1879 — a. a. O. S. 490 —, vom 25. Okt. 1882 — a. a. O. S. 417 —); 4. der photographische (Ges. vom 10. Jan. 1876 — R. G. Bl. S. 8 —, Instruktion vom 29. Febr. 1876 — R.-Centralbl. S. 117 —, vom 16. Juli 1879 — a a. O. S. 490, vom 25. Okt. 1882 — a. a. O. S. 417 —); 5. der gewerbliche (Ges. vom 11. Jan. 1876 — R. G. Bl. S. 11 nebst denselben Instruktionen, wie sub 4), die Landeskommission zur Berathung über Verwendung des Fonds zur Beförderung der monumentalen Malerei und Plastik in Berlin, die Königl. Hof-Apotheken-Kommission.

§ 350.

6. Das Ministerium für Handel und Gewerbe.

(Allerh. Erlaß vom 7. Aug. 1878 — G. S. 1879, S. 25 —, Ges. vom 13. März 1879 — G. S. S. 123 —, desgl. vom 3. Sept. 1884 — G. S. 1885, S. 95. —)

Minister: zur Zeit der Reichskanzler, 1 Unterstaatssekretär, 5 vortragende Räthe.

Zum Ressort dieses Ministeriums gehören: Die technische Deputation für das Gewerbe (Nr. 8 des Publikandums vom 16. Dez. 1808 — N. C. C. XII, S. 533, 534 —), die Aichungsbehörden (Ges. vom 26. Nov. 1869 — G. S. S 1165 —), die ständige Kommission für das gewerbliche Unterrichtswesen, die Navigationsschulen und deren Vorschulen (Prüfungs-Vorschriften vom 25. Sept. 1869 — B. G. Bl. S. 660 —, vom 30. Mai 1870 — B. G. Bl. S. 315 —, Regulativ vom 24. Juni 1881 — Min.-Bl. d. i. V. S. 211 —), die Handwerkerschule und Baugewerkschule zu Berlin (Prüf.-Ordng. vom 6. Sept. 1882 — Centralbl. f. d. U. V. S. 651 —), die Königliche Porzellan Manufaktur zu Berlin, der Volkswirthschaftsrath (begutachtende Behörde für Gesetzesvorschläge, betreffend wichtige wirthschaftliche Interessen des Handels, der Gewerbe, der Land- und Forstwirthschaft. Verordng. vom 17. Nov. 1880 — G. S. S. 367 —).

Der Genehmigung des Handelsministers unterliegt die Errichtung der Handelskammern, welche die Bestimmung haben, die Gesammtinteressen der Handel- und Gewerbetreibenden ihres Bezirkes wahrzunehmen, insbesondere die Behörden in der Förderung des Handels und der Gewerbe durch thatsächliche Mittheilungen, Anträge und Erstattung von Gutachten zu unterstützen. An die Stelle dieser Handelskammern treten in Berlin, Stettin, Magdeburg, Tilsit, Königsberg, Danzig, Memel und Elbing die daselbst bestehenden kaufmännischen Korporationen und in Altona das Commerzcollegium. Ueber das gesammte Handelsrecht trifft das deutsche Handelsgesetzbuch die erforderliche gesetzliche Bestimmung; von dem Rechte, Messen, Jahr- und Wochenmärkte abzuhalten, handelt jetzt die Reichsgewerbeordnung. Das Erforderniß höherer Bestätigung für solche Märkte beruht auf einem uralten, inzwischen an gewisse Behörden delegirten Majestäts- bezw. Hoheitsrechte.

Der Geldmarkt vollzieht sich auf der Börse, bei welcher besondere Mäkler oder Sensale als Vermittler der Geschäfte fungiren.

Das Maaß-, Gewichts-, Aichungs- und Münzwesen ist reichsgesetzlich geregelt. Im deutschen Reiche gilt die Goldwährung, jedoch werden auch die Silber-, Nickel- und Kupfermünzen bei allen öffentlichen Kassen zu dem darauf angegebenen Werthe bis zur Außerkurssetzung in Zahlung angenommen. Im bürgerlichen Verkehre ist Niemand verpflichtet, Reichssilbermünzen im Betrage von mehr als 20 Mk. und Nickel- und Kupfermünzen im Betrage von mehr als 1 Mk. in Zahlung anzunehmen.

Dem Interesse des Gewerbes im allgemeinsten Sinne dient auch die moderne, segensreiche Sozialgesetzgebung, welche das Ziel verfolgt, die wirthschaftliche Lage des Arbeiterstandes zu verbessern und Fürsorge zu treffen für die Fälle der Krankheit und der durch Unfall, Alter u. s. w. herbeigeführten vorübergehenden oder dauernden Arbeits- und Erwerbsunfähigkeit.

§ 351.

7. Das Ministerium des Innern.

(Verordng. vom 27. Okt. 1810 — G. S. S. 3 —.) Der Minister, 1 Unterstaatssekretär, 1 Direktor, 11 vortragende Räthe.

Ressort:

a. die statistische Centralkommission (Min.-Erlaß vom 21. Febr. 1870 — Min. Bl. d. i. V. S. 89 —);

b. das statistische Bureau;

c. das Polizeipräsidium in Berlin mit dem Central-Bureau, der Unterabtheilung für politische Polizei, die Presse und das Vereinswesen und folgenden Hauptabtheilungen:

1. Die I. oder Regierungs-Abtheilung (eigentliche Verwaltungs- und landespolizeiliche Angelegenheiten, dazu gehören auch die Unterabtheilungen für die Schutzmannschaft, für die Feuerwehr und die Sanitäts-Commission).
2. Die II. Abtheilung: Gewerbepolizei, Ausfertigung der Jagdscheine, Sanitäts- und Veterinärpolizei, Armen- und Unterstützungssachen, Requisitionssachen (schriftlicher Verkehr mit auswärtigen Behörden), Militärsachen, Aufsicht über Vereine aller Art, über Privattheatergesellschaften, Kranken- und Sterbekassen, über das Mobiliarversicherungswesen und das öffentliche Fuhrwesen.
3. Die III. Abtheilung: Baupolizei, mit Ausnahme der städtischen Straßenbaupolizei, welche bis auf Weiteres und widerruflich dem Magistrate übertragen ist.
4. Die IV. Abtheilung: Sicherheitspolizei, Kriminalkommissariat, allgemeine Sicherheitsabtheilung, Leichenkommissariat, Redaktion des Centralpolizeiblattes und des Polizeiberichtes. Dazu gehört auch die Unterabtheilung der Sittenpolizei.

5. Die V. oder Paß-Abtheilung: Pässe, Paßkarten, Leichenpässe, Heimathscheine, Gesindedienstbücher, Führungszeugnisse, Erörterung der persönlichen Verhältnisse Neuzuziehender, Schlichtung von Gesindestreitsachen. Dazu gehört auch das Fund-Bureau und das Einwohner-Meldeamt.

6. Die VI. Abtheilung: Uebertretungen, vorläufige Straffestsetzungen (Amtsanwaltschaft für Berlin).

Neben diesen Abtheilungen bestehen noch die Kommissariate für Straßenbeleuchtungssachen, für Militär- und Gnadensachen, für Markt- und Gewerbesachen, ferner die Bureaux für das öffentliche Fuhrwesen und für die Schifffahrt.

Das Berliner Polizeipräsidium ist für die Residenz etwa das, was für die Provinzen die Präsidialabtheilung der Bezirksregierungen (früher Abtheilung des Innern genannt) darstellt (s. hierüber unten „Bezirksbehörden"). Durch diese ganz besondere Stellung unterscheidet sich das Berliner Polizeipräsidium ganz wesentlich von den anderen königlichen Polizeibehörden, welche wir noch in folgenden Städten haben: Königsberg i. Pr., Danzig, Potsdam, Charlottenburg, Stettin, Posen, Breslau, Magdeburg, Hannover, Göttingen, Celle, Kassel, Frankfurt a. M., Wiesbaden, Homburg, Koblenz, Köln und Aachen. Diese Behörden sind nur Polizeidirektionen, einige von ihnen, nämlich die von Breslau, Frankfurt a. M., Köln und Königsberg heißen auch amtlich: Polizeipräsidien, andere aber nennt man hier und da Polizeipräsidien, weil die Vorsteher derselben den Titel: „Polizeipräsident" führen dürfen. Sämmtliche stehen aber im Range unter dem Polizeipräsidenten in Berlin, haben auch nur mit der Lokalpolizei und nichts mit Landespolizeisachen zu thun.

In den Städten, in denen besondere königliche Polizeibehörden nicht bestehen, wird die Lokalpolizei von den Oberbürgermeistern bezw. Bürgermeistern verwaltet.

Außerdem giebt es noch verschiedene Grenz-, Hafen- und Badepolizeibehörden in Eydtkuhnen, Paßkau, Pillau, Memel, Neufahrwasser, Swinemünde, Ems und Schlangenbad; endlich nehmen die Hardes- und Kirchspielsvoigte in der Provinz Schleswig-Holstein in polizeilicher Hinsicht noch eine besondere Stellung ein.

d. Das Domkapitel in Brandenburg mit der Ritterakademie daselbst.

e. Die Landgendarmerie, welche aber in militärischer Beziehung dem Kriegsminister unterstellt ist (s. Kriegsministerium).

§ 352.

8. Das Justizministerium.

Der Minister, 1 Unterstaatssekretär, 1 Direktor, 14 vortragende Räthe.

Ressort: Die Justizprüfungskommission und die Justizbehörden in den Provinzen (vergl. Ges. vom 6. Mai 1869 über die juristischen Prüfungen — G. S. S. 656 —, § 2 des Ger.-Verf.-Ges. vom 27. Jan. 1877,

§§ 1 und 2 des Ausführungsges. dazu vom 24. April 1878 — G. S. S. 230 —, Regulativ vom 1. Mai 1883 — Justiz-Min.-Bl. S. 330 —).

§ 353.

9. Das Kriegsministerium.

Der Minister.

Ressort:

a. die Centralabtheilung;
b. die Landgendarmerie (s. auch Ministerium des Innern).

Ferner:

1. Das allgemeine Kriegs-Departement, mit 6 Unterabtheilungen: (Armee-Abth., Infanterie-Abth., Kavallerie-Abth., Artillerie-Abth., Ingenieur-Abth., technische Abth.).
2. Abth. für persönliche Angelegenheiten (Mil.-Kab., A. K. O. vom 8. März 1883 — Armee-V.-Bl. S. 56 —, Geh. Kriegskanzlei).
3. Militär-Oekonomie-Departement, mit 5 Unterabtheilungen: (Kassen-Abth., Verpflegungs-Abth., Bekleidungs-Abth., Servis-Abth., Bau-Abth.).
4. Das Departement für das Invalidenwesen, mit 3 Unterabtheilungen: (Pensions-Abth., Unterstützungs-Abth., Anstellungs-Abth.).
5. Remontirungs-Abtheilung.
6. Medizinal-Abtheilung.
7. Die Ober-Examinationskommission im Kriegsministerium.
8. Das Ressort des Ministeriums mit 25 Unterabtheilungen: Die Remonte-Inspektion, das General-Auditoriat, die General-Militärkasse, das Militär-Erziehungs- und Bildungswesen. Kriegs-Akademie, Allerh. Ordre vom 21. Nov. 1872 — Armee-V.-Bl. Nr. 429 —, desgl. vom 11. Nov. 1875 — a. a. O. S. 258 —, Vereinigte Artillerie- und Ingenieurschule, Allerh. Ordre vom 5. Jan. 1882 — A. V. Bl. S. 23 —, desgl. vom 25. Sept. 1885 — a. a. O. S. 199 —, General-Inspektion des Militär-Erziehungs- und Bildungswesens. Dazu gehören: Die Ober-Militär-Studienkommission, Ober-Militär-Examinationskommission, Allerh. K. O. vom 25. Okt. 1877 — A. V. Bl. S. 191 —, Verordng. vom 11. März 1880 — a a. O. S. 61, Verfügung des Kriegsministers vom 6. Mai 1881 — a. a. O. S. 139 —, die Kriegsschulen, Allerh. Ordre vom 1. Juli 1882, Dienstinstruktion für den Inspekteur der Kriegsschulen vom 28. Jan. 1875 — A. V. Bl. S. 36 —; Kommission für Aufnahme in das Kadetten-Corps, Bestimmungen vom 18. Oktbr. 1878 – Min.-Bl. d. i. V. 1879 S. 42), die Train-Inspektion, die Inspektion der Infanterie-Schulen in Berlin, Allerh. Ordre vom 2. Juni 1881, Instruktion vom 2. Juni 1881 — A. V. Bl. S. 151 —, desgl. vom 26. Juni 1886 — a. a. O. S. 185. — Dazu gehören: die Unteroffizierschulen, Bestimmungen vom 10. Oktbr. 1882 — A. V. Bl. S. 189 und 191 —, die Unteroffizier-Vorschulen, Allerh. Ordre vom 9. Juni 1877 — — A. V. Bl. S. 177 — und Nachrichten vom 10. Oktober 1882 — A. V. Bl., S. 193 —, das Militär-Knaben-Erziehungs-Institut zu Annaberg, Grundsätze über die Aufnahme vom 7. Oktbr. 1880 — A. V. Bl. S. 223 —

die Militär-Schießschule zu Spandau, Allerh. Ordres vom 23. Nov. 1882 und 28. März 1883 — A. V. Bl. 1883 S. 3 und 73 —, die Militär-Turn-Anstalt in Berlin, Vorschriften vom 6. April 1876 und 14. April 1881 — A. V. Bl. S. 131 — Bestimmungen vom 12. Juni 1881 — a. a. O. S. 159 —; die Gewehr-Prüfungs-Kommission in Spandau, Allerh. Ordres vom 23. Novbr. 1882 und 28. März 1883 — A. V. Bl. S. 73 —, die Inspektion der militärischen Strafanstalten, Vorschriften vom 31. August 1881 — A. V. Bl. S. 221 —, die Inspektion für das Militär-Veterinär-Wesen, Allerh. Ordres vom 6. März 1873 — A. V. Bl. S. 58 —, das Militär-Reit-Institut zu Hannover, Allerh. Ordre vom 17. Mai 1872, das große Potsdamsche Militär-Waisenhaus, Bedingungen vom 18. Mai 1878 — A. V. Bl. S. 129 —, die Zeughaus-Verwaltung, Allerh. Ordre vom 12. April 1879 — A. V. Bl. S. 187 —, das Militär-Medizinalwesen, Verordng. vom 6. Februar 1873 — A. V. Bl. S. 103 — Zusammenstellung a. a. O. 1877 Beilage Nr. 6 — Reglement für die militärärztliche Prüfung vom 30. April 1870 — Min.-Bl. d. i. V. S. 156, Vorschriften vom 12. Juni 1881 — A. V. Bl. S. 164 —, die Landes-Vertheidigungs-Kommission in Berlin, das General-Artillerie-Komité daselbst, die Artillerie-Prüfungs-Commission, Allerh. Ordre vom 28. März 1883 — A. V. Bl. S. 57 —, die Artillerie-Schießschule, die Artillerie-Depotverwaltung, die technischen Institute der Artillerie, die Gewehr- und Munitions-Fabriken, das Ingenieur-Komité in Berlin, die Inspektion der Militär-Telegraphie, Direktion der Militär-Eisenbahn in Schöneberg, die Provinzialbehörden für die Militär-Oekonomie, die Lebens-Versicherungs-Anstalt für die Armee, Allerh. Ordre vom 26. Dez. 1871, 1. Juli 1872 und 5. Juni 1879 — A. V. Bl. S. 157 —.

Weitere Einzelnheiten über diese großartige Organisation lassen sich aus dem „Handbuche für den Königlich Preußischen Hof und Staat“, welches jedes Jahr amtlich herausgegeben wird (Deckers Verlag, G. Schenk), entnehmen; das Vorstehende ist nur ein Auszug aus demselben, um ungefähr anzudeuten, wo man Aufschlüsse über bestimmte Fragen zu suchen hat. Beispielsweise mag erwähnt werden, daß die Luftschiffer-Abtheilung zum Allgemeinen Kriegsdepartement, Armee-Abtheilung, gehört, das Feld-Postwesen zur Kavallerie-Abtheilung, das Militär-Brieftaubenwesen zur Ingenieurabtheilung u. s. w. Diese Ressortverhältnisse können sich aber sehr leicht ändern, es erscheint deshalb an dieser Stelle nicht zweckmäßig, näher darauf einzugehen.

§ 354.

10. Das Ministerium für Landwirthschaft, Domänen und Forsten.

(Allerh. Erlaß vom 7. Aug. 1878 — G. S. 1879 S. 28 —, Ges. vom 13. März 1879 — G. S. S. 123 —.)

Der Minister, 1 Unterstaats-Sekretär, 2 Direktoren, 19 vortragende Räthe.

Das Ministerium hat folgende Abtheilungen:
a. für landwirthschaftliche und Gestüts-Angelegenheiten;
b. für Verwaltung der Domänen;
c. für Forst- und Jagdsachen.

Unter diesem Ministerium stehen:

1. Das Landes-Oekonomie-Kollegium, welches die Bestimmung hat, den Minister als dessen regelmäßiger Beirath in der Land- und Forstwirthschaft zu unterstützen. Das Kollegium setzt sich zusammen aus 19 Vertretern der landwirthschaftlichen Centralvereine und aus 9 Mitgliedern, welche der Minister ernennt (Regulativ vom 1. Mai 1878 — Min. Bl. d. i. V. S. 110 —, Reskript vom 11. April 1881 — a. a. O. S. 92 —).
2. Das Oberlandeskulturgericht. Dies ist die höchste Instanz für Beschwerdeangelegenheiten und für Streitigkeiten in Gemeinheitstheilungs-, Ablösungs- und Auseinandersetzungs-Angelegenheiten. Unter ihm stehen die Generalkommissionen mit den Oekonomiekommissarien oder Spezialkommissarien. Dies Gericht hat außer dem Präsidenten 10 Mitglieder (Ges. vom 18. Febr. 1880 § 2 — G. S. S. 52 —, Kaiserl. Verordng. vom 26. Sept. 1879 — R. G. Bl. S. 287 —, § 47 des Ges. über die Benutzung der Privatflüsse vom 28. Febr. 1843 — G. S. S. 41 —, § 42 der altländischen Kr. O. in der Fassung des Ges. vom 19. März 1881, § 3 des Mühlengrundstücke-Reallasten-Ges. vom 11. März 1850 — G. S. S. 146 —, § 50 des Ges. vom 17. März 1868 — G. S. S. 249 —, Kaiserl. Verordng. vom 26. Sept. 1879 — R. G. Bl. S. 287 ff.).
3. Die landwirthschaftlichen Kreditanstalten zur Förderung landwirthschaftlicher Interessen (Landschaften, Pfandbriefinstitute, Landes-Kultur-Rentenbanken); (Statut vom 21. Mai 1873 — G. S. S. 309; Bekanntmachung vom 9. Juni 1886 — Amtsblätter —).
4. Die technische Deputation für das Veterinärwesen (Allerh. Verordng. vom 21. Mai 1875 — G. S. S. 219 —, Viehseuche-Ges. vom 29. Juni 1880 — R. G. Bl. S. 153 —, Instruktion vom 24. Febr. 1881 — R.-Centralbl. S. 37 —, Ausführungsges. vom 12. März 1881 — G. S. S. 128 —, Regulativ für die Prüfung der Thierärzte vom 19. Juni 1876 und 29. Jan. 1885).
5. Die Central-Moorkommission zur Förderung der Moorkulturen z. B. im Drömling (eingerichtet 1876).
6. Die höheren landwirthschaftlichen Lehranstalten, z. B. die landwirthschaftliche Hochschule in Berlin (1 Rektor und 11 Lehrer), (Vorschriften vom 9. und 18. Mai 1877 — Min. Bl. d. i. V. S. 150, 151, Centralbl. f. U. V. 1878 S. 28 —, Bestimmung vom 17. Nov. 1877 — Centralbl. 1878 S. 28 — Min.-Erlaß vom 12. Dez. 1877 — a. a. O. —, desgl. vom 12. Nov. 1882 —

a. a. O. 1883 S. 142 —, Vorschriften für die Landmesser vom 4. Sept. 1882 — Wochenschrift „Selbstverwaltung" IX, S. 336 —, Min.-Erlaß vom 21. April 1883 — R. und St. A. Nr. 102 —), Landwirthschaftliche Hochschule (A. Kr. O. vom 14. Febr. 1881 — R. und St.-A. Nr. 49, 1882 Nr. 156 —).

7. Die Thierarzneischule mit einem Direktor und 7 Lehrern.
8. Die Garteninstitute in Potsdam (Statut vom 29. März 1883 — R. und St. A. Nr. 185 —).
9. Die Forstakademien in Eberswalde und Minden (Statuten vom 24. Jan. 1884).
10. Die Kommissionen für das Examen der Forstassessoren und Oberförster (Bestimmungen vom 1. Aug. 1883 — Min. Bl. d. i. V. S. 183).
11. Die Haupt- und Landgestüte.

§ 355.

11. Das Ministerium der öffentlichen Arbeiten.

(Allerh. Erlaß vom 7. Aug. 1878 — G. S. 1879, S. 25 —, Ges. vom 13. März 1879 — G. S. S. 123.)

Der Minister, kein Unterstaatssekretair, 5 Direktoren und 38 vortragende Räthe.

Das Ministerium zerfällt in folgende Abtheilungen:

a. für Berg-, Hütten- und Salinenwesen;
b. für Staatseisenbahnverwaltung (Allerh. Erlaß vom 24. Nov. 1879 — Eisenb.-Verw.-Bl. S. 85 —);
c. für Verwaltung des Bauwesens (Verordng. vom 22. Dez. 1849 — G. S. 1850, S. 14 —);
d. für Privateisenbahnen (staatliche Aufsicht) vergl. oben Reichseisenbahnamt.

Von diesem Ministerium ressortiren:

1. Die geologische Landesanstalt und Berg-Akademie in Berlin (Statut vom 8. April 1875 — R. u. R. A. Nr. 85 —), dazu die Königl. technische Versuchsanstalt (Reglement vom 23. Jan. 1880 — Centralbl. f. d. U. V. S. 207 —, R. u. St. A. 1886 Nr. 103 —, Prüfungsvorschriften vom 12. Sept. 1883 — R. u. St. A. Nr. 103 —, Braunschweigische Eisenbahn-Verwaltung, Allerh. Erlaß vom 8. März 1886 — G. S. S. 42 —), die Akademie des Bauwesens (Allerh. Erlaß vom 7. Mai 1880 — G. S. S. 261 —, Instruktion vom 27. Aug. 1880 — Min.-Bl. d. i. V. S. 212 —, das technische Oberprüfungs-Amt (Vorschriften vom 6. Juli 1886 — Amtsblätter —, Berichtigung vom 23. Juli 1886 —), der Landes-Eisenbahnrath und die Bezirkseisenbahnräthe (Ges. vom 1. Juni 1882 — G. S. S. 313 —).

§ 356.

12. Das Ministerium des Königlichen Hauses.

Die Beamten sind: der Chef, 1 Direktor und 3 vortragende Räthe.

Ressort: die persönlichen Angelegenheiten Sr. Majestät des Kaisers und Königs, sowie des Herrscherhauses, das Heroldsamt, das Königliche Hausarchiv und die Hofkammer der Königlichen Familiengüter.

Außerdem sind als Centralbehörden zu nennen:

§ 357.

13. Der evangelische Ober-Kirchenrath.

(Allerh. Erlaß vom 29. Juli 1850 — G. S. S. 343 —, Ges. vom 3. Juni 1876 — G. S. S. 125 —, vom 6. März 1882 — G. S. S. 14 —, Kirchen-Gemeinde- und Synodal-Ordng. vom 10. Sept. 1873 — G. S. S. 417 — und vom 25. Jan. 1882 — Kirchl. Gesetzbl. S. 1 —, Allerh. Erlaß vom 20. Jan. 1876 — G. S. S. 7 —, Verordng. vom 5. Sept. 1877 — G. S. S. 215 —.)

Der Präsident, der Vizepräsident, 10 ordentliche Mitglieder, 7 außerordentliche Mitglieder (der Generalsynodalvorstand).

Ressort: Diakonissenhaus Bethanien (Statut vom 23. März 1868 und 4. Dez. 1871), Kloster zum heiligen Grabe (Priegnitz), der Dom in Berlin mit dem Domkandidatenstift, das Predigerseminar in Wittenberg und die ausländischen evangelischen Gemeinden, welche nach ihrer Begründung und Verfassung dem evangelischen Oberkirchenrathe unterstellt sind.

§ 358.

14. Die Oberrechnungskammer in Potsdam.

(Vergl. oben: „Rechnungshof" und Ges. vom 27. März 1872 — G. S. S. 277 ff. —, Regulativ vom 22. Sept. 1873 — G. S. S. 459 —, Allerh. Erlaß vom 27. Juli 1874 — G. S. S. 294 —, desgl. vom 11. Mai 1877 — G. S. S. 130. —)

§ 359.

15. Die Staatsschulden-Kommission zu Berlin.

(§ 10 des Ges. vom 24. Febr. 1850 — G. S. S. 60 —, Ges. vom 20. Juli 1883 [Staatsschuldbuch] — G. S. S. 120 —, Ausführungsbestimmungen vom 29. April, 13. Mai 1886.)

III. Die Verwaltung der Provinzen.

§ 360.

Der preußische Staat ist in folgende Provinzen eingetheilt: 1. Ostpreußen, 2. Westpreußen, 3. Brandenburg (dazu gehört auch der Stadtkreis Berlin, welcher in mehreren Beziehungen eine Sonderstellung einnimmt), 4. Pommern, 5. Posen, 6. Schlesien, 7. Sachsen. — Diese Provinzen nennt man gewöhnlich die 6 (seit der Theilung der Provinz sub 1 in Ost- und Westpreußen also 7) östlichen Provinzen oder auch (abgesehen von Posen) die Kreisordnungsprovinzen, weil in denselben zuerst*) die Kreisordnung vom 13. Dez. 1872 (neue Redaktion vom 19. März 1881) eingeführt wurde, 8. Westphalen, 9. die Rheinprovinz, 10. die hohenzollernschen Lande. — Diese 10 Provinzen nennt man auch die altländischen, im Gegensatze zu den neu erworbenen Landestheilen, welche folgende Provinzen bilden: 11. Schleswig-Holstein, 12. Hannover, 13. Hessen-Nassau.

Wir haben hiernach in Preußen 13 Provinzen. Eigentlich sind es in kommunaler Beziehung 14, weil der Stadtkreis Berlin aus dem Kommunalverbande der Provinz Brandenburg ausgeschieden ist. (§ 2 der Provinzialordng. vom 29. Juni 1875 und 22. März 1881.) Es ist nämlich zu beachten, daß die Provinzen sowohl staatliche Verwaltungsbezirke, als auch mit den Rechten der Korporationen ausgestattete Kommunalverbände zur Selbstverwaltung ihrer Angelegenheiten, bilden.

§ 361.

An der Spitze der Provinz steht der Oberpräsident. Der Oberpräsident der Provinz Brandenburg, als eines staatlichen Verwaltungsbezirks, ist zugleich Oberpräsident von Berlin; von ihm ressortirt also das Polizeipräsidium in Berlin, weil dies eine Staatsverwaltungsbehörde ist; dagegen hat er über den Magistrat in Berlin, weil dies eine Kommunalbehörde ist, nur das Recht der staatlichen Aufsicht.

Der Oberpräsident ist von der Bezirksregierung jetzt ganz losgelöst, er nimmt also eine ganz abgesonderte Stellung ein. Er führt unter Oberleitung der Minister die Geschäfte der allgemeinen Landesverwaltung, soweit sie sich über die ganze Provinz erstrecken und soweit sie nicht anderen Behörden überwiesen sind. Innerhalb seines Geschäftsbezirks handelt er selbstständig unter voller persönlicher Verantwortlichkeit, vorbehaltlich der noch zu erwähnenden kollegialischen Behandlung der durch die Gesetze bezeichneten Angelegenheiten. Neben ihm stehen in den Kreisordnungsprovinzen der Oberpräsidialrath als Stellvertreter und eine Anzahl von Hilfsarbeitern.

§ 362.

Unter dem Vorsitze des Oberpräsidenten besteht der Provinzialrath. Es ist dies eine Beschlußbehörde, welche in Folge der sogenannten Selbstverwaltungsgesetze eingerichtet ist, um über nichtstreitige Angelegenheiten an Stelle der dazu früher befugten Behörden der freien Verwaltung zu beschließen. Es ist dies für den Unkundigen nicht ganz leicht zu fassen, denn es gehört dazu die Fähigkeit, die Beschlußsachen von den Streit-

---

*) Es ergingen 1) die altländische Kreisordnung vom 13. Dez. 1872 mit der Novelle vom 19. März 1881, sowie die altländische Provinzialordnung vom 29. Juni 1875 mit der Novelle vom 22. März 1881, 2) die Hannoversche Kreisordnung vom 6. Mai nebst Provinzialordnung vom 7. Mai 1884, 3) die Hessen-Nassauische Kreisordnung vom 7. Juni und die Provinzialordnung vom 8. Juni 1885, 4) die Westphälische Kreisordnung vom 31. Juli und die Provinzialordnung vom 1. Aug. 1886, 5) die Rheinische Kreisordnung vom 30. Mai und die Provinzialordnung vom 1. Juni 1887. Die Gesetze sub 1- 4 sind zweckmäßig in synoptischer Weise zusammengestellt, so daß man leicht auf die Unterschiede aufmerksam wird, von Dr. jur. C. Bornhak. (Berlin bei J. J. Heine 1887.)

sachen gehörig zu unterscheiden. Bestimmte allgemeine Unterscheidungsmerkmale giebt es dafür auch nicht; man hat sich deshalb dazu entschließen müssen, die verschiedenen Zuständigkeiten des Provinzialraths und der anderen, weiter unten noch zu erwähnenden Selbstverwaltungsbehörden in einem besonderen Zuständigkeitsgesetze (jetzt vom 1. Aug. 1883) einzeln aufzuzählen, was die Gelehrten Enumerations- oder positiv-kasuistische Methode nennen. Da kommt es denn nun im gegebenen Falle darauf an, selbst nachzuforschen, es giebt aber zur Erleichterung des Auffindens und zur Orientirung in dem verschiedenen Instanzenzuge, wobei auch die Fristen als gefährliche Klippen mitsprechen, zweckmäßige Hilfsmittel, z. B. die Zuständigkeitstabellen und namentlich die von Parey herausgegebenen Zuständigkeitsbilder.*)

§ 363.

Die Mitglieder des Provinzialrathes werden theils von dem Minister des Innern ernannt, theils von dem Provinzialausschuß aus der Zahl der von dem Provinziallandtage wählbaren Provinzialangehörigen gewählt. Der Provinzialausschuß und der Provinziallandtag sind keine Staatsverwaltungsbehörden, sondern in erster Linie Provinzial-Kommunalbehörden.

§ 364.

Die Mitglieder des Provinziallandtages werden in den oben genannten Kreisordnungsprovinzen, zu denen in neuerer Zeit auch noch Hannover und Hessen-Nassau hinzugetreten sind und denen sich voraussichtlich nächstens auch Westphalen anschließen wird, auf dem Lande von den Kreistagen (s. unten), in den Städten von den Magisträten und den Stadtverordneten, bezw. den bürgerschaftlichen Repräsentantenkollegien (wo solche bestehen) gewählt.

§ 365.

Der Provinzialausschuß besteht aus einem Vorsitzenden und einer durch das Provinzialstatut festzusetzenden Zahl von mindestens 7 bis höchstens 13 Mitgliedern. Außerdem ist der Landesdirektor (s. unten) von Amtswegen Mitglied des Provinzialausschusses, obwohl er nicht Vorsitzender, auch nicht stellvertretender Vorsitzender sein kann. Dieser Vorsitzende und dessen Stellvertreter, sowie die Mitglieder werden von dem Provinziallandtage gewählt.

§ 366.

Der Landesdirektor (Landeshauptmann) wird zur Wahrnehmung der laufenden Geschäfte der Kommunalen (also nicht der staatlichen) Provinzialverwaltung bestellt und von dem Provinziallandtage auf mindestens 6 bis höchstens 12 Jahre gewählt. Die Einrichtung dieses Amtes war erforderlich, weil die kollegialisch formirten Provinzialkommunalbehörden doch nicht immer beisammen sein können und die Verwaltung nicht stillstehen darf. Der Landesdirektor ist also der ständige Repräsentant

*) Im Kommissionsverlage von A. Schulz in Cöslin (Pommern).

der Provinzialkommunalverwaltung. Er wird vom Könige bestätigt und vom Oberpräsidenten in sein Amt eingeführt und vereidigt. Unter ihm arbeiten noch mehrere höhere Beamte, Landesräthe (nicht Landräthe) und viele Unterbeamte.

IV. Die Verwaltung der Regierungsbezirke.

§ 367.

Diese Bezirke sind in Preußen folgende:

1. in der Provinz Ostpreußen: Königsberg und Gumbinnen,
2. „ „ „ Westpreußen: Danzig und Marienwerder,
3. „ „ „ Brandenburg: Potsdam (Stadtkreis Berlin) und Frankfurt a./O.,
4. „ „ „ Pommern: Stettin, Köslin und Stralsund,
5. „ „ „ Posen: Posen und Bromberg,
6. „ „ „ Schlesien: Breslau, Liegnitz und Oppeln,
7. „ „ „ Sachsen: Magdeburg, Merseburg und Erfurt,
8. „ „ „ Schleswig-Holstein: Schleswig (die provinzialständische Verwaltung ist in Kiel),
9. „ „ „ Hannover: Hannover, Hildesheim, Lüneburg, Stade, Osnabrück und Aurich (diese auffallend große Zahl von Regierungsbezirken wurde mit Rücksicht auf die berechtigten Eigenthümlichkeiten der Provinz zugelassen),
10. „ „ „ Westphalen: Münster, Minden und Arnsberg,
11. „ „ „ Hessen-Nassau: Kassel und Wiesbaden,
12. „ „ „ Rheinprovinz: Koblenz, Düsseldorf, Köln, Trier und Aachen,
13. „ „ „ den Hohenzollern'schen Landen: Sigmaringen.

Wir haben also im Ganzen 35 Regierungsbezirke und wenn man den Stadtkreis Berlin als besonderen staatlichen Verwaltungsbezirk mitrechnet, 36. Diese Hinzurechnung ist auch statthaft, denn der Regierungsbezirk ist lediglich ein staatlicher Verwaltungsbezirk und kein Kommunalbezirk. Es giebt also keine Regierungsbezirks-Kommunalangelegenheiten und auch keine für die Verwaltung solcher Angelegenheiten bestimmten Behörden oder Beamten. Deshalb ist auch der an der Spitze des Regierungsbezirks und der Bezirksregierungen stehende Regierungspräsident ausschließlich ein Staatsbeamter. Derselbe führt unter Oberleitung der Minister in dem Regierungsbezirke die Geschäfte der allgemeinen Landesverwaltung, sofern dieselben sich nicht über die ganze Provinz erstrecken (s. Oberpräsident) und soweit sie nicht anderen Behörden überwiesen sind. Er handelt innerhalb seines Geschäftskreises selbstständig, unter voller persönlicher Verantwortlichkeit, vorbehaltlich der kollegialischen Behandlung der durch die Gesetze bezeichneten Angelegenheiten. Unter ihm steht zunächst die Bezirksregierung, aber jetzt nur noch in den beiden Abtheilungen für Kirchen- und Schulwesen und für direkte Steuern, Domänen und Forsten, denn die frühere Abtheilung des Innern ist in den Kreisordnungsprovinzen aufgehoben und wird jetzt durch den Regierungspräsidenten allein verwaltet. Als Stellvertreter steht dem Regierungspräsidenten ein Oberregierungsrath zur Seite.

§ 368.

Unter dem Vorsitze des Regierungspräsidenten arbeitet der Bezirksausschuß. In diesem Vorsitze wird der Präsident aber nicht durch den soeben erwähnten Oberregierungsrath, sondern durch einen besonders angestellten Verwaltungsgerichtsdirektor vertreten, welcher im Uebrigen nur Mitglied des Bezirksausschusses ist. Außerdem gehören zu dieser Behörde noch 2 vom Könige ernannte Mitglieder und deren Stellvertreter, und 4 vom Provinzialausschusse aus den Einwohnern des Bezirks gewählte Mitglieder. Vorsteher Königlicher Polizeibehörden, Landräthe und Provinzialbeamte, Oberpräsidenten und Regierungspräsidenten sind nicht wählbar.

§ 369.

Die Aufgabe des Bezirksausschusses ist eine zweifache, denn er befindet sowohl in Beschlußsachen als in Streitsachen. Während jedoch die Beschlußsachen in höherer Instanz von dem Provinzialrathe (in manchen Fällen von dem Minister) erledigt werden, gehen die Streitsachen in höchster Instanz an das Oberverwaltungsgericht, oder, wenn es sich um Streitigkeiten zwischen Armenverbänden handelt, an das Bundesamt für das Heimathwesen, so daß hier also die Zuständigkeiten in drei ganz von einander getrennten Linien auseinandergehen. Wer also den Beschluß oder die Entscheidung des Bezirksausschusses anruft, muß sich immer vergegenwärtigen, welches demnächst die richtige Behörde ist, um etwa noch ein weiteres Rechtsmittel einlegen zu können. Auch hier sind wieder die oben gedachten Zuständigkeitsbilder ein gutes Hilfsmittel, um sich hinsichtlich der Instanzzüge zurechtzufinden.

Für den Stadtkreis Berlin besteht ein besonderer Bezirksausschuß mit einem Präsidenten und mit einigen besonderen Zuständigkeiten.

Im Allgemeinen ist noch darauf hinzuweisen, daß die Bezirksausschüsse in Beschlußsachen nur zu beschließen, in Streitsachen aber zu entscheiden haben. Dies sind nicht bloße „Worte ohne Bedeutung“, denn jedes Durcheinanderwerfen derselben führt zu Irrthümern, welche oft verhängnißvoll werden können. In Beschlußsachen nennt man die einzulegenden Rechtsmittel „Beschwerden“, in Streitsachen aber „Berufung“ bezw. „Revision“.

V. Die Verwaltung der Kreise.

§ 370.

Der landräthliche Kreis ist eine Unterabtheilung des Regierungsbezirks, er ist aber nicht wie dieser ausschließlich ein staatlicher Verwaltungsbezirk, sondern gleichzeitig ein Kommunalbezirk, er gleicht also hierin der Provinz und ist ein Abbild derselben im kleineren Maßstabe. Deshalb giebt es auch einerseits Kreis-Verwaltungs- (Polizei-) Angelegenheiten und andererseits Kreis-Kommunal-Angelegenheiten. In beiden Beziehungen steht an der Spitze des Kreises der Landrath. Derselbe wird vom Könige ernannt und nicht, wie vielfach angenommen wird, von der Vertretung des Kreises gewählt. Nur ein Vorschlagsrecht hat der Kreistag (Kreisstände haben wir nicht mehr), jedoch ist die Krone keineswegs an diejenigen Personen gebunden, welche etwa vom Kreistage vorgeschlagen werden.

Hiernach ist jetzt der Landrath auch kein ständischer Beamter mehr, sondern ein Staatsbeamter, ebenso der ihm als Gehilfe und als Stellvertreter in vorübergehenden Fällen beigegebene Kreissekretär. Für dauernde Behinderungsfälle soll in der Regel einer von den beiden Kreisdeputirten eintreten, welche der Kreistag auf je 6 Jahre zu wählen hat; indessen ist der Minister keineswegs behindert, an deren Stelle einen besonderen Kommissarius einzusetzen, welcher dann als Landrathsamtsverwalter oder Landrathsamtsverweser bezeichnet wird.

§ 371.

Der Landrath führt den Vorsitz auf dem Kreistage, welcher aus gewählten Kreistagsabgeordneten besteht. Zum Zwecke dieser Wahl werden die Wahlverbände gebildet und zwar:

a. der Wahlverband der größeren ländlichen Grundbesitzer,
b. der Wahlverband der Landgemeinden,
c. der Wahlverband der Städte.

Diese Einrichtung, welche bis jetzt in den Kreisordnungsprovinzen besteht, erinnert wohl an die früheren Kreisstände, sie ist aber doch damit durchaus nicht identisch, denn sie beruht, abgesehen von dem Unterschiede zwischen Stadt und Land, auf einem gewissen Census der Kreiseingesessenen, welcher aber innerhalb gewisser Grenzen in den verschiedenen Provinzen statutarisch auf verschiedene Weise geregelt werden kann. Zu bemerken ist hierbei, daß in dem Wahlverbande der größeren Grundbesitzer auch juristische Personen, Aktiengesellschaften, Kommanditgesellschaften auf Aktien, Gewerbetreibende und Bergwerksbesitzer eine Vertretung durch Bevollmächtigte finden können, eben so Eltern durch ihre Söhne, unverheirathete Besitzerinnen durch Vertreter aus der Zahl der ländlichen Grundbesitzer des Kreises, Ehefrauen durch den Ehemann, Kinder durch den Vater oder Vormund, gemeinschaftliche Besitzer durch einen Mitbesitzer und endlich auch der Staat als Fiskus durch einen seiner Beamten, z. B. einen Domänenpächter.

§ 372.

In dem Wahlbezirke der Landgemeinden erfolgt die Wahl der Kreistagsabgeordneten in indirekter Weise, d. h. zuerst durch Wahlmänner; in den Städten, welche für sich Abgeordnete zu wählen haben, durch den Magistrat und die Stadtverordneten, bezw. durch das bürgerschaftliche Repräsentantenkollegium (wo ein solches besteht), also direkt; dagegen in den zu Wahlbezirken vereinigten Städten indirekt durch Wahlmänner.

§ 373.

Wählbar zum Kreistagsabgeordneten ist jeder selbstständige Angehörige des deutschen Reiches, welcher das 21. Lebensjahr vollendet hat, sofern ihm das Recht, über sein Vermögen zu verfügen und dasselbe zu verwalten, nicht durch gerichtliche Anordnung entzogen ist, und welcher sich im Besitze der bürgerlichen Ehrenrechte, in den Städten auch im Besitze des Bürgerrechts befindet. In den Wahlverbänden der größeren Grundbesitzer, sowie der Landgemeinden ist zur Wählbarkeit ferner erforderlich, daß der Kandidat seit einem Jahre in dem Kreise mit ländlichem Grundbesitze angesessen ist oder in einer Versammlung dieser Verbände ein Wahlrecht ausübt und seit einem Jahre in dem Kreise einen Wohnsitz hat.

§ 374.

Die Geschäfte des Kreistages sind in erster Linie kommunaler Natur, sie beziehen sich auf die wirthschaftliche (nicht auf die obrigkeitliche) Selbstverwaltung des Kreises, denn, wie das Gesetz sagt, der Kreistag ist berufen, den Kreiskommunalverband zu vertreten. Hierin wird auch durch die Vorschrift nichts geändert, daß der Kreistag auf Verlangen der Staatsbehörden gewisse Gutachten abzugeben und die ihm durch Königliche Verordnung übertragenen Geschäfte zu erledigen hat.

§ 375.

Eine ganz andere Aufgabe hat der Kreisausschuß. Derselbe ist für den Kreis äußerlich dasselbe, was der vorhin beschriebene Bezirksausschuß für den Regierungsbezirk ist, denn er erledigt sowohl Beschlußsachen, als auch Streitsachen. Der in Betracht kommende Unterschied ist nur der, daß der Kreisausschuß auch mancherlei mit eigenen Kommunalsachen zu thun hat, was bei dem Bezirksausschusse deshalb nicht der Fall sein kann, weil es für den Regierungsbezirk eigene Kommunalangelegenheiten nicht giebt. Die Thätigkeit des Bezirksausschusses in Kommunalsachen nimmt deshalb mehr den Charakter einer Kontrolle über fremde Angelegenheiten an, eine Erscheinung, welche sich aus dem Wesen der staatlichen Aufsichtsbefugnisse erklärt.

§ 376.

In Streitsachen bildet der Kreisausschuß in der Regel die erste Instanz, jedoch kommen auch Ausnahmen dahin vor, daß die erste Instanz sogleich in den Bezirksausschuß verlegt wird, z. B. in den schon mehrfach erwähnten Streitigkeiten zwischen Armenverbänden wegen der Unterstützung Hilfsbedürftiger.

§ 377.

Der Kreisausschuß besteht aus dem Landrathe und 6 vom Kreistage gewählten Mitgliedern. Für die Wahlberechtigung gelten dieselben Vorschriften, wie für die Kreistagsabgeordneten, jedoch sind Geistliche, Kirchendiener und Elementarlehrer ausgeschlossen. Richterliche Beamte bedürfen der Genehmigung des vorgesetzten Ministers.

§ 378.

Neben dem Kreisausschusse können auch noch besondere Kreiskommissionen vorkommen. Die Mitglieder derselben können ebenso wie die Mitglieder des Kreisausschusses nach dem Beschlusse des Kreistages Diäten und Reisekosten erhalten, jedoch steht ein solcher Anspruch den Kreistagsabgeordneten nicht zu.

VI. Die Verwaltung der Städte.

§ 379.

Dafür sind die verschiedenen Städteordnungen maßgebend, deren genaue Kenntniß jedem städtischen Einwohner unentbehrlich ist, auf welche aber hier im Speziellen nicht eingegangen werden kann, weil es so viele derartige Ordnungen giebt. In den östlichen Provinzen gilt die Städteordnung vom 30. Mai 1853; dagegen giebt es für Neuvorpommern und Rügen, für Westphalen und die Rheinprovinz noch besondere Ordnungen und in manchen aus den neu erworbenen Landestheilen zusammengesetzten Provinzen bestehen sogar mehr als eine Städteordnung. Zu beachten ist nur im Allgemeinen, daß manche (größere) Städte Kreise für sich bilden; dies sind die sogenannten Stadtkreise, in denen auch meistens eine besondere Königliche Polizeiverwaltung besteht. Solche Stadtkreise können nur aus Städten von einer bestimmten Einwohnerzahl (nach der altländischen Kreisordnung 25000) gebildet werden. Hat eine Stadt diese Einwohnerzahl erreicht, so kann sie auf ihren Antrag durch den Minister des Innern für ausgeschieden aus dem Kreisverbande erklärt werden. Die übrigen Städte bleiben im Kreisverbande und stehen in allgemeinen Landesangelegenheiten unter dem Landrathe als Organ der Staatsregierung, dagegen wird die Aufsicht des Staates über die Verwaltung der städtischen Kommunalangelegenheiten in erster Instanz von dem Regierungspräsidenten, in höherer Instanz von dem Oberpräsidenten geübt, unbeschadet der gesetzlich geordneten Mitwirkung des Bezirksausschusses und des Provinzialrathes.

§ 380.

In Berlin tritt an die Stelle des Regierungspräsidenten der Oberpräsident und in höherer Instanz der Minister des Innern. In den Hohenzollernschen Landen tritt an die Stelle des Oberpräsidenten (in höherer Instanz) der Minister des Innern.

VII. Die Verwaltung der Amtsbezirke.

§ 381.

Dies ist eine besondere und eigenartige Einrichtung, welche bis jetzt nur in den östlichen Kreisordnungsprovinzen besteht, denn die Hannoveraner und Hessen-Nassauer wollten bei der Berathung ihrer Kreisordnungen davon nichts wissen.

Der Amtsbezirk ist ein Mittelding zwischen dem Kreise und der Landgemeinde, ebenso wie der Regierungsbezirk ein Mittelding ist zwischen der Provinz und dem Kreise. Die Aehnlichkeit zwischen Regierungsbezirk und Amtsbezirk zeigt sich auch darin, daß der letztere in erster Linie auch nur staatlicher Verwaltungsbezirk ist und daß er nur die Befähigung hat, in einzelnen Angelegenheiten ein Kommunalbezirk zu werden. Dies ist aber abhängig von dem freien Entschlusse der zu einem zusammengesetzten Amtsbezirke gehörenden Gemeinden und selbstständigen Gutsbezirke.

§ 382.

Der Amtsvorsteher ist also in erster Linie ein Polizeibeamter. Er wird vom Oberpräsidenten ernannt und zwar aus der Zahl der vom Kreistage dazu für geeignet erklärten Personen in dem betreffenden Amtsbezirke. In derselben Weise wird ein Amtsvorsteher-Stellvertreter ernannt. Auch giebt es kommissarische Amtsvorsteher, welche auf den Vorschlag des Kreisausschusses von dem Oberpräsidenten bestellt werden.

§ 383.

Der Amtsvorsteher hat Anspruch auf eine Amtsunkostenentschädigung, welche nach Anhörung der Betheiligten vom Kreisausschusse festgesetzt wird und von den Amtseingesessenen aufzubringen ist, soweit die für die Kosten der Amtsverwaltung gewährten Staatszuschüsse dazu nicht ausreichen.

§ 384.

Organ der Amtsverwaltung ist neben dem Amtsvorsteher noch der Amtsausschuß, dessen Ressort hauptsächlich die Kontrolle der Amtsausgaben, die Mitwirkung beim Erlasse von Polizeiverordnungen u. s. w. betrifft. Der Amtsausschuß besteht entweder aus gewählten Abgeordneten oder in den nicht zusammengesetzten Amtsbezirken aus der Gemeindeversammlung. In Gutsbezirken, welche je einen Amtsbezirk für sich bilden, fällt der Amtsausschuß fort.

VIII. Die Verwaltung der Landgemeinden und selbstständigen Gutsbezirke.

§ 385.

Hierüber ist im Allgemeinen Folgendes zu bemerken:

Die staatliche Aufsicht über die kommunale Verwaltung der Landgemeinden und selbstständigen Gutsbezirke, sowie der bis jetzt in der Provinz Westphalen noch bestehenden Aemter und der Bürgermeistereien auf dem platten Lande in der Rheinprovinz wird von dem Landrathe (bezw. als Vorsitzenden des Kreisausschusses), in höherer Instanz von dem Regierungs-Präsidenten geübt. In polizeilicher Beziehung steht dem Landrathe auch die Ueberwachung der Gemeinden und Gutsbezirke zu.

§ 386.

An der Spitze der Gemeinde stehen gewählte und vom Landrathe zu bestätigende Gemeindevorsteher (Schulzen, Scholzen, Ortsrichter) und die ebenfalls zu wählenden und zu bestätigenden Schöffen (Schöppen, Gerichtsmänner, Dorfältesten, Gerichts- oder Dorfgeschworenen). Für die Wahlen, welche in der Regel auf 6 Jahre erfolgen, giebt es ein besonderes Wahlreglement.

§ 387.

Die Gemeindevorsteher haben Anspruch auf den Ersatz ihrer baaren Auslagen. Sogenannte *Lehn- oder Erbschulzen* giebt es nicht mehr.

§ 388.

Neben dem Gemeindevorsteher, welcher als *Obrigkeit* des Gemeindebezirks anzusehen, aber doch, sofern er nicht gleichzeitig Amtsvorsteher ist, für die Polizeiverwaltung nur ein Organ des Amtsvorstehers ist, existirt in manchen (größeren) Gemeindebezirken noch eine besondere *Gemeindevertretung*, deren Zusammensetzung und Befugnisse dem Gesetze entsprechend statutarisch geregelt wird.

§ 389.

Die Besitzer der selbstständigen Gutsbezirke sind zu denselben Pflichten und Leistungen im öffentlichen Interesse verbunden, wie die Gemeinden. Sie haben die vorgedachten obrigkeitlichen Befugnisse und Pflichten entweder in Person oder durch einen von dem Landrathe zu bestätigenden Stellvertreter auszuüben. Auch der Gutsbesitzer selbst bedarf als Gutsvorsteher dieser Bestätigung. Es kann *nöthigenfalls* unter Zustimmung des Kreisausschusses für ihn auf seine Kosten ein Stellvertreter eingesetzt werden.

Dritte Abtheilung.

Die einzelnen Verwaltungszweige.

Im Allgemeinen.

§ 390.

Der Begriff des Verwaltungsrechts und der Verwaltungsgesetzgebung in den Verfassungsstaaten ergiebt sich aus dem Gegensatze zu der Civil- und Strafrechtspflege nebst der Justizgesetzgebung: „Während der Staat auf Grund der letzteren das Privatrecht schützt, regulirt und ergänzt und das Strafrecht ordnet, regelt er auf Grund des Verwaltungsrechts und der Verwaltungsgesetzgebung seine eigene Thätigkeit gegenüber den Unterthanen, soweit dies der Staatszweck gebietet. Das Verwaltungsrecht enthält also den Inbegriff der Rechtsnormen, an welche die Ausübung der Staatsgewalt gebunden ist.“ (Gneist). Das heißt mit anderen Worten: Durch das Verwaltungsrecht und die Verwaltungsgesetzgebung wird gegen ungesetzliche und parteiische Handhabung der Staatsgewalt seitens der Verwaltungsbeamten ein Rechtsschutz in derselben Weise eingeführt, wie dies durch die Justizgesetzgebung hinsichtlich der privatrechtlichen und strafrechtlichen Fälle längst geschehen ist.

§ 391.

Dieser Verwaltungsrechtsschutz wird in erster Linie gegen die Maßnahmen der Verwaltungsbeamten geübt, es kann aber auch im Verwaltungs-Beschluß- oder Streitverfahren entschieden werden zwischen Privatpersonen in den Fällen, wenn seitens der zuständigen Behörde eine Obliegenheit der Staatsbürger angeblich unrichtig unter die Pflichtigen vertheilt ist. Hierbei handelt es sich aber immer um öffentlich-rechtliche Obliegenheiten der Staatsbürger.

§ 392.

Hieraus wird schon ersichtlich, daß auch der Unterschied zwischen dem öffentlichen und dem Privatrechte auf die Feststellung des Begriffes des Verwaltungsrechtes einen wesentlichen Einfluß ausübt. Denn während nach dem oben in § 390 aufgestellten Grundsatze das Verwaltungsrecht dem zum öffentlichen Rechte gehörenden Strafrechte als Gegensatz gegenüber steht, erscheinen sie beide (in Gemeinschaft mit dem Straf-

und Civilprozeß) wieder als Gegensatz zum Privatrechte, d. h.: Das Verwaltungsrecht gehört ebenso dem öffentlichen Rechte an, wie das Strafrecht.

§ 393.

Der Unterschied zwischen Verwaltungsrecht und Strafrecht tritt in der Praxis am schärfsten hervor in dem prozessualischen Umstande, daß das öffentliche Interesse im Strafrecht immer durch einen öffentlichen Ankläger vertreten ist, während der Vertreter des öffentlichen Interesses im Verwaltungsrechte immer die Rolle des Beklagten zu übernehmen hat (soweit eben nicht das Gesetz die Austragung eines Streites über öffentlich-rechtliche Verpflichtungen den betheiligten Parteien selbst überläßt). Abweichungen von diesem Grundsatze kommen in der Verwaltungs-Gesetzgebung wohl vor, indessen ist man in neuerer Zeit immer mehr bemüht, dieselben zu beseitigen. Vergl. beispielsweise die frühere und jetzige Fassung des § 8 der altländischen Kr. O. und ebenso die verschiedenen Vorschriften über die Zwangsetatisirungen (vergl. Parey, Zuständigkeitsbilder Nr. 6 A), von denen nur noch der § 15 des Ges. vom 13. März 1878 (G. S. S. 132) eine ungerechtfertigte Ausnahme macht.

§ 394.

Dieser anscheinend rein äußerliche, prozessualische Unterschied zwischen Strafrecht und Verwaltungsrecht ist von tiefer Bedeutung, denn dort hat sich ein Uebelthäter gegenüber dem verletzten öffentlichen Staatsinteresse zu verantworten, hier aber muß in der Regel (abgesehen von dem schon mehrfach erwähnten Streit unter Privatpersonen) die Behörde ihre Verfügungen und sonstigen Maßnahmen rechtfertigen und vor dem Verwaltungsrichter als Partei Recht nehmen (Parey, Rechtsgrundſ. S. 352 Nr. 7 1, am Schlusse). Nach dem Strafrechte hat also das verletzte öffentliche Interesse gegenüber dem Uebelthäter einen Anspruch auf Sühne wegen der Störung des allgemeinen Wohles, nach Verwaltungsrecht hat aber der durch das Verhalten der Behörden in seinem subjektiven Interesse verletzte Staatsbürger einen Anspruch auf Wiederherstellung seiner Rechte.

§ 395.

„Diese angeblich verletzten individuellen Rechte können dem Privatrechte angehören, z. B. Eingriffe in das Eigenthum durch die Polizeibehörde, oder sie können öffentlich-rechtlicher Natur sein, wie das Indigenat, das Gemeindebürgerrecht, das aktive und passive Wahlrecht, oder es kann sich um öffentlich-rechtliche Verpflichtungen handeln, welche die Behörde gegen den Einzelnen geltend macht, z. B. die Militärpflicht. In allen diesen Fällen, mag das angeblich verletzte Recht privater oder öffentlicher Natur sein, handelt es sich um die öffentlich-rechtliche Frage, ob die Staatsgewalt (d. h. die Behörde und Beamten derselben) bei der Ausübung ihrer Rechte die gesetzlichen Grenzen überschritten und somit eine zur Aufhebung des betreffenden Verwaltungsaktes bezw. zur Entschädigung des Verletzten verpflichtende Rechtswidrigkeit begangen hat" (Schulze, Staats- und Verwaltungsrecht II, S. 860). Es kommt also bei der Feststellung der öffentlich-rechtlichen Natur des Verwaltungsrechts nicht auf die Beschaffenheit des verletzten staatsbürgerlichen Rechtes an, sondern auf die Beschaffenheit der Maßnahmen der Behörden, welche die Hoheitsrechte des Staates „innerhalb des ihnen ertheilten Auftrages" (A. L. R. II 13, § 16) auszuführen haben.

§ 396.

Von diesem Standpunkte aus sind die sämmtlichen Vorschriften des positiven Verwaltungsrechtes zu beurtheilen und in der preußischen Verwaltungsgesetzgebung auch thatsächlich beurtheilt worden. Dabei hat sich das Gesetz über die allgemeine Landesverwaltung vom 30. Juli 1883 die Aufgabe gestellt, die zuständigen Verwaltungsbehörden zu organisiren und das Verfahren in Verwaltungsangelegenheiten zu regeln, wie dies in Band I dieses Buches zur Darstellung gelangt ist, während das Zuständigkeitsgesetz vom 1. Aug. 1883 (wie der Name des Gesetzes schon sagt) die Zuständigkeiten der Behörden in Bezug auf die einzelnen Verwaltungszweige regelt. Hierbei ist jedoch zu bemerken, wie dies in der Schlußbemerkung des ersten Bandes schon gesagt ist, daß das Zuständigkeitsgesetz keineswegs sämmtliche Verwaltungszweige umfaßt, daß es vielmehr noch eine größere Anzahl von Verwaltungsangelegenheiten giebt, in denen ein anderer Verwaltungsrechtsschutz gewährt ist, als derjenige, welcher in den beiden vorstehend genannten großen Gesetzen behandelt worden ist; es war mithin erforderlich, auch diese Spezialvorschriften zu erwähnen, und das ist geschehen gelegentlich der Besprechung der wirklichen und der sogenannten Majestäts- und Hoheitsrechte in der „Ersten Abtheilung" dieses zweiten Bandes. Demnach kommen hier nur noch folgende Verwaltungszweige in Betracht:

I. Die Kommunalangelegenheiten.*)

Im Allgemeinen.

§ 397.

Dem Grundsatze der Selbstverwaltung entspricht es, daß die Wahlen der Mitglieder der Gemeindepräsentationen in einer bestimmt vorgeschriebenen Form einer Prüfung unterliegen. So wie der Reichstag (Art. 27 der Reichsverf.) und das Haus der Abgeordneten (Art. 78 der preußischen Verf.) die Legitimation ihrer Mitglieder prüfen und selbst darüber entscheiden, auch nach ihren Geschäftsordnungen Wahlen beanstanden können, so steht ein ähnliches Recht dem Provinziallandtage zu, auch giebt es in diesem Falle noch ein besonderes Einspruchsrecht gegen das stattgehabte Wahlverfahren (§ 23 der Provinzial-Ordng., Hessen-Nassau § 20), jedoch kann der Provinziallandtag die Wahlen nur für

*) Die Reihenfolge der hier behandelten Gegenstände folgt aus Zweckmäßigkeitsgründen der Eintheilung des Zuständigkeitsgesetzes vom 1. Aug. 1883, welches auf systematische Gliederung des Stoffes keinen Anspruch macht.

ungültig erklären, aber nicht beanstanden. Dasselbe gilt von dem Kreistage (§ 113 der altländischen Kreisordnung, Hannover § 70, Hessen-Nassau § 71, Westfalen und Rheinprovinz § 58; Parey, Rechtsgrundſ. S. 15). Von der Prüfung der Gültigkeit der Wahlen zur Gemeindevertretung in den Stadt- und Landgemeinden handeln die §§ 10 Ziffer 2 resp. 27, Ziff. 2 des Zuständigkeitsgesetzes vom 1. Aug. 1883.

1. Die Provinzialverwaltung.

§ 398.

Im Allgemeinen kann hier auf das in den letzten Kapiteln der „Zweiten Abtheilung" dieses Bandes Gesagte Bezug genommen werden, außerdem ist nur noch einmal auf diejenigen Rechte und Pflichten des Provinzialverbandes und der Provinzial-Eingesessenen zu verweisen, welche unter einen besonderen Verwaltungsrechtsschutz im Sinne der obigen einleitenden Bemerkungen gestellt worden sind. In dieser Beziehung ist aber das Erforderliche schon aus dem ersten Bande dieses Buches zu entnehmen, es bleibt mithin nur noch übrig, auf einige Einzelheiten hinzuweisen:

Die neuen Provinzial-Ordnungen beruhen auf dem Prinzip der kommunalen (wirthschaftlichen) Selbstverwaltung. Mit Befugnissen auf dem Gebiete der allgemeinen Landesverwaltung haben die Organe der Provinz nach Aufhebung des Abschnittes V in Theil II der Provinzialordnung vom 29. Juni 1875 nichts mehr zu schaffen.

§ 399.

An die Stelle der früheren Provinzialverfassung, nach welcher die Provinziallandtage sich aus den Vertretern der Stände (Rittergutsbesitzer, Städte und Landgemeinden), sowie aus einzelnen Virilstimmen zusammensetzten, ist ein ganz anderes System getreten, nach welchem für die Wahlen der Provinziallandtagsabgeordneten jeder Kreis ein Wahlkreis ist, die Wahl dieser Personen durch die Kreistage erfolgt und jeder Kreis eine bestimmte Zahl von Abgeordneten wählt.

2. Die Kreisverwaltung.

§ 400.

Von derselben gilt dasselbe, was oben im § 397 von der Provinzialverwaltung gesagt wurde, auch hier ist, wie oben § 399, an die Stelle der ständischen Verfassung ein anderes Kreistagswahlsystem getreten, welches aber auch nur die Mitte bildet zwischen einer ständischen und einer frei gewählten Repräsentation. Dagegen sind der Kreisverwaltung (im Gegensatze zu der Provinzialverwaltung — oben § 398 —) auch Angelegenheiten der allgemeinen Landesverwaltung in reichem Maße übertragen worden.

3. Die Amtsverwaltung in den altländischen Provinzen.

§ 401.

Auch hier ist auf die frühere Darstellung zu verweisen (vergl. oben § 381); der Amtsbezirk ist in erster Linie ein polizeilicher Verwaltungsbezirk, der Amtsvorsteher ein Polizeibeamter, jedoch sind nach § 53 der altländischen Kreisordnung die zu einem Amtsbezirke gehörigen Gemeinden und Gutsbezirke befugt, durch übereinstimmenden Beschluß einzelne Kommunalangelegenheiten dem Amtsbezirke zu überweisen. Man hat es dann in Bezug auf diese Angelegenheiten mit einer Art von Sammtgemeinde zu thun, bei welcher an die Stelle der Gemeindeversammlung oder Gemeindevertretung der Amtsausschuß tritt.

§ 402.

Nach § 46, Abs. 1 a. a. O. wird die Polizei auch seitens des Amtsvorstehers im Namen des Königs ausgeübt. Diese Vorschrift und die älteren Quellen derselben in §§ 2—4, Tit. 13, Theil II A. L. R's., welche lauten:

§ 2. Die vorzüglichste Pflicht des Oberhauptes im Staate ist, sowohl die äußere als die innere Ruhe und Sicherheit zu erhalten und einen Jeden bei den Seinigen gegen Gewalt und Störung zu schützen.

§ 3. Ihm kommt es zu, für Anstalten zu sorgen, wodurch den Einwohnern Mittel und Gelegenheit verschafft werden, ihre Fähigkeiten und Kräfte auszubilden und dieselben zur Beförderung ihres Wohlstandes anzuwenden.

§ 4. Dem Oberhaupte des Staates gebühren daher alle Vorzüge und Rechte, welche zur Erreichung dieses Endzweckes erforderlich sind.

hat man dahin deuten wollen, daß es auch eine Polizeihoheit gäbe, welche auf die Verwaltungsbehörden und somit auch auf den Amtsvorsteher delegirt sei. Dem kann man aber doch nicht beipflichten, denn, wenn das A. L. R. der landesherrlichen Polizeigewalt auch im Th. II, Tit. 13 gedenkt, so geschieht dies doch nicht unter den Majestäts- und Hoheitsrechten, deren Aufzählung erst mit § 5 beginnt, sondern in den oben mitgetheilten §§ 2-4 und ebenso behandelt die Verordnung vom 26. Dez. 1808 (N. C. C. XII. S. 679) in §§ 1 und 2 die Landespolizeisachen nicht als eine Unterart der Verwaltungssachen, sondern stellt sie denselben als eine besondere Gattung von Verwaltungssachen gegenüber. (Oppenhoff, Ressortverhältnisse S. 36, not. 84.) Außerdem ist in den angezogenen landrechtlichen Vorschriften überhaupt nicht von einem Rechte, sondern nur von einer Pflicht die Rede, so daß man es hier auch nicht mit einem Hoheits-Rechte, sondern nur mit einer Hoheits-Pflicht zu thun hätte, welche allerdings auch auf die Polizeibehörden in der Weise übergegangen ist, daß ihr gleichzeitig durch besondere Gesetze diejenigen Rechte gewährt worden sind, welche geeignet sind, die polizeilichen Ziele zu erreichen. Auf Grund des obigen landrechtlichen § 3 hat sogar das ehemalige Obertribunal in dem Erkenntnisse vom 10. April 1824 (Simon, Rechtsprechung, Band I, S. 100) den Fiskus für verpflichtet erachtet, die Kosten der Bewachung einer landespolizeilichen Strafanstalt zu tragen, man ist also dabei jedenfalls nicht von einer hoheitsrechtlichen, sondern von einer fiskalischen Verpflichtung ausgegangen, ähnlich, wie dies jetzt hinsichtlich der Gemeindekassen auf Grund des § 3 des Polizeiverwaltungsgesetzes vom 11. März 1850 geschieht.

4. Die Stadtverwaltungen.

§ 403.

Das Gemeinderecht der Städte ist in den verschiedenen Städteordnungen enthalten. Diese sind:

a. in den sieben östlichen Provinzen vom 30. Mai 1853 (G. S. S. 261). Nach dem letzten Satze in § 85 dieses Gesetzes treten von dem Zeitpunkte der Gesetzeskraft desselben die bisherigen Gesetze und Verordnungen über die „Verfassung" der Stadtgemeinden außer Kraft. Damit sind die auf das positive Gemeinderecht bezüglichen Bestimmungen der alten Städteordnung vom 19. Nov. 1808 (N. C. C. XII, S. 471) und der revidirten Städteordnung vom 17. März 1831 noch nicht beseitigt. Ein vortrefflicher Kommentar zu diesem wichtigen Gesetze ist der von Hübner (Berlin 1859) und aus neuerer Zeit von Oertel (Liegnitz 1883).

b. Die Westfälische Städte-Ordnung vom 19. März 1856 (G. S. S. 237) mit § 21 der Westf. Kr.-Ordng. vom 31. Juli 1886 (G. S. S. 217). Beide kommentirt von Braunbehrens (Berlin 1887).

c. Die Rheinische Städte-Ordnung vom 15. Mai 1856 (G. S. S. 406) mit § 21 der Rheinischen Kr.-Ordng. vom 30. Mai 1887 (G. S. S. 209), offiziell kommentirt. (Berlin 1887.)

d. Die Städte-Ordnung für Neuvorpommern und Rügen vom 31. Mai 1853. (G. S. S. 291.)

e. Das Gesetz, betreffend die Verfassung und Verwaltung der Städte und Flecken in der Provinz Schleswig-Holstein vom 14. April 1869 (Ges. S. S. 589). Dazu Lauenburgisches Gesetz vom 16. Dez. 1870 (Offizielles Wochenblatt S. 521). cf. § 22 Abs. 2 des Zust.-Ges. vom 1. Aug. 1883.

f. Hannoversches Landesverfassungsgesetz vom 6. August 1840 (Hann. G. S. S. 141), mit der im § 59 durch den § 6 der Hann. V. vom 1. Aug. 1885 (Hann. G. S. S. 165) getroffenen Abänderung, Hann. Ges. vom 5. Sept. 1848 (Hann. G. S. S. 261) mit der im § 12 durch Ges. vom 28. April 1859 (Hann. G. S. S. 389) getroffenen Abänderung. Hann. revidirte Städte-O. vom 24. Juni 1858 (Hann. Ges. S. S. 141), § 21 der Hann. Kr.-Ord. vom 6. Mai 1884 (G. S. S. 181).

g. Die Städte-Ordnungen für die Provinz Hessen-Nassau:
   - α. Gemeinde-Ordnung für die Städte und Landgemeinden von Kurhessen vom 23. Okt. 1834 (Kurhess. G. S. S. 181).
   - β. Gemeindeverfassungsgesetz für die Stadt Frankfurt a./M. vom 25. März 1867 (G. S. S. 401).
   - γ. Revidirtes Edikt über die Verfassung und Verwaltung der Gemeinden im Königreich Baiern vom 17. Mai 1818 und 1. Juli 1834 (Bair. G. Bl. S. 109).
   - δ. Gemeindewahlordnung für das Königreich Baiern vom 5. Aug. 1818 (a. a. O. S. 477).

Hierzu vergl. § 22 Abs. 3 und 4, § 23 Abs. 1 und 2 des Zuständigkeitsges. vom 1. Aug. 1883, §§ 21—23 der Hessen-Nassauischen Kr.-Ord. vom 7. Juni 1885 (G. S. S. 193) und Ges. vom 26. April 1869 (G. S. S. 629).

h. Stadt-Ordnung für die Stadt Hechingen vom 15. Jan. 1833 mit § 22 Abs. 4 und § 23 Abs. 4 des Zust.-Ges. vom 1. Aug. 1883 und die Landgemeinde-Ordng. vom 19. Okt. 1833.

i. Gemeinde-Ordnung für das Fürstenthum Hohenzollern-Sigmaringen vom 6. Juni 1840 (G. S. für H. S. Band V, S. 241), Ges. vom 5. Aug. 1837 a. a. O. IV, S. 539), Verordng. vom 7. Jan. 1852 (G. S. S. 35). Vergl. § 22 Abs. 4, § 23 Abs. 5 des Zust.-Ges. vom 1. Aug. 1883.

5. Die Landgemeinde-Verfassungsgesetze.

§ 404.

a. In den 7 östlichen Provinzen. A. L. R. II 7, Abschnitt 2, und das Landgemeinde-Verfassungsgesetz vom 14. April 1856 (G. S. S. 359). Beides mit Rücksicht auf die Einflüsse der altländischen Kreisordnung kommentirt von Studt und Braunbehrens Bd. III, S. 31 ff. Außerdem für die Provinz Posen die Regierungsinstruktion vom 23. Okt. 1817 (G. S. S. 248), kommentirt a. a. O. Bd. I, S. 339, Instruktion für die Oberpräsidenten vom 31. Dez. 1825 (G. S. 126, S. 1), kommentirt a. a. O. S. 334. Allerh. Kab.-Ordre vom 9. März 1833, betreffend die Einrichtung der Woytämter und die Verwaltung der Landgemeinden (Posener und Bromberger Amtsbl. von 1833, S. 156 bezw. 264), Dienstanweisung für die Ortspolizeibehörden vom 21. Okt. 1837 (a. a. O. Anhang Nr. 47 bezw. 52).

b. Landgemeindeverfassungsgesetz für Schleswig-Holstein vom 22. Sept. 1867 (G. S. S. 1603, Lauenburgisches Ges. vom 2. Nov. 1874 (Offizielles Wochenbl. S. 277).

c. Für die Provinz Hannover vergl. oben § 407 sub f, dazu die Hannoversche Ministerial-Bekanntmachung vom 28. April 1859 (Hannov. G. S. S. 391). Revidirte Hannoversche Amts-Ordng. vom 10. Mai 1859 (Hannov. G. S. S. 483). Siehe auch § 121 der Hannoverschen Kreisordnung.

d. Westfälische Landgemeinde-Ordnung vom 19. März 1856 (G. S. S. 265), kommentirt von Braunbehrens (Berlin 1887).

e. Hessen-Nassauische Gemeindegesetze. Vergl. oben § 407 sub g, dazu die Hessen-Nassauische Gemeinde-Ordng. vom 26. Juli 1854 (Nass. Verordng.-Bl. S. 166), Ges. vom 8. Jan. 1852 (Großh. Hess., Reg.-Bl. S. 33), Ges. vom 3. Mai 1858 (Reg.-Bl. S. 189), Ges. vom 10. Febr. 1853 (Reg.-Bl. S. 37), Ges. vom 21. Juni 1852 (Reg.-Bl. S. 299), Ges. vom 9. Okt. 1849 für das ehemals landgräfl. Hess. Amt Homburg (Archiv S. 476), Ges. vom 6. Dez. 1852 (Archiv S. 704), Ges. vom 9. Okt. 1849 (Archiv S. 476). Frankfurter Gemeindeordnung vom 12. Aug. 1824 (G. S. III, S. 263) und Verordng. vom 22. Febr. 1867 (G. S. S. 273).

f. Rheinische Gemeinde-Ordnung vom 23. Juli 1845 (G. S. S. 523), Ges. vom 15. Mai 1856 (G. S. S. 435). Offiziell kommentirt, Berlin 1887.

g. Hohenzollernsche Gemeindeordnungen. Siehe oben § 403 sub h und i.

§ 405.

Während im Uebrigen auf die Darstellung der Verfassung der Landgemeinden in der „Zweiten Abtheilung" dieses Bandes Bezug genommen wird, ist hier die bereits im „Ersten Bande" dieses Buches angedeutete, der altländischen Kreisordnung eigenthümliche Vorschrift in § 42 zu erwähnen, nach welcher die Verhandlungen zum weiteren Verfahren und zur Entscheidung an die betreffende Auseinandersetzungsbehörde (Generalkommission) abzugeben sind, wenn bei einem Auseinandersetzungsverfahren zwischen der Gemeinde und einem Schulzengutsbesitzer (Lehn- und Erbschulzen) Streitigkeiten über gewisse Fragen entstehen, welche in der Praxis jetzt wohl kaum noch vorkommen dürften.

Die Organisation dieser Auseinandersetzungsbehörden und das Verfahren derselben ist durch eine besondere Gesetzgebung geregelt. (Verordng. vom 20. Juni 1817 — G. S. S. 161 —, desgl. vom 29. Nov. 1819 — G. S. S. 251 —, Ges. vom 7. Juni 1821 — G. S. S. 83 —, Verordng. vom 30. Juni 1834 — G. S. S. 96 —, Allerh. Kab.-Ordre vom 9. April 1836 — G. S. S. 172 —, Regul. vom 25. April 1836 — G. S. S. 181 —, Instruktion vom 16. Juni 1836 — G. S. S. 187 —, Allerh. Kab.-Ordre vom 18. Dez. 1841 — G. S. 1842, S. 17 —, Deklaration vom 30. Juli 1842 — G. S. S. 245 —, Allerh. Kab.-Ordre vom 12. April 1844 — G. S. S. 119 —, Verordng. vom 22. Nov. 1844 — G. S. 1845, S. 19 —, Ges. vom 18. Febr. 1880 — G. S. S. 59 —). Diese Gesetzgebung gilt auch in der Rheinprovinz (mit Ausnahme der Kreise Duisburg und Rees), sowie in Neuvorpommern und Rügen (Gemeinheits-Theilungs-O. vom 19. Mai 1851 — G. S. S. 371 —, Ges. vom 19. Mai 1851 — G. S. S. 383 —, desgl. vom 21. April 1852 — G. S. S. 118 —, desgl. vom 5. April 1869 — G. S. S. 514 —, desgl. vom 24. Mai und 20. Juni 1885 — G. S. S. 156 und 304 —, dazu die Verordng. betr. die Uebertragung preußischer Rechtssachen auf das Reichsgericht vom 26. Sept. 1879 — R. G. Bl. S. 287 und § 30 des preußischen Ausführungsges. [zur Deutschen Civilprozeß-O.] vom 24. März 1879 — G. S. S. 281 —). Für Schleswig-Holstein gilt das Ablösungsges. vom 3. Jan 1873 — G. S. S. 3 —, für Lauenburg vom 1. Febr. 1879 — G. S. S. 14 —, für Hannover die Verordng. vom 28. Sept. 1867 — G. S. S. 1670 —, Ges. vom 3. April 1869 — G. S. S. 544 —, Ges. vom 15. Febr. 1874 — G. S. S. 21 —, Ges. vom 2. Juli 1876 — G. S. S. 261 —, Ges. vom 17. Jan. 1883 — G. S. S. 7 —, für den Reg.-Bez. Cassel Ges. vom 23. Juli 1876 — G. S. S. 357 —, Ges. vom 17. Jan. 1881 — G. S. S. 5 —, Ges. vom 2. Febr. 1879 — G. S. S. 16 —, für Reg.-Bez. Wiesbaden und die vormals Großherzogl. Hessischen Gebietstheile Ges. vom 5. April 1869

— G. S. S. 517 —, Gef. vom 15. Febr. 1872 — G. S. S. 165 —, Gef. vom 16. Juni 1876 — G. S. S. 369 —, Gef. vom 17. Jan. 1881 — G. S. S. 5 —, für Hohenzollern das Ablösungsgef. vom 28. Mai 1860 — G. S. S. 221 —, Gef. vom 23. Mai 1885 — G. S. S. 143. —

§ 406.

Die Generalkommissionen, welche nach § 24 des Disciplinargesetzes vom 21. Juli 1852 und § 16 des Landesverwaltungsgesetzes zu den Provinzialbehörden gehören, sind in Gemeinheitstheilungs-, Regulirungs- und Ablösungssachen für gewisse Sachen Gerichte erster Instanz, andrerseits sind sie aber auch Verwaltungsbehörden hinsichtlich der bei jenen Angelegenheiten vorkommenden Inzidenzpunkte. Durch § 23 des Landesverwaltungsgesetzes vom 30. Juli 1883 sind eine Anzahl von Zuständigkeiten der Regierungen auf dieselben übergegangen, durch dieselbe Vorschrift ist auch bei der Regierung in Wiesbaden für diese Angelegenheiten ein Spruchkollegium eingerichtet worden.

Die Oekonomiekommissarien und Spezialkommissarien sind die Organe der Generalkommissionen. Berufungs- und Beschwerde-Instanz für dieselben ist das Oberlandeskulturgericht, welches auch nach § 78 des Zuständigkeitsgef. vom 1. Aug. 1883 bei Streitigkeiten über die Entschädigungen bei Bewässerungsanlagen entscheidet.

§ 407.

Nach § 157 Ziffer 2 des Landesverwaltungsgesetzes vom 30. Juli 1883 findet in Disziplinarsachen gegen Gemeindebeamte ein besonderes Verfahren statt, welches sich zwar im Allgemeinen in den Formen des Gef. vom 21. Juli 1852 (G. S. S. 463) bewegt, aber doch mit einzelnen Abweichungen. Vergl. Min.-Erlaß vom 2. Okt. 1874, betreffend die Disziplinargewalt über die Amtsdiener (Deckersche Kr.-Ordng. S. 293); § 68 der altländischen Kreisordnung wegen der Amtsvorsteher; §§ 20 und 36 des Zuständigkeitsgef. vom 1. Aug. 1883 wegen der städtischen und ländlichen Gemeindebeamten; § 134 Ziffer 3 der Kr.-Ordng. (Hannover § 91, Hessen-N. § 92, Westfalen und Rheinprovinz § 79) wegen des Kreisbeamten; § 98 der Provinzialordnungen (Hessen-N. § 71) wegen der Provinzialbeamten, auch des Landesdirektors; § 32 des Landesverwaltungsgef. vom 30. Juli 1883 wegen der Mitglieder des Bezirksausschusses; § 39 a. a. O. wegen der Mitglieder des Kreis- (Stadt-) Ausschusses, cf. auch § 133 der Kreisordnung (Hannover § 90, Hessen-N. § 91, Westfalen und Rheinprovinz § 78); §§ 20 bis 22 des Gef. vom 3. Juli 1875 in der Fassung vom 2. Aug. 1880 (G. S. S. 328) wegen der Mitglieder des Oberverwaltungsgerichts; § 51 Abf. 2 der Provinzialordnungen (Hessen-N. § 49) wegen der Mitglieder des Provinzial- (Landes-) Ausschusses; § 14 des Landesverwaltungsgef. vom 30. Juli 1883 wegen der Mitglieder des Provinzialrathes; § 30 a des Gesetzes vom 2. Aug. 1880 wegen der Subaltern- und Unterbeamten beim Oberverwaltungsgericht, § 47 des Landesverwaltungsgef. vom 30. Juli 1883 wegen der in Berlin angestellten Verwaltungsbeamten.

II. Die Armenangelegenheiten.

§ 408.

Die Armenpflege ist reichsgesetzlich geregelt durch Art. 4 der Bundes-(Reichs-)Verfassung und das Gesetz über den Unterstützungswohnsitz vom 6. Juni 1870, welches aber in Baiern nicht eingeführt ist. Dazu das preußische Ausführungsges. vom 8. März 1871. Die Last der Armenpflege ruht zunächst auf den Armenverbänden (Gemeinde und Gesammt-Armenverbänden), erst in zweiter Linie auf den Landarmenverbänden. Wegen der Schlichtung der hierbei vorkommenden Streitigkeiten vergl. Band I, die Schwierigkeit dieser Gesetzgebung hat eine große Anzahl von literarischen Hülfsmitteln hervorgerufen, von denen hier genannt werden mögen die Werke von Rocholl (Berlin 1873), Wohlers (1887), Krah (1885), Eger (Breslau 1884).

§ 409.

In Folge der Freizügigkeit (Ges. vom 1. Nov. 1867 — B. G. Bl. S. 55 —, auch in Baiern und Süddeutschland eingeführt —) hat sich die Vagabundage und die Armenpolizei in bedeutendem Maße entwickelt, welch letztere durch die Arbeiterkolonien mit Erfolg unterstützt wird, weniger aber durch die Naturalverpflegungsstationen, welche dringend einer gesetzlichen Regelung bedürftig sind, weil sie in ihrem gegenwärtigen Zustande das zu diesen Zwecken viel zu werthvolle Institut der Gensdarmerie gar zu sehr in Anspruch nehmen. (Verordng. vom 30. Dez. 1820 — G. S. 1821, S. 1 —, nebst der Dienstinstruktion von demselben Tage — a. a. O. S. 10 —, Allerh. Erlaß [Hohenzollern] vom 30. Dez. 1850 — G. S. 1851 S. 703 —, Verordng. vom 23. Mai 1867 — G. S. S. 777 —, Ges. vom 28. Dez. 1868 [Aufhebung der Denunziantenantheile] — B. G. Bl. S. 571 —.) Wegen des Verhältnisses der Gensdarmen zum Amtsvorsteher vergl. § 65, Abs. 2 der altländischen Kr. O.

§ 410.

Nach § 157 Ziffer 3 des Landesverwaltungsgesetzes vom 30. Juli 1883 werden durch dieses Gesetz die Bestimmungen des Reichsgesetzes über den Unterstützungswohnsitz vom 6. Juni 1870 nicht berührt, d. h. es ist für die Behandlung der Armenstreitsachen ein von dem Landesverwaltungsgesetze abweichendes Verfahren vorgeschrieben (§§ 37, 38, 53 ff. des Ges. vom 6. Juni 1870). In den Kreisordnungsprovinzen sind maßgebend (an Stelle der Vorschriften des preußischen Ausführungsges. vom 8. März 1871) der § 39 des Zuständigkeitsges. vom 1. Aug. 1883, §§ 57, 60—81, 102—109 des Landesverwaltungsges. vom 30. Juli 1883.

III. Die Schulangelegenheiten.

§ 411.

„Schulen und Universitäten sind Veranstaltungen des Staates, welche dem Unterricht der Jugend in nützlichen Kenntnissen und Wissenschaften zur Absicht haben.“ Diese landrechtliche Auffassung (II 12 § 1) ist die einzig berechtigte, denn, wenn auch die ersten Schulen Deutschlands in Klöstern und Domstiftern von Geistlichen gehalten wurden, so beweist das nichts für die Annahme, daß die Schule ausschließlich der Kirche gehöre. Der Kirche gehört nur der Religionsunterricht, und es ist allerdings Pflicht des Staates, dafür zu sorgen, daß jedes Kind in der Religion der Eltern oder nach Bestimmung derselben in einer Religion unterrichtet werde. Nach Auflösung der Klöster und Stifter ging die Leitung der Schule zunächst an die Städte über*), welche damals eine Selbstständigkeit, wie die heutigen Staaten, besaßen. Gleichwohl hat sich hieraus die Annahme entwickelt, daß die Schule in Stadt und Land eine Gemeindeanstalt sei, ein Irrthum, welcher der Entwicklung des Schulwesens überall hindernd in den Weg tritt. Dasselbe gilt von den jetzigen Schulsozietäten. Mit dem Begriff der Staatsschule stimmen auch überein die Vorschriften der preußischen Verfassung Art. 20—26. Das hiernach verheißene Unterrichtsgesetz ist aber leider (!) immer noch nicht ergangen, und es bewendet nach Art. 112 a. a. O. hinsichtlich des Erziehungs- und Unterrichtswesens nun schon seit 37 Jahren bei den jetzt geltenden gesetzlichen Bestimmungen. Der Versuch mit der Vorlage vom 2. Nov. 1869 ist gescheitert.

Diese schulgesetzlichen Bestimmungen sind nicht einheitlich im ganzen Staate geregelt, sondern in den verschiedenen Provinzen verschieden. In den älteren Provinzen gilt als Grundlage das Allgemeine Landrecht Th. II Tit. 12, daneben aber bestehen folgende Provinzialgesetze: Schulordnung für Ost- und Westpreußen vom 11. Dez. 1845 (G. S. 1846 S. 1), abgeändert im § 4 durch Gesetz vom 6. Mai 1886 (G. S. S. 144); für Schlesien das Schulreglement vom 18. Mai 1801 (Neue Kornsche Ediktensammlung Bd. 7, Nr. 132, S. 266), abgeändert in § 39 lit. a durch dasselbe Ges. vom 6. Mai 1886, desgl. schlesisches Land-Schul-Reglement vom 3. Nov. 1765 (Alte Kornsche Ediktensammlung Bd. 8, Nr. 303, S. 780, desgl. der schlesische Landtagsabschied vom 22. Febr. 1829, welcher aber nicht die Kraft eines geschriebenen Gesetzes hat (Parey, Rechtsgrunds. S. 187); für Neuvorpommern das Regulativ für Landschulen vom 29. Aug. 1831 (v. Kamptz, Ann. Bd. 15, S. 564). Für die Provinz Sachsen gilt noch die Verordng. vom 11. Nov. 1844 (G. S. S. 698); für Rheinland und Westfalen: Reglement für die reformirten Schulen des Herzogthums Kleve und der Grafsch. Mark vom 10. Mai 1782. Schul-Ordnung für Minden und Ravensberg vom 6. April 1754 (Mylius N. C. C. I. S. 1099). Landschulordnungen für das Erzstift Münster vom 7. Aug. 1782, 10. März 1788, 1 Sept. 1810, für das ehemals französische, königl. westfälische und großherzogl. Bergische Gebiet. Ges. vom 13. Messidar X (1. Mai 1802). Verordng. vom 6. Mai 1814 und 15. Juli 1814, Kirchenordnung für Rheinland und Westphalen (v. Kamptz, Ann. Bd. XIV, S. 104); für Posen: l. L. R., nur wegen der Sprache Kab.-Ordre vom 20. Mai 1842, Intruktion vom

*) Siehe Luthers Schreiben an die Rathsherren aller Städte Dutschlands, daß sie christliche Schulen aufrichten und halten sollen. Wittenberg 1524.

21. Mai 1842 (Min.-Bl. d. i. V. S. 198); für Hannover: Ges. vom 26. Mai 1845 (Hannov. G. S. I, S. 465), Ges. vom 14. Okt. 1848 (Hannov. G. S. I, S. 301) und vom 5. Nov. 1850 (a. a. O. S. 203 und 204), Ges. vom 9. Okt. 1864 (a. a. O. S. 439 und 447), Verordng. vom 5. Febr. 1851 (a. a. O. S. 19) und Ges. vom 2. Aug. 1856 (a. a. O. S. 257); für Kurhessen nur einzelne bei Rönne abgedruckte Verordnungen; für Nassau: Edikt vom 24. März 1817 (Nass. Verordng. Saml. III, S. 285), Schulordnung vom 6. Dez. 1817 (a. a. S. 294, 311, 324, 334); für Schleswig-Holstein: Schulordnung vom 24. Aug. 1814 (Schlesw. G. S. S. 112), Lauenburgsche Schulordnung vom 10. Okt. 1868; für das Landgräfl. Hess. Amt Homburg: Edikt vom 9. Okt. 1838 (Archiv S. 269); für das Oberamt Meisenheim: Verordng. vom 20. Sept. 1867 (G. S. S. 1534); in Hohenzollern: für Sigmaringen, Schulordnung vom 6. Nov. 1809 (G. S. I, S. 28); für Hechingen, Schulordnung vom 1. Juni 1833.

§ 412.

Hinsichtlich der Beaufsichtigung der Volksschulen ist man dem Gedanken der Staatsschule etwas näher gerückt durch das Gesetz vom 11. März 1872 (G. S. S. 183). Danach gebührt die Ernennung der Lokal- und Kreis-Schulinspektoren und die Abgrenzung ihrer Aufsichtsbezirke dem Staate allein, auch ist der vom Staate den Inspektoren der Volksschule ertheilte Auftrag, sofern sie dies Amt als Neben- oder Ehrenamt verwalten, für jederzeit widerruflich erklärt werden. Im Uebrigen sollen die den Gemeinden und deren Organen zustehenden Theilnehmer an der Schulaufsicht und der Artikel 24 der Verfassung unberührt bleiben. Durch diesen Zusatz ist der Einfluß der Kirche auf die Volksschule in der früheren Weise im Wesentlichen erhalten geblieben, desgleichen eine Art von Schul-Selbstverwaltung durch die ländlichen Schulvorstände (Instruktion vom 28. Oktober 1812 — Rönne, Schulwesen I, S. 321 —) und die städtischen Schuldeputationen (Instruktion vom 26. Juni 1811 — Oertel, Städte-Ordng. Bd. 1, S. 242 —).

Für diese Selbstverwaltungseinrichtungen, welche durch die §§ 45 bis 49 des Zuständigkeitsgesetzes vom 1. Aug. 1883 noch eine Erweiterung erfahren haben, würde auch noch Raum genug bleiben, wenn der Grundsatz der Staatsschule zur vollständigen Durchführung gelangte, was leider bis jetzt nicht geschehen ist. Einen Anlauf zur Erreichung dieses Zieles unternahm der Minister Falk in seinem Ausführungserlasse vom 13. März 1872 (Centralbl. für die U. V. S. 203), desgl. in dem Erlasse vom 16. April 1872 (a. a. O. S. 257), auch hatten einzelne Regierungen inzwischen sogar den verunglückten Versuch gemacht, ein neues Schulaufsichtsorgan, den Landrath, in den Schulbehördenorganismus einzufügen (Danzig, Verfügung vom 17. März 1872 — Centralbl. S. 205 —, Oppeln, Verf. vom 12. April 1872 — a. a. O. S. 258), indessen führte dieser Uebereifer selbstredend bald zu einer rückgängigen Bewegung, wofür verschiedene Auslassungen kirchlicher Oberbehörden Zeugniß ablegen (Rundschreiben des Evangelischen Oberkirchenrathes an die Konsistorien vom 19. April 1872, Ausschreiben des Hannoverschen Landeskonsistoriums vom 18. und 21. März 1872, und dann der Hirtenbrief der kathol. Bischofskonferenz d. d. Fulda, den 16. April 1872).

§ 413.

Die höheren und eigentlichen Aufsichtsbehörden für das Volksschulwesen sind die Abtheilungen für die Kirchenverwaltung und das Schulwesen, welche jetzt bei allen Bezirksregierungen eingerichtet worden sind (§ 22 des Landesverwaltungsges. vom 30. Juli 1883). Dagegen bestehen für die Verwaltung des höheren Schulwesens die Provinzial-Schul-Collegien. Dieselben bildeten ursprünglich die zweite Abtheilung der Konsistorien (B 1 der Allerh. Kab.-O. vom 31. Dez. 1825 — G. S. 1826, S. 5 —). Die Oberpräsidenten führen darin den Vorsitz und haben die Leitung der Geschäfte (Instruktion von demselben Tage — a. a. O. S. 1 —, § 6 der Verordng. vom 27. Juni 1845 — G. S. S. 440 —). Ihrem Ressort sind auch die zu Entlassungsprüfungen berechtigten Realschulen überwiesen (Allerh. Erlaß vom 26. Aug. 1859 — G. S. S. 535 —). Sie haben die Direktoren und Lehrer der Gymnasien und Schullehrerseminarien anzustellen (B 8 der Allerh. Kab.-Ordre vom 31. Dez. 1825 — G. S. 1826, S. 5, § 1 der Verordng. vom 9. Dez. 1842 — G. S. 1843 S. 1 —) und die Rechte des Fiskus bei bäuerlichen Regulirungen, Separationen, Ablösungen u. s. w. wahrzunehmen. (D XI der Allerh. Kab.-Ordre vom 31. Dez. 1825 — G. S. 126, S. 5 —, §§ 13 ff. der Verordng. vom 30. Juni 1834 — G. S. S. 96 —, Ges. vom 21. April 1852 — G. S. S. 258. —) Wegen ihrer Befugnisse in Disziplinarangelegenheiten vergl. § 24 Ziffer 2 des Ges. vom 21. Juli 1852 — G. S. S. 465 —, Verordng. vom 2. Novbr. 1874 — G. S. S. 353 —), wegen Errichtung dieser Behörden in den neu erworbenen Landestheilen Verordng. vom 22. Sept. 1867 (— G. S. S. 1570 —).

IV. Die Einquartierungs-Angelegenheiten.

§ 414.

Diese Angelegenheiten sind reichsgesetzlich geregelt, man hat aber zu unterscheiden die Einquartierung im Frieden und im Kriege. Die Einquartierungslast im Frieden ist eine allgemeine staatsbürgerliche Last der Besitzer der zur Unterbringung von Truppen geeigneten Baulichkeiten, sie hat also insofern die Natur einer Reallast, woraus auch folgt, daß dieselbe gesetzlich nicht von dem Miether zu tragen ist. (Vergl. hierüber Parey: die Rechte und Pflichten der Hauseigenthümer, Miether u. s. w., Berlin 1885, S. 33 ff.). Das Einquartierungsrecht im Frieden ist geregelt durch das Ges. vom 25. Juni 1868 — B. G. Bl. S. 523 — (in Süddeutschland eingeführt durch die Ges. vom 11. August 1869 — Hessen —, vom 22. Nov. 1871 — Baden —, vom 14. Juli 1871 — Elsaß-Lothringen —, vom 9. Febr. 1875 — Baiern —, vom 9. Febr. 1875 — Württemberg —). Abgeändert ist dasselbe durch Ges. vom 28. Mai 1887 (R. G. Bl. S. 159) und durch Ges. vom 21. Juni 1887 (R. G. Bl. S. 245). Im Kriege ist die Einquartierung eine Gemeindelast. (Ges. vom

13. Juni 1873 — R. G. Bl. S. 129 —, gilt seit der Einführung in Elsaß-Lothringen durch Ges. vom 6. Okt. 1873 — Gesetzbl. für E. L. S. 262 — im ganzen Deutschen Reiche.) Dazu die Ausführungs-Verordnungen vom 1. April 1876 — R. G. Bl. S. 137 —, vom 6. Juni 1885 — a. a. O. S. 197 — und vom 26. Jan. 1887 — a. a. O. S. 9. —

V. Die Sparkassen-Angelegenheiten.

§ 415.

Die Grundlage für das Sparkassenwesen in Preußen (auch in den neu erworbenen Landestheilen) bildet das Reglement vom 12. Dez. 1838 (G. S. 1839 S. 5). Dasselbe ist ausführlich erläutert in der Wochenschrift „Selbstverwaltung" Jahrg. 12, S. 213 ff. und 222 ff. Unberechenbarer Segen ist durch dies gemeinnützige Institut bereits unter allen Schichten des Volkes verbreitet worden, auch gewährt dasselbe für Gemeinde und Kreise sowie für die weiteren Kommunalbezirke, welche dasselbe angenommen haben, eine willkommene Einnahmequelle. In diesem Umstande war auch die Abneigung zu suchen, welche dem Projekte der Einführung der Post-Sparkassen vor Kurzem entgegentrat, andererseits hat die Eigenschaft der Sparkassen als Finanzquelle für Kommunalverbände vielfach zu dem Wunsche geführt, die Sparkassen zu förmlichen Kommunal-Banken auszugestalten. Auffallender Weise ist die Staatsregierung diesen Bestrebungen bisher mit Entschiedenheit entgegengetreten, obwohl dieselben den wahren und einzigen Anfangspunkt bilden würden zur Beilegung des jetzt herrschenden sozialpolitischen Haders.

VI. Die Synagogen-Angelegenheiten.

§ 416.

Seit der Durchführung des Art. 12 der preußischen Verfassung vom 31. Jan. 1850 und dem Erlaß der Ges. vom 3. Juli 1869 (B. G. Bl. S. 319), Art. 80 Nr. 20 der Bundes-Verf. vom 31. Dez. 1870 (B. G. Bl. S. 627), § 1 Nr. 10 des Ges. vom 22. April 1871 (R. G. Bl. S. 87) sind die früheren, auf die bürgerlichen und staatsbürgerlichen Rechte der Juden bezüglichen zahlreichen Beschränkungen fortgefallen. Nur deren Kultus-Angelegenheiten unterliegen noch einer besonderen Gesetzgebung (Ges. vom 23. Juli 1847 — G. S. S. 263 —, Allerh. Erlaß vom 24. Juni 1867 — G. S. S. 1308 —). Wegen des Austrittes aus dem Judenthume und aus den Synagogengemeinden siehe Ges. vom 28. Juli 1876 (G. S. S. 353), wegen der Eide der Juden, Ges. vom 15. März 1869 (G. S. S. 484). Die in neuerer Zeit hervorgetretene Strömung des Antisemitismus findet in den Gesetzen keine Begründung mehr und hat nur noch den Werth einseitiger, subjektiver Anschauungen.

VII. Das Wegerecht und die Wegepolizei.

§ 417.

Die Wegegesetzgebung ist provinzialrechtlich geregelt und zwar vielfach auch noch innerhalb der Provinzen für einzelne Gegenden durch besondere

Vorschriften, welche Rönne in seinem Wegerechte (Breslau 1852) für die älteren Provinzen zusammengestellt und ausführlich erläutert hat. Wegen der neuen Provinzen vergl. §§ 58—64 des Zuständigkeitsgesetzes vom 1. Aug. 1883. Beachtenswerth ist namentlich der § 64 a. a. O., derselbe handelt von den besonderen Beiträgen, welche die Unternehmer von Fabriken u. s. w., durch deren Betrieb Wege in erheblicher Weise benutzt werden, zu entrichten haben. Dazu vergl. für die Provinz Sachsen das Gesetz vom 28. Mai 1887 (G. S. S. 277).

§ 418.

Von der Verwaltung der Chausseen und von dem Verkehr auf diesen Kunststraßen handelt am ausführlichsten das Buch von C. Rumpf, Berlin 1860. Zu der Verordnung vom 17. März 1839 sind aber die Gesetze vom 8. Sept. 1886 (G. S. S. 281) und vom 20. Juni 1887 (G. S. S. 301) nachzulesen.

§ 419.

Die Wahrnehmung der **Wegepolizei** auf den Chausseen steht, soweit es sich um die **Erhaltung** dieser Straßen handelt, dem Regierungspräsidenten zu, im Uebrigen den Landräthen als Organe des Regierungspräsidenten, nicht aber den Amtsvorstehern in den altländischen Provinzen. Dagegen ist der Landrath zuständig in dem durch das Regulativ vom 7. Juni 1844 (G. S. S. 167) geregelten besonderen Verfahren bei Chausseepolizei- und Chausseegeld-Uebertretungen (cf. auch Kab.-Ordre vom 17. Okt. 1845 — G. S. S. 726 — und Ges. vom 12. März 1853 — G. S. S. 87 —). Die Bestimmungen jenes Regulativs sind auch nicht abgeändert durch das Gesetz betreffend den Erlaß vorläufiger Strafverfügungen wegen Uebertretungen vom 23. April 1883 (G. S. S. 65) und die Ausführungs-Anweisung vom 8. Juni 1883 (Wochenschr. „Selbstverw.“, Jahrg. X, S. 211). Das Verfahren selbst ist genau beschrieben bei Rumpf, S. 272—274.

VIII. Das Wasserrecht und die Wasserpolizei.

§ 420.

Die beste Darstellung dieser schwierigen Materie ist die von Nieberding, Berlin 1866. Leider ist dies vortreffliche Werk von der neuen Gesetzgebung überholt. Dieser Uebelstand ist einigermaßen ausgeglichen durch das Werk vom Oberverwaltungsgerichtsrath Hahn: „Die preußische Gesetzgebung über Vorfluth, die Ent- und Bewässerungen und das Deichwesen, sowie überhaupt in Bezug auf das Wasserrecht,“ Breslau 1886. Außerdem ist besonders zu erwähnen die Anleitung zur Bildung öffentlicher Genossenschaften zur Ent- und Bewässerung von Grundstücken für Zwecke der Landeskultur von Weddige. Berlin und Leipzig 1887.

Ein besonderes Verfahren ist vorgeschrieben für die Rheinschifffahrts- und Elbzollgerichte (§ 14 des Deutschen Ger.-Verf.-Ges. vom 27. Jan. 1877, Ges. vom 8. März 1879 — G. S. S. 129, desgl. vom 9. dess. Monats — S. 132 —, desgl. vom 1. Sept. 1879 — S. 609 —).

§ 421.

Von besonderer Bedeutung ist das Vorfluthswesen. Das Bedürfniß nach Vorfluth ist auf drei rechtlich in sich durchaus von einander verschiedene Ursachen zurückzuführen, nämlich auf die Fragen, ob das Hemmniß des Wasserabflusses seinen Grund hat:

I. in der Beschaffenheit des Territoriums, welches von einem Wasserlaufe durchflossen wird,

II. in der mangelnden Räumung,

III. in künstlichen Veranstaltungen der unterhalb liegenden Adjacenten.

ad I.

Haben die periodisch eintretenden Wasseransammlungen (Hochfluthen) in einer Feldmark ihren Grund in den territorialen Verhältnissen, z. B. in gewissen von Anfang an bestehenden Verengungen des Wasserlaufes in Felsenbildungen u. s. w. (von natürlichen Bodenerhebungen kann bei einem Privatflusse nicht die Rede sein), so ist gegen den Besitzer des betreffenden Grundstückes, auf welchem sich das von ihm weder durch Handeln, noch durch Unterlassen verschuldete Hemmniß befindet, das Provokationsverfahren in Gemäßheit der §§ 15 ff. des Vorfluthgesetzes vom 15. Nov. 1811 (G. S. S. 352) einzuleiten. Zu diesem Zwecke haben die betheiligten Besitzer zunächst ein technisches Gutachten darüber herbeizuschaffen, daß und in welchem Umfange ihre Grundstücke der Ueberschwemmung in Folge jener Hindernisse ausgesetzt sind. Sodann haben diese Besitzer gemeinschaftlich auf Verschaffung der Vorfluth zu provoziren, und das geschieht am besten und einfachsten durch einen gemeinschaftlichen Bevollmächtigten. Dieser hat, soweit es sich um die im Gebiete des preußischen Staates liegenden Hemmnisse handelt, den betreffenden Kreis- oder Stadt-Ausschuß nach § 68 des Zuständigkeitsgesetzes vom 1. Aug. 1883 (G. S. S. 264) eine Anzeige zu machen, in welcher folgende Nachweise zu führen sind:

a. daß eine gütliche Einigung mit den betreffenden Grundbesitzern nicht möglich gewesen sei,

b. welche Vortheile von dem Ablassen des Wassers erwartet werden,

c. daß bereite Mittel vorhanden sind, um die wahrscheinliche Entschädigung der Grundbesitzer für die Forträumung der Hemmnisse zu bezahlen.

Man ersieht schon hieraus, daß in diesem Falle von einer Entschädigung der einer Ueberschwemmungsgefahr ausgesetzten Grundbesitzer überhaupt nicht die Rede ist, daß im Gegentheil der Besitzer, gegen welchen die Provokation gerichtet ist, eine Entschädigung beanspruchen kann. Andererseits steht es aber auch fest, daß unter den Begriff des „stehenden" Wassers im Sinne des Vorfluthgesetzes vom 15. Nov. 1811 nicht lediglich dauernd vorhandene Wasserflächen mit eigenen Quellen und Zuflüssen, sondern auch periodisch eintretende und nur in gewissem engerem Umfange dauernde Ansammlungen fallen. (Vergl. das Endurtheil des Königl. Ober=Verwaltungsgerichts vom 23. Febr. 1878 [Entsch. Band III S. 226, „Selbstv.“ V S. 316].)

Ist nun ein Antrag der vorgedachten Art bei dem Kreis= oder Stadtausschusse gestellt worden, so ernennt derselbe sachkundige Kommissarien, welche eine Lokaluntersuchung zu veranstalten und die im § 16 des Vorfluthsgesetzes bezeichneten Ausmittelungen zu bewirken haben. Die Zuziehung der Betheiligten bei diesem Termin ist von dem Königl. Ober=Verwaltungsgericht mit Rücksicht auf § 77, Abs. 2 des Landesverwaltungsgesetzes vom 30. Juli 1883 (G. S. S. 214) als zweckmäßig bezeichnet worden.

Auf Grund dieser Untersuchung der Kommissarien beschließt jetzt der Kreis= oder Stadt=Ausschuß darüber, ob die Ablassung des Wassers überhaupt stattfinden könne und unter welchen Modalitäten sie ausgeführt werden solle. Diese Modalitäten betreffen namentlich die Richtung der Entwässerung, welche in der Regel durch den Lauf des Gewässers gegeben ist, sofern nicht neben diesem Laufe etwa die Ziehung von Gräben behufs Umgehung des Hemmnisses vorzuziehen wäre, in welchem Falle seitens des Stadt= oder Kreisausschusses auch über die Länge, Breite und Tiefe dieser Gräben, sowie über die Pflicht zur Uebernahme der Herstellungskosten zu befinden wäre. (Vergl. Endurtheil des Königl. Ober=Verwaltungsgerichts, II. Senat, vom 24. April 1880. (Entsch. Band VI, S. 244 ff.)

Gegen diesen Beschluß des Kreis= oder Stadtausschusses findet dann nach dem Schlußsatze des § 68 des Zuständigkeitsgesetzes vom 1. Aug. 1883 (G. S. S. 264) binnen 2 Wochen der Antrag auf mündliche Verhandlung im Verwaltungsstreitverfahren statt, d. h. derselbe Kreis= oder Stadt=Ausschuß hat nunmehr nicht zu beschließen, sondern im förmlichen kontradiktorischen Verfahren zu entscheiden. Gegen diese Entscheidung ist das Rechtsmittel der Berufung an den Bezirksausschuß (§ 82 des Landesverwaltungsges. vom 30. Juli 1883 — G. S. S. 215) und später dasjenige der Revision an das Ober=Verwaltungsgericht (§ 93 a. a. O. S. 217 und 218) gegeben.

Hieraus ergiebt sich:

1. daß gegen jeden (und zwar jeden einzelnen) unterhalb liegenden Besitzer eines Grundstücks, auf welchem sich ein solches natürliches, aber vom Besitzer weder durch Handlungen noch Unterlassungen verschuldetes Hemmniß befindet, auf Verschaffung von Vorfluth provozirt werden kann. Eine Schwierigkeit könnte nur entstehen, wenn sich die betreffenden Hemmnisse in einem Nachbarstaate befänden und wenn durch technische Gutachten unzweifelhaft nachgewiesen würde, daß durch diese Hemmnisse ein Aufstau z. B. von Gebirgsgewässern bis zu den Fluren einer gefährdeten Gemeinde hinauf bewirkt würde. Sollte dies zutreffen, so müßten geeignete Anträge bei dem diesseitigen Minister des Innern gestellt werden, welcher dann voraussichtlich in Gemeinschaft mit dem landwirthschaftlichen Minister die geeigneten Schritte bei der Regierung des Nachbarstaates thun würde.

2. Von einer Vertheilung der Entschädigung seitens der Besitzer der Grundstücke, wo sich die Hemmnisse befinden, kann nicht die Rede sein.

ad II.

Sollten die von einem Aufstau bedrohten Landwirthe behaupten wollen, daß die fehlende Vorfluth ihren Grund in der mangelhaften Räumung des Flußbettes des betreffenden Wasserlaufes habe, so handelt es sich nicht mehr um ein unverschuldetes Hemmniß, sondern um eine Unterlassung, welche gegen den § 7 des Gesetzes über die Benutzung der Privatflüsse vom 28. Febr. 1843 (G. S. S. 41) beziehungsweise § 10 des Vorfluthsgesetzes vom 15. Nov. 1811 verstößt. Können dergleichen nachlässige Uferbesitzer innerhalb der preußischen Grenzen ausgemittelt werden, so müssen sich die bedrohten Landwirthe an die Polizeibehörde (Bürgermeister, Amtsvorsteher) desjenigen Ortes wenden, wo diese Nachlässigen mit ihrem Grundbesitz angesessen sind. Sollte es sich dabei um Grundbesitzer in einem Nachbarstaate handeln, so ist der oben bereits angedeutete Weg durch die Ministerien einzuschlagen.

Wollen sich die betreffenden Polizeibehörden auf die Anträge der bedrohten Landwirthe nicht einlassen, so können diese Behörden nicht etwa dieserhalb im Verwaltungsrechtswege verklagt werden, denn die sogenannten Popularklagen kennt man bei uns in Preußen für Verwaltungs-Streit-Angelegenheiten nicht (mit einigen scheinbaren, hier nicht zutreffenden Ausnahmen), wie die in dem Endurtheile des Kgl. Ober-Verwaltungs-Gerichtes vom 20. Febr. 1878 (Entsch. Bd. III, S. 186) klargestellt worden ist. Man kann aber über den Polizeibeamten bei der Aufsichtsbehörde (Landrath, Regierungspräsident, Minister) Beschwerde führen.

Gehen aber die Polizeibehörden, welche in diesem Falle „Wasserpolizeibehörden" heißen, auf jene Anträge ein, so kann, nachdem diese Behörden einen Bescheid auf die Anträge ertheilt haben, ein Verwaltungsstreitverfahren entstehen, welches im § 66 des Zuständigkeitsgesetzes vom 1. Aug. 1883 (G. S. S. 262) näher beschrieben ist.

Wegen der Aktiv- und Passivlegitimation in Betreff der gegen den Beschluß der Wasserpolizeibehörde anzustellenden Klage gilt das oben sub I Gesagte, jedoch ist wegen der zuständigen Behörden der Absatz 5 des § 66 wohl zu beachten. Ebenso gilt wegen der Rechtsmittel dasselbe.

Wegen des bereits vorher durch die mangelhafte Räumung angerichteten Schadens würde nur im Civilrechtswege auf Grund des Tit. 6, Th. I, A. L. R's. ein Erfolg zu erzielen sein.

ad III.

Bestehen die Vorfluthshemmnisse in künstlichen Veranstaltungen der unterhalb liegenden Adjacenten des betreffenden Wasserlaufes, z. B. in Stauwerken zum Betriebe von Mühlen oder Wiesenberieselungen, so liegt ein positives Eingreifen in die Vorfluthsverhältnisse vor, also ein Handeln im Gegensatz zu dem sub II besprochenen Unterlassen. Dieses Handeln kann ein unberechtigtes, es kann aber auch ein berechtigtes sein.

Unberechtigt ist jede in den Strafgesetzen oder sonst wie verbotene Handlung, z. B. § 4 des Ges. vom 28. Febr. 1843, §§ 321, 366, Nr. 9 und 10 des R. Str. G. B., § 27 Nr. 3 des Feld- und Forstpolizeiges. vom 1. April 1880 (G. S. S. 230). Wenn Jemand durch dergleichen Handlungen oder auch durch andere gerade nicht strafbare Thaten die Vorfluth beeinträchtigt, so handelt es sich, da der Thäter nicht gerade ein Adjacent der sonst Betheiligten zu sein braucht, garnicht um eine wasserpolizeiliche Angelegenheit im Sinne des Titels XII des Zuständigkeitsges. vom 1. Aug. 1883 (G. S. S. 262), sondern lediglich um die Störung eines im öffentlichen Interesse zu erhaltenden Zustandes, auf dessen Wiederherstellung die Polizeibehörde mit den gewöhnlichen Mitteln der §§ 127 ff. des Landesverwaltungsgesetzes vom 30. Juli 1883 (G. S. S. 226) hinzuwirken hat. Selbstredend haben derartige Handlungen außerdem und außer der eventuellen Bestrafung einen Entschädigungsanspruch aus Tit. 6, Theil I A. L. R's zur Folge.

Steht aber dem Interesse des Vorfluthsbedürftigen ein berechtigtes Privatinteresse gegenüber, oder behauptet der Besitzer eines Stauwerkes, daß er sich in der Ausübung eines wohlerworbenen Privatrechtes befände, indem er sein Stauwerk benutze, so steht der Polizeibehörde kein Recht zur Einmischung in diese Angelegenheit zu, und der Streit kann nur vor dem Civilprozeßrichter zum Austrag gebracht werden, denn es handet sich hierbei weder um eine Räumung, noch um eine Entfernung von unberechtigt in den Fluß hineingebrachten Gegenständen. (Vergl. das Endurtheil des Königl. Ober-Verwalt.-Ger. vom 27. März 1878 (Entsch. Band III, S. 230.)

IX. Das Deichwesen.

§ 422.

Die hier einschlagende Gesetzgebung ist erwähnt in den §§ 96 und 97 des Zust.-Ges. vom 1. Aug. 1883 und erläutert in den Werken von Hahn (oben § 420), und von Kletke, Berlin 1867.

X. Die Fischereipolizei.

§ 423.

Fischereigesetz für den preußischen Staat vom 30. Mai 1874 (G. S. S. 197). Eine gute Zusammenstellung aller auf die Fischerei-Gesetzgebung in Preußen bezüglichen Vorschriften ist die von Kletke, Berlin 1874. Hinzuzufügen sind noch die Verordng. vom 15. Mai 1877, betreffend die Ausführung des Fischereigesetzes in Pommern (G. S. S. 149), desgl. vom 23. Juli 1886 für die Rheinprovinz und den Regierungs-bezirk Wiesbaden (G. S. S. 189 und 197) und das abändernde Ges. vom 30. März 1880 (G. S. S. 228.) Zu empfehlen ist auch der Kommentar von Studt und Braunbehrens, Band III S. 357. Außerdem sind in den Regierungsamtsblättern zahlreiche, auf diesen Gegenstand bezügliche Bekanntmachungen enthalten.

XI. Das Jagdrecht und die Jagdpolizei.

§ 424.

Zu dem Jagdpolizei-Gesetze vom 7. März 1850 enthält ausführliche Erläuterungen, welche sich auch über das Jagdrecht im Allgemeinen verbreiten, der Kommentar von Kohli, Berlin 1882. Zu erwähnen sind jedoch noch das Gesetz vom 26. Febr. 1870, betreffend die Jagdscheingebühr in der Provinz Hessen-Nassau (G. S. S. 141), Gesetz betreffend die Verwendung der Jagdscheingebühren in den durch die Gesetze vom 20. Dez. und 24. Dez. 1866 mit der Monarchie vereinigten Landestheilen und die Gültigkeit der Jagdscheine im ganzen preußischen Staatsgebiete vom 9. März 1868 (G. S. S. 207), das Lauenburgische Gesetz vom 17. Juli 1872 (Offiz. Wochenbl. Nr. 42), das Gesetz betreffend die Lösung der Jagdscheine in den Hohenzollernschen Landen vom 17. März 1873 (G. S. S. 141), das Fürstlich Hechingsche Jagdgesetz vom 16. April 1849 (Verordnungsbl. für Hechingen S. 151), das Sigmaringsche Jagdgesetz vom 29. Juli 1848 (Sigm. V. Bl. S. 275), das Jagdgesetz für Frankfurt a. M. betreffend Ergänzung des Art. 12 des Gesetzes wegen Ausübung der Jagd vom 22. Aug. 1850 (Frankfurter Ges. und Statuten Bd. 14, S. 163), ferner Gesetz vom 20. Aug. 1850 (a. a. O. Bd. 10 S. 323), die Landgräflich Hessen-Homburgische Verordnung vom 7. Juli 1863 (Archiv. S. 907), desgl. vom 8. Okt. 1849 (Archiv. S. 472 und 474), die baierische Verordnung vom 5. Okt. 1863 (G. S. für Baiern S. 1657), desgl. Ges. vom 30. März 1850 (a. a. O. S. 117), Großherzogl. Hessisches Gesetz vom 2. Aug. 1858 (Hess. Reg.-Bl. S. 357), desgl. vom 26. Juli 1848 (a. a. O. S. 209), Kurfürstl. Hessisches Gesetz vom 7. Sept. 1865 (Kurh. G. S. S. 571), Hannoversche Jagdordnung vom 11. März 1859 (Hannov. G. S. S. 159), Hohenzollernsches Gesetz (Schonzeiten) vom 8. Mai 1853 (G. S. S. 178), Lauenburgisches Gesetz (Schonzeiten) vom 8. Juli 1870 (Offiz. Wochenbl. Nr. 46), desgl. vom 17. Juli 1872 betr. Jagdrecht und Jagdpolizei (a. a. O. Nr. 42 § 8), Verordnung betreffend Jagdrecht und Jagdpolizei im ehemaligen Herzogthum Nassau vom 30. März 1867 (G. S. S. 426), Gesetz über die Schonzeiten des Wildes vom 26. Febr. 1870 (G. S. S. 120, auch bei Kohli). Eine neue, allgemeine Jagdordnung ist bisher nicht zu Stande gekommen, vergl. Drucksachen des Herrenhauses von 1883/84 Nr. 5.

XII. Gewerberecht und Gewerbepolizei.

§ 425.

Das Gewerberecht ist keineswegs in der Reichsgewerbeordnung in der Fassung des Gesetzes vom 1. Juli 1883 und den zahlreichen Novellen zum § 16, zum § 100 c (Ges. vom 8. Dez. 1884 — R. G. Bl. S. 255 —) und zum § 100 g (Ges. vom 6. Juli 1887 — R. G. Bl. S. 281 —) vollständig geregelt, viemehr gelten daneben noch viele Reichs- und Landesgesetze, unter den letzteren namentlich die preußische Gewerbe-Ordnung vom 17. Jan. 1845 in ihren nicht aufgehobenen Bestimmungen. (Vergl.

Parey, Uebersicht der auf den Gewerbebetrieb in Preußen bezüglichen Gesetze, Magdeburg 1875.)

Besonders zu beachten sind die §§ 20, 21 der Reichs-Gewerbe-Ordnung, welche nach § 157 Ziffer 1 des Landes-Verwaltungs-Gesetzes vom 30. Juli 1883 durch dies Gesetz nicht berührt werden, d. h. für das Verfahren in gewerblichen Angelegenheiten sind jene Vorschriften maßgebend geblieben, und daraus folgt, daß die Bestimmungen der beiden großen Verwaltungsgesetze auf Gewerbesachen nur insoweit Anwendung finden können, als dies mit jenen reichsgesetzlichen Vorschriften vereinbar erscheint.

§ 426.

Was ist ein „Gewerbe"? „Die Reichsgewerbe-Ordnung definirt den Begriff des Gewerbes überhaupt nicht, sie schließt sogar in § 6*) eine Reihe von Gewerben aus dem Kreise ihrer Anwendbarkeit aus" (die Fischerei, die Errichtung und Verlegung von Apotheken, die Erziehung von Kindern gegen Entgelt, das Unterrichtswesen, die advokatorische und die Notariats-Praxis, der Gewerbebetrieb der Auswanderungs-Unternehmer und der Auswanderungsagenten, der Versicherungsunternehmer und der Eisenbahnunternehmungen, die Befugniß zum Halten öffentlicher Fähren und die Rechtsverhältnisse der Schiffsmannschaften auf den Seeschiffen, das Bergwesen, die Ausübung der Heilkunde, den Verkauf von Arzneimitteln, den Vertrieb von Lotterielosen, die Viehzucht). Aus einem Ausspruche des Ober-Verwaltungsgerichtes (Parey, Rechtsgrunds. S. 34, Nr. 13) ist zu entnehmen, daß die sämmtlichen hier aufgeführten Beschäftigungen zwar an sich zu den Gewerben gehören, aber nur in der Gewerbe-Ordnung nicht als solche behandelt werden, weil die Regelung dieser Gewerbe Spezial-Gesetzgebungen vorbehalten und auch zum Theil Gegenstand einer solchen geworden sind. Ackerbau, Viehzucht, Gartenbau, Forstwirthschaft, Weinbau und schöne Künste (Entsch. Bd. II, S. 36) gehören weder zu den Gewerben, noch sind sie Gegenstände der Reichsgewerbe-Ordnung, aus welcher sich der Begriff „Gewerbe" mithin überhaupt nicht konstruiren läßt.

§ 427.

Dagegen läßt sich nach der Ansicht des Oberverwaltungsgerichts eine offizielle Definition aus der gewerbesteuerlichen (im Gegensatze zu der gewerbepolizeilichen) Gesetzgebung entnehmen, nämlich aus §§ 19 und 30 des Gesetzes vom 1. Mai 1851 (G. S. S. 193). Danach sind

*) Die Fassung des § 6 ist eine sehr unglückliche, zum Theil sogar sinnlose, denn die Errichtung und Verlegung von Apotheken stellt überhaupt niemals einen Gewerbebetrieb dar, ebenso wenig die hier gemeinten Eisenbahnunternehmungen, d. h. die Anlage dieser Verkehrsanstalten durch den Staat, Korporationen und Private, während die hier nicht gemeinte Uebernahme der Herstellung von Eisenbahnkörpern sehr wohl gewerbsmäßig betrieben werden kann und dann auch unter die Vorschriften der Gewerbeordnung fällt. (Erkenntniß des Reichsgerichts vom 26. Sept. 1882 — C. S. VIII, S. 51 —, des Reichsoberhandelsgerichts (Pferdebahnen) XXI, S. 237. Wie die „Rechtsverhältnisse" der Schiffsmannschaften auf den Seeschiffen einen Gewerbebetrieb darstellen können, ist nicht erfindlich.

unter „Gewerbe" alle Arten werbender Thätigkeit, jede gewinnbringende Beschäftigung, insbesondere auch „Handel und Pachtungen" zu verstehen. (Entsch. Bd. II, S. 37.)

§ 428.

Nach einem anderen Ausspruche des Ober-Verwaltungsgerichts (Entsch. Bd. XI, S. 56, Parey, Rechtsgrundſ. S. 81) sind die wesentlichsten (also nicht sämmtliche) Merkmale des „Gewerbes" die berufsmäßige, erlaubte auf Erzielung eines Erwerbes gerichtete Thätigkeit. Der Gewinnzweck ist das Kriterium der Gewerblichkeit eines Unternehmens, und es kann von einem Gewerbebetriebe überall da keine Rede sein, wo jede Gewinnabsicht erkennbar fehlt. Es handelte sich hier darum, festzustellen, ob der Betrieb einer Kreissparkasse ein gewerblicher sei. Diese Frage wurde verneint, weil der statutenmäßige Zweck dieser Anstalt der sei, den Einwohnern des Kreises Gelegenheit zu geben, ihre Ersparnisse anzulegen und den Sinn für Sparsamkeit zu beleben, die Kasse stelle sich deshalb dar, nicht als eine auf den Erwerb gerichtete, sondern als eine öffentliche gemeinnützige Anstalt, die Zinsüberschüsse gingen auch nicht in das Vermögen einer erwerbsfähigen Person über, dienten vielmehr zunächst nur zur Sicherung der Anstaltszwecke und könnten auch, soweit sie hierzu nicht mehr erforderlich seien, zu keinen anderen, als zu öffentlichen Zwecken verwendet werden. Hieraus ergiebt sich noch ein neues Merkmal des Gewerbes, welches man nun dahin definiren könnte:

Gewerbe ist jede berufsmäßige, erlaubte, auf Erzielung eines Erwerbes gerichtete Thätigkeit, sofern dieser Erwerb der Person des Arbeitenden selbst zu Gute kommt.

§ 429.

Wäre diese Definition zutreffend, so müßte man jede erlaubte Beschäftigung, zu welcher man sich durch Uebung geschickt gemacht hat, um dereinst mit dieser Geschicklichkeit etwas zu erwerben, als einen Gewerbebetrieb ansehen, mithin auch die Beschäftigung aller Beamten (vom Kastellan bis zum Minister), aller erwerbenden Gelehrten, Schriftsteller und Künstler zu den Gewerbebetrieben rechnen, denn ihnen allen kommt das Erworbene persönlich zu Gute, sei es in der Gestalt von Gehalt, oder als Bezahlung für wissenschaftliche oder künstlerische Leistungen.

§ 430.

Es ist an jener Definition richtig, daß alle in berufsmäßiger, erlaubte, erwerbender Weise Thätigen unter den gemeinsamen Begriff der „Arbeiter" fallen, denn es beruht auf einem Irrthume der sozialistischen Partei, diese ehrenvolle Bezeichnung nur auf diejenigen zu beziehen, welche zum Behuf des Erwerbens ihre physischen Kräfte in Bewegung setzen. Arbeit ist auch jede geistige Thätigkeit, aber nicht jeder Arbeiter ist ein Gewerbtreibender.

§ 431.

Die obige Definition bedarf also noch mancherlei Einschränkungen und Erweiterungen, namentlich nach der Richtung hin, daß aus der Klasse der Gewerbtreibenden alle diejenigen ausscheiden, welche ihre körperliche oder geistige Thätigkeit entfalten, während sie sich in Bezug auf diese Thätigkeit in irgend einem Abhängigkeitsverhältnisse befinden und dafür, sei es nach festen oder veränderlichen Sätzen, bezahlt werden. Daraus ergiebt sich der Unterschied zwischen angestellten Beamten und selbstständigen Gewerbetreibenden im weiteren Sinne. Hierher gehören die Beamten des Staates, der Gemeinden und sonstigen Korporationen und der Privatpersonen. Welcher Art die Beschäftigung dieser angestellten Beamten ist, bleibt ohne Einfluß, dieselbe kann eine intellektuelle oder eine mechanische, selbst eine ganz untergeordnete sein, immer bleiben diese angestellte Beamte, welche aus der Klasse der Gewerbetreibenden gänzlich ausscheiden. Auch das in Lohn und Brot stehende Gesinde gehört nicht zu den Gewerbetreibenden, die Verhältnisse derselben sind nur besonders durch die verschiedenen Gesinde-Ordnungen geregelt*) und sie gehören begreiflich zu den Privatbeamten, wenn sie sich auch noch von den Hausofficianten unterscheiden.

§ 432.

Eine weitere bereits angedeutete Einschränkung erfährt die obige Definiton durch die Art des Erwerbes, denn auch wissenschaftliche und künstlerische Leistungen sind keine gewerblichen, selbst wenn damit ein berufsmäßiger Erwerb bezweckt ist. Deshalb gehören die erwerbenden Gelehrten und Künstler aller Art, soweit sie nicht schon als Beamte aus den Gewerbtreibenden ausscheiden, auch wegen ihrer Erwerbsthätigkeit an sich nicht zu den Gewerbtreibenden. Mit Recht scheidet deshalb der § 6 der Gewerbe-Ordnung aus: das Unterrichtswesen und die advokatorische und Notariats-Praxis, das Bergwesen und die Ausübung der Heilkunde. Daß auch diese Personen häufig ihr Fach thatsächlich gewerbs- und handwerksmäßig betreiben, ist zwar bedauerlich, hat aber doch nicht zur Folge, daß sie zu den Gewerbtreibenden gerechnet werden müssen. Dagegen hat das Gesetz Fürsorge getroffen, daß für diese Art von Leistungen eine Grenze gezogen wird, denn in § 33a der Reichsgewerbe-Ordnung wird die Veranstaltung bestimmter Schaustellungen, bei denen ein höheres Interesse der Kunst oder Wissenschaft nicht obwaltet, in das Gebiet des Gewerbebetriebes gewiesen. (Vergl. auch § 33b und § 55, Ziffer 4 a. a. O.) Wegen des „Kunstgewerbes“ siehe weiter unten.

Art. 20 der preußischen Verfassung lautet: „die Wissenschaft und ihre Lehre ist frei.“ Hat auch diese Vorschrift nur eine beschränkte, spezifische Bedeutung (vergl. Bekanntm. vom 18. Okt. 1819, G. S. S. 220), so ergiebt sich daraus doch so viel, daß die Wissenschaft (und ebenso die Kunst) gegenüber dem Gewerbe eine exemte Stellung einnimmt und weder den gewerbepolizeilichen, noch den gewerbesteuerlichen Bestimmungen unterworfen ist. Deshalb gehört auch das Privatunterrichtswesen nicht

---

*) Vergl. die rechtliche Natur des Gesinde-Miethsvertrages in den Königl. Preuß. Staaten von Parey (Berlin 1885).

zu dem Gewerbebetriebe (Stenogr. Berichte des Reichstages von 1869, S. 242, § 9 der Gewerbe-Steuer-Anweisg. vom 30. Mai 1876). Deshalb ist auch die Ausübung der Heilkunde kein Gewerbe, obschon die Gewerbe-Ordnung (§ 29) von der dazu erforderlichen Approbation handelt (vergl. auch § 30 wegen der Unternehmer von Privat-Krankenanstalten, und §§ 40, 53, 56a Ziffer 1, 80 [Taxen der Apotheker], 144, 147 Nr. 3 [nicht Nr. 1]). Kurpfuscher betreiben kein erlaubtes Gewerbe (R. Str. G. B. § 222, 230, 277), aber sie üben doch die Heilkunde aus und gehören schon aus diesem Grunde nach § 6 der Gewerbe-Ordnung nicht zu den Gewerbtreibenden, wohl aber die frei praktizirenden (nicht angestellten) Hebammen (§ 300 a. a. O.).

Privatrechtsgelehrte, welche in der Rechtswissenschaft gegen Entgelt Unterricht ertheilen (Repetenten) oder über einzelne Fälle wissenschaftliche objektive oder unparteiische Rechtsgutachten abgaben, sind keine Gewerbtreibende, dagegen sind Rechtskonsulenten, welche ohne oder mit wissenschaftlicher Durchbildung fremde Rechtsangelegenheiten und bei Behörden wahrzunehmende Geschäfte, insbesondere die Abfassung der darauf bezüglichen schriftlichen Aufsätze gewerbsmäßig besorgen, zu den Gewerbtreibenden zu rechnen, wenn sie auch von der Gewerbesteuer befreit sind (§ 35, Abs. 3 der Gewerbe-Ordnung, § 10, Ziffer 9 der Anweisung vom 20. Mai 1876).

Endlich sind Schriftsteller und Bücherverfertiger zu unterscheiden. Jene arbeiten wissenschaftlich, diese aber nicht und gehören deshalb in die Klasse der Gewerbtreibenden. Ob dies oder jenes der Fall ist, muß im Speziellen entschieden werden; je nach dem Ergebniß der Untersuchung müssen sie auch das Gewerbe anmelden und versteuern, es sei denn, daß sie einzelne von ihren Werken selbst verlegen oder verkaufen (Oesfeld, Gewerbesteuer S. 14).

§ 433.

Hiernach wäre eine Definition des „Gewerbes" so zu fassen:

> „Gewerbe ist jede fortgesetzte, berufsmäßige, gesetzlich erlaubte, auf Erzielung eines eigenen Erwerbes gerichtete, nicht wissenschaftliche und nicht künstlerische, unabhängige und selbstständige Thätigkeit".

Diese Definition bedarf nur noch einer Erläuterung hinsichtlich der Worte „fortgesetzte" und „gesetzlich erlaubte," denn einmalige, zufällige derartige Leistungen sind noch kein Gewerbebetrieb (Falkmann, Gewerbesteuer S. 11), und nicht alles gesetzlich Erlaubte ist auch moralisch, wie beispielsweise der Vertrieb von Lotterieloosen und das gesammte Lotteriespiel überhaupt, ferner die Erziehung von Kindern gegen Entgelt (Ziehkinder, Haltekinder, Engelmacherei), unter Umständen auch der Verkauf von Arzneimitteln. Beschäftigungen, welche weder gesetzlich noch moralisch erlaubt sind, fallen nicht unter den Begriff des Gewerbebetriebes, denn man spricht zwar von einem „gewerbsmäßigen" Spieler, aber niemals von einem „Gewerbebetriebe" des Spielens im steuerlichen oder polizeilichen Sinne.

§ 434.

Nicht jeder Gewerbtreibende ist aber ein Handwerker. Die Reichsgewerbeordnung mit allen ihren Novellen bedient sich dieses letztgedachten Ausdruckes nicht ein einziges Mal, sie macht also keinen Unterschied zwischen Handwerkern und Gewerbtreibenden, obwohl dies schon deshalb ein Fehler ist, weil sich gewisse Bestimmungen der Gewerbe-Ordnung nur auf Handwerker und nicht auch auf Gewerbetreibende im engeren Sinne anwenden lassen, wie dies z. B. hinsichtlich der Vorschriften über die Innungen der Fall ist.

§ 435.

Gewiß sind Handwerker auch Gewerbtreibende, aber nicht jeder Gewerbtreibende ist ein Handwerker. Der Unterschied zwischen beiden besteht darin, daß der Handwerker Erzeugnisse aus Rohstoffen hervorbringt, welche dem Bedürfnisse des materiellen Daseins dienen, während der Gewerbtreibende im engeren Sinne nur seine Dienste zu demselben Zwecke gegen Entgelt darbietet.

§ 436.

Der Handwerker bringt Erzeugnisse „aus Rohstoffen" hervor, er beschäftigt sich nicht mit der Erzeugung dieser Rohstoffe selbst, wie der Ackerbauer, der Viehzüchter (oben § 6 der Reichsgewerbe-Ordng.), der Gartenbauer, der Forstwirth und der Weinbauer. Diese alle sind ebenfalls keine Gewerbtreibenden, weder im Sinne des Gesetzes vom 31. März 1838, noch in dem Sinne irgend eines anderen Gesetzes. Die Landwirthschaft ist wohl ein Lebensberuf, aber kein Gewerbe (O. T. E. vom 16. Sept. 1852 — Striethorst, Archiv 7, S. 248 —, desgl. vom 6. Dez. 1853 — a. a. O. 11, S. 92 —, desgl. vom 23. Mai 1861 — a. a. O. 41, S. 263 —). Namentlich die letztere dieser Enscheidungen enthält wichtige Grundsätze über den Unterschied zwischen dem „Lebensberuf" der Landwirthe u. s. w. einerseits und andererseits der gewerbsmäßigen Erzeugung von „Waaren" (Handwerker) und der gewerbsmäßigen Leistung von „Arbeit" (Dienste der Gewerbtreibenden im engeren Sinne).

§ 437.

Der Landwirth u. s. w. gewinnt durch seine Arbeit die Rohstoffe direkt von der Natur, er ist weder im technischen, noch im juristischen Sinne ein Gewerbtreibender, denn es ist eine unrichtige Ansicht, daß der Landwirth im juristischen Sinne deshalb für einen Gewerbtreibenden zu erachten sei, weil derselbe zum Zwecke des Erwerbs kontinuirlich thätig sei und den Erwerb aus dieser Thätigkeit suche. Diese Kriterien lassen ihre Anwendung auf eine Menge von Menschen zu, ohne daß sie nur im Allerentferntesten ein Gewerbe betreiben. Auch bei der Berathung des Reichsgesetzes vom 11. Juli 1887 (R. G. Bl. S. 287) kam dieser unrichtige Grundsatz von der Kontinuität der Beschäftigung zum Zweck des Erwerbes zur Sprache.

§ 438.

Der Betrieb der Landwirthschaft u. s. w. ist an sich nicht als ein Gewerbebetrieb zu erachten. Dafür sprechen die §§ 93—95 Tit. 11, Th. II A. L. R's., denn hier ist der Begriff „Landwirthschaft" nicht dem Begriffe „Gewerbe" untergeordnet, sondern als Begriff einer außerhalb des Kreises der gewerblichen Thätigkeit liegenden Beschäftigung gedacht (vergl. auch a. a. O. Th. II, Tit. 8, §§ 179, 180).

§ 439.

Zu den berufsmäßigen Beschaffern der Rohstoffe gehören auch die Jäger und Fischer, sowie alle, die das ursprüngliche Material auf den Markt bringen, um daraus den Bedarf für die nothwendigsten materiellen menschlichen Bedürfnisse (Nahrung, Kleidung, Wohnung) herstellen zu können. Diese Herstellung (Verfeinerung und Zurechtmachung) ist die Aufgabe des Handwerks (nicht des Gewerbetreibenden im engeren Sinne). Diese Thätigkeit will durch Uebung und nach Anweisung eines Meisters erlernt sein, deshalb haben auch die Handwerker Lehrlinge, Gesellen und Meister, wovon man bei den Gewerbetreibenden im engeren Sinne nicht sprechen kann. Der Betrieb des Erdstiches ist kein Gewerbe, wohl aber die Verfertigung von Ziegeln aus dem Rohmaterial.

§ 440.

Die Sorge für die Beschaffung der Mittel zur Befriedigung der geistigen menschlichen Bedürfnisse ist die Aufgabe der Wissenschaften und der Künste, deren Betrieb, wie schon oben ausgeführt wurde, unter den Begriff des Gewerbes nicht fällt, dagegen hat die bloße Verschönerung des handwerksmäßigen Produktes noch nicht zur Folge, daß der Hersteller damit aus der Klasse der Handwerker ausscheidet. Deshalb bleiben auch die kunstgewerblichen Leistungen immer gewerbliche, zumal die betreffenden Erzeugnisse immer doch in erster Linie einem materiellen Lebensbedürfnisse zu dienen bestimmt sind. Dabei macht es auch keinen Unterschied, ob die bei der Herstellung leitend gewesenen Ideen auf eigener künstlerischer Erfindung oder auf Nachahmung künstlerischer Muster beruhen. Luxusmöbel, auch Prachtwiegen und Prachtsärge (welche allerdings keine Möbel sind, aber doch als die letzte „Wohnung" der sterblichen Hülle dienen) bleiben immer Handwerkerprodukte, anders steht dies allerdings mit den Prachtbauten, soweit sie nicht in hervorragender Weise zur menschlichen Wohnung dienen (Kirchen, Tempel, Museen, Parlamentshäuser u. s. w.). Werden auch diese Bauten durch Handwerker ausgeführt, so gehören doch die Erfinder der Ideen zu den Künstlern und nicht zu den Gewerbetreibenden. In dieser Beziehung noch weitere, bestimmte Merkmale anzugeben, ist unmöglich, mögen darüber die Kunstverständigen im gegebenen Falle urtheilen, es ist dies aber auch an dieser Stelle überflüssig, weil mit dieser Darstellung lediglich ein praktischer Zweck verfolgt wird. Die besonderen Eifersüchteleien und Rangstreitigkeiten unter Künstlern und Kunstgewerbetreibenden haben für die Praxis keinen Werth.

§ 441.

Viel wichtiger ist für die Praxis der Unterschied zwischen dem Handwerker und dem Fabrikanten. Hierüber herrschte von jeher viel Streit, welcher aber nicht unentschieden bleiben darf, weil an diese Unterscheidung viele praktische Gesichtspunkte anknüpfen.

Vorweg ist zu bemerken, daß die fabrikmäßige Produktion bei den Werken der Kunst und Wissenschaft ausgeschlossen ist. Wo eine solche gleichwohl stattfindet, da kann man wohl von einem handwerks- und fabrikationsmäßigen Betriebe sprechen, so z. B. bei der auf den rohesten Geschmack berechneten Kolportagelitteratur (wenn der Ausdruck „Litteratur" hier überhaupt anwendbar erscheint), oder bei den scultello Flaciano geschriebenen Machwerken gewisser Kommentatoren, indessen genügen zum Nachweise dieser Eigenschaften doch nicht bloße subjektive Anschauungen, sondern bestimmte, oft schwer zu erbringende Gründe.

§ 442.

In unserer vorgeschrittenen Zeit werden viele einzelne Manipulationen des Handwerks durch sogenannte Maschinen ausgeführt, z. B. das Nähen beim Schneider und Schuster durch die Nähmaschine, welche aber zum Handwerkszeug gehört, weil sie nur durch menschliche Kräfte in Bewegung gesetzt werden kann. Wenn wir erst so weit wären, daß sich die Handwerker wirklicher durch elementare Kräfte bewegter Maschinen zur Herstellung der einzelnen Theile oder des ganzen Produkts bedienten, so wäre das ein Beweis, daß die Ausführung dieser Art von Arbeiten die Anwendung intellektueller Fähigkeiten nicht beansprucht, denn die Maschine kann nicht denken. Die Arbeiten, welche durch die wirkliche Maschine vollständig erledigt werden können und die mit Anwendung physischer Menschenkräfte auch nicht besser geleistet werden können, sind fabrikationsmäßige Arbeiten, die bei der Maschine beschäftigten Arbeiter (Zuträger von Rohstoffen und sonstige dabei mit mechanischen Arbeiten beschäftigten Personen) sind Fabrikarbeiter, die Werkstätte ist eine Fabrik, die zur Leitung der Maschine bestimmten Arbeiter sind Fabrikanten, der Inhaber der Fabrik ist der Fabrikbesitzer. Der letztere gehört in die Klasse der Handeltreibenden, die übrigen sind Angestellte.

§ 443.

In solchen Fabriken kommen aber auch noch andere Arbeiten vor, als fabrikationsmäßige, nämlich solche, zu denen die Aufwendung intellektueller Kräfte| gehört. Die hiermit betrauten Arbeiter nennen sich nicht Fabrikarbeiter, sondern Gewerbegehilfen oder Gesellen, welche eine Lehrzeit durchgemacht haben müssen. Es kann also auch in einer Fabrik Personen geben, die ihrer Beschäftigung nach zu den Gewerbegehülfen zu rechnen wären, wenn sie nicht dem Fabrikherrn gegenüber zu den Angestellten (Privatbeamten) gehörten. Deshalb sind diese Arbeiter ebenfalls zu den Fabrikarbeitern zu rechnen, eine Unterscheidung derselben von den eigentlichen Fabrikarbeitern würde keinen Zweck haben.

§ 444.

Ueberhaupt beruht die Bezeichnung „Fabrik" im Wesentlichen auf dem Sprachgebrauch, und eine bestimmte Grenze wird sich schließlich doch nicht anders ziehen lassen, als durch einen Ausspruch des Gesetzgebers. Unter den Handwerkern herrscht thatsächlich jetzt schon die Neigung vor, sich „Fabrikanten" zu nennen, und dies geschieht namentlich, wenn sie in ihrem Betriebe Maschinen verwenden, und nicht bloß auf Bestellung, sondern auf Vorrath arbeiten. Dagegen ließe sich wenig einwenden, allein der allgemeine Sprachgebrauch duldet diese Willkür doch nicht, die Behörde behandelt sie doch als Handwerker und bezeichnet als Fabriken gemäß A. L. R. Th. II, Tit. 8, § 407 nur solche Anstalten, in welchen die Verarbeitung oder Verfeinerung gewisser Naturerzeugnisse „im Großen" betrieben wird. Dieser Ausdruck ist sehr unbestimmt, enthält auch thatsächlich kein Merkmal einer Fabrik.

§ 445.

Einen Versuch, diese Grenze zu bestimmen, macht die Württembergische Gewerbeordnung, indem sie sagt: „Gewerbs-Unternehmungen, welche in geschlossenen Etablissements unter Verwendung „von mehr als 20 Arbeitern" mit Hülfe elementarer Betriebskräfte oder nach dem Prinzip der Arbeitstheilung betrieben werden, sind Fabriken. Diese Definition zieht also eine bestimmte Grenze in Bezug auf die Zahl der Arbeiter und fügt als besonderes Merkmal das Prinzip der Arbeitstheilung hinzu. Ersteres ist willkürlich, das Andere ist zutreffend, daß das Etablissement „geschlossen" sein müsse, paßt auf jede Werkstätte des Handwerkers.

§ 446.

Am bequemsten macht es sich der Gesetzgeber in den Motiven zu dem Haftpflichtgesetze vom 7. Juni 1871. Daselbst heißt es: „Die sonst üblichen Unterscheidungen, wonach im Handwerk die Handarbeit, in der Fabrik das mechanische Element vorherrsche, wonach beim Handwerk regelmäßig eine vollständige Herstellung der Erzeugnisse durch ein und dieselbe Hand, bei der Fabrik Theilung der Arbeit unter verschiedenen Arbeiterklassen stattfinde, wonach ferner das Handwerk auf Bestellung im Kleinen, die Fabrik auf Vorrath im Großen arbeite, oder wonach endlich beim Handwerk der Meister mitarbeite, während in der Fabrik der Fabrikherr dirigire, sind heutzutage als maßgebend und zutreffend nicht mehr anzusehen. „Man wird es dem Richter überlassen müssen", in Zweifelsfällen eine Entscheidung darüber zu treffen, ob es sich um ein Fabrik-Unternehmen handelt oder nicht, und von dem vergeblichen Versuche abzustehen haben, im Gesetze die Feststellung des Begriffs „Fabrik" vorzunehmen". — Auf diese Weise würde man schließlich von dem Begriffe „Fabrik" so viel Definition haben, als es Richter giebt, und das wäre doch für die Dauer ein unhaltbarer Zustand, welchem nur durch eine Legaldefinition abgeholfen werden kann.

§ 447.

Zutreffend sind nur zwei Merkmale, nämlich: Die Arbeitstheilung und die Verwendung von Maschinen oder von solchen Menschenkräften, welche auch die Maschine übernehmen könnte. Dieser Auffassung entspricht die Ansicht des Volkes, welches die Fabrikarbeit wegen des Fehlens der Intelligenz bei der Herstellung der einzelnen Theile eines Gebrauchsstückes geringer schätzt, als die Arbeit des denkenden Handwerkers. Damit ist nicht gesagt, daß dem Fabrikbetriebe die Intelligenz vollständig fernstehe, im Gegentheil erfordert die Aufsicht über die Maschinen und über die mechanisch wirkenden Arbeiter einen hohen Grad von Kenntnissen und Geschicklichkeiten, allein diese letzteren werden nicht unmittelbar auf das herzustellende Produkt verwendet, sodann nur mittelbar durch die Aufsicht über die elementaren Kräfte. Auch die Zusammensetzung der fabrikmäßig hergestellten Theile eines Gebrauchsstückes erfordert, sofern dieselbe nicht ebenfalls durch Maschinen oder mechanische Kräfte erfolgt, einen hohen Grad von Intelligenz, die mit dieser Beschäftigung betrauten Personen sind aber, wie schon oben gesagt, keine Handwerker, sondern Angestellte und ebenfalls Fabrikarbeiter oder, wie das A. L. R. Thl. II, Tit. 8, § 421 zutreffend sagt, „Fabrikanten", welche dem „Inhaber der Fabrik" (wir sagen jetzt „Fabrikbesitzer") gegenübergestellt werden.

§ 448.

Hiernach wird folgende Definition vorgeschlagen:

Fabriken sind gewerbliche Anlagen, in denen Gebrauchsgegenstände entweder nach dem Prinzip der Vertheilung der Arbeiten unter verschiedene Arbeiter, Angestellte und Unternehmer oder mit mechanischen (maschinellen) Kräften und gleichzeitig nach dem Prinzip der Arbeitstheilung hergestellt werden.

Anmerkung: Die Arbeitstheilung kann sowohl zwischen dem Handeltreibenden (kaufmännischen) Unternehmer und dem Prinzipal, als auch zwischen den Arbeitern unter einander stattfinden. Die etwa besonders angestellten Werkmeister oder Fabrikmeister gehören, je nach der Art ihres Auftrages, entweder zu den „Fabrikanten" im landrechtlichen Sinne oder zu den Fabrikangestellten.

Beispiele: Der Betrieb des gewöhnlichen Wind- und Wassermüllers ist an sich ein maschineller, aber er ist kein fabrikationsmäßiger, weil die Arbeitstheilung fehlt, und deshalb ist er ein Handwerker. Unternehmer von Dampfmühlenanlagen, welche selbst nur den kaufmännischen Theil des Gewerbes übernehmen, den eigentlichen Betrieb aber dem Personal überlassen, sind Fabrikbesitzer und ebenso die Unternehmer von Anlagen zur Herstellung von Gegenständen der Keramik, der Gips-, Siderolith- und sonstigen derartigen Produkten, deren Unternehmer zur Herstellung ihrer Waaren auch der Mitwirkung der Kunst bedürfen und deshalb unter ihren Angestellten auch Künstler zu haben pflegen, welche dann aber nicht zum Fabrikpersonal, sondern zu den Gehülfen des in der Regel selbst künstlerisch vorgebildeten Unternehmers gehören.

Ob dabei auch „mit der Hand“ zugefaßt werden muß, ob das Produkt auf Bestellung oder auf Vorrath hergestellt wird, ob der Betrieb im Großen oder im Kleinen vor sich geht, ist vollständig gleichgültig.

§ 449.

Hierbei ist auch auf den Unterschied aufmerksam zu machen zwischen „Maschinen“ und „Handwerkszeug“. Jene werden immer durch elementare Kräfte (Wind, Wasser, Dampf, Elektrizität u. s. w.) in Bewegung gesetzt, das Handwerkszeug aber durch die menschliche Hand; deshalb führt auch eine Nähmaschine ihren Namen mit Unrecht, sie ist weiter nichts als ein Handwerkszeug, und ebenso die Drehscheibe der Töpfer. Häufig werden derartige gewerbliche Anlagen aus dem Grunde Fabriken genannt, weil sie im Großen betrieben werden, weil eine größere Anzahl von Gesellen und Lehrlingen darin beschäftigt wird. Das Alles genügt aber nicht, um die Anlage als eine Fabrik bezeichnen zu können.

§ 450.

Den Handwerkern stehen die Dienstleistenden oder Gewerbtreibenden im engeren Sinne gegenüber; das sind solche, welche nicht einem Einzelnen als Angestellte, sondern dem Publikum ihre Dienste zur Verfügung stellen. Ihr Beruf besteht nicht in der Herstellung von Gebrauchsgegenständen, sondern in der Uebernahme von Diensten. Urtypen dieser Art von Gewerbtreibenden sind z. B. die Dienstmänner, Droschkenkutscher u. s. w. (§ 35 der Reichs-Gewerbe-Ordnung), welche keineswegs nur ihre Wagen und Pferde in den Dienst des Publikums stellen, sondern auch ihre persönlichen Dienste (das Oberverwaltungsgericht ist anderer Ansicht, welche sich aber nicht aufrecht erhalten läßt). Dahin gehören rechtlich auch die Lohndiener, nicht aber die Kellner in den Gast- und Schankwirthschaften, welche zu den Privat-Angestellten oder Hausoffizianten des Besitzers gerechnet werden müssen. Wenn dem gegenüber in dem Ministeral-Erlaß vom 16. Juni 1887 (Wochenschrift „Selbstverw.“ Jahrg. 14, S. 229) gesagt wird, die Kellner seien Gewerbegehülfen, so ist das nicht zutreffend, theils weil sie Angestellte und überhaupt keine Gewerbtreibenden sind, theils weil es bei dem Gewerbebetriebe im engeren Sinne weder eine Lehrzeit, noch eine Gesellenzeit giebt, auch auf diesem Gebiete niemals ein Meisterstück gemacht werden kann. Der Betrieb der Gast- und Schankwirthschaft spaltet sich in verschiedene Zweige, nämlich in die Herstellung von Speisen und von Getränken aus Rohstoffen. Das ist ein Handwerk, welches erlernt sein muß, und deshalb sind auch die Garköche (A. L. R. II 8, § 434), sofern sie nicht Angestellte sind, Handwerker, welche Lehrlinge und Gesellen halten, auch Innungen bilden können. Bierbrauer, Branntweinbrenner sind ebenfalls Handwerker, wenn sie aber mit wirklichen d. h. durch elementare Kräfte bewegten Maschinen und nicht mit bloßem Handwerkszeug, außerdem aber nach dem Prinzip der Arbeitstheilung arbeiten, so sind sie Fabrikanten. Der Gastwirth selbst ist, soweit er Obdach gewährt, kein Handwerker, sondern ein Gewerbtreibender im engeren Sinne, die von ihm zur Bedienung der Gäste bestimmten Personen sind seine Privatangestellten oder Hausoffizianten, das sonstige Personal, welches ebenfalls bei ihm „angestellt" ist, gehört theils zu den Hausoffizianten, theils zum gemeinen Gesinde. Kellner würden zu den Gewerbegehülfen nur in der Eigenschaft als Kochlehrlinge oder Kochgesellen zu zählen sein, wenn sie bei einem selbstständigen (nicht in einem Hotel angestellten) Koch in der Lehre oder als Gehilfen beschäftigt wären. Der Gasthofsbesitzer ist, soweit er die bereiteten Speisen und Getränke in oder außer dem Hause an Jedermann gegen Bezahlung abläßt, ein Handeltreibender, die Kellner, welche ihm bei diesem kaufmännischen Theile seines Geschäftes zur Seite stehen (in der Regel die sogenannten Oberkellner), sind seine Handlungsgehilfen, sie werden aber dazu noch nicht durch das bloße Bedienen der Gäste.

§ 451.

Selbstständige Kaffeeköche und dergl. kann man nicht zu den Handwerkern rechnen, sondern nur zu den Gewerbtreibenden im engeren Sinne, weil die einfache, keine Lehrzeit erfordernde Zubereitung dieser Getränke bei diesem Gewerbe die Nebensache, die Bedienung der Gäste aber die Hauptsache ist, mag der Gewerbebetrieb als zweckmäßige Kapitalanlage auch einen besonderen Werth haben. Dasselbe gilt von den Bier- und Weinwirthen, von denen die letzteren in der Regel gleichzeitig Handeltreibende sind, ebenso wie die Bierverleger. Dagegen können die Destillateure, soweit zur Bereitung der Produkte besondere Kenntnisse gehören, wirkliche Handwerker sein. Aehnlich steht es mit den Berliner Weißbierwirthen, weil die Behandlung des von ihnen verschenkten Getränkes gewisse Kenntnisse und Fertigkeiten voraussetzt, welche förmlich durch Uebung erworben werden müssen.

§ 452.

In dem Gastwirthsgewerbe treffen also alle Arten von Gewerbebetrieben zusammen, Handwerk, Dienstleistungen und Handel, aber für jeden dieser Zweige sind besondere Personen thätig, welche rechtlich in der verschiedensten Weise von einander beurtheilt werden müssen. Nur der fabrikmäßige Betrieb kommt bei diesem Gewerbe nicht vor, auch nicht in den Aktienhôtels und ebenfalls nicht hinsichtlich der Angestellten. Kochmaschinen sind nur Handwerkszeuge, und automatische Dienstboten sind (zum Leidwesen mancher Hausfrau) bis jetzt noch nicht erfunden.

Die vorher beschriebenen einzelnen Gruppen des Gast- und Schankwirthschaftsgewerbes können sich, soweit ihr Betrieb ein handwerksmäßiger ist, wohl zu Innungen vereinigen, sie können auch den Hauptzweck der Innung, die Ausbildung von Lehrlingen und Gesellen, erfüllen, aber diese Möglichkeit fällt fort bei den Gewerbtreibenden im engeren Sinne, während Innungen der Handeltreibenden in der jetzt geltenden Gesetzgebung überhaupt nicht vorgesehen sind. Die Verschmelzung **aller** dieser Gruppen zu Innungen, ohne Rücksicht auf die Möglichkeit der Lehrlings- und Gesellenausbildung, ist ein Unding.

§ 453.

Zu den Dienstleistenden und nicht zu den Handwerkern gehören auch z. B. die Barbiere, welche zwar thatsächlich auch Lehrlinge und Gesellen halten, deren Fertigkeiten aber so geartet sind, daß sich Jedermann dieselben ohne Lehrzeit aneignen kann. Auch als Heilgehilfen, soweit sie gesetzlich zur Praxis berechtigt sind, gehören sie nicht zu den Handwerkern, vielmehr nach § 6 der Reichsgewerbe-Ordnung nicht einmal zu den Gewerbtreibenden. Aehnliches gilt von den Friseuren, welche aber als Perrückenmacher zu den Handwerkern gehören.

§ 454.

Die Erfindungspatente bilden einen Gegenstand der Reichsgesetzgebung (Art. 4 Nr. 5 der Reichsverf.). Die hierauf bezüglichen Vorschriften sind zusammengestellt in einem bei Fr. Kortkampf 1874 ohne Nennung des Verfassers erschienenen Buche. Dazu Patentgesetz vom 25. Mai 1877 (R. G. Bl. S. 501) mit zahlreichen Erläuterungen, welche in der Gesetzgebung des deutschen Reiches (Verlag von J. Guttentag in Berlin), Bd. IV S. 406 ff. zusammengestellt sind.

§ 455.

Von den Gewerbegerichten und von dem Verfahren vor denselben handelt die Verordnung vom 9. Febr. 1849 (G. S. S. 110), in der Rheinprovinz die Verordnung vom 7. Aug. 1846 (G. S. S. 403), wozu auch der § 10 des preußischen Ausführungsges. vom 24. März 1879 (G. S. S. 281) nachzulesen ist. Davon verschieden sind die Gewerbe-Schiedsgerichte, welche nach § 120 a der Reichs-Gewerbe-Ordnung eingerichtet werden können, an deren Stelle aber, so lange eine solche Einrichtung nicht erfolgt ist, die Gemeindebehörden treten oder auch die Innungen nach § 97 a a. a. O., welche dann die Bezeichnung „Innungsschiedsgerichte“ führen. Vergl. auch § 97 Ziffer 4, §§ 100 a und e Ziffer 1 a. a. O., und §§ 100 f. Ziffer 3, 100 i Abs. 2 der Novelle vom 6. Juli 1887 (R. G. Bl. S. 281).

§ 456.

Das Verfahren von den im vorigen § 455 erwähnten Gemeindebehörden ist landesgesetzlich dahin geregelt, daß die Gemeindebehörden analog den Gerichten in bürgerlichen Rechtsstreitigkeiten zu verfahren haben, jedoch sind sie zur Abnahme von Eiden nicht befugt (Min.-Erl. vom 19. Nov. 1881 — Min. Bl. d. i. Verordng. S. 278, 279 —). In Bezug auf die Vollstreckung dieser Art von Entscheidungen heißt es in dem Min.-Erl. vom 11. Juni 1872 — Min. Bl. d. i. Verwaltg. S. 176, 177 — die in § 108 (jetzt § 120a) der Reichsgewerbeordnung erwähnten Streitigkeiten sind privatrechtlicher Natur, die in demselben von der Gemeindebehörde bezw. einem gewerblichen Schiedsgerichte, als einem Spezialgerichte erlassenen Entscheidungen, dürfen demnach nicht durch solche Mittel vollstreckt werden, welche den Verwaltungsbehörden zur Durchführung ihrer polizeilichen Verfügungen gegeben sind (also nicht durch die §§ 132 ff. des Landesverwaltungsges. vom 30. Juli 1883), es können vielmehr nur die für die Vollstreckung von Civilerkenntnissen gesetzlich vorgeschriebenen Exekutionsarten zur Anwendung gebracht werden. (Vergl. Parey, Rechtsgrundsätze S. 213, 214.) Man hat hier also event. den § 649 Ziffer 2 der deutschen Civilprozeßordng. vom 30. Jan. 1877 zu Grunde zu legen und demgemäß die erforderlichen Anträge bei Gericht zu stellen, oder nach Eintritt der Rechtskraft mit der Zwangsvollstreckung in derselben Weise vorzugehen, wie die Gerichte. Fehlen der Gemeindebehörde die Organe zur Vollstreckung ihrer Entscheidungen (z. B. wenn der Gerichtsvollzieher Anstand nimmt, die Vollstreckung zu bewirken und wenn er damit nach eingelegter Beschwerde durchdringt), so hat sie sich dieserhalb an die Polizeibehörde zu wenden, resp. in Orten, wo der Kommunalchef zugleich der Polizeichef ist, die ihm zu Gebote stehenden Organe sogleich dazu zu verwenden. (Min.-Verfüg. vom 11. Febr. 1873, Jacobi, Gewerbe-Ordng. S. 122.) Zum Zweck der vorläufigen Vollstreckung dieser Entscheidungen sollen die Gemeindebehörden einander Rechtshülfe leisten (Min.-Erlaß vom 28. Febr. 1874 — Min. Bl. d. i. Verwaltg. S. 78. 79 —). Der ordentliche Rechtsweg bleibt den Parteien unter einander auch nach der Entscheidung der Gemeindebehörde immer noch offen.

XIII. Handelskammern, kaufmännische Korporationen, Börsen.

§ 457.

Was ist Handel im Gegensatz zum Gewerbe? Das Oberverwaltungsgericht sagt (Parey, Rechtsgrundſ. S. 34): Unter Gewerbe ist jede Art erwerbender Thätigkeit, insbesondere auch Handel und Pachtung zu verstehen, ebenso sagt das Gesetz vom 24. Februar 1870 (G. S. S. 134): Die Handelskammern haben die Bestimmung, die Gesammtinteressen der Handel- und Gewerbetreibenden ihres Bezirks wahrzunehmen, insbesondere die Behörden in der Förderung des Handels und der Gewerbe zu unterstützen. Hiernach besteht ein engerer Zusammenhang zwischen Handel und Gewerbe, jedoch ist der letztere Ausdruck, sofern er den Handel mit umfassen soll, nur im weitesten Sinne zu nehmen, denn die Geschäfte des Gewerbetreibenden im engeren Sinne und des Handwerkers sind doch andere, wie die des Handeltreibenden. Jedenfalls hat der letztere als solcher mit der Verfeinerung und Zurechtmachung der Rohprodukte nichts zu thun, es kommen aber auch beim Kaufmann gewisse Thätigkeiten vor, welche sich als eine Bearbeitung oder Verarbeitung charakterisiren. Durch diese Thätigkeiten, welche lediglich darauf gerichtet sind, den Rohstoff in verkaufsfähigem Zustande zu erhalten oder ihn darin zu versetzen, wird der Händler noch kein Handwerker. In diesem Sinne definirt und spezialisirt auch das deutsche Handelsgesetzbuch den Begriff „Handelsgeschäfte" in Art. 271—277, 378, 388, 420.

§ 458.

Kaufmännische Korporationen giebt es in Preußen zu Berlin, Stettin, Magdeburg, Tilsit, Königsberg, Danzig, Memel und Elbing, außerdem in Altona ein Kommerzkollegium. Auf dieselben findet das Gesetz vom

24. Febr. 1870 (§ 36) keine Anwendung, jedoch ist der § 136 des Zuständigkeitsgesetzes vom 1. Aug. 1883 zu beachten.

§ 459.

Die kaufmännischen Korporationen haben auch Korporationsrechte. Die Börsen dienen zur Vermittelung von Handelsgeschäften (Art. 91 der Allgem. Deutschen Wechsel-Ordng.). Die Errichtung solcher Institute bedarf der Genehmigung des Handelsministers, desgl. die Abänderung und Ergänzung bestehender Börsenordnungen. Diese letzteren werden durch die Amtsblätter publizirt (z. B. die revidirte Börsenordng. für Berlin vom 15. Juli 1884, genehmigt am 20. März 1885 — Extrabeilage zum 20. Stück des Amtsblattes von 1885, für Magdeburg vom April 1885, genehmigt am 10. Okt. 1885 — Amtsbl. S. 395). Privatrechtliche Vorschriften sollen in keine Börsenordnung aufgenommen werden. Art. 3 des preuß. Einführungsgesetzes zum Deutschen Handelsgesetzbuche vom 24. Juni 1861 — G. S. S. 449 —, vergl. auch Art. 20 a. a. O., über die Liquidationstermine der Börsengeschäfte Art. 331 des Handesgesetzbuchs; wegen der Rheinischen Börsen Art. 60 Ziff. 2 des Einführungsgesetzes, wegen Schleswig-Holstein §§ 92—94 der Verordng. vom 5. Juli 1867 — G. S. S. 1133. — Ueber den Begriff des Börsenpreises siehe Handelsgesetzbuch Art. 311, 343, 353, 357—359, 376. — Börsen können unter die Aufsicht der Handelskammern gestellt werden (§ 34 des Ges. vom 24. Febr. 1870). Zur Sammlung von legislativem und statistischem Material, welches für die Interessen des Handels von Bedeutung ist, dient das „Deutsche Handelsarchiv" (Min.-Erlaß vom 24. April 1880 — Min.-Bl. d. i. V. S. 117 —). Dasselbe bringt auch nützliche und praktisch verwerthbare Mittheilungen für den Handelsstand, namentlich in Betreff des Handels mit dem Auslande.

XIV. Feuerlöschwesen und die Feuerversicherung.

§ 460.

Das Feuerlöschwesen bildet einen Theil der Feuerpolizei. Beide sind untrennbar mit einander verbunden, denn der letzteren fällt die Aufgabe zu, Feuersgefahren vorzubeugen, der Feuerwehr die, bereits ausgebrochene Schadenfeuer wieder zu löschen. Die Feuerpolizei ist auch nahe verwandt mit der Baupolizei, aber keineswegs identisch mit derselben, denn das Gebiet der Feuerpolizei wird durch die Baupolizei nicht erschöpft, erstreckt sich vielmehr weit hinaus über feuergefährliche Bauten. Man kann also nur sagen, daß die Feuerpolizei ein selbstständiger Zweig der allgemeinen Polizei ist und nur in das Gebiet der Baupolizei hineinragt, oder auch umgekehrt. „Das Gebiet der Baupolizei" — so sagt das Oberverwaltungsgericht (Parey, Rechtsgrundsätze., S. 405) — „ist nicht scharf begrenzt, denn neben baupolizeilichen Gesichtspunkten im engeren (bautechnischen) Sinne machen sich auch noch anderweite polizeiliche Interessen, namentlich solche der Feuerpolizei und der Gesundheitspolizei geltend, und die Baupolizei-Verordnungen greifen nicht selten aus dem eigentlichen engeren baupolizeilichen Gebiete in jene verwandten Gebiete über."

§ 461.

Feuerpolizeiliche Motive beherrschen den § 66, Tit. 8, Th. I A. L. R's., den § 6 lit. g des Polizeiverwaltungsgesetzes vom 11. März 1850 und der Verordng. vom 20. Sept. 1867 — G. S. S. 1529 —, die §§ 367 Nr. 6, 368 Nr. 5—8, 369 Nr. 3 des R. S. G. B., § 47 des Feld- und Forstpolizeigesetzes vom 1. April 1880, §§ 16 ff. der Reichsgewerbeordnung. Hierher gehören auch die Vorschriften über die feuersichere Eindeckung der Dächer, über die Konstruktion und das Baumaterial der Schornsteine und in Gemäßheit der früheren Verhältnisse auch die Vorschriften über die Höhe der Gebäude (vergl. z. B. die allgemeine Feuerordnung in den Städten der Kurmark vom 1. Nov. 1718, Th. I, §§ 6 und 23 — Rabe I, Abth. I, S. 505 —, Edikt vom 28. Nov. 1728 — a. a. O. S. 512 —, Patent vom 12. Aug. 1720 — a. a. O. S. 587 —, Ministerialerlasse vom 25. März 1826 — von Kamptz, Ann. S. 133 —, vom 21. Jan. 1831 — a. a. O. 15 S. 149 —, vom 15. Jan. 1837 — a. a. O. 21 S. 238 —, vom 12. Juni 1843 — Min.-Bl. d. i. V. S. 157 —, vom 21. Okt. 1862 — a. a. O. S. 307 —. Bei der heutigen Ausbildung des Feuerlöschwesens, für welches die Höhe der Gebäude kaum noch ein Hinderniß bildet, gehört dieser Gegenstand überwiegend in das Gebiet der Gesundheitspolizei, ebenso wie der die Größe der Hofräume in eng gebauten Städten betreffende. Wegen der feuergefährlichen Lagerung von Materialien in der Nähe der Eisenbahnen vergl. die Ministerialerlasse vom 4. Dez. 1847 (Min.-Bl. d. i. V. S. 332), vom 20. und 29. März 1848 (a. a. O. S. 133) und die beiden vom 28. Febr. 1873 (a. a. O. S. 63).

§ 462.

Das Feuerlöschwesen beruht auf einer allgemeinen Bürgerpflicht zur Hülfeleistung bei gemeiner Gefahr und stellt sich dar als eine zu persönlichen Diensten verpflichtende Gemeindelast. Dieselbe ist nicht nur im eintretenden Nothfalle zu erfüllen, sondern die Gemeinde-Mitglieder können dazu schon im Voraus verbindlich gemacht werden (A. L. R. II 7, § 37 Nr. 13, §§ 25—30 der Städte-Ordng. vom 19. Nov. 1808, § 35 der revidirten Städte-Ordng. vom 17. März 1831, § 54 der östl. Städte-Ordng. vom 30. Mai 1853). Aus der Natur dieser Bürgerpflicht ergiebt sich auch, daß die Gemeinde wohl über die physischen, nicht aber über die intellektuellen Kräfte der Bürger ohne Entgelt verfügen kann, wenn es sich um Hülfeleistung bei gemeiner Gefahr handelt. Der § 360 Nr. 10 des Reichsstrafgesetzbuches, wonach Jedermann verpflichtet ist, bei Unglücksfällen oder gemeiner Gefahr und Noth der Aufforderung der Polizei zur Hülfeleistung Folge zu leisten, wenn dies ohne erhebliche eigene Gefahr geschehen kann, dient nur zur Ausfüllung der hinsichtlich jener Bürgerpflicht fehlenden strafrechtlichen Verstärkung des Gesetzes und bezieht sich nur auf die Befugniß der Polizei, über die im gegebenen Falle erreichbaren physischen Kräfte mit den im Gesetze selbst vorgesehenen Einschränkungen zu verfügen. Durchaus verfehlt ist es, wenn manche Polizeibehörden diese allgemeine Bürgerpflicht ebenso behandeln, wie die allgemeine Wehrpflicht, dergestalt, daß die Feuerlöschmannschaften förmlich, wie die Soldaten

„ausgehoben“ und eingeübt werden. Dagegen ist es gestattet, jedem geeigneten Bürger im Voraus mitzutheilen, welche Dienste bei eintretender Feuersgefahr von ihm erwartet werden. Gegen die weiter gehende Anschauung, daß die Löschmannschaften wie das Militär zu organisiren wären, spricht der Inhalt der Allerh. Kab.=Ordre vom 29. Aug. 1818 (— G. S. S. 155 —). Im Interesse der Ordnung liegt es freilich, für bestimmte, einen gewissen Grad von Sachkenntniß voraussetzende Hülfleistungen die geeigneten Personen im Voraus zu bestimmen und dafür zu sorgen, daß dieselben in der Uebung bleiben (z. B. die Spritzenmeister bei den Spritzenproben). Diese Personen müssen dann aber für ihre Dienste entweder von der Gemeinde entschädigt werden (§ 3 des Pol.=Verw.=Ges. vom 11. März 1850) oder es muß dem Bedürfniß durch freiwillige Feuerwehren abgeholfen werden, welche sich dann aber den Anweisungen der zuständigen Polizeibehörde unterwerfen müssen (Parey, Rechtsgrunds., S. 459 Nr. 3. Vergl. auch Min.=Erlaß vom 30. Mai 1884 — Min.=Bl. d. i. V. S. 161 —). Für die Landgemeinden können jetzt Spritzenverbände gebildet werden (§§ 139, 140 des Zuständigkeitsges. vom 1. Aug. 1883); die Obliegenheiten der Mitglieder derselben erhalten Nachdruck durch § 368 Nr. 8 des Reichsstrafgesetzbuches.

§ 463.

Im nahen Zusammenhange mit der Feuerpolizei steht das Feuer= Mobiliar= und Immobiliar=Versicherungswesen, man spricht deshalb von einer besonderen Feuerversicherungs=Polizei, deren Aufgabe es ist, Ueber= und Doppel=Versicherungen und damit indirekt böswillige Brandstiftungen zu verhüten. (Ges. vom 8. Mai 1837 — G. S. S. 102 —.) Mehrere der darin enthaltenen Vorschriften werden als die Grundlage für polizeiliche, auf Grund der §§ 127 ff. des Landesverwaltungsgesetzes vom 30. Juli 1883 angreifbaren Verfügungen angesehen. (Vergl. §§ 4, 14 und 18. Zum § 1 vergl. Entscheidungen des O. V. G. III S. 273, VI 286, VIII 288, X 292, 293; zum § 2, Wochenschr. „Selbstverw.“, XII S. 67; §§ 7—11 sind aufgehoben durch Art. III des Ges. vom 22. Juni 1861 [G. S. S. 441]; zum § 13 cf. „Selbstverw.“ XII S. 21; zum § 14 O. V. G. Entsch. II 347, V 297, IX 312, X 293 und „Selbstverw.“ XII 45; zum § 18 O. V. G. E. VII 312, X 293, 294. Vergl. außerdem Ges. vom 17 Mai 1853 — G. S. S. 293 —, Allerh. Kab.=Ordre vom 30. Mai 1841 — G. S. S. 122 —, § 360, Nr. 9 des R. S. G. B.) Wegen der Immobiliarversicherung vergl. Allerh. Kab.=Ordre vom 30. Mai 1841 — G. S. S. 122. —

§ 464.

Die ältesten Versicherungs=Gesellschaften beruhen auf dem natürlichen Grundsatze der Gegenseitigkeit, erst der neueren Zeit war es vorbehalten, diese Angelegenheiten zum Gegenstande gewerblicher Ausbeutung zu machen, obschon dieser Gewerbetrieb auch heute noch nicht nach den Grundsätzen der Reichs=Gewerbe=Ordnung beurtheilt wird (siehe § 6 derselben), sondern noch einer besonderen reichsgesetzlichen Regelung auf Grund des Art. 4, Ziff. 1 der Reichsverfassung harrt. Will man das Versicherungs=

wesen zu Gunsten des Reiches oder der Einzelnstaaten nicht monopolisiren, so sollte man diesen Schritt zu Gunsten der größeren Kommunalverbände thun, gerade so, wie dies hinsichtlich der mit den Sparkassen zu verbindenden Notenbanken vorgeschlagen worden ist. Die Einwände, welche oben an einer anderen Stelle gegen die gewerblichen Monopole überhaupt gemacht wurden, treffen hier nicht zu, weil mit der Uebernahme der Versicherungs-Anstalten auf die größeren Kommunalverbände Eingriffe in das gewerbliche Leben und Streben einzelner fleißiger Staatsbürger nicht verbunden sind, sondern nur Eingriffe in das Treiben von Aktien- und sonstigen Gesellschaften, deren oft recht beträchtlicher Verdienst sehr wohl zur Entlastung der Gemeinde dienen könnte. Die Gesetzgebung hat diesen Anschauungen bis jetzt keineswegs gehuldigt, im Gegentheil verfolgte der Allerh. Erlaß vom 2. Juli 1859 (G. S. S. 394) die entgegengesetzte Tendenz, nämlich die Privat-Versicherungsgesellschaften von der Konkurrenz der viel älteren und berechtigteren öffentlichen Sozietäten möglichst zu befreien, dasselbe geschah in dem Gesetze vom 31. März 1877 (G. S. S. 121), wodurch nur der in einzelnen Sozietätsbezirken bestehende Gebäude-Versicherungszwang nicht berührt wurde. Gleichwohl bestehen noch heute in fast allen Provinzen die öffentlichen Kommunal-Feuer-Sozietäten, Brandkassen u. s. w. fort, und das ist doch sicherlich ein Zeichen ihrer Lebenskraft und Nützlichkeit. Also nicht die Verkümmerung dieser Anstalten, sondern deren Förderung liegt im Interesse des allgemeinen Wohles. Die Aufsicht des Staates bliebe selbstredend die erste und unerläßliche Bedingung.

XV. Die Hülfskassen.

§ 465.

Auch diese Kassen bilden eine Art von Versicherungs-Gesellschaften, und es gilt von ihnen dasselbe, wie von den Sparkassen. Die hierfür geltende Gesetzgebung hat in neuerer Zeit eine erhebliche Ausdehnung gewonnen. Sie fand ihren ersten Ausdruck in dem Gesetze über die eingeschriebenen Hülfskassen vom 7. April 1876, welches aber durch das Gesetz vom 1. Juni 1884 eine andere Fassung erhalten hat. (Kommentar von Parey, Berlin 1885, und von Balck, Schwerin 1886.) Hieran schließt sich das Krankenversicherungsgesetz vom 15. Juni 1883 (Kommentar von v. Woedtke, dritte Auflage, Berlin 1886, und von Köhne, Stuttgart 1886), demnächst das Unfallversicherungsgesetz vom 6. Juli 1884 mit dem ausdehnenden Gesetze vom 28. Mai 1885 (Kommentar von Rienholdt, Leipzig 1886), sodann folgte das weitere Gesetz vom 5. Mai 1886 (Kommentar von Engelmann, Erlangen 1886). Aus neuester Zeit cf. Gesetz vom 11. Juli 1887 (R. G. Bl. S. 287). In Aussicht steht noch das Alters-Versorgungsgesetz, womit dann vielleicht diese hochwichtige Materie einen vorläufigen Abschluß finden wird. In einem gewissen Zusammenhange mit diesen sozialpolitischen Gesetzen steht auch das Reichs-Haftpflichtgesetz vom 7. Juni 1871. (Kommentar von Jacobi, Berlin 1878, und von Eger, Breslau 1876.)

XVI. Die Baupolizei.

§ 466.

Dies Gebiet wurde schon oben bei der Feuerpolizei im Allgemeinen berührt. Es wurde erwähnt, daß die Baupolizei vielfach durch feuer- und gesundheitspolizeiliche Rücksichten beeinflußt werde, es ist deshalb erforderlich, bei der Feststellung des Begriffs der eigentlichen Baupolizei jene beiden Elemente auszuscheiden und sich hier auf die Besprechung der rein technischen baupolizeilichen Vorschriften zu beschränken. Dieselben haben im Allgemeinen Landrecht (I 8, § 66) eine zwar kurzgefaßte, aber vollständig ausreichende und erschöpfende Darstellung erfahren und beziehen sich auf 1) die Sicherheit und Festigkeit der Bauten (§ 6, litt. a, b, g des Polizeiverwaltungsgesetzes vom 11. März 1850, §§ 330 und 336, Nr. 8 des R. Str. G. B.); 2) die Unschädlichkeit der Bauten (A. L. R. I 8, §§ 66, 74—82, § 366, Nr. 9, 10, 367, Nr. 12—15 des R. Str. G. B., §§ 28, 120, Abs. 3, 147, Nr. 4 der Reichs-Gewerbe-Ordnung). Hierher gehören sämmtliche Vorschriften zur Verhütung von Unglücksfällen aller Art bei Bauten, mit Ausnahme der aus der Feuersgefahr erwachsenden; 3. die Verhinderung von Verunstaltungen und Verengungen der städtischen Straßen (A. L. R. I 8, §§ 36, 66, 76-82; Parey, Rechtsgrundſ. S. 244, 245). Die hieraus entnommene Anschauung, daß es auch zu den Obliegenheiten der Polizei gehöre, bei Bauten darüber zu wachen, daß nicht gegen die Grundsätze der „Schönheit“ (Aesthetik) verstoßen werde, ist vollständig grundlos und nur als die Ausgeburt übereifriger Beförderung der polizeilichen Machtbefugnisse anzusehen. Dagegen gehören hierher die polizeilichen Vorschriften über die in die Straße hineinragenden, den Verkehr beeinträchtigenden Gebäudetheile, während die transportablen An- und Aushängsel nicht Gegenstand der Baupolizei sind. Ferner gehören hierher die verunstaltenden Holz-, Kohlen- und Torfniederlagen mit ihren an den städtischen Straßen belegenen Bretterzäunen, obwohl in dieser Beziehung die Verunstaltung allein, gegenüber den gewerblichen Interessen, nicht den Ausschlag giebt (Parey, Rechtsgrundſ. S. 375). Wegen der Verengungen der Straßen vergl. auch unten § 470.

§ 467.

Diese Grundsätze sind auch für den Erlaß von behördlichen Bau-Polizei-Verordnungen maßgebend, wenigstens in den altländischen, landrechtlichen Provinzen. Eine einheitliche Regelung dieses Gegenstandes im ganzen Staate durch Aufstellung gesetzlicher allgemeiner Grundsätze ist dringend zu wünschen. Anfänge zur Erreichung dieses Zieles sind gemacht in dem Allerh. Erlaß vom 2. März 1857 (G. S. S. 167), desgl. vom 23. August 1862 (G. S. S. 338), desgl. vom 17. Mai 1884 (G. S. S. 297).

§ 468.

Zur Ausführung eines an sich konsenspflichtigen Bauwerkes bedarf es auch dann der ortspolizeilichen Genehmigung (des Baukonsenses), wenn das Unternehmen von einer Staatsbehörde ausgeht und den Gegenstand desselben ein bereits ministeriell genehmigter Hochbau auf einem Eisenbahnhofe bildet. Die Cirkularverfügung des Handelsministers vom 12. Okt. 1872 (Min.-Bl. d. i. V. S. 258) ist nur scheinbar von der entgegenstehenden Auffassung ausgegangen (Parey, Rechtsgrundſ. S. 401, 402).

§ 469.

Die unerläßliche Voraussetzung einer den Abbruch eines ohne Consens oder consenswidrig errichteten Gebäudes fordernden polizeilichen Anordnung ist die positive Unmöglichkeit, das Gebäude in einen dem Gesetze entsprechenden und die etwa behauptete Gefährlichkeit des Baues beseitigenden Zustand zu versetzen. (Parey, Rechtsgrundſ. S. 408.) Gegen diese Auffassung sprechen auch nicht die §§ 71, 72, Tit. 8, Th. I A. L.R's und die §§ 367 Nr. 15 und 368 Nr. 3 des R. Str. G. B.

§ 470.

Die Vorschriften in den §§ 78—80, Tit. 8, Th. I A. L. R's., wodurch die Verengung, Verunreinigung und Verunstaltung der Straßen untersagt wird, sind rein polizeilicher, mithin öffentlich-rechtlicher Natur und können, je nach den lokalen Verhältnissen, durch behördliche Polizeiverordnungen oder auch durch polizeiliche Einzelverfügungen in spezialisirender Weise, jedoch ohne entschädigungslose Eingriffe in das Privateigenthum ausgedehnt werden. Das Terrain zu Verbreiterungen von öffentlichen Wegen und Straßen im Interesse des öffentlichen Verkehrs, mithin des Publikums, kann dem Privateigenthum immer nur im Wege der Enteignung entzogen werden (Ges. vom 11. Juni 1874 — G. S. S. 221 —). Auf die sogenannten Nachbarrechte (A. L. R. I 8, §§ 118—191, I 9 §§ 340—342) kann sich die Polizei hierbei niemals berufen, weil diese Rechte rein privatrechtlicher Natur sind und nur unter den Nachbarn, wie der Name schon sagt, im ordentlichen Rechtswege zum Austrag gebracht werden können. Dasselbe gilt von den §§ 55—62, Tit. 22, Th. I A. L. R's., während andere ähnliche Vorschriften wieder in das Gebiet der Feuerpolizei (oben §§ 465 ff.) gehören und deshalb öffentlich-rechtlicher Natur sind; vergl. z. B. die Verordng. vom 10. Sept. 1853 (G. S. S. 754) und die auf die Theaterbauten bezüglichen Vorschriften vom 18. Nov. und 17. Dez. 1881 (Min.-Bl. d. i. V. S. 9 bezw. 16), auch die Bekanntmachung des Berliner Polizeipräsidenten vom 20. Okt. 1885 (Wochenschrift „Selbstverw." Jahrg. 13, S. 30).

§ 471.

Hauptsächlich im kommunalen und nur nebenbei im polizeilichen Interesse ist die Anlegung und Veränderung von Straßen und Plätzen in Städten und ländlichen Ortschaften geregelt durch Gesetz vom 2. Juli 1875 (G. S. S. 561). Dazu sind die Vorschriften für die Aufstellung von Fluchtlinien- und Bebauungsplänen vom 28. Mai 1876 (Min.-Bl. d. i. V. S. 131) nachzulesen, verständlich wird aber dies Gesetz erst durch den vortrefflichen Kommentar von Friedrichs, Berlin 1882, und zahlreiche Aussprüche des Ober=Verwaltungsgerichts (Parey, Rechtsgrundſ.). Das Geſetz iſt auch im Herzogthum Lauenburg eingeführt durch § 8, Nr. 6 des Geſ. vom 25 Febr. 1878 (G. S. S. 97).

§ 472.

Der § 11 des ſogenannten Fluchtliniengeſetzes hat den Zweck mit im Auge, die Kommunen vor Werthſteigerungen des für die Straßen beſtimmten Terrains nach erfolgter Offenlegung des Fluchtlinienplanes zu ſchützen. Da die Handhabung des Geſetzes ausſchließlich der Baupolizei überlaſſen iſt, ſo gehört es recht eigentlich zu deren Aufgaben, bei Beurtheilung von Baugeſuchen den Kommunen jenen Schutz angedeihen zu laſſen, namentlich nach der Richtung hin, daß das durch die Fluchtlinie begrenzte, für Straßen oder Vorplätze beſtimmte Terrain nicht „bebaut" werde. Ob es ſich bei einer derartigen beabſichtigten „Bebauung" um Beſetzung des Terrains mit „Gebäuden" handelt oder ob die etwa aufzurichtenden Gegenſtände (Schuppen, Thürme, Denkmäler, Thore, Portale, Mauern, Zäune) begrifflich als „Gebäude" anzuſehen ſind, darauf kommt es nicht an, ſondern nur darauf, daß ein verkehrsſtörendes „Bebauen" über die geſetzlich feſtgeſtellte Fluchtlinie hinaus verhindert werde (Parey, Rechtsgrundſ. S. 412, 413).

§ 473.

Die Bürgerſteige ſind Theile der öffentlichen Straße (Parey, Rechtsgrundſ. S. 328), auch läßt ſich der § 81, Tit. 8, Th. I A. L. R's. nicht dahin auslegen, daß in demſelben zugleich eine Verpflichtung der Hauseigenthümer ausgeſprochen werde, den Bürgerſteig herzuſtellen und zu unterhalten (Parey, Rechtsgrundſ. S. 341), indeſſen läßt ſich doch nicht beſtreiten, daß das Beſtehen dieſer Verpflichtung als der gewöhnliche Rechtszuſtand — mag derſelbe durch Obſervanz, Lokalſtatut oder Privatabkommen begründet ſein — vorausgeſetzt wurde (Parey, Rechtsgrundſ. S. 322).

§ 474.

Abgeſehen von den Beſchränkungen für Neubauten innerhalb der Feſtungsrayons (Reichsgeſ. vom 21. Dez. 1871 — R. G. Bl. S. 459 —, für Elſaß=Lothringen vom 21. Febr. 1872 — Geſetzbl. für E.=L. S. 133 —, nebſt Inſtruktion vom 21. Dez. 1871 — Guttentagſche Ausgabe der Reichsgeſ. II, S. 621 —) iſt an dieſer Stelle nur noch das Verbot der Errichtung von Feuerſtellen in der Nähe größerer Waldungen zu erwähnen. (§§ 47—52 des Feld= und Forſtpolizeigeſ. vom 1. April 1880 — G. S. S. 230 —, Kommentar von Daude, dritte Aufl., Berlin 1885. —)

§ 475.

Strafbar iſt das Zuwiderhandeln gegen die allgemeinen Regeln der Baukunſt (§ 330 des R. St. G. B.) und ebenſo die Vernachläſſigung der Sicherheitsmaßregeln (§ 367 Nr. 14 a. a. O.). Vergl. § 120, Abſ. 3 der Reichs=Gewerbeordng. mit dem Engelmannſchen Kommentar S. 265, Erlangen 1885. Strafvorſchriften in Bezug auf Bauten enthalten auch die §§ 367 Nr. 13 und 368 Nr. 4 des Reichs-Strafgesetzbuches; dieselben beziehen sich auf die Ausbesserung und Niederreißung baufälliger Häuser und auf die Unterhaltung derselben in baulichem und brandsicherem Zustande und bilden die Ergänzung zu §§ 36 ff., Tit. 8, Th. I A. L. R's. Das Recht und die Pflicht der Polizei, dem unveränderten Fortbestande eines Grundstückes, welches etwa durch seine Feuergefährlichkeit oder durch die Baufälligkeit eines darauf befindlichen Hauses oder durch seine sonstige Beschaffenheit das Publikum mit Gefahren bedroht, in dieser das Gemeinwohl schädigenden Verfassung mit zweckdienlichen Maßregeln entgegenzutreten, folgen schon aus § 10, Tit. 17, Th. II A. L. R's. (Parey, Rechtsgrundf. S. 239). Wenn die Polizei sich veranlaßt sieht, gegen den Unternehmer eines mit baupolizeilicher Genehmigung begonnenen, demnächst aber unvollendet gebliebenen Neubaues einzuschreiten, so kann dies nicht auf Grund der §§ 36—58, Tit. 8, Th. I A. L. R's., welche nur von der **Erhaltung** und der **Wiederherstellung** schon **vorhandener** Gebäude handeln, geschehen, sondern nur in Gemäßheit der § 65 ff. a. a. O., insbesondere des § 66 in Verbindung mit § 10, Tit. 17, Th. II a. a. O. (Parey, Rechtsgrundf. S. 411). Die in den §§ 39—59, Tit. 8, Th. I A. L. R's. der Obrigkeit in Ansehung des Eigenthümers verfallener oder durch einen Unfall zerstörter städtischer Gebäude beigelegte Berechtigung, in dem daselbst geordneten Verfahren auf Wiederherstellung zu dringen, besteht nicht in gleicher Weise gegenüber dem Erwerber und Eigenthümer eines unbebauten, dereinst bebaut gewesenen, städtischen Grundstückes (Parey, Rechtsgrundf. S. 419). Nach rheinischem Rechte (code civil 1386) ist der Eigenthümer eines Gebäudes lediglich für den Schaden verantwortlich, welcher durch dessen Einsturz verursacht worden ist, wenn dieser wegen Mangels der Unterhaltung oder wegen eines Fehlers in der Bauart stattgefunden hat.

§ 476.

Statuen und Denkmäler, die auf öffentlichen Plätzen errichtet werden, darf Niemand, wer er auch sei, beschädigen oder ohne obrigkeitliche Erlaubniß wegnehmen oder einreißen (A. L. R. I 8, § 35, Allerh. Kab.-Ordre vom 4. Okt. 1815 — G. S. S. 206 —, Städte-Ordng. vom 30. Mai 1853, § 50 Nr. 2, § 304 des R. S. G. B.). Wegen der Erhaltung der **Stadtmauern** vergl. Allerh. Kab.-Ordre vom 20. Juni 1830 (G. S. S. 113). Ueber die Befolgung aller dieser Vorschriften wacht ein besonderer **Konservator der historischen und Kunstdenkmäler** (Erlaß des Kultusministers vom 24. Jan. 1844 — Min.-Bl. d. i. V. S. 38—40 —).

XVII. Dismembrations- und Ansiedlungssachen.

§ 477.

Vergl. über die rechtsgeschichtliche Entwickelung der auf die Theilbarkeit des Grundbesitzes bezüglichen Gesetzgebung den Aufsatz über Zerstückelungen von Grundstücken und Gütern aller Art (Parzellirungen, Dismembrationen) in der Wochenschrift „Selbstverwaltung" Jahrgang 10, S. 1. Dazu den § 8 des Gesetzes über das Grundbuchwesen in der

Provinz Hannover mit Ausschluß des Jadegebietes vom 28. Mai 1873 (G. S. S. 253), das Ges. betr. die Aufhebung der Verfügungsbeschränkungen und Vereinigung meierstättischen Eigenthums im Kreise Rinteln des Regierungsbezirks Kassel vom 21. Febr. 1870 (G. S. S. 117), das Ges. betr. die Aufhebung der in den ehemals nassauischen und großherzogl. hessischen Gebietstheilen bestehenden gesetzlichen Beschränkungen der Uebergabe des Grundbesitzes der Eltern an die Kinder vom 23. Jan. 1878 (G. S. S. 85), lauenburgisches Ges. vom 22. Jan. 1876 (Offizielles Wochenbl., S. 11) und Ges. vom 25. Aug. 1876 nebst Instruktion vom 10. März 1877 (Kommentar von Zimmermann, Berlin 1877). Als neuestes Gesetz für die Provinz Hannover vergl. Ges. vom 4. Juli 1887 (G. S. S. 324). Durch die Landgüterordnungen ist die Möglichkeit geschaffen, bäuerliche Besitzungen (Höfe) in ihrem bisherigen Umfange auf einen von mehreren Miterben zu übertragen. Es geschieht dies durch die Eintragung in die gerichtlich geführte Höfe- oder Landgüterrolle (für Hannover Ges. vom 2. Juni 1874 G. S. S. 186 — desgl. vom 24. Febr. 1880 — G. S. S. 87 — desgl. vom 20. Febr. 1884 — G. S. S. 71 —; für Lauenburg Ges. vom 21. Febr. 1881 — G. S. S. 19 —; für Westfalen und die Kreise Rees, Essen (Land und Stadt), Duisburg und Mülheim a. R. vom 30. April 1882 — G. S. S. 255 —; für Brandenburg vom 10. Juli 1883 — G. S. S. 111 —; für Schlesien vom 24. April 1884 — G. S. S. 121 —; für Schleswig-Holstein vom 2. April 1886 — G. S. S. 117 —; für den Regierungsbezirk Kassel mit Ausnahme des Kreises Rinteln Ges. vom 1. Juli 1887 (G. S. S. 315). Vergl. auch Ges. betr. den erleichterten Abverkauf kleiner Grundstücke vom 3. März 1850 (G. S. S. 145) mit § 6 des Ges. vom 15. Mai 1852 (G. S. S. 290), Ges. vom 27. Juni 1860 (G. S. S. 384), vom 12. April 1885 (G. S. S. 115) und 21. April 1886 (G. S. S. 139).

§ 478.

Das Gesetz vom 25. Aug. 1876 und das lauenburgische Gesetz vom 4. Nov. 1874 (Offizielles Wochenbl., S. 291) gelten auch für die Ansiedlungsangelegenheiten und die Anlegung von Kolonien. Die §§ 22 und 23 des erstgedachten Gesetzes sind aufgehoben durch § 147 des Zuständigkeitsgesetzes vom 1. Aug. 1883. Ausführungsinstruktion vom 10. März 1877 (Min.-Bl. d. i. V. S. 103) nebst Musterformularen.

XVIII. Enteignungssachen.

§ 479.

Nach §§ 73—75 der Einleitung zum A. L. R. ist jedes Mitglied des Staates verpflichtet, das Wohl und die Sicherheit des gemeinen Wesens nach dem Verhältnisse seines Standes und Vermögens zu unterstützen. Einzelne Rechte und Vortheile der Mitglieder des Staates müssen den Rechten und Pflichten zur Beförderung des gemeinschaftlichen Wohles, wenn zwischen beiden ein wirklicher Widerspruch (Kollision) eintritt, nachstehen. Dagegen ist der Staat denjenigen, welcher seine besonderen Rechte und Vortheile dem Wohle des gemeinen Wesens aufzuopfern genöthigt wird, zu entschädigen gehalten.

§ 480.

Diese Vorschriften, welche nach der Verordng. vom 19. Aug. 1862 (G. S. S. 279) auch im Jadegebiete gelten, finden ihre Bestätigung zunächst im Art. 9 der preußischen Verfassung vom 31. Jan. 1850, welcher lautet: „Das Eigenthum ist unverletzlich. Es kann nur aus Gründen des öffentlichen Wohles gegen vorgängige, in dringenden Fällen wenigstens vorläufig festzustellende Entschädigung nach Maßgabe des Gesetzes entzogen oder beschränkt werden."

§ 481.

Der Staat ist zum Ersatze des Schadens, welcher dem Einzelnen durch eine zum Gemeinwohl bestimmte Einrichtung entsteht, nicht verpflichtet, wenn diese Einrichtung auf einem Majestäts- und Hoheitsrechte, z. B. dem Gesetzgebungsrechte, beruht (siehe z. B. Ges. vom 31. Okt. 1848 betr. die Aufhebung des Jagdrechtes), aber auch dann nicht, wenn die Befugniß zu der Anlage auf § 36, Tit. 8, Th. I A. L. R's. beruht (Ausübung des eigenen Rechtes innerhalb der gehörigen Schranken, Vornahme gefährlicher Handlungen an einem dazu unter öffentlicher Genehmigung bestimmten Orte, z. B. Schießübungen). Dasselbe gilt von den §§ 26—28, Tit. 8, Th. I A. L. R's. (Erlaubter und rechtmäßiger Gebrauch des Eigenthums.)

§ 482.

Wenn das Interesse des Einzelnen nicht mit dem Interesse des ganzen Staates, sondern nur mit dem eines einzelnen Theiles desselben z. B. einer Gemeinde in Collision geräth, so hat er auch die Entschädigung nicht vom Staate, sondern von der Gemeinde, welche den Vortheil davon hat, zu fordern. cf. unten § 493.

§ 483.

Aus § 75 der Einleitung zum A. L. R. folgt nicht, daß der Staat verpflichtet sei, Entschädigung für einzelne Handlungen seiner Beamten zu leisten, denn dagegen giebt es andere Rechtsmittel, welche sich aus der Gesetzgebung über die Verantwortlichkeit der Beamten ergeben. (Regreßpflicht.)

§ 484.

Der Art. 9 der Verfassung hat nur Bezug auf die Enteignungen zu allgemeinen Zwecken, er betrifft mithin nicht die aus dem Nachbarrechte abgeleiteten Eigenthumsbeschränkungen.

§ 485.

Derselbe Art. 9 steht auch der Befugniß der Polizeibehörden nicht entgegen, durch ihre Verfügungen und Verordnungen das Eigenthum zu beschränken und zu verletzen, indessen hat dies doch nur zur Folge, daß der Beschädigte nicht auf die Wiederherstellung des gestörten Rechtszustandes, sondern event. nur auf Entschädigung einen Rechtsanspruch hat.

Ihm stehen nicht possessorische, sondern nur petitorische Rechtsmittel zur Seite. (Erkenntniß des Gerichtshofes zur Entscheidung der Competenzkonflikte vom 11. Mai 1878 — Min.-Bl. d. i. V. S. 123; Wochenschr. „Selbstverw." 5, S. 277 —; Erkenntniß des ehemaligen Obertribunals vom 15. Juli 1878 — Wochenschr. „Selbstverw." 6, S. 54, vergl. auch Ges. vom 11. Mai 1842 — G. S. S. 192 — Oppenhoff, Ressortverhältnisse S. 337. —) Die Behauptung, daß die Polizei Jedem ohne Weiteres sein Eigenthum fortnehmen könne, beruht mithin auf einem Irrthum, denn, entweder trifft den Polizeibeamten bei Ausübung seines Amtes eine Schuld, dann muß er selbst entschädigen, oder es trifft ihn keine Schuld, dann entschädigt der Staat oder die Gemeinde (§ 3 des Polizeiverwaltungsgesetzes vom 11. März 1850).

§ 486.

Allgemein geregelt ist das Enteignungswesen durch das Gesetz vom 11. Juni 1874 (G. S. S. 221). Nach § 1 desselben kann das Grundeigenthum nur aus Gründen des öffentlichen Wohles für ein Unternehmen, dessen Ausführung die Ausübung des Enteignungsrechts erfordert, gegen vollständige Entschädigung beschränkt oder entzogen werden. Es können aber auch noch andere Fälle der Enteignung vorkommen. Diese sind folgende:

§ 487.

1. Enteignungen im Interesse der Landeskultur. Solche finden statt z. B. nach §§ 11—14 des Vorfluthsgesetzes vom 15. Nov. 1811 und Art. 3 des Gesetzes vom 11. Mai 1853, betreffend die Drainagen (G. S. S. 182).

§ 488.

2. Enteignungen im Interesse des Bergbaues. (§§ 135 ff. des allgemeinen Berggesetzes vom 24. Mai 1865 — G. S. S. 705. —)

§ 489.

3. Enteignungen im Interesse der Landestriangulation. (Ges. vom 7. Okt. 1865 — G. S. S. 1033 —; vom 7. April 1869 — G. S. S. 729 —; vom 3. Juni 1874 — G. S. S. 234. —) Anweisung vom 20. Juli 1878 — Min.-Bl. d. i. V. S. 190 — und vom 21. Okt. 1882 — a. a. O. S. 281. —

§ 490.

4. Enteignungen behufs Ergreifung von Maßregeln gegen die Rinderpest und Viehseuchen überhaupt. (Ges. vom 7. April 1869 — B. G. Bl. S. 105 —; Allerh. Erlaß vom 26. Mai 1869 — B. G. Bl. S. 149, Gesetzbl. für Elsaß-Lothringen 1871, S. 407 —; Instruktion von demselben Tage — B. G. Bl. S. 105 —; Allerh. Erlaß vom 9. Juni 1873 — R. G. Bl. S. 147, Gesetzbl. für Elsaß-Lothringen S. 170 — mit der revidirten Instruktion; Bekanntmachung vom

12. Dez. 1878 — R.-Centralbl. S. 668 —; Ges. vom 23. Juni 1880 — R. G. Bl. S. 153 —; preuß. Ges. vom 12. März 1881 — G. S. S. 128 —; Instruktion vom 24. Febr. 1881 — R.-Centralbl. S. 36. —)

§ 491.

5. Enteignungen zu militärischen Zwecken. (Gesetz vom 13. Juni 1873 über die Kriegsleistungen — R. G. Bl. S. 129 —; Verordnung vom 1. April 1876 — R. G. Bl. S. 137 —; desgl. vom 26. Jan. 1887 — R. G. Bl. S. 9 —; Gesetz vom 13. Febr. 1875 über die Naturalleistungen — R. G. Bl. S. 52; Ges. vom 21. Juni 1887 — R. G. Bl. S. 245. —)

§ 492.

6. Enteignungen behufs Anlage von Festungen. (Gesetz vom 21. Dez. 1871 — R. G. Bl. S. 459 —; Bekanntmachung vom 13. Mai 1887 — R. G. Bl. S. 157. —)

§ 493.

7. Enteignungen behufs Anlage von Straßen und Plätzen in Stadt und Land (Fluchtliniengesetz vom 2. Juli 1875 — G. S. S. 561 —). Die bloße polizeiliche Inanspruchnahme eines Weges für den öffentlichen Verkehr genügt noch nicht, um die Enteignung entbehrlich zu machen, thatsächlich stellt sich vielmehr nur das Verhältniß so, daß der in Anspruch genommene Grundeigenthümer auch gleichzeitig der Wegebauverpflichtete ist, und in diesem Falle kann von dem Erforderniß einer Enteignung selbstverständlich nicht die Rede sein.

§ 494.

Es ist schon oben im § 482 angedeutet worden, daß das Enteignungsrecht nicht allein vom Staate geübt, sondern auch an Korporationen und Privatpersonen staatlich verliehen wird. Es geschieht dies kraft des Majestäts- und Hoheitsrechtes, Privilegien ertheilen zu dürfen. In der hierauf bezüglichen Allerh. Verordnung wird erst Feststellung darüber getroffen, ob überhaupt ein zur Enteignung geeigneter Fall vorliegt (die Expropriabilität).

§ 495.

Ueber die Höhe der Entschädigung kann in der Regel nur im ordentlichen Rechtswege gestritten werden, jedoch giebt es hiervon auch wohl begründete Ausnahmen, vergl. §§ 14—16 des Reichsgesetzes vom 13. Febr. 1875 und §§ 7 und 8 des Gesetzes vom 21. Juni 1887 (R. G. Bl. S. 245) wegen der Flurentschädigungen nach Truppenübungen.

XIX. Personenstand.

§ 496.

Hiervon handeln das preußische Gesetz über die Beurkundung des Personenstandes vom 9. März 1874 und das Reichsgesetz vom 6. Febr. 1875. Eine synoptische Zusammenstellung dieser beiden Gesetze findet man in der Wochenschrift „Selbstverwaltung“ Jahrg. 3, S. 1 ff. Der beste Kommentar ist der von Hinschius (Berlin 1876), spätere Ergänzungen findet man leicht nach den Registern in der Wochenschrift „Selbstverwaltung“ unter den Stichworten „Standesbeamte“ u. s. w.

XX. Reichs- und Staatsangehörigkeit.

§ 497.

In welcher Weise die Staatsangehörigkeit in den einzelnen Bundesstaaten und damit zugleich die Reichsangehörigkeit erworben wird, ergiebt sich aus dem Gesetze vom 1. Juni 1870 (B. G. Bl. S. 354). Dasselbe hat durch die Staatsverträge vom 15., 23. und 25. Nov. 1870 in Süddeutschland Geltung erlangt und ist durch Gesetz vom 8. Jan. 1873 in Elsaß-Lothringen eingeführt (Gesetzbl. für E. L. S. 1). Dazu kommt das Gesetz betreffend die Naturalisation von Ausländern, welche im Reichsdienste angestellt sind, vom 22. Dez. 1875 (R. G. Bl. S. 324), ferner zu §§ 17 und 20, Ges. vom 21. Juli 1870 (B. G. Bl. S. 498). Wegen der Formulare zu Heimathscheinen, Aufnahme-Urkunden u. s. w. vergl. die Guttentagsche Ausgabe der Reichsgesetze Band II, S. 124 ff. Von der Aufstellung der Jahresübersichten handelt der Ministerial-Erlaß vom 11. März 1883 (Min.-Bl. d. i. V. S. 41), von der Form der Bescheinigungen über die Staatsangehörigkeit der Erlaß vom 15. Mai 1884 (a. a. O. S. 105), von der Form der Naturalisations-, Aufnahme- und Entlassungs-Urkunden der Erlaß vom 5. Juni 1870 (a. a. O. S. 161). Die Erklärung der Gemeinde über Anträge auf die Aufnahme hat der Magistrat und nicht die Stadtverordneten-Versammlung auszustellen. (Min.-Erlaß vom 30. Juni 1844 — a. a. O. S. 219 —, wegen der Naturalisation österreichischer Unterthanen siehe Min.-R. vom 28. Nov. 1864 — a. a. O. S. 281 —). Wegen der Uebernahme-Verträge mit außerdeutschen Staaten vergl. oben § 64. Der Verlust der Staatsangehörigkeit wegen unbefugter Ausübung der Kirchenämter hat keine Bedeutung mehr, seitdem das Gesetz vom 4. Mai 1874 (R. G. Bl. S. 43) suspendirt ist (siehe Hinschius, Preuß. Kirchenges. S. 62—64, Berlin 1886).

§ 498.

Besondere Bedingungen sind vorgeschrieben für die Entlassungs- (Auswanderungs-) Urkunden der Wehrpflichtigen. § 60 Ziffer 1 und 2, § 69 Nr. 8 des Reichs-Militär-Gesetzes vom 2. Mai 1874 (R. G. Bl. S. 45), § 15 des Ges. vom 9. Nov. 1867 (B. G. Bl. S. 131), § 360 Nr. 3 des R. Str. G. B.

§ 499.

Die Pflichten der Staatsbürger, auch in einem Verfassungsstaate, sind nachstehende:

1. Die Verpflichtung, die Rechte des Staatsoberhauptes gegen seine Bürger und Schutzverwandten, insonderheit die Majestäts- und Hoheitsrechte zu achten (A. L. R. II 13, 1 und 4).

2. Die Verpflichtung zur Folgeleistung gegenüber den behördlichen Anordnungen, soweit die Besorgung gewisser zu den Rechten und Pflichten des Staates gehörenden Angelegenheiten und Geschäfte den Beamten des Staates „vermöge ihres Amtes“ obliegt und sofern sie sich dabei „innerhalb der Grenzen ihres Auftrages“ halten (A. L. R. II 13, § 16). Sollte ein Beamter nicht vermöge seines Amtes oder außerhalb der Grenzen seines Amtes handeln, so darf der, welcher sich dadurch verletzt fühlt, nicht etwa ohne Weiteres den Gehorsam verweigern, sondern er hat sich der für diese Fälle gegebenen Rechtsmittel zu bedienen und kann event. im Wege der Regreßklage auf Entschädigung klagen. Nur wenn ihm zugemuthet werden sollte, etwas Gesetzwidriges, Strafbares oder moralisch Unerlaubtes zu thun, ist der passive Widerstand erlaubt. Das bedeuten die Worte „in der rechtmäßigen Ausübung seines Amtes“ im § 113 des Reichstrafgesetzbuches, jedoch liegt es nicht in dem subjektiven Ermessen des Staatsbürgers, zu entscheiden, was gesetzwidrig ist. (Vergl. O. V. G. E. vom 6. Nov. 1886 — Wochenschrift „Selbstverw.“ 14, S. 228. —)
3. Die Erfüllung der Militärpflicht.
4. Desgl. der Steuerpflicht (s. oben §§ 164 ff.).
5. Die Pflicht zur Uebernahme folgender Aemter:
   a. Als Vormund (§§ 17 ff. der Vormundschaftsordng. vom 5. Juli 1875 — G. S. S. 431 —) cf. den Kommentar von A. Hesse, Berlin 1879.
   b. Als Schöffe und Geschworner (§§ 31—35 des Ger.-Verf.-Ges. vom 27. Jan. 1877, preuß. Ausführungsges. vom 24. April 1878 (G. S. S. 230), §§ 33 und 44, § 138 des R. Str. G. B., Kommentar von Kochs, Berlin 1879.
   c. Als Schiedsmann (§§ 2—11 der Schiedsmanns-Ordng. vom 29. März 1879 — G. S. S. 321 —). Kommentar von Florschütz, Berlin 1879.
   d. Als Mitglied der Gemeindeverwaltung oder Vertretung in Stadt und Land (§ 10 Nr. 3, § 27 Nr. 3 des Zuständigkeitsges. vom 1. Aug. 1883, §§ 8 und 25 der Kreisordnungen [siehe Bornhak, synoptische Darstellung, S. 22 und 41]).
6. Die Verpflichtung, vor Gericht Zeugniß abzulegen (§§ 341—355 der deutschen Civilprozeßordng. vom 30. Jan. 1877; §§ 51—57 der deutschen Strafprozeßordng. vom 1. Febr. 1877, § 4 des preuß. Ausführungsges. vom 24. März 1879 (G. S. S. 281), § 138 des R. Str. G. B.
7. Die Verpflichtung zur Anzeige bestimmter Verbrechen (§ 139 des R. Str. G. B.).

§ 500.

Die Rechte des Staatsbürgers sind folgende:

1. Der Anspruch auf Schutz gegen Gewalt und Störungen bei dem Seinigen (A. L. R. II 13, § 2).

2. Der Anspruch auf Mitgenuß der Anstalten, wodurch Mittel und Gelegenheit verschafft werden, seine Fähigkeiten und Kräfte auszubilden und dieselben zur Förderung seines Wohlstandes anzuwenden (a. a. O. § 3).
3. Der Anspruch auf den Genuß der bürgerlichen Ehrenrechte, sofern ihm diese Rechte nicht aberkannt worden sind (§§ 33—35 des R. Str. G. B.) Das Recht zur Führung des eigenen Namens, auch wenn damit Adelsprädikate verbunden sind, gehört nicht zu den bürgerlichen Ehrenrechten des Staatsbürgers, sondern zu den natürlichen Rechten des Menschen.
4. Das Recht, den Wohnsitz, Aufenthalt und die Niederlassung im deutschen Reiche zu wählen (Freizügigkeit). Nach Art. 3 der Reichsverfassung besteht für ganz Deutschland ein gemeinsames Indigenat mit der Wirkung, daß der Angehörige (Unterthan, Staatsbürger) eines jeden Bundesstaates in jedem anderen Bundesstaate als Inländer zu behandeln und demgemäß zum festen Wohnsitz, zum Gewerbebetriebe, zu öffentlichen Aemtern, zur Erwerbung von Grundstücken, zur Erlangung des Staatsbürgerrechts und zum Genusse aller bürgerlichen Rechte unter denselben Voraussetzungen wie der Einheimische zuzulassen, auch in Betreff der Rechtsverfolgung und des Rechtsschutzes demselben gleich zu behandeln ist. Gesetz über die Freizügigkeit vom 1. Nov. 1867 (B. G. Bl. S. 55), dasselbe gilt im ganzen deutschen Reiche und ist in Elsaß-Lothringen durch Gesetz vom 8. Jan. 1873 eingeführt (R. G. Bl. S. 51).
5. Das Recht der Glaubensfreiheit und der freien Religionsübung. Gesetz vom 3. Juli 1869 (B. G. Bl. S. 292). Dasselbe gilt in ganz Deutschland, ist aber in Elsaß-Lothringen nicht eingeführt.
6. Der Schutz der Reichsangehörigen gegen Ausweisung aus dem Reiche und Auslieferung an das Ausland (§ 9 des R. Str. G. B.), jedoch sind deshalb gewisse Aufenthaltsbeschränkungen innerhalb des Reiches nicht als verfassungswidrig anzusehen (Ges. gegen die gemeingefährlichen Bestrebungen der Sozialdemokratie vom 21. Okt. 1878 — R. G. Bl. S. 351 — und vom 20. April 1886 — R. G. Bl. S. 77 —). Ueber die Ausdrücke „Heimath" und „Heimathsrecht" vergl. Parey, Rechtsgrundſ., S. 254, 255. Dieselben haben keine rechtliche Bedeutung mehr, dagegen giebt es noch Heimathsscheine. Vergl. § 21 des Ges. vom 1. Juni 1870 (B. G. Bl. S. 355), den Bundesrathsbeschluß vom 20. Jan. 1881 (Reichs-Centralbl., S. 22), die Min.-Erlasse vom 17. März 1881 (Min.-Bl. d. i. V. S. 86) und vom 15. Mai 1884 (a. a. O. S. 105). Danach sind Heimathsscheine nur zur Benutzung im Reichs-Auslande bestimmt, während zur Benutzung innerhalb des Reichsgebietes „Staatsangehörigkeitsausweise" auszustellen sind. Diese werden von den Landräthen, jene von den Regierungspräsidenten ausgefertigt.
7. Die Auswanderungsfreiheit. Dieselbe ist gewährleistet durch Art. 11 der preußischen Verfassung vom 31. Jan. 1850, die darauf bezüglichen Angelegenheiten unterliegen aber der Beaufsichtigung und

Gesetzgebung des Reichs (Art. 4 Nr. 1 der Reichsverfassung). Eingeschränkt ist dies Recht nur durch die Wehrpflicht (§§ 15 und 17 des R.-Ges. vom 1. Juni 1870, §§ 140 und 360 Nr. 3 des R. Str. G. B., R. Mil. G. vom 2. Mai 1874, §§ 57—59, 61, 69 Ziffer 8 — R. G. Bl. S. 45 —; Ges. vom 6. Mai 1880 — R. G. Bl. S. 103 —; Wehrordnung vom 28. Sept. 1875 I § 25). Die Aufsicht über den Betrieb der Auswanderungs-Unternehmer und Vermittler ist landesgesetzlich geregelt. (Ges. vom 7. Mai 1853 — G. S. S. 729 —, Verordng. vom 15. Sept. 1818 — G. S. S. 175 —, Ges. vom 31. Dez. 1842 — G. S. 1843 S. 5 — Min.-Erlaß vom 31. März 1862 — Min.-Bl. d. i. Verwaltg. S. 181 —, desgl. vom 23. Juli 1840 — a. a. O. S. 288 —, desgl. vom 15. Okt. 1841 — a. a. O. S. 273 —, desgl. vom 30. Aug. 1842 — a. a. O. S. 337 —, desgl. vom 13. Sept. 1843 — a. a. O. S. 257 —, desgl. vom 3. und 23. Dez. 1844 — a. a. O. 1845 S. 8 und 9 —, desgl. vom 28. Aug. 1845 — a. a. O. S. 255 —, desgl. vom 23. Okt. 1845 — a. a. O. S. 314 —, desgl. vom 5. Dez. 1845 — a. a. O. S. 336 —, Erkenntniß des Gerichtshofes zur Entscheidung der Kompetenzkonflikte vom 23. Dez. 1847 — a. a. O. 1848 S. 193 —, Min.-Erlaß vom 30. Okt. 1848 — a. a. O. 1849 S. 11 —, desgl. vom 4. März 1849 — a. a. O. S. 43 —, desgl. vom 14. Juni 1850 — a. a. O. S. 175 —, desgl. vom 27. Aug. 1852 — a. a. O. S. 217 —, desgl. vom 2. Febr. 1854 — a. a. O. S. 28 —, desgl. vom 28. März 1854 — a. a. O. S. 68 (Ueberwachung des Geschäftes der Auswanderungsagenten) —, desgl. vom 18. Mai 1854 — a. a. O. S. 113 (Kautionen der A. Agenten) —, desgl. vom 31. Jan. 1858 — a. a. O. S. 17 —, desgl. vom 27. Sept. 1851 — a. a. O. S. 262 —, **Reglement vom 6. Sept. 1853** — a. a. O. S. 201 (auch in den Amtsblättern abgedruckt) —, Min.-Erlaß vom 27. Juli 1854 — a. a. O. S. 148 —, desgl. vom 18. Juli 1854 — a. a. O. S. 117 —, desgl. vom 31. Dez. 1854 — a. a. O. S. 262 —, desgl. vom 14. März 1855 — a. a. O. S. 48 —, **Nachträge zu dem Reglement** vom 19. Jan. 1855 — a. a. O. S. 6 — und vom 23. April 1855 — a. a. O. S. 77 —, Min.-Erlaß vom 3. Aug. 1855 — a. a. O. S. 164 —, desgl. vom 15. Jan. 1858 — a. a. O. S. 26 —, desgl. vom 3. Nov. 1859 — a. a. O. S. 315 —, desgl. vom 7. Mai 1847 — a. a. O. S. 89 —, desgl. vom 24. April 1851 — a. a. O. S. 54 — (Nachweisungsbüreau in Bremen), desgl. vom 28. Juni 1850 — a. a. O. S. 321 —, desgl. vom 29. August 1864 — a. a. O. S. 264.

Alle diese und die zahlreichen späteren Vorschriften, welche nach den Registern zu der Wochenschrift „Selbstverwaltung" leicht zu ermitteln sind, verfolgen den doppelten Zweck, den Staatsbürger vor unerlaubter Auswanderung zu warnen und ihm bei der erlaubten Auswanderung schützend zur Seite zu stehen.

8. Das Recht auf den Schutz der persönlichen Freiheit. Ges. vom 12. Febr. 1850 — G. S. S. 45 —, § 9 des Gesetzes von demselben Tage — a. a. O. S. 49 —, Art. 5 der preußischen Verfassung vom 31. Jan. 1850. Vergl. jedoch wegen der Befugnisse der

Polizei, Ministerialerlasse vom 7. Juni 1850 — Min.=Bl. d. i. V. S. 247 und vom 20. Jan. 1854 — a. a. O. S. 10 —. Durch Abschnitt 8 und 9 der deutschen Straf=Prozeß=Ordnung ist das obige Gesetz vom 12. Febr. 1850, bis auf die §§ 6—10, beseitigt. Vergl. Parey, Rechtsgrundf. S. 240, Nr. 49 betreffend Konkubinate und S. 251, Nr. 69. Zum Schutze der persönlichen Freiheit dienen auch die §§ 234 ff., 239 und 341 des Reichsstrafgesetzbuches. Demselben Zwecke dient das Uebereinkommen wegen Unterdrückung des Negerhandels vom 29. März 1879 (R. G. Bl. 1880, S. 100), desgl. wegen des Sklavenhandels im Kongogebiet Art. 9 des Vertrages vom 26. Febr. 1885 (R. G. Bl. S. 227). Wegen der Rechtsverhältnisse in den deutschen Schutzgebieten vergl. Ges. vom 17. April 1886 (R. G. Bl. S. 75), vom 21. April 1886 (a. a. O. S. 128), vom 5. Juni 1886 (a. a. O. S. 187), vom 13. Sept. 1886 (a. a. O. S. 291), vom 7. Juli 1887 (a. a. O. S. 307).

9. Das Eheschließungsrecht. Ges. über die Aufhebung der polizeilichen Beschränkungen der Eheschließung vom 4. Mai 1868 (B. G. Bl. S. 149). Dasselbe gilt in ganz Deutschland, nur nicht in Bayern und Elsaß=Lothringen. Wegen der Eheschließungen der Militärpersonen vergl. § 150 des Militär=Strafgesetzbuches vom 20. Juni 1872 (R. G. Bl. S. 174). Im Uebrigen §§ 28—39 und 77 des Personenstandsgesetzes vom 6. Febr. 1875. Wegen der Dispensationen von den Ehehindernissen vergl. Verordng. vom 14. und 24. Febr. 1875 (G. S. S. 93 und 97), Verfügung vom 2. März 1875 — Justiz=Min.=Bl. S. 63, Verordng. vom 17. Jan. 1877 (G. S. S. 4), Allerh. Erlaß vom 7. Sept. 1879 (Justiz=Min.=Bl. S. 366). Wegen der Eheschließungen der Ausländer Ges. vom 13. März 1854 (G. S. S. 123) und vom 3. April 1854 (G. S. S. 469), Verfügung vom 6. Nov. 1875 (Justiz=Min.=Bl. S. 234). Verordng. vom 8. Jan. 1876 (G. S. S. 3), Bekanntmachung vom 1. Dez. 1875 (Min.=Bl. d. i. V. S. 275). Ausländer bedürfen nach obigem Ges. vom 13. März 1854 zu ihrer Verheirathung in Preußen eines Attestes ihrer Obrigkeit, jedoch giebt es davon viele Ausnahmen (vergl. Hinschius Kommentar S. 135 ff., wegen der Ungarischen Staatsangehörigen Min.=Erlaß vom 18. Febr. 1886 (Wochenschr. „Selbstverw." 10, S. 109, 110). Wegen der Ehen der Reichsangehörigen im Auslande Ges. vom 4. Mai 1870 (B. G. Bl. S. 599).

10. Das Hausrecht. Die Wohnung ist unverletzlich (Art. 6 der preuß. Verfassung, §§ 102—110 der Deutschen Straf=Prozeß=Ordnung vom 1. Febr. 1877 und § 6 des Einführungsgesetzes dazu, § 54 der preuß. Steuerordnung vom 8. Febr. 1812 (G. G. S. 102), § 45 der Verordng. vom 17. Mai 1867 (G. S. S. 633), §§ 28 ff. des Ges. vom 23. Jan. 1838 (G. S. S. 78). Schutz gegen den Hausfriedensbruch §§ 123, 124 und 342 des Reichs=Strafgesetzbuches. Wegen der Haussuchungen Ges. vom 12. Febr. 1850 (G. S. S. 45) und wegen der Stellung unter Polizeiaufsicht Ges. von demselben Tage (S. 49).

11. **Die Preßfreiheit.** Art. 27 und 111 der preuß. Verfassung, Art. 4, Nr. 16 der Reichsverfassung, Reichsgesetz vom 7. Mai 1874 (R. G. Bl. S. 65). Zu § 5 vergl. § 43, Abs. 6 der Reichs-Gewerbeordnung in der Fassung des Ges. vom 1. Juli 1883. Daneben gelten noch die §§ 6, 9, 10 und 41 des preußischen Preßgesetzes vom 12. Mai 1851 (G. S. S. 273). Vergl. ferner § 11 des Sozialdemokratengesetzes vom 21. Okt. 1878 (R. G. Bl. S. 351).
12. **Das Vereins- und Versammlungsrecht.** Art. 30 und 111 der preußischen Verfassung. Diese Vorschriften werden ebenfalls beeinflußt durch das Sozialdemokratengesetz. Vergl. §§ 128, 129 des Reichsstrafgesetzbuches, Ges. vom 11. März 1850 (G. S. S. 277), Verordng. vom 25. Juni 1867 (G. S. S 921) und vom 23. Juni 1876 (G. S. S. 172), Erkenntnis vom 23. Okt. 1863 (Min. Bl. d. i. Verwaltg. 1864 S. 208 ff.).
13. **Die Unverletzlichkeit des Eigenthums.** Art. 9 der preußischen Verfassung (Siehe oben: Enteignungen).
14. **Die Gleichheit vor dem Gesetze.** Dieselbe wird gewährleistet durch Art. 4 der preußischen Verfassung, welcher zugleich alle Standesvorrechte beseitigt und den Grundsatz aufstellt, daß die öffentlichen Aemter, unter Einhaltung der von den **Gesetzen** festgestellten Bedingungen, für alle dazu Befähigten gleich zugänglich sind. Von dem obersten Grundsatze der Gleichberechtigung vor dem Gesetze macht die Deklaration vom 10. Juni 1854 (G. S. S. 363) betreffend die Rechte der mittelbar gewordenen Deutschen Reichsfürsten und Grafen (die Mediatisirten) eine besondere Ausnahme. Denen schließen sich folgende Gesetze an: vom 12. Nov. 1855 (G. S. S. 686 und 688) und vom 15. März 1869 (G. S. S. 490). Dazu vergl. § 7 des Einführungsgesetzes zum deutschen Gerichtsverfassungsgesetze vom 27. Jan. 1877 (**Austrägalgerichte**), §§ 39, 56 des R. Mil. G. vom 2. Mai 1874 (R. G. Bl. S. 45), §§ 14—19 der Instruktion vom 30. Mai 1820 (G. S. S. 81), § 27 des preußischen Ausführungsges. vom 24. April 1878 (G. S. S. 230) zum deutschen Gerichtsverfassungsgesetze.
15. **Das Petitionsrecht.** Art. 32 der preußischen Verfassung. Petitionen unter einem Gesammtnamen sind nur Behörden und Corporationen gestattet.
16. **Die Berufs- und Gewerbefreiheit.** Der § 1 der Reichsgewerbe-Ordnung enthält die Regel für dies bedeutsame Recht, der übrige Theil des Gesetzes enthält die Ausnahmen. Dazu kommt aber noch die eine, auf Interpretation beruhende, daß es dem Staatsbürger zwar frei stehe, **welches** Gewerbe er betreiben wolle (Berufsfreiheit) aber nicht, **wie** er dasselbe betreiben wolle, denn letzteres zu beurtheilen, sei Sache der Polizei. Hiernach ist also die **Zulassung** zum Gewerbe frei, die Ausübung aber nicht frei, aber auch an der Freiheit der Zulassung wird durch die Innungsfreunde schon heftig gerüttelt. Mit der Einführung des Befähigungsnachweises wird das Wort „Gewerbefreiheit" seine Bedeutung vollständig verloren haben.

Alphabetisches Register.

(Die beigefügten Zahlen verweisen auf die Seiten.)

Druck von Paul Schettler's Erben in Cöthen.

Kolibri 360 GmbH
Ferdinand-Jühlke-Straße 7
99095 Erfurt, Deutschland
produktsicherheit@kolibri360.de